U0878384

周蓓 主編

專題史叢書

(美)萊丹 著 (美)温浩斯 增訂 王造時 譯

河南人民出版社

美國外交政策史

本書全面介紹自1788年法美同盟至1933年底美國不同時期的外交政策，包括華盛頓會議、大戰借款及中日問題。

圖書在版編目(CIP)數據

美國外交政策史 / (美) 萊丹(John Holladay Latané) 著;
(美)温浩斯(David W. Wainhouse) 增訂; 王造時譯. —
鄭州 : 河南人民出版社, 2018. 6
(專題史叢書 / 周蓓主編)
ISBN 978-7-215-11476-0

Ⅰ. ①美… Ⅱ. ①萊… ②温… ③王… Ⅲ. ①美國對外政策-外交史 Ⅳ. ①D871.20

中國版本圖書館 CIP 數據核字(2018)第069353號

河南人民出版社出版發行
(地址:鄭州市經五路66號 郵政編碼:450002 電話:65788036)
新華書店經銷 北京虎彩文化傳播有限公司印刷
開本 710毫米×1000毫米 1/16 印張 56
字數 715千字
2018年6月第1版 2018年6月第1次印刷

定價:450.00圓

出版前言

中國現代學術體系是在晚清西學東漸的大潮中逐步形成的。至民國初建，中央政治權威進一步分散和削弱，加之新文化運動帶給國人思想上的空前解放，新學的啓蒙，新知識分子的產生，民國學術如草長鶯飛，進入一個自由而蓬勃的時代。中國傳統學科乃中國學術之根基與菁華所在，民國學人采用『取今復古，别立新宗』之方法，引入西方的學術觀念，積極改造，使史學、文學等學科向現代學術方向轉型。此外，大力推介西方社會科學的新學科和自然科學，在學習、借鑒乃至移植西方現代學術話語和研究範式的過程中，逐漸建立中國現代學科，使中國的學科門類迅速擴展。一時間，新舊更迭，中西交流，百花齊放，萬壑争流，開創了中國現代學術的源頭。

伴隨知識轉型和研究範式轉换而來的，還有學術著作撰寫方式的創新。中國古代的著作向來以單篇流傳，經後人整理匯編後，方以成册成集的面目出現并持續傳播。直到十九世紀末，東西方的歷史編撰體裁不外乎多卷本的編年體、紀傳體和紀事本末體等，章節體的出現標志着近代西方學術規範的産生和新史學的興起。章節體具有依時間順序，按章節編排；因事立題，分篇綜論；既分門别類，又綜合通貫的特點。以章、節搭建起論述之框架，結構分明，邏輯清晰，較傳統的撰寫體裁容量大、系統性强。它的傳入，使中國現代學術體系從内容到形式被納入了全球化的軌道。民國時期專題史的研究、譯介、編纂、出版恰恰是在這樣的背景下欣欣而發，是學術的實驗場，也是歷史的記録儀。編選『專題史』叢書的初衷正是爲了從一個側面展示中國學術從傳統向現代過渡的歷史進程。

專題史是對一個學科歷史的總結，是學科入門的必備和學科研究的基礎，也是對一個時代艱深新鋭問題的解答，是學術研究的高點。民國專題史著作中，既包含通論某一學科全部或一時代（區域、國别）的變化過程的，又囊括對一時代或一問題作特殊研究的，還有少部分是對某一專題的史料進行收集的。原創與翻譯并重，翻譯的底本大多選擇該學科的代表著作或歐美大學普及教本，兼顧權威性和流行性，其中日本學者的論著占據了相當比重。日本與中國同屬東亞儒家文化圈，他們在接納西方學術思想和研究模式時，已作了某種消化與調適，從思維轉换的角度看，更便于中國借鑒和利用，他們的著作因而被時人廣泛引進。

與當代學術研究日趨專業化、專門化、專家化的『窄化』道路迥乎不同的是，中國傳統學術崇尚『學問主通不主專，貴通人不尚專家』的通識型治學門徑，處于過渡轉型期的民國學術在不同程度上保留了這種特徵。民國學術大師諸學科貫通一脉、上千年縱横捭闔之功力自不待冗言，外交家著倫理政治史、文學家著哲學史、化學家著戰爭史等亦不乏其人，民國專題史研究呈現出開放、融通、跨界撰述的特點。與此同時必須看到，自晚清以來，中國的命運就在外侮屢犯、内亂頻仍的窘境中跌宕彷徨，民族存亡仿若命懸一綫。這股以創建學科、總結經驗、解決問題爲指歸的專題史出版風潮背後，包裹着民國學人企望以西學爲工具拯民族于衰微的探索精神，及以學術救亡的愛國之心。梁任公曾言：『史學者，學問之最博大而最切要者也，國民之明鏡也，愛國心之源泉也。』這種位卑未敢忘憂國的歷史使命感和國民意識是今人無法漠視和遺忘的。

『專題史』叢書收録的範圍包括現代各個學科，不僅限于人文社會科學，學科分類以《民國總書目》的分科爲標準，計有哲學、宗教、社會、政治、法律、軍事、經濟、文化、藝術、教育、語言文字、中國文學、外國文學、中國歷史、西方史、自然科學、醫學、工業、交通共19個學科門類。本叢書分輯整理出版，内不分科，單本發行，方便讀者按需索驥。既可作爲大專院校圖書館、學術研究機構館藏之必備資源，也可滿足個人研讀或興趣之收藏。

與目前市場已有的一些專題史叢書相比，這次『專題史』叢書具有規模大、學科全、選本精、原版影印的特點。本叢書選目首重作者的首創、權威和著作影響力，尤其注重選本的稀見性。所謂稀見，即新中國成立後没有再版，且多數圖書館没有收藏，或即便有收藏，也是歸于非公開的珍本之列予以保存，普通讀者難以借閲。部分圖書雖有電子版，但作爲學術研究的經典原著讀本，紙質版本更利于記憶和研究之用。本叢書精揀版本最早、品相最佳的原版圖書作爲底本，因而還具有很高的版本收藏價值。

『專題史』的著作是民國學者對于那個時代諸問題之探究，往往有獨到之處，無論其資料、觀點短長得失如何，要之在中國現代學術史的構建與發展進程中，自有其開宗立論之地位。

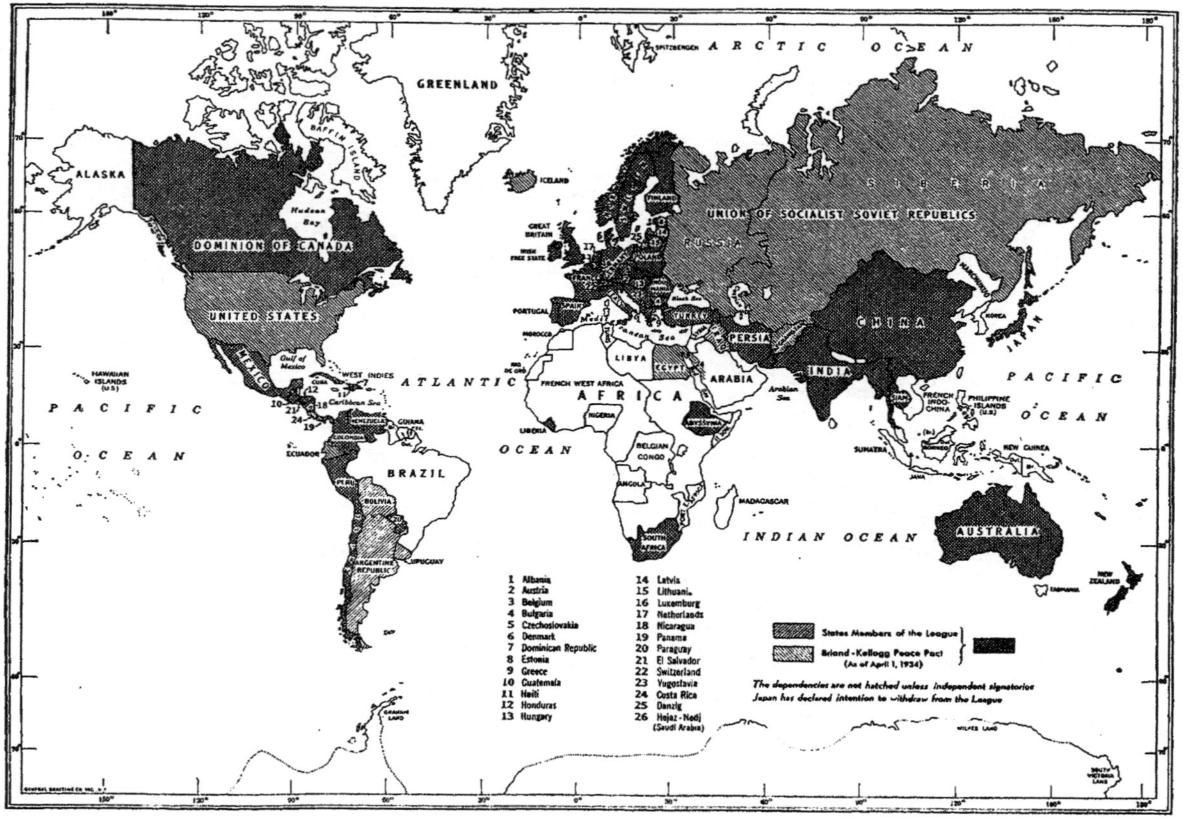

（7）國際聯盟與巴黎公約

作右行斜線的是國際聯盟會員國，作左行斜線的是巴黎公約簽名國，作交×線的是國際聯盟會員國而兼巴黎公約簽名國，各屬地除獨立簽名的外，均不畫線，日本則已宣告退出國際聯盟

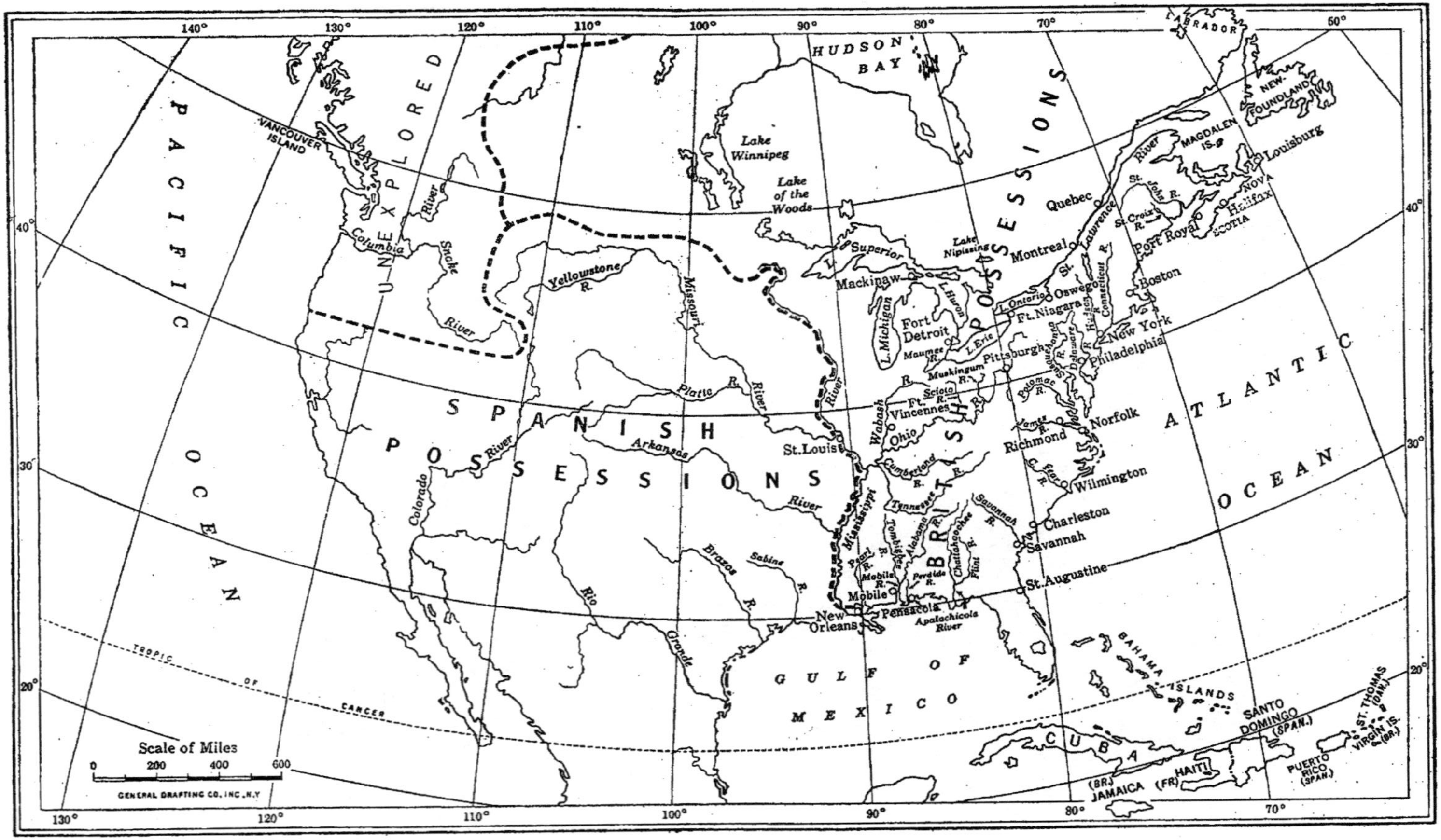
PACIFIC OCEAN
UNEXPLORED
VANCOUVER ISLAND
Columbia
Snake River
River
Yellowstone R.
Missouri
Platte R.
River
SPANISH POSSESSIONS
Arkansas
River
Colorado
Rio Grande
Brazos R.
Sabine R.
St. Louis
Mississippi
New Orleans
HUDSON BAY
Lake Winnipeg
Lake of the Woods
L. Superior
Mackinaw
L. Michigan
L. Huron
Fort Detroit
Maumee R.
L. Erie
L. Ontario
Lake Nipissing
Montreal
Quebec
St. Lawrence
River
BRITISH POSSESSIONS
Oswego
Ft. Niagara
Pittsburgh
Muskingum R.
Scioto R.
Wabash
Ft. Vincennes
Ohio
Cumberland R.
Tennessee R.
Susquehanna R.
Delaware R.
Hudson R.
Connecticut R.
Philadelphia
New York
Boston
Potomac R.
James R.
Richmond
Norfolk
C. Fear R.
Wilmington
Charleston
Savannah R.
Savannah
St. Augustine
Chattahoochee R.
Flint R.
Alabama R.
Tombigbee R.
Pearl R.
Mobile R.
Mobile
Perdido R.
Pensacola
Apalachicola River
St. Croix R.
St. John R.
Port Royal
NOVA SCOTIA
Halifax
MAGDALEN IS.
Louisburg
NEW-FOUNDLAND
LABRADOR
ATLANTIC OCEAN
GULF OF MEXICO
BAHAMA ISLANDS
CUBA
(BR.) JAMAICA
(FR.) HAITI
SANTO DOMINGO (SPAN.)
PUERTO RICO (SPAN.)
ST. THOMAS (DAN.)
VIRGIN IS. (BR.)
TROPIC OF CANCER
Scale of Miles
0 200 400 600
GENERAL DRAFTING CO. INC. N.Y.
140° 130° 120° 110° 100° 90° 80° 70° 60°
40° 30° 20°

（1）一七七五年的北美

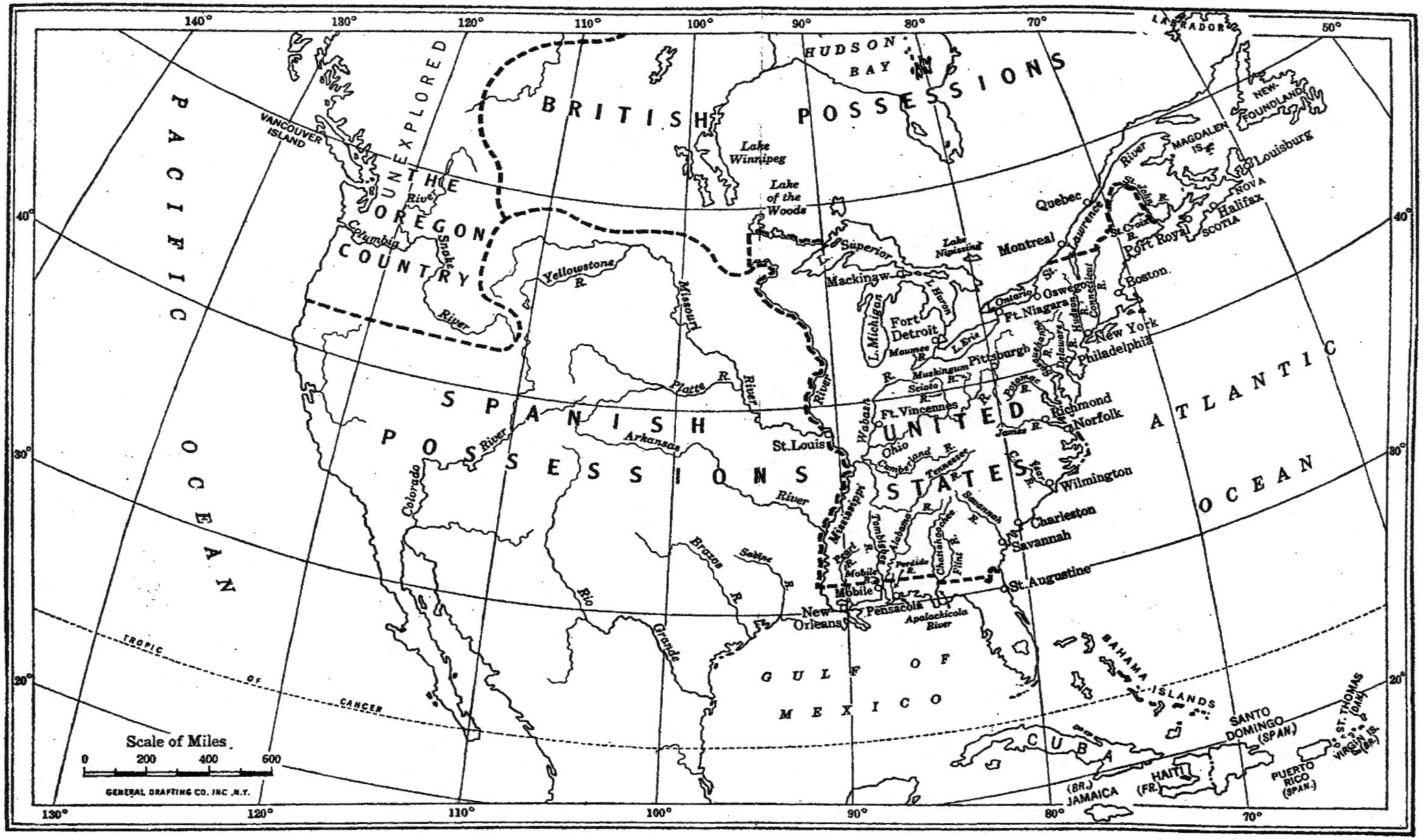
PACIFIC OCEAN
BRITISH POSSESSIONS
HUDSON BAY
UNEXPLORED
VANCOUVER ISLAND
THE OREGON COUNTRY
Columbia River
Snake River
Yellowstone R.
Missouri River
Platte R.
SPANISH POSSESSIONS
Arkansas
Colorado River
Rio Grande
Brazos R.
Sabine R.
Red River
St. Louis
Lake Winnipeg
Lake of the Woods
L. Superior
Lake Nipissing
Mackinaw
L. Michigan
L. Huron
Fort Detroit
L. Erie
L. Ontario
Maumee R.
Montreal
Quebec
St. Lawrence River
Oswego
Ft. Niagara
Hudson R.
Connecticut R.
Boston.
New York
Philadelphia
Pittsburgh
Susquehanna R.
Delaware R.
Potomac R.
Muskingum R.
Scioto R.
Wabash R.
Ft. Vincennes
Ohio
Cumberland R.
Tennessee R.
UNITED STATES
Richmond
Norfolk
James R.
Cape Fear R.
Wilmington
Charleston
Savannah
St. Augustine
Mississippi
Pearl R.
Mobile R.
Mobile
Tombigbee R.
Alabama R.
Perdido R.
Chattahoochee
Flint R.
Pensacola
Apalachicola River
New Orleans
GULF OF MEXICO
ATLANTIC OCEAN
St. Croix R.
St. John R.
Port Royal
NOVA SCOTIA
Halifax
Louisburg
MAGDALEN IS.
NEW FOUNDLAND
LABRADOR
BAHAMA ISLANDS
CUBA
(BR.) JAMAICA
(FR.) HAITI
SANTO DOMINGO (SPAN.)
PUERTO RICO (SPAN.)
ST. THOMAS (DAN.)
VIRGIN IS. (BR.)
TROPIC OF CANCER
Scale of Miles
0 200 400 600
GENERAL DRAFTING CO. INC. N.Y.
140° 130° 120° 110° 100° 90° 80° 70° 50°
40° 30° 20°

（2）一七八三年的北美

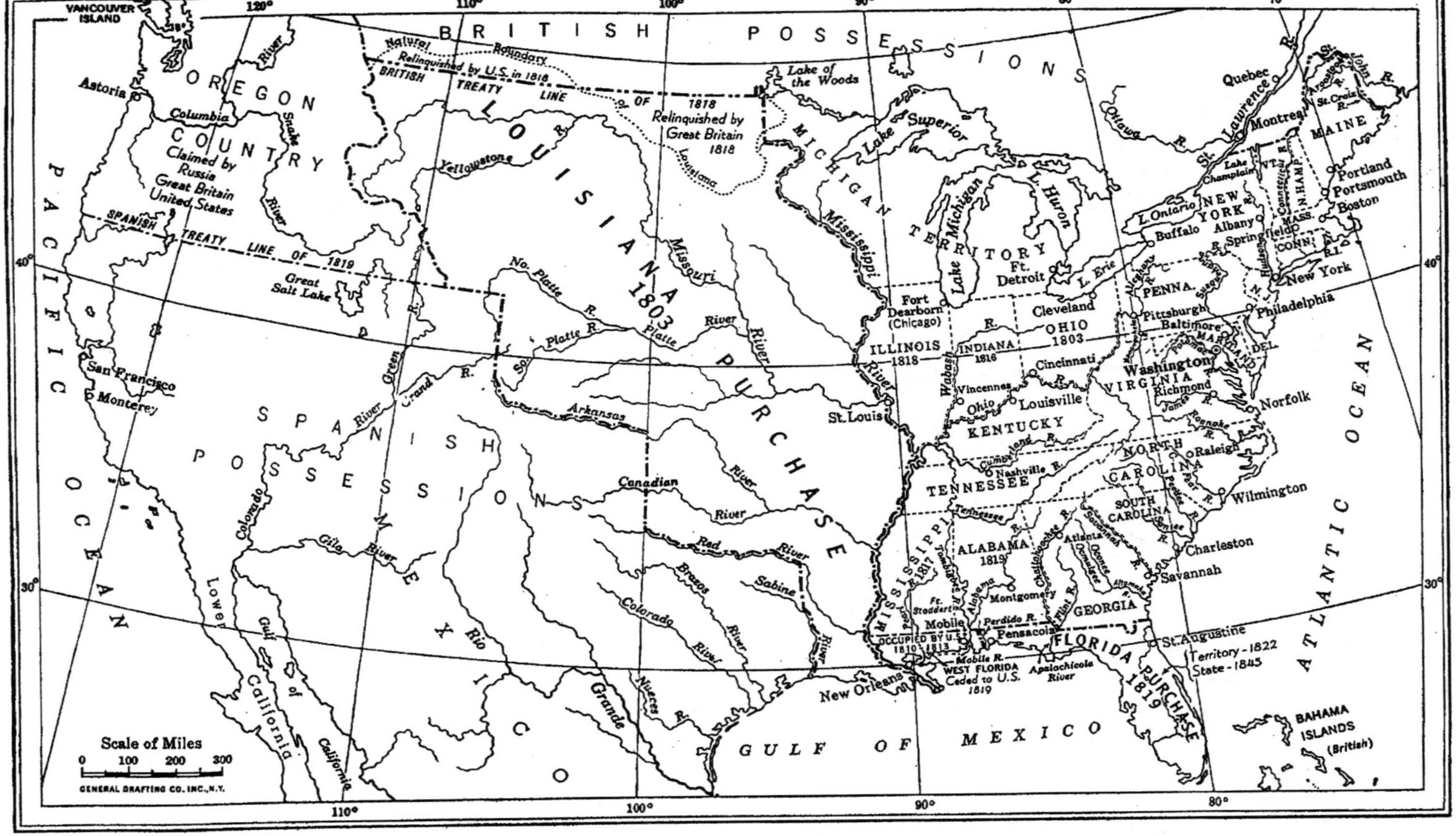

（3）佛洛利達與魯易西恩那的購買

(4)至一八五〇年的擴張版圖

譯者序

這本書是從一七八八年法美聯盟寫起，直至一九三三年底爲止，自然包括了華盛頓會議，大戰借款賠償，及中日問題在裏面。

著者的材料不但是極豐富，並且是最原始的、最有權威的。因此他的敍述都是根據可靠的事實，沒有什麼空話，更沒有什麼假話，可以說是一部信史。

不過事實多，材料多，如果不能融會貫通，善爲利用，便容易發生無頭緒的毛病；讀者只看見一堆一堆的事實，沒有線索，毫無趣味，結果只有丟開一邊。這本書卻不然：材料雖多，事實雖多，著者倒能給他們整理出一個系統來，並且能加以一種公正的解釋。

至於文筆也不能不說是明白流暢。

温浩斯的增訂本，不但使原書包括了差不多近十年來的事情，並且能夠維持原書的優越標準。

無怪這本書在美國差不多成了美國外交史的標準大學教科書了。介紹給中國的讀者特別在這個外交關係緊急的時候，或許不是一件無意義的事罷。

還有我們讀過這書之後，看見人家（美國）在一百五十年的短時間內由十三州向英國革命獨立起，一步一步，強盛起來，向外發展，到現在不但奄有四十八州，並且獨霸南、北美洲，雄視太平洋，執全世界的牛耳，他們的感想，尤其是經過這五年來的劇變，又將如何！

王造時　一九三六年，七月四日。

增訂版附言

萊丹教授曾有增訂本書的計劃，他對於美國外交政策史這個題目的研究是費過大半生的功夫的。他的志願沒有達到便遽爾長逝，使我們義務所在，必須覓一位研究美國外交有素而樂意擔任這樁重要工作的人，這眞是一件難事；這位先生必須同情於萊丹教授的闡明的見解，並且能以堪與萊丹教授卓越的行文風格比擬的一種條理井然與興趣濃厚的筆調來陳述他的材料。幸運得很，溫浩斯（David W. Wainhouse）先生竟惠然同意，樂任增訂的工作，他對於本書的貢獻，明白表示他是完全勝任的。

自第一章迄至第二十二章，除寥寥幾處有細微的文字變更以外，內容均與前無異。第二十三章則經擴充篇幅，以便與現狀相符。第二十四章略有修訂。第二十五、二十六及二十七諸章，亦經略加改訂，合成第六部全部。

第七部之中，第二十八章係依據舊書第二十九章而作，第二十九章則爲原來第二十八章改訂而成，自第三十章迄至全書終了，都是新的材料。在新增各章裏所論列者乃本書初次出版以後，美國外交政策上展開的諸大問題。

這一版添了幾幅地圖，都是特爲繪製，專以適應本書之需要的。

出版者

目次

附地圖目錄

美國外交政策史

引言

記本書參考資料

美國外交史的資料是卷帙繁多，而且散漫到了極點。若要開一完備的參考書目，可成許多巨册。至於本書徵引的淵源，已經明白載於附註之中，故我們殊不必做一冗長的參考書目，僅須略述比較重要的幾部書集便够了。這些書集大多編有很好的索引，足資有意研究者的問津。

摩爾（J. B. Moore）所著國際法總彙（Digest of International Law）共計八卷，（華盛頓美國政府印刷局一九〇六年出版）內有種種摘錄，採自外交通訊、條約、本國法院與仲裁法庭的判決書、大總統咨書、以及其他已刊行或未刊行的公文，凡美國外交上發生的重要問題，已大多包括在內。該書提出美國政治家與法學家們關於國際法上各問題的見解。其第八卷的內容爲索引、案件表和公文目錄，實係研究一七七六至一九〇六年間一般美國外交史的最好的嚮導，而且事很湊巧，一九〇七年一月，美國國際法雜誌（American Journal of International Law）（爲美國國際法學會所出版）出現了，自此以後，每三月發行無間。一九二一年芬琪(George A. Finch)爲該雜誌第一卷至第十四卷編了分類索引，恰補充了摩爾的索引。海特(Charles Cheney Hyde)的美國解釋與引用之國際法(International Law Chiefly as Interpreted and Applied by the United States)，全書二卷（一九二二年波士頓出版，）繼述摩爾所論列的各項題材，並且正確地詳述到普通的參考書目與資料來源。

讀者欲悉各種條約的原文，可閱政府搜集的一七七六至一九〇九年美國與其他國家間所訂各種條約、專約、國際條例、議定書與協定，全書二卷，編者爲威廉馬洛(William M. Malloy)（華盛頓美國政府印刷局一九一〇年出版）。其第三卷出版於一九二三年，內包括一九一〇至一九二三年美國批准的一切條約，至於巴黎和會所訂各條約，因未爲美國批准，則載在附錄中。一八九九年政府出版的各項條約與專約(Treaties and Conventions)載有台維斯(J. C. Bancroft Davis)的筆記（見第一二一九至一四〇六頁）所以對於研究歷史的學者具有特殊的興趣。

凡注意遠東者請閱麥克莫來(J. V. A. MacMurray)的一八九四至一九一九年各國與中國以及關係中國之各項條約與協定(Treaties and Agreements With and Concerning China, 1894—1919)，書凡二卷，搜羅稱富。〔喀內基氏國際和平基金(Carnegie Endowment for International Peace)的出版品，紐約，一九二一年。〕

新訂條約具見美國國際法雜誌的公文補編(Documentary Supplements)，以及國際聯盟刊行

的條約彙編 (Treaty Series)，自一九二五年來，計已出版三十六卷。按國聯會員國旣規定須將彼等參預締訂的一切條約向祕書處登記，且包括彼等與非會員國所締訂者在內，故一切重要的美國條約實際已完全載在彙編之中。

美國國會對於各種條約的議案，見於一七八九至一九〇一年美國參議院公報 (Executive Journals of the United States Senate 1789—1901)，共計三十二卷（一八〇八至一九〇九年間迭次陸續出版，所印極爲有限。）包含一九〇一至一九〇五年期間的第三十三卷及第三十四卷業已刊行，但保守祕密的禁令尙未取消。在這一方面，同時應參用一七八九至一九〇一年美國參議院外交關係委員會報告彙輯(Compilation of Reports of Committee on Foreign Relations, Uuited States Senate, 1789—1901)，共計八卷（華盛頓美國政府印刷局一九〇一年出版。）

在一切現代國家的國家立法機關內，外交總是反覆討論的主題。對於研究美國外交有特殊重要者，便是美國衆議院與參議院的辯論，其報告見於國會紀錄 (Congressional Record)，暨其前身國會報告 (Congressional Globe)、辯論登記册(Register of Debates)及國會年報(Annals of Congress)；英國議院的辯論，其報告見於漢沙特(Hansard) 的辯論集 (Debates)；以及法國國會的辯論，其報告見於議會檔案 (Archives Parlementaires) 及其後繼者官場公報 (Journal Official)。國際聯盟常期發行的官方公報(Official Journal)載有行政院及國聯大會的議事錄。國聯親切討論的問題中，許多是與美國有關的。

美國的外交通訊從未經系統地加以刊行，其中有許多遺漏之處，非檢閱國務部原草本不能補充完備。關於獨立革命時期，計已刊行之彙集有下列各種：

華敦(Francis Wharton)美國的革命外交通訊(The Revolutionary Diplomatic Correspondence of the United States)，書凡六卷（華盛頓美國政府印刷局一八八九年出版，）通常徵引時都用裝釘人所定的名號『華敦編美國革命之外交通訊。』

一七七四至一七八九年大陸會議公報(Journals of the Continental Congress 1774—1789)（華盛頓美國政府印刷局一九〇四年至一九二二年出版，）其第一卷至第十五卷係華新敦福特(Worthington C. Ford)所編訂，其第十六卷至第二十五卷係已故加拉特亨脫(Gaillard Hunt)所編訂。第二十五卷發行於一九二二年，僅編至一七八三年末。誠望國會設法使此項重要工作得以迅速完成。按當時外交既由大陸會議直接或其所屬委員會所主持辦理，故其公報滿載各項報告與討論，足使人瞭然於美國初期的外交政策。

頓尼阿爾(Henri Doniol)的法蘭西參加成立北美合衆國史(Histoire de la Participation de la France à l'Establissement des Etats-Unis d'Amerique)共計五卷（巴黎一八八六至一八九二年出版，）內包含一大部分美國檔案內所無的材料，尤其關於西班牙的態度。

斯蒂文司(B. F. Stevens)一七七三至一七八三年歐洲檔案內關於美國文件的影本，計有對摺本二十五卷（僅售於預約定戶，倫敦一八八九至一八九八年出版。）這是一部有趣的集子，複印出當時許多著名政治家的筆跡，其內容係美國與其在外人員的許多通訊。因爲英國海軍與祕密偵探活動的結果，這些通訊從未達到牠的目的地，而被搜羅在英國的檔案中了。

關於『邦聯』(Confederation)時期的史料，可閱一七八三至一七八九年美國外交通訊(United States Diplomatic Correspondence, 1783—1789)計有七卷（華盛頓一八三三至一八三四年出版。）

關於一七八九至一八二八年那個時期，則有美國政府公文外交之部(American State Papers, Foreign Relations)，計有對摺本六卷，這是美國國會歷來批准印行的政府檔案中最廣博的一部分。各卷係自一八三二年至一八五九年間陸續發行的，但當『內戰』開始時，這個半成的事業便放棄了。就美國與南美各國的關係而言，下列一書可以補充上述者，即關於南美國家獨立事件的美國外交通訊(Diplomatic Correspondence of the United States Concerning the Independence of the Latin-American Nations)，計有三卷，係由威廉孟寧(William Manning)所選輯。（喀內基氏國際和平基金出版品，紐約，一九二五年出版。）這部貴重的集子，裏面包括的公文，大部分係抄自國務部從未刊行的原文件。

關於一八二九至一八六〇年那個時期，尙無任何外交通訊集的編印。此項通訊散見於國會公文中，這兒一批，那兒一捆，式樣大小不一，『三明治般』夾雜在關於印第安事件、河流港埠、關稅的各項報告內，或給裝釘人隨手裝入任何文件之中。在華盛頓以外任何圖書館的書架子上，旣找不到這時期政府公文的全套，所以這時期是最難研究的。幸運得很，經海珊女士（Adelaide R. Hasse）辛苦工作的結果，我們如今有一部極爲詳盡完備的一八二八至一八六一年美國外交公文索引（Index to United States Documents Relating to Foreign Affairs, 1828—1861），計有三卷（華盛頓喀內基氏紀念館(Carnegie Institution）一九一四至一九二一年出版。

一八六一年，政府通過了一個計劃，每年與大總統致國會常年咨書一并發行一卷或一卷以上的美國外交通訊（Diplomatic Correspondence of the United States），到了一八七〇年這名稱又改爲外交關係（Foreign Relations）。一九〇二年政府印刷局發行了一部一八六一至一八九九年美國外交通訊與外交關係已刊各卷總索引（General Index to the Published Volumes of the Diplomatic Correspondence and Foreign Relations of the United States, 1861—1899）最近一卷的外交關係是關於一九一六年的（發行於一九二五年）。歐洲大戰期間，國務部分四期發行了一種特殊的文件集，名稱爲美國與交戰國政府間關於中立權利與義務的外交通訊（Diplomatic Correspondence with Belligerent Governments Relating to Neutral Rights and Duties）（一九一五至一九一八年出版。）已刊行的外交通訊與外交關係僅列入從國務部案卷中謹愼選印的文件。有許多最重要的文件保存頗周，非等到他們有關的爭端解決了許久以後，不肯漏出。參議院以及衆議院（但次數較少）得以特別決議案請大總統發下關於某一特殊問題的通訊，如大總統以爲無妨公共利益者，就將此項文件發下，結果便不在外交關係內而在國會公文的普通集子中登載出來。

邦聯的外交與海軍通訊，搜集最完備的要推一九二一及一九二二年海軍部發行的兩卷，書名邦聯海軍的官方紀錄(Official Records of the Union and Confederate Navies, Series II, volumes 2 and 3)。一般學者每易忽視這部集子，因其書名並不確當指示書中的題材。

歷任總統的咨書與公文(The Messages and Papers of the Presidents)計有十卷，係理查孫(James D. Richardson)所輯（華盛頓政府印刷局一八九六至一八九九年出版。）內容係自華盛頓秉政始，而終於麥金利任期的中葉。這十卷含有歷任總統外交政策的揭露與辯護。

個人的成分在外交上佔有特別重大的地位，所以我們研究外交，不可不讀美國歷任大總統、國務卿和美國與外國著名政治家的傳紀和著作。除已刊行的書集外，美國國會圖書館現收集了許許多多各大總統與社會名人的手稿文件。

叫做英國與外國政府文件(British and Foreign State Papers)（一八一二至一九二二年）的那部集子，迄一九二五年止已發行了一一六卷，對於研究美國外交者是有極大幫助的。集中不僅包含英、美兩國間比較重要的通訊，抑且包含許多材料，凡涉及美國與其他國家的關係，而與英國間接攸關者。各卷編次井然，索引詳明，比較美國的公文更要便於運用多多。

最近的一七八三至一九一九年劍橋英國外交政策史，凡三卷，華特(A. W. Ward)與古希(G. P. Gooch)合編（倫敦與紐約一九二二至一九二三年出版，）就其所開參考書目與資料來源以及全書內容而言，對於美國外交的研究，均有極大價值。

摩爾又有美國曾參加之各次國際公斷的歷史與彙報(History and Digest of the International Arbitrations to Which the United States Has Been a Party)凡六卷（華盛頓美國政府印刷局一八九八年出版，）包含鉅額的歷史材料，為其他出版品中所絕無者。

最後關於大戰期間世界政治問題，欲得卓越的就題分析與廣博的參考指示，可閱蒙恩(Parker T. Moon)國際關係大綱(Syllabus on International Relations)。〔國際教育館(Institute of International Education)發行，紐約，一九二五年。〕

第一部　共和的原理與理想

第一章　法國同盟

殖民地尋求英國的敵人的幫助　我們的祖先根據一個新原則，樹立了一個新政府。這個新原則，甲弗遜(Jefferson)在獨立宣言中說得好，『政府的正當的權力，乃得之於被治者的同意。』這個宣言對於舊世界基於君權神聖原則的君主政體是一種挑戰。如果創立新政府的人要在國外得到援助和聯盟，那麼他們必須號召某種強有力的動機足以戰勝舊世界君主政體對於革命原則的自然反感。他們首先與法國接洽，認爲法國是英國的自然敵人，並且仍在痛心疾首於她的美洲大陸領地的損失。西班牙與英國也是有仇的，因此他們也與西班牙接洽，但是因爲西班牙還是在美洲最大的強國，不願在她領地附近的地方鼓勵叛黨，所以成功比較小。

法國外交的目標　路易十六(Louis XVI)於一七七四年登法國皇位時，他選了年老的莫爾派伯爵(Count de Maurepas)爲首相，而外交大臣之職，則以維爾強伯爵(Count de Vergennes)擔任。維爾強是一個冷靜寡言，但是勤勞，腦筋清楚，愛國的政治家，在美國革命時期中，大半是他決定及指導法國的政策。一開頭，維爾強的努力便在於恢復法國的威望，因爲自七年戰爭失敗以來法國沒有復元，並且因爲波蘭的瓜分，新近又受了一個恥辱。在波蘭的瓜分當中，法國新近的盟國奧地利是一個參加罪犯，所以法國與西班牙的兩個包本(Bourbon)皇位（一七六一年的家庭公約 Family Compact 聯合起來的）實際上完全陷於孤立保守的地位。七年戰爭的結果，法國失掉了坎拿大與印度，並且割了紐阿陵斯(New Orleans)和密士西比河(Mississippi)以西的全個魯易西恩那(Louisiana)地方給西班牙為賠償佛洛利達(Florida)的損失，而她的敵人英國因為皮特(Pitt)政策的結果發展繁榮到一種前所未見的高度，握着均勢的樞紐。英帝國的廣闊，自北美伸張至印度，英海軍的優勢自一七六三年以來不成問題；加之以英國商業所積聚的鉅大財富，大家相信不但對於法國並且對於其餘的歐洲，構成了一個嚴重的威嚇。於是恢復法國的威望與歐洲的均勢，變成了法國外交的主要目標。(一)

殖民地的叛變早有人料到 美洲殖民地自法國被驅出坎拿大以後，地位更加安全。但在與法人及印第安人戰爭結束時，便有許多有思想的觀察者提出了殖民地遲早會推翻英國統治的意見。一七六五年路易十五的名臣辟窪色爾(Choiseul)替他預備了一個備忘錄，結論有這麼一句有意義的話：

> 只有將來美洲發生的革命（雖然我們大概看不見）可以使英國退回到歐洲再可不怕她的那種孱弱境遇裏去。(二)

科爾布的報告 從英國與她的殖民地一有爭端起，法國便予以密切的注意。一七六七年辟窪色爾派了科爾布男爵(Baron de Kalb)祕密往美洲調查傳到歐洲來的叛變謠言。科爾布後來在美軍中做了陸軍少將，勇敢地在肯登(Camden)之戰犧牲了他的生命。雖然他不認爲革命馬上就要發生，並且以爲外國的干涉只有促成他們的和解，但是他從紐約寫信回來說道：

> 這裏所有各階級的人民都浸染了這麼一種獨立自由不受羈絆的精神，如果各地方都能在一共同的代表機關之下聯合起來獨立國家不久便可成立。無論如何，這種國家總有一個時候會出現的。不管倫敦如何做法，這個地方正在長成這麼大的力量，再不能久受距離這麼遠的統治。(三)

維爾強派密使往美洲　維爾強上臺的時候，美洲情形更趨嚴重，他認爲不久便要發生革命，於是派了他自己一個密使前去。所選派去擔任這個使命的人名字叫做邦屋羅瓦爾(Bonvouloir)，是一個有名的軍人，以前曾到過美洲，自稱認識許多要人。他奉到的訓令是去向這班要人保證說，法國對坎拿大沒有野心，她在這獨立運動中的唯一利益是在建立商務的關係。(四)

維爾強的『考慮』　一七七六年三月初接到了邦屋羅瓦爾的第一個報告，維爾強認爲給美洲人以祕密的幫助和鼓勵的時機到了。不過他必須戰勝突谷特(Turgot)以及他人的反對，因爲突谷特等力勸法王堅持他的緊縮與內政改良的政策。三月十二日維爾強上了一個很長的條陳給法王，名爲對於美洲英殖民地事件的考慮。（五）他開頭以公正的論調討論說，法國與西班牙應否希望英殖民地的臣服或獨立是一個問題，兩者對於他們都有危險，而且這種危險或許不是人力所能預見或避免的。最明顯的危險是關係西印第斯羣島（West Indies），換句話說是：

……英國政府如果在美洲大陸失敗，或許要在法國與西班牙身上找賠償，使他們立即可以雪去恥辱，與叛黨妥協，將該羣島的商務及供給獻之於叛黨；（或是）殖民地獨立之後，與英國沒有關係，但因物產過剩，勢不能不向外征服，在這些產糖的島上及西班牙在美洲的屬地裏面找出路，這樣一來便會破壞我們的殖民地與母國的關係。

提議以軍火與金錢援助

維爾強這樣設法說明：法、西兩國不受英國攻擊的威嚇，便要受解放了的殖民地的攻擊的威嚇，或是兩者聯合進攻的威嚇，現在應該採取一種具體的防守計畫。他提議以軍火和金錢援助叛黨，但是現在不要和他們締結任何條約。雖然法、西兩國要避免累及自己，但是他們不能以為可以避免嫌疑。英國人「慣於依着他們的利益的衝動而進，並且慣於以己之心度人之腹，那麼當然會相信我們不會放過傷害他們這麼一個好機會。」他因此力陳須將兩個君主國的軍力置於「可以抑制英人，使他們的攻擊沒有把握，或保證可以懲罰他們」的地位。

突谷特的反對　根據法王的上諭，這個條陳交了給其他國務大臣討論，他們多數完全贊成維爾強的見解。(六)唯一表示異議的聲音是突谷特，他請注意財政的狀況及陸海軍的不好情形。他以爲如果可能，應避免戰爭，並且以爲攻擊英國會促成她與她的殖民地的妥協，如是陷於最可怕的危險地位。他甚至於認爲英國征服她的殖民地對於法國是有利的。因爲如果殖民地毀壞了，英國會跟着衰弱起來，如果殖民地還是強盛的話，他們還是希望獨立的，對於英國繼續是一個困累。(七)

維爾強的實在動機　以政治家如維爾強的地位提出來的理由，不常是揭露他的實在的理由或動機。有充分的證據可以說，他相信英帝國的瓦解是恢復法國威望最穩當的方法。因此，他忠誠地努力於達到美國的完全獨立，並且在這個宗旨上面，他從沒有搖動過。(八)但是他需要所有他能搜集的理由，以便說服別人。他的堅持法、西兩國所屬西印第斯羣島有被攻擊的危險（尤其是英、美聯合來攻的危險），大概純粹是宣傳作用，用意在影響路易十六及其伯父西班牙王。(九)

大陸會議派遣賽拿斯丁因　同時，因爲邦屋羅瓦爾的使命及佛蘭克林(Franklin)所得到在巴黎的朋友所發來法國傾向祕密幫助殖民地的報告，大陸會議(Congress)於是決定派一授權的商業代表往巴黎；到一七七六年二月，曾任第一、第二兩次大陸會議的會員的賽拿斯丁因(Silas Deane，康納克地卡特(Connecticut)人)便當選去擔任這個重要的職位了。他是耶魯(Yale)的畢業生，外貌很動人，有好禮貌，慣於一種自由的生活。他的訓令乃祕密通信委員會所草定的，日期爲一七七六年三月三日。該委員會包括的分子有佛蘭克林、哈利遜 (Benjamin Harrison)、迭金生 (John Dickinson)、莫利時 (Robert Morris) 及約翰吉 (John Jay)。(十) 該訓令指示丁因以西印第安 (West Indian) 商人的資格前往巴黎，並且給了他許多介紹信給許多美國的朋友。他七月到了巴黎，馬上與法國朝廷的祕密經紀人包馬雪 (Caron de Beaumarchais) 發生了密切的關係。(十一)

包馬雪

包馬雪著了兩本當時最流行的喜劇，色維爾的理髮匠 (The Barber of Seville) 與非加羅的婚姻 (The Marriage of Figaro)，在文學界裏很有名——他不僅是一個冒險家，他無疑地有偉大的天才，雖然他是陰謀的健將，但是他的天性兼有勇敢、俠氣及應變的才能。在丁因沒有到以前，他早就想到做法廷的祕密經紀人去接濟殖民地，並且到過倫敦與維金尼亞 (Virginia) 的亞查爾李 (Arthur Lee) 接洽過。亞查爾李繼佛蘭克林做了馬塞秋色子 (Massachusetts) 殖民地的代表。

維爾強與法王之贊助美洲革命，大家認爲是包馬雪之功。他在一七七六年二月上給路易十六的條陳裏面說道：

> 如果有人回答說我們幫助美人勢必得罪英國，及捲入我希望避免的暴風雨中，我答覆說如果能跟着我多次提議的計畫去做，這種危險是可以不致發生的——就是祕密的幫助美人，而不累及我們自己……如果陛下關於這件事情沒有更靈變的人可用，我願負責執行，不連累任何人，深信我的熱誠

可以補我的才能之不足，比較單有才能的人爲好。

法廷的祕密經紀人　包馬雪與維爾強的理由最後得到了勝利，在丁因來到兩個月以前，法王決定了幫助殖民地，一切交涉由包馬雪經手。一七七六年六月十日法國財政部交了一百萬里佛爾（livers法國古銀幣）給包馬雪。八月十一日，包馬雪又接到了一百萬，這是法廷勸西班牙捐助的。後來西班牙又由包馬雪之手，接濟了不計其數的軍用品。

何大列公司　根據祕密幫助的計畫，包馬雪成立了一個商店取個假名『何大列公司』（Hortalez et Cie）。丁因來到的時候，便半官式的介紹與這個公司。不久他便在該公司得到二萬人的服裝，三萬枝短槍，一百噸的火藥，二百尊的銅礮，二十四尊的臼礮，連同相當數目的礮彈子彈。何大列公司自一七七六年繼續存在至一七八三年，在一條大街上佔了一所大房子，那所房子從前是荷蘭政府所有，做牠的公使館用的。在這個期間中，據說牠付出之款達二千一百萬里佛爾以上，多數是用在購買與運輸軍用品到美洲去的。包馬雪的信寫得令人讀起來有趣，並且他對於美洲革命的熱誠，或他實際所效的力量的價值，那是不能夠有問題的。九月二十五日，他以他的特殊的格調綜合剛由一隻從蘭達克特（Nantucket）經過二十六日到蘭特（Nantes）的船所帶來的消息：『一、大陸會議還在費列德爾菲亞（Philadelphia）開會，並不想退出該地。二、美人在七月四日宣布了獨立，以後沒有改變態度。』

包馬雪之熱心於美國革命　報告了派克爾(Sir Peter Parker)在南卡羅林拉 (South Carolina)之查爾斯頓（Charleston）的失敗，董木爾（Lord Dunmore）在維金尼亞的被擊退，地康德羅加(Ticonderoga) 與頂點(Crown Point) 的佔領，及紐約長島 (Long Island) 的血戰。他添說道：『英國公報 (English Gazette) 所報告說瑪利蘭省(Province of Maryland)和在德羅威爾河(Delaware)上的蘇色格斯州 (County of Sussex) 已經宣告附英，那是不確的。』結論，他說他在將『一個美代表（丁因）所作關於他本國的過去、現在與將來的長條陳』撮要出來。『他在等候其他兩個代表的新訓令，現在到了你必須說「是」「否」的時候。如果是後者，我便馬上要去自縊。』（十二）

因爲何大列公司的性質是虛稱的可疑的，所以到了最後清算的時候，自然很難確定大陸會議所收到的接濟，那些是包馬雪自己送出的，那些是法國政府贈與的。但是這個問題後來再來討論。（十三）

丁因的勞績　雖然丁因只是大陸會議的一個買賣經紀人，並且大半是經包馬雪之手，但是他與法國政府卻居於一種半官式的關係，時常直接與維爾強通信。因爲環境的關係，有時他被牽入完全在他的使命的範圍以外的事情。他答應了許多法國軍官的差使，而大陸會議不能雇用，於是許多人回到法國去很不高興。甚至有個時候他提議應該請布羅格利伯爵 (Count Broglie) 來美洲做總司令。（十四）這是科爾布男爵的一個得意計畫，但是大陸會議沒有注意這個建議。科爾布到了美洲熟悉該地政治情形以後，自己也放棄了這個事情。

他的免職與恥辱　佛蘭克林到了法國之後，外交關係多半歸他主持，丁因大半管理財政賬目。因爲亞查爾李批評他的行爲，一七七七年十二月八日，大陸會議便決議把他撤回。（十五）他在這時候服務本國的忠實與熱心，是沒有理由可以懷疑的。他去法國的時候雖然是一個著名的富人，但是他回來好像經濟很困難。他請求大陸會議淸算他的賬目，但是他們拒絕接受他的陳述。於是他回到巴黎去搜集文件來證實他的要求。有一個時候他受維爾強私人的津貼維持生活，終於投身於英國政府，寫了許多信，力勸殖民地仍原臣服英國。（十六）

對外條約的計畫　大陸會議一決定宣布獨立，便派了一個委員會去預備一個條約的形式向各國交涉。迭金生、佛蘭克林、約翰亞丹姆斯（John Adams）、哈利遜及莫利時都是委員，（十七）但主要的工作好像是約翰亞丹姆斯做的。草約共有三十條，（十八）於一七七六年九月十七日通過了大陸會議，並派了佛蘭克林、丁因和甲弗遜爲駐在法廷的美國代表。因爲他的夫人的身體很不好，甲弗遜辭了職，選了亞查爾李補了他的位置。丁因與李早已在法國。

佛蘭克林來到法國　佛蘭克林年已七十，於十月二十九日放洋，後來證明了這是他一生最重要的使命。他於十二月四日左右乘報復號船（Reprisal 船主名維克斯（Captain Wickes））到了魁比朗灣（Quibiron Bay），向蘭特出發。一七七六年十二月十六日包馬雪寫信給維爾強，說早幾天在哈佛爾（Havre），知道了佛蘭克林的來到：

我熟悉這個閒談懶惰的糟糕國家，我深怕那個著名的人物一到巴黎，便被人包圍起來，而致有不謹愼之事發生。我匆匆地寫信給丁因要他去接他的朋友，把他關起來等我回來，不讓他向任何人說話或與任何人通信，等到我有機會預先警告他，及接受你關於這事的命令以後。（提到些需要他個人注意的事情之後，他接着說：）我就趕夜回來了，不讓佛蘭克林做囚犯太久。我走得這麼快，我比他先到：……佛蘭克林來到所引起的刺激是不可思議的。可是那位勇敢的老人家不管他個人的危險讓他的船在路上掠奪了兩次。難道我們法國人便害怕嗎？（十九）

他的名譽和人望　佛蘭克林之來到巴黎，開了法、美國事的新紀元。可以穩當的說，就是直到今日以他要執行的責任所需要之經驗、訓練及人格而論，沒有那個派到外國去的美人，比佛蘭克林更合格。（二十）幾個月後，關於佛蘭克林、亞丹姆斯寫了這麼一段，雖然他有時候對於他這個同事很表示嫉妬：

他的名譽比賴布尼子（Leibnitz）或牛頓（Newton），弗德利克（Frederick）或伏特爾（Voltaire）更普遍，並且他的人格比較他們更受人敬愛……他的名字無論是政府或人民，無論是外國貴族、僧侶或哲學家，以至於平民都熟到這個程度，差不多沒有一個農民或市民，僕人或車夫，臥房中的女侍或廚房中的廚子不知道的，也沒有一個不認為他是人類的朋友……如果把十八世紀後半期歐洲所有的報紙收集起來，相信關於這位偉大的佛蘭克林的讚詞比任何前人為多。(二十一)

法王的財政幫助　一七七六年佛蘭克林、丁因及李給了維爾強我們歷史上第一個正式的外交文書。(二十二)接着有好幾個覺書請求援助並催促承認美國獨立。一七七七年一月九日，維爾強答覆該代表們，還是拒絕公開援助，但是聲稱他的皇上『將予以祕密的幫助，保證及擴大他們的信用與購買，以表示對於他們的親善與好意。』(二十三)該年之內，法國財政部撥了兩百萬里佛爾給美國銀行家格蘭德(M. Grand)，聽佛蘭克林的支用。這是自由的贈與。以外又向法國稅務代辦(Farmers-General)借了

稅務代辦的借款

一百萬里佛爾。這種稅務機關除收稅外，並享有各種特權，煙的專賣便是其中之一種。根據這個一七七七年三月二十四日所結的契約，佛蘭克林與丁因代表他們的政府承擔在一七七七年中交付五千桶約克(York)與詹姆士河(James River)的菸草，在稅務代辦方面則承認佛蘭克林與丁因的支票，來月以一百萬里佛爾為限，煙草到後再付一百萬。(二十四)大陸會議只能交付已經答應的菸草的一小部分，根據這個契約只有頭一百萬過了手，並且就是這一百萬中，還是差欠稅務代辦相當的數額，後來這數額付還了法國政府；因為法國革命的結果，法國政府繼承了稅務代辦的權利。

外交由大陸會議的委員會指導　我們國內的革命外交的組織，引起了許多困難。外交與其他一切

政務一樣，都是由大陸會議派委員會去執行，受大陸會議的訓示。已經說過的秘密通信委員會於一七七七年四月取消了，另外設了外交委員會代之。這個外交委員會的人員常有變更因此即使大陸會議不時常通過決議去干涉及將許多外交問題交特別委員會，也是趨於阻止一個一貫的外交政策的發展的。大陸會議的會長有時候也擔任外交通信的指導，如果遇到沒有這麼一個委員會的時候。最後，在一七八一年，大陸會議成立了一個外交部，並且同年十月中李文斯頓(Robert R. Livingston)就了外交部長之職。(二十五)

與駐外代表通信的困難　與駐外代表的常期通信遇到了很大的困難。據人統計，至少有三分之一的通信沒有達到目的地，信件是被英國海軍截取了，擱在英國的案卷保存所。有一個時期，十一個月中，大陸會議在歐洲大陸的代表有十二人之多，卻沒有得到他們任何人一封信。許多被截的信，當然是密碼的，但是多數密碼的秘訣已被英國外交部知道，所以敵人對於大陸會議及其在外代表的計畫很熟悉。(二十六)英國密探制度又組織得很好，許多美國生長的英國臣民裝做贊成美國革命，來做偵探。有些人兩方都得錢。聲名最狼藉的是本克羅夫特(Dr. Edward Bancroft)，他是馬塞秋色子生長的，佛蘭克林的朋友。他到最後還保持住佛蘭克林的信任。(二十七)

約翰亞丹姆斯與「民軍外交」　一七七七年丁因被撤職的時候，約翰亞丹姆斯被選去接替他的位置，爲駐法廷代表之一。亞丹姆斯是相信他所謂「民軍外交 (Militia diplomacy)」的。他有一次說：

「民軍外交有時候甚至於不遵守常規，戰敗正式軍隊。」他在一封給大陸會議的信裏面，表示意見，攻擊佛蘭克林說：「在朝廷內沒有人會受歡迎。如果他的道德不敗壞或是不犧牲你的利益。」

對佛蘭克林的嫉妬　關於外交關係的管理，與關於財政與軍隊的管理一樣，對於執行的權威有同樣的嫉妬與恐怕。對於佛蘭克林及其在法廷所居的無比的顯赫地位，如華盛頓（Washington）在戰場上一樣有嫉妬。外交上有一確立的原則，就是如果一個專使明知不會受某外國朝廷的接待，不應強迫他去。因爲受了亨利李（Richard Henry Lee）與山繆爾亞丹姆斯（Samuel Adams）的影響，大陸會議派了許多代表到歐洲各國朝廷去借款，甚至於明知這些朝廷不會接待。佛蘭克林是完全反對這個政策的，但被抑制了。(二十八)亞查爾李奉命往瑪得里（Madrid），但是中途被西班牙政府阻止了，雖然西班牙曾經祕密經維爾強之手給過美國一百萬佛郎。李又奉命往柏林，這個京都他卻到了，但是完全以私人的資格。大菲德利克（Frederick the Great）拒絕接待他，他的柏林之行所最可紀念的只有他的文件之被偸一事，這件事情公開承認了是在英國公使指導之下幹的。

亞查爾李的文件在柏林被偸　這件事情說起來很有趣。英國公使伊立奥（Hugh Elliot）買通了一個德國侍者去謀取李及其隨員塞爾（Sayre）所住旅館房間的門戶的鑰匙與衣櫃的鑰匙。他已經觀察出來李等每星期要到鄉下去一二次與一個朋友聚餐，不到夜晚十一點鐘老不回來。有一次他們走了之後，侍者進了李的房間，找得了他的紙夾，把文件拿到伊立奥那裏去，伊立奥立即叫他幾個朋友來抄正在抄的時候，伊立奧爲避免嫌疑起見，特往該旅館去訪問在該處住的一個英國貴族，忽然看見李及塞爾這個時候已經回來了，較之所預料的時間早好幾點鐘。伊立奧大膽地與他們談話，盡力拉長時間，假裝不知道他們是誰，也不把他的名字告訴他們。最後，李進他的房裏去寫信，不久便大叫起來有強盜，通知了柏林的警察。後來那天晚上伊立奧將該信件等交還了給旅館的一個侍者。這件事情轟動一時，伊立奧立即向德外長聲明信件是由一個過於熱心的侍者偸的，這個侍者曾經聽見他向朋友說過，如果他能看見人家所說李每天保存的日記裏面的東西，他願給一千金鎊。如果大菲德利克不喜歡，他願意辭職。但是大菲德利克只婉和地責備了他的活動和熱心，沒有向英國政府正式表示不滿。喬治第三 (George III) 要薩佛克伯爵(Earl of Suffolk)傳言，婉和地責備了伊立奧，但是伯爵添說道：『鑒於』伊立奧所表現的『忠誠，』『陛下很注意你所用費的鉅款，叫 如數寄來給你。』他封寄了一千金鎊的支票。(二十九)

其他代表的不幸經驗 因爲文件被偸鬧得大家知道李及其所奉的使命，以致普魯士政府不願繼續非正式的談判。因此他在柏林毫無所成。他的兄弟威廉李(William Lee)被大陸會議派往維也納宮廷，並附有往柏林的使命，但是兩個國都都不許他進去，他只好天天與佛蘭克林爭辯他應否享受公使的薪水的問題。譚那 (Francis Dana) 被派往聖彼得堡 (St. Petersburg)，約翰亞丹姆斯被派往海牙(Hague)，伊闊德 (Ralph Izard) 被派往佛羅倫斯(Florence)。亞丹姆斯終竟與荷蘭交涉了一個條約，但是多半的時候這些專使們因爲不能得到所派往的國家的承認，使在巴黎住下來，靠佛蘭克林接濟，並且嚴重干涉佛蘭克林的工作，要求把他一切的談判告知他們，甚至於還要參加意見。但是佛蘭克林覺得沒有義務要遵從他們的意見。

柏谷因投降的消息的影響　一七七七年十二月初，佛蘭克林、丁因及李接到柏谷因（Burgoyne）失敗與投降的光榮消息。代表們寫信回國說這個消息『顯然引起法國的歡欣如他們自己的軍隊戰勝了他們自己的敵人一樣。』他們立即乘這個有利的形勢，逼維爾強接受大陸會議締結和好通商條約的提議，該項提議他們已經擱在維爾強的手裏差不多一年了。（三十）亞查爾李送了致維爾強的通牒的一個副本給西班牙駐法大使亞蘭達伯爵（Couut de Aranda），表示希望與西班牙也能締結一個條約，並請求他的合作。（三十一）亞蘭達對於美國的態度倒好，但是他在本國政府內沒有大的勢力。美洲來的消息感動了路易十六，答應與美國代表們談判，不過有這麼一個保留：

> 陛下與西班牙王有最親密的關係，除非西王加入共同擔任實行，不願意締結任何協定。這是為什麼陛下雖然宣稱他傾向接受向他談判的請求，但是明白保留非與他的伯父西王共同行動不締結任何條約之權，並且須視西王指示公開宣布他的態度的適當時機。（三十二）

法廷決定承認美國獨立　只要西班牙一同意，立即可以承認美國獨立及進行談判條約。這個決議由維爾強的祕書格拉德(Gérard)於十二月十二日通知了佛蘭克林及其同事。(三十三)格拉德不久便被派爲駐美的第一任公使。

維爾強謀取西班牙同意　同時維爾強特派了一個急差往西班牙，帶着柏谷因投降的消息及致法國大使滿特木林(Montmorin)的一個通牒，令他轉交與查爾斯第三 (Charles III) 的首相布蘭加(Florida Blanca)，並請早日定議。該通牒開頭說到柏谷因投降所引起的『不安』及英國與她的殖民地妥協的危險。『英國除設法使再沒有希望做她的臣民的人做她的朋友以外，還有什麼更聰明的辦法?』借用包馬雩信裏面一句話，他說：『第一個承認美人獨立的國家，將來是得到這次戰爭一切好處的國家。』他然後問：『我們是否願讓英人再與美國聯合，而一點也不採取辦法去分享牠的善意?』提出他的英、美聯合的危險的得意理由，他說：

> 我們隨便採取那條路，要避免與英國的戰爭，那是很困難的。這倒不是因爲我們幫助傷她最利害的美國；而是因爲我們兩國海軍的恢復。現在，如果戰爭是這次危機的必然結果，是不是更便宜有美人做朋友，免得他們做我們的敵人?

完全覺到西班牙的土地野心，他以措詞謹慎的話來結束該項通牒，將這個問題留待後來討論：

我們這裏不說與美人應規定的條件。如果我們與他們談判，我們自己不向他們要求什麼爲難他們的條件，我們只要保證我們的島嶼與在西美的屬地，以及相互通商的自由（同時遵照船隻停泊地方的已有規則）。西班牙要磋商的事情或許更多，她的通商規定或許與我們的不同。但是前提決定之後，一切都可以討論。（三十四）

布蘭加拒絕與法美擬議的同盟　維爾強的理由對於布蘭加沒有什麼影響。布蘭加是一個有應付事變才能並且好侵略的人，他於數月前就職之後，便完全改變了游疑不定的前任宰相格林馬爾地(Grimaldi)的政策。布蘭加很嫉妬法國的勢力，對於家庭公約很冷淡，並且有野心要展開一種明顯的西班牙政策，使西班牙不倚賴法國。再則，他是一個忠實的王黨，他怕了在西班牙殖民地旁邊建立一個共和國的影響。（三十五）因此他拒絕了維爾強三國同盟的提議，至於西班牙後來所予的幫助，乃是密切交涉的結果。布蘭加聲稱現在西王所經決定者：

（一）予殖民以充分的金錢上的幫助，（三十六）但須絕對守祕密；（二）他們需要時可予他們以保護，但是他們的行爲須忠實小心；（三）最後密切注意倫敦各黨勢力的消長，尤其與對美人停止戰爭有關係的。（三十七）

西廷不滿法國的政策　這是正式的答覆，但是滿特木林於一七七七年十二月二十三日給維爾強的報告，敍述他與布蘭加及西王談話的情形很淸楚，據他說，他們並不隱藏對法國逼迫他們的努力的厭惡。布蘭加聲稱他們除與英國的殖民地來往並承認他們的獨立外，不能更有進一步敵對英人的行動；並且西班牙的艦隊正在由美洲回來，如果牠

被英人拿去，他們的方法便多了一個，我們的方法便少了一個，這樣我們便絕對不能作戰。何況，我不認爲環境如法國所想那樣急迫。美國代表正在玩他們的把戲。他們的目的老是在使我們與英人發生糾葛。無論怎樣謹愼保守祕密，美國代表洩漏的好處太大不會不洩漏出去的；最後我不認爲母國與她的殖民地容易和解。在他們能得到諒解以前，還要許多時候。現內閣（英國）不敢承擔給予獨立所引起的責難，如果內閣改組，我們還來得及預防。

他的政策是西班牙慣常是遲延政策。再三聲辯之後，他結論說：「我不知道將來如何結果。我以爲我們要牽入戰爭。如果戰爭發生，我們不是首先希望和平的。」並且再三鄭重帶着一種感情聲說「我們非至最後決不求和，就是出賣我們最後的襯衣也所不惜。」滿特木林用詼諧的口氣回答說，他希望出賣襯

衣的是英國人。從這個談話中，滿特木林下結論說，如果法國宣戰，『他們這裏會很生氣的，但還是會跟着法國所決議的來。先生，包管你，不管法國怎樣被牽入戰爭，西班牙是會跟着來的。』(三十八)

法美同盟簽字 不管西班牙宮廷表示的意見，維爾強繼續與美國代表開談判，到一七七八年二月六日格拉德代表法國，佛蘭克林、丁因(三十九)及李代表美國，簽了兩個條約。一個是和好通商的條約，一俟批准，卽行發生效力；還有一個是同盟條約，如果因爲通商條約的結果，英、法間發生戰爭，該約卽發生效力。同盟的目的是『有效的維持美國絕對的無限制的自由主權及獨立，』並且兩方面同意非達到這個目的不罷兵。法國永遠放棄伯慕達斯(Bermudas)島嶼的所有權，以及一七六三年巴黎條約以前，或是根據該約，北美洲任何屬於英國的部分，』美國方面可以自由征服伯慕達斯或坎拿大，法國在墨西哥灣則可自由合併任何英國屬地。再則，兩方同意互相保證在美洲的土地，包括上面所限定範圍內增加或征服的地方。另外還有一個同時簽字的密約，保留西班牙王加入上述條約之權。(四十)

同盟在美國的影響 法國同盟有極大的影響，不久全局爲之一變。報告這個好消息的信及條約全文到達美國很慢，但是大陸會議於一七七八年五月四日便立卽將該項條約批准了。(四十一)跟着佛基山谷(Valley Forge)的長久並且氣餒的冬天，同盟的消息重新燃着了熱誠，注入了一種新精神到獨立運動裏去。同時法國同盟在英國國會內引起了一個嚴重的危機。二月十七日，在沒有得到同盟的消息以前，洛斯爵士(Lord North)在衆議院中敵友皆爲驚愕之下，提出了一個法案，除獨立以外，差不多答應

英國向法國宣戰

了美人一切的要求，並且規定委任全權代表與殖民地交涉。這些辦法辯論了很久，最後是通過了。三月十三日英國政府得知各項法國條約，立即對法宣戰。當着這個大危機，大家的眼光都轉視加塞姆(Catham)。洛斯爵士提出了辭職，力勸英王召他的偉大敵人（加塞姆）組織新內閣，但是喬治第三大怒，聲稱天地間沒有什麽權力能够甚至於使他屈身接待『加塞姆及其羣』不過若是加塞姆不在貴族院站起來說話，忽然死去的話，他大概勢不能不屈服。洛斯繼續為內閣總理。和平代表剛在英兵撤退費列德爾菲亞的時候到了美國。大陸會議拒絕討論他們的提議，他們便於十月回到了英國。

伊斯登的艦隊沒有給予有效的幫助　法國起初給予陸海軍的幫助是無成效的。於是引起了對於法國同盟的價值的懷疑。一七七八年四月伊斯登伯爵(Count d'Estaing)率了十二條船和四千法國兵從杜朗 (Toulon) 出發，至七月初到了德羅維爾河口。但是克林頓(Sir Henry Clinton)已經聽見他在路上來，便撤退了費列德爾菲亞。伊斯登要截留浩維爵士 (Lord Howe) 的艦隊太遲了。該艦隊裝了數千托利 (Tories 王黨) 由費列德爾菲亞往紐約。伊斯登跟着浩維到沙灣(Sandy Hook)。他以華盛頓軍隊的幫助，大有機會消滅英國艦隊，封鎖英國陸軍於紐約，但是他的駕船者報告說他的較大的船不能航過沙灘。經華盛頓的同意，他決定放棄進攻紐約，而企圖佔取紐撲特 (Newport)。浩維的艦隊加增力量之後，又追着他走，正是兩個艦隊施用策略爭奪地位的時候，一陣大風把他們分散了；經擱在波士頓(Boston)修理之後，伊斯登向西印第斯出發，企圖征服較小的英國島嶼。

佛蘭克林借得法款　法國同盟最重要的切近結果是佛蘭克林所交涉的一千八百萬里佛爾的借款，從一七七八年起至一七八二年止，分作二十一次撥付。第一次撥付在條約簽訂以後三個星期便實行了。以前所付之錢，除一七七七年稅務代辦所借的一百萬里佛爾外，都作爲贈與。一七八一年經佛蘭克林之手法國又贈了六百萬里佛爾，並且替美國向荷蘭借了一千萬里佛爾，由法政府擔保。可是這一定不可與後來約翰亞丹姆斯所交涉成功的荷蘭借款相混。一七八三年法國又借了六百萬里佛爾。這些借款統共爲三千五百萬里佛爾，或六、三五二、五〇〇元。(四十二)這次戰爭法國的總損失，包括海陸軍費，據估計爲十二萬萬里佛爾。(四十三)這筆鉅大的用費，沒有得到什麼酬報，無疑促成了法國君主政體傾向的大難。

(一) Wharton, Diplomatic Correspondence of the American Revolution, I, Chap, IV; Corwin, French Policy and the American Alliance, Particularly Chaps. I and II.

(二) Corwin, p. 40.

(三) Wharton, I, 418.

(四) Ibid., p. 333.

(五) Stevens, Fascimiles of Manuscripts in European Archives Relating to America, No. 1316; Doniol, Histoire de la Participation de la France à l'Etablissement des Etats-Unis d'Amérique, I, 273.

(六) Stevens, Facsimiles, Nos. 1319, 1320.

(七) Wharton, I, 339.

(八) Ibid., pp. 363-364; Phillips, The West in the American Revolution, 149, 202, 215.

（九）Corwin, Chap. VI. 另外一種見解，參看 Van Tyne, "Influences Which Determined the French Government to Make the Treaty with America, 1778," in Am. Hist. Rev., XXI, 528-541.

（十）Wharton II, 78

（十一）Loménie, Beaumarchais et Son Temps; Wharton, I, 364-386.

（十二）Stevens, Facsimiles, No. 898.

（十三）見第三章內。

（十四）Wharton, I, 392.

（十五）Ibid., II, 444.

（十六）Wharton, I, 559-573. 丁因後嗣的要求，最後到一八四二年經參議院革命要求委員會的有利的報告，纔根據相互讓步的辦法解決。

（十七）Wharton II, 100.

（十八）Journals of Continental Congress, V, 576, 768.

（十九）Stevens, Facsimiles, No. 911; Doniol, II, 96.

（二十）Lay, Foreign Service of the United States, 4.

（二十一）Wharton, I, 488.

（二十二）Stevens, Facsimiles, No. 607.

（二十三）Ibid., No. 622; Doniol. II, 116-122.

（二十四）Wharton, II, 300.

（二十五）Ibid., I, 456 457.

(二十六) Op. cit., pp. 461-462.

(二十七)參看伯米斯 (Bemis) 寫的一篇有趣味的論文，"British Secret Service and the French-American Alliance," in Am. Hist. Rev., XXIX, 474.

(二十八) Wharton, I, 289-294.

(二十九) Stevens, Facsimiles, Nos. 1451-1482.

(三十) Wharton, II, 444.

(三十一) Ibid, p. 447.

(三十二) Stevens, Facsimiles No. 1762.

(三十三) Wharton, II, 452.

(三十四) Stevens, Facsimiles, No. 1769.

(三十五) Phillips, 48.

(三十六)答應三百萬里佛爾，但沒有交 (Wharton, II, 470)。一七八〇年經吉 (Jay) 交涉許久之後，纔借了 $150,000。

(三十七) Stevens, Facsimiles, No. 1790.

(三十八) Stevens, Facsimiles, No. 1792; Doniol, II, 695.

(三十九)丁因雖然撤職了，他繼續任事到四月，纔與新近受任的法國駐美公使格拉德乘伊斯登的艦隊動身。

(四十)(Malloy) Treaties and Conventions of the United States, I, 479-483.

(四十一) Wharton, II, 568.

(四十二) (Malloy) Treaties and Conventions of the United States, I, 483-487.

(四十三) Wharton, II, 526 n.

第二章　獨立與邊界

正常的外交交際的成立　承認美國獨立的結果，路易十六決定了派公使前往住在大陸會議的附近。一七七八年三月二十八日，格拉德便被委爲駐美第一任全權大使了。他乘伊斯登的艦隊於七月來到。(一)因爲他是第一個外國公使，所以他的接待在大陸會議裏討論得很利害；結果規定了一種正式的儀節。(二)九月，大陸會議選了佛蘭克林爲駐法全權大使，並取消了包括李與亞丹姆斯的使團。李在歐洲逗溜了兩年，亞丹姆斯則回了美國。可是亞丹姆斯不能長久閒散。一七七九年九月二十七日，大陸會議便選了他去擔任一個更重要的職務，就是充當與英國交涉和平通商條約的全權大使，如果英國願意承認美國獨立的話。

運動西班牙加入戰爭的工作　簽訂法、美同盟條約之後，維爾強其次的目的，便是在他能夠安排的最好條件之上使西班牙加入戰爭。這是一件很困難的工作，因爲西班牙的目的和野心與法國的很不同，並且完全與美國的相反。路易十六向他的伯父宣告他決計與美國同盟，(三)果然不出滿特木林所料，引起了西班牙宮廷的忿怒。但是布蘭加不久便感到他能利用這個形勢逼維爾強讓步。一部分原因爲坐待時機，一部分原因爲表示他的君王不是屈服於法國政策之下，他便提議來調解英、法。英國政府爲遷延西

班牙加入戰爭計，很鼓勵這個意思，但是最後用提出不可能的條件，拒絕了西班牙的提議。(四)

亞倫吉密約　可是，調停的討論使法國與西班牙交換了關於最後和平條件的意見，結果於是有一七七九年四月十二日亞倫吉(Aranjuez)密約的簽訂。(五) 根據這個協定的條件，續訂了家庭公約，西班牙也答應了加入戰爭，並且規定了不得對方同意任何一方不得與共同敵人簽訂任何條約。關於美國的獨立，法國的態度很明白。第四條載有下列的宣言：

> 法王為嚴格執行他與美國締結的條約，提議並且請求西王於他向英國宣戰之日，承認美國主權的獨立，並答應除非英王承認獨立決不罷兵。

可是西班牙的宣言便是含糊的：

> 西王過去希望，現在還希望使他的姪法王滿意，並且為美國謀得他們所希望，而事實上可以辦到的一切利益。但是因為西王還沒有與他們締結任何條約，以解決他們的相互利益，他保留這樣做法的權利，並且保留那時候成立關於所述獨立的協定內容的權利。

法西的戰爭目的　該約然後詳細敘述法、西兩國的戰爭目的。法國的目的是：(一)廢除一切關於剝奪法國在坦厥爾克(Dunkirk)建築防禦工事之權的條約規定(二)驅逐英人離開紐芬蘭(Newfoundland)島及捕魚之區域(三)自由與東印第斯(East Indies)通商(四)收復生納哥(Senegal);(五)佔有三多杜門谷(Santo Domingo)島(六)不廢止卽須完全執行優楚條約(Treaty of Utrecht)。西班牙的目的更具野心。他的目的是:(一)交回基布拉達(Gibraltar)(二)佔有木比爾(Mobile)(三)交回彭薩哥拉(Pensacola)及佛洛利達東岸(四)驅逐英人離開漢都拉斯(Honduras)灣(五)取消一七六三年條約所給予英人在肯派齊(Campeche)岸採伐染料木材的特權;(六)交回門洛卡(Minorca)島。在另一條內,兩國約定,至少非對於基布拉達的交回,及關於坦厥爾克防禦工事的限制的撤消有保證,不罷兵或甚至於不休戰。

維爾強的困難地位　於是維爾強置身於兩個伴侶之間,他們各走一端。美國同盟的直接目的是美國的獨立,而西班牙同盟的目的則爲基布拉達的恢復。因爲美國同盟是外間知道的,而西班牙同盟的條件是守祕密的,他的處境更加困難。

法國答應不恢復基布拉達不罷兵,這種義務是唯一與她和美國所結條約發生矛盾的地方(六)美人同意了不離開法國單獨媾和,而法國現在又同意了非得到基布拉達不媾和。維爾強不得到美國的同意或使美國知道,無權把美國獨立運動與基布拉達的恢復連做一起。但是美國的情勢非常危急,使西班牙加入戰爭,最爲重要。

可是，維爾強對於各邦的西方邊界及密士西比河的航行等重要問題，並沒有使法國受束縛。後來他調和西、美兩國在這些問題上所發生的差異的努力，倒使人家攻擊他優柔寡斷，無誠意，願意犧牲美國的利益。(七)

西方邊界與密士西比問題　這些問題既然在和平談判中佔這麼一個重要位置，在這裏對於這個題目的溫習是很重要的。第一應注意以前關於西部土地及密士西比河的航行的討論是在費列德爾菲亞而不是在巴黎舉行。佛蘭克林在這幾點上沒有特別訓令，並且為其他的事情太忙了。格拉德被派往費列德爾菲亞為全權大使的時候，他的訓令(八)包括了坎拿大及佛洛利達問題，至於西方邊界或密士西比則沒有提到。

> 大陸會議的使者（維爾強說）已經向皇上提議締結一協定，贊成美人去征服坎拿大、洛伐斯柯夏(Nova Scotia)及佛洛利達，他認為大陸會議很關心這件事情。但是法王認為英國保有這三個地方或至少保有坎拿大，可以使美人憂慮不安，更感覺到法王的同盟和友誼的需要。因此這種憂慮不安，在他是不願除去的。

因此格拉德奉令拒絕締結關於這種征服的協定，但是如果大陸會議逼得太緊，他可以默認，不過這種征服不應當做和議的重要條件。

關於西班牙的利益問題，訓令開示道：

有一點對於法王大有關係，格拉德須盡力善爲對付——約內的條款須有利於西班牙。他知道西班牙雖然沒有反對那兩個條約，卻也沒有參加，並且一直到現在她完全沒有說到將來她可以加入的條件。不過我們有理由認爲她想取得佛洛利達，分享紐芬蘭及吉麥加(Jamaica)的漁業……美人的征服計畫包括佛洛利達。因此須預備他們放棄他們的要求。

西班牙與美國利益衝突　格拉德從這些訓令當中好像推定了他是去照顧西班牙的利益的。他在這方面的努力不久又受了美拉爾斯(Juan de Miralles)的煽動。美拉爾斯是哈伐那(Havana)一個商人，奉古巴(Cuba)督軍的使命來到費列德爾菲亞爲西班牙王的觀察者。(九)後來西班牙提出對於密士西比河流域的廣大要求，好像是出於美拉爾斯的主意，並且是由他通知了格拉德。格拉德不久便熱烈的主張這些要求。這兩個外人不久便在一些大陸會議會員當中得到了優勢，並且格拉德的住所變成了討論一切對外問題尤其是美、西兩國利益衝突的通常聚會地方。大陸會議的意見分成兩派，一派是對於西部土地有廣大要求的各邦的代表，另一派是邊界限定了的各邦的代表，他們對於鄰邦的土地要求

大陸會議中意見的分派

很嫉妬。大陸會議正在財政很困難之中，有些會員很願意考慮犧牲土地，以換得財政的幫助。大陸會議會長約翰吉及莫利時（都是紐約人，紐約的西方土地的要求是很模糊的）與格拉德及美拉爾斯開了多次的談判，並且時常招待在他們的家裏。他在這時候的立場，數年後吉有下面的敍述：

> 我早就相信，倘若我們能得到獨立及早日議和，我們不應因為要征服佛洛利達及保持密士西比河航行的關係，延長戰爭。我們對於佛洛利達沒有所有權，對於密士西比這時候不應該要，並且經西班牙同意我們或許還可以得到一部分的用。(十)

一七七九年一月格拉德向大陸會議的一個委員會聲稱，一旦西班牙王與英國戰爭，那麼美國對於英皇屬地的權利，就和西班牙一樣；法國不能為他們取得他們所貪望的土地而延長戰爭一日；並且美人一日堅持這些要求，一日不能與西班牙有好感。(十一)

維爾強對於密士西比問題的立場　格拉德的意見不是維爾強所開示的，只要把維爾強一七七八年十月所發的訓令拿來比較，便很明白。該項訓令，格拉德在上面所述的談判以後不久便接到了（一七七九年二月）。維爾強寫道：

我不知道，我甚至不能測度瑪德里宮廷對於這個問題的意思。但是我從各地的地位來斷定，美人因爲他們擬在阿埃奧(Ohio)成立殖民地的關係，一定會要求密士西比河的自由航行權，並且我奮告你，若有人拒絕這個要求，我是很驚訝的。可是，或許我有不知道反對方面的帶有地方性的理由，值得考慮；關於這些，你的地位正好從美人他們自己或美拉爾斯打聽出來；如果這些理由的性質勢非使西班牙拒絕不可，你須謹愼見機好好預備使美人接受。如果不然，你便應該勸西班牙的代表，不但須避免給他的宮廷對於這個問題的偏見，並且須設法使牠沒有困難給予美人勢必請求的同意。(十二)

大陸會議規定美國的邊界 同時，因爲格拉德建議的結果及爲促進與西班牙同盟起見，大陸會議決定了放棄坎拿大與佛洛利達的征服，並根據一七七九年二月二十三日的決議，規定美國的邊界如下：

北方用英國所主張的坎拿大舊疆界，自洛伐斯柯夏向西南、西及西北，至納佩松湖(Lake Nepissing)從該處劃一線西至密士西比；東方用馬塞秋色子與洛伐斯柯夏規定了的邊界；南方根據喬其亞(Georgia)與東西佛洛利達的邊界；西方以密士西比河爲邊界。(十三)

這個決議又確認自由航行密士西比河至美國南方邊界之權，並且要求下游一個或多個的自由海港。

數月後（一七七九年九月）吉被任爲全權大使去與西班牙交涉一個同盟及和好通商的條約。他與亞丹姆斯兩人都被提名爲和平代表去與英國交涉，投了數次的票不能解決。最後決定先選往西班牙的公使，吉便馬上當選了。亞丹姆斯然後被選去擔任其他一個職務（和議代表）（十四）吉的訓令是根據二月二十三日的決議。最重要的一段如下：

吉赴西班牙的使命

如果西王加入上述的（一七七八年的）條約，並且爲上述的條約所表示的意旨會同法、美繼續這次對英國的戰爭，那麼他去取得佛洛利達不會遇到阻礙；反之，如果他從英國手中取得佛洛利達，美國可以爲西王擔保不過美國須永遠享受密士西比河入海往返的自由航行權。（十五）

這個最後的條款無異是被人認做哀的米敦書。吉並且奉令須設法爲美國居民的船隻與貨物在密士西比三十一度以下取得便利的港口。最後他須向西王陳述美國財政的困難，並請求在他所能得到的最好條件上借款五百萬元，但是在提議借款以前，他須以擔保佛洛利達爲理由，極力取得一項津貼。（十六）

西班牙謀排斥美國於密士西比流域之外　吉的使命是一個困難的使命，不久便知道西班牙的野心是絕對與美國的利益與希望相反。布蘭加對於美國獨立的承認很遲疑；他希望英國保持坎拿大以牽制這個新共和國的新起勢力；他堅持西班牙航行密士西比河的獨享權利；他否認美國對於密士西比河與亞里格尼山（Alleghenies）間的土地的要求。西班牙外交的目的，在戰期內以及和議中，都在使美國成爲一個薄弱的倚賴的國家，限制牠的疆土不出於大西洋海岸，排斥牠的居民於密士西比河流域及墨西哥海灣之外。據墨西哥、古巴、魯易西恩那及佛洛利達爲己有，西班牙希望沿墨西哥海灣建立一個強有力的帝國。（十七）據吉的報告，事實上布蘭加曾經用相當的熱誠坦白的向吉說過：

……如果西班牙不能排拒各國於墨西哥海灣之外，他們又何嘗不可以允許一切國家都進來；西王絕對不會拋棄牠（密士西比河的航行；）該大臣認爲牠是戰爭要得到的主要目標，如果得到，他對於西班牙有沒有得到其他的割讓，是無所容心的；他認爲牠比較基布拉達的獲得更重要，如果他們不能得到牠，那麼英人之是否佔有木比爾在他看來是沒有關係的。（十八）

維爾強訓令魯會贊助西班牙的要求　大約在吉被任爲駐西班牙公使的時候，格拉德因爲身體不好的關係，辭了職，魯會（Chevalier de la Luzerne）繼任了法國駐美公使之職。格拉德使維爾強誤會了關於密士西比的眞實輿論。他向維爾強報告說，有許多有勢力有知識的人贊成限制西方的邊界，至於反對派乃是亞丹姆斯及李氏諸人所領袖的反法派所形成，他們是贊成與英國分別交涉的。（十九）這種意思，說美國有一強有力的親英黨反對法國同盟以及對於邊界問題意見分歧，大概可以解釋維爾強在他給魯會的訓令內所表示的態度之突變。魯會住在美國的時間夠了解輿論的趨勢，所以在轉達該訓令的內容與大陸會議的時候，他不用原文那種辯論的口氣，而裝做只是用不偏的態度陳述西班牙宮廷的見解，並且表示法國唯一的興趣在除去她的同盟國間的誤會。提出來的要點是：(一)美國照英國一七六三年的宣言所規定的範圍，不再向西發展；(二)美國的土地既然沒有擴張到密士西比河，他們沒有航行該河的權利；(三)大概西王在戰爭期中要征服佛洛利達，凡關於此事的爭端的原因應一概除去；(四)密士西比以東之地曾經一七六三年的宣言禁止殖民移入，乃英國皇帝的領土，因此須聽任西班牙的征服。(二十)

訓令的重新考慮與改變　維爾強一得到魯會關於美國的眞實感覺的情形的報告，他便覺到公開主張西班牙的要求會嚴重地危害法、美間的關係，他於是立即改變他的訓令。在一七八〇年六月三日一個文件裏面，他一方面雖然重述他個人的信仰，西班牙有征服密士西比東岸土地的權利，但是他認爲這件事情不是法國所能決定，魯會除了勸告大陸會議會員個人對於他們的要求的宣言稍爲和緩，及對於西王的寬大應有較大的信任外，不應再有什麼動作。這時候維爾強的意思以爲法國之保證美國疆土須看結局如何，並且只有和平條約能夠決定牠的範圍。(二十一)

吉與布蘭加的交涉　在瑪得里布蘭加告訴吉說，締結條約的唯一障礙是美國之要求航行密士西比河，吉於是請示大陸會議再予訓令。(二十二)該問題交了委員會，到一七八〇年十月四日經過辯論與修正之後，大陸會議一致通過了報告。關於美國自由航行密士西比河以至於海的權利，令吉保持他以前的訓令；至於航行及緯線三十一度以下的自由海港的規則，他有斟酌辦理之權；他須嚴格堅持大陸會議所規定的美國邊界；最後，如果西班牙取得佛洛利達，最重要的是美國『須用喬其亞流出，經西佛洛利達，以入於墨西哥灣的河流，』爲酬報這種權利，令吉保證西班牙保有佛洛利達。(二十三)

麥地生要求西方土地的理由　兩個星期以後，大陸會議通過了麥地生(James Madison)起草的一個信，名爲『致美國駐凡爾賽與瑪德里兩宮廷全權大使，解釋四日給吉的訓令所根據的理由及原則』(二十四)在這個能幹的文件裏面，麥地生提出了大概是最有力的理由爲這種可以爭辯的要求打算，沒有別的理由更有力。他的理由的要點是：根據一七六三年的巴黎條約，所有美國要求的土地，乃是明白地不能變更地割了給英國國王；美國因爲政府革命的結果應享受割讓的利益；英王在美國範圍以內的土地權，乃由於現在居民及其祖先的進取、冒險、犧牲而來，如果西方的土地其所有權靠征服，那麼美國的要求比西班牙更大，因爲美國以武力佔領了伊利諾(Illinois)及瓦巴煦(Wabash)一帶的重要殖民地，並且樹立了文治政府，至於西班牙則在納傑(Natchez)以上並沒有什麼地方；一七六三年的宣言原意明明完全是規定與印第安人的關係的，並沒有放棄巴黎條約所爲的割讓或影響殖民地昔時特許狀所規定關於他們的邊界；最後依理推斷，西方土地是包括在法國同盟條約保證之內(該約規定了美國之可

能的征服坎拿大和伯慕達斯，）因爲

……所討論的西方土地，早就知道對於美國非常重要，如果兩方了解不包括在普通保證之內，請問他們會不會能注意到坎拿大甚而至於遼遠及不重要的伯慕達斯島，而不注意到牠？

自由航行密士西比之權　關於密士西比河航行的問題，理由沒有這樣動聽。要求的根據是（一）巴黎條約第七條約定給英王之權的移轉，（二）該河上游居民到海有自由出口的天然權利，（三）各國的慣例，引了瓦特爾（Vattel）一段可以懷疑的文章作證。最後他懇求西王慷慨，並以西班牙與法國的經濟利益爲言，指出如果西方的出產不能找到一條沿密士西比到西、法兩國領土的出路，會改道經大湖（Great Lakes）及聖羅倫斯（St. Lawrence）往英國海峽去。（二十五）

大陸會議爲西班牙同盟而讓步　數月後，南方各邦被英人所侵擾，一般人非常失望，大陸會議根據維金尼亞代表的建議（他們奉到本邦會議的訓令而出此，）取消以前的立場，於一七八一年二月十五日通過了一個決議，令吉放棄緯線三十一度以下的自由航行權，但同時令他極力向西班牙交涉准用該河及一個或多個海港。據說這種行動的理由是除去西班牙加入法、美同盟的各種合理阻礙。（二十六）

吉躊躇地執行訓令　吉不完全贊成他的新訓令。自從他與格拉德與美拉爾斯談判以後，他對於這個問題的意見改變了。西班牙加入戰爭是爲她自己的目的，他不相信所擬議的這種讓步會使她對英作戰更加熱心。再者，他在西班牙受到的待遇，使他很困惱，很屈辱。在這些情形之下，他沒有立卽向布蘭加報告大陸會議所提議的讓步。不過最後認爲西班牙宮廷在他沒有收到以前，已經把該項文件打開看過，或不知用了些什麼方法知道了他的訓令的性質，他纔根據了放棄三十一緯度以下航行密士西比河的要求，提出了一個條約大綱。但是他向西班牙大臣聲明道：

……如果牠的接受，連同提議的同盟，須展期至總和議時，那麼美國對於他現在代表美國所提出的意見，停止認爲自己有何約束。(二十七)

西班牙拒絕同盟的提議　幸而吉的努力沒有成功。如他所預料，獻議的讓步沒有使西班牙對於同盟接近一步。吉在西班牙續住了一年，官場的侮慢及推拖自然不消說。除了十五萬元借款以外，他的使命沒有絲毫成績，只有失望與失敗。最後於一七八二年的春天，得到佛蘭克林一封信說與英國交涉需要他，他認爲西班牙宮廷無誠意，並且絕對與他本國的福利相反，便往巴黎去了。因此對於美國關係重大的問題（從美、法的觀點看來，極希望與英國開談判前解決，）因爲西班牙自私自利的計畫遷延，到戰爭停止以後。

荷蘭牽入對英戰爭　在一七八〇年之末與英國戰爭的國家有美國、法國、西班牙、荷蘭。對付她的海軍勢力很優越，並且因為海軍的形勢美國的獨立最後纔轉了過來。荷蘭開罪英國的地方很多。她允許了姜斯(John Paul Jones)帶了他從英人得來的戰利品進她的海口，雖然最後屈從於英國政府的壓迫，令他離開了。一七八〇年十月英人捕到勞倫斯(Henry Laurens)，他是往荷蘭去接洽借款的，在他的文件裏面有一份亞姆斯特登(Amsterdam)的主要長官簽了字而未得國會批准的條約草稿。英國立即要求荷蘭政府否認這個文件並懲辦簽字的長官。荷蘭政府接受了第一個條件，拒絕了第二個條件。英國便於十二月二十日宣戰。

羅德萊蹂躪聖優斯達地斯　不過這件偶然的事並不是宣戰的眞理由。荷蘭聯合了北歐各國以武裝守中立，向英國的海上霸權挑戰，並且在西印第斯的荷屬聖優斯達地斯島(St. Eustatius)成了與美國違禁貿易的主要地點。英國並不想與俄國及其他聯合國家作戰，但是她要以商務競爭影響更大的荷蘭來做個榜樣。英國一經宣戰便命令羅德萊(Rodney)去毀滅聖優斯達地斯。那時羅德萊已經離開了紐約，正在西印第斯遊弋。這些命令都殘忍地執行了。

武裝中立　中立國家的聯盟，即所謂武裝中立，乃是根據俄國喀沙靈第二(Catherine II)一七八〇年春天發布的一個宣言，該項宣言寄達了丹麥、瑞典、荷蘭、葡萄牙以及英、法、西班牙各交戰國。該項宣言宣布了中立國家與交戰國家通商的權利，採取了自由船隻使貨物自由的原則，承認了限制違禁品但嚴格以軍用品爲限，並且聲明了任何海口如前面沒有駐充分的軍艦使進入的企圖發生危險，不應當做封鎖。(二十八)佛蘭克林對於此舉非常熱心。他在一七八〇年六月三日寫道：

俄國、瑞典、丹麥及荷蘭正在召集一個有力的海軍，以樹立中立船隻及其一切貨品（雖屬於敵人者）的自由航行，惟軍用違禁品除外。法國與西班牙已經贊成了，以後大概要變成『自由船隻使貨物自由』的國際法。英國不喜歡這種聯盟。我希望他們再擴大一步，認定非武裝商船，以及漁船等，乃爲人類謀共同的利益在他們的工作當中甚至不受國家的敵人的干涉；只是讓那些以打戰爲職業的，並且有武裝的去打戰。(二十九)

大陸會議贊成原則　美國大陸會議贊成俄國的宣言，並且令海軍部預備並且報告與該宣言原則相符的訓令，以便發給美國具備武裝船隻的統帶。(三十)這些決議由約翰亞丹姆斯交了給荷蘭國會，請求轉與俄國、瑞典及丹麥，並請他們允許美國加入該聯盟。(三十一)當譚那被派往聖彼得堡的時候，他奉了訓令去要求加入武裝中立，但是在他一七八二年九月五日的信裏面他解釋說武裝中立只限於中立國家，並且只限於這次戰爭期內。(三十二)武裝中立雖然沒有很大的效果，但是牠所宣示的原則是非常重要的，並且是將來中立國家集合之點。

戰爭的停止　在歐洲大陸上沒有一個朋友，並且海軍列強聯合起來對付她，英國屈服她以前的殖民地的企圖，於是趨於絕望。到一七八一年十月十九日康屋里斯(Cornwallis)在約克鎮(Yorktown)投降的時候便有了結果了。這種結果是因爲拉法葉脫(La Fayette)統率一支美軍正在維金尼亞半島阻住康屋里斯的時候，格拉斯伯爵(Count de Grasse)所統率的法國艦隊剛好在折薩不克(Chesapeake)出現，並且華盛頓連同羅章寶(Rochambeau)的遠征法國軍自哈德遜(Hudson)調來的很快。法國同盟終竟給了華盛頓陸海上的優勢，沒有這種優勢戰爭便會無限期的延長下去。加入約克鎮的戰爭，法國陸海軍的人數比美國多。

和議代表　一七八一年六月十四日大陸會議取消了亞丹姆斯和議唯一全權的使命，派了其他四個代表與他共同進行。這四人是佛蘭克林、、吉勞倫斯及甲菲遜。亞丹姆斯認爲這種變化，一部分出於法國政府，一部分出於佛蘭克林。他既認爲被任爲唯一全權的那一天是他生命中最得意的時候，所以他覺得唯一全權差使被取消的那一年是『我一生最煩悶屈辱的一年』。在巴黎等待與英國開談判的時候的來到，亞丹姆斯便與維爾強通了信，他是這樣的不機敏，以致維爾強最後告訴他說，除了經佛蘭克林大陸會議駐法的唯一公使以外，再不接受關於美國事情的消息。後來不久亞丹姆斯奉令往荷蘭交涉條約和借款。幾個月沒有什麼結果。荷蘭雖然是在那裏與英國戰爭，荷蘭政府對於美國獨立的承認卻很遲緩。但是康屋里斯的投降，產生了一種更有利的情勢，於是在一七八二年四月亞丹姆斯便得到正式的接待。兩月之後他向荷蘭的銀行家借得了二百萬元，並且在十月八日他與荷蘭政府簽訂了一個通商條約。這是美國歷史上第二個條約。他回到巴黎參加最後的和平談判，對於他的成功很得意。(三十三)

大陸會議通過了訓令　同時與英國談判的初步已由佛蘭克林單獨進行了。甲葬遜已經辭謝了和平代表之職。勞倫斯仍原是倫敦塔(Tower of London)內的囚奴，吉還在西班牙，亞丹姆斯還沒有從荷蘭回來。致和議代表的訓令，在大陸會議內有很久的辯論並且意見是很分歧的。最後的定稿是簡短的。凡是沒有『有效的取得十三邦的獨立與主權』的，及沒有使法國條約完全有效的條約，代表們不得同意。關於邊界問題，他們應參看表示大陸會議的期望的一七七九年和一七八〇年的訓令。最後一段，其最後形式係法國公使魯會所指示，(三十四)對於代表們很有爲難之處，並且引起了許多的爭端。原文是：

你們須將關於一切問題最坦白的最祕密的消息告訴我們慷慨的盟友法王的大臣；沒有他們的預聞及同意，在談判和議或停戰中不得有何承諾；最後你們須遵循他們的勸告及意見。(三十五)

首次提議和平　一七八二年一月赫德萊(Davil Hartley)首先與佛蘭克林接頭。赫德萊是佛蘭克林的私人朋友，英國國會的議員。他談及個別媾和的問題，但是這種提議立卽被佛蘭克林拒絕了。(三十六)在三四月中，佛蘭克林與雪爾本爵士(Lord Shelburne)互相通了信，以致雪爾本派了一個專使往巴黎去與佛蘭克林接洽。(三十七)被選去擔任這個使命的人是阿斯屋德(Richard Oswald)。他是一個告退的蘇格蘭商人，在美國有廣大的利益。佛蘭克林向阿斯屋德提議英國割讓坎拿大與美國以為耐久和平的合適的基礎。(三十八)這個意思在阿斯屋德看來還合理，他回到倫敦之後即在與羅金漢(Rockingham)、雪爾本及福克斯(Fox)談話中提出來了。後來他報告佛蘭克林說，總理與雪爾本倒不像是反對牠的，但是福克斯對於這個提議似乎很驚異。(三十九)

英國內閣的情形　這時候英國內閣中發生了一個爭端，即是初步談判應由殖民部長雪爾本主持，抑應由外交部長福克斯主持。因為這個爭端，初步談判便被擱下來了。在阿斯屋德五月回到巴黎的時候，福克斯也派了格林維爾(Thomas Grenville)去與法國開談判。不過他的訓令也有關係美國的，可見福克斯想要格林維爾為英國唯一的交涉者。(四十)不但是雪爾本反對這種辦法，就是維爾強，他想兩項談判分別進行，也不贊成。他向佛蘭克林說道：

他們想與我們替你交涉，這個皇上不會同意。他的想法有礙貴國的尊嚴。你們自己去交涉，與英國作戰各國各自去訂牠自己的條約。我們的共同安全所需要者，在條約同時進行，同日簽字。(四十一)

因為羅金漢於七月一日去世，情勢便打開了，雪爾本做了內閣總理，福克斯告退，阿斯屋德繼續與佛蘭克林談判，並以菲子海爾伯特 (Fitzherbert) 代替了格林維爾與法國交涉。

佛蘭克林的提議　七月九日佛蘭克林交了些提議給阿斯屋德以為條約的基礎，有了這些提議真的談判纔開始。必要的條件，佛蘭克林要求的是：(一)完全獨立及撤退一切的軍隊；(二)邊界的解決；(三)坎拿大的邊界如果不能再縮小，至少須限於魁伯克法以前的情形；(四)紐芬蘭岸漁業的自由。應有的規定是：(一)英人所施損害的賠償；(二)英國承認使殖民地受痛苦的錯誤；(三)通商的相互自由；(四)坎拿大及洛伐斯柯夏的割讓。(四十二)

吉反對阿斯屋德委任的形式　根據上列提議繼續交涉了一些時候。吉於六月下半月中來到巴黎，因為生病，很少參加初步談判。等到他能參加的時候，他立即提出關於阿斯屋德委任的措詞問題，因為該項委任是授權給他與『殖民地』的代表交涉。(四十三)維爾強與佛蘭克林認為該項委任足以保證談判的進行，但是吉堅持說英國一定要在討論和平條件以前承認美國的獨立。(四十四)吉不久完全不信任維爾強，與維爾強的祕書銳納瓦爾 (Rayneval) 會談，談到密士西比河的航行及西方土對問題，銳納瓦爾擁護西班牙的觀點。吉請求銳納瓦爾把他的意見寫下來。在他提出的備忘錄裏面，銳納瓦爾提議密士西比河與亞里格尼山脈間的土地，自佛洛利達的北境起至阿埃奧止，應留給印第安人，西南部由西班牙保護，東北部由美國保護。阿埃奧以北則認為屬於英國，美人航行密士西比河之權則予以否認。(四十五)這些

吉的猜疑　雖然是銳納瓦爾以個人的見解提出，吉卻信為這些可以完全證明維爾強決心為西班牙與英國的談判，

而犧牲美國的土地利益。數日後吉從英國代理人手中得到似乎是馬波亞（Marbois 當時在費列德爾菲亞）給維爾強的一個信的譯文，在該信裏面表示了堅決反對美人在紐芬蘭的漁權。該信的眞實性後來被否認了，並且最多也不過是李文斯頓所謂『一個完全閒談拘束不了人的信。』（四十六）大約同時候，吉探知維爾強派了銳納瓦爾往倫敦負了一個祕密的使命。在吉想來，這個使命沒有別的目的，只有完成奪去美國的漁權，密士西比河航行權，及西方土地權的計畫。因此他決心盡力設法去反對牠，沒有問過佛蘭克林，他勸萬亨（Benjamin Vaughan 他是雪爾本私人的朋友，同情於美國宗旨的）馬上回倫敦去，把美國的意旨向英首相說明。其實銳納瓦爾拜訪的目的乃是探詢雪爾本一般的形勢，並且力爭西班牙對於基布拉達的要求，雖然美國的要求也偶然討論到。（四十七）

分別談判　萬亨的拜訪與銳納瓦爾同時，其影響使英國內閣覺得美國與她的盟國之間起了嚴重的內訌，英國政府能夠利用。因此他們決定改變阿斯屋德的使命以適合美國的要求，促進個別的談判。（四十八）相信把美國除開，與法國、西班牙的解決便容易多了。

爭執的問題

亞丹姆斯於十月二十六日到巴黎。到這時候英國對於佛蘭克林七月九日向阿斯屋德提議的要點已經讓步了。不過還有幾個問題很難同意。這些問題是：（一）美人要求在紐芬蘭海岸及其他英國屬地曬漁之權，（二）戰前欠英國臣民的債務的償還，（三）忠於英國者財產被充公的酬償。亞丹姆斯一加入談判後，他堅持在英國海岸曬漁之權。他宣言在別的條件上的條約他不簽字。不過為表示讓步，他說他同意讓英國的債權人可以起訴追還他們的借款。

一七八二年十一月三十日的臨時條約　最後一切的條件都同意了，並且在一七八二年十一月三十日臨時條約也簽字了。勞倫斯釋出了倫敦塔，趕到巴黎簽了他的名字在該條約上面。第一條承認美國並且列舉十三邦的名字爲『自由的，有主權的及獨立的國家。』第二條規定邊界實質上與大陸會議要求者無異，只有一點例外：從緯線四十五度到達聖羅倫斯之點起之線，不越過納佩松湖，而循着聖羅倫斯河及大湖，於是把伊利 (Erie)、安達利奧 (Ontario) 及胡郎(Huron)諸湖所包圍之三角地留了給坎拿大。根據第三條美人繼續享有在紐芬蘭的淺灘捕魚之權及參加在英屬一切美洲地方近岸的漁業的自由，以及『在洛伐斯柯夏、馬格達倫羣島(Magdalen Islands)、拉布拉多 (Labrador) 任何沒有殖民的灣、港、小河曬魚的自由，直至該等地方有殖民爲止。』約翰亞丹姆斯認爲近岸的捕魚與岸上的曬魚爲一種權利，而英人卻認爲是一種特權。最後採用了『自由』一字以爲妥協。這條關於漁業的條文，後來發生許多誤會與惡感。實在，我們後來便可知道在美國外交中沒有別的爭論堅持了這麼久，使美國這樣時常有牽入戰爭的危險。第四條規定法律上不應阻礙債務的償還。第五條約定大陸會議應向各邦立法機關建議發還忠英派的被封的產業。其他重要的條款只有第八條，該條聲稱『密士西比河的航行自水源起至入海止，永遠爲英國臣民及美國公民自由公開應用。』最後關於西佛洛利達有一祕密條文，俟在下章內再說。(四十九)

破壞大陸會議的訓令　沒有通知維爾強並且沒有得他的同意，代表們之簽訂這個條約，是破壞了大陸會議的訓令。佛蘭克林起初反對這個辦法，但是最後默認了吉與亞丹姆斯的決議。用盡了他的和藹與機敏去安慰維爾強。他向他說：『在預備和議裏，沒有議定什麼與法國利益相反的東西；除非你們已締結你們的條約，我們與英國沒有成立和平。』維爾強的感情沒有傷得很利害，因為數星期後他應了佛蘭克林的請求，又借了六百萬里佛爾與美國。

法國西班牙與英國簽訂和約　可是臨時條約的簽訂使法國與西班牙繼續戰爭為不可能，同時基布拉達的解圍與羅德萊在西印第斯之戰勝法國艦隊使他們不能不在他們可能得到的最好條件上媾和。英國與法、西二國的預備和約於一七八三年一月二十日簽了字。法國大體是恢復原狀，至於西班牙則得到門洛卡及佛洛利達，而後者的邊界並沒有劃定。

接受條約的情形　大陸會議接到和平條約的時候，大多數的感覺認為代表離開他們的訓令的理由不充足。因此他們雖然感謝他們的功績，但對於他們對待法國的行為則微有責備。（五十）吉的辦法引起了許多的辯論，到底他的懷疑維爾強是否有助於談判，還是意見分歧。（五十一）在英國大家認為該條約太寬大，雪爾本竟因之而倒，但是新內閣於一七八三年九月三日在完全相同的條件的確定條約上簽了字。（五十二）可是美國代表與英國商訂商約的努力失敗了。母國還不願意改變她舊的通商制度或准許任何特權與她叛變的子女。

（一）Wharton, Dip. Cor. of Am. Rev., I, 422.

（二）Ibid., II, 653.

（三）Op. cit., p. 467.

（四）Corwin, French Policy and the American Alliance, 180—190.

（五）Wharton, I, 356; Doniol, III, 803.

（六）Corwin, 205.

（七）Phillips, The West in the Diplomacy of the American Revolution, 202.

（八）Wharton, II, 523.

（九）Corwin, 243.

（十）Johnston, Cor. and Public Papers of John Jay, I, 329.

（十一）Corwin, 252.

（十二）Doniol, III, 570.

（十三）Journals of Continental Congress, XIII, 241. 從洛伐斯柯夏至納佩松之線，循着一七六三年宣言所規定魁伯克 (Quebec) 的南方邊界（地圖看 Ho.ard, Preliminaries of the Revolution, p. 4.）。根據一七七四年的魁伯克法 (Quebec Act) 該省的邊界擴張到了阿埃奧河，但是殖民地曾經抗議，認爲該法武斷，有損他們的權利。

（十四）Secret Jour..als of Congress, II, 257.

（十五）Ibid., II, 262.

（十六）Ibid., II, 263.

（十七）Phillips, 131.

（十八）Wharton, IV, 146

（十九）Phil ips, 129; Corwin, 265.

（二十）Journals of Continental Congress, XVI, 114—115; Wharton, III, 488—489.

（二十一）Corwin, 278—279.

（二十二）Wharton, III, 724—725.

（二十三）Journals of Continental Congress, XVIII, 900.

（二十四）Ibid., XVIII, 935—947.

（二十五）Op. cit., pp. 942—946.

（二十六）Op. cit., XIX, 152.

（二十七）Johnston, Cor. and Public Papers of John Jay, II, 123—126.

（二十八）Wharton, III, 608. 又 J. B. Scott, The Armed Neutralities of 1780 and 1800.

（二十九）Wharton, III, 761.

（三十）Op. cit., IV, 80.

（三十一）Ibid., p. 274.

（三十二）Ibid., V. 700, an VI, 306. 李文斯頓（Livingston）關於美國態度的報告，看 Wharton VI, 473; 其後大陸會議的決議，Ibid., pp. 481, 717, 742, and Secret Journals, III, 414.

（三十三）Wharton, IV, 224, 401, 526; V, 49, 86, 97, 315, 408, 803.

（三十四）Journals of Continental Congress, XX, 625—626.

（三十五）Ibid., XX, 651.

（三十六）Wharton, V, 80, 112.

（三十七）Ibid., pp. 535—536.

（三十八）至七月一日的談判詳情，見 Franklin's Journal, Wharton, V, 535—585.

（三十九）Fitzmaurice, Life of William, Earl of Shelburne, II, 140.

（四十）Ibid., p. 137.

（四十一）Wharton, V, 564.

（四十二）Fitzmaurice, Life of Shelburne, II, 166.

（四十三）Wharton, V, 613.

（四十四）關於吉的談判情形，看他一七八二年十一月十七日給李文斯頓的報告，Wharton, VI, 11—49.

（四十五）Wharton, VI, 25.

（四十六）Ibid., V, 238—241.

（四十七）Fitzmaurice, Life of Lord Shelburne, II, 176—182.

（四十八）Op. cit, p. 183.

（四十九）(Malloy) Treaties and Conventions of the United States, I, 580.

（五十）關於大陸會議討論的一個有趣味的報告，看 Hunt, Writings of James Madison, I, 403—418

（五十一）Corwin, Chap. XV.

（五十二）(Malloy), Treaties and Conventions of the United States, I, 586.

第三章　商業限制與戰債

法國條約的通商條款　美國樹立獨立，原來希望一個貿易發展與商業繁榮的快樂時期的來到。解除了英國航行法重累的限制，他們希望與世界文明各國在「最平等與互惠」（引用與法國商約的引言）的基礎上成立通商的關係。但是在這個條約裏面，大陸會議的寬大提議也縮成為比較不寬大的條件了。在給代表們的訓令中，美國提議在彼此的海港待遇絕對平等，換言之，法人在美國海口所納的進口稅不得比美人所納的高，美人在法國海口亦然。(一) 但是有條件的最惠國條款代替了這個提議。第二條：

最奉信基督教的國王（法王）與合衆國約定，關於商務與航業，除非對方可以立卽共同享受，彼此不得許給特惠與他國，如果讓與是無條件給的，對方須無條件享受同樣的優待，如果讓與是有條件的，對方得在同樣的酬報上享受同樣的優待。

第三條與第四條規定締約各國的人民在彼此的海口不納比最惠國還高的關稅。美人又提議與法屬西印第斯絕對自由貿易，但只得到有限制的特權。(二) 載重在某種限制內的美國船隻，可以裝載列舉出來

的貨物往指定的港口並裝運糖酒及糖水回去。列舉的貨單是很寬大的，有許多美國船隻便做這個買賣。(三)

與他國的條約　依照一七八二年與荷蘭的條約，美國人得到了最惠國的特權並且可以到荷屬西印第斯去，但是荷蘭的關稅很高（雖然島嶼領土的關稅沒有母國海口那樣高）大陸會議代表在邦聯時代所交涉成功的其他商約只有一七八三年與瑞典，一七八五年與普魯士及一七八七年與摩洛哥等條約。瑞典與普魯士的條約給了最惠國的待遇，但與普魯士的商務很小，並且瑞典對於商務又加了這麼多限制與禁止，以致美國貿易縮小差不多至於零。美國菸草由美國船運比較由瑞典船運，須付較重的關稅。別的歐洲國家有同樣的差別待遇，但關稅不是都像瑞典所徵的那麼高。(四)摩洛哥條約內容主要是關於生命財產的保護問題。至於與英國及其他無商約國的貿易，只有依照一方面任意的規則。

通商條約的一般計畫　一七八四年五月七日大陸會議選了甲茀遜爲全權大使，會同佛蘭克林、亞丹姆斯與歐洲各國交涉通商條約。同日由歐洲在路上回來的吉當選爲外交部長。他擔任此職直到一七九〇年甲茀遜在憲法之下就任國務卿時爲止。在致新代表團的訓令中，大陸會議所採取的商約的總計畫，是甲茀遜所起草的，其中包括一些值得注意的原則，我們後來再討論。爲什麼代表們沒有什麼成績的理由，在下面幾頁就可看出。(五)

美國貿易所遇到的限制　歐洲還在相信重商主義的理論，守着殖民地的壟斷體系不放。美國一官告獨立，便喪失了在殖民地時與英屬西印第斯往來的有利貿易，並且締結和約之後，英國拒絕美國船隻進入她的殖民地的港口。她之拒絕在一七八三年的最後條約內包括任何商業條款，對於代表們與大陸會議是一個很大的失望。並且她拒絕了一切關於通商條約的提議，一直到一七九四年纔有吉所訂的那不滿意的條約的簽字。西班牙與葡萄牙既然不許他們的美洲屬地與任何外國直接來往，所以在西半球除了在法屬與荷屬西印第斯的幾個港口外，沒有一個港口允許懸掛美國旗的船進去。英國的限制，十年以來實體上是一樣，甲菲遜在一七九三年總結起來說道：

> 英國以行政當局的宣言，准許我們的蔬菜、家畜、食物、馬、木料、黑油、瀝青、松油、米及麵包進入她的島嶼，期效老是以一年爲限，至今每年重新宣布一次。她禁止我們的鹹魚及其他的鹹食料。她不許我們的出產用我們的船運去，只有她的船可以運我們的出產去，並帶回糖酒、糖水、糖、咖啡、椰子、薑、漿果與我們交換。的確，在多明尼加（Dominica）島比較是自由些，但在這種情形之下，對於我們用處甚少。在英國的大陸殖民地內以及紐芬蘭，我們的出產完全被禁止，我們的船隻也不能進入他們的港口。他們的總督在困難的時候有權暫時允許若干種的物品輸入，但是只能由他們的船裝運，不能用我們的船裝運。（六）

美國商業有賴於英國　美國船隻可以載運原料，非製造品，及美國出產的海軍器用品往英國。但是在原料項下有幾種特定的例外如油及鯨魚產品那是除外的。不管所有這些限制，在一七九〇年（有成績可查的第一年）美國的國外貿易有百分之七十五以上是與英國的，而這種貿易英國船隻便載運了一半以上。（七）美國的進口貨有百分之九十是從英國來的，大多數是製造品。只有在英國，美國商人能得到長期賒欠。法國商人在美國市場想代替英國不但沒有成功，並且感受到大革命後財政紊亂的痛苦。美國人比較喜歡英國貨，不願改用法國貨，但是比這點還重要的是他們熟悉英國做生意的方法。

大陸會議不能得到讓步　各邦雖然得到了他們的政治自由，但是他們經濟上之倚賴英國差不多與在殖民地時代一樣。這種情形一直繼續到一八一二年的戰爭，而且成了這個時期外交上的主要因素。事實上各邦的經濟地位有些方面還不如在革命以前，因爲他們喪失了做英國臣民所享受的許多權利，至於他們爲商業自由所宣示的原則對於英國或歐洲大陸的經濟統系又沒有發生什麼影響。雖然美國是英國的最大主顧，但是英人十分明瞭他們以前的殖民地的倚賴地位，拒絕任何讓步。美人抗議及報復也歸徒然。各邦中有些邦徵收差別待遇的關稅及噸稅，有些爲報復他們的船隻在西印第斯被排斥而通過法律禁止英國船隻在他們的港口裝運貨物。這些努力都失敗了，因爲各邦彼此發生商務糾紛，不能對英採取一致行動。如華盛頓所說：『一邦通過一個關於某種物品的禁止法律，而另一邦卻大開方便之門。一個議會創立一制度，而另一議會毀壞之。』這種需要一個全國的商業政策便是主張採用新憲法的一個主要理由(八)。

英國繼續保持邊境兵站 此外與英國的商務關係，又因和平條約某種規定所引起的糾紛，更加複雜。和約既然沒有規定英國軍隊從美國土地撤退的確定時間，只說『以最便利的速度』撤兵，英國政府便決定遷延撤退在西北邊界美國境內的兵站，主要的有阿斯維哥（Oswego）、尼亞加拉（Niagara）、地托落特（Detroit）及馬金洛（Mackinaw）。這些兵站監視了有利的毛皮貿易，並維持了英國在阿埃奧河以北操縱印第安人的優勢。英國軍隊並且直接破壞條約拿去了千萬的奴隸。為保持這些兵站起見，英國政府故意說美國沒有執行條約的第四、第五兩條，前者規定不應有法律的障礙反對英國商人索還欠款，後者規定大陸會議在相當範圍內須建議各邦交還忠英派的被封財產。誠然有些邦沒有完全實行前一條規定，但是就後一條規定而論，自始便認為『建議』一字乃是平常用法，美國沒有擔任強迫各邦執行該項建議的義務。(九)英國的理由並不充足，並且多是事後想出來搪塞的。保持這些邊境兵站的眞正理由首先是毛皮貿易，因為在那個時候，毛皮貿易是北美洲最有利的事業。後來發生了一個具體的計畫，就是想在一七八三年的條約所劃給美國的邊境內設立一個中立的印第安人區域，以便為坎拿大與美國中間的緩衝地帶，並排斥美國於大湖及聖羅倫斯河之外。(十)同時英國官吏繼續不斷的干涉印第安人，鼓動他們起來反抗美國在阿埃奧河以北的邊境的進展。這個政策，在華盛頓第一任總統期內引起多次與印第安人嚴重的衝突。

約翰亞丹姆斯駐英的使命　從革命終止起至根據憲法組織新政府，英國對於商約問題及和約的執行問題，是採取巧避及遷延的政策。英國人看見邦聯一天一天軟弱很心喜，其瞧不起的程度甚至於不派公使來美國，直到一七九一年華盛頓統治把新生命注入了這共和國，並且引起了對牠的將來的信心，纔派公使來。同時邦聯的大陸會議不幸錯派了約翰亞丹姆斯為駐喬治第三政府的公使。他在倫敦三年（一七八五年至一七八八年）為民衆所側目，他的舉動雖不失尊嚴，但他對於因和約而起的爭端的解決及商約的談判，都無成績，他卻有充分的時候把他對於英人的印象及其他的官場交涉的詳細情形記下來。（十一）

甲菲遜駐法的使命　與亞丹姆斯在倫敦的痛苦經驗剛相反的是甲菲遜駐法廷的快樂的有趣的逗留。他於一七八五年繼佛蘭克林為公使，一直做到一七八九年十月，眼見大革命的開幕。事實上拉法葉脫及其他領袖還問過他關於制定憲法的意見，但是如他在他的自傳裏告訴我們，他很小心避免干預在國的內政，以致妨礙他的公務地位。（十二）他的公務責任限於少數的目的：在有利的條件上准許鯨魚油、鹹魚、鹹肉、米及菸草輸入法國，以及准許美國出產自由輸入法屬島嶼。甲菲遜在法人裏面與佛蘭克林一樣頗受歡愛。他含着悲哀離別了他的朋友。

我不能離開這個大好國家而不表示我對於牠在世界各國中地位高超的觀感。我不知道有比他們更慈善的民族，也不知道在選擇的友誼當中有比他們更熱心忠誠的國民。他們對外來生人的仁愛和幫忙是無匹的。至於巴黎的招待客人的誠懇實超乎我認為在一個大城市的可能範圍之外。他們在科學界的卓越，他們的科學家的口直心快的性情，一般禮貌的文雅，他們的談話的自然和活潑，都給他們的社會一種迷人的力量，為別處所找不到的。（十三）

與西班牙的關係　在邦聯時代以及其後的幾年中，與西班牙的關係是在一種很不滿意的狀態中，常常是憂慮與激怒的題目。雖然西班牙與英國打起來了，但是她拒絕加入法美同盟，並且很費躊躇，到戰爭完了以後，纔同意承認美國的獨立。西班牙沒有得到基布拉達，她的主要戰爭目標，並且她排斥美人於密士西比河流域之外的努力也失敗了。因此她更決心不給他們用密士西比為到海的出路。法、西兩國會經簽字的一七六三年的條約已經許了英人航行密士西比河全個河道之權。在一七八三年的條約裏面，英國批准了這個權利給美國公民。西班牙認為這完全不是一種普通權利，而是給英國的一種特權，她沒有權力移轉與第三者。

西佛洛利達邊界　還有一個爭端是美國與西佛洛利達的邊界，根據與英國的和約是定在緯線三十一度。但是在一七八二年的預備條約裏面，有下列一個祕密條文：

依此了解並且同意，如果英國在結束現在這次戰爭時恢復或佔有西佛洛利達，則該地與美國的北界從雅蘇士（Yassous）河口劃一線，與密士西比相聯向東行至亞派拉齊哥拉（Apalachicola）河。（十四）

這是一七八七年的勅諭所規定的英屬西佛洛利達的北界。在戰爭結束時，英國並沒有恢復西佛洛利達，她割了該省給西班牙而沒有明定邊界。因此西班牙要求全個地方如一七六七年的勅諭及上述的秘密條款（後來西班牙知道了）所規定。從一七八三年至一七九五年幾年中，這塊重要土地西自密士西比東至亞派拉齊哥拉，南自緯線三十一度北至三十二度又二八，顯然是一個不能調和的爭端。

吉與加都魁的談判　一七八二年吉從瑪德里奉召至巴黎的時候，他留了卡米齊爾（William Carmichael）爲代辦，但是他的責任大多是例行公事。（十五）一七八五年加都魁（Don Diego de Gardoqui）來到費列德爾菲亞做西班牙代辦，不久便與吉進行談判，那時吉是外交部長。大陸會議訓令吉堅持密士西比河的自由航行權及與英條約所規定西佛洛利達的邊界。（十六）加都魁對於這幾點拒絕讓步，聲稱西班牙國王不認爲一七八三年的條約有拘束力。吉請示大陸會議給予新訓令，並提議以寬大的商業特權爲交換，同意二十五年中不使用航行密士西比河之權，至於邊界問題則留待將來討論及妥協。（十七）

大陸會議內意見分歧　這個提議引起長久並且激烈的辯論。新英格蘭及中部各邦（德羅維爾沒有代表參加討論）因爲對於推進與西班牙的商業關係比較對於保障西南的利益還更加熱心，一致投票贊成取消給吉的訓令同時瑪利蘭（Maryland）、維金尼亞、南北卡羅林那及喬其亞各州的代表同樣的一致反對這種變更。各邦投票既然是七與五之比，於是注意到條約沒有九邦的投票不能批准的事實，以此來辯論除非得到九邦的同意不能改變吉的訓令。（十八）麥地生十分憤怒，寫了一封長信給甲菲遜，發洩他的牢騷。他請他想一想『封鎖密士西比二十五年或三十年』這一條規定對於維金尼亞的影響，而且該議會『對於北方的政治已經不滿意，』並且裏面有『三十個西方來的議員。』（十九）幸而就在所提議的基礎上吉還不能與加都魁成立協定。（二十）

在瑪德里的談判　甲菲遜在華盛頓底下做了國務卿的時候，蕭特（William Short）被派往西班牙會合卡米齊爾他們被委任爲交涉條約的全權代表。同時美國國內的情形將近到一個危機。西方永遠在憤激的情形裏面，憤怒西班牙之封鎖密士西比及鼓動印第安人攻擊美國邊境並且憤怒他們自己的政府不能一勞永逸的強迫解決全個密士西比問題。肯塔基（Kentucky）與鄧尼西（Tennessee）的殖民失掉了一切的忍耐力，受了法共和國（那時正在與西班牙戰爭）的公使姜納特（Gênet）的唆使，還是因爲中央政府的阻止，纔沒有組織遠征隊去掠奪紐阿倫斯。（二十一）蕭特於卡米齊爾辭職後，升了正式公使，正在瑪德里進行談判，（二十二）但是情勢非常危急，華盛頓於一七九四年十一月又派了當時在倫敦的

一七九五年的西班牙條約

賓克列（Thomas Pinckney）爲特派全權代表往西班牙加助蕭特，以便使談判得到一個結果。數月後西班牙新首相哥多夷(Godoy)與法國媾和了，並且怕了英國聯合美國攻擊魯易西恩那，便與賓克列簽訂了一七九五年十月二十七日的條約。西班牙接受以緯線三十一度爲西佛洛利達的邊界，並且同意美國人民自由航行密士西比河「從源頭起至於入海。」美國人民並且於三年之內可以將他們的貨物在未交海船轉運以前存放於紐阿倫斯，只交納棧房費。如果沒有這種所謂存放權，那麼航行權便沒有什麼益處，不過牠不久便成爲糾紛極烈的主題，一直到取得魯易西恩那纔解決。(二十三)

阿剌伯人的私掠船　革命後美人努力恢復與地中海各國的商務關係，他們卻受阿剌伯人私掠船的劫奪。北非洲國家如摩洛哥、亞基爾斯（Algiers）、突尼斯（Tunis）、托利玻里（Tripoli）早就有這種習慣要地中海的商業向他們納貢，歐洲各國因爲種種理由也就默認這種辦法了。在革命之前，美洲（指十三州殖民地）商務受英國的保護，包括在每年英國向這些小國納款之內。經過基布拉達海峽的美洲殖民地的貿易有相當的大。大約有六分之一的麥子及麵粉是從殖民地出口的，有四分之一的乾魚及相當額量的米是在地中海港口出賣的，價錢很好。從事於這種貿易的船隻有八十至一百，水手有一萬二千人。這種貿易在戰爭期內自然是中斷了。(二十四)大陸會議致駐法代表們的訓令提議以美國的地中海商務置於法國國王保護之下，(二十五)但是他們所能得到的只有他答應調解的話。(二十六)

與托利玻里和摩洛哥的交涉　當亞丹姆斯在倫敦的時候，有一個大使從托利玻里來到，甲弗遜便從巴黎來與他接洽。亞丹姆斯與甲茀遜所報告的談話情形，很有幽默的地方。該大使告訴他們說，與托利玻里締一和約他們須花十五萬元左右，突尼斯與摩洛哥會各自會要求大概同樣的數目，至於亞基爾斯要的恐等於三小國一共所要求的數目，大約五十萬。這些數目既然認爲不合情理，並且大陸會議只答應用八萬元與這些阿刺伯國家談判，代表們當然不能做什麽。摩洛哥已經捕去了一個美國船，代表們便派了巴克萊(Thomas Barclay)做他們的代表去設法救出該船及水手，並且如果可能卽行交涉一個條約。因爲西班牙政府的友誼調停釋出了該船，巴克萊並且得到摩洛哥王一個很寬大的條約，所費不大，約一萬元。這個條約於一七八七年經亞丹姆斯及甲茀遜簽了字，並且由大陸會議正式批准了。(二十七)這個條約並沒有多大好處，因爲別的國家繼續掠奪。亞基爾斯已經捕去了兩隻美國船，並令他們的水手爲奴。

戰爭或納費

高的保險費與奴隸的恐怖差不多完全使美國與地中海的商務趨於停頓。甲茀遜宣稱他寧願戰不願納貢，當他在巴黎的時候，他進行聯合各國一致進攻這些阿刺伯國家。他起草了好幾個文件，交與有關係的各國的大使，但是他不能得到他們的合作。(二十八)

和平的代價很高　憲法通過後，美國最後決定跟歐洲國家的榜樣，出錢去爲牠的商務購買和平與保護。一七九五年美國花了八十萬元左右去取得牠的公民的釋放及一個和好的條約。一七九六年與一七九七年接着與托利玻里及突尼斯結了條約。

中立權利

與歐洲各國進行談判通商條約，大陸會議不但要保障戰時的美國商務，並且要提高平時的美國商務。與法國的條約，其中有限制交戰國巡察搜查之權的規定，違禁品的分類（沒收權嚴格限於軍用品）及中立船舶使貨物中立的協定。這些條款都見於約翰亞丹姆斯所起草一七七六年九月十七日大陸會議所通過的條約計畫。（二十九）一七八四年五月七日大陸會議又通過了一個通商條約計畫，表現於給佛蘭克林、亞丹姆斯及甲菲遜的訓令。（三十）這個計畫是甲菲遜以外交委員會主席的資格起草的，通過的那一天他便當選爲去實行這個計畫三個代表之一。

甲菲遜的新計劃

這個新計畫是一個非凡的文件，比亞丹姆斯的計畫大有進步，但是在中間這些年頭中立權利的定義很有進步。一七七八年七月法國宣告了她贊成封鎖須有效的原則，一七八〇年俄國客塞琳第二皇后宣布了成立武裝中立的基礎的原則。（三十一）甲菲遜引用了所有這些自由的原則並加上其他更自由的上去。他爲減輕戰禍起見，提議沒有武裝防禦的城鎭及一般非戰鬭人員免受攻擊，私有財產在海上免受劫掠，私船捕獲制度的廢除，奪取違禁品而不予以完全的償還之禁止，敵人財產在中立國旗下之保護，虛僞的或紙上的封鎖之禁止。在甲菲遜的模範條約裏面，差不多每個提議都成爲美國的永久政策，雖然其中有些還沒有實現。這個計畫的一段，起初是佛蘭克林提議的，值得完全引下：

佛蘭克林的寬大的提議

一切的漁夫，一切的農民，一切的工匠或製造者，沒有武裝，住在沒有防禦工事的市鎭、鄉村或地方，他們爲共同的生計與人類的福利而工作，和平地從事於他們各別的職業，須准予繼續該項職業，在戰爭中他們或落在敵人的權力內，須不爲敵人的武力所妨礙；如果需要拿他們的東西以供這種武力之用，應給予相當的價錢；一切的商賈交易各地的產物，使人生的需要、便利、舒適更容易得到，並且更普遍，應准予通行無阻；締約的各造不得頒給任何委令狀與任何武裝的私人船隻，令他們去掠取或毀滅這種商船或阻礙這種商務。(三十二)

一七八五年的普魯士條約　佛蘭克林在一七八三年一月十四日致阿斯屋德的信中(三十三)曾經提議把這個條款加入與英國的最後條約，但是（當然）被拒絕了。其實沒有一個海軍國願意走美國提議那麼遠。普魯士是一個陸軍國家，不反對限制海上戰爭，所以大弗得利克同意把全個美國計畫併入一七八五年的條約——這是美國外交裏面唯一的條約，不但是因爲其中包括進步的原則，並且因爲在美國歷史上沒有別個條約載着這麼三個著名的人物如佛蘭克林、亞丹姆斯及甲菲遜的名字。可是這個條約實際上沒有大的意義，除了少數研究外交的學者以外人家都忘記了，一直到與德國戰前在潛水艇的爭論當中纔突然的出現。

早年原則的耐久力　很少人了解美國是如何始終一貫的爲這些原則努力。他們當中許多已經變成了國際法的一部。自由船使貨物自由的規則，封鎖必須有效纔有拘束力，及私船捕獲制的廢除，最後都在克里米亞戰爭（Crimean War）結束時被歐洲國家採取了，包括在一八五六年的巴黎宣言內。沒有防禦工事的市鎮免受轟擊，被一九〇七年海牙公約(The Hague Conventions)之一採取了，但不幸爲前次歐戰所不顧。私有財產在海上免予刼掠，在過去以至現在還特別是一個美國政策。歷任總統如門羅(Monroe)亞丹姆斯(John Quincy Adams)、皮爾斯(Pierce)、麥金列(McKinley)及羅斯福(Roosevelt)曾向其他政府提出該項提議，威爾遜(Wilson)總統在他十四點的第二點提議海上自由也就是根據於牠。

甲茀遜對於違禁品的意見 甲茀遜對於違禁品的意見站在他的時代前一世紀以上，因爲大戰的經驗使得許多有思想的人得到他當日所得到的結論：

> 一種貨品與別種貨品的差別只是程度而已。要勉強區別是不可能的。中立國與交戰國的交通不是完全要停止，便是應當完全要許可。到底那一種應該採用做規則，試問還能懷疑嗎？(三十四)

「自由船自由貨」 美國早年的條約採取了「中立船中立貨」的規則，但是他們也包括了「敵人船敵人貨」的規則。這些規則直接與瓦特爾及其他十八世紀的著作家所述的國際法法規相反。瓦特爾說，敵人的財產在一中立國的船上可以奪取，中立者的財產在一敵人的船上應該交還。(三十五)更改的理由甲茀遜說得很清楚：

不能否認依據一般的國際法，敵人的貨在友人的船上是合法的捕獲品，友人的貨在敵人的船上享有特權；換言之，貨物跟着貨主走。因爲這個原則使中立船隻在海上受煩惱的檢查，很不便利，所以百餘年來各國時常以一種慣例的原則就是貨物跟着船走，去代替上述的自然的原則。法國在她一切的條約裏面已經這樣做過了；我相信西班牙在美國革命前也做過了。英國沒有做過。(三十六)

武裝中立採取了『中立船中立貨』的原則，但是該同盟只限於當時在進行中的戰爭的時期。一七八三年大陸會議訓令牠在外的公使，說訂約承認這個及其他中立權利時，他們須避免約束美國以武力去擁護這些權利。(三十七)

邦聯的財政　革命後邦聯的財政到了這種可憐的情形，大陸會議竟至不能按期付外債的利息或償付本金分期攤還的任何部分。大陸會議沒有權力徵收進口稅，牠在國內唯一集款的方法便是向各邦請款。戰爭停止以後，各邦對於大陸會議的要求比較危機迫切的時候少注意。若是不在荷蘭得到新借款，不知政府如何能維持下去。一七八二年亞丹姆斯得到的二百萬元借款慢慢而來，但是一七八四年又向荷蘭銀行家借到了八十萬元，並且在一七八七與一七八八兩年各借得了四十萬元。(三十八)

外債　下面美國外債的估計是一七八三年四月八日大陸會議的一個委員會報告的：

欠法國稅務代辦	1,000,000 里佛爾

欠包馬雪	3,000,000	
欠法國國王至一七八二年底止	28,000,000	
欠同上一七八三年	6,000,000	
	38,000,000 里佛爾 等於	$7,037,037
荷蘭借款 1,678,000 佛洛林斯 (florins)		671,200
吉在西班牙借款		150,000
荷蘭借款利息，一年四釐		26,848
		$7,885,085（三十九）

法國借款至和約締結之日止的利息由法國國王在一七八二年七月十六日維爾強與佛蘭克林所結的契約內寬免了。（四十）在他致大陸會議的信裏面，佛蘭克林聲稱這項總計『差不多至二百萬（里佛爾）的價值。』（四十一）

一七九〇年本息　到依據新憲法的新政府成立的時候，外債因爲利息的累增及在荷蘭得到的新借款增加了不少。一七九〇年一月一日外債數目如下：

法國借款一千八百萬里佛爾	$3,267,000.00
法國借款一千萬里佛爾	1,815,000.00

法國借款六百萬里佛爾	1,089,000.00
借稅務代辦之款，尚欠	153,688.89
一七八一年西班牙借款	174,017.13
一七八二年荷蘭借款	2,000,000.00
一七八四年荷蘭借款	800,000.00
一七八七年荷蘭借款	400,000.00
一七八八年荷蘭借款	400,000.00
外債本金總數	10,098,706.02
欠法國軍用品餘款	24,332.86
拖欠利息至一七九〇年一月一日止	1,760,277.08
欠在革命中服務的外國軍官之債務	186,988.78
拖欠利息至一七九〇年一月一日止	11,219.32
	$12,081,524.06(四十二)

將法國債務變爲確定公債　亨米頓（Hamilton）改組中央財政的結果，政府進行整理牠的外債，終竟把債務償清了。法國債務，其最後變爲確定公債乃是一七九五年之事，在和約締結後十二年。該項債

務改成了國內公債，利息四釐五及五釐五。在一七九五年十月四日的報告內，繼亨米頓爲財政部長的禾哥特(Oliver Wolcott)聲稱法國債務『已經調妥，法共和國的代表認爲滿意。』四釐五利息的公債在一八〇七年與一八〇八年都償清了，五釐五利息的公債最後在一八一三年也償清了。(四十三)

法國津貼從未償還　法國國王以贈與付出的數額當然沒有包括在上述的解決辦法中。償還沒有希望過，也沒有要求過，也沒有提議要還過。這些贈與上面已經說過，可以總結如下：

一七七六年	經包馬雪之手	一、〇〇〇、〇〇〇里佛爾
一七七七年	經佛蘭克林之手	二、〇〇〇、〇〇〇
一七八一年	經佛蘭克林之手	六、〇〇〇、〇〇〇
一七八二年	免除一七七八年借款的利息約	二、〇〇〇、〇〇〇
共計		一一、〇〇〇、〇〇〇里佛爾(四十四)

參議員波拉的錯誤的陳述　這些贈與引起了特別注意，因爲以美國參議院外交委員會主席波拉(Barah)的重要，曾經說過這些贈與變成了借款並且償還了。就是引了佛蘭克林的話反對他，他不肯信服，他在參議院言過其實的宣告：

若是有任何沒有清理的贈款，我費了最大的力氣以後，卻不能找到牠的紀錄，財政部也不能找到

任何紀錄，據我的意見歷史上就沒有牠的紀錄。（四十五）

參議員波拉的演說能令人注意，便是因爲其中有許多不確及誤述的地方。他把一七八一年六百萬里佛爾的贈款與一七八三年同一數目的借款相混了。他又把包馬雪的要求牽入討論，說美國付給他的後世的款過多了。只有第一次一百萬的贈款經過包馬雪之手，所以就是暫時把那筆款除去，還有一千萬里佛爾的贈款是經佛蘭克林之手，凡是熟悉這件事的人從沒有發生問題過。

包馬雪的要求　包馬雪的要求在近來討論革命時對法的債務中很佔重要地位，應說一說關於牠的主要事實。牠不是包括在上述的法國債務的清理中，而是分別解決的。當包馬雪提出他關於供給大陸會議的補充的要求時，亞查爾李很討厭他，堅持說他所要求償付的軍事補充品乃是皇家兵工場拿來的，當做法國國王的贈與寄去的。這種見解起初佛蘭克林與丁因好像都是同意的，但是他們去問維爾強時，他答覆說法國國王沒有供給什麼東西。他只允許包馬雪取給於他的兵工廠，但是附有條件須補充該項物品。

「失掉了的一百萬」　一七八六年美國在巴黎的銀行家格蘭德的賬目提出來清理的時候，發見了他只掛了法國政府在一七七八年條約以前贈給美國兩百萬里佛爾的賬，而在一七八三年二月佛蘭克林與維爾強所結的契約內，其數爲三百萬。（四十六）佛蘭克林那時已經回了美國，不能解釋這種差別，於是去信給格蘭德懇請他『解釋這件事情，以便在我死以前有一個下落，免得有些敵人後來說我收到了一百萬而沒有報賬。』格蘭德能夠得到維爾強的唯一的消息是那一百萬是一七七六年六月十日預付的。這既然是在佛蘭克林或甚至丁因到巴黎以前，佛蘭克林下結論說：『那一百萬已經付了給包馬雪，是一個內閣之謎，或許最好不要再去追問。』（四十七）

大陸會議要求解釋　因此『失掉了的一百萬』發生了問題，大陸會議在該項祕事沒有解答以前，拒絕償付包馬雪的要求。在亨米頓做財政部長的時候，又提起了包馬雪的要求，查賬員報告說計欠包馬雪二、二八〇、二三一里佛爾，但是『失掉了的一百萬』的問題又提出來了。根據亨米頓的請求，甲萊遜令美國駐巴黎公使莫利時再去向法國政府探問。現在君主政體已經推翻了，共和政府不反對洩露舊統治的祕密，莫利時得到了一個久找不到的收據的副本，證明那一百萬由包馬雪收到了，並且他同意了掛維爾強的賬。

一七九九年包馬雪死了以後，法國政府代表他的妻女來要求，到了一八〇六年大陸會議通過了一個法案，令償付七八、八八六·二六元——這個數目是由財政部官員報告所欠的數目中除減一百萬里佛爾而成。包馬雪以後的繼續人仍舊催促償付這一百萬。

只償還一部分　法國政府屢次宣稱這一百萬乃是用在促進美國革命的祕密政治目的上，並且提出了有維爾強和法國國王簽字的文件，證明這筆錢已經用在指定的目的上。反對要求的人表示這筆錢用了在購買接濟品上面，原來的意思是當做法國國王的自由贈與。檢察長羅德萊(C. A. Rodney)與賓克列總統麥地生與門羅，以及大陸會議的各種委員會都建議了償付該項要求，但是都沒有實行。

一八二八年該項要求交了給外交委員會去討論，該委員會的主席是埃威熱特(Edward Everett)。四月一日的報告包括了一切以前的報告及關於該案最重要的文件(四十八)該委員會建議償付該項要求，並且爲這個目的提出了一個法案。這種建議也跟以前的一樣沒有結果。

最後的妥協 一八三一年美國駐法公使利夫斯(William C. Rives)簽訂了一個條約，清理美國人民對於法國在拿破崙戰爭時代非法捕獲船隻貨物的要求，及法國臣民對於美國的要求。這個條約乃是由兩方讓步而成。美國的要求減爲二五、〇〇〇、〇〇〇佛郎，法國的要求減爲一、五〇〇、〇〇〇。在後者的數目中，包馬雪的後嗣在一八三五年得到八一〇、〇〇〇佛郎(但其要求連同利息已至四、六八九、二四一佛郎之巨，)(四十九)爭端於是便這樣正式解決了。

包馬雪的賬財政部說錯了 伯萊(Bayley)說這個八一〇、〇〇〇佛郎的數目，連同一八〇六年付過的額，多付了一、四二六、七八七里佛爾。伯萊是財政部的官吏，並且一八八〇年的調查(Census美國國債史)(五十)是他預備的。現在讓我們來看他怎樣得到他的多付的結論。他不但包括一七七六年六月十日交付的那一百萬，並且包括西班牙一七七六年八月十一日交付的那一百萬以及他說法國在一七七七年分期交付的第三個一百萬。他在羅孟尼(Loménie)的包馬雪及其時代(Beaumarchais and His Times）中找出第三個一百萬。別處都找不到。必然這是美國外交家，財政部官吏，以及通過該項要求的大陸會議的各種委員會所不知道的。伯萊的賬目的陳述如下：（五十一）

美國	里佛爾
出產的航運	713,996
付給法郎西(M. de Francy)	55,000
佛蘭克林的匯票	2,688,000
付給包馬雪的法國補助金	2,000,000
付給包馬雪的西班牙補助金	1,000,000
一八〇六年四月大陸會議的給與	434,635
一八三五的償付	810,000
	7,701,631
包馬雪接濟的賬目，據他自己所說	6,274,844
	1,426,787

美國沒有多付　不管上面計算賬目的方法如何，必然的伯萊沒有根據說美國多付了包馬雪。我們接到的補充品，超過償付的，達一百萬里佛爾的價值，而我拒絕付還。我們拒絕的理由便是說法國政府已

經償付了。這個法國政府堅不承認，並且說有問題的那一百萬是給包馬雪替美國革命作祕密政治工作用的，他報告了維爾強及法國國王。

包馬雪的重大損失　包馬雪的主要傳記者羅孟尼提出一種沒有充分證據的意見說，好像他所說包馬雪從法國與西班牙所收到的那三百萬都用了在購買補充品上面，但是他加添說道由於他的船隻被英國驅逐艦所捕獲的損失，以及由於他與各邦分別交易的損失，其數總比三百萬多得很多。因此他認爲完全熟悉包馬雪的事情的維爾強，對於包馬雪之請求償付實際已經交付的接濟品是同意的，即使有些東西原來的意思或許是法王的贈與。的確包馬雪須負將接濟品運到美國的一切責任，因爲大陸會議拒絕償付那些被英國驅逐艦所捕去的東西。他與維金尼亞和南卡羅林拉交易的損失乃是由於貨幣的迅速跌價。在一封給包馬雪的代表的信裏面，甲茀遜對於『我們尊仰的人』(五十二)因貨幣跌價所受的損失，表示很不安。

『失掉了的一百萬』用在祕密工作上　包馬雪因爲擁護美國革命，破壞了他自己的財政，這是無疑的。鑒於他的偉大勞績，而他及其後嗣竟不能得到公平的待遇，實在是一件抱歉的事情。著作家時常引他這件事情爲共和國忘恩負義的顯明例證。到底所謂的『失掉了的一百萬』怎樣用掉了，那是永遠不能確定的，因爲賬目一經報告，收據便消滅了。現代政府，連美國政府在內，對於處理祕密工作費的辦法也差不多是這樣的。

那『失掉了的一百萬』應列於法王贈與單內。在一七八三年的條約內佛蘭克林也這樣承認過，並且財政部的官吏也是這樣看法，所以把這個數額從包馬雪的賬上減了下來。這是決沒有問題的。唯一的問題是這筆款是否是用作祕密費抑是用在購買接濟品。美國政府在同意最後和解辦法的時候，不曾承認是用作祕密費，因此包馬雪的後嗣實有權可以接受那些已經交付的接濟品的付價。

（一）Journals of Continental Congress, V, 768.

（二）Articles XII and XIII of the Treaty Plan (Journals of Continental Congress I, 771) with Article XXX of the Treaty.

（三）Bemis, Jay's Treaty: A Study in Commerce and Diplomacy, 21 note; Mahan, War of 1812, I, 92.

（四）甲茀遜一七九三年十二月十六日關於『商務特權與限制』的報告，Am. State Papers, Foreign Relations, I, 300 這個報告雖然是後來做的，但是所描寫的情形實質上與邦聯時代相同。

（五）他們交涉的詳盡報告，見 Dip. Cor., 1783—1789, II, 195—346.

（六）A. S. P., F. R., I, 302.

（七）Bemis, 34.

（八）Bemis, Chapter II, "Anglo-American Commerce."

（九）甲茀遜給哈蒲德（Hammond）的信（一七九二年五月二十九日）把該爭端美國方面的主張發揮得很詳細有力，A. S. P., F. R., I, 201—237; 又 Bemis, 100-102.

(十) Bemis, Chapter VI.

(十一) Dip. Cor. of U. S., 1783—1789, IV, 151, to V, 369.

(十二) Ford, Writings of Jefferson, I, 153—155. (Federal Edition, 12 vols.)

(十三) Op. cit., I, 157. 關於甲弗遜的法國使命的完全通信，見 Dip. Cor., 1783-1789, II, 349, to IV, 148.

(十四) (Malloy) Treaties and Conventions, I, 584.

(十五) 關於卡米齊爾的使命的消息，看 Dip. Cor., 1783—1789, VI, 373—417.

(十六) Secret Journals of Congress, III, 586.

(十七) Dip. Cor., 1783—1789, VI, 200.

(十八) Secret Journals of Congress, IV, 81—127.

(十九) Hunt, Writings of Madison, II, 263.

(二十) 吉與加都魁的談判見 Dip. Cor., 1783—1789, VI, 65—272.

(二十一) A. S. P., F. R., I, 454—460.

(二十二) Op. cit., I, 433—444.

(二十三) 關於賓克列的使命，看 A. S. P., F. R., I, 469, 533—540; 又 G. L. Rives, "Spain and the United States in 1795," in Am. Hist. Rev., IV, 62—79.

(二十四) 欲知邦聯時代與阿剌伯國家的關係，看甲弗遜一七九〇年十二月二十八日的報告，A. S. P., F. R., I, 104.

(二十五) Journals of Continental Congress, V, 770.

(二十六) 一七七八年的通商條約第八條。

(二十七) 巴克萊的談判的報告，見 Dip. Cor., 1783—1789, V, 168 223.

(二十八) Ford, Writings of Jefferson, I, 99—103.

(二十九) Journals of Continental Congress, V, 768. 司文教授 (Professor Corwin)平常很正確，這裏卻錯把這些條款完全歸功於維爾強(French Policy and the American Alliance, 170-171.)

(三十) Ford, Writings of Jefferson, IV, 353; Secret Journals of Congress, III, 484.

(三十一)見前面第三章內。

(三十二) Ford, Writings of Jefferson, IV, 354.

(三十三) Bigelow, Works of Franklin, VIII, 246.

(三十四) Ford, Writings of Jefferson, IX, 299.

(三十五) Law of Nations, Ed. of 1758, Book III, Chap. VII, sections 115, 116.

(三十六) Ford, Writings of Jefferson, VIII, 120.

(三十七) Wharton, VI, 482.

(三十八) Bayley, National Loans, in Tenth Census, VII, 309—315.

(三十九) Journals of Continental Congress, XXV, 954.

(四十) (Malloy) Treaties and Conventions, I, 485.

(四十一) Bigelow, Works of Franklin, VIII, 145.

(四十二) Bayley, 325.

(四十三) Am. State Papers, Finance I, 360, 671.

(四十四) (Malloy) Treaties and Conventions, I. 485, 489.

(四十五)參議員波拉與布魯斯(Bruce)的會話，Congressional Record, January 22, 1925.

(四十六) (Malloy) Treaties and Conventions, I, 489.

(四十七) Wharton, I, 376—380.

(四十八) 20th Cong., Ist Sess., House Report No. 220.

(四十九) Moore, International Arbitrations, V, 4460.

(五十) Tenth Census Reports, vol. VII, 299—486.

(五十一) National Loans, 303.

(五十二) Loménie, Beaumarchais et Son Temps, II, 200—204; Kite, Beaumarchais and the War of American Independence, II, 159, 245; 及 Governor Monroe's "Communication to the Legislature Relative to the Claim of the Representative of Beaumarchais Against the Commonwealth," Richmond 1802.

第四章　中立與孤立

國務部　華盛頓於一七八九年四月三十日就職之後不久，國會便進行組織新政府的工作。決定設立外交、財政、軍事三部。外交部是七月二十七日創設的，外交部長的責任便是限於與外國來往的事情。六星期後，又有一個議案提議設立一個內務部，其職務在保管公共案卷，與各邦通信，及執行其他各種雜務。國會於是把全個問題，加以覆議，決定把所提義的內務部的職務歸入外交部。同時把外交部改名爲國務部，以便該項名義足以包括所轄的雜務。(一)

甲蒲遜第一任國務卿　華盛頓對於國務卿的人選屬意甲蒲遜，所以甲蒲遜從法國告假回到維金尼亞不久，便得到了華盛頓請他擔任這個職務的一封信。他回信給華盛頓說他寧願回到巴黎去，但是如果總統堅持要他擔任，他可以從命。(二)華盛頓於是又寫了第二封信，勸他擔任，但是他因爲長女的婚事及利煦滿(Richmond)的事業，在維金尼亞擱延了，一直到一七九〇年三月二十一日纔就職。這其間的部務則由華盛頓請求邦聯時代的外交部長吉繼續管理，但是因爲吉接受了美國大理院長的位置，不能正式受委爲國務卿。

英國與西班牙的戰爭形勢　第一個要考慮的重要問題是英國與西班牙如果因爲魯卡桑(Nootka Sound）事件發生戰爭，美國應該採取什麼方針。有一個西班牙的軍官在溫可華（Vancouver）附近捕去了一條英國船，皮特便乘機把這件事情擴大極力否認西班牙在美洲西北岸有干涉英國貿易的權利。如果戰爭發生，英國大概要從坎拿大去征服魯易西恩那。美國的西部介於坎拿大與魯易西恩那中間，地位在軍事上甚爲重要。同時美國對於英、西兩國都有不滿的地方。英國還是不放棄邊境的兵站，西班牙則不許西方殖民在密士西比河航行。甲菲遜以爲西班牙與其看住魯易西恩那及佛洛利達被英國征服，或許願意給他們獨立。如果給他們獨立，他願意加入西班牙和法國一致保證他們的獨立，雖與英國開戰，在所不惜。但是如果西班牙與法國不加入這樣來做，他主張嚴守中立。(三)

華盛頓方針未定　後來得到多徹斯特爾爵士（Lord Dorchester）或許要請求准許英軍從地托落特進攻密士西比的暗示，華盛頓便請甲菲遜、亨米頓及亞丹姆斯用書面表示意見他應採取什麼對付的方針。亞丹姆斯認爲美國既沒有預備戰爭，便應採取中立方針，如果准予通過，對西班牙便是不友善。因此他主張予以拒絕。這樣一來或許就可以嚇阻英國，或者如果她要堅持並且沒有得到准許卽竟然通過，那麼交涉之路還沒有斷絕。(四)亨米頓則主張答應，因爲拒絕便祇有戰，而國內又沒有准備戰。他的辯詞很長，他從國際法的立場來討論這個問題，結論說，允許軍隊經過之權的疑問比拒絕之權少。(五)至於甲菲遜，他認爲總統完全有拒絕之權，但是英國大概會置之不理，那麼美國只有立卽宣戰或『當着世界甘受侮辱。』他主張避免直接的答覆，『繼守中立愈久愈好，加入戰爭愈遲愈好。』(六)幸而魯卡桑的爭端

戰爭避免了

有了調解，華盛頓總統沒有下一個決定之必要。

英國方面考慮了兩個辦法：一是以允許密士西比河的自由航行來找美國做一個盟國；還有其他一個辦法，便是乘西方的不滿與不安來鼓勵一個脫離運動。(七)這個危機有一個好的結果：大概使皮特傾向更嚴重考慮派遣駐美公使的問題。差不多同時候貝克維斯(Beckwith 英國政府非正式的代表）報告與亨米頓會談的結果說，亨米頓得到一個有勢力的黨擁護，主張與英國發生更親善的關係，同時一個親法反英的黨很快的集在甲菲遜領袖之下。國會裏面麥地生領導的以通過激烈的法律，以抵制英國商務運動的復活，有時候被人認爲是英國派遣駐美公使的近因，但是派使之議好像在這些議案的消息沒有達到英國以前便已經決定了。該項消息的影響只有使該公使趕快動身之一點。(八)

皮特決派使駐美國

哈滿的來到　派往美國的第一任英國公使是哈滿(George Hammond)。他是一個二十七歲的青年，於一七九一年十月來到，由在費列德爾菲亞的英國領事傳言，說一俟美國駐英公使派定，他即呈交國書。幾個星期之後，美國派定了賓克列（南卡羅林那人）爲駐英公使，哈滿和甲菲遜於是開始討論爭執的各種問題。甲菲遜的第一步是請求哈滿示知他的全權。這麼一來，逼得哈滿不能不承認他沒有締結條約之權，他只能討論原則以爲一個最後的辦法的基礎。(九)英國內閣的目的好像在拖延而非急求解決，想用長久的談判，以打消國會擬議的惡意的立法。

關於不履行條約的討論　甲菲遜一七九一年十二月十五日的通牒，請注意英國破壞一七八三年的條約，即是談判的開始。所謂英國破壞條約之點有二：一是沒有撤退邊境的兵站，二是英兵退出紐約時帶走了三千多奴隸和其他的財物。（十）哈滿延至一七九二年三月五日纔答覆。在其間，他搜集了許多的材料來證明各邦沒有除去清償欠英國人民的債務的各種障礙，並且各邦與國會沒有表示任何眞正的意向要履行該項條約。（十一）美國方面這些違犯條約的行爲，他說，使英國有充分的理由遲遲不將兵站撤退，甲茀遜五月二十九日的答覆，（十二）聲稱奴隸被帶走之事，乃在條約在美國宣布之後，各邦不履行條款的問題沒有發生之前；並且條約發生效力以後有一年多的功夫，英國在坎拿大的官吏曾經解釋說，他們之所以繼續佔領這些兵站，乃是因爲沒有奉到撤退的命令。因此不能責備美國說她先行違犯條約。其餘的答覆主要的是關於戰前的債務問題，甲茀遜把理由發揮得很多以後，結論說，在法律上並沒有妨礙債務的索討，並且

如果下級審判廳有非法的阻礙之存在，那麼與其他非法的手續一樣，只要上訴高級法院，便會廢止，如果那裏不廢止，可以向政府控告，他們的干涉大概是有效的。

亨米頓干涉談判　甲茀遜的有力辯詞，在沒有交給哈滿以前，牠的力量差不多完全被亨米頓打消了。亨米頓與哈滿來往甚密。亨米頓的全個財政系統全靠繼續與英的和平關係。美國的進口貨有百分之

九十是從英國來的。如果阻斷了這個貿易，失掉了由此所得的進口稅，亨米頓相信財政的紛亂與政治的崩潰一定要跟着來的。因此他差不多願意犧牲任何人或任何事去維持與英國的和平。這可以解釋他對甲茀遜的態度，及他爲什麼要祕密與哈滿會商，繼續不斷的干涉他的同事的談判。貝米斯教授(Professor Bemis)近來曾在英國案卷室(British Record Office)把哈滿的信件完全看過，發現許多關於這時期的談判的新而有價值的材料。(十三)哈滿對於亨米頓估量得很準確，可從下列一段話(復他的一封信中引出來的)裏面看出來：

> 關於這位先生的誠意，我有最可靠的保證，知道任何事變，凡是可以危害該國對外的和平，不但是他爲本國利益所造成的制度的致命傷，並且是他國人的名譽及其將來的野心的致命傷。(十四)

與哈滿祕密會議　在他另外一個給政府的信裏面，他說他寧願與亨米頓私下接洽，除非出於絕對需要，他不與甲茀遜發生關係。在他與甲茀遜談判的時候，他自始至終，是與亨米頓有密切的接頭的。亨米頓承認美國方面對於條約有嚴重的違犯；他的意見以爲如果英國撤消兵站可以定出一些辦法來保障英國皮毛商人的利益；並且他表示希望西印第斯可以讓噸數輕的美國船隻出入。甲茀遜不知道他的理由早被亨米頓暗中破壞了，卻把他答哈滿的覆文先送給亨米頓去看，問他有什麼意見。亨米頓對於覆文多半同意但認爲與其爲各邦的行爲辯護，不如爲各邦的行爲寬恕。甲茀遜將亨米頓的備忘錄連同他自己的覆文一齊交給華盛頓。華盛頓的意見與甲茀遜相同，特別是關於債務問題，因此他令該項文件照原稿發出。（十五）

甲茀遜採取保守中立的步驟

對甲茀遜不忠誠　哈滿一接到甲茀遜的答覆，立即跑去見亨米頓：亨米頓極力安慰他，對於「他的同事的過激處」表示惋惜，並且說該項通牒不能代表美國的眞確的感覺，總統也沒有看過，總統完全相信甲茀遜的保證說該項通牒與其他內閣閣員的意見相同。（十六）

哈滿對於甲茀遜的通牒不作答覆，而將該項問題移給倫敦。好像他沒有得到關於這個題目的新訓令，因爲英國不久便忙於對付歐洲的危機。就是哈滿與甲茀遜的將來的關係，也是在英、法戰爭所引起的問題上面。

法英戰爭　因爲甲茀遜是憲法底下的第一任國務卿，所以他有創立先例及形成影響遠大的政策的機會。這種機會他並沒有錯過。一七九三年一月路易十六(Louis XVI)被殺了。二月，英國加入聯合進攻法國。於是一個大海軍戰爭開幕了，差不多繼續有二十年之久，終竟把美國牽入了漩渦。甲茀遜身任國務卿之職，於是負有發展後來有名的美國中立制度的工作。但是因爲一七九三年四月二十二日華盛頓總統發布的中立宣言不是他寫的，並且他有信給麥地生批評該項宣言怯懦，於是批評他的人便認爲他是反對政府所取的立場，對於後來數月中發展出來的中立制度沒有功績。其實甲茀遜從來沒有想到中立以外的方針。一七九三年三月二十二日在他沒有得知戰爭暴發以前，他寫信給駐葡萄牙公使亨弗列 (David Humphreys) 說道：

現在歐洲好像要發生一個很普遍的戰爭，請你特別注意替我們的船隻保障一切的中立權利，並且設法使我們的國旗不會被別人所借用去爲他們自己謀取我們的中立的利益。（十七）

一七九三年四月一日他寫信給總統說，從他所得到理斯邦 (Lisbon) 關於英、法宣戰的報告看來，「大概這些國家已經在那裏打起來了，據我的意見，我們有採取一切正當辦法以保障我們的中立的需要。」（十八）四月二十日，在宣言發布以前兩天，他寫信給繼他爲駐法公使的莫利時說道：

或許沒有那國比我國這樣完全反對戰爭。這種傾向瀰漫各界人士，不管他們是在位不在位。他們或許不能壓制他們的感情或願望。但是他們會壓制這種感情或願望的影響，以保存公平的中立。的確我們以中立者的資格較之以參戰者的資格用處更多，因爲我們的國旗可以保護食物的供給。」（十九）

姜納特的來到　一七九三年四月初，「公民」姜納特 (Citizen Genet) 以新成立的法共和國的公使資格來到南卡羅林那之查爾斯頓。他立卽開始發出委任狀給私掠船去打刼英國的商業，在他北行的路上大受狂熱的歡迎。他於五月十六日進費列德爾菲亞，有千萬人的護從。

華盛頓商諸閣員　在這期間，華盛頓召集了一個內閣會議，討論第一應否發布宣言，第二應否接待法共和國的公使。第二個問題牽涉到法國新政府的承認，我們等一下來討論。甲茀遜反對在那個時候發布一個宣言，理由在他的信裏面說得很多。他認爲第一宜看看英國對於中立商務所擬採取的方針。他以爲最好讓英國捉摸不到美國的態度，她鑒於美國與法國的同盟條約，或者是要發生懷疑的。這樣一來，不但可以逼她在中立商務上讓步，並且在解決許多未了的問題上（如在西北保留兵站）也可以逼她讓步。在致麥地生的一個信內，他說：

甲茀遜反對宣言太早

我認爲宣言太早是失策的理由，人家卻以怯懦等類似的辯詞來答覆。我現在想，極可能，哈滿或許接到了訓令來要求我們宣布中立，並且願意以最寬大的中立特權作代價，這種代價也就是我所想要力爭的。（二十）

甲茀遜贊成召集國會　甲茀遜並且建議等到國會召集以後再採取行動。他提出這個建議的理由在給麥地生的一個信裏說得很詳細，該信在內閣會議一個多月以前便寫了的。在這個信裏面，他說：

海軍列強聯合反法甚至於禁止供給該國的食糧的計畫，好像可信。如果正式接到通告，我想會召集國會，因爲這是一個戰爭的正當的原因。行政當局既不能決定宣戰，也不應決定不宣戰，使有權力的國會無討論這個問題的機會。但是我希望他們不至於決定宣戰。我想這是一個好機會給我們向世界樹立另一個榜樣，證明動以利害也可以使國家遷就正義，而不必訴諸武力。我希望國會與其指摘戰爭，不如立即排斥此種黷武國家的一切製造品、出產品、船隻及人民於我們的海口以外，以至黷武行爲終止及有滿意的解決爲止。這種辦法於許多方面都好，都安全，並且在各國之間介紹了一個武力以外的公正人出來。而我們也可免除廝殺的冒險與恐怖。(二十一)

內閣決定發布宣言　內閣會議一致同意發布一個宣言，『禁止我們的人民參加任何海上戰爭，幫助任何交戰國或反對任何交戰國，並且警告他們不要運輸國際近代習慣上所認爲是違禁品的任何物品給這些國家，並且不許他們有任何行爲和手續違背友國對這些交戰國的責任。』該項宣言很短，據甲茀遜自己說是檢察長倫多夫(Edmund Randolph)起草的。(二十二)因爲尊重甲茀遜的關係，避免了用『中立』字樣。根據亨米頓的請求，約翰吉也起草了一個宣言，在閣議以前一個星期交了給亨米頓。這個草稿在吉的著作裏發表了，於是人家認爲吉與亨米頓是宣言的主稿人。(二十三)有好些歷史家說這個宣言是華盛頓以凝結的形式發布出來的。無論何人，如果他不怕麻煩拿這兩個文件去比較，立卽可以知道吉的草稿與公布的宣言毫不相符。阿里威爾（Oliver 寫亨米頓傳記者之一）甚至於說亨米頓起草了中立的規則。這種說法的唯一可能基礎是亨米頓發出了關於這個題目的訓令，通告海關職員。

甲菲遜發展美國中立體系　因為宣言很短，所以本身並不十分重要，但是內閣不管一七七八年的法國條約，一致通過採行中立方針的決議，影響卻是很大。而負責去執行這個政策的是甲菲遜。他做得很好。他給駐倫敦的賓克列與駐巴黎的莫利時的許多詳細的訓令，及他給英國公使哈滿與法國公使美納特的信，都是模範的外交文件，證明其中包含有深刻的國際法的知識及其有關的原則的寬大把握。（二十四）任何人，如果他詳細讀這些信，便知道甲菲遜實在是美國中立體系的立基祖。賀爾（W. F. Hall）是國際法的英國權威，一百年後，在詳細引證甲菲遜的文件後，用這種話下結論道：

一七九三年美國的政策，在中立慣例的發展上，構成了一個新紀元。沒有疑問，這種政策的用意是要使中立者所負的義務發生效力。但是牠代表了當時關於這些義務的最前進的意見；有些地方比現在有權威的國際習慣還進步。不過大體上牠與現在國際上所採用的行為標準相同。（二十五）

另外一個英國作家並且是著了一本關於門羅主義的名著的作家利達維（Reddaway）說，『在這麽一個時候，甲茀遜的筆居然能够構成對法的廣大的中立原則，以後竟無以復加者，』(二十六)美國眞可引以爲榮。

承認法共和國的問題　關於承認路易十六死後法國成立的新政府的重大問題，華盛頓總統請他的閣員用書面發表意見。他並且問他們，美納特應否接待，及一七七八年的條約應否認爲還有效力。亨米頓與甲茀遜的答覆很長，而照例是相反的，特別是關於條約的效力的問題。亨米頓認爲當初交涉條約的對手包本君主政體已被推翻了，我們沒有履行的義務，並且有拋棄該項條約的全權。(二十七)甲茀遜的見解很正確，認爲條約是與法國訂的，不管法國人民樹立什麽一種政府，仍然有效。這個原則，現在是國際法的一個根本主義，甲茀遜發揮得很好，他的話値得引證：

甲茀遜立下根本主義

我認爲構成一個社會或國家的人民是該國內一切權威的來源，他們可以自由認定任何經紀人去處理他們的公共事務，他們可以隨時更換這些經紀人或其組織的形式與職能：這些經紀人在國家的權威之下所做的一切行爲乃是國家的行爲，人民須負責任，須保證他們的效用，不能因爲政府的形式或行政的人員有何改變而取消或受影響。因此，美國與法國的條約不是美國與路易卡派特(Louis Capet)的條約，而是美、法兩國的條約，這兩國既然還是存在，那麽他們後來雖然改變了他們的政府形式，可是條約並不因爲這些變更而取消。(二十八)

法國條約有效　華盛頓沒有下確定的意見，但是以後來情勢的發展看來，好像他是同意甲茀遜的主張，說該等條約有效，但是因爲法國正在從事的戰爭是攻勢的戰爭，不能引用。好得法國並沒有要求完全履行同盟條約，以爲美國能用中立國旗運輸的食糧比美國所能給予陸軍或海軍的幫助無疑有價值得多。不過通商條約允許法國兵艦把他們的捕獲品帶到美國的海口來，引起了更大的困難。姜納特認爲這種條款包括了把這種捕獲品改裝爲軍艦，並在美國海口內委令他們出去攻擊英國商務的權利。甲茀遜堅決否認這種解釋。他於一七九三年六月十七日寫給姜納特說道：

在美國港內無武裝捕獲船隻的權利

在我們的條約裏面沒有一項有這種承諾的規定。通商條約第十七條只允許彼此的武裝船隻進入彼此的海口，自由帶走他們的捕獲品；但是武裝船隻的進口是一種行爲；在該海口裝置一個船隻，給以武裝，備以船員，卻另是一種行爲，在條約裏面並無此項約定。(二十九)

可是，姜納特的進行仍然堅持不懈，以終至於政府要求把他召回去。

承認的主義　承認事實上的政府的主義，甲茀遜發揮得很好，完全是獨立宣言所謂政府的正當權力乃得之於被治者的同意那句話演繹出來的。如果這句話是真的，那麼基於人民同意的政府是他國應該承認的政府。當甲茀遜起初聽見法國君主政體被推翻，宣布共和的時候，他即令莫利時停止償付對法的債務，以俟『全國意志有實體的表示』所組織的政府之成立。在一七九二年十二月三十日給莫利時的信裏面，他說：

我知道你在這個由舊政府到其他合法權威成立的過渡時代處境一定很困難，並且或許你茫然不知與誰辦交涉好。然而若是原則一經明瞭，實用的困難便比較少些。我們決不能否認任何國家這種權利：自由選擇政府的形式，自由改變這些形式，以及自由用牠所認爲適當的機關對外辦理交涉，不管是君主，是會議，是議會，是委員會，是總統，或是其他牠所選擇的東西。唯一須考慮的是國家的意志。這種權利也是我們自己的政府的基礎。(三十)

不干涉　剛纔所引的一段並且是不干涉主義的哲學基礎的一個好宣示。這種不干涉主義自甲茀遜以後成了美國外交政策的一個根本原則。

不引渡政治犯　與革命權利有密切關係的是政治犯的引渡問題。關於引渡問題，甲茀遜首先區別普通的亡命者與政治的亡命者。阿彭海姆（Oppenheim）是一個在國際法上很有權威的人，他說在法國革命以前，『政治罪』的名詞在國際法的理論與實際上都沒有聽見。一七九三年的法國憲法允許保護爲『自由奮鬬』逃往法國的外人。在採用這個憲法一年以前，甲茀遜在一七九二年三月二十二日給總統的報告裏面卻提出了他關於這個題目的見解。他說：

許多法典擴大他們關於叛逆罪的定義，包括實實在在非反對本國的行爲。他們不分別反對政府的行爲，及反對政府的壓迫的行爲。後者是美德；然而因此被劊子手處死的比前者居多。因爲眞正的叛逆罪極少而壓迫卻是常有。反抗暴政的鬬爭的失敗者多半是各國的叛逆法的殉道者。我們鄰邦在過去或現在對於政府的改革如宗教的改革一樣的缺乏，我們不應希望把失敗來歸的愛國志士送給劊子手。（三十一）

華盛頓贊成這個報告，並且從此以後美國完全尊守甲茀遜所定下來的原則，拒絕引渡逃亡在美國的純政治犯。

中立商務之被干涉　從戰爭開始起，美國的商務便因爲交戰國假託要限制及監督中立貿易的關係受了犧牲。一七九三年七月九日美納特向甲茀遜控訴說英國的驅逐艦正在捕獲在美船上發見的法國財產。（三十二）甲茀遜答覆說：『根據普通的國際法，友國的貨物在敵船上發現是自由的，敵人的貨物在友國船上發現是合法的捕獲品；』至於與此相反的規則，自由船使貨物自由，乃是特別條約所成立的慣例，英國並沒有贊成；所以他不知道有什麼根據他能抗議。（三十三）

這時候法國國民會議(French National Convention)於一七九三年五月九日通過了一個命令，授權給法國軍艦及私掠船的統帶們

……凡全部或一部裝載屬於中立國的食糧運往敵人的港口之商船，或裝載屬於敵人的貨品的商船，一律拘入共和國（即指法國）的港口。(三十四)

法英下令奪取食糧

這個命令直接破壞了一七七八年的通商條約，所以在兩個星期之內下了第二個命令把牠修改宣稱美國船隻除外。一七九三年六月九日英國樞密院有一個命令，令逮捕及扣留『一切全部裝載或一部裝載穀粒、麵粉或粗粉往法國任何港口的船隻，』以便英政府收買這種船貨或令這種船的統帶於給過相當擔保之後，把他們的貨物『在任何與英國友善的國家的港口』出賣。甲芾遜於九月七日訓令賓克列抗議這個命令，認為牠不但是違反國際法，並且是對於美國最重要的產業的嚴重干涉。他說該命令『根本打擊我們的農業』。(三十五)英國的答覆直至一七九四年四月纔到，極力辯護擄捕食糧之權。(三十六)那時倫多夫繼甲芾遜做了國務卿，又去了一個答辯。(三十七)但是剛在這時候吉被派為往英國的特別專使，於是一切爭端的討論移到倫敦去了。

甲芾遜的辭職　甲芾遜的辭職是於一七九三年十二月三十一日發生效力的。他之就任本來就是

躊躇的，原意在華盛頓第一任總統期滿時便行告退。他的地產因爲他久不回去，很受影響，並且他很想回到他的可愛的滿地色羅（Monticello）家鄉去。華盛頓勸他暫緩告退，但是他與亨米頓的關係，本來就不佳，現在又一天惡劣一天。雖然華盛頓對於他部屬的內訌表示關心，並且勸甲菲遜與亨米頓互相容忍。(三十八)但是亨米頓不但繼續與英公使自由通訊妨礙甲菲遜（他當然不完全知道他們的來往）並且用別名『派西菲卡斯（Pacificus)』和『非加可賓（No Jacobin)』在芬洛（Fenno）的美國報（Gazzette of the United States）上及日日通告(Daily Advertiser）上匿名攻擊。(三十九)依甲菲遜的示意，麥地生也以別名『海維地亞斯（Helvidius)』答覆。一七九三年七月甲菲遜向華盛頓表示了他的辭意，但是經華盛頓的勸告，展期至該年年底。（四十）十三個月後，亨米頓也跟着辭了職。

麥地生提議報復英國　甲菲遜預備的最後一個重要文件是關於『商務特權及限制』的詳細報告。(四十一)麥地生以這個報告爲基礎於一七九四年一月三日又連續提出了好些劇烈的決議（原來在一七九一年提出過，）徵收英國貨物與船隻的課稅並予以限制，以爲報復之計。(四十二)亨米頓不但把甲菲遜的報告的進展與大概的內容告知了英使，並且在該報告發表以前便收集了許多材料反對該項報告的結論。(四十三)這些材料給了屬於聯邦派(Federalist）的一個來自南卡羅林那的國會議員，該議員用來發表一篇演說反對麥地生的決議，後來卻被該議員的選民在查爾斯頓街上燒掉了。(四十四)

又是英國樞密院的命令　正在辯論麥地生的決議的時候，接到了一個消息，就是一七九三年十一月六日樞密院又有一個命令，性質更加劇烈。該項命令指示拘捕『一切裝載法屬殖民地的產品，或運輸食糧或他種接濟品給任何這種殖民地之用』的船隻。(四十五)這個命令比一七五六年的規則（在該規則裏面英國宣布在平時對中立國不開放的貿易在戰時不能對他們開放）更進了一步，因爲牠竟然禁止了美國人由美國港口與法國島嶼的直接貿易。該項命令在美國引起了大的震動，使聯邦派不得不取守勢。就是亨米頓也非難牠，認爲『兇暴，』勸華盛頓一面備戰，一面交涉，同時不採取報復手段。(四十六)一七九四年一月八日的命令對於十一月六日的命令有所修改，允許美國與法屬西印第斯在非違禁品的物品方面可以直接貿易。(四十七)這個消息使美國稍爲氣平。這個命令使美國船隻可以將法屬西印第斯的出產運至美國，繳稅以後，再輸往歐洲，這種間接貿易爲數頗大，直至一八〇六年斯高特（William Scott）關於埃色格斯（Essex）案的判決纔被阻止。

美國船隻在西印第斯被捕　一月八日的新命令的消息沒有達到西印第斯以前，有二百五十條左右的美國船隻被捕，其中有一百五十隻受了處分。(四十八)一七九四年三月二十六日，國會禁止三十日內在美國港口的一切船隻駛出前往任何外國港口，到四月十八日又將該項禁令延期三十日。

吉往英國的使命　爲避免迫近的危機起見，華盛頓最後決定派一專使往英國去交涉，並勉力抑止國會，看再度交涉的結果如何。擔任這個重要使命的人，他考慮過約翰亞丹姆斯、甲菲遜、吉及亨米頓。亨米頓知道反對他的勢力太大，力勸派吉前去。(四十九)數日後華盛頓把吉的名字提到參議院，五月十二日這位新專使便搭船赴英了。亨米頓現在操縱政府的政策，所以吉的訓令雖然是倫多夫起草的，但是可以看出是亨米頓及聯邦派參議員一小團體的意見。有一次與哈滿會談，亨米頓表示了他預備接受一七九三年六月八日及一七九四年一月八日的命令的原則。他雖然非難西印第斯的海軍中將法院所給一七九三年十一月六日的命令的極端解釋，但是不否認牠的合法性，並且說根據該項命令所捕獲的船貨，除能證明是屬於法人者外，將要求給予賠償。於是亨米頓離開了我們早年的條約所包含的原則，並且默認了把食糧當做違禁品看待，和在中立船上捕攫敵人的財物，以及一七五六年的例規。（五十）

他的訓令　吉的官式訓令當然沒有叫他放棄這些原則，但是給了他廣大的自由決斷之權，並且據哈滿向他的長官的報告，實在操縱交涉的還是亨米頓。（五十一）吉奉到的訓令是力爭賠償因英國命令所受的捕獲與損害；調整因一七八三年的條約所起的差異；如果可能，交涉一個通商條約包括航務與商業的互惠，自由船隻使貨物自由的原則，違禁品（食糧除外）的定義，封鎖的定義，及其他寬大的約定，並且取得美國船隻進入英屬西印第斯的允許。可是訓令告訴他說，總統因為路途遙隔，不能給他以『不變的』訓令。

因此這裏所表示的意思你可以認為等於建議，如果於美國最有利，你可以權衡予以修改，但是下面兩件事情是不能更改的。

第一、他不能簽訂違反我們與法國的條約，第二、他不能簽訂不允許美國船隻進入英屬西印第斯的條約。(五十二)

吉條約　吉與格林維爾爵士的談判在一七九四年七月下半月開始，繼續至十一月十九日。(五十三)十一月十九日所簽訂的條約規定放棄邊境兵站，並派三個公斷委員解決(一)聖克羅河（St. Croix River）邊界，(二)已經沒收的債務之要求，(三)因爲英國驅逐艦非法的捕獲美國船隻及在美國港口武裝起來的法國船所捕獲的英國船隻而起的互相要求。

關於公斷的規定　邊界問題的公斷員後來下的判決說，當初交涉一七八三年的條約的人，原意是以斯庫地亞克（Schoodiac）爲邊界，不過用的是聖克羅的名字。關於欠英國債務的問題，公斷員因爲彼此意見不同，不能下一判決，但是依據一八〇二年的協定，英國政府同意接受二百六十六萬四千元作爲了結。在吉約底下，最重要的公斷還是關於中立的權利與義務。公斷員在倫敦開會，進行有數年之久。關於國際法引起的複雜問題的解決，賓克列得到了新的榮譽。他是美國律師界公認的領袖。他的廣博有力的意見，人家譽之爲『司法雄辯的完美典型。』美人向英政府索還了一一、六五〇、〇〇〇元。這在一八七二年日內瓦的判給以前，公斷法庭從來沒有判給過這麼大的一個數目。美國方面因爲法國私掠船在美國管轄之內裝置出發，也須賠償一四三、四二八元。摩爾說道：

這個數目雖然比較小，但是牠的償付確立了政府疏忽不履行牠的中立責任須賠償損失的原則，而定下了一八七二年日內瓦判給的基礎。(五十四)

英軍的撤退　吉約種下了近代國際公斷的基礎，但是除了這個成功（當時沒有人感佩）及英兵撤退邊境營所的規定外，他的談判顯然表示革命時代所宣布的原則的失敗與放棄。該條約特別規定了在中立船上的敵產的擄取及食糧的先買權。(五十五)

商業條款不滿意　關於商業的讓步，吉所得到的很少，西印度的協定更使人大失所望，第十二條允許七十噸重以下的美船與英屬西印第斯貿易，但是不能裝載任何糖水、糖、咖啡、可可或棉花從西印第斯或美國往歐洲。這個辦法激動了公憤，全國許多地方把吉的肖像燒掉。法國公使亞德特（Adet）到了費列德爾菲亞不久，便看見這麼一次表演，於是用生動的描寫筆墨，向他的政府報告。造船的木匠把吉的肖像拿來燒。他們把吉扮演一手拿着一個天秤，輕的一頭寫着「美國的自由與獨立，」重的一頭寫着「英國的金錢；」還有一手拿着該項條約，口中說出「付給我的要求，我把我的國家賣給你。」(五十六)亨米頓在紐約城內公開集會上演說替該條約辯護的時候，羣衆把他喝倒，並且拋石頭把他打得流血而逃。(五十七)參議院把關於西印度貿易易招反對的那條擱置起來，以剛够三分之二的票數（一七九五年六月二十四日）批准了該項條約其餘的部分。華盛頓遲疑了許久，最後纔決定批准，因爲沒有別的路可走。(五十八)

亨米頓對吉約須負責任　吉能否得到一個較好的條約呢？貝米斯教授對於談判情形曾下了澈底的研究，他下結論說格林維爾是一個比吉更能幹有經驗的外交家，並且『因爲外交部（按指英國）與美國最有影響最有勢力的政治家有密切的關係，』吉的地位不利。他又說道：

『他的條約的條件乃是亨米頓的有力影響的結果，最後分析起來，一切毀譽都須由他負責。聯邦派相信和平是美國民族永存的不可缺少的條件，而該條約便是他們爲和平所付的代價該條約名爲亨米頓的條約，比較更爲適宜。(五十九)

倫多夫患嫌疑辭職　華盛頓之批准吉約，乃爲國務卿的人格與行爲有很不可靠的消息所促成。法國公使福雪（Fauchet）有好幾個快信報告與倫多夫談話的情形，被英人捕獲了，送了給華盛頓的內閣閣員。該項信件表示倫多夫與法國公使在那裏陰謀打消吉約，並且暗示（雖然措詞含糊）他曾建議用法國金錢去運動。（六十）檢閱所有關於這件事的文件，好像倫多夫與後面那個攻擊沒有關係。至於其他一個攻擊他的，反對該約是大家知道的——在事實上他是唯一閣員投票反對批准的——他與福雪的關係並不比亨米頓與英公使更親密。當華盛頓當着其他閣員以該項有妨礙名譽的文件提示倫多夫時（其他閣員已知該項文件的內容，）倫多夫自然提出辭職。

國務卿之職多人不受吉約的批准是華盛頓的人望的最後打擊；擁護政府的人很少。就是國務卿一職也沒有人願就。輪流徵求派特爾生(William Paterson)、亨利(Patrick Henry)、盧福斯金(Rufus King)的同意，但是都拒絕了這個無希望，只有在國內失人望在國外無能力的位置。(六十一)最後把皮克林(Timothy Pickering)由軍政部調到了國務部，繼續在亞丹姆斯任內做了大部分時間的國務卿。

吉約開罪法國　吉約使法國深感不快，門羅大難為情，因為他向法國政府保證了不會接受與法國條約相衝突的條款。法國條約明白的規定了中立國旗應該掩護敵人貨物，食物不應看做違禁品。與英國簽訂一個包含相反的原則的條約，而又正在法國與英國交戰的時候，難怪法國不滿。事實上吉對於英國海上法的系統之一般默認，實際等於破壞中立。駐法公使莫利時因為對君主政體表示同情，在吉被派往英國的前後很不孚人望，所以派了門羅去繼他的任。門羅之所以被選派，乃是因為他對於法共和國的著名的友誼。至於吉的訓令是沒有告訴他的。事實上關於吉的真正使命他是被騙了，他是被派去綏和法人的猜疑的。

你可以說他（指吉）絕對沒有權削弱我國與法國的協定的。大概在這個題目上，你要遇到各種的猜疑。但是你可以宣告那個使命的動機是去取得我們的被劫財產的賠償及兵營的收復。

可是沒有一字提到通商條約。結論要他去

……表示我們對法共和國的信任，但勿洩露一點過分的順從態度。你可以表明如果與地球上任何一國開戰，我們認為法國是我們第一個並且自然的盟國。(六十二)

門羅被召回

法國國民會議對於門羅的劇情的和熱心的歡迎，及他與主席相互問候的極端懇切，接着的友愛的擁抱，使聯邦派大起驚慌。等到吉約(直到批准以後纔讓門羅知道)最後宣布的時候，門羅實在無法辯護。華盛頓認為門羅對於行政當局不忠，最後於一七九六年七月決定撤他的職。(六十三)

法國不接待賓克列　在門羅撤職不久以前，法國執政會(Directory)為對吉約施行報復起見，於一七九六年七月二日通過了一個命令，宣告關於搜查與捕獲問題，法國驅逐艦對於中立船隻要施行他們本國政府允許英人施行的規則。美國政府派了賓克列(Charles Cotesworth Pinckney)去繼門羅的職，但是他到巴黎之後，執政會拒絕接待，並且令他離開法國。他退至阿姆斯特丹(Amsterdam)等候發展。有許多聯邦派的人要求宣戰，但是亞丹姆斯總統及亨米頓知道國內沒有預備，同時共和派(Republicans)堅認為沒有宣戰的理由，並且緊張的關係乃由於聯邦派處理不善所致。

「XYZ」事件　亞丹姆斯決心(如果可能)要恢復外交關係，並且在一七九七年的秋天派了一個委員團包括賓克列、馬雪爾(John Marshall)及葛利(Elbridge Gerry)以圖新的談判。委員們到了巴黎的時候，外交部長塔列蘭(Talleyrand)延不接待他們，等到他們日益忍受不了對他們的待遇，然後由祕密代表(後來發表出來的信裏指名爲X、Y、Z)通知他們說要的是錢，如果他們願出鉅款與塔列蘭及其同僚，便可承認他們，並與他們辦交涉。賓克列的有力答覆是『不給，不給，不給連六辨士也不給。』這種答覆的精神，美國有善於造句的改爲『以百萬作防備，不用一分作進貢，』大肆流傳。這句成語第一次的出現是在費列德爾菲亞一種歡迎馬雪爾（他首先回國）的大宴會席上舉杯祝飲賓克列的時候。這句成語成了當時的口號，雖經賓克列的否認，但是還刻在查爾斯頓聖米齊爾教堂（St. Michael's Church）內他的墳墓上面。(六十四)

對法事實上的戰爭但非法律上的戰爭　關於『X、Y、Z』的報告接到之後，總統立卽向國會宣告，他再不派遣公使到法國去，如果沒有保證『以一個強大、自由、獨立的國家的代表相待相敬。』報告的公布引起了劇烈的感情，這是約翰亞丹姆斯一生第一次得到民望。他的建議，國會迅速的給予通過成爲法律。海軍部設立了，大批的軍艦定造了，捕獲法國船隻的命令下去了，一七七八年的條約廢除了，一萬陸軍的組織開始了。華盛頓被任爲總司令。他以委任亨米頓爲副司令爲條件就職了。美國既不能與法國在陸地上打仗，亨米頓希望與英國合作攻擊法國的盟國西班牙。他提議把佛洛利達與紐阿倫斯合併於美國，並扶助西班牙美洲的獨立。(六十五)可是亞丹姆斯不贊成這個計畫，所以衝突只限於海上。兩年多一點的

外交關係的恢復

功夫，計美國船捕獲了八十隻左右的法國船，其中大多數是商船或私掠船，可是也有少數法國軍艦，如反抗號(L'Insurgente)便是由星座號(Constellation)船長托落格斯頓(Captain Truxtum)戰了一點鐘纔捕獲的。雖然海上有這些戰爭但兩方面都沒有宣戰。這時候拿破崙當權了，他便於一八〇〇年批准了一個條約，恢復外交關係，並且解決了一些差異點。

美國孤立的政策　在華盛頓的時候，美國是民主政治的一個試驗。切要的問題不是我們對於其餘的世界的責任，而是其餘的世界讓不讓我們生存。聰明的政策是不捲入世界政治的漩渦，極力免除開罪歐洲的大國。華盛頓指出『我們的遙隔的地位，』使得我們採取這麼一個方針有可能。這種政策有事實證明是不錯的。這樣一來，我們纔可以循着我們自己的政治天才的傾向，把我們的制度展布一個大陸，在經濟界上得到一個很繁榮有勢力的地位。我們的革命祖先雖然對於歐洲政治比較後代的政治家有更廣大的把握，並且在獨立的鬭爭裏面熱烈的尋求同盟，但是目的一經達到，他們便決定立即割斷與歐洲的纏結。一七八三年六月十二日國會關於武裝中立通過的決議，便預兆了華盛頓的臨別贈言。

> 既然……各邦眞正的利益在極力避免與歐洲各國的政治與糾紛發生纏結關係……議決，玆訓令美國的議和全權公使，如果他們在最後條約裏面訂立任何條約等於承認中立國家的權利，那麼便須避免任何締約國家須以武力擁護此等條約的附帶條款。(六十六)

華盛頓的臨別贈言　華盛頓任期告終的時候，歐洲戰雲還是彌漫天空。在這種情形之下，他發表了他的著名的臨別贈言。他說道：

關於我們對付外國的大規則是以最小的政治關係，擴大我們的商務關係。我們已經結的協定，當以十分至誠履行，不過以此爲止。

歐洲有些最主要的利益與我們沒有關係或很遠的關係。因此她必須時常發生爭端，而這種爭端的原因又與我們根本無關。如果我們把自己勉強牽入她尋常的政治變化或她敵友的尋常的合縱連橫，那一定是不智的。

我們的隔遠的地位自然使我們能够採取另外的一個路線。如果我們仍然團結一體在一個有效能的政府下面，那麽我們離這麽一個時期不遠：在這時期內，我們可以不怕受外來侵犯的損害，可以採取使人家嚴格尊重對我們任何時候所決定的中立的態度，交戰國既不能謀取我們什麽，也不輕易冒險開罪我們，我們可依照我們的利益本着正義的指導選擇和平或戰爭。

爲什麽要放棄這樣一個特別的地位的利益？爲什麽要離開我們的立脚場而站在外國的地上？爲什麽要把我們的運命與歐洲任何一部分的運命纏結在一起，以致把我們的和平與繁榮托累在歐洲的野心、競爭、利害、幽默或無恆的辛苦中？

我們的正確的政策在放棄與任何外國爲永久的同盟，關於這點我的意思並不是要超過我們現在所有的自由的範圍去做；我不要人家誤解我，說我可以袒護對於現有條約的不忠信的行爲。我認爲誠實永遠是最好的政策的格言，不但是適用於私事，而且同樣的適用於公事。因此我重覆的說，這些條約須依照他們的眞意思遵守。但是據我的意見擴大他們，不但是不需要，並且是不智。

永遠記得以適當的建樹把我們自己置於可敬的防守狀態，我們便可以安穩信賴以臨時的同盟去應付非常的事變。（六十七）

華盛頓主張孤立的理由　注意華盛頓警告他的國人不要締結永久同盟。他明白的說，我們可以「安穩的信賴以臨時的同盟去應付非常的事變。」有許多繼續引證華盛頓對於同盟的警告的人，比這種態度還進一步，這不但沒有注意華盛頓發忠告時的限制，並且忽視了他提出的理由。在臨別贈言其次一段裏，他說：

我的主要的動機是勉力使我國得到一個機會，以安定並且完成近來樹立的制度，向前進步無阻，到那種有力堅固的程度，可以自己主持自己的命運。

『糾纏的同盟』的語句在臨別贈言中並沒有看見，而是甲弗遜用出來的。在他第一次就職的演說裏面，他用下面的話來總結他所提出來規定外交政策的原則：『和平、商業與一切國家誠實地友好，不與任何國家締結糾纏的同盟。』

（一）Hunt, The Department of State, Chapter II.

（二）Ford, Writings of Jefferson, I, 158 and, VI, 27, 30.

（三）Ford, Writings of Jefferson, VI, 94.

（四）C. F. Adams, Works of John Adams, VIII, 497.

（五）Lodge, Works of Hamilton, IV, 20–49.

（六）Ford, Writings of Jefferson, VI, 141–143.

（七）Bemis, Jay's Treaty, 53.

（八）Op. cit., pp. 87–88.

（九）Am. State Papers, Foreign Relations, I, 189.

（十）Ibid., p. 190.

（十一）Op. cit., pp. 193-200.

（十二）Ibid., pp. 201-236.

（十三）Bemis, Jay's Treaty, Chap. V, "Jefferson, Hammond and Hamilton."

（十四）Ibid., p. 104.

（十五）Ford, Writings of Jefferson, VII, 98; Lodge, Works of Hamilton, IV, 60.

（十六）Bemis, 106.

（十七）Ford, Writings of Jefferson, VII, 266

（十八）Ibid., p. 275.

（十九）Ibid., p. 281.

（二十）Op. cit., p. 421.

（二十一）Op. cit., p. 250.

（二十二）Ibid., pp. 408, 446.

（二十三）Johnston, Cor. and Public Papers of John Jay, III, 474.

（二十四）Ford, Writings of Jefferson, VII, passim, and A. S. P., F. R., I, passim. 對於破壞中立的處罰是一七九四年六月五日的法律規定的，到一七九七年仍予繼續，又到一八〇〇年四月二十四日的法律竟變成了永久的。

（二十五）Hall, International Law, Edition of 1904, 591—593.

（二十六）Reddaway, The Monroe Doctrine, 15.

（二十七）Lodge, Works of Hamilton, IV, 74—101.

（二十八）Ford, Writings of Jefferson, VII, 284—285; cf. Gobel, Recognition Policy of the United States, 98.

（二十九）Ford, Writings of Jefferson, VII, 398.

（三十）Op. cit., VII, 198.

（三十一）Op. cit., VI, 447—448.

（三十二）A. S. P., F. R., I, 164.

（三十三）Ibid., 166.

（三十四）關於這個命令及後來英國樞密會議的命令的全文，看 Moore, Digest of International Arbitrations I, 299—305.

（三十五）A. S. P., F. R., I, 239. 並看他給哈蒙的信，Ibid., p. 240.

（三十六）Ibid., p. 449.

（三十七）Ibid., p. 405.

（三十八）Ford, Writings of Washington, XII, 171, 172.

（三十九）Lodge, Works of Hamilton, IV, 135—191, 198, 229.

（四十）Ford, Writings of Jefferson, VIII, 136.

（四十一）A. S. P., F. R., I, 301—304.

（四十二）Bemis, 188 n.

（四十三）Ibid., p. 105 n.

（四十四）Ibid., p. 190.

（四十五）Moore, Dig. of Int. Arbits., I, 304.

（四十六）Lodge, Works of Hamilton, IV, 291.

（四十七）Moore, I, 305—6; A. S. P., F. R., I, 431.

（四十八）A. S. P., F. R., I, 429.

（四十九）關於聯邦派的立場，看亭米頓一七九四年四月十四日給華盛頓的信，Lodge, Works of Hamilton, IV, 282—300.

(五十) Bemis, 199—202.

(五十一)吉條約第十七第十八兩條。

(五十二) A. S. P., F. R., I, 472.

(五十三) Ibid., pp. 470—525.

(五十四) Principles of American Diplomacy, 313. 關於依據吉條約的公斷的詳細討論，參看 Moore, Dig. of Int. Arbits., I, 299—349.

(五十五)第十七條及第十八條。

(五十六) Correspondence of French Ministers, Edited by F. J. Turner, in An. Rept. of Am. Hist. Assn., 1903, vol. II, 745.

(五十七) Lodge, Alexander Hamilton, 190.

(五十八) Ford, Writings of Washington, XIII, 69.

(五十九) Bemis, Jay's Treaty, 269—271.

(六十) Cor. of French Ministers (Turner), 411, 444. 關於倫多夫有力的辯護，看 M. D. Conway, Edmund Randolph Chaps., XXIII-XXIV.

(六十一) Ford, Writings of Washington, XIII, 115, 129, 130.

(六十二) A. S. P., F. R., I, 668.

(六十) "The Monroe Mission to France," J. H. U. Studies, XXV, Nos. 2 and 3. See also Washington's Notes on Monroe's "View of the Conduct of the Executive in the Foreign Affairs of the United States," Ford, XIII, 452.

（六十四）該項快信在 A. S. P., F. R., II, 158—201. 最好的敘述在 Beveridge, Life of John Marshall, II, Chaps. VI—IX.

（六十五）Life and Cor. of Rufus King, II, app. 5 and III, app. 3.

（六十六）Wharton, VI, 482.

（六十七）臨別贈言的預備，亨米頓有幫助，其中措詞多是出於他的手筆。Ford, Writings of Washington, XIII, 277, 325.

第五章　魯易西恩那與佛洛利達

西班牙退還魯易西恩那給法國　拿破崙有一個夢要在美洲重建一個殖民帝國。有了這個目的在眼中，他沒有什麼困難勸西班牙皇后瑪利亞路易沙(Queen Maria Louisa of Parma)及其柔弱懶惰的丈夫查爾斯第四(Charles IV)割讓魯易西恩那還法國。這種大塊土地的轉移是一八〇〇年十月一日的祕密山埃爾德方索條約 (Treaty of San Ildefonso) 成立的。其主要的報酬是答應把塔斯干尼(Tuscany)，在伊托魯利亞王國 (Kingdom of Etruria) 名義下給西班牙皇后的外甥兼女婿，派馬親王(Prince of Parma)。條約的內容須保守祕密，等到拿破崙預備好去接收該地，但是不到六個月的功夫，甲弗遜總統便聽見了割讓的謠言，並且大家以為這種割讓包括佛洛利達在內。(一) 我們在巴黎及瑪德里的公使都不能得到這種謠言的證明。(二)

甲弗遜反對法國佔據紐阿倫斯　甲弗遜一經確實知道魯易西恩那已經割與法國，他便訓令他的駐巴黎的代表李文斯頓進行談判購買紐阿倫斯及佛洛利達，聲稱像法國這樣的強國取得紐阿倫斯一定要引起糾紛與衝突。

法國若是佔取了紐阿倫斯，便是宣告法國將永遠被限於一個最不利的地位。法國這種舉動，會把兩個在一齊能够壟斷海洋的國家聯了起來。因爲從那個時候起，我們必須與英國及其海軍艦隊合爲一體。我們必須把我們的注意全都移到一個海上的勢力，而我們的財源足以使我們對於此事居於很有利的地位：並且團結成了這麼一個勢力之後（這種勢力可以使法國無法增援她的殖民地，）我們便會把礮口對着歐洲，從這礮口所放出來的子彈，可以把歐洲方面所成立的任何辦法打得粉碎，同時使分立的南北美洲一起放在英、美兩國共同維護之下。這種情形並非我們所希望有的，而是法國採取上述手段之後，強迫加諸我們的，正像在自然界法律之下，任何其他一個原因一定會產生某種必然的結果。(三)

拿破崙恢復山多杜門谷的企圖　在亞米和約（Peace of Amiens）之後的和平期間，拿破崙(Napoleon)進行去再度征服法屬山多杜門谷。該地在一個純粹黑人陶聖（Toussaint L'Ouverture）領導之下，於一七九五年宣布獨立了，並且以後對於法國權威的反抗沒有失敗過。拿破崙叫陶聖爲『鍍金的非洲人』，別人則戲尊之爲『黑拿破崙』。陶聖現在步步學拿破崙在法國所樹立的軍事專制。一八〇二年一月拿破崙的妻舅列克律克將軍（General Leclerc）帶了一萬軍隊登了陸，後來增加到二萬五千人，進行再去征服該島。法軍遇到五十萬黑人的抵抗，同時受了黃熱病的攻擊，列克律克將軍及數千的兵士都死了，這種冒險事業只有放棄(四)。

紐阿倫斯存放權的停止　列克律克將軍死的消息到達華盛頓，還沒有人覺得山多杜門谷遠征隊的失敗對於拿破崙的計畫有什麼影響的時候，便接到情報說西班牙在紐阿倫斯的監督莫納爾（Morales）在一八〇二年十月發出了撤消存放權的命令。肯塔基與鄧尼西大爲震動，熱望戰爭。他們以爲莫納爾的行爲是拿破崙煽動的，或許是法國統治的先兆。聯邦派極力鼓動這種感情，以爲甲菲遜不與法國開戰，便要遇到聯邦的解體。這時候與甲菲遜很親密的西班牙公使伊魯爵（Yrujo）跑來幫他的忙，向他保證說，這種行爲不是西班牙君主授權的，而是出於該監督的錯誤的熱誠，將立卽予以調查(五)。後來該項命令是收回了。

特派門羅往法　甲菲遜表面上保持鎮靜，在一八〇二年十二月他給國會的常年咨書裏面，只稱魯易西恩那之割與法國，如果見諸實行，便會使『我們的外交關係的方向爲之一變，議會對於該問題自然將予以相當的嚴重考慮。』數日之後，依照衆議院的決議，他傳遞了國務卿的一個報告，供給所要求的情報，國會便立卽撥付兩百萬元，『以爲美國與外國交涉的費用。』這個數目原意包括一個專使的開支及取得任何割地的第一次付款。一八〇三年一月十一日派了門羅爲全權大使，與李文斯頓協同進行與『法國第一執政交涉一個條約或公約，目的在擴大並更有效的取得我們在密士西比河及其以東之地的權利和利益。』但是因爲佛洛利達是否包括在割地之內還是疑問，所有發生問題的地方還在西班牙手中，並且或許時事的變換使割讓不致見諸實行，所以門羅還奉有以全權大使的資格前往西班牙宮廷的使命，如果必要可以與查爾斯賓克列協同進行同一目的。(六)

甲萊遜有意與法戰爭　門羅的委任公佈的時候，英國公使便向總統詢問他是否讓門羅到倫敦去與英國閣員會談密士西比河的自由航行問題——英國在條約上也享有此種權利。甲萊遜答覆他希望和平解決，但是他想門羅很有往英國的可能；美國對於自由航行密士西比河的要求絕不放棄，如果他們到最後不能不用武力時，「他們會拔劍而起。」(七)

進行與英聯盟　門羅帶着原來的訓令動身了一個月之後，國務卿麥地生於四月十八日發出新訓令，授權與他，如果在巴黎談判失敗，便與英國締結同盟。與其前往倫敦，不如與駐巴黎的英國公使開始談判——這是新訓令給門羅的勸告。因為如果前往倫敦，人家或許認為是決裂的信號；並且如果就是要有戰爭，也應等到與英國商量好了相當的條件及國會召集之後。事變是這樣重大，該牒文聲稱：

雖然我國厭惡與歐洲的交戰的政治締結任何種類的同盟，但是這時期如果美國與法國及其同盟國作戰，那麼與英國合作的利益太明顯，太重要，不能拋棄。(八)

等到這些訓令到巴黎的時候，購買魯易西恩那條約已經簽字了。

李文斯頓打開魯易西恩那交涉　同時李文斯頓在巴黎進行的談判有驚天的轉變。不能得到塔列蘭任何滿意的答覆，他便在一八〇三年二月二十七日的一個通牒裏面直接訴諸拿破崙。這個通牒討論兩個題目：一是美國的要求，他提出二千萬佛郞的數目；二是停止在紐阿倫斯的存放權及割讓魯易西恩那與法國所引起的局面。他請求明白宣示法國接受魯易西恩那的條件及承認美國的權利。如果割讓地包括佛洛利達在內，他指出准許美國自由通過木比爾與彭薩哥拉，便可大增進兩國的友誼。(九)

塔列蘭巧避　塔列蘭代表第一執政答覆，認爲債務「無論怎樣估計，不能提高至二千萬的數目，」但是能够成立的要求都會迅速予以完全的償付。他用一種更高傲的語調繼續說道：

至於你的備忘錄裏面關於魯易西恩那的第二個問題，第一執政願意分開討論。性質這樣不同的事情應該盡力分開，的確不應聯做一起。把重要的微妙的政治關係與賬目和純粹金錢利益的打算混做一塊，那是完全違反本共和國所採用的政府的準則。

他的結論說，第一執政已經決定了立卽派一全權大使到美國去交涉關於魯易西恩那的問題。(十)

李文斯頓催促答覆　如果拿破崙眞有意思把交涉移到華盛頓，那麽他不久便改變主意了。歐洲的事情變動得很快，在這麽遠的地方去辦交涉很不妥當。同時李文斯頓在那裏催促塔列蘭具體答覆他關於魯易西恩那問題的信，卻沒有很大的成功。他對於門羅的委派很不高興，認爲是不滿意他辦理交涉的表現，於是他比以前更勇敢起來了，於四月十一日很明白的告訴塔列蘭，說美國大概要乘西班牙破壞條約，停止存放權的機會，進取紐阿倫斯及佛洛利達；英國決不會讓佛洛利達歸法國，轉讓一經實行，英國便會拿過去；如果沒有佛洛利達，魯易西恩那便不能防守，也要落到英人的手裏去的。他歸結他的意見，說歐洲戰事大概不久又要發生。塔列蘭不勝驚訝，突然問他美國是否希望要全個魯易西恩那。李文斯頓回答說，美人只希望擴大到紐阿倫斯及佛洛利達，但是在法國方面看來是一個好政策把亞肯沙斯（Arkansas)以上的地方給他們，作爲魯易西恩那與坎拿大的緩衝地。塔列蘭然後問他對於全個地方能出什麼價錢。李文斯頓答覆說他沒有想過這個問題，但是假定二千萬可以考慮，不過美國人民的要求須予以償付。塔列蘭說這個數目太低，要他再去考慮，次日告訴他。因爲門羅兩天就要到，所以李文斯頓說等他到了以後再提別的價目。（十一）

塔列蘭獻議出賣全個魯易西恩那

拿破崙出賣的理由　山多杜門谷遠征隊的失敗及立卽與英再戰的可能，現在使拿破崙急於想出掉魯易西恩那，猶之數月前他急於想得到魯易西恩那一樣。他的結論是最好的辦法是把該地給與美國，使美國變成英國的勁敵。就在李文斯頓與塔列蘭談話的那天早上，拿破崙召見了財政部長馬布亞(Marbois)，叫他立卽進行出賣的交涉，不僅是紐阿倫斯與佛洛利達，而是全個魯易西恩那。他定最低價爲五千萬佛郎。拿破崙之所以選任馬布亞，一部分是因爲不願以這麼大一個財務的交易信託塔列蘭，還

有一部分是因爲馬布亞與李文斯頓有友誼，並且在費列德爾菲亞做過幾年領事，對於美國事情很熟悉。(十二)

與塔列蘭進一步的談判　次日，四月十二，李文斯頓又去訪晤塔列蘭，希望在門羅能够參加之前，交涉已有相當的頭緒。塔列蘭說先一天他所提的提議完全是出於他個人的意思，但是他又請李文斯頓提出一個價目。李文斯頓表示沒有與門羅商量，不願這樣做法。塔列蘭聳聳肩頭，便改變了談話。李文斯頓不願轉移方向，繼續逼談這個題目，等到塔列蘭最後告訴他法國對於魯易西恩那還沒有所有權，只在計畫中想取得牠。李文斯頓對於這話表示微笑，並且告訴他說，他已經看見該項條約，但是他又說如果塔列蘭願意官式宣布魯易西恩那仍是屬於西班牙，他便不再在這個題目上交涉，並且如果門羅同意，他們要勸告他們的政府佔取過來。塔列蘭對於這個提議的勇敢，似乎吃了一驚。

條件的同意　門羅於該晚到了，次日李文斯頓歡宴他的時候，馬布亞正在花園中散步。他那時不願進來，但是他們正在用咖啡的時候，他回來與李文斯頓講了幾句話。他看見屋內來賓太多，建議該晚十一點鐘以前李文斯頓最好到他家裏去一次。門羅走了之後，李文斯頓便匆匆往訪馬布亞，談判進步得很快。馬布亞提議一萬萬二千萬佛郎，但是李文斯頓說這麼一個數目不必提。馬布亞然後說如果他們能答應六千萬，並允承擔美國的要求，他可以將該項提議通知第一執政，設法使他接受。(十三)

李文斯頓與門羅間的嫉妬　從此以後談判便墮入雲霧中去了。不幸李文斯頓與門羅之間起了說爭，各自對於該項交涉要功。李文斯頓與一八〇三年十一月十五日寫了一個長信給麥地生，證明在門羅未到之前條件實際上已經講好了，而門羅也於一八〇四年三月三日寫了一個信說拿破崙割讓土地的決定，乃實在由於他的來到。（十四）從門羅的簡短的備忘錄看來，好像因爲磋商美國的要求擱延了一些時候。

條約的簽字

事實上這個問題到五月八九日纔解決。包括全個交涉的三種文件都倒填日期爲四月三十日。第一個是割地的條約，第二個是美國答應償付法國六千萬佛郎的條約，第三是美國承認償付牠的人民對法的要求由法國確定總數，但不得超過二千萬佛郎。（十五）

關於要求的條約

這個最後的辦法是一個錯誤。美國應該直接去分配該二千萬款項。根據該項條約，判給之權操在法國政府，而請求的數目超過所定的數額很大，所以對於優先要求者的指明有假公濟私舞弊的餘地。塔列蘭是著名幹這套的。由分配所發生的腐敗情事沾辱了李文斯頓及其繼任者亞姆斯托朗將軍（General Armstrong）的外交經歷。（十六）如果李文斯頓多花點時候在關於要求的條約上，他或許可以免受對於他的名譽的誹謗，但是他相信只要達到他的主要目的，犧牲任何代價也所不惜，他是對的。這種意見的健全後來有事實可以證明。

這個買賣的偉大　購買這麼大一個九十萬方英里的地方——面積等於原來的十三邦——而沒有總統的授權，也未通知總統，這是最嚴重的責任。任何兩位美國外交家沒有擔任過這麼一端事情，而李文斯頓與門羅毅然起來擔負。不過他們必定有嚴重的疑懼，不知國內對於他們的條約究竟取何態度。他們的訓令是去取得紐阿倫斯以及密士西比河以東之地；而他們實在所幹的乃是購買紐阿倫斯及密士西比以西的漠無限制的大塊土地。

甲苐遜贊成但懷疑憲法上的權力　當甲苐遜接到快信，報告談判的意外轉變的時候，他迅速地把握到給與美國這個機會的極大重要性，但是因為憲法上沒有條文授權給他去取得土地，他有點為難。他是一個對於憲法取嚴格的解釋者，他決定設法通過一個修正案，明白准予購買。當他接到李文斯頓與門羅的信勸他急速將該交涉結束，以免拿破崙改變態度的時候，他實在起草了一個修正案。可是他旋即不談修正案的問題，而勸告他的政治朋友愈少談愈好。(十七)於是甲苐遜為政治上的便利計，犧牲了他的憲法上的顧慮了。十月十七日，國會召集了一個特別會議。條約提交了兩院。十月二十日參議院以二十四票對七票批准了，五日之後衆議院又以九十票對二十五票通過了撥付一千五百萬元。主要的反對者是新英格蘭的聯邦派，他們料到面積的加倍增加會減小他們一帶的重要與勢力。數年後討論准許魯易西恩那邦加入的法案的時候，昆塞 (Josiah Quincy 馬塞秋色子人) 聲稱如果該案通過，即行宣告脫離。

條約批准了款項撥付了

邊界沒有明白規定　還可注意的一點，是購買魯易西恩那條約並沒有劃定割地的邊界。山埃爾德方索條約說道：「魯易西恩那殖民地或屬地的範圍與現在西班牙所管的範圍相同，與以前法國保有的時候相同；並依以後西班牙與他國所締結的條約的規定。」這種措詞是空泛的及自相矛盾的。法國保有的魯易西恩那曾東擴張到披地多 (Perdido) 包括木比爾（在紐阿倫斯未建立前是該屬地的首都）而西班牙的魯易西恩那在密士西比以東，除紐阿倫斯及其所賴以建立的島外，別無土地。李文斯頓與門羅一簽訂該約後，卽開始究問他們所買的土地的範圍。他們從法國政府方面不能得到滿意的答覆。馬布亞告訴李文斯頓說，他認爲沒有疑問，木比爾是包括在內的。李文斯頓問塔列蘭（門羅那時有病，）塔列蘭照例遁避：

我問該部長所割讓給我們的土地其東方邊界爲何。他說他不知道；我們必須接收他們以前所接受的面積。我問他西班牙給他們所有的是怎樣的意思。他說，照條約的話。但是你想取得的是什麼？我不知道。那麼你的意思是否是隨便我們解釋？我不能給你任何指導；你做了一個偉大的買賣，我想你最會利用牠。（十八）

對於這個買賣的批評 新英格蘭的歷史家對於拿破崙、甫遜、及一切與魯易西恩那的購買有關的人，批評得很嚴厲。亞丹姆斯宣稱：

魯易西恩那之賣與美國有三層毛病：如果是法國的財產，拿破崙不得議院的同意在憲法上不能出賣；如果是西班牙的財產，他完全不能出賣；如果西班牙有權索回，他的出賣沒有價值。（十九）

乾寧教授(Professor Channing)在一個關於這個問題有趣味的討論裏面，有這麼一個結論：

我們之取魯易西恩那，我們是近代歷史上最大的強盜的同謀者，我們所受的貨乃是他強迫他的不甘心的被害者所吐出來的。(二十)

麥地生答覆西班牙的抗議　事實上在條約沒有批准前幾個星期，西班牙對於美國政府提出了一個正式的抗議，反對割地的效力。抗議的理由，第一、拿破崙會經鄭重承擔義務不割讓魯易西恩那，第二、他沒有履行關於伊托魯利亞王國的約定（而這種約定是轉讓的主要酬報。）(二十一)這個抗議，麥地生很容易答覆。麥地生請伊魯爵侯爵注意數月前賓克列所接到該西班牙大臣的一個信。在該信裏面，該大臣說過：

魯易西恩那一退回法國，該地連同牠已有的疆界，除了別國得到的權利以外，即復歸法國所有。美國如想取得該地，可向法國政府交涉，或許與他們的利益相合。(二十二)

無疑，他是在那裏信賴拿破崙會遵守他的不出讓的諾言。麥地生的答覆使今日的兩位歷史家信服難，使當日的西班牙政府信服倒容易。何以見得呢？因爲數月後，西班牙政府通知了賓克列說：

……陛下已經考慮願意放棄反對法國之出賣魯易西恩那，雖然他有反對的健全理由；據此又足以證明他對美國的仁慈與友誼。(二十三)

關於魯易西恩那的事情，如果西班牙政府拒絕與我們進一步磋商，而以最具體明白的態度叫我們與該地的所有者法國交涉，那麼所謂我們接受偸來的東西的話，完全是無意識。

佛洛利達的問題　至於割與法國的是否包括佛洛利達在內，李文斯頓直到簽訂美國條約不久以前纔得到具體的消息。他的意見跟着他所得到的消息或謠傳的性質隨時而變。(二十四)他最後知道佛洛利達不包括在內，但是魯易西恩那的東部邊界是否擴展至披地多還是問題。他在簽訂條約之後，與馬布亞及塔列蘭的談話使他認定拿破崙曾經有意堅持披地多爲東部邊界，並且是『牠有法國所有時候的範圍』的自然解釋。在法國手內，魯易西恩那除了披地多外，絕對沒有過別的邊界。因此他力勸他的政府對於西佛洛利達中的那部分提出他的要求。(二十五)亨利亞丹姆斯(Henry Adams)嚴厲批評李文斯頓說，李文斯頓的立場與該問題的已知事實直接相反。他說原來派他們去是買密士西比河的東岸，他們卻買了西岸。他們知道佛洛利達不包括在內，很失望，於是另外設法來挽救這個局面。

美國要求以披地多爲邊界

條約剛一簽訂，李文斯頓便發見他所求得的東西。他發見法國實在買了西佛洛利達卻不知道，並且賣了給美國而沒有得到酬報。這個理論，初看好像荒謬，卻在李文斯頓的腦筋裏面變成了固定的觀念。(二十六)

山埃爾德方索條約有意空泛　像上面這樣說的理論或許是荒謬，但這不是李文斯頓所根據的理論。他所提出的要求無論何人如果不存偏見去審查該項文件，不能公平說是荒謬的要求。山埃爾德方索條約措詞含糊空泛，並且原來就是要這樣的。如果辦交涉的人要劃定伊伯威爾（Iberville）或披地多（不管他們要劃定那一個地方）爲割讓地的東部邊界，那是很容易的事，但是他們沒有這樣做法。這個問題故意公開留待將來的事變來解決。並且鑒於西班牙堅持敵對的態度，美國之提出該種要求，等歐洲的事變來使牠發生效力，那是有充分的理由的。李文斯頓的『荒謬理論』不但是被門羅、麥地生及甲茀遜所採取了，並且得到國會的立法及大理院的判決的批准。(二十七)

交付魯易西恩那與美國　一八〇三年十一月三十日，拿破崙的代表洛沙（Laussat）正式從西班牙總督把魯易西恩那接收過來，於三個星期之後，十二月二十日，又將該省交了給甲茀遜所派定的美國接收代表克來邦（William C. C. Claiborne）。政府對於魯易西恩那邊界問題的態度，國務卿麥地生在一八〇四年一月三十一日及三月三十一日，給李文斯頓的信裏面說得很詳細。在第一個信裏面，他說道：

西班牙當局將該地交與洛沙的時候，好像沒有表明東、西、北的界限；該地在洛沙手中，或移交給我們的時候，洛沙也沒有進行想奪去西班牙密士西比以東任何部分土地。反之他在一個私人談話中，確切的聲明了東方邊界不包括佛洛利達的任何部分；法國曾經極力堅持把牠擴張至木比爾，卻被西班牙確實拒絕了。我們從賓克列那裏知道西班牙政府對於他也是用同樣的話。不過我們可以用法外長對你所說魯易西恩那擴張至披地多河的話去對抗洛沙的宣言；以一八〇三年九月（四月）三十日的山埃爾德方索條約（根據事實及公平推論的解釋）去對抗西班牙與法國政府……關於魯易西恩那的西方邊界，洛沙的話比較令人滿意。他認為栗阿布拉禾(Rio Bravo)，或德爾洛特(Del Norte)至北緯三十度為牠那方面的真邊界。(二十八)我們有理由相信，北方邊界乃是由英、法兩國根據優楚條約派委員規定的，他們以北緯四十九度劃分樹林湖(Lake of Woods)以西的英、法領地。(二十九)

不逼迫對於西佛洛利達的要求　在第二個信裏面，麥地生解釋說道，移轉時美國政府對於西佛洛利達沒有提出條件，不願意在沒有成熟的時候陷於進退維谷的地位：她的要求不受拒絕，便須用武力。他

說單是沈默『並不妨礙任何時候提出請求：一部分的交出，特別是政府的所在地，等於全個的交出。』(三十)

木比爾組織成爲關稅區域　一八〇四年二月國會通過了所謂木比爾法，授權給總統『把木比爾的海灣河流的岸、水及入口』組織起來成立一個關稅區域。(三十一)總統便於五月二十日照樣公布了，並指定斯托德爾特要塞(Fort Stoddert)爲該區域的進口海港因爲斯托德爾特要塞是剛在木比爾河緯線三十一度之上，所以把牠做海關機關的所在地並不要佔據該有問題的地域。可是伊魯爵侯爵手持該法案的一個副本往訪麥地生，大發脾氣，切責牠是篡奪他的君主的毫無疑問的權利。他在給國務卿的一個通牒裏面責難之詞非常激烈，以致引起了西班牙政府的注意。他之被召回，這也是一個理由。這位侯爵娶了彭西爾文尼亞邦長麥克金(McKean)(一個共和黨人)的女兒，並且與甲菲遜、麥地生來往很密。關於他的罷免問題，引起了一個長久的爭論。美國政府拒絕與他再有什麽官方關係以後有一年多，他纔離開美國。(三十二)

門羅往西班牙的使命　同時候，美國特派了門羅往西班牙去交涉以拔地多與栗阿格蘭德爲魯易西恩那的邊界，進行談判購買西佛洛利達其餘的地方及全個東佛洛利達，並且設法解決因非法捕獲美國船隻而起的要求。他與賓克列向西班牙政府進行談判，自一八〇五年一月起至五月止。可是在任何一點上面都不能得到一個滿意的協定。門羅於是正式告別，前往英國。(三十三)

與西班牙外交關係的停止　一八〇八年因爲拿破崙佔領西班牙的結果，西班牙與美國的外交關係暫時停止了，一直到弗丁蘭第七(Ferdinand VII)復辟後纔恢復過來。在西班牙半島的長期戰爭裏面，美國一面沒有承認約瑟夫邦拿帕特 (Joseph Bonaparte)，他面也沒有承認用弗丁蘭名義代理政務的中央議會（弗丁蘭被囚在法國）。中央議會派了董呂德安尼斯 (Don Luis de Onis) 爲駐美公使，但是到戰爭結束以後纔得到官方的承認。同時候在瑪德里的美國代表伊文(Ewing)與中央議會也只有「非正式的」關係。(三十四)

美國佔領西佛洛利達　在這個西班牙在美洲的勢力廢弛的時期內，佛洛利達變成了一個騷亂的邊境，有印第安人的紛擾，有劫奪的遠征隊，及土地的投機。(三十五) 一八一〇年，介於密士西比河與珠江(Pearl R.)中間的那部分西佛洛利達的頑強居民起而叛變了，佔據了巴頓盧其 (Baton Rouge)，宣布了獨立，請求加入美國聯邦。麥地生總統以軍隊進佔該地，到一八一二年併入了魯易西恩那邦。同年珠江與木比爾中間的那帶地方變成了密士西比區域之一部。一八一三年與英國作戰的時候，木比爾地方暫時被美國軍隊佔領了，次年甲克遜將軍（General Jackson）爲永久的佔有，後來牠成爲亞拉巴馬(Alabama)之一部。西班牙的佛洛利達，本來美國對之沒有什麼要求，可是在一八一四年被甲克遜侵入了一次，在一八一八年又被侵入了一次。前一次是去防止英人奪取彭薩哥拉，後一次是追擊生門洛印第安人(Seminole Indians)。(三十六)

外交關係的恢復　因此到了拿破崙戰爭結束之後與西班牙恢復外交關係的時候，美國合併了西佛洛利達以至於披地多，並且因爲暫時佔領彭薩哥拉區域引起了許多困難問題。還有西班牙拒絕批准的一八〇二年條約所包括的未了要求，及後來因爲停止存放權和法國私掠船在西班牙轄境捕獲所發生的要求，都沒有解決。再者，自南美西班牙所屬各省發生叛變，與美國有商業關係之後，又有新問題發生。最後，還有塔克沙斯(Texas)的問題。法國認爲魯易西恩那的西方邊界擴展至栗阿格蘭德，美國政治家則差不多一致認爲塔克沙斯是魯易西恩那購買之一部分。這個要求被西班牙拒絕了，變成了後來塔克沙斯與魯易西恩那歷史家爭辯不休的一個題目。

佛洛利達條約　與西班牙這些差點的解決，沒有什麼進展。到了一八一八年一月國務卿約翰亞丹姆斯根據門羅一八〇五年在瑪德里所提出的條款向德安尼斯(De Onis)提出了一個辦法。繼續交涉了一年，到一八一九年二月二十二日，所謂佛洛利達條約纔簽了字。(三十七)依據這個條約，美國取得了佛洛利達，拋棄了塔克沙斯，承擔了牠的人民對於西班牙的要求爲數五百萬元的數目。因爲我們已經據有西佛洛利達一大部分，所以該條約的措詞非常巧妙，免得對於我們現存的權利有所指責。第二條規定：『天主教陛下（指西班牙皇帝）以所有財產及主權，將他所有介於密士西比以東名爲東、西佛洛利達的地方割讓與美國。』第三條劃定美國與西班牙西南所屬土地的邊界。這個邊界線很曲折，從墨西哥海灣起，沿沙拜河(Sabine River)西岸到三十二緯度，然後北至紅河(Red River)，然後沿該河至倫敦以西經度一百度或華盛頓以西二十三度，然後北至亞肯沙斯河 (Arkansas River)，然後沿該河至四十二緯度牠的發源處，從該處平行至海。西班牙於是放棄了對阿利干 (Oregon) 地方的一切要求，給了我們。(三十八)

批准的拖延　這個條約的批准到一八二一年二月二十二日纔交換。西班牙皇帝以種種託詞拖延了兩年沒有批准。(三十九)他拖延的眞正理由是使美國愈緩承認南美共和國的獨立愈好。

塔克沙斯問題　塔克沙斯的放棄後來是爭論極烈的題目。當時約翰亞丹姆斯是反對放棄的。喬其亞人克羅福 (Crawford) 也是閣員之一，認爲佛洛利達對於東西各邦極爲重要，不應堅持在現在沒有價値的一塊地方的要求，把取得佛洛利達的機會送掉。克萊 (Clay) 是代表西方的感覺的，他認爲塔克沙斯不但是比佛洛利達更有價値，並且已經爲美國的合法所有地，無論如何，不應放棄。門羅總統正遇着米梭利(Missouri)的奴隸問題的激烈鬬爭，恐怕有了塔克沙斯會延長該項問題，使其更趨緊張。據後來亞丹姆斯說，此事會經問過甲克遜將軍，甲克遜主張放棄。這點他大發脾氣否認。他對於該項條約明白表示贊成，理由是可以停止在佛洛利達邊境與印第安人的戰事，及避免與西班牙的戰爭。他對於佛洛利達的局面非常關心，所以當時很少注意到西南的邊界。(四十)他沒有夢想到這個問題後來會麻煩他。塔克沙斯的放棄是一個不幸的錯誤，後來使我們須受與墨西哥戰爭的犧牲，及使南北戰爭無可避免。

(一)金從倫敦來的報告，一八〇一年三月二十九日，A. S. P., F. R., II, 509.

(二) Ibid., pp. 512—516.

(三) Ford, Writings of Jefferson, IX, 365 (April 18, 1802).

(四) Henry Adams, History of the United States, I, Chaps. XV, and XVI.

(五) Op. cit., I, 421—427.

(六) Richardson, Messages and Papers of the Presidents, I, 351.

(七) Henry Adams, I, 346.

(八) A. S. P., F. R., II, 555.

(九) Op. cit., II, 538.

(十) Ibid., p. 546.

(十一) Op. cit., II, 552.

(十二) Sloane, "World Aspect of the Louisiana Purchase," in Am. Hist. Rev., IX, 507; Henry Adams, II, 25—39.

(十三) A. S. P., F. R., II, 552—553.

(十四) Ibid., p. 573; Hamilton, Writings of Monroe, IV, 148.

(十五) A. S. P., F. R., II, 507—509; Treaties and Conventions, I, 508—521; Henry Adams, II, 40—42.

(十六) Henry Adams, II, 47—49.

(十七) Ford, Writings of Jefferson, X, 3—12.

(十八) A. S. P., F. R., II, 561.

(十九) History of the United States, II, 56.

(二十) The Jeffersonian System, 79.

（二十一）A. S. P., F. R., II, 569.

（二十二）Ibid., p. 570.

（二十三）Ibid., p. 583.

（二十四）Op. cit., II, 514, 516, 519, 524, 525.

（二十五）Ibid., p. 561.

（二十六）History of the United States, II, 68.

（二十七）Moore, Digest of International Law, I, 445.

（二十八）The Rio Grande.

（二十九）A. S. P., F. R., II, 574. 這當然是指哈德遜灣（Hudson Bay）的土地的南方邊界，但是上面所說的委員們並沒有成立協定，所以麥地生是錯了。看 Bemis, Jay's Treaty and the Northwest Boundary Gap," in Am. Hist. Rev., XXV I, 479.

（三十）A. S. P., F. R., II, 575.

（三十一）Richardson, Messages and Papers, I, 369.

（三十二）Moore, Dig. of Int. Law, IV, 508.

（三十三）A. S. P., F. R., II, 613—669; Cox, The West Florida Controversy, Chap. IV.

（三十四）Moore, Dig. of Int. Law, I, 131—133.

（三十五）Cox, The West Florida Controversy 對於這種情形說得很詳細。

（三十六）Moore, Int. Arbits., V, 4519—4524.

（三十七）A. S. P., F. R., IV, 422—626; H. B. Fuller, The Purchase of Florida.

(三十八)(Malloy) Treaties and Conventions, II, 1651.

(三十九) A. S. P., F. R., IV, 650—703.

(四十) Moore, Dig. of Int. Law, I, 446.

第二部 對於舊世界的挑戰

第六章　爲中立權利的奮鬭

甲茀遜政策的主旨　「和平、商務，對各國保持忠誠的友誼，不與任何國家發生纏結的同盟。」這是甲茀遜在他第一次的就職演說裏面對於外交政策的概括的但是確切的宣言。然而這位宣言酷愛和平的人，不久便要放棄把海軍藏起在樸托麥克河（Potomac）的計畫，向托利玻里宣戰。因爲普列布爾（Commodore Preble）給了這些回教國家以痛創，結果一直到一八一二年戰爭的時候沒有發生什麽困難。

歐洲戰爭的重開　同時英、法因爲厭倦戰爭，於一八〇二年簽了亞米和約，但是後來這證明不過是休戰罷了。一八〇三年戰爭復開，戰事比前更加激烈，對於中立的權利與利益更少遵重。不過在幾個月之內，美國商務並未受怎樣特別的打擊。事實上，到一八〇四年十一月八日甲茀遜在他致國會的常年咨書裏面還這樣說道：

> 我們與一般的歐洲各國的友誼與來往沒有被擾亂，特別是交戰國政府對於我們的表示很友善，沒有破壞我們的誠實的中立。

埃色格斯案

英國到這時候還沒有干涉法屬殖民地與美國間的直接貿易，這種貿易自一七九四年一月八日的樞密院命令以來，是英國容許了的。美國船隻裝載法屬西印第斯的出產至美國港口，於起卸並付過關稅及棧租之後，再載着這些『美國化』的出產往法國或其他歐洲國家的港口。特別是因爲繳付的關稅大部分在出口時有發還，所以這種貿易很大，美國商業頗爲發達。但是英國的地主，航業界及商人表示反對。他們認爲裝運敵人的殖民地的出產往歐洲各交戰國家及中立國家，給了英人一種競爭，減少了英國殖民地的物品的利益。（二）當一八〇四年皮特重掌政權的時候，對於這個問題曾加以考慮，並且最後還下了命令擾捕經營這種貿易的美國船隻。在一八〇五年五月的埃色格斯案（Essex Case）裏面，斯高特的判決謂該船所經營的貿易違犯了一七五六年的章程，並且該項章程已經放鬆了把眞正的輸入也包括在內。可是，當前的埃色格斯案，已經證明在再出口時發還之款爲數差不多與已付的關稅相等。因此，航程的繼續性實在並沒有間斷，特宣告將該船充公。

門羅赴英的使命　埃色格斯案判決之後幾個星期，門羅從西班牙回到英國來了，與英國政府開始一個長時期的通信抗議根據一七五六年的章程所爲的捕獲。一八〇六年一月皮特死了之後，素來對於美國有好感的福克斯做了外交部長。二月二十五日門羅向他提出了一個正式抗議，反對對於美國大有損害的新政策。『有一百二十隻左右的美船被捕，其中有許多判決充公，這些船都是在途中捕去的，不是被扣留了，便是受了重大的損失。』（二）福克斯是願意妥協的，提議不作原則的討論，但停止英國所主張的權利，讓美人去經營這種貿易。門羅對於『嚴厲並且未挑釁的』（三）損害堅持須給予賠償，如果英國賠償損失，當然就等於放棄原則，這點福克斯卻不能與輿論及內閣中的反對派作對。不過，後來我們便可知道，如果沒有更重要的問題牽在一般的糾紛裏面，這個問題的解決並不是不可能。

英國強募海員的行爲　關於促成一八一二年的戰爭的原因，強募與封鎖的爭端比一七五六年的章程還來得重要。強募商船上的英國海員，逼迫他們入海軍服務，是英國戰時徵募海軍的一個主要方法。海軍裏面的訓練是很嚴厲的，鞭撻之刑仍然存在，如果靠志願的招募方法以保持應有的海軍力，那是不可能的。並且，私逃之事常有，有許多英國海員進了美國的商船服務。英國從來沒有公然要求過強募美國海員之權，但是她確實要求過在海上有從美國船上捕回她自己的臣民之權。因爲不很容易分別英、美兩國人士，並且因爲英國官吏遇到缺乏海員的時候無所顧忌，有許多土生的美人被強募進了英國海軍。英國並且是主張忠順（allegiance）不能作爲無效的，不承認她的臣民在外國有入外國籍的權利。不過眞正的爭點是英國要求在航行海洋的美船上施行她的國法之權。這點美國是極力否認的。（四）

爭端的初期　早在一七九〇年，英國因爲預料要與西班牙作戰，便在英國港口內強募了不少的美國海員。這些事件既然是在英國管轄範圍之內發生，所引起的唯一問題乃是國籍的問題。莫利時那時候負有半官式的使命在倫敦與英國外交部長交涉此事，用幽默的口氣說道：『我相信這是唯一的例，不以外人待我們。」有人提議美國海員應給以公民證書的辦法，皮特雖然贊成，但是認爲容易作弊。這類的便利方法試過好幾次，尤以一七九六年五月二十八日的法令爲最著，但都不能令人滿意。一七九二年甲茀遜宣布了美國的主張；他說：「最簡單的規則是，只要是美國船，便可證明在船上的海員是美國人。」在第一期戰爭裏面（一七九三年至一八〇一年）歷任駐英公使的杜馬斯賓克列（Thomas Pinckney）、吉及金（King）對於強募的行爲屢次提出了抗議，但是這些抗議對於問題的最後解決毫無幫助。這時期被強募的人數沒有戰爭重開以後多。在一八〇一年九月以前，經美國駐英代表申請釋放的人數爲二、〇五九。（五）其中有一〇二八人認定是英國人，八〇五人須再查明，一、一四二人認定不是英國人便釋放了。這些數目是一個很好的理由，反對參戰海軍司令官在美國船的甲板上下臨時決定並且立卽執行的辦法。（六）

英國對法國的封鎖　一八〇六年五月十六日英國下令，宣告法國海岸自埃爾布河（Elbe）起至布列斯特（Brest）止在封鎖狀態之中，因爲這個命令發生了新的封鎖問題。這次封鎖只在賽因(Seine)與阿斯登（Ostend）之間是絕對的。此外，中立船隻只要不是在屬於敵人或爲敵人所佔有的港口內裝載，或航往此等港口，是可以經營貿易的。（七）這個命令的用意是在阻止法國與她的殖民地間的直接貿易。美國後來雖攻擊過這個命令的非法，反對這樣便把一個海岸線封鎖起來不准通商，並且堅持在該等指定的港口須有相當的海軍軍力，但是在當時並沒有提出抗議。英國承認如果要封鎖有拘束力，須有效的予以維持。但是爭端之起：在沿海岸的港口是否眞正被封鎖了，抑僅是英國海峽的進口被封鎖了，這是一個事實的問題，兩國政府的意見絕對不能一致。美國政府的地位後來在下面一句話裏面確切表示出來了：『要決定什麽是封鎖的特質，那麽在被封鎖的港口，施行封鎖的國家須駐有軍艦，表明進口有危險』。這個封鎖問題當時雖然被強募海員與殖民地貿易等問題掩蓋了，但是六個月後拿破崙以他的著名的柏林命令來報復的時候，這個問題便很重要了。

門羅賓克列與英國的談判　同時在一八〇六年四月，因爲抗議英國海上裁判所關於殖民地貿易的案件的判決，結果國會通過了一個法案，除非英國於十一月十五日以前有滿意的辦法，謂自該日以後有若干項的英國製造品便不許進入美國港口。同時總統派了威廉賓克列（瑪利蘭人）爲特派全權代表會同門羅（奉同樣的使命）與英國交涉，解決一切的爭點。在他們的訓令中，有兩個特別注意的問題便是強募海員與殖民地貿易。（八）談判的開始因爲福克斯生病擱延了（福克斯旋於九月中去世）。在其間福克斯的姪子荷蘭爵士（Lord Holland）與阿克蘭爵士（Lord Auckland）被任爲特派代表與門羅、賓克列交涉。在八月二十二日第一次會議裏面，美國代表根據他們的訓令，提出了強募海員的問題。向本國政府報告英國代表的態度，他們寫道：

英國對於強募的見解

關於強募海員問題，不久便看出來了他們極不願意正式放棄他們在我們航行海洋的船上提捕他們所認爲是他們的臣民之權；他們力求我們同意一種代替這種放棄的辦法，就是我們船上的船員須發給確實的公民證書，至於證書的性質與形式則以條約定之；這些證書應給予持有證書者的完全保護。但是在這種保護之下，英國的兵艦得繼續在主要的海洋上施行搜查及強募，如以前一樣。（九）

從該報告看來，可見英國代表的申辯很有力。他們開始便說：

……他們假定我們的計畫的目標是在防止在海上強募美國的海員，而不是把英國的海員在國家很危急的時候從他們本國的海軍裏面拉過來，以爲我們自己之用……如果他們同意把我們的商船做一切英國海員的海上避難所，英國的海員爲較高工資所引誘，便會離開他們來替我們服務。這種讓步對於英國繁榮上安全上所倚賴的海軍軍力或許就有致命的影響；……我們所提議（關於引渡逃亡者的）計畫因爲只是瞻前的計畫，所以在牠的範圍與目的上，完全限於逃亡者，並且絲毫沒有提到現在受雇於我們與世界各處通商的大批英國海員。（十）

英國拒絕放棄原則　美人願意予以當地權威的幫助，將從英國船上逃來的人捉住送回，不過英人須放棄強募的要求。（十一）英國代表堅持以『棄職的以航海爲業的人』的字樣去代替『逃亡者』的字樣，並且在這種形式之下最後贊成了該項提議。但是英國內閣不贊成。（十二）內閣同時訓令他們向美人聲稱：

英國政府爲除去一切不滿意的原因起見，已經令牠的代表給門羅與賓克列以最積極的保證，說已經下了訓令，對於英國海員的強募，須以最謹慎的態度出之，並且這種訓令將三令五申，見諸實行，不得妨害美國公民；如果他們受有損傷，一經提出，當予以迅速的糾正。（十三）

願意改正實施

美人進行其餘的條約　美國代表接受這個宣言，認爲牠是保證英國政府有意停止強募的行爲，但不願放棄原則，於是他們進行談判其餘的條約。這點是離開了他們的訓令，因爲他們的訓令是不得簽訂任何沒有包括放棄所謂強募權的條約。在這個題目上英國內閣的立場是明明白白與美國的立場相反的。上面所說的保證附了一個皇家法官的意見如下：

君王根據他的特權，有權要求他的一切從事航海的臣民服役去對抗敵人，只要不是在別國國境之內，無論在什麼地方找到都可以用武力去拘捕他們；大洋既屬於治外法權，那麼別國在大洋航行的商船便不能有保護英國臣民使他們不受君王特權的拘束的管轄權。（十四）

不滿意的條約之簽字　九月，英人要求在談判未結束期中暫行停止『不許進口的法令』根據甲茀遜的建議，國會於十二月中對於這個要求立卽予以同意。在該年最後的一天，條約簽字了。該約對於封鎖與違禁品的解釋與吉約相同，不過除去了承認糧食先買權的條款。關於與英屬西印第斯的貿易毫無規定。該約允許了在戰爭期內裝運敵人的殖民地的出產從美國往歐洲，不過該項出產須先在美國上岸並付過正規的關稅，並且在再出口時，稅銀發還之後，他們須付從價值百抽二以上的稅，並且眞正是美國人民的財產。（十五）甲茀遜對於該約不很滿意。他對於強募的問題旣然採取了一個堅決的立場，自然不願意接受一個非正式的諒解，而且這種諒解還附帶了英國對於該種權利的鄭重聲明。因此他不將該約提交參議院，而由麥地生訓令代表依據他們原來的訓令再開談判，同時，只要英國對於中立商務與強募海員的問題能根據非正式諒解而行，總統當向國會建議繼續停止『不許進口的法令』。（十六）

未提交參議院

拿破崙的柏林命令　在門羅與賓克列有再開談判的機會以前，拿破崙一八〇六年十一月二十一日的柏林命令與英國一八〇七年一月七日的樞密院命令引起了新的問題，對於中立商務給了一個消滅的恐嚇。同時因爲折薩不克—里阿派德（Chesapeake-Leopard）的暴行，美國與英國差不多要發生戰爭。柏林命令宣告英國三島在封鎖之中，禁止與他們一切的商業與通信。這個辦法據稱是報復英國先在五月所發的非法的封鎖命令，藉口宣稱該項命令推廣至『許多她（譯者按指英國）沒有一個兵艦的地方，」推廣至全海岸線，及全個帝國，即以她的聯合的力量也是封鎖不了的。(十七) 拿破崙的命令成立了一個完全虛假的或紙上的封鎖，原因是他的海軍在托拉法加 (Trafagar) 之戰已被擊破了，實際上不能封鎖英國.

英國的法令　一月七日英國的法令禁止與在法國治下的歐洲港口的沿岸貿易；所謂在法國治下的歐洲港口，係包括排斥英船的港口在內。(十八)

一八〇七年十一月十一日又有一個樞密院的命令宣布絕對封鎖一切拒絕英船的歐洲港口(十九) 一八〇七年十二月拿破崙又發了他的米蘭(Milan)命令，凡是受英人搜查或靠過英國港口的船隻都須拘捕。(二十) 這些命令當然主要的是對付美國的商業，一個美國船要到達歐洲而不受英人的搜查，那是很難的。反之，如果牠在一個英國港口停泊了，裝了英國貨物（只有在這種條件下英國許牠走）那麽根據拿破崙的命令在到達歐洲大陸港口的時候便要被捕。

封鎖與強募　英國認爲與其派軍艦駐在歐洲港口的外面，不如派軍艦駐在美國重要港口的外面來得省事，只要美國船隻開出來便可施行搜查。如果開出之船是往在禁止之列的港口，即予拘捕，送往赫里發克斯 (Halifax) 審判。搜查官吏並奉到命令須更嚴格施行強募海員之權，據上諭所昭示：

不管牠是入外籍的信也好，或公民的證書也好，不論如何都不能把我們的土生臣民 對於我們

——他們的合法主權者——之忠順解除或責任稍許改變。(二十一)

美人被捕的數目　強募的人數不能確定在一八一二年戰爭之初，國務部檔案內有六二五七被強募的海員自稱是美國人。加斯列里爵士（Lord Castlereagh）於一八一一年一月在衆議院聲稱，在英國海軍裏面服役自稱是美國公民的有三、三〇〇人。當一八一二年戰爭開始時，英國海軍部報告有二、五四八被強募的美國海員因爲拒絕加入對美作戰下了牢獄。據羅斯福（Roosevelt）的估計，總數有二萬人之多。(二十二)

折薩丕克—里阿派德事件　我們最大的國恥是在一八〇七年六月發生的。六月二十二日美國巡洋艦折薩丕克離開洛爾福克（Norfolk）往地中海遊弋，船上有四個從英國海軍裏面出來的逃兵。其中三個是土生的美國人，並且他們從英國海軍裏面逃出來的事實是爲長官所知道的。第四人是以假名應招的。該艦正在向土角前進的時候，英國軍艦里阿派德走近來了，放了一礮做信號，表示她要與美艦通信。她的艦長說他有信件，並且派了英國軍官上去。所謂信件卽是他的長官搜查在美船上的逃兵的命令。美國司令官巴郎（Commodore James Barron）拒絕讓他的全體船員集中聽候英國官吏的搜查。但是他在里阿派德開近的時候沒有能够把他的人召集在各人派定的地位，他現在想託故遷延，然而在礮位能够排好以前，英人已經向折薩丕克開了三排鎗礮。巴郎把他的旗放下來了，英人上了他的船，召集了全體船員，把四個逃兵捉了去，但是拒絕接受折薩丕克的投降。後來巴郎受了軍事法庭的審判，停職五年，沒有薪水，理由是他疏忽職務，在英人上船的時候，他沒有把他的人集合在派定的地位。

七月二日，甲茀遜總統發表了一個布告，令所有的英國兵艦一齊離開美國港口，並禁止供給他們的東西，四星期之後，他召集了國會舉行特別會議，但是定的日期很遠，以便使憤激之情有時間可以冷下去。

與康寧談判失敗

門羅企圖解決 關於折薩丕克—里阿派德事件，門羅與康寧有一種無結果的通信。康寧現在是英國的外交部長。康寧在門羅沒有得到美國的報告以前便告訴了門羅這件事情，門羅沒有等候他的政府的訓令，便要求否認這種行爲並懲辦負責的官吏。他加添說道：『我可以提出其他大可憤慨和暴行的例證，有許多是最近纔發生的，英國的艦隊不但是在美國的海岸有這種行爲，甚至於在美國幾個港內也是如此；但是如果把他們與現在更嚴重的事件混起來談，那是不適宜的。』(二十三)這個聲明很不幸，因爲這樣一說，倒給了康寧的機會（他極力利用）堅持將折薩丕克—里阿派德事件與一般的強募問題分開談判。在一個銳利的通牒裏面，康寧說英國政府否認要求『在任何國家服役中的兵艦上搜查逃亡者之權；』他聲稱一俟事實全行明瞭之後，對於美國主權的任何損害當予以賠償；他並且表示完全同意門羅的聲明，說不宜把別的不滿事件牽做一談，結論並且說道：『我只嘆惜同樣的感覺沒有使你在你自己也認爲不宜進行討論的時機，不提到這些問題。』(二十四)數日之後，康寧對於甲茀遜總統『不要求或等候英國政府的解釋，』而竟發表他的布告，表示驚訝。門羅宣稱這『純粹是一種警務，爲保全美國以內的秩序所不可缺少的。』

門羅的要求包括下列各點：

在軍艦上所捕去的人應該送回；犯事的官吏應該懲罰，以資警戒；在商船上的強募行爲應予禁止；對於這許多行爲的賠償須特派代表向我們的政府宣布，非如此鄭重，不足以應這種非常性質的攻擊行爲的特別需要。(二十五)

門羅離開倫敦

在答覆裏面，康寧堅持折薩不克—里阿派德事件應於一般的強募問題分開討論。他反對門羅企圖拿這個『他們錯了的』特殊案件『來做解決他的政府抱着另一主張的事件的工具。』(二十六)在這點上，康寧與門羅的談判決裂了。十月七日門羅便正式辭別了英王，不久乘船回了美國。留在倫敦的賓克列繼任了他的職務。

康寧派遣特派代表往華盛頓 康寧現在決定派羅斯(George H. Rose)爲特派代表往美國去解決折薩不克—里阿派德事件的爭端。當他到了華盛頓的時候，他便要求在談判以前，將總統排斥英國兵艦於美國領海之外的布告取消。美國政府則主張，在撤消該項布告以前，英國應賠償她所承認了的攻擊行爲，並且要求知道該公使受命提議的賠償是什麼。羅斯拒絕這個要求，談判於是宣告終止。他不久便

回去了(二十七)

甲茀遜禁止船隻出入港口的政策　同時，甲茀遜一得知一八〇七年十一月十一日的樞密院命令，他便致書國會，建議下令禁止美國船隻開往外國港口。他認爲與其讓美國船隻出去被人家捕獲，不如留在家裏。參議院於接得該法案後五點鐘內便通過了。三日後，該案又在衆議院通過了，不過附有修正案；這種修正案於次日(十二月二十二日)又經參議院同意了。美國船隻可以繼續沿岸貿易，但是因爲有些船利用這種自由的機會航往歐洲，於是在一八〇八年一月八日又通過了一種補充辦法，令這種船隻具結聲明不破壞這個法令？但是禁止船隻出入港口的辦法，在新英格蘭引起了激烈的反對。船主們不願看見他們的船在港口內腐爛。願冒險派他們出去；如果航行能够成功，利益是很大的。不料到一八〇八年四月十七日拿破崙發布了伯陽(Bayonne)命令，宣告拘捕在他治下的港內所發現的一切美國船隻。他的理由是：美國既然禁止了船隻出入港口，那麼美船離開他們本國，便是犯法。犯法不犯法當然不關拿破崙的事，但是該項命令是執行了，一年之中，被捕及宣告充公的船隻與貨物的價值竟達一千萬元之多。(二十八)

對英法都無影響

在甲茀遜任期終了以前，很明瞭，禁止船隻出入港口的命令對於兩方交戰國家都沒有發生所希望的效力。與英、法兩國的關係都緊張到決裂之點，與兩方都有宣戰的理由。可是因爲英國握着海上霸權，並且因爲她的官吏在我們海岸附近強募海員的行爲傲慢，所以民衆對於英國的憤慨比對法國來得大。

麥地生當選爲總統　當禁止船隻出入港口的政策還在試行的時候，一八〇八年的總統選舉舉行了。甲茀遜所擇爲繼承者的麥地生很容易的當選做了總統，但是共和黨在國會內的多數大爲減少。原因是禁止船隻出口的命令，使新英格蘭差不多完全又變成了聯邦派的勢力範圍。約翰昆山亞丹姆斯 (John Quincy Adams) 是贊成甲茀遜的政策的，與他的本黨居於反對的地位，於是辭了在參議院之職。他現在與共和黨聯合，被麥地生任爲駐俄公使。

撤消禁止船隻出入港口的命令　總統選舉之後，甲茀遜與麥地生甚至再約束不了本黨在國會裏面的領袖。在甲茀遜任期未滿以前，國會便通過了一個撤消禁止船隻出入港口的法案，不過爲尊重甲茀遜起見，該項法律須至一八〇九年三月十五日，甲茀遜退職後十日，纔發生效力。代替的是『不許來往的法令 (Non-intercourse Act)』。該項法令禁止與英、法兩國的商業來往，但是允許美國船隻自由航往其他港口，並且授權總統，只要英、法兩國誰先停止牠的命令，便與誰恢復來往。

派埃爾斯金往華盛頓　麥地生就職後六個星期之內，英國公使埃爾斯金 (David M. Erskine) 便在華盛頓重開談判。他奉命獻議賠償對於折薩丕克的攻擊行爲，並且允許在下列三個條件之下撤消一八〇七年一月及十一月的樞密院令：(一)美國政府須同時撤消排斥英國兵艦的宣言及一切關係英國的『不許來往』、『不許輸入』的法令，讓這些法令對法國仍然有效；(二)美國在戰爭期內須承認一七五六年的章程；(三)英國『爲保障禁止船隻出入及美國誠意阻止她的人民與法國及施行法國命令的國家的通商起見，』應有捕獲一切與這些國家通商的美船之自由。(二十九)換言之，英國政府要求的是允許英國海軍來幫助實行國會的一個法令。埃爾斯金所奉的使命不過是向美國宣布這些條件，及答應如果美國同意，英國便可派全權代表來締結一個正式的條約。他沒有把上述的訓令給麥地生看，只把內容委婉陳述出來，使他們不像實在那樣討厭。不久兩方的意見一致了，並且因爲埃爾斯金保證說樞密院的命令不久便會撤消，麥地生總統便於一八〇九年六月十日發表了一個布告恢復與英國的來往關係。

他的協定被康寧否認

可是，康寧否認埃爾斯金的辦法，只宣稱已經離開港口的美船可以讓其航往他們的目的地，不加以阻害。他並且召回了埃爾斯金，另派了甲克生(Francis James Jackson)繼任。(三十)甲克生的選擇是最不幸的。他是極端爲英國着想的，毫無妥協的精神。

甲克生的來到與罷免　當甲克生來到的時候，麥地生特親自來擔負談判的事情，凡是國務卿斯密士(Robert Smith)簽名的信件實在是出於總統的手筆。麥地生對於甲克生的人格與態度一有估量後，便決定了最後的辦法，要他立即明白答覆，以便打發他回去。因此他由斯密士的簽名寫信給他，聲明以後必須用書面來討論。這點觸動了這位英國人的忿怒。在他下一次的通信裏面，甲克生根據了美國政府知道埃爾斯金超過了他的權力的理由來辯護康寧否認埃爾斯金的協定的行爲。麥地生回答說，這是他初次聽見說埃爾斯金的權力是有限制，並且要求甲克生在繼續進行談判以前證明他自己的全權。他並且告訴該公使，說他的『不合宜的暗示』及暗諷是不可容許的。甲克生性急地答覆說他要設法保全英國政府的體面與尊嚴；麥地生於是通知他再不接受他的通信。(三十一)甲克生有把握的希望他的政府出來要求他的復職，但是他們卻不如此看法，並且把他召回去了。

修改不准來往的法令　同時在一八〇九年六月，拿破崙發表了一個命令，聲稱鑒於美國得到了英國撤消樞密院的命令，他也可以撤消米蘭命令。等到後來不久他知道康寧否認埃爾斯金的協定，他又祕密下令沒收在西班牙、法國或意大利的港口所發見的美船『不許來往的法令』到一八一〇年滿期了，現在的問題是以什麼政策來代替。馬康（Nathanel Macon）做了衆議院議長許久，現在是外交委員會的主席，於一八〇九年十二月十九日在衆議院報告了加列定（Gallatin）起草，經內閣通過的一個法案。這個法案開放了與全世界的來往，但是禁止英、法的商船與兵艦進入港口，該案在衆議院通過了，但是在參議院裏面因爲斯密士派與聯邦派的聯合竟遭否決了。數日之後，又有所謂馬康法案第二號的提出。這個法案撤消了不許來往的法令，授權與總統，如果英、法兩國其中有一國撤消她的命令，便可禁止與其他一國的通商。這個法案最後於一八一〇年五月一日成爲法律了。(三十二)

拿破崙的欺詐政策　這時期拿破崙所取的欺詐政策是很難捉摸的，但是他好像故意在那裏做作使麥地生總統相信他已經取消了那些討厭的命令，而是麥地生的責任去逼迫英國撤消樞密院的命令，否則與之宣戰，因此他的外交部長通知了美國駐巴黎公使亞姆斯托朗將軍謂自一八一〇年十一月一日起，法國不復實行柏林與米蘭的命令，不過有這麼一個諒解：如果英國政府不撤消樞密院的命令，美國須依照馬康法案的規定，對英恢復不許來往的法令。這個文件塡的日期是一八一〇年八月五日。(三十三)

他的信用不好

這個舉動對於麥地生總統發生了所希望的效力。一八一〇年十一月二日，麥地生便發表了一個布告，宣示與英國的商務來往自一八一一年二月二日起停止。可是不久便知道拿破崙沒有履行他的話，美國船隻還是受非法的限制與拘捕。賓克列在倫敦勸英國政府撤消牠的命令。在他一八一〇年十二月十日的通牒裏面，他對於英國的政策很能幹的提出了一個強烈嚴厲的責難，但是英國政府鑒於拿破崙的無誠意，拒絕讓步。到了一月，賓克列宣告英國既然沒有派人繼任甲克生之職，他也決定回國，讓代辦來管理事務。

英國提議對於折薩不克暴行作不痛快的賠償　在賓克列宣告回國之後，離開倫敦之前，他得到通知，說英國政府決定派公使往美國去交涉，並且委任了福斯特爾（Augustus J. Foster）擔任這個職務。這位新公使的訓令詳細討論到樞密院的命令，說這些命令乃是爲報復拿破崙消滅英國與歐洲大陸的商業的努力，不得不然。他須力勸美國取消不許來往的法令，理由是如果實行該項法令，便等於美國變成了法國的一個盟國。他須提議賠償對於折薩不克的攻擊，除交還拘捕的人員以外，並對於受傷害者給以金錢上的接濟。美國雖然對於負責的長官只調了另外一個職務表示了不滿意，然而還是接受了英國這個不痛快的賠償辦法。可是這個賠償辦法因爲新發生的爭端還是沒有立卽實行。所謂新的爭端乃起於總統號（Presidont）與小帶號（Little Belt）的衝突。美國民衆認爲這是對折薩不克的攻擊的正當報復。福斯特爾直到宣戰纔離開華盛頓，但是因爲他沒有權對於重大的問題爲任何的讓步，所以他的使

命並不很重要。(三十四)

英人愚弄印第安人　還有一件對英國不滿的事情是在西北的印第安人的情形。反對美國的部落的軍火槍械是從坎拿大來的，一般的人都認爲是英國政府在後面鼓動起來反抗。一八一一年十一月哈利遜將軍 (General Harrison) 在西印第恩那之地普坎洛河 (Tippecanoe Creek)，戰敗了一大羣的印第安人。恢復了美國在此地的統治權。

國會傾向戰爭　第十二屆國會於一八一一年十一月四日召集特別會議，會中以少年共和派佔優勢，選了肯塔基人克萊爲議長。新英格蘭是極力反對戰爭的，中部各邦沒有一致的態度，但是西南在國會中很佔優勢，不久便知道他們是傾向戰爭的。一八一二年四月祕密會議通過了一個法令，禁止在九十日內一切船隻出入。這個辦法的目的是爲戰爭起見特把船隻及海員留在國內，並且防止運輸補充品給在西班牙的英國軍隊。這兩個目的因爲有些聯邦派的議員洩露了該提案的消息，使船隻能在總統有權能扣留他們以前，早已裝貨出海。據人估計在中間那五天之內有價值一千五百萬元的麵粉、穀類及各種的食糧急運出國。這種不愛國的行爲不限於國內任何一部分，南方務農各邦就有一大部分的麵粉與穀類運往西班牙半島。

非法貿易　宣戰以後，英國故意用一種執照的辦法，以鼓勵非法的貿易，讓美國船隻領取執照，裝運穀類及其他食糧往在赫里發克斯的海軍根據地及在西班牙的英國軍隊。路易 (Lloyds) 並且替這種船隻之被捕或扣留等情事保險。在一切的戰爭中，與敵人通商總是多少不免的，但以一八一二年的戰爭為特著。新英格蘭為反對戰爭甚烈的地方，其幫助敵人的程度可以從在坎拿大的英軍司令的報告中看得出來。一八一四年普利禾斯特將軍（General Prevost）報告英國政府說道：『在坎拿大三分之二的軍隊，這時候是吃美國承辦者所供給的牛肉。大羣的牛天天越過國境到下坎拿大來。』如果因為貪利的觀念與愛國心的缺乏，以及英國政府的縱容與鼓勵，麥地生總統禁止美國出產輸入敵人市場的努力大半為之失敗了。(三十五)

宣戰　對英國宣戰是國會於一八一二年六月十八日通過的。開頭總統把不滿英國的事件詳細提出於國會之前。計包括美國海員的強募，英國軍艦在領海內的遊弋，英國官吏搜查美國船隻的侮慢行為，樞密院令對美國商務所設立的非法封鎖與限制。分解美國統一的企圖（指一八〇九年亨利（Henry）往新英格蘭的使命）及最後與西北的印第安人的陰謀。總統沒有提出建議。他讓國會去決定和戰問題。宣戰以後五天，英國政府因為受工商業利益的壓迫，撤消了樞密院的命令，但是因為當時還沒有海底電線，所以消息來得太遲了。並且，強募問題是美國民情反英的主要原因，而在這個問題上英國政府並沒有表示讓步，單是這個原因便足以替戰爭辯護。

(一) Mahan, Sea Power in Its Relations to the War of 1812, I, 99—101.

(二) A. S. P., F. R., III, 113.

(三) Op. cit., III, 117.

（四）Op. cit., III, 84, 85, 268.

（五）Ibid., p. 85. 這是參地生給的數目，但是總數與後面的數目不符。或許原意是 2049.

（六）Updyke, The Diplomacy of the War of 1812, Chap. I, "Impressment"; Mahan, War of 1812, I 114—128.

（七）A. S. P., F. R., III, 267.

（八）Op. cit., III, 119.

（九）Ibid., p. 133.

（十）Op. cit., III, 134.

（十一）Ibid., p. 137.

（十二）Ibid., p. 138.

（十三）Ibid., p. 140.

（十四）Op. cit., III, 136.

（十五）Ibid., pp. 147—151.

（十六）Op. cit., III, 153, 156.

（十七）Ibid., p. 289.

（十八）Ibid., p. 267.

（十九）Op. cit., III, 269.

（二十）Ibid., p. 290.

（二十一）Ibid., p. 268.

（二十二）Naval War of 1812, p. 42, note.

（二十三）A. S. P., F. R., III, 187.

（二十四）Ibid., p. 188.

（二十五）Op. cit., III, 191.

（二十六）Ibid., p.192.

（二十七）Ibid., pp. 213—220.

（二十八）Mahan, I, 189.

（二十九）A. S. P., F. R., III, 300.

（三十）Ibid., pp. 295—307.

（三十一）Op. cit., III, 308—319.

（三十二）Channing, History of the United States, IV, 409—415.

（三十三）A. S. P., F. R., III, 386.

（三十四）Op. cit., III, 435—500.

（三十五）Mahan, I, 263—266, 409—411, II, 170—176; Galpin, "The American Grain Trade to Spanish Peninsula, 1810—1814", in Am. Hist. Rev., XXVIII, 24—44.

第七章　不滿意的卻是耐久的和平

未決勝負的戰爭　美國對付一八一二年的戰爭是沒有盟國的。雖然多半的時候，英國是在與拿破崙作巨大的爭鬬，美國卻沒有設法與拿破崙聯盟，甚至連與他合作的努力也沒有。美人雖然在單船的戰鬬上佔了許多次數的優勝，並且在伊利湖與張普倫湖(Lake Champlain)打了不止一次的勝仗，但是他們兩次想佔領坎拿大的戰役都完全失敗了。等到第一次拿破崙被推翻之後，英國纔能出全力應戰；於是華盛頓城陷落了，國會議事廳及其他公共建築被燒毀了，美國在海上的商務被掃除了。甲克遜(Jackson) 在紐阿倫斯之戰勝威靈吞(Wellington)雖然可以滿足美國的自尊心，但事在根脫條約 (Treaty of Ghent) 簽字兩星期以後，對於戰爭的結果沒有什麼影響。一個不滿意的和約跟着一個未決勝負的戰爭宣告成立了。這個和約雖不滿人意，卻經了一百年之久，甚至於到現在。從此以後，美國與歐洲一般的國家都保持了和平的關係，除了與西班牙有過一次戰爭以外，沒有間斷，一直到歐戰的發生。歐戰發生的時候，英、美還正在預備慶祝根脫條約百年紀念呢。

戰爭期中的外交談判　一八一二年的戰爭有一個特點，就是在戰爭的時候，外交談判沒有停止。麥地生總統本來就不大願意簽署宣戰書，他希望英國將主要的結怨的原由除去，不要訴諸戰爭，所以宣戰以後八日，國務卿門羅還寫信給賓克列回國後駐倫敦的代辦羅塞爾（Jonathan Russell），表示美國總統願於兩方不失體面的條件上停戰，並且提出了可以認為滿意的條件：

如果撤消樞密院的命令，不以非法的封鎖來代替，下令停止在我們的船上強募海員並送回已經被強募的海員，戰爭便立即可以停止……為使英國政府停止在我們的船上的強募行為起見，你可以保證說此間將通過一個法律（須是互惠的），禁止美國公共或商業機關雇用英國海員。（一）

如果英國同意這些條件，羅塞爾便可簽訂停戰條約。

英國堅持強募海員　美國這個提議於一八一二年八月二十四日遞了給加斯列里。五日後他回答說瓦倫（Admiral Warren）已經前往美國，帶了一個根據撤消六月二十三日的樞密院令的提議；在美國通牒發出的時候，既然還沒有知道這件事情，他不能不拒絕參加關於該通牒的討論。他又說道：

不過有一點我不能不表示驚異，就是美國政府竟認為要求英國政府放棄牠的古來的慣行的在外國商船上強募英國海員的行為，為停止戰鬬的先決條件，而僅擔保此後將通過一個法律禁止該國的公共或商業機關雇用英國海員。（二）

麥地生拒絕和平的獻議　瓦倫的信於九月三十日由赫里發克斯發出，門羅於十月二十七日答覆說道，鑒於樞密院命令的撤消，美國總統願簽訂停戰條約，不過在停戰期內英國須停止強募的要求。因爲瓦倫對於這個問題沒有權力可以拘束他的政府，談判於是決裂了。(三) 聯邦派批評政府當局沒有贊成英國的提議，但是強募既然是戰爭的主要原因，總統的態度當然是不錯的。

俄國願任調停　俄國政府新近做了英國的盟國，所以願意停止英、美戰爭，免得減少英國反拿破崙的能力，現在願出來調停。一八一二年九月二十日俄國宰相召見美國駐聖彼得堡公使亞丹姆斯詢問美國是否接受俄皇的調停。亞丹姆斯答覆說，他到這時候還沒有得知官方通知已經宣戰，但是知道他的政府之加入戰爭是不願意的，如果這種獻議提出來，他深信他們會予以同情的考慮，並且他知道接受該項獻議沒有什麼困難。(四) 那時候交通是很慢的，俄國的獻議一直到一八一三年三月八日纔由俄國公使交給門羅。麥地生總統決定接受該項調停的獻議，並且立即派了昆西亞丹姆斯、加列定及伯野德(James A. Bayard) 爲特派全權往聖彼得堡與英國代表交涉一個和平條約。

美國接受

參議院對於和議代表的同意很遲疑　這些代表是參議院休會期中任命的，等到該院於兩個月後召集特別會議的時候，總統的任命便遇到反對。反對的理由是總統在參議院休會期中在憲法上只有遇到出缺時纔有任命補缺之權，但是這次他是創造從前沒有的職位，並沒有出缺之事。(五) 亞丹姆斯與伯野德的任命最後得到參議院的同意，至於加列定則竟因一票之差落選了。按反對加列定的理由是：「財政部長的地位與特派全權的地位是二者不可得兼的，不應由一人擔任。」(六)但是加列定已經動身往俄國了，所以參議院的否決，倒發生一種難爲情的局面。因爲麥地生有這種經驗，所以後來的總統便不把和議代表的姓名提交參議院徵求同意，而根據行政的一般締結條約的權力向前做去。(七)

英國謝絕俄國調停 不過麥地生總統未免做得太急，因爲英國政府拒絕了俄國的獻議，理由是「與美國的差異點，其性質牽涉到英國內政的原則，不便提交任何調停來討論。」(八)幸而外交部長加斯列里爵士雖然不願放棄英國所要求的任何權利，卻很誠意的希望恢復與美國的友誼關係。如他的最後的傳記者說道：

確實沒有別個英國政治家比他對於百年和平的基礎更有貢獻，這種和平在那時候兩方都很少有人期望，並且確實有許多人不願意。(九)

美國和平代表陷於困難地位 當伯野德與加列定到了聖彼得堡與亞丹姆斯會合的時候，他們覺得他們處境有點難爲情。但是加斯列里雖然拒絕了俄國的調停，卻於一八一三年九月宣布了願派全權代表來與美人直接交涉。英人還認爲與美國的爭端是內部的問題，與歐洲各國沒有關係。加斯列里決定不讓引起對美戰爭的海權問題牽入與歐洲國家來討論。俄國的調停認爲特別是要不得的，因爲俄國在武裝中立裏面曾經主張過美國人所爭的同樣的一般權利。拿破崙有意勸美國代表加入普拉格（Prague)會議的消息，也使英人不安。(十）同時加列定因爲是瑞士血統，對於歐洲局面有遠大的眼光與倫敦一個銀行家貝倫（Alexundor Baring）交換了好多信，對於直接談判的開始也有切實的幫助。(十一)

加斯列里提議直接交涉　最後爲免除美國問題妨礙他的大陸外交起見，加斯列里於一八一三年十一月四日直接致書門羅。他表示他的政府願意直接交涉，『根據完全互惠的原則，而不違背公法的確立的準則及英帝國的海權，』以『妥協的態度來協調』各項差點。(十二）末了的一句雖然明白表示了英人無意放棄他們的要求，門羅總統卻迅速地接受了一八一四年一月五日的提議。(十三）會議的地點提出了倫敦與谷森堡（Gothonburg）兩個地方，美國政府卻是選了後者。

美國代表團的改組　鑒於參議院拒絕同意加列定的任命，總統特將代表團改組。除原任亞丹姆斯與伯野德外，又加委了克萊與羅塞爾。後來得知加列定仍在歐洲，他又委任了他。加列定的財政部長的位置，因爲六個月的離職依法解任了，所以充當代表在憲法上沒有阻礙。加列定與伯野德已於一月離開了聖彼得堡前往倫敦。等到他們到了倫敦的時候，拿破崙已被推翻了，英國政府正在忙於預備在維也納的一般的歐洲的談判。歐戰完了之後，英國正在預備派威靈吞的老練隊伍到美洲去，和平前途，甚爲黯淡。英人並不急於開談判，寧願延到在美洲得到一個決然的軍事勝利佔着優勢以後再說。因爲歐洲大陸既然沒有了戰事，英國政府便建議另選一個比谷森堡更便利的地方開會。加列定與伯野德立卽寫信給在谷森堡的克萊與羅塞爾徵求他們的同意，在亞丹姆斯沒有從俄國來到以前，便同意了根脫地方。到七月六日，五位美國代表都到了根脫，但是英國代表一直到五月二十七日纔有任命下來，使他們足足等了一個月。

選定根脫為會議地點

美國代表　美國代表團的人才遠超過英國代表團。亞丹姆斯、加列定及克萊都是很能幹的人。亞丹姆斯從少時起便在外交界受訓練。十一歲時，他便跟了他的父親出使歐洲；十四歲時，他以譚那的私人祕書的資格往聖彼得堡；後來他做了駐荷蘭及普魯士的公使，並且任了一期的參議員後，又被派往俄國。他的公認的能力與宗旨的純誠，卻因為些不幸的性格，受了妨礙。他是固執的好爭的，缺乏機智，不為他的同僚的代表所喜。加列定是一個有敏利智力的人，具有亞丹姆斯所缺乏的幽默意識，比較更有和解的精神，對於歐洲的觀點了解更切。事實上如果沒有他的融和的能力，把相反的見解調和起來，談判勢必已經決裂。克萊雖然沒有外交經驗，但是他的政治的機敏才能及動人聽聞的能力，加強了美國代表團，並且常常贊助加列定。伯野德與羅塞爾雖然是能幹的人，但比不上他們的同僚。前者在參議院有顯著的成績，後者因為先後在巴黎與倫敦做過代辦，對於所爭論的問題得到了有價值的知識。

英國代表

英國的代表為甘比爾爵士(Lord Gambier)，一個中才的海軍軍人；古爾盤(Henry Goulburn)，陸軍與殖民地部次長；及威廉亞丹姆斯(William Adams)，法學博士，海法權威，但是對於公務沒有很多的經驗。事實上，英國的頭等政治家與外交家須去應付維也納的交涉，所以在根脫的代表比較之下是二等人物。英國代表自由判斷之權很少。關於任何重要之點在達到決議前，他們一定要問過他們的政府，事實上他們變成了傳信者，英國內閣的決議由他們轉告美人。（十四）

美國的訓令　美國代表們既不能與他們的政府這樣便利的通信，他們所負的責任比較大。不過也是因為這種理由，他們的訓令很詳細。一八一三年四月十五日的原來的訓令大部分是關於強募海員問題。如果英國同意停止強募在美船上的海員的行為，戰爭便可停止，美國可以給予有效的保證，不雇用英國海員為美國服務。這個問題不能同意，和平是談不到的。此外他們要得到協定的題目是違禁品、封鎖、及一七五六年的章程。戰時所佔領的土地須互相交還。（十五）在接受英國直接交涉的提議，將代表團改組的時候，這些訓令沒有重大的變更。（十六）

英國的提議使美國代表倉皇失措　一八一四年八月八日在根脫的談判開始了。古爾盤致開會辭，提及似將討論到並且英國代表奉有訓令的題目。這些題目是：（一）強募，（二）印第安人的邊界的確立，（三）美國與附近英屬殖民地的邊界的修正，及（四）漁業。關於最後一點，他宣稱除非有相當的交換條件，英國政府不願重新給予一七八三年條約所給予的特權。（十七）美國代表對於這些提議的範圍，大為之倉皇；於稍為討論這些提議的意義之後，他們即請求延至次日答覆。在第二次舉行會議的時候，美國代表聲稱關於印第安人問題或漁業問題，他們沒有奉到訓令，但是有兩個沒有提到的題目他們卻有訓令，希皇提出討論卽中立權利（包括封鎖）及對於戰前與戰爭起後的捕獲品的賠償。他們反對討論印第安人的邊界問題或漁業問題，因爲這些問題與引起戰爭的爭端無關。不過他們表示願意聽英人所要說的話。關於印第安人問題，英人的意思是在各大湖之南劃出一塊固定地方，爲英、美兩國領土的緩衝地。

邊界與各大湖　關於邊界問題，英國代表數日後提出了他們的提議。這些提議是：（一）美國在各大湖上不應有軍力，（二）從色披利阿湖（Lako Superior）至密士西比河的邊界應該修正，並且須確認英國在密士西比河的航行權，及（三）須割梅因（Maino）之一部給英國，以便紐布朗士維克（New Brunswick）至魁伯克的直接陸地交通。（十八）英國提議排斥美國海陸軍力於各大湖之外的理由，是因爲美國之合併魯易西恩那與佛洛利達，及合併坎拿大的企圖，表現了侵略的精神。英國既然在美洲是一個比較勢弱的國家，如果讓美國保持各大湖，那麽時時刻刻對於英國有危險。西北的印第安人既然是英國的同盟者，爲名譽計，不得不把他們包括在和平辦法之內。英國人並且認爲這是必不可少的條件。英國代表對於他們的土地要求也認爲是「同樣的必要。」這比英國內閣的原意進了一步。當加斯列里往維也納經過根脫的時候，對於他們關於這個問題的牒文的命令腔調，表示了不滿。（十九）

瀕於破裂　關於土地的割讓與印第安人的緩衝地，美人的態度是堅決的。不過他們大爲餒氣，並且看見沒有順利結束談判的希望。如果必須決裂，他們決計須在這些問題上與英國決裂，因爲他們認爲這樣一來總統能夠團結全國爲他的後盾去保護獨立及一七八三年條約所確定的國境。加斯列里看見英國代表已陷於進退維谷的地位，並且如果要決裂，他希望把責任擱在美人身上。不過他疑心他們的通牒存心要「喚醒他們的人民注意獨立問題。」既然在軍事上很有把握，他不願意讓步。

美國代表立場堅定　在九月四日的通牒裏面，英國代表仍堅持以印第安人爲屏障及土地的取得。(二十)美人在這個階段不願談判決裂，於是答覆說他們願意規定回復印第安人在戰前所佔領的地位，並且他們願意討論沒有規定的邊界的調整問題。該通牒的結論是下列的有力聲明：

下面簽名各人，在他們以前的通牒裏面，坦白的聲明了，並且現在願意重覆聲明兩個提議——第一、在擬議的和約內劃出一個確定的邊界給住在美國境內的印第安人，超過這個邊界他們（美國）約定不得用購買或其他方法取得任何土地；第二、保證英國在各湖上有獨享的軍事所有權——都不能答應；他們不能贊成，並且認爲無須徵求他們政府的意見任何（即使暫時的）包括這兩個提議的辦法。(二十一)

英人和緩一點　這個通牒明白的給英人去決定是否爲創設一個印第安人的屏障去繼續戰爭。英國內閣是不願意在這個問題上決裂的。因此在九月十九日的答覆裏面，英人否認曾把軍事獨有各大湖爲不可缺少的條件，並且再陳述他們關於印第安人的屏障的要求，其形式等於要求恢復原狀。(二十二)斷

關於印第安人的協定

日後華盛頓失陷被焚的消息到了，美國代表受了這種消息的影響只好同意關於印第安人的規定；最後包括在條約裏面成爲第九條。該條規定在條約批准之後，美國須立卽停止與一切印第安人的部落戰爭，並且須恢復他們在一八一一年所享的土地、權利及特權。這樣明白地承認英人有保護住在美國境內的印第安人之權，因爲措詞是出於相互的形式，討厭的程度比較稍爲好一點。英國方面也同意對於在坎拿大的印第安人採用同樣的辦法。

英國勝利引起要求　在一八一四年十月初旬的時候，英國對於在美洲的軍事勝利的希望很高。華盛頓佔據了，並且派了軍隊進攻梅因、紐約及紐阿倫斯。麥克董洛(Macdonough)雖在張普倫湖上大勝，把從坎拿大來進攻的軍隊打得向後跑了，但是這個消息並未傳到歐洲。二十一日英國代表提議一切土地問題都以最後佔有的原則爲基礎解決之，這就是說每方保持在締結和議時的境界。(二十三)美人立卽拒絕這個提議，認爲超過了他們的權限。英人當卽請他們提出一個對案。美人正在預備他們的答覆的時候，英國內閣的態度完全變了。理由有三：(一)維也納的進行不順利，歐洲有破裂的危險；(二)得到英人在各湖上失敗的消息；(三)威靈吞公爵關於美國的局面給了他們一些健全的忠告。十一月九日他從巴黎寫信給利物浦爵士(Lord Liverpool)說道：

威靈吞的勸告

我已經告訴你與巴色爾斯特爵士(Lord Bathurst)說我不反對到美國去，雖然我沒有答應在那裏有很大的成功……我想在美國所缺乏的不是大將、或軍官與部隊，而是在湖上的海軍優勢，……至於你現在的談判，我認爲你沒有要求美國割讓任何土地之權，……爲什麼要規定最後佔有的原則？你不能得土地的確你的軍事動作的狀況不論如何有利，你不應作任何要求；你只給了美人一個民衆擁護的並且理直氣壯的立場——不將談判決裂而避開媾和的立場。這種立場，我相信他們的政府正在求之不得。倘若你要土地，如我希望你不久便可以得到紐阿倫斯，我願堅持另立一條割併該地，不要以『最後佔有』做談判的原則。(二十四)

麥地生宣布英國的要求　這個信廓清了空氣，打開了和平之路。同時麥地生總統將初期談判的報告送了給國會，把英人過分的要求提出來了，這個報告的刊行激動了全國的戰爭精神，就是聯邦派也擁護政府當局拒絕割地的意思。英國內閣對於宣布還在進行中的談判自然很不高興，認爲是聞所未聞的破壞外交程序，但是他們不久便知道麥地生總統佔了便宜。他們的土地要求在英國國會裏面受了嚴厲的批評。

加列定起草美國提議　美國的提案大體是加列定預備的，於十一月十日提出了。牠提議以『原狀』代替『最後佔有，』牠提議關於強募與封鎖的條文，違反國際法的行爲，如毀壞未設防的地方須予賠償；牠提議派委員會去決定邊界；至於漁業問題，牠堅持一七八三年條約所規定的權利。(二十五)

根脫條約的簽字　英國代表對於這些提議的大多數是傾向予以拒絕的，但是內閣訓令他們放棄「最後佔有」的原則及各湖的統治，並盡力達到協定。至於美國代表，因爲門羅六月二十五日的信授了權給他們於必要時可簽訂一個對於強募問題不加規定的和約，所以和約前途沒有什麼嚴重的阻礙。於是在一八一四年十二月二十四日談判結束了，和好條約也簽字了。其中卻沒有關於商業的規定。(二十六)

未解決之爭點　該項條約對於引起戰爭並在根脫爭持甚烈的題目幾乎全沒有提到。英國的要求，只剩下來關於印第安人的那條，可是也沒有什麼妨害。美國方面放棄了他們關於損失的要求，並且沒有得到英國人對於漁業特權的承認（英人說這種特權作爲沒收。）英人認爲他們沒有放棄他們在海上的權利，同時美人也說，歐洲的和平既已成立，再不需要反對只有戰時纔發生的強募及其他討厭的行爲。(二十七)該條約的大部分是關於邊界委員會的組織。在第十條裏面，締約的各造同意盡力提倡奴隸貿易的廢除。美國國內的意見，對於該約甚爲歡迎。該約的副本於一八一五年二月十一日到了紐約，這個消息與甲克遜於一月八日在紐阿倫斯大勝英人的消息同時傳布了全國。人民很滿意以紐阿倫斯之戰來結束這次戰爭。

批准

英國雖不這樣歡迎該條約，但是批准差不多還沒有交換，而拿破崙已經從埃爾巴（Elba）回來了。大家的注意完全改了方向。這就是和約的不滿意的開頭。這個和約之耐久超過了最樂觀的主張英、美親善者的預期與希望。

中立權利後來的歷史　根脫條約所沒有解決的問題可分兩類：(一)關於國際法的問題，如強募封鎮及中立權利；(二)起於美國與英國在美洲的屬地間的關係的問題，如邊界、漁業及西印度的貿易。因爲此後四十年間沒有過海軍戰爭，所以在這期間內沒有機會再發生關於中立權利的爭端，等到克里米亞戰爭來到，情形已經變了。克里米亞戰爭結果，歐洲列強在巴黎宣言內包括了下列各規則：(一)封鎖如果要有拘束力必須有效，(二)自由船使貨物自由，(三)中立貨在敵旗之下不受捕獲，違禁品當然除外。強募的爭端，因爲英國提議允許平時有搜查之權而時常發生。英國之所以有此種提議，乃是爲禁止奴隸貿易。

強募

美國非英國放棄強募的要求，始終不願締結這種協定。有些著作家認爲英國在一八六一年抗議把麥生(Muson)與斯乃德爾(Slidell)從英國船上帶走，以及要求交出他們之成功，等於英國放棄了強募權。

各大湖上的裁軍　第二類問題裏面一個最危險的並且第一要解決的是各大湖上的軍備問題。英國代表在根脫沒有把美人排斥於各大湖之外以後，於是提議限制軍備，但是亞丹姆斯反對，理由是他的政府對於這個題目沒有訓令。因爲各大湖是主要的戰場，並且是軍事上的要地，兩方面自然要覺得非在各大湖上保持大海軍力不可。不過兩國都不願花很多的經費，所以當駐英公使亞丹姆斯奉到政府的訓令，向英國提出他在根脫所拒絕的同類提議時，加斯列里表示願意締結這麼一個協定。談判於是在華盛頓進行了，結果而有一八一七年的拉煦—白谷特協定(Rush-Bagot Agreement)。依照英國公使與

拉煦—白谷特協定

美國國務卿所交換的牒文，兩國同意在各大湖上的海軍軍力限於嚬數有規定的少數小軍艦——軍力不得過於爲警察及關稅之用。(二十八)這些牒文因爲性質極爲重要，所以總統提交了參議院，依照手續批

准了，並且宣布了。兩個地位相同的國家是否在和平方面能採取比這樣更開明更深遠的步驟，很是疑問。這種協定不但省了兩國在這些內海上維持海軍的鉅大軍費，並且防止了危急中的敵對示威。

邊界委員會意見不一致　依據根脫條約所設的許多邊界委員會，其中有一個是根據第五條關於聖克羅河至聖羅倫斯的邊界的。這個委員會不能得到一致的意見，於是該項爭端便交了給荷蘭國王公斷。美國認為荷蘭國王超過了他的權力，沒有接受他的判決。因此梅因與紐布朗斯維克的邊界仍然是一個糾紛的危險根源，一直到維布斯特爾—亞煦布爾頓條約（Webster-Ashburton Treaty）的成立纔得到解決。同樣的從胡郎湖至樹林湖的邊界，委員們也不能得到一致的意見，也是到維布斯特爾—亞煦布爾頓條約纔確定。

一八一八年的公約　一八一五年的商業公約，美國是由亞丹姆斯、克萊及加列定代表簽字的，距根脫條約的簽訂有六個月功夫。該約只恢復了通商的關係，而絲毫沒有損害英國的殖民制度。英國拒絕繼續給予漁業的特權，並且拒絕讓美國船隻到西印第斯去。到了一八一八年，因為這個公約快要滿期，所以進行談判新的協定，結果於是在十月二十日簽了很重要的關於漁業、邊界及奴隸的交回的協約。（二十九）

漁業

第一條限制了美人在紐芬蘭、馬格達倫羣島及拉布拉多等地的若干特定的靠岸海面捕魚的自由，但是在這些限制的範圍內，美人享有永遠捕魚的權利。該條並且永遠給了美人在紐芬蘭與拉布拉多沒有殖民的灣港、河流曬魚及鹽魚之權。後面這個規定不很具體，或是因為這些海岸有了殖民變成了不具體也難說，所以後來發生了許多長久的糾紛，依照這個條約美人靠岸的特權比較他們在一七八三年條約之下是更受限制了，但是這種特權卻因此變成了永久的。所有後來的協定都以這個條約爲基礎。

西北邊界　一八一八年的公約並且根據緯線四十九度，規定了從樹林湖至落機山脈（Rocky Mountains）的西北邊界。查這個邊界的爭端實起於交涉一七八三年條約者之缺乏這帶地方的地理知識；他們規定界線從樹林湖的西北極端起『向正西走以至密士西比河。』這線當然遠在密士西比河道以北。自購買魯易西恩那以後，麥地生總統企圖以緯線四十九度爲界來解決這個問題。他與甲弗遜總統都有一個錯誤的印象，以爲這個界線（緯線四十九度）是根據優楚條約第十條所委派的英、法委員在劃定哈德遜灣公司（Hudson's Bay Company）與魯易西恩那間的邊界時所採用的。有人已經指出，十八世紀中葉出版的好幾本書及地圖都弄錯了，說是緯線四十九度是委員們所同意的。（三十）這些書及地圖的作者大概是根據了一個間接的消息，說一七一九年的英國代表曾經奉到訓令贊成從樹林湖至緯線四十九度並且向西沿着這緯線的邊界。但是這個邊界只是爲限制貿易用的。關於這點，訓令說得很清楚：

早年以緯線四十九度爲邊界的努力

　　但是在與法王的委員起草關於此項行將協定的條款時，你須特別注意，所說的邊界乃是只指哈德遜灣公司的貿易而言，陛下並沒有因此放棄他在美洲對於任何沒有包括在上述邊界以內的土地的要求權；並且因此不能給法人有所藉口在美洲所說該項邊界以南或西南要求任何土地。

協定於是沒有成功。至於英國委員的訓令顯然直到一九二五年纔發表出來（三十一）英人拒絕擴張界線至落機山脈以西　當加列定與拉煦進行交涉這個問題時，他們提議界線應循着緯線四十九度以至太平洋。英國政府方面則提議循着此線「至該區域的盡處爲止。」因爲魯易西恩那的北方邊界未定，這樣一來便會給英國以自由要求在緯線四十九度以南樹林湖以西的土地。最後兩方妥協的結果，界線以西至落機山爲止，將阿利干的問題留待將來解決。

阿利干的共同佔領　至於落機山以西，一八一八年的公約規定的是：任何一方所要求美洲西北海岸的地方，連同牠的港灣河流，須公開十年與兩國的船隻與人民，而不妨害任何一方的要求。這是所謂阿利干的共同佔領的開端。這種共同佔領一直繼續至一八四六年。阿利干地方不久便明白劃淸楚了。依照一八一九年的佛洛利達條約，西班牙放棄了一切對於美洲西岸緯線四十二度以北的土地的要求。其他唯一的要求者是俄國，但是英、美聯合起來與她反對。結果是俄國於一八二四年與美國簽了一個條約，於一八二五年與英國又簽了一個條約，放棄對於緯線五十四度四十分以南的土地的要求。於是阿利干地方只剩下來美、英兩國，他們如不能和平瓜分，便須以武力爭奪。

與英屬西印第斯的貿易　在談判一八一五年的通商條約中，英國沒有表示放鬆一點她的殖民制度，因此關於西印第斯的貿易，沒有讓步。大家或許還記得在那種制度之下，只有列舉出來的美國出產能運到英屬印第斯去，並且必須由英國船隻裝運。美國船是不許去的。美國屢次要求讓牠的船隻參加這個貿易，但是唯一的讓步——在吉約第十七條裏面——因為有種種的限制，被美國大怒拒絕接受了。在邦聯時代議會沒有權力予以報復，而各邦所採取的辦法又沒有效力。在根據憲法成立新政府之後不久，歐洲戰事便開始了，西印第斯的英國長官奉到了命令，如果各島的情形有必要時可用布告的方式讓美國船隻參加貿易。因此從一七九三年起至一八一二年止，在理論上他們雖不能參加這種貿易，但是事實上差不多不斷的由布告的方法讓他們參加了。在亞米條約以後的短期和平內，又暫時停止了美國船隻的參加，美人大受損失，大為不滿。(三十二)

嚴格排斥美國船隻　一八一二年戰爭以後，英國實行嚴格排斥美船於西印第斯之外，於是爭論進入了一個新階段。一八一五年的商約，雖然確立了英倫各島與美國間的商業的互惠政策，但是對於美國的航運業大為不利。英國船隻能裝運貨物至美國，在美國又裝運食品、木材、及其他供給物品往西印第斯，到了西印第斯又裝載糖及糖水回國。這個三角貿易使他們能夠減低運費。美國船隻因為只有英、美的直接貿易，所以運費不能如英國船隻那樣低。英國船隻因為自美國至西印第斯，由西印第斯回國，都沒有人與他們競爭，所以在出發至美國的航程上，如為獨佔該項貿易有必要時能夠減低運費至任何程度，並且能夠大賺其錢。

抵制的立法　航業界不久便要求立法抵制，但是出諸什麼方式，在國會裏面以及在報紙上面，有很多的討論。在一八一六年的夏天，昆西亞丹姆斯盡力勸加斯列里放鬆這種制度，沒有成功。因此他勸他的政府立法抵制。國會於是通過了一八一七年三月一日的航業法，規定西印第斯的出產，只許美國船隻或西印第斯商人的船隻裝運入口。為尊重農業利益起見，該法沒有禁止用英船輸出美國貨物到這些島上去。(三十三)加斯列里決定為相當的不重要的讓步，但是因為限制得太厲害，門羅總統沒有接受。他在一八一七年十二月的常年咨書裏面把該問題又在國會裏面提出了。數星期後，國會通過了一八一八年的航業法，規定自該年九月三十日起，美國港口，不許來往（排斥美船的）殖民地港口的英國船隻進口。

一八一八年的法令

在談判一八一八年的商約的時候，美國代表曾經提議根據互惠的原則，調和爭端，但是不能得到協定，結果商約是簽了，卻沒有關於西印第斯的條款。一八二〇年五月國會採取了激烈的行動，通過了一個法律，禁止用英船與英屬美洲殖民地交通，其中包括的有坎拿大、洛伐斯柯夏、紐芬蘭、伯慕達斯、巴哈馬斯(Bahamas)以及西印第斯。美船如今載運他們的產物至瑞典、丹麥及荷蘭各國的屬島去，然後再由英船運往英屬西印第斯。(三十四)不過雙重運費擡高了貨價，島居人民起而呼籲救濟。同時這個法律給予瑪利蘭、維金尼亞、卡羅林那及喬其亞各邦（輸出西印第斯的出產大多數是由這些邦來的）的影響很大，以致引起要求撤消或修改這些限制的運動。在一八二二年三月閉會以前不久，國會因此通過了一個法案，授權總統開放美國的港口，准許來往美國及西印第斯港口的英國船隻進口，只要他認為西印第斯港口

一九二〇年的法令

已經開放與美國船隻。

英國國會提議互惠　一八二二年七月，英國國會通過了一個法律，允許列舉出來的物品由出產國的船隻運到西印第斯去，但是魚與其他鹹物爲保護英屬北美各省利益計，除外。同時授權給英皇，對於不給英國航業以互惠的特權的國家，也不給以這些特權。因此門羅總統於一八二二年八月二十四日發布了一個宣言，開放美國港口與英國的船隻，但是他沒有除去對於英國船隻與貨物所受的差別關稅。英國公使立即請注意這點，並且向國務卿亞丹姆斯說，英皇對於不給完全互惠待遇的國家有權撤回該項特權。亞丹姆斯回答說總統沒有權力除去英國所不滿意的關稅，並且同時候他請注意英國法令中某幾項特點，尤其是魚與鹹物的排斥，使英人佔很大的便宜。及至國會開會，對於全個局面，包括亞丹姆斯與康寧的通信，都曾考慮過，並且通過了一八二三年三月一日的法令。

國會法令發生一個新問題

這個法令是亞丹姆斯起草的，非常複雜，牠的意義也不完全清楚。一面規定除去對於英國船隻的差別關稅，卻同時因爲要求准許美國船隻進入英國殖民地的港口，其條件須與從『他處運貨進口的船隻相同，』引起了完全新的問題。亞丹姆斯對於這點的解釋，乃是包括從坎拿大、洛伐斯柯夏及英帝國其他部分來的船隻與貨物。如一個英國國會議員所說，這是沒有道理的；猶之英人要求從西印第斯來的糖與糖酒須與魯易西恩那來的糖與糖酒在同樣的條件上進入紐約一樣的沒有道理。因爲亞丹姆斯堅持他對於該項法令的解釋，以致康寧與拉煦一八二四年的談判沒有得到結果。(三十五)

加列定的使英失敗

亞丹姆斯對於英國的條件沒有應付得好　一八二五年英國國會在互惠的原則上開放了殖民地的港口與外國的船隻，但是由聯合王國(United Kingdom)（譯者按：即爲英格蘭、蘇格蘭及愛爾蘭的總稱）進口的貨物准予減稅。現在美國政府有兩條路可走，一是重開談判，否則只有立法以遷就英國法令的條件。這時候，亞丹姆斯已經做總統了，他擱置了一年沒有進行。然後他派了加列定帶着訓令到英國去交涉一個協定，放棄美國與西印第斯的商業須置於英屬北美各省的同等地位的要求。可是在加列定沒有到達英國之前，一八二六年七月二十七日的樞密院令已經宣告不許美國船隻進入一切英屬殖民地的港口，只有東印第斯及北美各省除外。一八二七年三月，亞丹姆斯總統根據一八二三年法令的權威發布了一個通告，凡是從英屬美洲殖民地或各省來的英國船隻，一律不許進入美國海口。於是一切直接的交通都禁止了，但是美國的出產繼續由附近的島嶼及洛伐斯柯夏輸入英屬西印第斯，有時候地方長官也發布通告直接准許輸入。(三十六)亞丹姆斯因爲對於英國一八二五年法令的條件沒有應付得好，並且等到時機已過纔去設法取得英國的讓步（這種讓步在該法令未通過前曾經向美國提出過，）大受批評。這個問題到了他的任期終了時成了一個主要的政治爭點，並且無疑地促成了他在一八二八年的失敗。(三十七)

甲克遜進行爭論的解決　當甲克遜爲總統時，他派了麥克倫(Louis McLane)爲駐英公使，帶着訓令去開談判。麥克倫談判所根據的條件實質上與加列定所提議的一樣。如果英國政府根據美國拒絕接受一八二五年法令所提議的條件，表示不願重開談判，那麼他須告訴他們說，前任當局的見解已經交美國人民表決，他所提出的提議乃是「唯一人間法庭所表示的裁判」(前任當局的行爲須向之負責)的結果。這些訓令大概是甲克遜自己建議的，但是萬標倫 (Van Buren) 簽的字。後來參議院不同意任他爲駐英公使，這些訓令是一個主要的根據。當麥克倫進行與亞伯定爵士(Lord Aberdeen)交涉時，亞伯定似乎非美國先有所舉動不願宣告改變英國的政策。英屬北美各省因爲禁止美國船隻從事殖民地的貿易於他們大爲有利，也反對改變政策，所以談判不免爲之擱延。最後成立了一個諒解。國會根據總統的建議通過了一個法令，授權與他，無論何時只要他得到滿意的證據，認爲英國政府可以開放牠在西印第斯的港口與美國船隻，便可以在同樣的條件上准許從這些港口來的英國船隻進入美國。一八三〇年十月五日總統宣告一八一八年、一八二〇年及一八二三年的法令作爲取消，並允許從殖民地港口來的英船進口。十一月五日，英國樞密院也下了一個命令，收回一八二六年的命令，並開放英國殖民地的港口與美國船隻。

英國殖民地的港口開放與美船

對於甲克遜的辦法的批評　甲克遜的辦法在當時大受他的敵人的批評，並且後來有些歷史家也是攻擊這種辦法的。這種辦法乃是兩方妥協的結果，對於美國航業沒有如所希望的有利，因爲英國國會差不多立卽又通過了一個法令，對於輸入西印第斯的貨物徵收差別關稅，優待英屬北美領地的出產。但是因爲美國所享受的待遇與他國相同，所以沒有不滿意的正當理由。對於輸入英屬北美各省的美國產品並沒有徵稅，這項規定鼓勵了由這些省份往西印第斯的間接貿易。這對於美國農業與一般的生產者都有幫助，但是對於航業界大有妨害。甲克遜之受批評，這是主要的原因。普通說來，總統的辦法是人民所贊成的，並且這個爭點的解決差不多經過了五十年之久，可以認爲是一個大的外交勝利。（二十八）

（一）Am. State Papers, Foreign Relations, III, 585.

（二）Ibid., p. 589.

（三）Op. cit., III, 595, 596.

（四）Ibid., p. 625.

（五）Corwin, The President's Control of Foreign Relations, 49—56.

（六）Updyke, The Diplomacy of the War of 1812, 147.

（七）墨西哥戰爭，西班牙戰爭，及世界大戰後的和約，是沒有提交參議院同意的代表交涉的。

（八）A. S. P., F. R., III, 627.

（九）K. Webster, The Foreign Policy of Castlereagh, 437.

（十）Cambridge History of British Foreign Policy, I, 531.

（十一）A Great Peace Maker: The Diary of Gallatin, Appendix, I.

（十二）A. S. P., F. R., III, 621.

（十三）Ibid.,p. 622.

（十四）Cambridge History of British Foreign Policy, I, 534.

（十五）A. S. P., F. R., III, 695—700.

(十六) Ibid., p. 701.

(十七) Ibid., p. 707.

(十八) Op. cit., III, 709.

(十九) Cambridge History of British Foreign Policy, I, 537.

(二十) A. S. P., F. R., III, 713.

(二十一) Op. cit., p. 717.

(二十二) Ibid., 718.

(二十三) Op. cit., p. 724.

(二十四) Lodge, One Hundred Years of Peace, 27.

(二十五) A. S. P., F. R., III, 735.

(二十六) (Melloy) Treaties and Conventions of the United States 1, 612.

(二十七) Cambridge History of British Foregin Policy, I, 541.

(二十八) (Malloy) Treaties and Conventions of the United States, I, 628; Calahan, The Neutrality of the American Lakes and Anglo-American Relations (J. H. U. Studies in Historical and Political Science, Series XVI, Nos. 1—4.)

(二十九) A. S. P., F. R., IV, 348—407.

(三十) Reeves, American Diplomacy under Tyler and Polk, 195—196.

(三十一) British Diplomatic Instructions, 1689—1789, vol. II,—France. Edited for the Royal Historical Society by L. G. Wickham Legg (Camden Society, vol. XXV.), 196—205.

(三十二) F. L. Binns, The American Struggle for the British West India Carrying Trade, Chap. I.

（三十三）Ibid., p. 46.

（三十四）Op. cit., p. 70.

（三十五）關於一八二三年至一八二七年談判的文件，看 A. S. P., F. R., V, 225; and VI, 213—266, 963—984.)

（三十六）Binns, 154.

（三十七）Ibid., pp. 163—184.

（三十八）甲克遜指導下的談判，見 British and Foreign State Papers, XVIII, 1181—1212. 及 Binns, 163—188.

第八章　門羅總統的宣言

拿破崙侵入西班牙　美國革命不免在西班牙美洲(Spanish America)殖民地裏面散布了不滿的種子。但是效果不是立卽就能看見的。例如米蘭達(Miranda)在委內瑞拉(Venezuela)的英勇的革命努力，想把他的本地爲解放南美洲的起點，便失敗了。一八〇八年拿破崙侵入西班牙，推動了許多事變的動機，於是最後結果而有南美洲的獨立。當拿破崙推翻西班牙君主，而立他的兄弟約瑟夫(Joseph)爲王時，西班牙的人民羣起反抗，並且得着英人在威靈吞指導下的援助，實行了長期的獨立鬬爭。在這個時期內，他們組織了一個臨時政府，仍原用他們的君主弗丁蘭第七（被擄在法國）的名義。

南美的自由戰爭　南美各省跟着母國的模樣，也用了弗丁蘭第七的名義組織了臨時政府，但是實際上這些臨時政府是革命的團體，因爲他們大半廢除了西班牙所加給他們的嚴厲的殖民地制度，並且與英、美實行通商了。當弗丁蘭在拿破崙第一次被推翻後恢復他的皇位時，他還可以保持他的美洲臣民的忠順，但這種智慧是很難希望於一個包本的。他不了解已經發生的變化，堅持要恢復舊的制度。殖民地於是起而叛變，分別的，忽起忽滅的，開始了自由的戰爭，北有波里瓦爾（Bolivar）爲領導，南有山馬定(San Martin)做領袖。到一八二二年，所有各省事實上都獨立了，西班牙軍隊除了在少數的衞戍市鎮還稍許可以持久外，不是被驅逐了，便是被俘虜了。

美國的同情　美國對於南美人民爭獨立的奮鬬，自始便有深厚的滿意與同情。從革命的開頭起，南美的船隻，不管掛什麼旗子，都可以進入美國的港口。雖然早在一八一一年十二月十日，衆議院裏面有委員會提出過給南美各省以交戰國的權利，但是並沒有任何正式的宣言。(一)那時候，西班牙既然沒有公使駐在美國提出抗議，這種正式的行動顯然沒有必要；美國港口之開放好像是一件當然的事情。(二)並且美國自始便給了南美各省的交戰國的權利，門羅總統在他一八一七年與一八一八年給國會的常年咨書裏面，及一八二二年三月八日給國會的特別咨書裏面都承認了。(三)

派赴南美的代表　在革命的初期，就有代表來到華盛頓運動獨立的承認；美國於是也派了代表往南美刺探關於革命政府的情形，以及注視英國與其他歐洲國家的行動。一八一一年潘色特（Joel R. Poinsett)被派往波諾斯愛拉斯(Buenos Aires)次年亞歷山德施高塔(Alexander Scott)被派往委內瑞拉。(四)一八一七年羅德列（Caesar A. Rodney）、布蘭德（Theodorick Bland）及格列亨(John Graham）被派爲往南美的特別代表。他們於一八一八年二月到了波諾斯愛拉斯，在該處逗遛到四月的末了。羅德列與格列亨然後回到美國，布蘭德則穿過大陸逕往智利(Chile)。他們的報告於一八一八年十一月十七日轉交了國會。(五)到一八二〇年普利禾斯特與福布斯(John M. Forbes)被派爲往智利及波諾斯愛拉斯的商務代表。他們關於革命情形的報告於一八二二年三月八日及四月二

十六日傳遞了給國會。(六)

克萊力主承認　同時美國國內發生了一種很強的感情，主張承認南美的獨立。在奮鬬中的殖民地找到了克萊做擁護他們的人。克萊十年以來差不多不斷的爲他們工作，起初請求他本國的同胞承認，然後以亞丹姆斯政府的國務卿的地位請求歐洲各國政府承認。他的名字在南美成了家傳戶誦，他的演說詞被翻釋出來，讀給愛國的軍隊聽。

雖然我們的政治利益與在奮鬬中的各共和國很相同，但是總統覺得有守中立的必要，並且鑒於美國人民給予殖民地的援助，特請國會通過一種比較嚴格的中立法律。克萊於一八一七年一月發表了一篇有力的演說，反對這個辦法。不過他爲南美最大的努力還要算一八一八年三月二十五日對一般預算案的演說。他提出了一個修正案，撥付一萬八千元作爲一個駐普拉特聯合邦 (United Provinces of Plato) 公使的年薪與整裝費。他不等調查革命政府情形的三位代表的報告，便極力主張馬上派一正式公使往駐波諾斯愛拉斯。他形容南美的美麗與財源，不僅用他的熱力與熱誠而已，他這樣說道：

逼迫當局

在這大塊地方之內，我們看到最壯麗最有趣的造物；世界上最崇高的山，最宏壯的河；最豐富的寶貴金屬的礦產；地球上最優等的出產。我們還看到更有趣更壯麗的奇觀，那就是一千八百萬人民在那裏掙扎打開他們的桎梏，力爭自由的燦爛奇觀。(七)

他的動議失敗

他繼續說美國對於南美各國的獨立的建立，有最深的利益。他毫無遲疑堅決的相信，在美國外交政策裏面，沒有那個已經發生過的問題或他所能想到的問題，其關係美國有如此重要。這種利益關係我們的政治，我們的商業，我們的航業。沒有疑問西班牙美洲一經獨立，不管各地建立的政府是什麼形式，這些政府一定有一種美洲的感情，順從一種美洲政策的指導。他們一定會服從他們自己也是其中一部分的新世界系統的法律，與歐洲系統相對峙。(八)但是衆議院不聽他的漂亮的詞華，以一一五票對四五票的比例，否決了他的提案。然而克萊還是沒有放棄擁護南美的宗旨。

門羅擱延的理由　門羅總統好像很傾向承認，但是被亞丹姆斯與加洪(Calhoun)所反對。他們主張沒有與英國成立諒解，是不願意有所動作的。如果可能，他們並且主張與法國也要解諒。美國與西班牙的關係，因為佛洛利達的印第安人的問題，非常緊張；那時候如果有承認南美的行動，一定會把美國牽入與西班牙戰爭，並且差不多一定會牽入與其他歐洲國家戰爭。因此，門羅總統為權宜起見，便把他的同情所鼓動的行動擱延了，並且在他一八一八年十一月十六日向國會的常年咨書裏面，對於政府向來所採取的方針表示了滿意，聲明暫時無意放棄。(九)不過在他指導之下，曾經努力取得英、法的合作，以促進南美的獨立。(十)

佛洛利達條約　一八一九年，美國與西班牙的差別似乎得到了一個和解。兩國交涉了一個條約，規定將佛洛利達割與美國，並且將美國人民對西班牙久懸未決的要求解決了。不過有一個沒有料到的困難發生，使當局有點狼狽。西班牙皇帝很狡猾的把該約擱延兩年不予批准，如是實際上把美國政府對於南美問題的行動在這個時期內拘束起來了。

西班牙美洲共和國的承認　雖然政府當局陷於進退維谷的地位，克萊卻仍然繼續爲南美運動。他是反對佛洛利達條約的，認爲等於放棄了美國對於塔克沙斯的要求。在一八二一年初他提出了一個美國對於南美革命有利害關係的宣言，到得大多數的通過，但是行政當局把牠保留了一年，等到殖民地的獨立在事實上，不再容有疑問。這期間佛洛利達條約批准了。到了一八二二年三月八日，門羅總統纔在致國會的特別咨書裏面，表示承認的時機已經來到，請求撥付必需的款項以便執行。總統的建議得到了贊許，國會並且通過十萬元作爲「美國總統認爲有派使團往南美洲各獨立國家之用。」根據這個法令，在一八二四年安得生（Mr. R. C. Anderson）（肯塔基人）被任爲往哥倫比亞（Colombia）的公使，羅德列〔紐遮西(New Jersy)人〕被任爲往阿根廷共和國(Argentine Republic)的公使；愛倫(Mr. H. Allen)〔威爾滿特(Vermont)人〕被任爲往智利的公使在一八二六年潘色特(南卡羅林那人)被任爲往墨西哥的公使。

英國的政策　美國政府正在注意西班牙各省的政治利益的時候，英國卻不動聲色的在那裏收穫該種局面所演出一切商業的好機會，顯然很滿意聽事情的自然演變。自一八〇五年在托拉法加破滅法國與西班牙的聯合艦隊後，納爾遜(Nelson)替英國取得了大西洋的霸權，打開了通南美的路線，並且自從一七一三年的條約（西班牙與英國訂的條約）將奴隸貿易歸英國辦理以來，英國知道南美的商業機會很大。英國與南美的交通（在奴隸貿易的壟斷終止以後，還有私運者為之繼續不斷）現在沒有了危險，交通更趨正規，更為有利。皮特死後，英國內閣屢易，對南美的政策因此不免軟弱不定，迨至拿破崙侵入西班牙，激起了民衆的反抗，英國政策乃為之一變，比較容易了解。英國很聰明，認定與其奪取得西班牙的殖民地，逼她永久投到法國的懷裏去，不如放過殖民地，把西班牙拉過來做個同盟去對付拿破崙。同時英國與南美各國的商業正在天天增加，西班牙也予以默認。

西班牙干涉英國的商業　拿破崙戰爭告終，西班牙恐怕英國因為要保住這個貿易，或許會祕密援助殖民地的獨立鬭爭，於是向英國政府提議，請其嚴守中立。英國同意這個提議，但是當簽訂條約時，據康寧說『與西班牙有一明白的諒解，就是我們與殖民地（譯者按指西班牙的）的商業來往，並不能當做破壞該約的規定』。(十一)雖然有這個默認的契約，英國商業犧牲在西班牙的私掠船與軍艦的手內的還是很多。有許多英國商船被西班牙船捕去，送往西班牙在大陸所剩下來的少數港口，判定他們是與叛變的殖民地通商，將他們作為捕獲物沒收。因此至美國承認南美的獨立時，英國駐瑪德里公使手中積了許多控訴的案件，雖屢次急切抗議，仍然沒有給予賠償。

康寧提議局部報復　康寧因為不願妨礙西班牙在一八二〇年三月革命所成立的憲政政府，並且鑒於其他歐洲列強正在預備對該政府有所動作，所以怕了提出最後的要求。不過在西班牙大陸的情形很嚴重，須立卽予以糾正。因此他決定自己動手，不去與西班牙政府爲難，派了一個艦隊往西印第斯去施行報復。一八二二年十一月十五日他在一個給內閣的備忘錄裏面，提出了他的政策的大綱，並稱讚了美國的方針。美國的方針是承認殖民地事實上的獨立，主張與他們有通商的權利，如被阻礙，卽予以報復。這種辦法，康寧認爲比英國的辦法爽直明瞭。英國的辦法是：一面爲西班牙的緣故不承認殖民地；一面又相信西班牙的默許與他們通商，受了犧牲，不予以糾正。他想，對西班牙宣戰是不必要的，因爲『她對於名義上還保有的殖民地，所具有直接的和可以利用的權力，或許如她對於那些已經脫離她的羈絆的殖民地一樣的小。所以讓我們用一種局部的補救方法來對付局部的寃曲，使古巴、溥陀利科(Porto Rico)，及溥陀卡伯羅(Porto Cabello)的船隻與海港對於那些船隻所施的損害負責任，並且該項之犯罪者一向是以那些海港爲庇護。』在結論裏面，他說多年來存在的默認契約，所謂西班牙不阻止英國與南美殖民地的商業，已經被西班牙拋棄了，舊的殖民地制度已經完全恢復了，好像她還可以把握住這些殖民地似的，並且有一個海軍去實行她的要求，『在這種情形底下，沒有人會說我們對於這些國家的承認能够無限的展期。』(十二)

預料最後的承認

西班牙的困難　英國正在這樣打算跟着美國的榜樣承認西班牙的反叛的殖民地，中歐列強卻已經進行來解決這個不幸的國家內面的以及在美洲的困難。包本在西班牙復辟以後的統治，絲毫不能令人民大衆滿意。一八二〇年三月，弗丁蘭集合在加地子（Cadiz）預備派往討伐叛變的殖民地的軍隊，忽然倒戈反對政府，拒絕上船，並且要求恢復一八一二年的憲法。各處都贊成軍隊這種行動，民衆也表示擁護，於是弗丁蘭迫不得已乃宣布憲法，立誓遵守。不料跟着西班牙的三月革命來的有七月拿不勒斯(Naples)的憲政運動，及同年八月葡萄牙的憲政運動；次年希臘的獨立鬬爭也跟着發生。於是南歐三半島的人民都在爲自治政府的權利奮鬬。希臘的運動誠然與其他的運動性質完全不同，但牠也是對確立的權威的反叛，所以惹起了所謂正統派的惡意。歐洲列強對於革命思想的迅速發展，立即表示惶恐，並且進行採取壓制引起這些思想的運動的辦法。同盟各國政府聯合干涉歐洲國家內政的原則，在推翻拿破崙後的幾年內便已經發生了。這種聯合干涉政策乃是拿破崙所遺留完全反常的歐洲政治情形的結果。在對法國革命思想的反動天才梅特涅(Metternich)手內，這個原則變成了專制主義最厲害的工具，並且對於全歐的民主制度給了顚覆的恐嚇。

南歐的革命運動

干涉主義　這個干涉主義在拿破崙第二次倒了以後的七年中有很快的發展。這不但嚴重地妨害歐洲的自由，並且有操縱新世界的運命的危險。在維也納會議裏面，奧、法、英、普及俄形成了一個密切的聯合，簽訂了一個歐洲和平在其後五十年中所基的條約。維也納的協定，在拿破崙第二次倒後又於一八一五年十一月二十日在巴黎稍有修改，再度確定。法國現在差不多事實上被排斥在同盟之外。這個條約特別承任防止拿破崙或法國再來搗亂歐洲的和平。該約最有意義之一點是第六條內所規定列強在固定期間的聚會。

同盟列強在亞拉什丕爾會議　根據這個諒解，第一次舉行的會議是一八一八年十月在亞拉什丕爾(Aix-la-Chapelle)的會議。法國仍原加入了做一個同盟的會員，在她境內的同盟國的軍隊也撤退了。如是所形成的五國同盟，宣告牠除維持和平外，沒有別的目的；世界的休息是牠的動機與牠的目標。宣言的措詞因為要迎合英國政府的見解，和緩了不少。利物浦爵士在該會舉行以前曾對加斯列里說過：「一定要使俄人覺得我們有一個我們須向之負責的國會及民衆，我們不能讓我們自己被牽入與我們政府的精神完全不合的政策的見解。」英國內閣的閣員除了康寧以外沒有那個嚴重反對定期舉行會議的辦法，但是對於他們所發表的宣言都頗不以為然。反之，康寧不但反對該項宣言，並且反對該項會議的本身，帶點輕蔑的口氣說他們是「統治世界的會議。」

大家認為在亞拉什丕爾一定要討論到西班牙的殖民地的問題。加斯列里由伯谷特（Bugot）向美國保證說，英國雖然在亞拉什丕爾與同盟各國調解西班牙與她的殖民地，但是她的調解完全限於運用她的影響與好意，不至採取任何帶有強迫性質的辦法。(十三)

在托洛白及納伯煦的會議　一八二〇年在西班牙、拿不勒斯及葡萄牙發生的革命又是給同盟各國一個會議的機會。十一月，奧、俄及普的代表在托洛白(Troppau)舉行會議，並且發出一個通告，舉出他們替歐洲推翻了拿破崙的軍事暴政，並且表示決心要來「壓制同樣暴虐，同樣可憎的反叛與罪惡的勢力。」會議隨即宣告閉幕。移往納伯煦(Laybach)去開，因爲在那裏他們能够更迅速地指揮他們已經決定討伐拿不勒斯革命黨人的運動。奧國比其他兩國更關心意大利半島的政治情形，負了委託去擔任壓平拿不勒斯革命的工作。奧國軍隊於一八二一年三月二十三日進了拿不勒斯，推翻了已經成立的憲政政府，恢復了弗丁蘭第二(Ferdinand II)的絕對專制權力。在辟地滿(Piedmont)發生的革命也被奧軍派了一隊去壓平了。

英國不贊成　英國對於托洛白及納伯煦的會議都沒有參加。只派了司徒亞特(Sir Charles Stuart)到會視察。在一八二一年一月二十一日的一個通告裏面，英國政府對於托洛白通告中所舉的原則，表示了異議。

衞龍拉會議　同盟各國其次一個會議是定好了於一八二二年十月在衞龍拉(Verona)舉行。在這裏，希臘、意大利及(特別是)西班牙的事情都在討論之列。同盟的五強都有代表出席。法國對於西班牙的情形很不安心，英國因爲於她的利益大有關係，不能不派一代表，以便自衞。加斯列里正在預備去到會，忽因工作過度及精神消耗的關係，心不由主的自殺了。康寧於是做了外交部長，威靈吞奉派前往衞龍拉。

威靈吞退出　現在衞龍拉召集的會議大半是討論西班牙的事情。威靈吞奉有訓令，用全力反對採用干涉西班牙的辦法。當他知道其他列強傾向這個步驟，對於他的抗議不會予以注意的時候，他即退出了會議。其餘四國仍然繼續他們的討論，最後授權了給法國出兵越過披倫尼斯山(Pyrenees)去恢復弗

丁蘭的專制權力。(十四)

法國侵入西班牙　會議於十二月中閉幕了，到次年四月，安古列姆公爵（Duc d'Angoulême）便帶了法軍越過拔倫尼斯山。十月，憲政黨被推翻了，專制主義在西歐又是最高無上只有在英國還有憲政的影子。

英國與她以前的同盟國分手　衞龍拉會議是列強討論各國內政最後一次的聯合會議。英國從此退出了歐洲同盟。此後她所取的立場明明白白與她以前的同盟國所主張的原則相反，她對於南美的政策實際上與美國的相同。

英國對於西班牙局面的態度　英國大多數的人民深表同情於西班牙的憲政運動，並且願意以武力援助西班牙人民。英國的抗議被在衞龍拉的列強置之不理。英內閣鑒於法國進攻西班牙的準備進行情形，實有決定怎樣應付的必要。一八二三年二月，利物浦爵士把康寧預備的備忘錄發了給同僚們。該備忘錄列舉了詳細的理由軍事的及其他的，為什麼英國以武力去衞護西班牙的不智。第一、對西班牙的戰爭在法國是不為一般人民所歡迎的。如果英國加入進去，法國政府便會把牠變成對英的戰爭，受人民的愛戴。第二、英國替西班牙去抵抗侵略，必須在陸地作戰，她的海軍優勢實質上對於西班牙不能有多大的幫助，對於法國不能有多大的阻礙。第三、大陸列強都答應了幫助法國。第四、進攻西班牙有不能成功的可能。第五、如果成功，法國或許要幫助西班牙去恢復她的美洲殖民地。到這裏，他說，那麼英國的海軍優勢有用『並且我沒有困難可以決定，我們應盡力之所及，一面阻止西班牙在內戰終止以後派軍隊到南美去並一面去阻止法國因此所給予西班牙的任何幫助。』第六、如果法國與西班牙要侵入葡萄牙，葡萄牙請求援助，他認爲英國爲名譽計須去衛護她。以軍力去衛護葡萄牙沒有在西班牙陸地作戰那樣困難。(十五)

反對法國取得西班牙的殖民地　根據這個決心，康寧於一八二三年三月三十一日發了一個快信給在巴黎的英國大使司徒亞特。在該信裏面，他說到殖民地的承認是待時間與環境決定的問題，並聲明了英國政府對於前屬西班牙的各省毫無野心，不過暗示英國雖不干涉西班牙，但不能讓法國以征服或割讓的方式去取得殖民地任何地方。法國對於這個通牒沒有答覆，英國便把這種沈默當做不去干涉殖民地的默認。不過英國政府仍然繼續密切注意法國的舉動。(十六)

康寧建議聯合行動　侵入西班牙之舉，行將圓滿結束，英國政府恐怕同盟各國其次就要來注意西班牙的殖民地，不是要來強迫他們仍原臣服西班牙，便是要來處置他們，把他們割讓與其他歐洲國家。而且召集歐洲會議來討論解決這個問題的意思早就已經有了。這既然是與美國有重要關係的問題，康寧便於一八二三年八月十六日招請美國公使拉煦談話，提議對於這個問題英、美爲便利計來訂一個諒解。他把他三月三十一日給司徒亞特的信的內容通知了拉煦。拉煦說他了解這個牒文的意義是：如果法國企圖在西班牙美洲取得土地時，英國不能坐視。康寧然後問美國願不願攜手主張這種政策。拉煦回答說他的訓令沒有授權給他答覆這個問題，但是他會把這個建議非正式地轉知他的政府。同時他請英國表明她對於承認殖民地的獨立的政策。康寧回答說英國沒有採取承認的任何步驟，但是在那裏考慮派委員去殖民地調查實際情形的問題。在目前，這些委員只派往墨西哥。(十七)

斯達普爾頓(Stapleton) 在他著的康寧一生(Life of Canning) 一書內只說，拉煦既沒有權締結任何正式的協定，康寧以爲轉知華盛頓的擱延會使這樣進行的辦法歸於無效，於是把這件事丟開了。(十八)可是我們從拉煦的報告中可以看出來這並不是完全的眞理。在上面所說談話之後，他們中間彼此有多次的通信，可以證明完全不是那麼一回事。

他向拉煦的提議　在一八二三年八月二十日致拉煦一個非官式的並且秘密的信裏面，康寧又問到時機是否已經到了兩國政府對於西班牙在美洲的殖民地，可以來一個諒解。他說明英國的意見如下：(一)西班牙沒有恢復殖民地的希望；(二)承認他們是獨立國家的問題是時間與環境的問題；(三)可是，英國絕不妨礙殖民地與母國以友善的談判來得到一個解決辦法；(四)她沒有取得殖民地任何部分的目的；(五)她不能坐視殖民地的任何部分移轉給其他國家。他又說：「如果美國贊成這種意見，同時與英國發表這麼一個宣言，那是最有效最不開罪人的方式來共同表示他們不贊成相反的計畫；同時使西班牙再不疑忌我們對於她其餘的殖民地有什麼野心，並且表明英、美並無意鼓動風潮，乘機取利，使殖民地盛行的騷動歸於停止。」(十九)

拉煦無權動作　在沒有正式承認南美以前，美國曾經屢次表示希望關於此事與英國(二十)攜手進行；但是承認之後美國的立場完全不同了。康寧在他的提議的措詞上，似乎忘記了美國已經用最正式的態度承認了西班牙殖民地的獨立。在答覆裏面，拉煦向他提醒了這點事實，並且表示美國希望英國承認殖民地。至於其他方面，他相信康寧所宣示的意見爲美國所贊成，但是他加添說他無權依所建議的方式公開宣布這些原則。

門羅對於康寧的提議的意見　門羅總統一接到拉煦第一次報告，便十分知道英、美同盟的提議所表示問題的重大。在他沒有提交閣議以前，他把報告副本送了給前總統甲菲遜與麥地生看，並且有下列有趣味的通信。在他十月十七日給甲菲遜的信裏面，門羅總統說道：

我送來給你我近在華盛頓所接到拉煦的兩個報告，關係非常重大。該項報告包括有康寧的兩個信，信內暗示神聖同盟不利於南美獨立的計畫，並提議英、美合作來擁護南美的獨立，以與神聖同盟的會員國家對抗。這個計策的目的首先不過是一種帶抽象的意見的表示，但是康寧期望有大的政治效果，使同盟的結合歸於失敗。拉煦的答覆也附封在內，根據這些答覆，你可以知道他對於這個問題的意見，及他或許已經進行的程度。這個提議牽涉了許多重要的考慮。第一、我們究竟是否要捲入歐洲政治及戰爭的漩渦裏面，加入任何一國去反對別國，假定根據所提議的那種協定所成立的協約可以引起那種結果？第二、如果一個實例能够存在，可以並且應該離開一個健全的格言，現在的例是否就是那個實例？第三、是否時期已到，英國必須要有立場，不加入歐洲帝王方面，便須加入美國方面，結果不擁護專制，便須擁護自由？並且可否假定她的政府因為覺得有那種需要，便捉住現在的機會，認為是最宜於宣示那種事業的開始。

我自己的印象是：我們應該贊成英國政府的提議，並且表示我們認為歐洲國家的干涉，尤其是他們對於殖民地的進攻，如進攻我們自己一樣，假定他們對付殖民地成功，他們會擴大來對付我們。不過我感到這問題的範圍與困難，很歡迎你及麥地生先生對於此事的意見。(二十一)

甲菲遜的遠見　甲菲遜的回信是十月二十四日從滿地色羅發的，不但表現對於國際局勢有深切的認識，並且表現對於所牽涉的可能事件有廣大的眼光。他說：

你寄來的信所提出的問題，是獨立問題以來在我默思當中最重要的問題。獨立問題使我們成為一個國家，這個問題把我們的羅盤安妥，指示我們駛過在我們前面展開的時間海洋的方向。我們前駛，絕不能有比這樣還好的情形。我們第一個並且根本的格言，應該是絕不讓我們自己牽入到歐洲的漩渦裏面去。我們第二個格言，絕不讓歐洲來干涉大西洋這邊的事情，美洲不論南北有一些與歐洲顯然不同的利益，為牠自己所特有。因此她應有她自己的體制，與歐洲的分開。後者正在努力於變成專制主義的居留地，而我們的努力必然應該是把我們的半球成爲自由的所在。有一個國家特別是能在這方面與我們搗亂；而她現在卻提議來領導，來幫助，來與我們一塊走。我們贊同她的提議，便可使她脫離羈絆，把她有力的分量拉到自由政府這一方面來，一舉而解放一洲，否則南美或許還要遲留在懷疑困難之中。英國比任何國家最能够打擊我們；有她在我們方面，我們用不着怕全世界。我們與她應該極力保持一種和好的友誼；並且沒有別的東西再比在一塊爲同樣的宗旨作戰能够把我們的感情聯絡起來。我並不是要去買得她的友誼，甚至以參加她的戰爭爲代價也所不惜。但是倘使現在這個提議結果要我們加入戰爭，這種戰爭不是她的戰爭，而是我們的戰爭。牠的目的是引進並建立美洲體系，把一切外國排斥於我們的土地之外，並絕不讓歐洲國家來干涉我們國家的事情。牠是保持我們自己的原則的，不是違反我們自己的原則的。如果爲達到這個目的起見，我們能够把歐洲國家的團體分開，把牠最厲害的分子拉到我們這方面來，我們必然應該去做。但是我明白康寧的意見不是去挑動戰爭的，而是防止戰爭的。有英國退出他們的方面轉入我們（南北）兩洲方面，全歐洲聯合起來也不至發動這麼一個戰爭。因爲他們沒有優越的艦隊，怎樣能够接近他們的敵人？（譯者按指英、美）並且這個提議給我們一個不宜忽略的機會，去表示我們的抗議，抗議對於國家權利的破壞以此國去干涉別國的內政，由邦拿帕（Bonaparte）兇惡地始作其倆，現在由同樣無法無天的同盟來繼續，這種同盟卻猶自稱爲『神聖』呢。(二十二)

麥地生的建議　麥地生不但與甲菲遜同認為應該接受英國的聯合行動的提議，並且進一步建議請宣言不應限於美洲的共和國，卽對於前此之侵入西班牙及任何干涉正在向土耳其爭取獨立的希臘的舉動也應表示反對。(二十三)門羅好像很傾向於要採行麥地生的建議，但是他的內閣抱有不同的見解。從約翰昆西亞丹姆斯(門羅的國務卿)的日記裏面看出好像十一月全個月差不多完全費在內閣討論康寧的提議及俄國在西北的侵略兩件事上面。

亞丹姆斯的反對

亞丹姆斯堅決反對與英國作任何的同盟或聯合宣言。因此總統給國會的咨書總是在疑難之中，無法構成，一直到二十一日纔採取了亞丹姆斯比較保守的見解(依照他自己的話。)亞丹姆斯主張美國採取獨立行動的方針，不直接提及康寧的提議，而實質上與該項提議相呼應。亞丹姆斯解釋他的立場如下：『我希望採取的立場乃是誠意的抗議歐洲國家以武力干涉南美，但同時在我們方面也表示不去干涉歐洲的事情；造成一個美洲主義，堅持不放。』(二十四)據稱，

他的理由

亞丹姆斯之所以不贊同門羅的立場，一部分是由於主張汎美體系的克萊的影響，還有一部分是由於所提議與英國的合作會拘束美國不能取得某些貪望的西班牙領土，並且還有一部分是由於恐怕美國做了英國的同盟而不得不居於次要的地位。大概他的主張之得貫徹，乃由於表明同樣的目的能夠以一獨立的宣言做到，因為英國的海軍自然會阻止歐洲列強去再征服南美。至於門羅(如上所述)則認為情勢急迫，實在有理由可以離開政治孤立的健全格言。他這種意見，且有前任兩位總統的贊成。

從後來事變來看　門羅、甲茀遜及麥地生主張與英國同盟及聯合宣言反對強大國家干涉世界任何弱小國家的事情的意見，後來有些歷史家曾予以嚴厲的批評，並且還有些歷史家會加以譏笑，但是時間與環境時常使我們的觀點完全改變。在我們加入世界大戰以後，有許多作家提出了這個問題：到底是那三個老政治家對呢，還是亞丹姆斯與克萊對呢？（二十五）如果美國與英國出來主張一個普遍的宣言反對干涉小國的事情，成功一個全世界的原則，那麼後來一百年中的人類歷史的路線或許是大不相同，但是亞丹姆斯的日記沒有告訴我們全個故事。根據他自己的話，後代或許可以公道地責備他不應勸門羅總統對於一個有世界性的問題採取一種窄狹的眼光。不過，其中有一個重要元素，就是康寧的態度，自八月他與拉煦會談的時候起，至總統致國會的咨書的構成止，中間有了變化。在發表他現在有名的致國會咨書以後兩天，門羅寫信給甲茀遜解釋宣言所取的形式說道：「康寧的熱心近來大減了。」從拉煦的通信看來，好像阻礙兩國共同行動的唯一原因，是康寧不願立卽承認南美各共和國家。八月二十七日拉煦向康寧聲稱，如果英國立卽承認南美殖民地的完全獨立，那麼便大可促進聯合行動。在他向美國政府報告這次會談的時候，拉煦的結論說：

康寧沒有推進他的提議

如果康寧問我假定英國立卽予以承認，我是否預備以美國政府名義宣言，美國政府不能坐視神聖同盟攻擊那些國家的獨立。我現在決定的意見是，我必須明白發表這麼一個宣言，並且把牠宣布在

世界之前。(二十六)

大約三個星期之後，康寧因爲華盛頓拖延不答，漸漸有點不安起來，又催促拉煦不要等待本國政府的詳細訓令，即行動作。他極力表明所提議的聯合宣言並不抵觸美國避免糾纏同盟的政策，因爲當前的問題所包含的美洲成分如果不比歐洲多，至少也不會比歐洲少。拉煦當即表示願意動作，不過英國須『立即並且明白承認這些新國家的獨立。』在康寧的意思，非至必要時不願意開罪西班牙及諸同盟國，故無意立即完全承認南美各國。他問拉煦如果英國答應將來承認，拉煦對於該項提議能否同意。但拉煦非英國立即承認不可，故談判即告終止。(二十七)

與普里納克親王的談話　康寧因爲不能與美國成立一個正式的諒解，於是決意向法國明白宣布英國內閣的意見。爲了這個目的，他於一八二三年十月九日與法國駐倫敦大使普里納克親王(Prince Polignac)有過一個談話。在談話當中康寧聲稱英國無意立即承認，不過如果任何外國要用武力或威嚇去干涉，那麼便會引起英國立即承認的動機；英國『不能與別國在平等地位上來共同討論西班牙美洲的問題，因爲別國對於這個問題的意見比較還沒有形成。』這個表示引起了普里納克承認西班牙克服殖民地之無望，並且法國『絕對沒有用武力去對付殖民地的任何計畫。』(二十八)這種承認顯然是康寧的勝利，因爲牠預備了英國最後承認之路。該項談話的經過隨即報告了各同盟國的政府。至於拉煦，一直

到十一月下半月纔接到該項談話的通知，因此對於十二月二日門羅給國會的咨書的形成沒有影響。（二十九）

關於西班牙殖民地擬議的會議　在年底之前，英國政府派定了駐南美各國的領事，並且大約在這些領事動身的時候，西班牙有一個請帖給聖彼得堡、巴黎及維也納的政府，請他們在巴黎舉行會議，目的是『幫助西班牙調整叛變的殖民地的事情。』這個請帖在瑪得里也給了英國大使一份，但是出諸這麼一種方式，使他不知道到底他的政府被邀了沒有。（三十）正在討論所提議的會議的時候，並且正在康寧沒有宣告英國政府對於此事所採取的行動以前，門羅總統給國會的咨書已經到歐洲了。

俄國對於西北岸的侵略　歐洲的侵略，所威嚇者這時候不僅是西班牙美洲而已。一八二一年九月四日俄皇發表了一個勅令，主張北美的西北岸以下至五十一度應歸於俄。這種主張與英、美兩國的要求發生衝突，為英、美所堅決反對。這是所謂阿利干地方之一部；英、美為阿利干這個地方繼續相爭至一八四六年纔得到解決。一八二三年七月，亞丹姆斯向俄國駐美公使杜伊爾男爵(Baron Tuyll)聲稱：『我們反對俄國在這個大陸有取得任何土地的權利，並且我們明白認定南、北美洲不復為任何新歐洲殖民地建立的對象。』這種語句實質上包括在總統給國會的咨書裏面了。

門羅致國會的咨書　門羅主義(Monroe Doctrine)包括在一八二三年十二月二日給國會的咨書裏面，分作兩段，彼此隔得很遠。第一段是關於俄國之侵入西北岸，在咨書開頭很近的地方便提出來了。

主張的是南、北美洲已經形成了一種獨立的狀態，不復容許歐洲的殖民政策。這可以當做一種事實的聲明看待美洲到了那時，沒有一個地方沒有人要求。第二段是關於西班牙美洲，差不多在咨書的末了纔發現。該段宣言反對神聖同盟把壓迫在歐洲的民主政府所採取的干涉辦法擴展到南、北美洲來。

門羅總統所用的文辭如下：

反對再殖民地化

一、依照俄帝國政府的提議——此項提議是由俄皇派駐此間的公使提出的——美國已付駐聖彼得堡公使以全權，並有訓令給他，令他以友善的談判，商妥兩國在本洲西北岸的各個的權益。俄帝國政府向英國政府提出了同樣的提議，英國政府也已經同意。美國政府一向希望以這種友善的辦法來表示他們始終所給與俄皇的友誼的價值，及其渴望與他的政府啓發最好諒解的意思。在這種興趣所引起的討論裏面，及討論或許能得到的辦法裏面，美國認爲時機適當，正好表示南、北美洲，根據其已承認並且維持的自由獨立的情形，自此以後不能再被認爲任何歐洲國家將來殖民的對象。這個是美國權益有關的原則。(三十二)

反對政治干涉

二、關於歐洲各國自己的事情所引起的戰爭，我們向來絕對沒有參加，並且也與我們的政策不符。只有我們的權利被侵害或嚴重受妨礙的時候，我們纔表示憤慨或準備自衛。在這半球的運動，我們必然與之有更密切的關係，其原因必爲明達不偏之觀察者所了解。同盟各國的政治制度根本與美洲的政治制度不同，這種差別乃起於各個政府內在的情形。我們犧牲了這麼多血與金錢纔成立我們自己這種政治制度；我們最明達的公民費了許多聰明才力纔養成我們自己這種政治制度；並且在這種政治制度底下我們享受了空前的幸福。為防護我們自己這種政治制度起見，全國願意犧牲。因此我們叨庇於公正無私及美國與這些國家相互間所存在的友好關係，敢宣告他們任何擴張他們的政治制度到這半球任何部分來的企圖，我們認為有危害我們的和平與安全。對於任何歐洲國家現有的殖民地或附屬地，我們沒有干涉過，並且將來也不加以干涉。但是對於已經宣告獨立並且維持了獨立的政府，而其獨立又曾經我們依據愼重的考慮及公平的原則，予以承認的，我們對於任何歐洲國家壓迫他們或操縱他們的運命的任何行為，便不能不認為是對於美國的不友善的傾向的表示。在這些新政府與西班牙的戰爭中，我們在承認他們的時候即宣佈了中立，一向遵守，並且將來也是繼續遵守的，不過如果有變化發生，本政府的權力機關認為於美國的安全有必要時，得隨之改變政策(三十二)。

英國對於此項宣言的態度　門羅總統給國會的咨書到達英國的時候，那裏還在討論提議在巴黎舉行的會議。國會中的自由派議員對之大表歡迎。布洛亨爵士 (Lord Brougham) 說道：

關於南美的問題現在我相信是解決了，或差不多解決了；因為近來發生一件事情最使歐洲一切的自由人爲之歡喜欣慰，感謝；這件事情，就是美國總統給國會的咨書內尊重西班牙美洲的話。

麥克金托煦（Sir James Mackintosh）說道：

> 兩個偉大的英語共和國家的巧合（我喜歡這樣稱呼他們；並且我心祝他們可永遠聯合爲正義與自由奮鬪）世界上一切明達之士，沈思之下，沒有不爲之欣喜。(三十三)

康寧的懊惱　他們顯然都是單指關於西班牙美洲的第二節而言。其他關於反對歐洲在美洲殖民的一節，似乎沒有引起很大的注意。不過康寧看到牠的重要，反對牠所提出的原則（英國與同盟各國一樣，同是這個原則的對象。）他對於他的提議的轉變不免有點愕然。總統的咨書，在康寧沒有宣告他的政府取何行動以前，實在已經把問題解決了。在他於一八二三年十二月二十一日致英國駐瑪德里公使科提（Sir William à Court）的信裏面不免有一點懊惱的口氣：

> 我正在遲疑（他說）宣言與抗議（抗議在最後與普里納克談話的時候傳達了）採取什麼形式的時候，並且正在我更懷疑抗議與宣言的效果的時候，我探詢美國駐此間的公使拉煦有沒有權力

及傾向來參加我們或許要取的步驟，以防止歐洲列強壓迫西班牙美洲的敵對行爲。他說他沒有權力；但是如果我們能先承認西班牙美洲各國，他願自己負責來加入我們。這個，我們不能答應，於是我們單獨進行。但是我沒有疑問，他向美國政府所作關於這次探詢的報告——他大概認爲這種探詢是提議——與美國總統這次發出的宣言大有關係。（三十四）

他拒絕出席提議的會議　這裏所說與普里納克親王的會談即是上面所述十月九日的會談。門羅總統給國會的咨書到了歐洲以後，康寧纔草成他對於西班牙通知提議在巴黎舉行會議討論南美問題的牒文的答覆。在答覆裏面，他把他對於該問題的見解向西班牙政府說得很清楚。他說關於承認的事情，英國雖不希望比西班牙居先，但是她如果認爲於他的利益與權利有益，她保留承認殖民地的特權。他說這些意見曾經先後陸續完全通知被邀到會的列強，並且以下列一言爲結論：『即使（從阿茀利亞（M. Ofalia）的訓令看來）十分明瞭英國事實上是在被邀出席巴黎會議之列，英國內閣也認爲無再聲述那種意見的必要。』（三十五）

同盟各國放棄計畫　康寧與門羅雖彼此獨立行動，但是每人代表他的政府所爲意見的表示，因爲彼此知道對於此事的態度，來得更加動人更有效果。還有一點要注意的是門羅的宣言是公開的，而康寧的答覆有些時候只有外交界知道。

英、美之決意反對同盟各國干涉南美，有了預期的效果。西班牙所邀請的會議在巴黎舉行了，但是被邀各國只派駐在巴黎的普通代表參加，並且唯一的結果是勸西班牙不要聽英國的忠告。

康寧宣告獨立行動　關於英國承認殖民地的問題，英國與西班牙以後舉行的討論，都限於革命政府的地位；而在這點上他們的意見是這樣的不同，使康寧最後不能不向西班牙政府宣告，『英皇對於西班牙美洲各國勢將隨時採取他所認爲適當的步驟，而不復詢問瑪得里朝廷；但是同時對於該朝廷沒有疏遠的感覺，對於西班牙的眞正利益沒有敵視的意思。』(三十六)

英國決定承認　法國軍隊在條約所規定的時間以後仍繼續的佔領西班牙，康寧要求法國解釋，但無圓滿結果。因此他在一八二四年十二月十四日的內閣會議上決定承認墨西哥及哥倫比亞。派遣的公使奉着訓令及全權已離開英國之後，英國纔把承認的事實於一八二五年一月一日官式地通知了外交團，並且兩天之後卽當衆宣布了。這種承認是英國報復法國佔領西班牙的手段，不但是當時爲衆所曉，並且兩年後爲康寧所明白承認。(三十七)在一八二六年十二月十二日發表的一篇演說內他爲辯護自己沒有阻止法國佔領西班牙，說道：

我有另外一個看法——我要在另一半球謀得賠償。默想西班牙，如我們的祖先所知道的西班牙，如果法國取得西班牙那麼她不是連同印第斯的西班牙。我叫新世界出來糾正舊世界的均勢。

康寧的誇大

南美雖然受賜於康寧者很多，但是如果我們想到西班牙殖民地在英國採取行動兩年前已經由自己的勇敢得到了獨立，並且經美國承認爲獨立政府，那麼便知康寧這種自誇沒有什麼效力。

克萊繼續運動承認的努力　美國政府爲南美各國的努力並不因爲英國的承認而鬆懈下來；牠繼續運動其他歐洲國家，尤其是西班牙(三十八)承認他們的獨立。國務卿克萊極力使其他同盟國出來向西班牙疏通，勸她承認她的殖民地，但是做盟主的俄皇繼續向西班牙宣傳『不但不要承認他們的獨立，並且須積極作征服他們的戰爭。』他答覆美國的請求說道，爲尊重『主權的無可爭論的權利』起見，他不能預先決斷或預知西班牙君王的意思。(三十九)需要十年的功夫纔能勸西班牙放棄昔日的要求。

(一) A. S. P., F. R., III, 538.

(二) Moore, Dig. of Int. Law, I, 177.

(三) Richardson, Messages and Papers of the Presidents, II, 13, 58, 116.

(四) Lyman, Diplomacy of the United States, II, 432.

(五) A. S. P., F. R., IV, 217—270.

(六) Ibid., pp. 818—851. The Carnegie Endowment for International Peace has issued three volumes, edited by Dr. William R. Manning, under the title "Diplomatic Correspondence of the United States Concerning the Independence of Latin-American Nations (1925)."

(七) Benton's Abridgment, VI, 139.

(八) Ibid., p. 142.

(九) Richardson, Messages and Papers of the Presidents, II, 44.

(十) "Adams's Diary" September, 1817, to December, 1818; Letters and Despatches of Castlereagh, XI, 404, 458.

(十一) Stapleton, Political Life of Canning.

(十二) Stapleton, Official Correspondence of Canning, I, 48 ff.

(十三) Bagot to Castlereagh,October, 31, 1818. Mem. of a Conversation with Adams, Letters and Despatches of Castlereagh, vol. XII, p. 66.

(十四) For the Congress of Aix la-Chapelle, Troppau, Laybach and Verona, See Letters and Despatches of Castlereagh, vol. VII; Life of Lord Liverpool, vol. III; Stapleton, Political Life of Canning and Official Correspondence of Canning; Chateaubriand's Congrès de Verone, and W. A. Phillips The Confederation of Europe, 1813—1823. The text of an alleged secret treaty signed by powers at Verona is published in Niles' Register, August 2, 1823, vol. 24 p. 347, and in Elliot's American Diplomatic Code, II, 179.

(十五) Life of Lord Liverpool, III, 231; Official Correspondence of Canning, I, 85

(十六) Stapleton, Political Life of Canning, II, 18,

(十七) Rush, Residence at the Court of London, 406.

(十八) Political Life of Canning, II, 24.

(十九) Rush, Residence at the Court of London, 412.

（二十）Letters and Despatches of Castlereagh, XI, 458, Bagot's reports of interviews with Adams.

（二十一）Hamilton, Writings of James Monroe, VI, 323－325; Webster, Castlereagh 439.

（二十二）Ford, Writings of Thomas Jefferson, XII, 318.

（二十三）Hamilton, Writings of James Madison, IX, 161—162.

（二十四）W. C. Ford, "Genesis of the Monroe Doctrine" in Mass. Hist. Soc. Proceedings, Second Series, XV, 392.

（二十五）特別看 C. L. Beer, The English Speaking Peoples, 79.

（二十六）Rush, Residence at the Court of London, 419.

（二十七）Ibid., pp. 429, 443.

（二十八）Political Life of Canning, II, 26.

（二十九）Rush, Residence at the Court of London, 448.

（三十）Political Life of Canning, II, 33.

（三十一）Richardson, Messages and Papers of the Presidents, II, 209.

（三十二）Ibid., p. 218.

（三十三）Wharton, Dig. of Int. Law, I, 276.

（三十四）Op. cit., I, 272.

（三十五）Political Life of Canning, II, 42.

（三十六）Op. cit., II, 54.

（三十七）Official Correspondence of Canning, II, 242. 給格倫維爾（Granville）的信。關於承認的一般問題。看

Life of Lord Liverpool, III, 297–304.

（三十八）A. S. P., F. R., V, 791–796, VI, 1008–1014.

（三十九）Ibid., pp. 850 ff.

第九章　與法國及英帝國的關係

甲克遜被選爲總統　甲克遜之被選爲總統，乃是西方民治戰勝保守的東方的表示。這個時期是美國成長及內部發展的時期。西南的迅速移殖，引起了邊疆問題，這種問題在甲克遜以後的總統底下，甚爲嚴重。英屬西印第斯之廢除奴隸制度，及英政府以國際合作方法去禁止非洲奴隸貿易的努力，這兩件事與美國擁護奴隸制度的勢力的團結和操縱中央政治是同時發生的。奴隸問題一天甚似一天吸收美國政治家的注意使美國對於一般國際關係的問題，更趨於孤立。甲克遜向來是明白反英的，可是與英國的困難倒沒有所預期的那麼大。與坎拿大的困難問題直到他的續任人的任內纔發生，因此他與英國很嚴重的爭端只有西印第斯問題，而這爭端卻在他統治的初期便解決了。他處理這個問題之所以採取和緩態度，無疑地是由於他不贊成亞丹姆斯所做的一切事情。

法國的掠奪要求

甲克遜在國際爭端裏面唯一表現了他的特有精力及武斷的進行方法的，乃是對法的爭端，而非對英的爭端。與英國解決了西印第斯問題之後，他跟着解決了對法國掠奪的要求問題（Spoliation claims）的長期糾紛，使他處理外交問題以精幹著名。原來對法國的要求，是根據拿破崙法令對於美國船隻所爲的非法捕獲及沒收而起的。一八一六年美國派加列定往法國提出這些要求的時候，復位的包本政府絲毫不願有所動作。他們甚至於除了未經捕獲會議(Council of Prizes)定罪而在海上所毀滅的船隻及貨物外，拒絕考慮任何要求，並且就是對於那些除外的要求也是一味的拖延。迨至加列定的繼任人布朗(James Brown)再提起這個問題的時候，法國忽然提出了對抗的要求。法國的要求分三種：第一是有些法國船隻被捕；第二說是魯易西恩那條約（該約給了法國最惠國的待遇）第七、第八兩條被破壞；第三是根據美國革命時代包馬雪所接濟的補充品。關於魯易西恩那條約，爭點是法國能否要求美國爲互惠起見所讓與他國的利益。美國向來的立場是：一個國家不能依據最惠國條款要求因互惠條約關係所給與他國的利益，除非該國願意給與完全相等的條件。

一八三一年的要求協定　當甲克遜做了總統時，他便派了利夫斯(William C. Rives)爲駐法公使，並令他催促『掠奪要求問題的解決。他所提出的要求分爲五類，不算利息，總計爲一二、〇四七、二八六元。（一）談判因爲一八三〇年七月的革命中止了。這次革命使路易菲列普(Louis Philippe)登了皇位。新政府比較願意了結，於是在一八三一年七月四日便簽訂了一個協定。（二）這個協定，兩方面都讓了步。利夫斯承認接受二千五百萬法郎，同時法國在這個數額中減去一百五十萬法郎作爲滿足她一切的要求（包括包馬雪的後嗣的要求，該項要求連同利息，計超過四百五十萬法郎。）美國對於法國酒的進口允許減低關稅十年，同時法國同意放棄魯易西恩那條約第七、第八兩條的解釋。這個協定在美國大受歡迎，不久便批准了。

法國衆議院不通過款項　可是法國衆議院不通過款項，使這個協定見諸實行。至一八三三年二月二日第一次付款到期時，甲克遜指令財政部長由美國銀行（Bank of the United States）向法國財政部長支取。法國政府不但拒不付款，並且牠的外交部長對利夫斯表示不滿美國的手續，提醒他說在法國憲政體制之下，如在美國憲政體制之下一樣，條約的財政條款，如果沒有立法機關的合作，是不能實行的。在下一次衆議院開會的時候，法國政府提出了一個撥付所需款項的法案，但以剛够多數的投票被否決了。

甲克遜建議報復　如果甲克遜認爲明明是破壞了條約，那麼他便不是那樣老老實實屈從的人。當愛德華李文思頓（Edward Livingston）繼利夫斯爲駐法公使覲見法王時，路易菲列普皇帝表示了對美國的好感，並向他保證說一定忠實執行該項協定。李文思頓把這點向總統報告的時候，他建議如果在下次致國會咨書裏面『對於該問題表現一種強硬的國家感覺』，或許對於法國衆議院有好的影響，並且『可以使人家知道美國是強有力的。』不過甲克遜在他一八三四年十二月一日致國會的常年咨書裏面所表現的強硬，大概超過了李文思頓的希望。他將全個問題再詳細陳述了一遍，聲稱再沒有談判的餘地，並且倘若法國再延不履行她的義務，卽請授權施行報復。(三)這個咨書在國會裏面引起了一個大的震動。總統的反對派在克萊領導之下，極力想利用這個機會，但是他們能够得到的只有一個和緩的決議：『關於美、法間的情事，現在不宜採取任何立法手段。』

國交決裂　當甲克遜的咨年書傳到法國時，法國非常駭異與憤怒。駐華盛頓的公使撤回了，李文思頓回國的護照發給了，並且暫時停止與美國的外交關係的辦法通知衆議院了。一八三五年三月二十五日衆議院通過了一個履行協定的議案，但是非美國總統的咨書有滿意的解釋以後不能付款。美國總統雖然拒絕作這種解釋，但是在他一八三五年十二月七日的咨書裏面聲稱「說我有意威嚇或侮辱法國政府那是毫無根據的，如企圖以恐懼的方法勒索法國她的公平意識所否認的東西，一樣的徒然，一樣的可笑。」（四）他在道歉或解釋方面能做的如是而已。

英國調停　到了這點，英國政府出來調停了。甲克遜接受了英國調停的提議，但是附有一個諒解，就是不道歉。這個爭端不久便解決了。一八三六年二月十五日英國駐華盛頓的代辦通知美國國務卿說道：

> 法國政府已經通告英國政府，說關於法、美兩政府間的差點，總統在他近來的咨書裏面那種坦白正直的表示已經把這些妨礙法國施行一八三一年七月四日的條約的困難除去了。這種困難實在與國家的榮譽有關。（五）

這件事情於是就這樣結束了，外交關係也於是恢復了。（六）

一八三七年坎拿大的叛變　一八三七年，上下坎拿大都發生了革命，但都沒有成功。不滿的原因，主要的是由於該兩省立法機關的上院議員都是歸代表英皇的省長委派。在下坎拿大，並有種族的與宗教的關係；根據省長及上院以施行統治的英人總共只有人口三分之一，其餘都是法國天主教徒，他們在下院裏面佔多數。在上坎拿大乃是握有大產業的初來殖民與近來殖民間的鬭爭。革命的領導是一個蘇格蘭人名麥根子(William Lyon Mackenzie)，他在運動失敗之後，帶了許多黨徒逃入美國。美國一般人民公開表示同情。沒有許久，全個邊界都激動起來了。在巴弗羅（Buffalo）、羅乞斯脫（Rochester）、托羅伊（Troy）、聖亞邊斯(St. Albans)、潑林頓(Burlington)及米德堡利（Middlebury）等地，紛紛舉行了會議，通過了決議，收集了款項、食糧及軍火，組織了義勇隊，準備了其他一切以援助對英的反叛。在巴弗羅，反叛者的旗幟已經高樹在麥根子司令部所在的鷹旅館（Eagle Tavern）。美國政府立即採取行動以阻止這些敵對的準備。國務卿福西斯（Forsyth）寫信給紐約、維爾滿特及米西根（Michigan）的州長，請他們逮捕一切準備進攻坎拿大的份子，並訓令地方檢察官對於一切有破壞美國中立法律的行爲的人，一律提起控告。

對卡羅林的攻擊　同時麥根子及其黨徒知道他們不能從美國進攻坎拿大，於是越往奈加拉河（Niagara River）中的海軍島(Navy Island)，宣布臨時政府的成立。這裏有許多美國人加入他們，並且島上的防禦工作也做好了。上坎拿大的省長派了麥克納布（Colonel McNab）往該島對面的齊普瓦（Chippewa），以防止他們的登陸。一八三七年十二月二十九日，麥克納布得到報告說有汽船名卡羅林(Caroline)者，爲叛黨所雇用以載運軍火及補充品，現在停在海軍島。他立即命皇家海軍中的德利魯艦長(Captain Drew)召集義勇軍去毀滅卡羅林。那一天夜晚，德利魯及其部下乘船順流而下，但等到他們到了該島的時候，他們發見卡羅林停在美岸，煦羅塞爾(Schlosser)的碼頭。不考慮他的命令是否叫他進美國管轄範圍以內去攻擊，德利魯當即過河闖入該船，以子彈短刀駁走船員，然後把該船拖入水流，放起火來讓牠流過瀑布。在混戰中有好幾個船員受傷，有一美國人名杜飛(Amos Durfee)者被殺死。(七)

抗議與答覆　華盛頓一接到這件事情的消息，便派了斯高塔將軍(General Winfield Scott)前往邊地，並帶了信給紐約和維爾滿特的邦長，請他們召集民軍，以防衞邊疆；同時並請英國公使福克斯(Henry S. Fox)注意這件在紐約邦管轄權內對美國公民的人身與財產的『非常暴行。』(八)福克斯在答覆美國的通牒以前，先要等接得上坎拿大省長的報告。他接得報告之後，即封送了福西斯。上坎拿大省長承認毀滅卡羅林的軍士是由麥克納布統率，但是聲稱卡羅林的海盜性質是毫無疑問的；美國的普通法律當時在邊地上又不實行，所以該船的毀滅乃是自衞所必要的行爲。一八三八年五月美國駐倫敦公使斯迭文生(Andrew Stevenson)向拍麥爾斯頓爵士(Lord Palmerston)提出了賠償的要求，拍麥爾斯頓只承認接到了該項通牒，允許予以考慮。(九)

麥克里奧德事件　美國的要求英國還沒有答應，在一八四〇年有一坎拿大人名麥克里奧德

(Alexander McLeod) 者，因爲喝醉了酒，在紐約一個旅館內，自誇說杜飛是他殺死的。根據他的話，經過長官的審問，便把他關在羅克樸（Lockport）的監牢裏了。後來由陪審官對他提起公訴，在奈加拉郡(Niagara County）法庭審判。麥克里奧德之被捕引起了邊界兩方面的興奮。英國駐華盛頓的公使請求美國政府「立卽採取有效的步驟釋放麥克里奧德。」他說大家都知道「卡羅林汽船的毀滅，乃是在英國政府底下服務奉有長官命令的人的公共行爲；」根據這個理由不能提起訴訟；並且「盡人皆知麥克里奧德沒有參加卡羅林汽船的毀滅。」

福西斯以邦的管轄權爲理由　福西斯答覆說，麥克里奧德所被控告的罪，是在紐約邦內發生的；在美國國內，每邦的管轄權在牠的相當範圍以內是完全離聯邦政府獨立的；聯邦政府不能干涉。麥克里奧德是否在場犯罪的問題，他說，可以依合法的證據解決。如果卡羅林的毀滅是公共的行爲，奉令而行的，美國政府卻從來沒有被這樣通知過，所以審理麥克里奧德的法庭應該進行。在覆文裏面，福克斯說卡羅林是一個敵對的船隻，從事於海盜式的戰爭，以攻擊英國的人民；而毀滅牠的地方，「名義上是在一個友國的境內；但是那個友國因爲受海盜的暴行的壓迫，不能在那部分地方使行牠的相當權威。」

英國要求聯邦政府立卽釋放麥克里奧德　此項通信由衆議院交了給外交委員會。這個委員會提出了一個報告，惠格派(Whigs)認爲是動人聽聞的，是故意企圖煽動一般人民反對英國的。不過民主派擁護該項報告。審理麥克里奧德的日期定了一八四一年三月的第四個星期一日。那時萬標倫的任期已經終了，哈利遜的任期已經從三月四日開始，維布斯特爾(Webster)做了國務卿，英國公使福克斯奉命向美國政府聲明，英國政府完全同意他的措置及他在官方通信中所採取的語言，並且令他再向美國政府要求立即釋放麥克里奧德。要求的理由是因爲對卡羅林的攻擊是公共性質的行爲；是因爲保護英國的土地，防止「英國叛徒及美國海盜」的無端攻擊，不得不使用武力；是因爲要個人對於根據一個國家的合法權威的命令所做的事情負責，與文明國家的習慣相反；並且是因爲英國政府不能承認聯邦政府無權干涉及必須取決於紐約邦的主義。外國的關係是與聯邦政府發生的。如果承認聯邦政府無權干涉一邦，則就外國而言，勢必至於聯邦的解散，及外交代表不向聯邦政府派遣，而向各個邦派遣。(十)

維布斯特爾之處理該案　維布斯特爾鎮靜地接受了該項通牒，並派了檢察長往羅克樸去爲麥克里奧德請精幹著名的律師，如果辯護無效，即說總統的意思要把該案用移審誤判案件的公文移歸美國大理院辦理。可是審理因爲程序上有些錯誤，宣告展期了，維布斯特爾(他從每次郵件來到時得到歐洲的驚人消息)非常煩惱。喀斯(Cass)從巴黎寫信來說，英國急迫得很，已有訓令給她的公使，如果麥克里奧德處死刑即行離開華盛頓，並且已下令英國地中海艦隊在基布拉達集合，向赫里發克斯出發。在等候該案審理的時候，維布斯特爾答覆了英國公使的通牒。他提醒他說，在美國如在英國一樣，受司法程序拘束的人，非依司法程序不能釋放。兩國的行政當局都不能直接的或強迫的干涉釋放囚犯。他說，英國既然承認卡羅林的毀滅是公共的行爲，那麼開了該案一個新方面；有了這種承認之後，美國政府毫不懷疑，凡是與該項行爲有關的個人，根據公法的原則及文明國家的一般習慣，私人不應向普通法院負責。美國政府不能承認沒有能力和意志去保持牠的中立及強迫牠的人民遵守牠的法律。牠很關心牠的權利，特別是牠的土地不容許外人侵犯。(十一)

麥克里奧德的審理與釋放　麥克里奧德案移歸紐約高等法院了。該院判決牠有管轄權，麥克里奧德不能釋放，該項進攻行爲在平時等於謀殺和縱火，並將囚犯發回依照普通法律程序審理。這個判決激動了沿邊兩方面的人民到了沸點。雖然兩方面以暴動相恐嚇，但是在優地加(Utica)審理麥克里奧德的時候，秩序倒是很好。陪審官的判決是無罪，麥克里奧德於是釋放了，並且准予安全離境了。(十二)

爲免得將來有同樣的麻煩事件起見，維布斯特爾起草了一個法案，並於一八四二年八月二十九日通過批准了。該項法律規定聯邦審判官所審理的一切案件，只要是囚犯自稱他們的犯罪行爲奉有外國的委任或命令，即可引用人身保護令狀的程序；如沒有釋放，須將囚犯發回地方法院審理，囚犯有權可以上訴到美國的巡迴法院及大理院。(十三)

英國對卡羅林事件表示遺憾

卡羅林事件最後在一八四二年八月九日的條約簽訂以前幾天，用交換通牒的方式了結了。維布斯特爾聲稱，自事件發生以來，已有五年，對於侵犯美國的尊嚴與主權的行爲，並沒有贖罪或道歉。他沒有提起該船的雇用是否合法的問題，而只指出侵犯了美國的土地。亞煦伯頓爵士(Lord Ashburton)的回答，對於該案有很長的討論，他不贊成維布斯特爾所給發生經過的「富有色彩的描寫，」但是對於事情發生的時候沒有『一點解釋和道歉』他表示了遺憾。他結束說道：

英國政府切望把互相尊敬鄰國的獨立管轄權和權威，認做一切政府的首要責任，並且我不能不重致他們所覺到的歉意，即是我現在辦理的事件會擾亂他們如此渴望要維持與美國人民和政府的和諧。(十四)

維布斯特爾後來說他費了兩天的功夫勸亞煦伯頓用『道歉』這兩個字。維布斯特爾在一個信裏面接受了亞煦伯頓的聲明。這個信是爲美國民衆而寫的，所以措詞如亞煦伯頓的信一樣的巧妙。事實上他把英國的解釋和道歉弄做好像是比他們實在的意思還進一步。結論，他說這個題目兩國政府再不去討論了。(十五)

東北邊界的糾紛　由坎拿大叛亂所引起的爭端，與梅因—紐布郎斯維克（Maine-New Brunswick）邊界沿線的嚴重紛亂是同時發生的。原來一七八三年的條約在該處所建立的邊界線向來沒有劃定。該條約規定美國東北邊界如下：『從洛伐斯柯夏的西北角——由聖克羅河的發源處劃一線向北至高地（Highlands）所形成的角；——從上述劃分流入聖羅倫斯河的河流的高地，從流入大西洋的河流，至康納克地卡特河（Connecticut）的極西北端止。』這種措詞非常空泛。所謂聖克羅河的名字究竟是指那條河也不知道。並且所謂高地究竟是指那些小山，洛伐斯柯夏的西北角究竟在什麼地方，沒有兩個測量員能有一致的意見。依照吉條約第五條所委派的委員決定斯庫地亞克即是當初認爲是邊界的出發點的那條河，但是究竟洛伐斯柯夏的西北角在什麼地方，及從該角至康納克地卡特河頭之線，還是問題。這個邊界的所在，及邊界至樹林湖的其他部分，都交了給依照根脫條約規定所組織的委員會。但是東北邊界委員們不能得到一致的意見，於是在一八二七年簽了一個特別協定將該項爭端交付公斷。荷蘭國王被選爲公斷員，他武斷地把土地劃分了，但是美國根據他超過他的權力的理由，拒絕接受。英國起初好像願意接受這個判決，但是後來也撤消了她的同意。(十六)

『亞魯斯杜克戰爭』　一八三七年，據報告說英國殖民當局計畫要築一條鐵路，通過所爭的地方，以便利赫里發克斯與魁伯克間的直接陸路交通。這種計畫引起了美國的反對。同時梅因與紐布郎斯維克的當局間，不斷的發生小爭端，這些小爭端到了一八三八年夏天因爲有許多英國的伐木者在亞魯斯杜克河(Aroostook River)開始活動，突然嚴重起來了。梅因當局命令這些伐木者離開美國土地，但是他們拒絕離開，並且集合了許多人預備以武力維持他們的地位。梅因邦長於是派了一隊民軍去執行邦的權威，而紐布郎斯維克當局也得到了英國常備軍一支隊，援助他們的地位。情勢因此異常嚴重，幾乎至於流血。聯邦政府派了斯高塔將軍前往該地，以便約束梅因當局，該問題於是立即歸英國外交部及美國國務部辦理。這個所謂『列斯杜克戰爭(Restook War)』來得很不湊巧，因爲那個時候正是兩國關係因

爲坎拿大叛亂及卡羅林事件已經鬧得非常緊張。(十七)

測量員對於界線意見不能一致　情勢旣如此嚴重，外交家不能不來嚴重考慮邊界問題的解決。英國外交部長拍麥爾斯頓與美國國務卿福西斯開始作多種的測量，以便來決定角與高地的問題。從一八三九年至一八四二年問題討論了三年。測量員企圖確定與條約線相符的線都失敗了。(十八) 一八四一年惠格派在華盛頓握了政權，差不多同時皮爾(Peel)在英國繼麥爾邦(Melbourne)做了內閣總理。維布斯特爾做了國務卿，亞伯定爵士繼拍麥爾斯頓做了外交部長。維布斯特爾就職的時候，最急迫的問題是麥克里奧德案。奴隸貿易的禁止與海上搜查權的問題，也很增加了他的困難。亞伯定的口氣比較拍麥爾斯頓來得和緩，維布斯特爾一解決麥克里奧德案後，即專心來對付邊界問題。他提議（由駐華盛頓的英國公使轉達）放下測量員與歷史家所積聚的大批材料，以直接交涉的方式來成立一個協定。換句話說，他認爲要得到對於一七八三年的條約的一致的相當解釋，絕無希望，因此提議兩國政府應根據習慣成自然的界線來成立協定。

亞煦伯頓的使命　皮爾決定接受維布斯特爾的獻議，並同時決意派一特遣代表往美國負有全權去解決所爭執的問題。爲了這個重要使命，他與亞伯定經過慎重考慮之後，選了亞歷山大貝倫即亞煦伯頓爵士，有名的倫敦銀行領袖。亞煦伯頓並不是一個專門的外交家，但是很有能力和經驗，並且娶了一位美國太太。因爲他曾經供給美國購買魯易西恩那的資本，所以他在美國聲名很好。大家認爲他是一個適

他的訓令

當的人。在他一八四二年二月八日的訓令裏面，他的使命的目的依重要的次序如下：東北邊界，阿利干邊界，西北邊界，卡羅林事件，爲禁止非洲奴隸貿易的搜查權。顯然，他很有自由處理之權，並且由此可以證明英國希望所爭執的問題能夠友好的滿意的解決。事實上，維布斯特爾在與亞煦伯頓第一次見面以後就說過：亞煦伯頓之來，只有全權而無訓令。不過三月三十一日英國政府寄了補充的訓令給他，要他保持哈里發克斯與魁伯克間所擬議的交通路線，並且必須堅持聖約翰(St. John)之線，如是英國所要求的比荷蘭王所判給她的地方多得許多。(十九)他立即抗議這些新訓令。幸而這時候，維布斯特爾與梅因的委員正有麻煩交涉，請求展期使他有時間與他的政府通信。在美國簽訂條約放棄一邦所要求的土地而沒有得到該邦的同意，憲法上是有困難的。馬塞秋色子(梅因以前是該邦的一部分)也是有利害關係的一造。

克服梅因與馬塞秋色子的反對

維布斯特爾最後使梅因及馬塞秋色子同意了他與亞煦伯頓爵士非正式所商定的折衷辦法，答應了給他們每邦十五萬元，並平分英國交與美國的『所爭土地的款項。』(二十)這些付款的協定歸在條約的第五條。亞煦伯頓爵士因爲這與英國無關，本來反對這種非常的條文，但是一經維布斯特爾解釋說這樣可以使這些邦在參議院的票贊成批准，他也就不反對了。

維布斯特爾—亞煦伯頓條約：東北邊界　該條約第一條所劃定的邊界線，從根據吉約第五條所派的委員所樹立的石碑起，然後依照根脫條約第五條所派的測量員在一八一七年與一八一八年所規定的線北至聖約翰；由該河的河床上至聖佛蘭西斯(St. Francis)河口；由聖佛蘭西斯上至樸恆納加吾克湖（Lake Pohenagamook）；從這點然後沿着一條武斷的線向西南走以至於緯線四十六度二十五分與聖約翰的西南支流的交叉點；由此沿高地至康納克地卡特河的西北水源名赫爾江（Hall's Stream）；由該河的中流下至瓦倫定（Valentine）與科林斯（Collins）在一七七四年以前所規定的邊界（北緯四十五度）；然後由此線以至聖羅倫斯。

維布斯特爾所說獲得的利益　採取上述之線，在張普倫湖上的盧斯點（Rouse's Point）及假定在紐亨普夏爾（New Hampshire），維爾滿特、紐約範圍以內的地方（確在緯線四十五度以北）都確定給了美國。美國在他一八四二年七月十五日給梅因委員們的信裏面，維布斯特爾說根據該約在所爭的一二、○二七方英里中，劃給美國的有七、○一五方英里，劃給英國的有五、○一二方英里；這雖然比荷蘭王判給美國的土地少八九三方英里，但是那八九三方英里是山地，沒有什麼價值；劃歸美國的土地在本質上雖只有十二分之七，但是在價值上至少有全個五分之四。(二十一)

樹林湖的邊界　從聖羅倫斯至樹林湖的邊界的決定，困難並不很多，比較容易解決。該約確定了一八一八年已經同意的緯線四十九度為樹林湖至落磯山的邊界。阿利干問題不久又發生危機，但是這次談判並沒有予以嚴重的考慮，結果是條約上完全沒有規定。(二十二)

「紅線地圖」　有一件與邊界談判有關的事情，在參議院的辯論裏面討論過後來一經報紙發表，使維布斯特爾陷於困難的地位。這就是他使用「紅線地圖」的事情，他以為這個「紅線地圖」就是交涉一七八三年的條約的代表用的。一七八三年代表們用的是米齊爾的地圖(Mitchell's Map)(二十三)，但是該約並沒有附帶一份在內。在簽了預備和約以後，維爾強送了一個地圖給佛蘭克林，請他在上面劃出美國的邊界。佛蘭克林退回該地圖時，聲說他已經『用粗紅線』劃出(二十四)一八四二年，在維布斯特爾—亞熙伯頓談判沒有開始以前不久，斯派克司(Jared Sparks)在法國檔案內發現了佛蘭克林給維爾強的信，於是立即開始尋找其中所說的地圖。他找到了安威爾(D' Anville)在一七四六年的一個北美小地圖，在圖上有一條粗的紅線，顯然是劃出美國的邊界的。這條線劃給英國的地方比她自己要求的還多。沒有東西可以證實這地圖是真的，但是斯派克司立即寄了給維布斯特爾，維布斯特爾立即訓令奉命進行訪查地圖的埃威熱特『放棄在英國或他處尋找地圖的工作。』維布斯特爾沒有把該項發見的地圖告訴亞熙伯頓爵士，但是他用了這地圖來勸梅因及馬塞秋色子兩邦同意邊界的折衷辦法，並使參議院批准該項條約。等到這些事實洩漏出來之後，美國和英國都有人對他作嚴厲的批評，說他不應該不把地圖給亞熙伯頓看。但是他答覆說，他以為他的責任不應把一種可疑的證據給英國代表看，而這種可疑的證據或許有礙美國的要求，或引起另外一個爭端。

斯派克司發現錯地圖

英國圖書館的地圖　當時不知道在一八三九年英國圖書館的館長已經請拍麥爾斯頓注意一個有紅線的地圖，上面還記着有『阿斯屋德所描寫的邊界』字樣。該地圖立即由英國圖書館移到了外交部。這是米齊爾的地圖，確是阿斯屋德在一七八二年的談判裏面用過的，並且在上面所劃出的線與美國所要求的邊界很相符。在維布斯特爾—亞煦伯頓條約批准之後，亞煦伯頓把這個地圖給了埃威熱特看，埃威熱特在一八四三年三月三十一日的報告裏面形容說道：

劃出我們向來所要求的邊界——把洛伐斯柯夏的西北角延至聖約翰之北——是用一條粗紅線很細心劃出來的；這條紅線有英寸十分之一闊；沿線有四個地方明明寫着『阿斯屋德所形容的邊界。』（二十五）

這個地圖後來交回了給英國圖書館，至今還保存在那裏。（二十六）

對維布斯特爾不公平的批評　這樣看來，在談判中，每造都操有獨占的證據。這種證據倒是很有利於對方的主張。不過所可疑者，就是不知亞煦伯頓是否知道英國圖書館的地圖。既然地圖的與歷史的證據的性質不能令人滿意，那麽維布斯特爾之主張習慣成自然的界線似乎很合道理。這種界線從當時的殖民情形及私人權利看來，大概比一七八二年擔任交涉者腦筋中所想像的任何界線爲公道。在地圖沒有發現以前，他已經同意這個辦法，回到英國之後，亞煦伯頓寫道：

一般社會對於維布斯特爾在道德上應否公開一切，雖至前功盡棄，也所不惜的問題，討論得很多。

我把這件事情訴之於老外交家的良心，也沒有得到一個滿意的答覆，我自己的意見是講公道，在這方面是不能責難維布斯特爾的。(二十七)

英國禁止奴隸貿易的努力　與禁止奴隸貿易有關的搜查問題，雖然列在亞煦伯頓的訓令之末，但在談判中很佔重要並且差一點把談判破裂。在一八三三年解放法廢除了在英國殖民地的奴隸制度以後，柏麥爾斯頓爵士便進行謀取國際上的合作，以禁止奴隸貿易。到了一八三九年，英國已經與海第(Hayti)、烏拉圭(Uruguay)、委內瑞拉、玻立維亞(Bolivia)、阿根廷、墨西哥、塔克沙斯、丹麥及漢沙各城鎮(Hanse Towns)訂了條約，給了她搜查的權利。一八四一年英、法、奧、普、俄又訂了一個五國條約，規定：

……締約各國同意凡將來持有特別委任狀及命令的軍艦……可以搜查一切屬於締約各國的商船，不過須有相當的根據，認其犯有從事於奴隸貿易的嫌疑。(二十八)

喀斯反對英國的計畫　美國駐巴黎公使喀斯將軍抗議法國批准這個條約。他的行動是沒有奉到訓令的。他的抗議是根據總統致國會咨書中的一段文字，略謂美國「不能聽憑其他政府的意志和高興，隨便把海上法竄改。」喀斯對法國政府所說的話，來得更強硬。他說如果法國接受亞伯定的解釋，說該約使法國負有破壞美國國旗的責任，那麼美國「會自行準備，恐懼而不驚皇，惋惜但是堅決，去對付世界歷史上有時發生的拚命鬬爭。」法國政府把該約的批准延緩了好幾年，於是英國計畫的失敗大家歸功於喀斯。但是法國政府的出此，還有其他的考慮。戴列爾總統（President Tylor）對於喀斯的通牒表示贊成，由維布斯特爾寫信通知了他。喀斯又用匿名的方法發表了關於搜查權的一本小册子，在歐、美很引起了注意。這本小册子，在美國奈爾斯（Niles）的記錄（Register）裏面用了著者的姓名轉載出來了。當維布斯特爾在一八四二年的條約裏面沒有取消英國搜查及強暴的行爲時，喀斯聲稱有意辭去公使之職，並且與維布斯特爾有很嚴厲的通信，引起了很多人的注意。雖然昆西亞丹姆斯等嚴厲的批評喀斯，說他是代表蓄奴的利益，但是從美國的政策及國際法看來，喀斯主張搜查權只能由交戰國行使，那是對的。（二十九）

阻止濫用美國國旗的努力　如果美國不加入，英國所締結的條約大半是要歸於無效，因爲無論屬於那國的販賣奴隸的船只要把美國國旗一舉，便可要求免除搜查。美國海軍中尉彭因（Lieutenant Paine）是被派在非洲海岸阻止濫用美國國旗的。他在一八四〇年三月十一日與英國海軍少校塔克爾（Commander Tucker）簽了一個協定，授權兩國艦隊的軍官，扣留一切掛美國國旗從事於奴隸貿易的船隻，查出來如果是美國的財產，即交與美國軍官，否則即交與英國軍官。（三十）英國軍官執行這個協定的活動，不久便激起了美國政府對於在平時搜查美國船隻的激烈抗議。美國駐倫敦公使斯迭文生奉到訓令抗議英國驅逐艦搜查美國船隻。於是他與拍麥爾斯頓爵士之間便發生了很熱烈的通信。在一八四一年四月十六日的通牒裏面，斯迭文生聲稱

美國重申抗議搜查

> 曾經屢次請求閣下與貴政府考慮這個題目，所以無再陳述理由的必要。美國的決心已經明白聲明，他們不能承認由外國船隻來審問他們的公民在海上掛他們的國旗的船隻，無論目的是確定他們的文件的眞僞也好，或確定該項船隻是否是販賣奴隸也好。如果承認這種要求，那麼等於承認搜查權。……所以責任所在，我不能不再明白向閣下表示我的政府的決心，他們的國旗是保護牠的人民的身體財產的，及在牠底下的一切的，再不能允許對於美國的船隻與商業繼續的侵略。

英國有一個理由，說美國既然根據國會的法令宣布了奴隸貿易是海上掠奪，那麼英國便有搜查犯有從事奴隸貿易的船隻的權利。對於這點，斯迭文生答覆道：

> 美國政府之宣布奴隸貿易爲海上掠奪，並沒有因此把奴隸貿易變成國際法的一種犯罪行爲，因爲一個國家不能增加或限制對公法的犯罪行爲。(三十一)

英國政府重申牠的立場　在他的一個通牒內，拍麥爾斯頓提到塔克爾與彭因間的協定，但是斯迭文生答覆說，除了拍麥爾斯頓告訴他以外，他不知道有這件事情，他沒有理由認定美國政府給了牠的海軍官吏這種權力。拍麥爾斯頓於是送了一份協定的副本給他。(三十二)在一八四一年八月二十七日拍麥爾斯頓最後給斯迭文生的通牒內，他重申英國的主張，聲稱

……檢查犯有從事於奴隸貿易的商船的文件，即使這種商船掛的是美國國旗，是一個絕對必要的步驟，從事於禁止奴隸貿易的英國驅逐艦應該繼續實行，英國政府完全相信美國政府如果予以考慮是不能反對的。(三十三)

政府的更換　事情於是弄殭了。好得這時候政府有更換，空氣爲之一鬆。亞伯定繼拍麥爾斯頓做了外交部長，他的公文的措詞比較和緩得多。關於搜查權的通信還是繼續着，但是埃威熱特不久繼了斯迭文生的職，等他到了的時候，局勢因爲克利阿(Creole)事件大爲嚴重了。

克利阿事件

克利阿是一個美國船，從亭普頓路(Hampton Roads)到紐阿倫斯，載了些客人及一百三十五個奴隸。在路上奴隸起而叛變，傷了海員多人，死了客人一人，並把該船駛入英屬巴哈馬斯(British Bahamas)的納梭(Nassau)港內。該地當局拘了與殺案有關的奴隸，把其餘的都釋放了。(三十四)此項行爲在美國引起了劇烈的憤怒，尤其是在美國

南方。不過北方的禁奴派是贊成此舉的。維布斯特爾於是陷於困難的地位，不得不訓令埃威熱特正式向英國政府提出抗議，要求將來不再發生同類事件的保證。亞伯定的答覆是正式的，並且稱讚了殖民地官吏的行動。這個通牒正在維布斯特爾—亞煦伯頓談判中接到，差一點把談判破裂。亞煦伯頓五月十二日致書亞伯定說道，「現在這裏定不能發表，以免觸惱南方人民，妨礙我們的目的。」(三十五)

維布斯特爾與亞煦伯頓關於奴隸貿易和強募海員的談判　亞煦伯頓希望得到一個另外的條約，包括搜查權及奴隸貿易。他完全了解美國人民及美國政治家對於英國搜查行爲問題的敏感。他寫信給亞伯定說，美國對於禁止奴隸貿易的努力的態度，乃是由於恐怕強募海員行爲的重來。維布斯特爾提議在條約內添加一個條款，或由英國發表一個宣言，其內容如下：

> ……如果我們捲入戰爭，而美國是守中立，對於她在海洋航行的商船不施以強募海員的行爲，不過須制定法律或其他有效的規則，不許在美國居住五年以下的英皇臣民在戰爭期內加入美國商船服務。

亞煦伯頓向亞伯定提出了一個有力的理由，贊成這麼一個宣言。

強募海員，就制度而言，是一件反常的事情，我們自己的人民也很難忍受。對於一個外國人那是不可否認的暴虐行爲，只有用武力纔能執行，只有武力繼續存在一天，他纔屈服一天……自前次戰爭以來，美國人口已增加兩倍以上，並且那場戰爭給了她以前沒有的一個海軍，這個海軍就她的疆域的比例講來是很有效的。在這種情形之下，強募海員的行爲能否永遠重演呢？我恐怕在英國沒有人認爲是能够的。(三十六)

亞伯定拒絕這個提議，聲稱牠「等於絕對地完全地放棄英皇固有的不能沒收的權利——命令在任何地方發見的臣民對他效忠服務。」如果英國不放棄所謂強募海員的權利，那麼美國政府決意不承認搜查權。

克利阿案的解決　維布斯特爾與亞煦伯頓並希望把克利阿案包括在所提議的罪犯引渡條款「船上叛變」之內，但是亞伯定把這些字删去(三十七)締結一個條約的希望好像差不多沒有了。但是亞煦伯頓與維布斯特爾還是繼續他們的努力。關於克利阿案的談判在條約簽字以前幾天，用交換牒文的方式結束了，維布斯特爾聲述美國立場的措詞，據亞煦伯頓爵士所說，「用意主要的是維持他在南方的聲望。」他自己的答覆，亞煦伯頓添說道，用意是「避免任何爭辯而同時對於奴隸問題維護英國的原則」。不過他保證了英國政府將發訓令與各屬地的總督，叫他們「不要多管閒事去干涉被災難或非法暴動所迫駛入這些海港的美國船隻。』（三十八）至於克利阿事件則變與一八五三年的混合要求委員會去解決。委員們的意見不能一致，但是裁判員判了給美國一一〇、三三〇元。這個決議在英國國會內曾引起熱烈的辯論，但是英國為解放了的奴隸終竟出了錢。（三十九）

維布斯特爾—亞煦伯頓條約的締結　最後在一八四二年八月九日維布斯特爾與亞煦伯頓簽了兩個條約，一個是關於邊界問題，其內容上面已經說過，還有一個是關於奴隸貿易的禁止與罪犯的引渡。兩個條約寄往英國批准以後，維布斯特爾決定把他們變成一個，以便取得參議院的批准。這點是辦到了。（四十）第八條規定兩國聯合巡洋艦隊在非洲海岸『分別的各自的施行兩國禁止奴隸貿易的法律、權利及義務；發給艦隊的命令須使他們最有效的採取協調的及合作的行動。』第九條保證締約兩國對於他國須運用他們的勢力，使無論在什麼地方的奴隸市場歸於關閉。參議院在接得該約十天以內，便以三十九票對九票的投票予以批准了。這個條約在英、美兩國都有人作嚴厲的批評。在英國有人認牠為『亞煦伯頓投降條約，』同時有許多美國人對於邊界的妥協及未取得英國搜查權的放棄有所不滿。（四十一）不過有幾句話應該替折衝的人聲說的，就是他們把一個危險的危機渡過了，並且因為他們放棄了普通的外交形式，而以很自由和非正式的態度來討論所爭執的問題，纔有這種結果。他們的會議沒有議定書，並且所交換的牒文須先經過討論及同意，纔成為公文。同時戴列爾總統很注意該項談判的進行，對於談判的圓滿結果也有不小的功績。

蒲徠士的評語　蒲徠士爵士(Lord Bryce)對於這個時期的英、美外交有一段有趣味的評語說道：

像這樣機敏慎重的人如維布斯特爾及亞煦伯頓，並不時時刻刻以擁護美、英的利益為前提。有時候英國外交部長的強硬態度激怒了美國的談判者，有時候華盛頓一個煽動民衆的國務卿以威嚇的口氣冀取得擁護國家權利的美譽。但是倫敦的態度不好的時候，華盛頓的脾氣卻好，樸托麥克(Potomac)(譯者按：華盛頓有河名樸托麥克，意即指美國政府)有風潮的時候，泰姆士(Thames)(譯者按：倫敦在泰姆士河畔，意即指英國政府)卻風平浪靜。兩國運氣好，如果有一方面鹵莽暴烈，他方面從不以鹵莽暴烈相報。(四十二)

(一) Moore, Int. Arbits, V, 4458.

(二) (Malloy) Treaties and Conventions, I, 523.

(三) Richardson, Messages and Papers, III, 97.

(四) 甲克遜的咨書附有通信多數，見 Richardson, Messages and Papers, III, 147—222.

(五) Op. cit., III, 221.

(六) 這個爭端詳情見 Moore, Int. Arbits., V, 4447—4485，及 British State Papers, XXII, 595—686, 964—993; XXIII, 1205—1341; 及 XXIV, 1086—1155.

(七) British and Foreign State Papers, XXVI, 1373.

(八) Ibid., p. 1376.

(九) Cong., 2 Sess., House Exec. Docs. 64, 74, 305; 26 Cong., 2 Sess., House Exec. Doc. 83, House Report, 162.

(十) British and Foreign State Papers, XXIX, 1126.

(十一) Op. cit., XXIX, 1129.

(十二)請閱詳細情形見 Niles' Register, LXI, 104—108, 119—128, 187—191.

(十三) 5. U. S. Statutes at Large, 539.

(十四) British and Foreign State Papers, XXX, 195.

(十五) Tiffany, Relations of the United States to the Canadian Rebellion of 1837—1838; Reeves, American Diplomacy under Tyler and Polk, Chap. I.

(十六) Moore, Int. Arbits., I, Chaps. I—IV.

(十七) Sprague, The Northeastern Boundary and the Aroostook War, passim.

(十八) Moore, Int. Arbits., I, 141—144.

(十九) Cambridge History of British Foreign Policy, II, 249; E. D. Adams, "Lord Ashburton and the Treaty of Washington," in Am. Hist. Rev., XVIII, 768.

(二十) Moore, Int. Arbits., I, 147—151.

(二十一) The Works of Daniel Webster, VI, 276.

(二十二) Adams, Am. Hist. Rev., XVII, 770, 781.

(二十三) Wharton, Dip. Cor. of Am. Rev., VI, 133.

(二十四) Ibid., p. 120.

(二十五) Benton, Thirty Years' View, II, 671. 三月二十一日，拍麥爾斯頓在衆議院裏面對於該約作了一個詳盡的攻擊，他批評政府不拿這個地圖出來(Hansard LXVII, 1162)，這篇演說大概引起了埃威熱特的注意。

(二十六) Moore, Int. Arbits., I, 154—157.

(二十七) E. D. Adams, Am. Hist. Rev., XVII, 780.

(二十八) Cambridge History of British Foreign Policy, II, 241.

(二十九) Rives, Am. Dip. Under Tyler and Polk, 33—38; McLaughlin, Lewis Cass, Chap. VI.

(三十) British and Foreign State Papers, XXIX, 624.

(三十一) Op. cit., XXX, 1142.

(三十二) Ibid., p. 1151.

(三十三) Ibid., p. 1153.The full correspondence is in vol. XXIX, 621—656, 1188—1193, and XXX, 1128—1181.

(三十四) Moore, Int. Law, II, 358—361; British and Foreign State Papers, XXX, 181—193.

(三十五) E. D. Adams, in Am. Hist. Rev., XVII, 774.

(三十六) Op. cit., p. 775.

(三十七) Ibid , p. 777.

(三十八) British and Foreign State Papers, XXX, 181—193.

(三十九) Moore, Int. Arbits , I, 417.

（四十）Adams, 779.

（四十一）維布斯特爾於一八四六年四月六、七兩日在參議院發表了一篇演說，詳爲辯護。

（四十二）Dunning, The British Empire and the United States,（蒲徠士的序文）XXXVII.

第三部　邊界的完成與海洋的瞰視

第十章　阿利干與塔克沙斯

『怒吼的一八四〇年間』

一八四四年民主黨的政策大綱宣稱：

我們在阿利干全個區域的所有權是清清楚楚，沒有問題的；這個區域的任何部分都不應割與英國或任何其他國家；在最早可行的時期再度佔領阿利干與再度合併塔克沙斯乃是偉大的美國政策，而爲本大會所請求全國民衆予以誠心擁護的。（一）

這個宣言可以表示丹寧教授(Professor Dunning)所謂『怒號的一八四〇年間(Roaring Forties)』。（二）皮爾與亞伯定的比較和緩的政策，代替了拍麥爾斯頓的強硬的和侵略的國家主義，這對於兩國都是僥倖的。

對於阿利干的衝突的要求　在維布斯特爾—亞煦伯頓談判裏面，因爲有更迫切的事件以致被丟在旁邊的阿利干問題，使兩國在四年的短時間內比一八一二年以來戰機還要來得迫切。兩國對於西北岸的土地都有無可爭執的要求權利，但是這種要求重疊到這樣一個程度以致難於劃清界線。哥倫比亞河(Columbia River)及其流域的管理是全個糾紛的主要爭點。美國對於這個區域的要求，如一八二三年昆西亞丹姆斯代表官方所表示，乃是根據

……牠是一個美國公民從海道發現的，並且是他命名的；牠的入海路線是呂威斯(Captain Lewis)與克拉克(Captain Clarke)探查出來的；亞斯托利亞(Astoria)的移民地是在美國保護下設立的，並且因此於一八一八年歸了美國；及後來西班牙一切權利的取得，而西班牙在該河發現以前，又是唯一個歐洲國家在美洲西北岸有土地權的要求。(三)

這些要求的由來　有人說早在十六世紀就有好些西班牙的探險家北航到阿利干，並且德熱克(Drake)或許沿海岸北走到了這麼遠的地方，但是關於這些航行的證據不可置信。一七七八年庫克(Captain Cook)率領了一個英國遠征隊航行到該海岸十年後又有一個美國人名葛列(Captain Gray)者跟着同一航線走過。葛列於一七九二年回來，他曾經爲着探查哥倫比亞河深入內地若干英里，並且用了他的船名做這河的名字。一七九三年麥肯西(Alexander Mackenzie)從坎拿大越過山嶺，探險到弗列澤河(Frazer River)的上流。一八〇五年呂威士與克拉克越過米棱利的水源到哥倫比亞河，並跟着該河河路到海。英國很注重一七九〇年魯卡系的協定，因爲依照該約西班牙讓了給英人在加里

亞斯托利亞

福尼亞（C lifornia）西班牙殖民地以北的通商權利。（四）一八一一年亞斯托爾(John Jacob Astor)創始他的皮毛生意計畫，在哥倫比亞河口成立了一個小殖民地。等到他的經理人一聽見一八一二年的戰爭已經開始的消息，他們便賣與他們的勁敵坎拿大西北公司（Northwest Company of Canada），後來不久便有一個英國艦隊以他們君王的名義正式佔有該地。戰爭結束的時候，美國根據根脫條約的普通條款，堅持歸還亞斯托利亞。英國政府起初對於這個要求覺得驚異，但是到一八一八年終竟把該地歸還了。（五）

英人堅持以哥倫比亞河為界　在導至一八一八年的共同佔領協定的談判中，英人希望在落磯山東西成立一緯線四十九度以南的界線。他們起初想美國承認他們南至哥倫比亞河的土地要求，以冀影響落磯山以東的界線決定在樹林湖正南密士西比河的一點上。通到密士西比河的要求當然是根據一七八三年的條約，因為其中有一條款許了英國在該河航行的權利。在他給白谷特的訓令裏面，加斯列里說道：

> 雖然各造在內地及在海岸的權利，其緣起的環境完全沒有聯絡，雖然須劃一界線經過這麼一個荒野的區域如密士西比河以西的地方以至於太平洋，但是在兩國政府進行劃定中間的邊界以前，最好先去考察他們在海岸各自的權利是什麼，因為邊界線是要劃到海岸的。（六）

美人堅持緯線四十九度　在他方面，美人因爲亞斯托利亞的歸還，知道他們對於哥倫比亞河流域的要求更強有力；所以願意把該問題暫爲丟開不提，而極力主張在落磯山以東採取緯線四十九度爲邊界，希望在將來可以幫助他們在山脈以西也採取同一界線。因爲這個理由，美國拒絕了英國將全個爭端交付公斷的提議，並堅持關於樹林湖至落磯山的邊界以直接交涉方法來解決。他們以緯線四十九度爲邊界的目的達到了，並且提議擴張該線至山脈以西以至於海，但是英人堅持以哥倫比亞河爲界。於是以十年爲期的共同佔領協定，把阿利干爭端暫時擱延起來了。次年西班牙以緯線四十二度以北的一切權

西班牙與俄國的淘汰

利讓給了美國。這麼一來，清清楚楚把阿利干的南方邊界規定了。數年後依照美、英與俄在一八二四年及一八二五年訂的條約，牠的北方邊界規定爲緯線五十四度四十分。英、美現在是唯一有要求權的國家。

康寧勉力恢復失地　到了一八二六年，因爲一八一八年的協定快要滿期，於是又開談判，但是康寧堅持以哥倫比亞河的中流從河口起至緯線四十九度止爲界線；從該點以至落磯山他是願意以緯線四十九度爲邊界的。在一八二六年七月七日致利物浦爵士的信裏面，他認爲亞斯托利亞的歸還爲『絕對無理由。』

請拿英、美人各半的公司，以好價出賣亞斯托利亞殖民地與一個完全英國人的公司的賣契，和規

定歸還戰時所『取得』的地方的根脫條約的第一條作一個比較並詳請巴赫斯特爵士(Lord Bathurst)指令將這樣買賣的殖民地歸還美國人的信。(七)

不過在這個私人交易之後，曾經有過一個英國海軍軍官來佔有此地，因此便陷於根脫條約的條款範圍以內，這是於英國方面的理由不利的。康寧力勸利物浦堅持他們的立場，以挽回鑄成的大錯。『如果我們退讓，那麼亞斯托利亞的割讓勢必不過是軟弱的第一個象症，第一次對於侵略的順從。這種侵略，如不抵抗，一經成功，便會增加。』觀察將來，他說道：

他對於太平洋將來的觀察

東半球與西半球直接橫過太平洋的貿易，是世界貿易最容易迅速增加與進步的。……我不願把我的名字留在一個條約上，使英國放棄在美洲西北岸的殖民地（這種殖民地是廣大無涯的，如果我們決意不拋棄他們）與中國間的巨大直接交通的利益。(八)

他的繼任人遵守他的政策　康寧次年便死了，他的死剛在加列定與格蘭特(Grant)、亞丁頓(Addington)簽訂一八二七年八月六日的條約以後兩天。該約將共同佔領協定無限展期，但是任何一造得於十二個月前通知廢止。康寧的阿利干政策，由他的繼任人維持了差不多有二十年之久，在一八四二年的談判裏面，英國政府授權與亞旃伯頓爵士接受緯線四十九度爲落磯山脈至哥倫比亞河的邊界，但從該點起須循着該河的中流到海。亞旃伯頓以個人意見向維布斯特爾聲稱，如果美國能向墨西哥取得山法郎西斯科（San Francisco）海港，英國決不反對，不過她須取得哥倫比亞的界線。維布斯特爾雖然贊成取得加里福尼亞，但對於該項提議沒有同意。於是阿利干問題便丟下來了。次年維布斯特爾提出加里福尼亞的問題，並且在一個給埃威熱特的信裏面，建議美國、英國及墨西哥來訂一個三國條約，墨西哥將上加里福尼亞割讓與美國，由美國償以一筆大款，在該筆大款內便可付給美、英人民對墨西哥的要求。同時他對於阿利干的邊界有些讓步。（九）

重開阿利干談判的提議

亞旃伯頓不逼緊阿利干問題的理由，據他向他的政府所說，乃是恐怕這樣一來會危害關於東北邊界的交涉，他認爲後者更加重要。等到東北邊界問題得到解決，亞伯定爵士便於一八四二年十月十八日訓令英國駐華盛頓公使福克斯向維布斯特爾提議，請訓令埃威熱特在倫敦談判阿利干問題。（十）維布斯特爾同意這個提議。但是幾個星期之後，戴列爾總統在他致國會的常年咨書裏面，宣示他有意催促英國政府早日解決該項問題。亞伯定對於這個宣言提出了抗辯，謂牠容易使人發生誤會，因爲在他寫作他的咨書的時候，戴列爾總統已經有英國的提議及維布斯特爾的同意在他的前面，（十一）維布斯特爾的退職把事情擱延起來了，埃威熱特沒有接到什麼訓令。在一八四三年總統致國會的常年咨書裏面，又提出了前一年關於阿利干問題的宣言，使福克斯與亞伯定又不高興。現在派肯亨（Pakenham）繼福克斯做了英國駐華盛頓的公使，英國政府鑒於美國政府顯然有一點不願在倫敦開談判，於是授權了給派肯亭同意在華盛頓辦交涉。(十二)亞普雪爾(Upshur)的突然的死與加洪的注意塔克沙斯條約，又把事情擱延了。最後到了一八四四年九月纔開始談判。派肯亭願意在緯線四十九度以南溫可華(Vancouver)或大陸上給美國一個或多個自由港，但堅持哥倫比亞的界線。加洪拒絕放棄對於哥倫比亞河流域的要求，於是談判便宣告停頓。(十三)

『五十四度四十分或戰』 在這些談判裏面，總統選舉正是競爭最烈的時候，民主派的口號是『五十四度四十分或戰。』英國既然拒絕以緯線四十九度為界(這是一個公平的分界，美國曾經屢次提議過，)那麼除了佔據全個區域，讓英國來打(如果她願意)以外，沒有別的辦法。這是民主派的理由，但是相信英國是會答應以緯線四十九度為界，不願訴諸戰爭的。向來沒有人嚴重的主張過，說美國對於全個區域有有效的要求。

樸爾克總統的立場 一八四五年一月派肯亭提議公斷，但是加洪答覆說總統仍希望該問題可以直接交涉解決。在戴列爾總統任內再沒有什麼進行。如果拿樸爾克(Polk)當選的政綱來看，那麼他的就職演說關於阿利干的一段是比一般所期望的來得簡短和緩。最有意義的一段是聲稱是他的責任用一切合乎憲法的方法，去主張並維持在美國落磯山外的那個地方的權利。我們在阿利干地方的所有權是「清清楚楚沒有問題的，」並且我們的人民已經在那裏預備攜妻子兒女去佔據牠，以完成我們的所有權。

英國的立場　當英國衆議院討論到樸爾克總統的演說時，皮爾以和緩的態度，把求解決的經過報告了一遍，並對於新總統所採取發表他的意見的方法，表示遺憾。在結論裏，他聲述了英國的政策，這種政策從亞伯定在貴族院所發表同一的聲明看來，顯然是已經過詳細的討論及通過。皮爾說道：

我覺得是我不可推諉的責任，代表英國政府，用最溫和的但是同時最堅決的語言聲明，我們認爲對於這個阿利干區域，我們有清清楚楚沒有問題的權利。我們還是相信可以得到一個友善的解決……但是，我們用盡了力量還不能得到這種解決之後，如果我們的權利被侵犯，我們有決心並且我們有準備去維持他們。（十四）

樸爾克又提出緯線四十九度　這些鄭重地說的鄭重話，如果兩方面不希望避免衝突，這種情勢便會引起戰爭。樸爾克及他的國務卿布卡蘭（Buchanan）現在遇到要從「五十四度四十分或戰」的立場向後退的困難問題。布卡蘭在一八四五年七月十二日給派肯亨的一個通牒裏面，重新提出了阿利干的問題。在一個很長的理由裏面，他主張美國「對於所爭的全個區域有獨占的權利；」但是他追加說，樸爾克總統因爲他的前任總統的行動，即使不是受了拘束，也是陷於困難，因爲前任各總統在一切談判中，都是一致根據妥協的原則進行。」樸爾克總統因此有訓令給他，要他提議「兩國以北緯四十九度爲界，從落磯山起至太平洋止，劃分阿利干區域；同時願意在四十九度以南溫可華島上開放一個或多個英國政府或許希望的自由港給英國。」（十五）

英國公使憤怒地拒絕該項提議 派肯亨對於這個界線穿過溫可華島的提議，大爲憤怒，以致鑄成錯誤，不問過倫敦，便予以拒絕，並請布卡蘭另外提出一個「比較公平，比較合乎英國政府的合理希望」的提議。（十六）樸爾克於是令布卡蘭撤回美國的提議。布卡蘭在一個長通牒裏面把該項提議撤回了，並且把爭端再敍述了一遍，他對於英國公使的措詞及拒絕該項提議的簡略態度也表示了反對。不過在結論裏他說：

> 採取這步的時候，總統仍希望這個長久未決的爭端最後還可以用不擾亂和平及不阻礙現在幸而存在兩國間的和諧關係的方式得到解決。（十七）

在他一八四五年十二月二日致國會的常年咨書裏面，樸爾克於檢閱該項爭端的時候，又特別着重美國屢次在緯線四十九度妥協的獻議，並且宣告：

文明世界可以在這些程序裏看出美國很讓步的精神，本政府不負爭端解決失敗以後的責任。

樸爾克對約翰布爾兇起來　他請國會授權給他，以便依照條約上的規定，向英國作一年前的通知，停止共同佔領的協定，並且請求國會採取必要的步驟，以保護在該區域的美國人民及『維持我們正當的所有權。』在他私人日記裏面他這樣寫道：

唯一對付約翰布爾(John Bull)（譯者按：即英國人的外號）的辦法是對他兇。……如果國會猶豫不決，約翰布爾立即會妄自尊大起來，對於要求更會貪得無厭。

拒絕公斷的提議　同時派肯亨向布卡蘭請求把他曾經拒絕的提議再提出來。這布卡蘭不願意幹，於是派肯亨又提出公斷的辦法。（十八）關於這個問題交換了好些牒文，但是該項提議還是被謝絕了。在傳達總統的決議的時候，布卡蘭說道：

他相信世界上沒有兩個國家被商業關係這樣密切地聯結在一塊，因此他相信沒有兩個國家更應該能够並且願意彼此以公平相待用不着任何公斷者的干涉。（十九）

英國同意緯線四十九度　美國國會授權總統通知廢除一八二七年的條約的決議，用了客氣的方法，轉告了英國政府以爲重開談判先留一個餘地，但是樸爾克同時聲明，以後任何提議須由英國提出。他並且聲稱，他雖然撤回了緯線四十九度的提議，但是如果英國提出同類的提議，他可以提交參議院，皮爾與亞伯定最後寄了一個草約給派肯亭，以緯線四十九度爲界劃分該區域，從落磯山起至福卡海峽（Straits of Fuca），並沿着海峽以至於海，如是爲英國保留了溫可華島。該約並給了哈德遜海灣公司航行哥倫比亞河之權，從緯線四十九度起至海爲止。美國總統爲把責任推給參議院起見，所以在沒有簽字以前，便把該約提交參議院了。六月十二日參議院以三十七票對十二票的通過主張，接受英國的提議，於是在六月十五日便照皮爾與亞伯定所提出的約文沒有更動便簽字了，樸爾克把這爭端解決之後如釋重負，因爲美國對墨西哥已經宣戰，如今在墨西哥或加里福尼亞沒有英國干涉的危險了。

塔克沙斯問題　塔克沙斯問題在一八四四年民主黨的政綱裏面是與阿利干問題聯起來的，不過枝節比較多得多。事實上牠成了一個世界問題，不但關係美國、塔克沙斯及墨西哥，並且關係英國與法國。這兩個大歐洲國家阻止塔克沙斯併入美國的努力構成了當時國際政治最有趣味及最重要的一章。這一章，並且是新的，因爲關於這個題目在塔克沙斯、墨西哥及英國的檔案裏面的文書材料近來纔整理出來，以供採用。(二十)這些檔案的發現，把早先的歷史對於美國這個時期的外交的判斷推翻了。一切早先的記述都被當時反對奴隸制度的煽動家及著作家的猛烈偏見所蒙蔽，他們專門把合併的運動看做蓄奴者取得更多土地的陰謀，他們不問英、法外交陰謀的證據——英、法這種外交陰謀如果成功，便可以把美國不但排斥在塔克沙斯之外，並且可以排斥在加里福尼亞與阿利干之外。美國歷史家，很少例外，在過去五十年中，繼承反對奴隸制度的遺風，不事調查，而用過分的並且往往劇烈的言語，非難載列爾和樸爾克之取得西南及太平洋的出路。解釋很簡單。墨西哥戰爭的結果取得了土地；因爲取得了土地，所以在國會裏面又發生了奴隸問題，並且開了這個地方辯論的新局面，卽使沒有使南北戰爭變成不可避免，也是促進了牠。勝利的北方回顧墨西哥戰爭，認爲是蓄奴的南方對於一個無辜的鄰國的一種犯罪。格蘭特將軍在他的私人的回憶錄裏面，表示了當時盛行的意見，他說：

格蘭特與福斯脫爾

> 南方的反叛大半是墨西哥戰爭的結果。國家如個人一樣犯了罪須受懲罰。我們在近代最流血最費錢的戰爭裏面得到了我們的懲罰。

福斯脫爾 (John W. Foster) 稱許這個說法，並且着重蓄奴者的陰謀。(二十一)與格蘭特及福斯脫爾的見解很相反的是摩爾 (John Bassett Moore) 的意見：

摩爾不同的見解

在美國所取得的一切土地當中，沒有像塔克沙斯的合併引起了這麼多誠實的但是有黨見的誤解。一派作家指摘塔克沙斯的合併，乃是蓄奴勢力擴張範圍的陰謀的結果，這派意見甚爲流行。但是如果平心去測量美國發展的方向，我們不得不下結論說這完全是幻想。比較正確的來說，除了關於奴隸制度的爭端以外，在美國國內對於塔克沙斯的取得，不致有什麼大的反對。局部分反對擾亂聯邦以內的均勢，或許是有的，但是敵不過一般主張擴張這樣自然，並且（除了奴隸問題以外）這樣於各方都便利的邊界的要求。（二十二）

布棱不同的見解 在這裏，很有趣味注意布棱 (James G. Blaine) 對於塔克沙斯與墨西哥戰爭的意見。他的意見是完全與他當時流行的意見不同。在改造時期內他雖然是一個極熱心的黨徒，但是對於對外政策問題常持一種寬大的眼光。在他的回憶錄裏面，他寫道：

> 與其讓塔克沙斯名義上獨立，最後把我們牽入與英戰爭的漩渦裏面，不如合併塔克沙斯，與墨西哥立即開戰。後來全部歷史都證明民主黨在一八四四年處理該問題的智慧、勇氣及政治手腕。（二十三）

陰謀者不僅是戴列爾與樸爾克　雖然可以假定在兩代裏面，美國人民對於塔克沙斯與加里福尼亞的佔有已經和解了，但是認爲這些土地是用陰謀的方法取來，並且在國家的紋地上留了一個汚點的見解，還是很普遍。不過陰謀者不僅是戴列爾與樸爾克；亞伯定爵士曾經極力組織一個反對美國的同盟，目的在使塔克沙斯變成英國一個產棉的附屬國；路易菲列普對於這個計畫也曾經予以鼓勵，以便把他的勢力均衡的得意原則推廣到美洲來，塔克沙斯因爲萬標倫總統任內拒絕牠加入聯邦，不免失望，極容易被歐洲保護的提議所引誘；墨西哥領袖們因爲想在國內得到政治利益，對於局面故意一緊一鬆，而戴列爾與樸爾克就是在這種外交陰謀的錯綜的情形中領導美國到一個成功的結局。但是成功不論是多麼大，是不能辯護不名譽的方法的。所用的方法是不是不名譽的？抑是反對奴隸派因爲在聯邦內佔了優勢，所以他們當時的意見凝成了國家的傳說？這個問題非根據近來發現的新材料，檢閱一遍，不能答覆。

一八一九年的西班牙條約因爲墨西哥獨立沒有實行　不管美國因爲魯易西恩那的購買對於塔克沙斯有什麼要求，在一八一九年的佛洛利達條約裏面卻已放棄給西班牙了。(二十四)到一八二一年這個條約批准了的時候，墨西哥已經反叛西班牙，樹立了一個事實上的政府，這個政府在一八二二年得到了美國的承認。(二十五)佛洛利達條約第四條曾經規定派一委員會去測量並劃明西南的邊界，但是因爲墨西哥的革命，這條沒有實行。西班牙條約是不是有拘束美國及墨西哥的能力，他們應不應根據第四條的規定進行去劃清邊界？這是美國承認墨西哥獨立以後發生的第一個問題。

墨西哥與美國遲不劃界 墨西哥第一個派赴華盛頓的公使，便奉了訓令聲稱墨西哥政府承認一八一九年的條約有效，並願意執行測劃邊界的規定。(二十六)但是美國倒不忙採取這個見解。因為美國移民已經向塔克沙斯移動，而國內又有一種普遍的感覺，認為放棄該地與西班牙已經鑄成了大錯。交涉該約的國務卿昆西亞丹姆斯現在是總統的候選人。他的敵人攻擊他，說他應負喪失塔克沙斯的責任。墨西哥公使之所以不能得到美國政府承認一八一九年的條約在主權更改後有效者，理由大概在此。無論如何，在總統選舉沒有完畢以前，美國沒有採取任何步驟去解決該項邊界問題。

克萊提議別的邊界 及至一八二五年三月亞丹姆斯做了總統，他便派了克萊為國務卿，潘色特為駐墨西哥公使。潘色特奉了克萊的訓令，認為一八一九年的條約是可以拘束美國與墨西哥的，但是該約裏面所規定的邊界既然不能令人滿意，並且容易引起爭端，他奉了命令來探詢墨西哥政府是否願意建立一個新界線——布拉佐斯(Brazos)，或科羅拉多(Colorado)，或雪山(Snow Mountains)，或栗阿格蘭德(Rio Grande)之線。(二十七)如果他發見墨西哥政府不願談判新的界線，他便須進行磋商執行一八一九年的條約。在談判期間，知道墨西哥政府雖然表示願意遵守一八一九年的條約，但是實際上牠是在那裏拖延，希望最後得到西班牙在該約談判以前所要求的極端邊界。同時美國殖民天天在移入塔克沙斯，並且得到墨西哥政府寬大的土地的給與。在這種情形之下，亞丹姆斯決定提出購買塔克沙斯的

亞丹姆斯提議購買

塔克沙斯一部或全部

辦法。一八二七年三月十五日克萊寫信給潘色特說，墨西哥政府給了美國人民許多的土地，『根據我們對於地價的意見，並沒有任何相等的交換條件，使我們相信墨西哥政府沒有把塔克沙斯省看做有多大價值。』因此美國政府授權給潘色特，要他去獻議一百萬元，如果以栗阿格蘭德爲界；五十萬元，如果以科羅拉多爲界。(二十八)潘色特沒有作執行這些訓令的正式企圖。他相信提議的數目太小，並且試探些政府中人的結果，知道很少機會能夠得到墨西哥國會任何一院出賣塔克沙斯任何部分的同意。因此他放棄了購買的意思，在一八二八年一月十二日簽了一個條約，承認並且規定劃淸一八一九年的條約的邊界。這個條約美國參議院迅速地批准了，但是墨西哥政府拖延下去一直到交換批准的時間滿期。因爲這樣拖延的結果，條約直到一八三二年纔發生效力。(二十九)

甲克遜又提議購買　大約在甲克遜做了總統六個月以後，萬標倫訓令潘色特再提出購買塔克沙斯的意思。建議的新邊界的可能線有四。第一個界線穿過紐塞斯（Nueces）與栗阿格蘭德中間的大平原（Grand Prairie）的中間，如果辦到這個界線，他有權可以出價至四百萬元，或者如果他『認爲有必要可增至五百萬元。』至於其他各線，他可以獻議比例的數額。(三十)潘色特認爲再去交涉沒有用，所以沒有去執行該項訓令，一直等到他的繼任人巴特勒爾（Colonel Anthony Butler）之來到。

塔克沙斯的革命　巴特勒爾奉命重開購買塔克沙斯的談判的謠言，比他先到了墨西哥，激引了劇烈的憤怒。一八三〇年四月，墨西哥國會響應這種感覺，通過了一個法律，暫時停止把土地發給殖民。並禁

奴隸制度的地位

止美國以後再移民入塔克沙斯。但是這個法律不能實行，唯一的影響是發生衝突與促進革命。一八三五年墨西哥總統山達安拉將軍(Gonoral Santa Anna)領了一個軍隊去收復該省，但是被塔克沙斯人在休斯頓將軍(General Sam Houston)領導之下於一八三六年四月二十一日在山甲新托(San Jacinto)之戰打敗了。一個月以前，塔克沙斯共和國已經採取了一個憲法，承認奴隸制度。這個憲法並沒有如常有人說的引進了奴隸制度。好些意在逐漸消滅奴隸制度的辦法已經採用了，並且蓋利洛將軍(General Guerrero)在一八二九年曾經發表了一個命令在墨西哥廢除奴隸制度，但是這個命令後來經過修改把塔克沙斯除外。塔克沙斯的憲法取消了關於消滅奴隸制度的一切立法。有許多殖民是蓄奴各邦去的，並且有許多奴隸原來在該省，但是研究塔克沙斯的殖民的初期並沒有發見『陰謀』擴展奴隸區域的證據。這不是引殖民往該地的動機。有些領袖如奧斯汀(Austin)是從非蓄奴的各邦去的，還有些是從維金尼亞、鄧尼西及肯塔基的山中去的，那裏奴隸制度並沒有什麼勢力。塔克沙斯吸引了冒險的人，因爲牠是一個好的邊疆。向西南的進展是一般向西發展運動的模範。(三十二)

美國同情塔克沙斯　塔克沙斯爭獨立的奮鬬，美國人是很注意並且很同情的，政府很難執行牠的中立法令。休斯頓、克羅克特(Davy Crockett)及其他有名的人與無數無名的人，都去加入革命軍，當塔克沙斯的憲法在一八三六年九月交付人民投票時，合併於美國的問題也同時要他們表決，結果是大多數表示贊成。但是時機不很好。奴隸問題正在迅速地變成美國政治中的一個根本爭點，昆西亞丹姆斯早

甲克遜展延承認

先是主張合併塔克沙斯的，現在卻爲廢奴派努力奮鬬，要求廢奴派有向國會提出請願呈文並在國會內宣讀該項呈文之權。合併運動擱延了塔克沙斯獨立的承認。甲克遜表現了非常的謹愼，參、衆兩院雖然通過了決議主張承認，但是他在一八三六年十二月二十一日的咨書裏面，極力主張最少須延至『時勢的演變絕對證明了該國人民的能力可以維持他們的獨立主權及支持他們所組織的政府。』(三十二)在他在位的最後一天，甲克遜批准了一般的支用法律，其中就規定了『遣派一個外交代表往塔克沙斯共和國的準備費及薪俸，只要美國總統得到滿意的證據，認爲塔克沙斯是一個獨立國，爲便利計須委派這樣一個公使。』到了一八三七年三月七日，萬標倫總統纔派了一個代辦公使駐塔克沙斯，於是便這樣承認了該共和國的獨立。(三十三)沒有證據可以證明甲克遜與任何關於革命或合併的祕密陰謀有關係。毫無疑問，他是希望看見塔克沙斯加入聯邦的，但是他知道輕率行動的危險，因此決意維持美國的尊嚴與名譽。(三十四)

萬標倫拒絕合併的獻議　一八三七年八月，塔克沙斯共和國由牠駐華盛頓的公使，向萬標倫總統正式提議交涉一個合併的條約。這個提議迅速地以確定的言辭謝絕了。國務卿福西斯答覆塔克沙斯公使說，塔克沙斯與墨西哥在交戰的時候，如果考慮這個提議，便會牽涉美國與墨西哥戰爭的問題。並且鑒於美國與墨西哥有和好通商的條約，就是保留該項獻議對將來考慮也『會暗示我們有左袒塔克沙斯的爭端的含意。』(三十五)

昆西亞丹姆斯檢討塔克沙斯問題　一八三八年一月四日南卡羅林那參議員普勒斯頓(Preston)，衆議員湯姆生(Waddy Thompson)各在參、衆兩院提出了決議，一個決議是授權總統，還有一個決議是指示總統，採取必要的步驟，以條約的方式，去合併塔克沙斯。參議院的決議於六月十四日以二十四票對四票的表決擱起來了，衆議院的決議則被昆西亞丹姆斯嘵嘵不休，經過三個星期，每天發言反對打消了。他後來還埋怨國會不等待他的演說完畢便行閉會。一八四二年在他向他的選民的演說裏面，他檢討了全個問題，這篇演說在奈爾的記錄雜誌登了好幾期(三十六)他自誇說在任國務卿的時候，他曾經設法取得美國對全個塔克沙斯的要求的承認，並且在交涉一八一九年的條約的時候，曾經主張以栗阿格蘭德為界線，一直至被其他閣員所抑制及門羅總統指令放棄。後來在一八二五年任總統的時候，他曾經設法徵求業主的同意，購買塔克沙斯。但是那時候塔克沙斯還沒有奴隸制度的存在(三十七)如果沒有奴隸制度，並能得到墨西哥的同意，他還是贊成合併的。

作為無效的恐嚇　一八四三年一知道戴列爾總統正在計畫合併的時候，亞丹姆斯便向外交委員會提出了下列的決議：

美國政府的任何企圖，無論是由國會通過一個法律也好或締結條約也好，去合併塔克沙斯共和國於這個聯邦，便是破壞美國的憲法，應為無效；本聯邦的各自由邦及其人民不應服從。

委員會拒絕將該項決議報告衆議院，但是亞丹姆斯、基丁斯(Giddings)及其他反對奴隸制度的領袖們向各自由邦（譯者按：即意指沒有奴隸制度的各邦）的人民發表了一篇宣言，他們說道：

我們不遲疑說，如果聯邦政府或其各部進行合併成功，那麼等於解散聯邦。一經合併，我們的國民公約，牠的目的、計畫及其所由形成的偉大初步的原則，便要被破壞。這種破壞的性質，其嚴重其基要有如此者。並且合併等於企圖把本來不公平，爲各自由邦的人民所憎惡的制度與勢力永久維持下去。據我們的意見，這不但必然要使聯邦解體，並且完全應該解體。我們不但主張各自由邦的人民「應該不服從牠，」並且我們有把握說他們不會服從牠。(三十八)

反對合併塔克沙斯以脫離相威脅

戴列爾贊成合併　戴列爾到了一八四三年夏天纔決定進行塔克沙斯問題。雖然起初就很贊成合併，但是因爲他不相信他能使參議院批准條約，所以擱延起來了。自從他與惠格派決裂之後，在參議院裏面因爲個人的及政治的關係反對他的勢力很大。因此他拒絕了休斯頓總統一八四一年及一八四二年的再三的申請。但是在一八四三年的夏天，因爲英、法在墨西哥的公使的努力，塔克沙斯與墨西哥居然停戰了，英、法在塔克沙斯勢力的增加，開始使華盛頓恐懼。而且，跟着停戰協定，休斯頓總統訓令他在華盛頓

休斯頓的政策

的代表萬會特(Issac Van Zandt)聲稱『合併題目不討論了。』休斯頓在一八四一年至一八四四年間的政策的顯然變動有許多的解釋，但是眞象是他不願塔克沙斯再向美國懇求並且他相信能夠逼迫美國發動。爲促進美國國內的合併情緒起見，他故意使英國在接洽停戰協定的時候大露頭角，並且不隱瞞他與歐洲國家的談判。(三十九)

英國廢除塔克沙斯奴隸制度的計畫　不過最使華盛頓怕的是英國正在與塔克沙斯談判廢止奴隸制的報告。這些報告主要是從塔克沙斯在倫敦的代表亞煦倍爾斯密士(Ashbel Smith)來的。一八四三年一月二十五日，他寫了一個『祕密的』信給塔克沙斯在華盛頓的代辦公使萬會特，這個信大概傳給了戴列爾內閣的某閣員。在該信中，亞煦倍爾斯密士說道：

> 英國有些人的目的是在廢除塔克沙斯的奴隸制度。他們提議以友善的談判及讓與所認爲相等的東西去達到這個目的。我相信所計畫中的相等的東西乃是英國對於塔克沙斯獨立的保證——對於塔克沙斯的產物的有利的差別關稅，或者借款的談判，或整理塔克沙斯的財政的某種辦法。他們估計塔克沙斯的奴隸人數爲一萬二千人，可以考慮替他們完全擔任賠償，因爲比較他們預期在美國蓄奴各邦的南境建立一個自由國家所得到的利益，這一個數目是很小的。(四十)

亞伯定的意見的報告　後來不久斯密士有一個給塔克沙斯國務卿姜斯(Anson Jones)的信的撮要落在加洪手裏。該項撮要報告說，亞伯定爵士在與斯密士一個談話中聲稱，大家都很知道英國政府的政策與希望是在把各處的奴隸制度廢除，並且塔克沙斯奴隸制度的廢除不但是從英國的利益的立場來說是認爲很稱意的，並且就牠關係美國的奴隸制度將來的影響來說，也是很稱意的。(四十一)

休斯頓謹慎地接受美國的獻議　怕了擱延的危險，戴列爾總統即指令國務卿亞普雪爾提議進行談判一個合併的條約。亞普雪爾便於一八四三年十月十六日給萬會特的一個信內提出了。萬會特答覆說，他須寫信回去請示。休斯頓總統表示不熱心把握這個機會。事實上，他懷疑批准的可能，並且說如果接受該項提議，勢必疏遠英國；如果條約那時被參議院所否認，塔克沙斯豈非『陷於一種極困難的地位。』亞普雪爾回答說已經探定參議員的意見，『確有憲法上規定應有的三分之二的多數贊成這個辦法。』(四十二)休斯頓然後要求在沒有進行交涉以前，美國須派軍力駐於塔克沙斯邊界附近墨西哥海灣，如果墨西哥來攻，以便相助。這個要求最後是答應了。(四十三)

貴族院中的塔克沙斯問題　同時在一八四三年八月英國貴族院關於廢除塔克沙斯的奴隸制度及其對於美國的奴隸制度的最後影響，布洛亨爵士與亞伯定爵士間曾經有過一種討論。亞普雪爾對於其中有些話立即由埃威熱特提出了抗議。這些話好像暗示英國政府有意促進塔克沙斯奴隸制度的廢除，以爲總攻擊美國奴隸制度的預備。亞普雪爾並且要埃威熱特要求明白解釋英國的政策。(四十四)亞伯定爵士給埃威熱特的答覆不很滿意。(四十五)英國野心的謠言繼續引起華盛頓的反感。爲息事起見，亞伯定爵士覺得他有義務向美國政府發表一個確實的宣言，於是在一八四三年十二月二十六日致派肯亨的信裏面便這樣做了。他宣稱美國以及全世界一定很知道

亞伯定解釋他的政策

……英國願望，並且時常努力去取得，全世界奴隸制度的廢除。但是她爲這個人道的和德性的宗旨所採用，並且將繼續採用的手段是公開的，不隱匿的。她決不做秘密的與陰險的事情。她希望她的動機可以被大家了解，她的行動可以被大家都看見。

關於塔克沙斯，我們明白承認希望那裏的奴隸制度，和別處一樣，予以廢除；並且，如果墨西哥政府於承認該國時能附帶成立一種協定，塔克沙斯允許在相當的條件底下終將全國的奴隸制度廢除……我們引爲欣慰。

再者，英國不希望在塔克沙斯樹立……任何優越勢力……並且在政治的意識上，她沒有意思想由塔克沙斯對美國有何直接的或間接的作用。(四十六)

加洪答覆亞伯定　這個公文一直到一八四四年二月二十六日纔由派肯亨轉了給美國政府。兩天之後，國務卿亞普雪爾在普林斯頓(Princeton)船上因轟炸慘死，他的繼任人加洪到四月一日纔就職。十

八日他給了派肯亭一個答覆，在其中，他表示總統對於亞伯定爵士直認英國希望廢除塔克沙斯的奴隸制度，及努力使奴隸制度的廢除成爲墨西哥承認塔克沙斯獨立的一條件，極爲關心。他稱聲總統覺得聯邦政府責無旁貸，「爲自衛計應採取最有效的方法去擊敗」英國的政策，並且總統

……命我告訴你，美國已經與塔克沙斯締結了一個合併塔克沙斯於美國爲牠的土地的一部的條約，這個條約不久便會送給參議院批准。採取這個步驟，是防止威脅的危險最有效的，如果不是唯一的方法。

加洪在他的通牒的結論裏，列了戶口調查的統計，證明在廢除奴隸制度的各邦，黑人之患聾、盲、瘋癲及白癡者大有增加，於是下結論說，就美國而言，英國的政策既不聰明，又不人道。(四十七)

派肯亭抗議加洪的結論　派肯亭接得這個通牒以後，便於次日提出了一個答覆，以他的政府的名義抗議把合併塔克沙斯的責任分派一份給牠。他宣稱對於亞伯定爵士的文書，美國有一個錯誤的推論。在第二個信裏面，加洪說他已經又把該項文書詳細讀過，找不出什麼東西可以搖動總統的推論，認爲英國是在那裏努力用外交的手段使塔克沙斯廢除奴隸制度。(四十八)加洪把合併問題與奴隸制度打成一片，會被人嚴厲的批評過，但是此項派肯亭的通信大概對於投票表決的結果沒有什麼影響。

戴列爾將合併條約交付參議院　合併的條約於一八四四年四月十二日簽字了。總統便於四月二十二日將該約並有關文件及他自己的一個咨書提交參議院。(四十九)一部分是因爲反對戴列爾政治的和個人的關係，還有一部分是因爲提出的時機不順利，正是在總統選擧競爭的前夜，所以該約的命運一開頭就宣告死刑了。惠格黨於五月一日在波地木爾(Baltimore)擧行全國代表大會，在狂熱之中擧了克萊爲候選總統。在全國代表大會開會以前不久，他宣布了他是反對合併的；他的理由是合併會把美國牽入與墨西哥戰爭。偶合得奇怪，在同一天，民主黨的競選候選總統人萬標倫也發表了一個同樣的宣言。他的反對合併是人家很知道的，克萊已經料到。克萊怕了提塔克沙斯問題，希望這樣把牠不牽入競選運動之內。四個星期之後，民主黨擧了樸爾克爲候選總統，並在政綱裏面鄭重要求『在最早可能的時間再度合併塔克沙斯，』使克萊十分驚愕，並且枉費心思。

條約之被否決　民主黨全國代表大會閉會一個星期以後，參議院以三十五票對十六票的表決，否決了該約。參議院裏面的惠格黨議員除了密士西比的漢德森(Henderson)一人以外，都是投票反對該約，贊成他們的候選總統的立場。二十三個民主黨議員當中只有十五人是贊成該約的；七人投票與惠格黨議員一致，還有一人在投票的時候缺席。民主黨內部的分裂一部分是因爲反對戴列爾，還有一部分是因爲萬標倫失敗所引起的不滿。除此以外，此項投票乃是黨派的投票，無論如何不是地方的投票。因爲自由邦的議員有五票是贊成該約的，蓄奴邦的議員有十五票是反對該約的。(五十)很奇怪，反對合併塔克沙斯的勢力與該約的失敗沒有多大關係。萬曾特與漢德森是代表塔克沙斯交涉該約的，在該約否決兩天後寫信給他們的政府說道：

從討論中的演說裏面你可看出，投票反對批准該約的人，大多數是贊成將來合併塔克沙斯的。……合併塔克沙斯的問題對於這個政府已經嚴格變成了一個民主黨與惠格黨在競爭次屆總統期內的黨爭問題，如果前黨的候選人能夠當選，我們不能懷疑在他的任內塔克沙斯能夠合併，如果塔克沙斯希望。(五十一)

合併只是延期而已

英國在塔克沙斯的利益　同時英、法對於美洲時勢的演變，並不是在那裏消極旁觀。英國為什麼反對美國合併塔克沙斯，有許多理由：第一、她不願意看見美國的疆土，財富及人口這樣大大的增加；第二、她不願意看見她有大利益所在的墨西哥共和國有被她北鄰的強國吸收的危險；第三、她不願看見美國在墨西哥海灣的勢力更根深蒂固。她的反對奴隸制度的擴展已經討論過了，這些是一般的理由。(五十二)還有一個更有力的動機無疑是這個：英國願望鼓勵塔克沙斯發展成為一個產棉的國家，以便得到大的供給，使她足以毋須倚賴美國，如果塔克沙斯這樣專心去產棉為她的主要出口品，她必然會採取自由貿易政策；如是替英國貨物打開一個大市場。英國於是可以給美國的關稅一個側面運動的攻擊；因為如果英

國貨物可以自由進入塔克沙斯，那麼就很難阻止偸運過美國邊界。(五十三)

英國阻止美國合併所取的步驟

因爲上述的理由，英國因此始終反對美國合併塔克沙斯，並且與法國、墨西哥及塔克沙斯共和國進行談判，阻止美國政策的完成。一經明瞭戴列爾立意要採取確實的辦法，以達到合併的目的，亞伯定爵士便訓令英國駐巴黎大使與基佐特(Guizot)磋商，並說既然路易菲列普的政府承認了這個新共和國，並且『兩國在美洲該部分的利益無論從那方面看來，都是一樣的，』那麼他假定法國如英國一樣，『對於使塔克沙斯不成爲一個各別、獨立的國家的任何辦法，不會袖手旁觀。』因此他提議『兩國政府應該訓令駐華盛頓及塔克沙斯的代表採取同樣的口調反對美國干涉塔克沙斯的事情，』並且『同時警告塔克沙斯政府不要給美國以任何口實。』(五十四)基佐特好像完全同意英國政府的見解，並且於一八四四年二月十日訓令駐華盛頓的法國公使，令其通知美國政府，就是塔克沙斯人民願意合併，法國『對於這種事件也不能袖手旁觀。』

法國政策與英國相同　基佐特在衆議院裏面發表了一個有趣味的宣言，說法國之所以承認這個新共和國，乃是想在比美國所能答應的較好條件上得到原料，並取得比美國較低的關稅，及獲得有價值的市場。他並且詳細解釋美洲均勢的意思，極力主張塔克沙斯有屏障美國的價值。除了這些理由之外，路易菲列普的一般政策是與英國修好的。據埃威熱特說，他覺得『如果沒有現英政府的善意，他自己的政府會倒的。』因此法國政府對於塔克沙斯的注意雖然比英國政府少得多，但是牠決意正式抗議美國合併塔克沙斯。正是在加洪簽合併條約的前後，派基阿特(Pageot)在華盛頓接到了關於抗議的訓令。他與英國公使派肯亭熟商此事，結果認為單是抗議『而不暗示更堅決的反對辦法做後盾，』不足以阻止美國政府的意向。還有，他們認為這時候取何行動勢必激起美國人民的憤慨，削弱參議員反對合併的勢力，反而不利。因此他們商定不提出抗議。(五十五)

馬飛備忘錄　一八四四年五月，亞伯定爵士與墨西哥在倫敦的代表馬飛(Murphy)有一個重要的談話。談話的備忘錄是由馬飛用法文起草的，經過亞伯定用英文修改過。重要的部分如下，亞伯定的修改，旁面加了圈，以資識別：

亞伯定爵士表示希望墨西哥承認塔克沙斯的獨立。『如果墨西哥，』他說，『對這點讓步，英國（並且我有理由相信法國在這個決意上會與她一致）便會反對塔克沙斯的合併，並且他必定努力使法、英聯合，不但保證塔克沙斯的獨立，並且保證墨西哥的邊界。反過來說，如果墨西哥堅持不承認塔克沙斯，那麼英國阻止美國合併該國的意向或許不施諸實行。』我說就是美國參議院現在否決該項條約，美國政府大概不會願意放棄合併那件事情的。對於這點，亞伯定爵士答覆說，假定英法完全同意，那麼『美國政府願意放棄這個問題與否，對於英國沒有多大關係，並且如果必要，她可以走極端以為她反對合併的後盾；但是為這個宗旨，必須墨西哥願意承認塔克沙斯的獨立，因為不然的話，她與英國在

政策上的同意是不可能的。」(五十六)

亞伯定提議聯合保證塔克沙斯的獨立　參議院不會批准該條約，不久便明瞭了。亞伯定爵士於是出來提議，如果條約被否決，英法卽與塔克沙斯及墨西哥用一種外交文書、或一種永續的條約聯合起來，保證塔克沙斯的獨立，及塔克沙斯與墨西哥彼此間所規定的邊界。這個文書，也請美國加入，但不希望美國政府同意。就墨西哥而言，亞伯定爵士說，如果她不願意加入，可以強迫她默認。路易菲列普與基佐特都聲稱法國可以加入，塔克沙斯總統休斯頓令他在倫敦的代表替塔克沙斯爲必要的保證。(五十七)

計畫的失敗由於法國的退出　不過，該項外交文書從來沒有簽訂過。依照派肯亨與派基阿特的建議，英、法決定等待美國總統選舉的結果。因此這個計畫無限展期了。可是，沒有證據說英國就有意放棄這個計畫。關於這個題目，多數的證據是引導至這個結論：法國的退出是直接負破壞聯合行動的計畫的。後面這個觀察好像被法國的時事所證實了。當法國政府的態度揭露出來時，法國國內大起喧嘩，謂對美國不忠實，並攻擊基佐特是『英國的人』，不但犧牲他本國的利益，並且促進她的老敵人英國的利益。所根據的理由是塔克沙斯終竟不是美國的便是英國的；法國所怕者乃是海上的優勢，而不是在美洲的優勢。第爾斯(Thiers)辯論說，像塔克沙斯這麼一個小國，與其讓牠獨立，不如讓牠歸入美國聯邦，因爲如果讓牠獨立，勢必受英國的操縱。如果塔克沙斯併入美國，牠會發展起來如魯易西恩那過去一樣，法國可以有她一份商務。法國的重要報紙公開指摘全個與英國聯合行動的計畫。法國報紙的態度及衆議院內的反對無疑地對於基佐特及路易菲列普有他們的影響。(五十八)

法國政府否認敵視美國　一八四四年七月美國公使金威廉(William R. King)與路易菲列普在一塊用餐，在談話當中，路易菲列普詢問爲什麼合併條約被否決了。這給了金威廉一個機會。他答覆說『因爲內部的政治關係，』該約暫時失敗了，但是合併『在不久的將來必然會實現的。』路易菲列普雖然表示他希望該少年共和國繼續獨立，但是向金威廉說法國『不會在塔克沙斯問題上對於美國進到採取敵對或不友善的行動的程度。』後來不久金威廉與基佐特有一個談話，他告訴他說他得到了可靠的報告，英、法正在計畫一個反對合併塔克沙斯的聯合抗議。基佐特『很有點興奮，如果不是躁急的話，』答覆說，這類的步驟沒有進行，法國在這個問題裏面的利益完全是商業的，與英國的利益不同，並且條約的否決現在已經把這個題目打消了。金威廉答覆說他很感謝基佐特的保證；爲防止英國操縱塔克沙斯的危險起見，非合併不可；這個見解不但是在民主黨內盛行，並且是美國大多數人民所懷抱，所以合併的計畫並沒有打消。(五十九)

加洪利用法國的否認　接到金威廉的報告之後，加洪大肆利用法國的否認。他做得好像路易菲列普與基佐特所給的保證比他們實在的意思厲害得多；並且對於英國的政策，討論了很多，意在表明牠完全是自私自利，與法國眞正的利益相反。他寫道，總統『很感佩法王的宣示，無論如何，他的政府不會採取絲毫有敵意的或給美國應該抱怨的步驟。」塔克沙斯的合併，他宣稱，「完全是時間與方式的問題。」如果和平地做成功對於有關係的各方面都有好處，包括墨西哥在內；如果擱延了，或因爲他國干涉的關係暫時失敗了，那麼大概遲早要發生一場猛烈流血的衝突。英國反對合併的動機雖然一部分是商業的如法國的一樣，但是她的主要動機有一個無疑是亞伯定爵士所表示的希望，塔克沙斯的黑奴制度或許可以廢除，並且最後結果美國的及全美洲的黑奴制度或許可以廢除。法國對於這麼一個計畫的完成，不能有什麼利益。西印第斯的解放，他說，結果是一個很費的試驗。他然後引證布勒克伍德雜誌(Black Wood's Magazine)的統計來證明英國的熱帶出產的銳減，及「沒有效法的她的國家」的相當的增加。因此她攻擊奴隸制度的目的是在「破壞因爲她自己的謬錯而勝過她的國家的能力」，以恢復她的優勢。法國及其他大陸國家之助長英國政策能有什麼可能的動機呢？是不是他們有美國、巴西（Brazil）及古巴來的熱帶產品的供給比較靠一個大壟斷國家爲好？（六十）我們不久便可以看到這個信的用處。

他爲奴隸制度辯護

亞伯定通知墨西哥英國政策的改變 同時，馬飛的備忘錄在墨西哥產生了剛與原意相反的效果。山達安那用牠來證明英國會極端援助他，並宣布他再征服塔克沙斯的意思。（六十一）同時塔克沙斯政府對於英國的提議也拖延不採取最後的行動，大概是等待美國總統選舉的結果。在這種情形之下，法國的冷淡態度使亞伯定爵士不得不改變他的政策。十月二十三日他訓令邊克赫德（Bankhead）通知墨西哥政府說，既然墨西哥政府不答應承認塔克沙斯的獨立，「在備忘錄所提出」的英、法合作已經放棄了。

不過，他宣稱塔克沙斯的合併對於墨西哥是『一個極大的罪惡』只有立卽承認該新共和國能够避免。很明瞭，亞伯定還沒有完全放棄他的政策，並且是很不願意放棄的。(六十二)

一八四四年選舉中的塔克沙斯問題　在一八四四年的總統選舉競爭裏面，樸爾克的公開主張合併有把克萊的南方部下拉去的威脅，因此在競爭進展中克萊寫信給他南方的朋友，認諾規避塔克沙斯問題。這種立場的移動雖然使他在北卡羅林那及鄧尼西佔了優勝，但是使他失掉了紐約，在那裏廢奴派的候選人得了一萬五千票以上，把克萊的票拉了過去，使樸爾克佔了五千多一點的票的多數。這次競爭是如此密切，如果克萊在紐約得勝，那麼他便會當選。

樸爾克的當選對於英法的影響　十一月二十五日，美國選舉的結果在倫敦報紙上宣布了。這個結果足以使英、法相信，如果不願冒與美國戰爭的危險，他們不能繼續他們的反對。在與英國大使一個談話裏面，基佐特說，如加洪已經暗示過，塔克沙斯的合併關係英國比法國多。對於這點，英國大使回答道：『兩國政府既然都承認了塔克沙斯，你必無疑與英國聯合，進行談判，以取得墨哥西的承認。』基佐特答覆說：『無疑，我們為這個目的將盡我們的能力，並且甚至於將拒絕承認塔克沙斯合併於美國；但是說到和平與戰爭的問題，我沒有準備說牠與美國各邦的聯合是如此重要，足以使我們去以武力阻止牠。』(六十三)

戴列爾提議以聯合決議合併　亞伯定繼續『以各種可以利用的理由及各種可行的方式，力勸墨西哥立卽承認塔克沙斯的獨立，』並且希望到底塔克沙斯或許決定反對合併，墨西哥或許聽從理性。

(六十四)但是塔克沙斯的人民最大多數是贊成合併的，而樸爾克的當選又明白表示了美國人民的願望。戴列爾沒有等待他的繼任人的就職便決意立即行動在他一八四四年十二月致國會的常年咨書裏面，他便提議以參衆兩院聯合的決議合併塔克沙斯，因爲這個方法只需要參議院過半數的通過，不需要三分之二的通過。他的咨書的附帶文件裏面有上面已經說過加洪給金威廉的信。(六十五)這個信的發表在歐洲引起了轟動，促進了英、法間的裂痕。牠並且使亞伯定相信，如果他再干涉便大概會激怒美國的輿論，導至嚴重的結果。

塔克沙斯人民表決與美國合併

合併的決議於一八四五年一月在衆議院通過了，參議院因爲邊頓(Benton)的阻礙到三月一日纔最後通過。戴列爾立即予以批准。當決議通過的消息到達塔克沙斯時，姜斯總統及國務卿斯密士還正在與法、英兩代辦公使會商與墨西哥締結一個擬議的條約的條款。塔克沙斯的人民還有選擇獨立或合併於美國的機會。塔克沙斯國會全體一致否決了擬議與墨西哥的條約，及至國民大會於七月四日開會時，便通過了一個法令同意合併，只有一票表示反對。(六十六)

甲斯汀斯密斯(Justin H. Smith)比任何研究這個複雜題目的人，費了更多的時間，更多的注意，並且檢閱了更多的文件，下了下面的結論：

總之，好像英國阻止塔克沙斯的合併是這樣急切，如果有法國的幫助，她是預備強迫墨西哥，並且與美國一戰；法國政府起初與英國一樣的願意同意果斷的政策；美國人民的決意劇烈反抗這種指揮

——這種辦法一定可以激起許多反對英國人，反對法王或基佐特的法國人士——使法國政府退縮；結果英國動搖了，後來也退縮了；所有這種國際協調的大努力結果只變成一種轉變塔克沙斯人民多數實在願望的命運的陰謀。並且有兩點，有意思，可以注意，第一是，這個事件裏面決定的要素大概是多數的美國人願意一戰，而美國國家是完全沒有準備的；第二是，在這些外交事件發生多月之後，反對戴列爾總統的人，還高聲斷言說，不但是英國沒有關於塔克沙斯的計畫在那裏活動，並且一切歐洲協調反對合併的蓄意顯然也是虛構的。(六十七)

(一) Stanwood, History of the Presidency,215.

(二) The British Empire and the United States, Chap. III

(三) Schafer, "British Attitude toward the Oregon Question," in Am. Hist. Rev., XVI, 288

(四) Garrison, Westward Extension, Chap. XI.

(五) Schafer, 281—285.

(六) Op. cit., p. 284.

(七) Op. cit., p 291.

(八) Op. cit., pp. 291—292.

(九) Ibid., pp. 293—294.

(十) British and Foreign State Papers, XXXIV, 49—50.

(十一) Ibid., p. 52.

(十二) Ibid., p. 56.

(十三) Ibid., pp. 60—86.

(十四) Cambridge History of British Foreign Policy, II, 258.

(十五) British and Foreign State Papers, XXXIV, 100—101

(十六) Ibid., p. 110.

(十七) Op. cit., XXXIV, 130

(十八) Cambridge History of British Foreign Policy, II, 259.

(十九) British and Foreign State Papers, XXXIV, 137—145.

(二十) Diplomatic Correspondence of the Republic of Texas, edited by G. P. Garrison(An. Rpts. Am Hist Assn., 1907, 1908); E. D. Adams, British Interests and Activities in Texas, 1838—1845 (1910); Justin H. Smith, The Annexation of Texas (1911), and The War with Mexico, 2 vols. (1919).

(二十一) A Century of American Diplomacy, 321.

(二十二) Principles of American Diplomacy, 350. 在一九〇五年的版本內，便有這個說法，可見摩爾這種結論乃是在外國檔案的材料沒有完全發現以前，而是研究國務部的材料的結果。

(二十三) Twenty Years in Congress, I, 40.

(二十四) Ante, p. 118.

(二十五) Manning, Early Diplomatic Relation between the United States and Mexico, 12, 277.

(二十六) Ibid., p. 277.

(二十七) Op. cit., pp. 286—288.

（二十八）Ibid., pp. 306—308.

（二十九）Ibid., pp. 312—322.

（三十）Ibid., pp. 336—346.

（三十一）Garrison, Westward Extension, 23—34.

（三十二）Richardson, Messages and Papers of the Presidents, III, 265.

（三十三）Moore, Dig. of Int. Law, I, 101.

（三十四）Barker, "President Jackson and the Texas Revolution," in Am. Hist. Rev., XII, 788.

（三十五）通信全文見 25 Cong., I Sess., House Exec. Doc. No. 40.

（三十六）Vol. LXIII, 136—140. 登有第一段。

（三十七）這個說法，我們已經指出，是不正確的。

（三十八）Niles' Re ister, LXIV, 174—175.

（三十九）Garrison, Chap. VIII; Reeves, Chap V.

（四十）Dip. Cor. of the Republic of Texas, Part, III, 1105.

（四十一）"Correspondence of Calhoun", An. Report of Am. Historical Association, 1899, vol. II, 866.

（四十二）28 Cong., I Sess., Sen. Ex. Doc. No. 341, p. 47.

（四十三）Ibid., pp. 74—81.

（四十四）Ibid., p. 27.

（四十五）Ibid., p. 38.

（四十六）Op. cit., p. 48; British and Foreign State Papers, XXXIII, 282.

（四十七）28 Cong., I Sess., Sen. Doc. No. 341, p. 50; British and Foreign State Papers, XXXIII, 236.

（四十八）British and Foreign State Papers, XXXIII, 240—245.

（四十九）28 Cong., I Sess, Sen. Doc. No. 341, pp. 1—119.

（五十）Garrison, 120; Smith, Annexation of Texas, 272.

（五十一）Diplomatic Correspondence of the Republic of Texas, Part II, 284.

（五十二）Smith, Annexation of Texas, 382.

（五十三）Dip. Cor. of Republic of Texas, Part III, 1104—1105.

（五十四）Smith, Annexation of Texas, 383.

（五十五）Op. cit., pp. 387—388.

（五十六）Op. cit., p. 389. 法文原文見 Adams, British Interests and Activities in Texas, 168—169.

（五十七）Dip. Cor. of Republic of Texas, Part III, 1154; Smith, Annexation of Texas, 391.

（五十八）Smith, Annexation of Texas, 395—399; G. L. Rives, "Mexican Diplomacy on the Eve of War with the United States" in Am. Hist. Rev, XVIII, 278—280.另一種看法見 Adams, British Interests and Activities in Texas, Chap. VIII.

（五十九）Smith, Annexation of Texas, 399—400.

（六十）28 Cong., 2 Sess., Sen. Doc. No. 1, p. 39.

（六十一）Adams, British Interests and Activities in Texas, 184.

（六十二）Smith, Annexation of Texas, 402.

（六十三）Ibid., p. 404.

(六十四) Adams, British Interests and Activities in Texas, 193–218.

(六十五) Ante, p. 265.

(六十六) Reeves, Am. Diplomacy under Tyler and Polk, Chap. VII.

(六十七) Annexation of Texas 413, of Cambridge History of British Foreign Policy, II, 254–266.

第十一章　墨西哥戰爭的外交

墨西哥斷絕外交關係　在合併塔克沙斯的聯合決議通過了幾天以後，墨西哥公使便以他的政府的名義，提出正式抗議，並請發給回國護照。同時美國駐墨西哥的公使被拒絕了一切官場的來往，逗留數月，也退出了該國。外交關係便這樣被墨西哥政府斷絕了。(一) 鑒於墨西哥外交部長以前的宣言說『如果美國通過一種法令，令併塔克沙斯爲美國領土，墨西哥一定認爲等於宣戰，』(二) 外交關係的突然斷絕是一個嚴重的步驟。但是以情形而言，這樣突然斷絕國交是沒有充分理由的。塔克沙斯的獨立，不但曾經美國承認，並且曾經英、法及其他國家承認，可是好幾年中，墨西哥並沒有作武力收復該省的努力。

樸爾克提議派一專使　塔克沙斯的合併於美國不是宣戰的原因；外交關係的斷絕在一切情形之下縱不是使戰爭無可避免的，也是使戰爭極易發生的。墨西哥既然沒有承認塔克沙斯的獨立，當然兩國間的邊界沒有協定。墨西哥還是要求全個塔克沙斯。塔克沙斯主張以格蘭德河爲她的西南邊界，合併的結果，樸爾克總統覺得是他的責任去維持這個邊界。不過在派兵進駐這個邊界以前，他決定努力恢復外交關係。一八四五年九月，國務卿布卡蘭訓令美國領事勃勒克 (Black)『去探定墨西哥政府是否願接待美國一個專使，負有全權解決兩政府間所爭執的一切問題。』(三) 對於這個獻議，墨西哥外交部長於一八四五年十月十五日答覆道：

「墨西哥全國雖深痛心於美國(三)屬於本國的塔克沙斯省的行爲，但是本政府願意接待美國政府派來負有全權的代表蒞臨本京都，用和平的、合理的、及有榮譽的方式，來解決現在的爭端……本政府第一所要求者，美國代表的使命及我們對他的接待，應該一律表現絕對的坦白，毫無威脅或壓迫的痕跡。因此，領事先生，在你通知貴政府說墨西哥政府願意接待該代表的時候，你必須深切感動牠，要牠先撤回現在泊於我們的威拉克魯港(Vera Cruz)外的全個海軍。該海軍的出現，對於接待代表的墨西哥的名譽有損，並且使口說渴望調解、和平及友誼的美國，因爲行動的關係，也公道要受矛盾的非難。」(四)

墨西哥暫時同意

斯奈德爾的任命　該項艦隊不久便退出墨西哥海面了。斯奈德爾(John Slidell)奉派爲赴墨西哥的全權專使。他的訓令是布卡蘭起草的，發出的日期是一八四五年十一月十日。(五)他所要交涉的題目，依照所列的次序，有美國人民對於墨西哥的要求，格蘭德河上游邊界的解決，及加里福尼亞的購買。美國歷史家普通都把美國人民對墨西哥的要求當做乘機虛構，這是不確的。這些要求乃是起於侵害美國人的人身和財產的暴行，曾經繼續不斷的請墨西哥政府注意。一八三七年甲克遜總統曾經把這些要求提出於國會之前，並宣稱這些要求所根據的暴行是這樣的性質，可以作爲立即宣戰的理由，但是他不願趨於極端，所以在採取報復的手段以前，他提議向墨西哥再提出要求。(六) 參議院以全體一致的表決，並得到衆議院的同意，令他提出該項要求。拖延了許久之後，墨西哥最後簽了一八三九年四月十一日的條約，將該項要求交一混合委員會去解決。及該委員會依條約所規定的任期期滿時，計已經判給了美國人的數額有二、〇二六、一三九・八元，還有三、三三六、八三七・〇五元的要求數目沒有判定。按期付了幾次利息之後，墨西哥便沒有履行償付的責任。一八四三年，曾經有再組織一個委員會以繼續第一個委員會的工作的努力，但是墨西哥政府堅持委員會應該在墨西哥開會，而美國參議院則認爲沒有道理要強迫一切有要求權的人（他們都是美國人）攜帶他們的文件和證據到墨西哥去。(七)

美國對墨西哥的要求

斯奈德爾的訓令　詳細檢討要求的問題以後，給斯奈德爾的訓令繼續說道：『世界都知道墨西哥政府現在不能以金錢的給付，來滿足這些要求。』不過如果墨西哥在格蘭德河的邊界問題上答應一個滿意的解決，美國願意承擔她的人民的要求。從該河的河口起至巴索（Paso）止，認爲塔克沙斯的要求是沒有疑問的。不過塔克沙斯國會曾經要求以格蘭德河爲界，從河口起直至水源爲止。這個邊界包括新墨西哥的一大部分。但是塔克沙斯人既然在該河上游沒有樹立統治權，美國也不認爲這個要求有效。墨於山達費(Santa Fé)流域的遙遠，及以格蘭德河爲界避免邊疆糾紛的困難，美國以爲墨西哥或許願意在公平的酬報上割讓新墨西哥的全部，因此授權斯奈德爾除了答應美國擔負美國人民對墨西哥的一

新墨西哥

切要求外，並獻議以五百萬元收買該省。不過如果墨西哥不願意割讓格蘭德河以西任何土地，斯奈德爾在墨西哥同意塔克沙斯國會所主張的界線的條件上，可以答應承擔一切要求。(八)

加里福尼亞　對於加里福尼亞的問題，訓令宣稱：『加里福尼亞的政府現在只是名義上附屬於墨西哥，墨西哥的權威將來能否再樹立起來，不僅是疑問而已。』斯奈德爾奉令須極力設法取得該省的讓與，如果邊界能從新墨西哥的極南端起，西向以至於太平洋，他可以答應除承擔要求外，出價二千五百萬元。如果他不能得到全個加里福尼亞，他可以獻議二千萬元去取得如下的界線：即自新墨西哥的西方邊界任何一點起，西向以至於太平洋，不過須把山法郎西斯科的灣港給美國。(九)

傳言英國對加里福尼亞有野心　關於加里福尼亞的訓令，開頭便說『從本部得到的情報看來，須嚴重慮到英、法在加里福尼亞都有野心。』的確，英、法兩國都在那裏催促墨西哥償付他們人民的要求，墨西哥也的確曾經承認這些要求，並且同意償付，但是沒有履行。並且的確時常有各種提議的謠言，說割讓加里福尼亞的土地，以為這些要求的清償。熟悉情勢的人，很少相信加里福尼亞會長久繼續做墨西哥的附屬地，普通的信仰都以為不落於英國之手，便落於美國之手。事實上，墨西哥政府在該省沒有什麼權威，如一個英國領事寫信給他的政府所說，『聽便任何人去佔取。』加里福尼亞的英國僑民及英國駐太平洋的海軍軍官早就催促他們的政府奪取該省，但是英國這時候很奇怪的無意於殖民地的發展，並且亞伯定於一八四四年十二月三十一日訓令他在加里福尼亞的代表，謂如果有反叛墨西哥的事變，須完全

亞伯定的訓令

取消極的態度，加添說道：

> 不過很重要，英國雖然拒絕干涉，但是加里福尼亞如果脫離墨西哥的羈絆，不應承擔任何其他的羈絆，對於英國的利益不利。(十)

同日他寫了同樣意義的信給英國駐墨西哥的公使，歸結提出了一個更詳細的訓令：

> 但是在他一方面你須勤加注意每個達到貴處關於加里福尼亞異外事件的可靠報告，特別是關於居留在該省的美國人民的舉動，他們的數目天天在那裏增加，他們在任何使該省脫離墨西哥的羈絆的事變裏面，大概要佔一重要的地位。(十一)

墨西哥獻加里福尼亞與英國　樸爾克對於加里福尼亞有獻給歐洲某國的可能的恐懼，已被事實證實其合理了。一八四六年五月，快要與美國戰爭的時候，墨西哥總統便獻議將加里福尼亞移讓與英國，以借款為交換條件。這個獻議達到英國的時候，內閣剛剛更動了。但是重回到外交部的拍麥爾斯頓沒有反亞伯定的政策而行。那時候如果接受該項獻議，事實上便等於對美國宣戰。拍麥爾斯頓的答覆是英國政府現在不願締結任何取得加里福尼亞的條約；特別是因爲根據近來的報告，好像墨西哥政府這時候或許已經失掉在該省的權威，因此其勢不能履行任何關於此事締結的協定的義務。(十二)

加里福尼亞迅速地歸美國的管轄　美國歷史家常把這種見解，說樸爾克逼迫墨西哥開戰，以便他有口實可以奪取加里福尼亞。如果不偏不倚的去檢閱關於此事的文件及其他證據，不能證明這種結論。事實上，對於歐、美多數的觀察者都很明瞭，如果和平繼續下去，加里福尼亞在數年之內便會被美國來的殖民所操縱，他們自會效法塔克沙斯的方式，使該省加入聯邦。(十三) 如果一八四四年保證塔克沙斯獨立的英國計劃沒有被墨西哥的頑固所妨礙，全個太平洋的斜平原的命運或許大不相同，因爲如果美國與英、法及墨西哥發生了戰爭，英國以其在阿利干的強鞏根據，大概席捲了全個太平洋岸。

墨西哥拒絕接待斯奈德爾　斯奈德爾曾經奉到警告，說除非他『發見有成功的希望，』不要堅持加里福尼亞的購買。他來到威拉克魯比所預期的太快，並且剛在一個對於動搖中的海列拉 (President Herrera) 政府很不湊巧的時候。再者，他的訓令的大意不知怎樣被人家知道了，海列拉因爲同意了接待他，於是被人攻擊爲賣國賊。勃勒克領事得到通知，謂斯奈德爾的出現於首都，或許要使政府被推翻，請他勸告他這時候不要離開威拉克魯，或甚至於不要登船。但是該專使已經起程往墨西哥城，並且於一八四五年十二月六日到了。（十四）海列拉於是把這個問題推給議會（Council），議會便決定了不接待斯奈德爾。提出的理由是墨西哥曾經同意接待一個代表僅談判塔克沙斯的問題，而美國卻派了一個全權專使，包含了在塔克沙斯問題沒有解決以前卽行完全恢復外交關係的意思。對於斯奈德爾的國書也提出了異議，謂他的任命沒有參議院的批准。（十五）

墨西哥政府的變動　在月底以前，海列拉政府便被推翻了，派列地斯將軍（General Paredes）做了臨時總統。這位新總統，不出所料，對美國採取了積極的敵視態度，並且公開宣誓保衛墨西哥的寸土，這當然包括全個塔克沙斯在內。（十六）當華盛頓得到政府更動的報告時，布卡蘭訓令斯奈德爾不要不向新政府要求而離開墨西哥。不過派列地斯拒絕改變他的前任的決議。提出的理由實質上是一樣的，但是牒文的措詞更加固執。（十七）

令泰洛爾將軍前進至格蘭德河　同時，自得到斯奈德爾初次的報告，說民衆反對他的接待，樸爾克總統便下令泰洛爾將軍（General Zachary Taylor）從科拍斯克利斯蒂（Corpus Christi）前進至格蘭德河，並駐紮於馬達摩洛斯（Matamoros）的對面，以阻止墨西哥人佔據左岸，他須採取守勢，不得行使美國與墨西哥共有的該河的航行權。因爲如果行使這種權利，大概要促成衝突。他不得把墨西哥當做敵人看待，除非墨西哥或宣戰或公開採取敵對行動，自居於敵人的地位，（十八）這個命令雖然是一八四六年一月十三日發的。但是直到三月八日泰洛爾纔準備離開科拍斯克利斯蒂，三月二十八日纔達到格蘭德河。一個月後有一支墨西哥軍隊渡過了河，攻擊桑頓（Thornton）率領的一隊美國兵，殺傷多人，並俘虜其餘。沒有什麼疑問，墨西哥是故意選擇戰爭的。

墨西哥人自信可操勝利選定戰爭　三月二十一日，在泰洛爾到達格蘭德河一個星期以前，斯奈德爾請予接待的請求被派列地斯的政府故意的並且最後的拒絕了，再則，墨西哥人相信他們會戰勝的，並且他們這種意見有外國的觀察者及通信員的贊助。就是熟悉情勢的軍官如伊里奧特上尉（Captain Elliot 前英國駐塔克沙斯的公使）也這樣寫道：『如果戰事延長，越過格蘭德河作戰，我相信不要什麼技能，並且不要暴露防守的軍力，而能把進攻的軍隊引入他們的根據地與軍需庫所接濟不到的極困難地位。』（十九）不但是墨西哥報紙，就是英、法的重要雜誌也時常預言美國軍力的失敗。倫敦泰晤時報譏刺地提到美國道：『以一個沒有軍隊，沒有信用（譯者按：指金融信用）的國家去侵略並征服一個廣大的區域，卻是各國歷史上一件新奇的事情。』（二十）這時候美國軍隊的數目只有七、二〇〇人，而墨西哥軍隊的數目卻有三二、〇〇〇人左右。（二十一）墨西哥人慣於革命的頻繁與夫戰事的幾於繼續不斷，因此對於自己過於自信，對於美人頗為輕視。美人以財政的談判來解決爭端的提議，在他們看來，好像是弱點的表現。

軍力的比較

墨西哥仰望反奴隸派及外國干涉　墨西哥人以為泰洛爾的軍隊不行，所以急於進攻。美國一般的沒有準備，反奴派的反戰，以及歐洲的干涉，也在他們預計之中。英、法之反對美國合併塔克沙斯及美國一般的發展，那是大家都很知道的因此墨西哥人相信只要打一兩個勝仗，英法便會出來干涉他們希望英國干涉的根據大半基於阿利干的爭端。英國已經拒絕樸爾克以四十九緯度成立妥協的提議，並且樸爾克致國會的咨書，使他以和平方法解決該項爭端似乎成爲不可能。事實上在倫敦的墨西哥代表有報告說亞伯定爵士願意見墨西哥與美國戰而勝。(二十二)戰爭開始以後不久，阿利干爭端便出乎意料解決了，於是英國立卽干涉的希望便告斷絕。但是墨西哥人仍希望戰勝，就是泰洛爾初期的勝利也沒有完全把他們以爲美國軍力低劣的幻想掃除。

山達安拉的回來　不過因爲軍事的挫敗，派列地斯被推翻，山達安拉又從亡命回來。樸爾克認爲山達安拉的重握政權會致力於和平，因此派了一個密使往哈伐那（Havana）與他會商。提議的條件是以鉅額現款購買新墨西哥及加里福尼亞，並與墨西哥永保友好的關係。如果山達安拉重握政權的時候願意談判，總統願立卽停止軍事行動，並派一公使前往。山達安拉對於這些提議的回答很懇切，但是內容很空泛。樸爾克總統便下令在威拉克魯海面的封鎖艦隊的司令讓他過去。(二十三)不管他的意向原來是怎樣，當山達安拉到達墨西哥時，他發見人民更比以前傾向戰爭，並且他自己的權力的政治基礎是如此不穩固，他不久便斷定他的唯一安全的方法是統率軍隊。九月十七日他被任爲『解放軍』的總司令的時候，他宣言：『在北方每天過去而不戰爭，對於墨西哥是一百年的恥辱。』(二十四)樸爾克被騙了，失望了，不得不準備比他所預料更長久的戰爭。

美軍佔領加里福尼亞　同時，基爾尼大佐（Colonel Kearny）領導的遠征隊已經佔取了山達費，正在往加里福尼亞之途中。當他到達該省時，他發見海軍副少將司托克頓（Commodore Stockton）統率的美國艦隊已經佔取了山法郎西斯科及滿特列（Monterey），大多數的墨西哥駐防軍已經被驅出境了。這個結果是海軍與佛利滿上尉（Captain John C. Frémont）所募集的一小隊美國兵的聯合力量做成功的。佛利滿帶了五六十名兵士，橫過大陸，從事於探險的遠征，目的在尋出由密士西比到太平洋的陸路。於是加里福尼亞與新墨西哥的廣大區域，以數百人，費力不大，而喪失生命很少，便得到了。

斯高塔遠征墨西哥城　泰洛爾的勝利以及新墨西哥和加里福尼亞的征服都沒有使墨西哥政府到採納和平提議的地位，樸爾克於是決定派一遠征隊從威拉克魯進攻墨西哥城。泰洛爾是一個惠格派，他的勝利使他聲名大震，他的名字已經被舉在候補總統之列了。樸爾克因此決定把新遠征的任務委給另外一個將軍。但是因爲在軍隊中沒有民主黨人够資格可以做司令，他感覺到困難。最後他選了另外一個惠格黨人斯高塔將軍。斯高塔統率的遠征隊有一萬二千人，於一八四七年三月九日在威拉克魯登了陸，三個星期之後便壓迫該城投降了。雖然沒有完全準備好立即前進，斯高塔決意將他的軍隊迅速調開海岸，以避開卽將來到的黃熱病的季候。四月中旬在西羅哥多（Cero Cordo）大戰三日，他打敗了山達安拉。一個月後他前進佔取了浦布拉（Puebla）。山達安拉退入墨西哥城。斯高塔爲改組他的軍隊起見，軍事行動不得不遲緩，因此他覺得很困難。他的軍隊有三分之一的服役期滿了，他必須送遣些人回去，等候新的志願兵的來到。

他的訓令

屈利斯特的使命　現在開始美國外交史上最希奇的一場談判。泰洛爾二月在布拉威斯達(Buona Vista)的光榮的勝利，及斯高塔三月之取得威拉克魯使樸爾克相信墨西哥會歡迎和平。在他前此的提議被拒絕之後，又無墨西哥當局是否願意的確實消息，他無意任命一個公使，使美國再有被拒的可能，但是他決定派一『深知政府的見解的密使，』前往軍隊的大本營去，『負有與墨西哥政府締結和約的全權，如果牠（墨西哥政府）願意的話。』他選了國務部的主任文書屈利斯特(Nicholas P. Trist)去擔任這個使命。屈利斯特是一個態度和藹的人，與政界的人物及政事有長久的關係。他在甲茀遜底下讀過法律，並且與他的孫女結了婚。他在哈伐那做過領事多年，西班牙文說的很流利。(二十五)他的訓令是布卡蘭於一八四七年四月十五日起草的，並且附了一個條約的計畫，要他獻議至多以三千萬元收買新墨西哥與下加里福尼亞，至於美國人民對於墨西哥的要求則由美國承擔，不過墨西哥須許與美國及牠的人民有通過德黃特派克(Tehuantepec)地峽的權利。下加里福尼亞的取得及通過德黃特派克地峽之權，不是不可缺少的和平條件，但是訓令聲述道：

以不得超過二千萬元的代價，擴張我們的疆域包括新墨西哥與上加里福尼亞，是任何條約不可缺乏的條件。如果需要，你可修改或除去別的條款，但是不能違反這個最後通牒。(二十六)

對於屈利斯特的權力的誤會　擬議的條約一經墨西哥政府接受及批准，屈利斯特卽須將這種事實通知美國海陸軍的司令；同時他得知陸海軍部長已經下命令給各司令於得到這種通知後立卽暫行停戰。麥西(Marcy)給斯高塔將軍的快信的措詞給斯高塔對於委任屈利斯特的權力，發生一個完全錯誤的印象，引起這位老將軍的大怒。該信措詞如下：

屈利斯特君奉有與墨西哥政府締結停戰協定的外交權力。如果他以文字通知你，因事總統願意停止軍事行動，你須把這種通告當作總統停戰的命令，以待本部的命令，除了敵人繼續戰爭或再起釁以外。(二十七)

權威的衝突　這個命令，就牠本身與屈利斯特的訓令（該項訓令沒有寄給斯高塔）分開來說，實際上使這位司令將軍聽命於『國務部的主任書記』（如斯高塔在他致屈利斯特的一個信內所稱。）斯高塔聲稱，鑒於軍隊深入敵國的危險地位，他在軍事問題上如停戰之類，將不承認屈利斯特的權威，除非屈利斯特在軍事上的資格與在外交上一樣，在他的上面。『在這種特別的情形底下』，他添說道，『在你的談判中，如果敵人接受你的提議，我要求你將該問題（卽停戰問題）諉諸於我，因為一切的安全都與

牠有關。』(二十八)

斯高塔上訴於陸軍部長　斯高塔將他與屈利斯特的通信寄了給陸軍部長，麥西的答覆很長，責他輕率地誤解了命令，要他注意屈利斯特所帶的信其中令他將該信送與墨西哥的軍司令的一段，並且須告訴墨西哥的司令說，有一個國務部的官吏其『資格僅次於國務卿，』在他的司令部。所以原來的意思，除了經斯高塔的手外，並沒有要屈利斯特向敵人提議，並且關於停戰的命令須墨西哥政府將條約實在簽字及批准以後纔能發生效力。(二十九)

和解成立　這個誤會是由於屈利斯特。他於一八四七年五月六日到了威拉克魯，便把麥西的命令，連同布卡蘭的封着的公函，送了給斯高塔，另外並寫了一封不圓通的信請斯高塔把公函送與墨西哥政府。這個斯高塔拒絕不幹，並將公函退回給屈利斯特。屈利斯特與斯高塔繼續爭論有兩個月之久。他們既然不和，所以彼此以乖氣的信相報，並且把他們的事情上訴於華盛頓的上司。總統很不高興，說要把他們兩人都撤回，但是內閣勸他說這樣做法是一個壞政策。六月末，屈利斯特與斯高塔諒解了，他們的關係變成很誠懇的。斯高塔寫信給麥西說他發見屈利斯特是『能幹的，慎重的，有禮貌的，並且和藹可親的。』屈利斯特也寫信給布卡蘭說，他『完全誤認了』斯高塔的人格。兩人都請求將關於爭論的通信廢除。(三十)屈利斯特七月七日的信就從來沒有接到，而斯高塔有好幾個星期也沒有信給陸軍部長，所以和解是怎樣成立的，不知道。(三十一)

屈利斯特與山達安拉談判無結果　在爭辯的時候，屈利斯特請英國公使邊克赫德將斯高塔拒絕送出的公函轉交與墨西哥政府。(三十二)邊克赫德答應照辦，並且於數日之內便接到了一個答覆，說和平談判的問題須提交墨西哥國會。山達安拉設法使國會來負准許談判的責任，但是國會規避這種責任，沒有採取具體的行動便閉會了。(三十三)山達安拉然後派了密使，告知屈利斯特說，如果他立即給他一萬元，並且答應條約一經墨西哥批准再付他一百萬元，他便可派代表立即與屈利斯特會商。屈利斯特把這個提議送給斯高塔看（他與斯高塔近來和好了。）斯高塔便在他的秘密費中提付一萬元。但是山達安拉的將官們反對談判，他便遲疑起來了。同時斯高塔繼續向墨西哥城前進，還是希望山達安拉願意談判。八月二十日他擊敗墨西哥人於康托利拉斯（Contreras）及屈拉布斯哥（Churubusco）之戰，勸令該城投降。

休戰條約簽字了但墨西哥未遵守

為避免攻城起見，山達安拉請求休戰，於是一個短期的停戰協定便於八月二十四日簽字了。在接着的談判當中，屈利斯特驚悉墨西哥人寧願談判決裂，堅持不放棄格蘭德河與紐塞斯中間之地。他提議將停戰展期四十五日，以便他可以將這個問題請示華盛頓。這是直接違反了他的訓令，因為他的訓令把格蘭德河邊界當做不可缺少的條件。及至山達安拉覺得如果他接受美國的要求便不能不犧牲他在軍隊與人民中的勢力時，他便開始加強該城的防衛，並在其他方面破壞停戰協定。對於斯高塔之要求解釋，他以含有敵意的口調答覆，用意在激起墨西哥人。於是戰鬪復起了。這時候一般對於停戰的意見是（就是華盛頓當局也然）屈利斯特與斯高塔完全受了山達安拉的騙，山達安拉想拖延時候，以便收拾他的散兵並加強他的防禦。山達安拉無疑地想要和平，但是他愛政權，怕亡命，怕死，所以對於政敵的嘲罵讓步，決定不顧一切再戰。（三十四）

屈利斯特被召回

山達安拉的推倒及談判的重開　戰端於九月八日復開了，到了十三日美軍便猛攻夏普塔貝克（Chapultepec）的自然要塞，並佔領之。這一戰是全個戰爭裏面最猛烈的。次日，墨西哥城便破了，山達安拉的軍隊也四散了。他不久便辭了總統之職，前外交部長彭那（Peña y Peña）因為摩德拉多黨（Moderado Party）的請求，勉強就了行政元首之職。彭那在憲法上的地位是有問題的，並且政治情勢很混亂。他最後決定談判，並且通知屈利斯特他將派出代表，但是因為十一月二日墨西哥國會的召集又被擱延了。在屈利斯特沒有會見該項代表以前，他於十一月十六日接到了布卡蘭十月四日的信，說鑒於他初期談判的失敗及墨西哥政府對於停戰的棄信，總統得到這個結論：就是他繼續在軍隊裏面沒有好處，並且或許反有大的害處，使墨西哥人易起妄想。因此他須在第一個安全的機會回國。在結論中，布卡蘭說道：

如果在這個信達到貴處以前，你已經訂了一個條約（這是不在預料中的，）你須將這個條約帶回美國，以供總統的考慮；但是如果這個信到達的時候，你正在與墨西哥代表談判，這種談判須立即停止；但是你須告訴他們，他們或許已經提出或將提出的條件，在你回國後即將呈交總統。不過你不要因為等候這些代表的條件，以便帶回國來，而致延誤你的起程。（三十五）

屈利斯特的行程的擱延　當屈利斯特接到這個信時，他沒有別的意思，只有服從召回的命令，但是他的起程因爲兩種原因擱延了：斯高塔不能省下一支軍隊護送他到海岸，並且在軍法審問皮羅將軍(General Pillow)時需要他作證。他寫信告訴了布卡蘭這點，並同時表示要墨西哥當局派代表往華盛頓，不但對於和平派有不幸的影響，並且完全是不切實際的辦法。因此他力勸布卡蘭派代表立即來墨西哥。(三十六)

決定不顧召回的命令　同時候，他認爲宣布他的召回是不智的，因爲恐怕宣布了對於和平派有不幸的影響，但是他請求暫行代理英國使館的桑頓通知墨西哥當局，並且告訴他們說他們提出的任何提議將立即由司令將軍送往華盛頓。當桑頓回來時，他告訴屈利斯特說與他會商的代表已經委任了，彭那對於須在華盛頓求和的意思表示大爲失望和關心，並且他相信當時在權的黨很誠意希望和平。與斯高塔會商之後，屈利斯特最後決定不服從召回的命令，而與墨西哥代表談判。在一八四七年十二月六日給布卡蘭的一個長信裏面，他把他所以如此決定的理由基於下列信念：

提出的理由

第一、和平仍是我政府所希望；第二、如果不立卽抓住現在的機會，那麼將永遠失掉締結條約的機會；第三、這（我所提議的邊界）是墨西哥政府所敢做的極度點。我又聲說，我政府之所以決意撤回由

我談判的提議，乃是基於與該國實在情形完全相反的想像的局勢。(三十七)

嚴重的危機　這個決定需要高尚的勇氣。就是談判圓滿，如事實所證明，也難希望逃避樸爾克及布卡蘭的憤怒，因爲他故意違反他們的命令，並且在他的權力撤消以後，與敵人進行談判，他犯了美國的刑法；如果得不到一個滿意的條約，勢必被控無疑。危機比他所想到的還嚴重，因爲大約這個時候墨西哥人在美國報紙上得到了一種印象，以爲惠格黨主張的條件比屈利斯特提議的寬和，並且對於英國袒護墨西哥的希望又死灰復燃了。因此墨西哥人把談判擱延起來，但是新英國公使祝夷爾（Doyle）的來到把英國援助的希望消滅了，因爲他不久便告訴了他們，說他們所能希望於他的政府者只有出來調和而已。事實上祝夷爾與桑頓已盡能事爲和平開路。(三十八)

葛達魯普希達哥條約　再度拖延之後，和平談判最後開始了。條約是於一八四八年二月二日在葛達魯普希達哥（Guadalupe Hidalgo）的城外簽字的。牠的主要規定是與差不多一年前屈利斯特動身時所奉的訓令與計畫相符。美國得到新墨西哥與加里福尼亞，界線從格蘭德河口起上至該河的中游，以達新墨西哥的南方邊界，然後西向沿着那個邊界至牠的西端，然後北向至基拉河（Gila River）的第一支流，然後下至該支流及該河的中游以至科羅拉多河（Rio Colorado），然後循着上、下加里福尼亞的分界線以至太平洋。美國爲償付這種邊界的擴張，同意付與墨西哥一千五百萬元，並承擔她的人民的要

求。(三十九)

樸爾克主張批准　這個條約帶至華盛頓，非常快，在二月十九日便交給總統了。同時發生了一種強烈的感覺，以爲對待墨西哥太寬，應該要求更多的土地。平克羅夫(Bancroft)表示這種意見，說美國應該以合併的方法，「把墨西哥的一大部分從無政府狀態中救出來，」喀斯甚至於談到把全個救出來。與他的內閣會商之後，樸爾克決定屈利斯特的不規則的行爲與問題沒有實際的關係，於是在二月二十二日他便把該條約交了給參議院，並建議准予批准，不過附了幾點修改。起初參議院對於該約是嘲笑與侮蔑，並請求總統「將屈利斯特與墨西哥代表的全個通信祕密交與參議院。」總統依從這個決議的時候，再表示了這個意見，以爲該條約應予批准，雖然「屈利斯特君有可反對的行爲。」西南的合併主義者反對該約，認爲取之於墨西哥者太少；新英格蘭的反對合併主義者也反對該約，認爲取得太多。就後面的一派想法，以爲美國已經是太大了。外交委員會想要拋棄該約，認爲是一個已經失掉信用的代表的工作，並派一顯赫的委員團去另外交涉一個條約，但是樸爾克不客氣的告訴他們說，這「比無聊的禮節還不如。」

參議院同意　美國人民要和平，並且參議院已經知道否決該約便會陷墨西哥於絕大紛亂，並使和平無由實現，便於三月十日以三十八票對十四票的投票通過批准，不過有所改正。第十條關於墨西哥在所割讓的區域內的土地讓與，因爲在屈利斯特的訓令裏面沒有授權，所以刪除了；另外一個關於在某種情勢之下批准交換展期的條款也取消了。(四十)

歐洲對於條約的條件溫和頗驚異　戰爭的進行，不違人道；和平的談判，不離寬厚。歐洲對於加予墨西哥的溫和條件，及從一個唾手可得的財源富饒的國家裏面撤退勝利的軍隊，頗為驚異。一個國家極少表現這種自制的精神。美國軍隊的空前成就沒有搖動樸爾克的立場。民衆喧嘩反對把國旗放下，這種不智的輿情在半世紀之後影響了麥金萊(McKinley)對於保有菲列賓的決定，卻是沒有影響樸爾克。不過樸爾克不能寬恕屈利斯特，也沒有以公道待他。條約雖然接受了，但是交涉的人甚至不予以交換批准的機會，反被罷黜回國不復任用，甚至連從第一次召回他的時候起的薪水也不給與他。不屑堅持他的要求，不久便默默無聞了。有二十多年他沒有得到公道的待遇。最後，他已經是一個老弱的人了，國會纔撥款償付他的要求，格蘭特總統派了他做維金尼亞的亞歷山德利亞(Alexandria)的郵務局長。(四十一)

屈利斯特得到不公平的待遇

該約後來發生的糾紛

葛達魯普希達哥條約有三條引起了外交的爭端。該三條是：第五條規定邊界及其測量；第六條關於沿基拉河建築一條運河或鐵路的保證；第十一條美國承擔阻止印地安人侵入墨西哥土地及交還印地安人捕虜墨西哥的人民的義務。當邊界委員，經過多次的擱延，於一八五〇年十二月在愛爾巴索(El Paso)會商時，因為發見條約裏面所說狄斯頓納爾(Disturnell)的墨西哥地圖是不正確的，於是陷於長久的討論。該圖置愛爾巴索於緯線三十二度十五分，但是依據天文學的觀察，牠是在緯線三十一度四十五分。問題是新墨西哥的南境邊界應否依照緯度而定，抑是依照地圖所標出在愛爾巴索以北八英里而定。墨西哥代表康第(Condé)拒絕接受地圖所標出之線，美國代表巴特列特(Bartlett)最後同意一個折衷的辦法。美國測量員格列中尉（Lieutenant Gray）因爲有病遲到，等他到了之後，他拒絕接受巴特列特—康第的妥協辦法。因爲他的權力與委員的權力相等，所以該問題呈到華盛頓。費爾摩爾（Fillmore）總統依據內務部長司徒亞特（Stuart）的建議，維持巴特列特—康第的妥協辦法。但是國會中的民主黨議員，在塔克沙斯與加里福尼亞的參議員的領導下，反對這個妥協辦法，並要求調查巴特列特的行爲。爭執的區域名爲麥西拉流域（Mesilla Valley），有五六千方英里之廣，牠在農業上的價值是不關重要的；如果不是與橫貫大陸鐵路的問題有密切關係，牠的喪失不會激起政治的糾紛。（四十二）

麥西拉流域

橫貫大陸鐵路的計畫　加里福尼亞在合併以後不久之發現金礦，及向太平洋岸殖民的急進，引起了社會對於橫貫大陸鐵路的問題的興趣。最初主張這個計畫的人是紐約的惠特列（Asa Whitney）。他早在一八四五年便主張修一鐵路，從各大湖向西走。並由國家撥給土地。同時南卡羅林那鐵路公司（South Carolina Railroad Company）的會長加斯登（James Gadsden）在一八四五年孟非斯公會（Memphis Convention）裏提出了一個對峙的計畫，依着南方路線修一鐵路。（四十三）皮爾斯總統（President Pierce）的民主黨政府，大半爲陸軍部長台維斯（Jefferson Davis）所操縱，台維斯對於南方路線是大有興趣的。巴特列特—康第之線迅速地被否決了，加斯登被派爲赴墨西哥的公使，以便謀得一個較好的邊界。他的被委任乃是出於台維斯。台維斯在他沒有奉到國務卿麥西的官場通知以前，便告訴了他的委任。（四十四）

加斯登的使命

加斯登的使命的目的　加斯登的使命的目的，如麥西一八五四年七月十五日的訓令所聲述，乃（一）是謀取基拉河以南的土地使美國有一條可用的鐵路路線；（二）解除第十一條的義務，因爲墨西哥給與該條的解釋是美國必須賠償印地安人侵略所爲的一切損失；（三）解決兩政府彼此間的一切要求。（四十五）

山達安拉需錢用　山達安拉新近由亡命回來了，並且以最大多數的投票又當選爲總統了。他很需要錢用。加斯登到了不久寫信給麥西說，重要的問題在付錢的多少而不在割地的多少（四十六）加斯登奉到命令，獻議五千萬元收買下加里福尼亞及科輝拉（Coahuila）、齊華華（Chihuahua）及桑洛拉（Sonora）各邦的北部，如果割地較少，則付價也爲比例的減少。（四十七）渥克爾（William Walker）剛在談判開始以前的侵略下加里福尼亞，在墨西哥人中引起了一種感情，對於加斯登的使命很不利。不過他達到他的主要目的——取得足夠修一鐵路的土地。條約規定墨西哥割讓基拉河以南的土地，但美國須酬償墨西哥一千五百萬元。這叫做『加斯登的購買』。條約於一八五三年十二月三十日簽字了，卻是到達華盛頓的時機很不湊巧。全國正注意於堪薩斯—奈布拉斯加法案（Kansas-Nebraska Bill）該約遭受反奴隸派的參議員及主張北方鐵路線的參議員的反對。該約修改了好幾個地方，償付的數額減爲一千萬元。在這種形式之下，該約送回了給墨西哥，山達安拉需錢極亟，條約最後批准了。（四十八）

『加斯登的購買』

（一）Messages and Papers of the Presidents, IV, 388.

（二）Reeves, 157.

（三）29 Cong., I Sess., Sen. Doc. No. 337, p. 8.

（四）Ibid., p. 12.

（五）30 Cong., I Sess., Sen. Doc. No. 52, p. 71.

（六）Messages and Papers of the Presidents, III, 278.

（七）Moore, Dig. of Int. Arbits., II, 1245; 30 Cong., I Sess., Sen. Doc. No. 52, p 74.

（八）30 Cong., I Sess., Sen. Doc. No. 52, p. 78

（九）Op. cit., p. 79.

（十）Adams, British Interests and Activities in Texas, 248.

（十一）Op. cit., p. 249.

（十二）Ibid., p. 263.

（十三）Smith, The War with Mexico, I, 325—327.

（十四）29 Cong., I Sess., Sen. Doc. No. 337, pp. 17—18.

（十五）Op. cit., p. 19. 他是在參議院閉會期中任命的。

（十六）Smith, The War with Mexico, I, 98—101.

（十七）29 Cong., I Sess., Sen. Doc. No. 337, pp. 54—61.

（十八）這個一八四六年一月十三日發表於 29 Cong., I Sess., Sen, Doc. No. 337, p. 82.

（十九）Smith, The War with Mexico, I, 107.

(二十) Ibid., p. 109.

(二十一) Ibid., pp. 139, 157

(二十二) Op. cit., I, 114—115.

(二十三) Ibid., I, 201—203.

(二十四) Op. cit., I, 218—224.

(二十五) 關於屈利斯特的使命，閱McCormac, James K. Polk, 487—554.

(二十六) 30 Cong., I Sess., Sen. Doc. No. 52, pp. 81—89.

(二十七) Op. cit., p. 119.

(二十八) Ibid., p. 120.

(二十九) Ibid., p. 121.

(三十) Op. cit., pp. 135, 302.

(三十一) Reeves., American Diplomacy under Tyler and Polk, 314—317; Smith, **The War with Mexico**, II, 128—130.

(三十二) 30 Cong., I Sess., Sen. Doc. No. 52, pp. 181—185.

(三十三) Ibid., p. 302.

(三十四) Smith, II, 137—139.

(三十五) 30 Cong., I Sess., Sen. Doc. No. 52, p. 93.

(三十六) Ibid., pp. 228—230.

(三十七) Op. cit., pp. 231—266.

（三十八）Smith, The War with Mexico, II, 237—238.

（三十九）(Malloy) Treaties and Conventions of the United States, I, 1107.

（四十）30 Cong., I Sess., Sen. Doc. No. 52, pp. 1—66; Smith, The War with Mexico, II, 243—248.

（四十一）41 Cong., 2 Sess., Sen. Rep. No. 261, July 14, 1870; U. S. Stat. at Large XVII, 643, Act of April 20, 1871. 撥付 $14, 559. 90 作爲薪金、治裝及臨時的費用。

（四十二）P. N. Garber, The Gadsden Treaty, 11—17.

（四十三）Ibid., pp. 17—18.

（四十四）Ibid., pp. 74—81.

（四十五）Op. cit., pp. 83—85.

（四十六）Ibid., p. 89.

（四十七）Ibid., pp. 91—92.

（四十八）Ibid, pp. 109—143; (Malloy) Treaties and Conventions, I, 1121.

第十二章　古巴與顯然的命運

古巴問題的緣起　古巴問題與南美獨立問題一樣，起於拿破崙之侵略西班牙，及其結果西班牙在美洲權力的喪失。門羅總統的宣言，加之以英國的明顯態度使西班牙恢復南美的希望受了一個致命的打擊。因此仍然忠於西班牙王的古巴與樸陀利科(Porto Rico)兩島更被堅持不放，認爲是弗丁蘭與伊沙伯拉(Isabella)的繼任者三世紀來所統治的帝國領土的僅存碩果。『永遠忠誠的古巴島』因爲她的忠誠得到相當的通商自由，並被邀派遣代表出席國會(這種特權後來撤消了)，以資酬報。西班牙現在要保護她的兩個西印度附屬地——她以前的光榮的僅存碩果——未免太弱，但也就是因爲她衰弱纔能保有他們。號稱『安地列斯羣島(Antilles)的眞珠』的古巴，其在海軍上與商業上的重要，使牠成爲一種太有價值的競爭物，如果有一大海國想要攫去便要遭其他大海國的嫉妬與反對。自此以後，借當代一個新聞記者的比喻來說，古巴是大西洋彼岸的土耳其，震顫欲倒，但是爲急欲分贓者所維持。

該島地勢的扼要　因爲古巴扼住西印第斯與中美各國的大部分商務，及密士西比河流域的貿易(與美人特別有關，)所以地勢頗爲重要，早就爲歐、美的政治家所注意。在一八〇九年致麥地生總統的一個信裏面，甲弗遜談到拿破崙關於西班牙美洲的政策，說道：

他會放棄佛洛利達去制止與這些殖民地的殘餘的交通，都是不能懷疑的。但是那不是值得競爭之物；因爲在第一次戰爭一開始的時候，他們（譯者按：即指東、西佛洛利達）便是我們的；除非有戰爭，他們纔對於我們有特別的需要。但是他爲阻止我們援助墨西哥及其他各地起見，會答應（雖然不無難色）我們把古巴併入我們的聯邦。這是值得競爭之物，我便會立即在古巴的南極端樹立一個碑，上面刻着我們在那方面『以此爲止境』的字樣。(一)

美國政策的首次宣示

麥地生總統在一八一〇年十月三十日致威廉賓克列的一個信裏面，發表了他對於古巴問題的見解：

古巴的地位使美國甚至對於該島的命運發生深切的注意，雖然美國沒有什麼活動，可是不能坐視牠落於任何歐洲政府的手裏，以便他們利用那個地位來妨害美國的商務與安全。(二)

在古巴政策的演變裏面這是第一次的聲述，美國堅持不懈，直至墨西哥戰爭成功纔添入聯邦較大的使命及運命的觀念。

英國計畫的報告　早在一八一七年，美國公衆的腦筋裏面對於古巴的運命，就起了恐懼，因爲報紙報告說英國曾經提議放棄她爲在半島戰爭（Peninsular War）期中維持英國軍隊的費用（數達一千五百萬金鎊）對西班牙所提出的要求，而以取得該島爲交換條件。(三) 關於這類的報告，在大西洋的兩岸傳布了好幾個月，但是這個問題直到一八一九年與西班牙正在談判割讓佛洛利達給美國的時候，纔成爲很重要。那時英國的報紙，堅持如果美國取得佛洛利達，勢必在西印度有一種優越的勢力，故英國必須佔領古巴，纔是自然的唯一的抵制，(四) 佛洛利達條約在相當的擱延以後批准了。這種擱延可不是如當時所假定是由於英國政府的作祟。英國報紙仍然繼續用激烈的語言非難該項條約，並指責他們的政府沒有藉口攫取古巴。

英國對佛洛利達條約的反應

英國艦隊行動犯嫌疑　一八二三年法國正在準備進攻西班牙，古巴的命運遂成爲美國最注意的問題。很少希望該島能繼續爲西班牙的屬地。謠傳爲英國已答應供給西班牙憲政府的錢，與法國作戰，並佔領古巴以爲償還的擔保。西班牙與法國的報紙都說英國之佔領古巴再毋庸其懷疑，並且大隊英國海軍在西印第斯的出現，名義上雖是去勦海盜的，但好像給報告以一種逼眞的色彩。(五) 英國報紙大聲疾呼主張攫取古巴。派克特報（Packet）宣稱：「問題現在是如此，英國佔據古巴，抑讓美國（久已希望）取得古巴而犧牲她的全個西印度貿易？答覆是不能有懷疑的。」

英國政府否認對古巴的一切計畫　不過英國政府正式否認了對古巴的一切計畫，但是這種否認沒有完全使美國政府放心。美國政府訓令牠駐外的代表，密切調查西班牙與英國間的一切談判。一八二三年的春天，勤爾遜（Nelson）繼福西斯做了駐瑪德里廷的公使。在他致新公使的訓令裏面（訓令非常長，並且差不多完全關於古巴問題，）昆西亞丹姆斯有下列可以注意的話：

昆西亞丹姆斯的見解

『瞻望將來半世紀大概的局勢，好像很難不信古巴的合併於我們的聯邦共和國，對於聯邦本身的繼續與完整是不可缺少的。』我們那時沒有準備合併他，繼續說道，『但是那裏有政治的吸引力的法則與物質的吸引力的法則一樣；如果一個蘋果被狂風雨從本樹拆開，牠不能選擇別的辦法，只有跌落地上；古巴猛然脫離牠自己與西班牙的不自然的關係，也只能傾向北美聯邦，而北美聯邦根據同樣的自然法則，也不能丟開她。』（六）

門羅總統徵求甲茀遜關於西班牙美洲問題，及因此容易引起與歐洲國家的糾葛的意見。甲茀遜於一八二三年六月十一日答覆道：

門羅的意見

現在好像只有古巴對我們是一個戰爭的導火線。如果牠為英國所有，的確對我們是大不幸。如果我們能勸她與我們聯合保證牠對全世界（西班牙除外）獨立，那麼就差不多可以當做我們自己的一樣的有價值。但是如果她取去，我不願立卽與之戰爭；因為一旦因別的事情發生戰爭，牠仍將為我們所有，並且該島到了牠能力充足的時候，也會自願歸於我們。（七）

法國干涉古巴的危險　一八二五年夏天有一大隊法國軍艦來到西印第斯在古巴海岸徘徊有幾個星期。法國政府這種行動沒有解釋，引起了英、美兩國的恐慌，及康寧與克萊的強硬抗議。康寧寫信給英國駐巴黎公使格蘭威爾（Granville）說，他不能同意法國佔領哈伐那，就是佔領是防止墨西哥與哥倫比亞的可能攻擊亦然。（八）兩個月後他又寫道：

至於古巴，你不能太快，當然也不能太客氣，向威烈爾（Villèle）表示我們絕不能讓法國（我想法國也不能讓我們）去干涉該殖民地內部的事情。我們誠心希望牠仍屬於母國，次之我希望牠獨立，單獨的獨立或與墨西哥聯合的獨立都行。但是絕不能，絕不能絕不許歸任何任大海軍國所有。美國人對於這個事情的想法與我一樣。（九）

國務卿克萊的宣言　美國對於法國計畫的表示與英國一樣的鄭重。克萊宣稱『我們無論在什麼情形之下，不能同意任何歐洲國家佔領這些島。』（十）

康寧提議三國協定　在這個時候，康寧希望英、法、美簽訂『政府牒文，一個法、美間的牒文，一個法、英間的牒文，或一個大家共簽的三個牒文，各自否認無意佔領古巴，並由其餘兩國抗議其中一國的佔領。』

（十一）美國政府對於這個提議准予考慮，但是法國予以拒絕，結果這個提議是放棄了。（十二）一八二六年恐怕葡萄牙被攻擊，康寧主張如果有這種攻擊便由英國立卽擭取古巴，認爲這種辦法比半打半島戰爭還要來得有效。（十三）

古巴問題在國會裏面　美國行政方面提議派遣代表去參加一八二六年在巴拿馬聚會的西班牙美洲共和國的代表會議。爲這個提議辯論了很久，於是牽涉到古巴問題。這個辯論在一八二六年的冬季與春季佔據了國會的注意，並且參加的很熱心。反對派遣代表有一個主要的理由便是古巴與樸陀利科的問題，一定會提出討論，但是美國政府關於這個題目的態度，已經向外國聲明了。參議院外交委員會的報告宣稱：

> 古巴與樸陀利科的局勢就最可誘導美國不去參加該項擬議中的會議，因爲去參加便無異改變向來旁觀者的態度，而與各新共和國一致。（十四）

南方議員的態度　南方議員們不但聯合反對派遣代表參加，並且反對與各新共和國有何更密切的同盟；理由是各新共和國採取了解放奴隸的原則，他們的勢力再擴大，便會妨害美國的奴隸制度。爲着同樣的理由，他們反對把古巴移轉給任何其他的歐洲國家。如果古巴與西班牙的關係有改變的必要，他們贊成由美國去合併。在這期間他們是強硬反對政府與外國締結任何條約，或對於古巴問題表示任何足以拘束自己的行爲的態度。(十五)

在甲克遜總統與萬標倫總統時代，對於克萊反對英、法干涉古巴事情的宣言，是始終遵守的。

國務卿福西斯向西班牙保證古巴　一八三八年至一八三九年，英國政府派了專員去調查古巴與樸陀利科的奴隸貿易情形。這些專員的來到古巴，便引起了各種報告說英國想改革該島或至少佔據牠，以便禁止奴隸貿易。美國於是告訴西班牙說，美國一定不同意英國的統治，不管這種統治是如何成就的。福西斯在一八四〇年七月十五日寫信給我們駐瑪德里的代表維爾(Vail)說道：

你去向西班牙政府保證說，任何企圖，不管是從何處來的，要把她這塊土地奪去，她可以安穩地信賴美國的陸海軍力來幫助她保存或恢復。(十六)

維布斯特爾再申保證

一八四三年一月維布斯特爾又寫信給美國駐哈伐那的領事肯倍爾(Campbell)說：

西班牙政府久已知道本政府對於古巴的政策與願望，這種政策與願望向來沒有改變過，並且美國屢次告訴她說，美國絕不容許英國的經紀人或軍力用任何口實去佔領該島；並且如果遇到任何企

圖奪去她這塊地方時，她可以安穩地信賴美國的全個海陸軍力來幫助她保存或恢復。(十七)

另外寄了這個信的抄本給我們駐瑪德里的代表華盛頓愛文（Washington Irving），以便情形需要時之用。(十八)

墨西哥戰爭表示政策的改變　在我們的古巴外交的第一個時期裏面，美國政府的努力是傾向防止英、法合併該島，或建為一個保護國。不過墨西哥戰爭及『顯然的運命』的信念的增強，使我們的對外政策更為勇敢，更趨侵略。在其次的十五年中，各種向南發展我們的領土的計畫都提出過了，並且有許多見諸實行了。古巴不但是變成了蓄奴的南方人的眼中物，認為是牠的取得可以增加蓄奴的區域；並且變成了全國一大部分人的眼中物，因為牠居中美海上交通的要道，好像是與我們在加里福尼亞迅速發展的利益的唯一可能交通線。結果是發生了各種合併該島於美國的企圖，向西班牙購買的也有，以武力侵略的也有。

樸爾克總統獻議購買古巴　一八四八年六月，在樸爾克總統時代，國務卿布卡蘭寫信給美國駐瑪德里的公使，令他與西班牙政府開談判購買古巴。說過英國佔領的危險及合併於美國的利益以後，他說：『美國雖然想得到這個島，但是我們如果不得到西班牙的自由同意，不取任何取得之物如為正義與榮譽所不許，代價定是太大。』他說總統最高價錢願出到一萬萬元。(十九)這個獻議，西班牙政府拒絕了。西班牙的國務總理遲延了幾個月之後，最後答覆說：『任何國務員不敢接受這種提議；他相信全國的感覺是，如果看見該島移歸於任何外國，他們寧願看見牠沈入海中。』

在泰洛爾與費爾摩爾的惠格派當局之下，沒有費力去從事於古巴的購買。一八四九年八月二日克萊頓（Clayton）寫信給白倫基（Barringer）說，美國政府不希望重開前任當局所提議的購買古巴的談判，因爲西班牙政府認爲該項提議有侮辱國家的尊嚴；如果西班牙想割讓古巴，必須由她自己提議。

羅拔準備進攻　大約在這個時候，古巴愛國志士羅拔（Narciso Lopez）所領袖的武裝遠征隊正在那裏準備進攻古巴。一八四九年八月十一日泰洛爾總統發表了一個布告，警告全體美國人民不要參加這種遠征的事情，並且說，『不論這種人因爲他們的行爲被壓服到什麼一種極端程度，他們切勿希望本政府爲他們採取任何形式的干涉行動。』（二十）幾天之後，羅拔的全個軍力正在要離開紐約的時候，被美國警官逮捕了。

南方領袖關心這個冒險事業　毫不灰心，羅拔旅行南方及西南各邦，祕密徵募士兵並準備運往古巴。南方許多有名的人都公開對這種冒險事業表示同情。一八五〇年春天，羅拔投見密士西比邦長（在墨西哥戰爭中立有大功的）魁特孟將軍（Gon. John A Quitman），以他的國人的名義，請魁特孟將軍來任革命的領袖及軍隊的總司令。魁特孟對該項運動完全同情，但是他因爲政治關係的嚴重，尤其是他認爲聯邦政府對各邦權利的侵犯，拒絕了這種榮譽。不過他捐了許多錢，並且給了羅拔關於進行的健

全忠告，堅持他必須有至少兩千人的先遣部隊在該島上維持一個立足地，以待援軍的來到。(二十一)

羅拔企圖在古巴登陸　不幸羅拔沒有聽魁特孟的忠告。一隊完全不足以成就這個冒險事業的志願兵在紐阿倫斯集合了。在那裏羅拔雇了一個輪船——克利阿號（Creole），及兩個帆船喬治安拉號（Georgiana）與蘇三勞德號（Susan Loud）。志願兵裏面有四分之三在墨西哥戰爭裏面當過兵。第一支隊有二百五十八人，於一八五〇年四月二十五日乘喬治安拉號，在阿哈拉大佐（Col. Theodore O'Hara）統率之下離開了紐阿倫斯。他們前往墨西哥的玉加潭（Yucatan）海岸附近的康托（Contoy）島。在那裏三個星期之後，羅拔及其部下四百五十八人乘克利阿號與他們會合了。除了兩個帆船的水手及少數看守貯藏的兵士，全體乘了克利阿號，在加登拉斯（Cardenas）登了陸，但是本地人沒有出來援助羅拔，所以在佔領該鎮十二點鐘以後，他勉強的又上了船，向基維斯(Key West)而去，克利阿被一個西班牙軍艦卑闍羅（Pizarro）尾追，克利阿剛一拋錨，卑闍羅即駛入了海港。頃刻之間，西班牙人好像就準備要向克利阿號開火，但是等到他們看見美國海關官吏把她佔有時，他們改變了主意，離開了該港。

要求釋放被捕的美國人　在康托島留有少數衛兵看守的兩個帆船，被西班牙軍艦捕獲了，帶到哈伐那，當做捕獲品沒收。至於人則因爲參加羅拔的遠征隊而被審問。因爲這些人沒有犯敵對西班牙的行爲，並且是在中立區域捕獲的，美國政府立即提出抗議，要求釋放他們。西班牙政府答覆說，這些人，美國總統在他警告人民不要參加的布告裏面是認爲海盜的，因此不在美國保護的範圍內。經過幾個月的，並且

嚴重威嚇兩國的和平的熱烈談判之後，囚犯終於釋放出來了，但宣告是出於皇后的恩惠而不是出於對美國要求的讓步。(二十二)

最後的遠征隊的驅散與美國人的處死　羅拔被美國政府控告破壞中立法律，但是沒有判罪，並且立即又去組織遠征隊。一八五一年八月三日第三次並且是最後一次的羅拔領率的遠征隊，共有四百餘人，離開紐阿倫斯了。在基維斯靠了岸之後，該汽船向古巴海岸前進，並且在巴希亞巷達(Bahia Honda)，遠征隊上了陸。主要部隊由羅拔率領向他們所預期有古巴人羣起響應的地方前進。克利鄧登大佐(Col. W. S. Crittenden 在墨西哥戰爭時以勇敢著名)則帶了一小隊人在後押運行李。這一部分人在十三日被攻擊，被迫退至他們登陸的地方，在那裏有五十人得到了船，設法逃走。但是他們在海岸附近被截留了，帶至哈伐那，受軍事法庭的審判，在十六日處死刑了。

羅拔的被捕與處死　羅拔率領的主力部隊於二十四日被西班牙軍隊打敗了，驅散了。羅拔被俘，被審判，被處死刑了。他的部下有許多被殺死了或被飢困所迫而死了，其餘的則成爲俘虜了。得到這個消息之後，派克爾海軍副少將(Commodore Parker)奉到命令立即乘帆船時代的巡洋艦前向哈伐那，詢問已經處決的囚犯的罪狀，及其被俘，被審，被判決的情形。對於這些詢問，總督答覆說，他認爲那些已經處決的人是海盜，美國總統在他的布告裏面也這樣指摘過，他不便供給法庭筆錄的抄本，但是他會把筆錄寄往瑪德里，及駐華盛頓的西班牙公使。(二十三)

紐阿倫斯反西班牙的示威　當哈伐那正法的消息傳到紐阿倫斯時，極爲震動。西班牙領事的辦公室被搗入了，皇后及古巴總督的像被毀壞了，西班牙的國旗被撕破了，領事的肖像扮在拉花耶特方場(La Fayette Square)燒了。西班牙領事不能不逃開該城，其求安全。有些住在紐阿倫斯的西班牙人的財產也被毀壞。因此兩國政府間有長久的通信。美國允許賠償西班牙公共財產的損壞，但不賠償屬於西班牙居民的財產的毀滅，因爲他們只能享受美國本國人民所享受的同樣保護。(二十四)

英法政府的行動　在羅拔最末一次的遠征幾個星期之後，英、法兩國駐華盛頓的代表通知美國政府說，他們在西印第斯的艦隊，已奉到命令以武力驅逐從任何地方來侵略古巴的任何企圖。美國政府答覆說，英、法這種行動，『自美國看來，只有大不滿意，因爲牠牽涉到歐洲君主們聯合保護美洲海面的行動』(二十五)

三國公約的提議　爲鎮靜侵略者的企圖所引起的不安起見(假定是美國政府所鼓動或縱容的)，西班牙政府於一八五二年一月請求英、法兩國去取得美國政府的簽字與他們共同宣言否認謀奪古巴。(二十六)據此，一八五二年四月，英、法駐華盛頓的公使於同日以牒文請美國政府注意這個問題，提議締結一個三國公約，保證古巴爲西班牙所有。(二十七)

維布斯特爾的答覆

對於這個提議，維布斯特爾的答覆，有一部分如下：

本政府在歷任當局之下曾向西班牙政府屢次聲述，不但是美國自己對於古巴沒有野心，並且如果西班牙不自願割讓該島與任何其他歐洲國家，她可以信賴美國的嘉許與友誼去幫助她以防衛及保守該島。同時曾常向西班牙政府聲稱，不能希望美國政府默許割讓古巴與一個歐洲國家。

他又提醒他們說，『美國的政策素來是極力避免與他國締結同盟或協定，並且保持自己不受義務的束縛，除了直接影響到美國本身的利益以外。』(二十八)

埃威熱特最後拒絕該項提議　英、法政府在一八五二年七月九日致維布斯特爾的通牒裏面，又向美國提出了這個問題來。在牒文裏面討論到西班牙對該島所有權之不能作爲無效，及對於擬議的中美運河的中立的意義。維布斯特爾的死擱延了美國的答覆有些時候，但是這個提議最後被維布斯特爾的繼任人埃威熱特所預備的有名公函拒絕了。

皮爾斯總統的對外政策　奴隸制度現在變成了首要的問題，牠的衝突愈烈，古巴的合併便成了黨派的問題。一八五三年民主黨的復得政權，南方極端派極爲歡迎，認爲是取得久已貪望的目的物之信號，這種期望因爲皮爾斯總統的宣言更加提高了。皮爾斯總統在他就職的演說裏面宣稱『他的行政的政策不爲任何膽怯不祥之言所拘束不向外發展，』並且有些在我們管轄權以外的土地的取得，『對於我們的保護甚爲重要，即使在將來對於保持我們的通商權利及世界和平沒有重要關係的話。』

叔萊被任爲駐西班牙公使　麥西（紐約人）被任爲國務卿，至於駐西班牙的公使，總統則選了魯易西恩那的叔萊(Pierre Soulé)擔任。叔萊是在法國生長和受教育的，因爲政治關係，亡命到美國。他的任命在這種情形之下，引起了本國及歐洲的不好的評論。他往瑪德里就任的途中，在巴黎逗留了好幾天，使法國政府覺得有點煩惱。路易拿破崙勸西班牙政府不要接待他，因爲他對於古巴問題的見解是著名激烈的。

麥西的訓令　在他一八五三年七月二十三日給叔萊的訓令中，麥西鑒於擬改變古巴內政的謠言，及英、法近來的干涉，特別着重美國與西班牙的關係的重要。他令叔萊設法與西班牙談判一個有利於美國與古巴貿易的商約，並指出有急切的需要，讓『該島總督與我們駐哈伐那的領事彼此間有一種有限制的外交來往，以便防止困難，及保存兩國間的良好諒解。』（二十九）美國時常爲解決在古巴發生的爭端的困難提起抗議。古巴總督差不多操有『無限的侵略權力，但是沒有補救權力。』他沒有外交的職責，並且毫不受駐華盛頓的西班牙公使的權威的節制。

叔萊奉命提議購買古巴　叔萊到了西班牙，他發見內閣總理卡德郎(Calderon)很反對足以促進美國與西班牙屬地間的交通的任何通商條約或協定，並且同樣反對讓總督有何外交權力。（三十）叔萊本性躁急，不能被抑制不動。不論總統派遣他的意思怎樣，他來到瑪德里爲的是完成蓄念已久取得古巴的計畫。因此，一八五四年二月二十三日他寫信給麥西說，西班牙政局快要發生危機，內閣的更換很迫切，涉及古巴的命運的事情大概要發生，此等事情或許對於美國大有關係。因此他請求具體的訓示。信賴這些報告及叔萊的判斷麥西及時賦了他以必需的權力令他與西班牙交涉古巴的購買，或牠的獨立（如果這種辦法對於西班牙的自尊心更合適的話，美國並且可以貢獻實質的幫助。）

黑戰士號事件　不過同時黑戰士號 (Black Warrior) 事件使兩國的關係緊張到幾乎破裂。這件事情乃是關係哈伐那官吏捕獲一個美國汽船因為該船非故意違犯了或疏忽了海關的規則。這件事情的性質使人非常憤怒。

叔萊要求賠償　華盛頓一得到暴行的完全情報後，麥西便把該案一切的文件寄了給叔萊，令他要求西班牙政府迅速否認該項行動，並賠償船主與貨主款項，至於損失則估計為三十萬元。四月八日叔萊代表他的政府提出了一個正式的要求。對於這個通牒沒有得到答覆，十一日他又更鄭重地重申他的要求，要求賠償三十萬元，堅持一切與犯事有關的人，不論他們的地位或重要如何，須一律免職，並且最後聲稱如四十八小時內不同意這些要求，則美國政府認為等於西班牙政府決心擁護牠的官吏的行為。

與卡德郎有火氣的通信　卡德郎於十二日答覆說，西班牙政府一得到確實完全的資料時（現在缺之），自會給美國的要求一個合乎公道與正義的答覆；至於叔萊的通牒的獨斷口氣，則暗示了西班牙政府『一種疑惑：其用意不在辯護所稱的損失，而在莫名其妙藉詞以離間兩個和好的國家，甚至於激起兩國的爭吵。』對於這個通牒，叔萊答覆說，關於美國要求賠償的動機的提示，『對於西班牙政府的正直，很失信用，尤其是這種提示來自像閣下這樣的人，他知道本使館的記錄及西班牙政府外交部的記錄，有許多關於最顯著的冤曲的抗議，而從來沒有予以誠心的注意，並且開頭便與現在的這件事一樣，一味拖延。」

不滿意的結果　同時這件事情，因為哈伐那官吏與黑戰士號的業主私自了結，釋放該船及其貨物，完全改變面目了。不過叔萊還是依照華盛頓的訓令，繼續要求賠償業主與旅客的損失（雖然放回了船貨，但沒有賠償損失）及對侮辱美國國旗的補救。西班牙政府在釋放船貨後，拒絕承認賠償的任何根據，並且沒有任何證據堅持否定美國所提出的事實（雖然這些事實都經過相當合法的形式證明。）

總統考慮派特使赴西班牙　六月二十四日麥西寫道，總統很不滿意西班牙政府對待我們的要求的態度，但是在採取極端的辦法以前，他決心向西班牙最後申訴，以解決過去的困難，及保證將來更友好的關係。雖然滿意叔萊執行他的使命的責任，很有精神；但是總統正在那裏考慮特派兩位著名人物前往協助他進行要求的辦法。因此他訓令他不要緊逼黑戰士號事件，等到特使問題能提出國會以後再說。

西班牙內閣的更動　夏天的時候，西班牙政府的內閣有更動，照常不免有多少的騷亂。八月，麥西寫道，鑒於西班牙局面的不安定，及其他的理由（沒有舉出）派遣特使的意思至少在現在是放棄了。不去催促，可是如有解決爭端及談判購買古巴的機會來到，叔萊仍須利用。

同日他向叔萊提議與美國駐巴黎、倫敦的公使麥生(Mason)與布卡南協商消除英、法干涉的困難的計畫。這個建議的結果是在阿斯登(Ostend)的著名會議及其宣言。

在阿斯登的會議　依照總統的訓令，叔萊、麥生及布卡蘭進行預備所提議的會議，這個會議於一八五四年十月九日、十日、十一日在阿斯登舉行。他們然後休會至亞拉什丕爾一個星期，在那裏他們把會議經過情形的報告預備好了。

「宣言」　報告的大部分是列舉美國獲得古巴的利益，及極力發揮古巴的出賣能提高西班牙利益的道理。報告的唯一具體建議，是由正當的外交途徑，向行將召集的西班牙國會提議購買古巴，最高的價格為一萬萬二千萬元。該報告然後討論到，如果西班牙拒絕出賣古巴，美國政府應取何方針的問題。公使們宣告道：

> 我們以遠高出於古巴現在的價值，向西班牙提議收買，如果這個提議被拒絕，那麼便須考慮古巴在西班牙保有之下，是否嚴重地危及我們國內的和平，及我們親愛的聯邦的存在？
>
> 如果這個問題的答覆是正面的，那麼隨便依照什麼法則，人道的與神道的，我們如果有能力，便有理由取之於西班牙；根據同樣的原則，一個個人有理由拉倒他的鄰居的着火屋子，如果沒有別的方法阻止火焰毀滅他自己的家。

起草用意在政治的影響　該報告並建議關於與西班牙談判的經過，『應該是公開的，坦白的，衆目昭彰的。』這個建議與報告的一般性質，表示牠的著作人是傾向於增進在國內的政治勢力，而不是嚴正的推進在瑪德里的談判。事實上阿斯登宣言使布卡蘭成了民主黨的南方派願意接受的總統候選人，並且與一八五六年他的當選爲總統候選人有很大的關係。(三十二)

被麥西否認　報告的易受反對的特點被當局在麥西給叔萊的答覆裏面委婉地但是堅決地否認了。叔萊立即辭退他的使命。這個事實當時被一般人忽略了，而阿斯登會議經過的不幸的宣布，卻使皮爾斯總統及國務卿麥西受無窮的指摘。

與西班牙友好關係的恢復　雖然人家以侵略外交政策歸於皮爾斯的統治，但是因黑戰士號的被捕所引起的糾紛，沒有成爲戰爭的原因（這是可容易做成的。）在叔萊回到美國以後，談判仍由他的繼任人繼續。與捕獲黑戰士號有關的官吏的行爲否認了，有關的美國人民所要求的賠款付給了。至皮爾斯總統任期完了時，與西班牙的關係比較友好，雖然還有許多要求沒有得到解決。古巴問題在一八五六年的總統選舉運動裏面，佔有顯著的地位。民主黨的政綱極力主張取得，新共和黨的政綱則詆阿斯登宣言爲強盜的辯護詞。

布卡蘭總統力勸國會購買古巴　至布卡蘭任總統時，一切購買古巴的談判都是由行政當局單獨進行。現在爲這個目的，努力使國會兩院同意撥付款項；以爲立法與行政兩方面聯合的行動，可以使西班

斯奈德爾的報告

牙感受些影響。據此，在他第二次、第三次及第四次致國會常年咨書裏面，布卡蘭總統屢請國會注意這個問題但是他的請求遇到很少的鼓勵。一八五九年一月參議院外交委員會主席斯奈德爾報告一個法案，主張以三千萬元聽便總統為購買古巴的預備款額。(三十二)

這個報告引起了激烈的反對。二月，斯奈德爾因朋友的力勸，把這個法案撤消了。

南北戰爭插入 在南北戰爭以前的十年中，合併的與侵略的計畫起於兩種動機。一是奴隸區域的發展，或至少是阻止英國正在力勸西班牙政府廢除古巴的奴隸制度的計畫。還有一個動機是由佔領這個要地，以獲得中美海洋間的運河路線的獨霸權，及由此方法與太平洋岸的新邦的交通。這些合併的動機是除去了，前者是由於美國奴隸制度的取消，後者是由於建築橫貫全洲的大鐵路，與太平洋岸各邦有直接的鐵路交通。

(一) H. A. Washington, Writings of Thomas Jefferson, V, 443.

(二) Madison's Works, II, p. 488.

(三) Niles' Register, 一八一七年十一月八日。

(四)該問題的詳細討論，閱 J. Freeman Rattenbury 的小冊子，名 "The Cession of the Floridas to the United States of America and the Necessity of Acquiring the Island of Cuba by Great Britain." London, 1819.

(五) Niles', Register, March and April, 1823.

(六) 32 Cong., I Sess., H. Ex. Doc. No. 121; Brit. and For. State Papers, XLIV, 114—236.

(七) H. A. Washington, Writings of Jefferson, VII, 288.

(八) Official Corresp. of Canning, I, 265.

(九) Ibid., p. 275.

(十) A. S. P., F. R., V, 855. 又 Wharton's Digest, Sec. 60.

(十一) Stapleton, Political Life of Canning, III, 154.

(十二) 克萊致金的信（十月二十五日，） Wharton's Digest, Sec. 60.

(十三) Canning to Earl of Liverpool, October 6, 1826.

(十四) A. S. P., F. R., V, 863.

(十五) Benton's Abridgment, VIII, 427, 428, and IX, 90—218.

(十六) 32 Cong., I Sess., H. Ex. Doc. No. 121; Wharton, Dig. of Int. Law, Sec. 60.

(十七) Wharton's Digest, Sec. 60.

(十八) 亞普雪爾繼維布斯特爾爲國務卿，於一八四三年十月十日有同樣的信給愛文。

(十九) Mr. Buchanan to Mr. Saunders, June 17, 1848, 32 Cong., I Sess., H. Ex. Doc. 121; Brit. and For. State Papers, XXVI.

(二十) Richardson, Messages and Papers of the Presidents, V, 7.

(二十一) T. F. H. Claiborne, Life and Corresp. of John A. Quitman, II, 55—56, and Appendix, p. 385.

六月，在紐阿棱斯的美國巡迴法庭的大陪審官控告魁特孟，魯易西恩那州長漢德森及他人，有侵略古巴的行爲。魁特孟對於邦的主權之見解，不認爲美國法院有控告一個有主權的邦的行政首領之權利。他遍求南方朋友對於應取方針的意見。沒有一個人認爲美國法院有控告他的權利，有些人勸他責任所在，應該堅持邦的主權之原則，雖至召集幫的民軍來保護他，反抗逮捕亦所不惜。還有些人勸他一面屈服，一面抗議，以免公然決裂。這個辦法最後是採行了。到一八五一年二月三日美國法院的執行吏來逮捕他的時候，他服從了，並同時向密士西比人民發表了一個宣言辭掉邦長之職。經過兩個月的訟事，漢德森是開釋了，對於魁特孟和其他證人的控告也宣告不受執了。

(二十二) 31 Cong., 2 Sess., Sen. Ex. Doc. No. 41.

(二十三) 32 Cong., I Sess., H. Ex. Doc. No. 1.; Also 2d. Annual Message of Fillmore, December 2, 1851, Richardson, Messages and Papers of the Presidents, V, 113.

(二十四) 32 Cong., I Sess., H. Ex. Doc. No. 1.

(二十五) Mr. Crittenden to Comte de Sartiges, October 22, 1851. 又閱 Pres. Fillmore to Mr. Webster and Mr. Webster's reply. 2 Curtis's Life of Webster, 551.

(二十六) Brit. and For. St. Pap., XLIV. Lord Howden to Earl Granville, January 9, 1852.

(二十七) Comte de Sartiges to Mr. Webster, April 23, 1852, 32 Cong., 2 Sess., Sen Ex. Doc. No. 13.

(二十八) Mr. Webster to Comte de Sartiges, April 29, 1852. To Mr. Crampton, Same date, to same effect.

(二十九) 32 Cong., 2 Sess., H. Ex. Doc. No. 93, p. 3.

(三十) Mr. Soulé to Mr. Marcy, November 10, and December 23, 1853, and January 20, 1854.

(三十一) 關於黑戰士號事件及阿斯登會議的通信，見 33 Cong., 2 Sess., H. Ex. Doc. No. 93.

(三十二) Sen. Report No. 351, 35 Cong., 2 Sess.

第十三章　地峽運河的談判

數百年的夢　南、北美洲間的地峽，自最初發現的人探知沒有天然的通路以來，航行家及工程家便夢想要鑿斷牠。然而出乎意料阻斷哥倫比亞尋求印度之路的新大陸，遇到了對於東西商務的不可征服的障礙有無數百年。這地峽的穿鑿向來好像是完全可實行的事情，但是所遇到的困難，證明了比初看來的時候爲大。第一須解決物質的或工程的問題，第二在外交上有關於平時運河的管理及其戰時的使用的糾紛。可用的路線都包括在西班牙美洲各國的土地裏面。他們的弱點及他們的無力建造或保護運河，

工程與外交問題

使原來不過是一個國內經濟的問題，變成了一個嚴重的國際問題。在這方面，如在他方面，問題所表現的特點如蘇彝士運河一樣。爲解決這些困難，十九世紀中先後有三個計畫的提出：（一）運河由一私人公司建築，受國際監督；（二）運河由一私人公司建築，完全受美國監督；（三）運河由美國建築、所有、經營及監督，當做美國政府的事業。克萊頓——布爾威爾條約（Clayton-Bulwer Treaty）的規定是依照第一個計畫建築運河；在第二個計畫之下，曾經好幾次的努力募集資本都告失敗；這個鉅大的工程還是在第三個計劃之下確實完成了。

尼加拉圭路線　尼加拉圭（Nicaragua）與巴拿馬路線的優點的比較，專家的意見不同已久。美國

的工程師一般的主張經過尼加拉圭。尼加拉圭路線的距離，自大西洋岸的格萊鎮（Greytown）起至太平洋岸的布利托（Brito）止，依着聖疆河（San Juan River），經過尼加拉圭湖，大約有一百七十英里。湖的超出海面約有一百一十尺。湖的西岸距太平洋只有十二英里，中間的分水界計高出海面一百五十四尺，從湖的東南角，流出聖疆河，計一百二十英里至大西洋，每英里平均約低十英寸。反對這個路線的嚴重理由是：（一）終點都缺乏海港，布利托不過是沿岸的一個斷口，須建築鉅大的破浪隄，而在格萊鎮方面，聖疆河又放寬成了一個三角洲，非大事浚深不可；（二）格萊鎮的雨量太多，超過美洲任何其他地方——差不多有二十五尺之多。

巴拿馬路線　巴拿馬路線從大西洋岸的科朗（Colon）起，至太平洋岸的巴拿馬止，計長約有五十英里，其自然的高度差不多兩倍於尼加拉圭。兩頭都有天然的海港，一經改良，即能供最重船隻之用。巴拉馬鐵路是於一八五〇年至五五年沿着提議的運河路線修造的，對於這個路線又是一個有利的因素。不過也有幾點不利：（一）附近的不衞生，使勞工稀少，並且沒有效能；（二）雨量很多，在科朗有十尺至十二尺；（三）地質構造的性質，因爲是起源於火山，所以對於鑿穿的工作很危險。在這種困死人的氣候裏面要鑿穿這種不定的地質構造，其工程費用之無法約計，是一個須克服的最大困難。德勒塞普(De Lesseps)從海面開鑿的計畫，估計費用爲一萬萬七千萬元。工作於一八八四年開始，進行至一八八八年，這個鉅大的計畫便失敗了。公司用去的款額約爲三萬萬元，而所成就的還不到三分之一的工程。

海洋間運河的法律地位　各種運河計畫的工程問題雖然很大，但是如果不是別樣性質的困難（因運河在國際法上的地位的問題所引起的糾紛）以其對於世界商務的重要大概在美國進行巴拿馬運河以前早就使這些問題得到解決，把運河修成功了。關於海洋間的運河在外交上的困難是很大的。這種運河不能當做天然海峽看待，如韃靼海峽(Dardanelles)，丹麥海峽(Danish Belts)或馬基倫海峽(Straits of Magellan)，他們長久在獨占的管轄權之下，但是如今開放與一切國家了。在他方面一個地峽運河也不能與基爾運河(Kiel Canal)相比。基爾運河是在德國境內，雖然對商業是開放的，但是特別的用意是應德國海軍的需要。像這種的運河是由他們所經過的國家籌資修築的，並且是由該國政府保護與管理的。基爾運河的地位後來被凡爾賽條約(Treaty of Versailles)改變了。該約第三百八十條把該運河『在完全平等的條件上開放了給一切與德國保有和平關係的國家的商船與軍艦。』

外交的糾紛　在我們以南的共和國中（所提議建築的運河須經過他們的土地）沒有一個能籌資修建，也沒有一個在完成以後能予以保護。向這些政府領得特許證的公司，沒有一個不是要進一步的擔保，纔能夠籌集必要的資本。所以一切爲這個宗旨所組織的公司，他們的特許證必須取之於較強的國家如美、法等國；至於他們的讓與權則必取之於一個中美國家。這樣一來，於是讓與建築運河經過牠的土地的國家，與發給公司特許證的國家，彼此間便有訂立條約的必要。別國對於這種運河的使用所提出的平等待遇的要求，又構成了一個必須考慮的元素。

美國政策的首次宣布　西班牙美洲各共和國獨立以後，建築一條運河橫貫地峽，便成了一般注意的問題，並且是玻里瓦爾一八二六年在巴拿馬所召集的美洲共和國會議的一個議題。在給美國出席該會議的代表的訓令裏面，克萊授權給他們，要他們進行談判這個題目，並建議最好的路線大概是在墨西哥或中央共和國(Central Republic)的境內。至於運河的外交地位，他說：

如果工作能夠完成，使海船可以從此海洋至彼海洋，牠的利益不應獨歸任何一國，應在給付公平的酬報或合理的通行稅的條件上，開放給世界的各部分。(一)

參議院的決議　一八三五年、一八三九年，美國參議院兩次通過了決議，授權總統與他國〔特別是中美及紐格蘭拉達(New Granada)〕進行談判，以條約保護願意打通兩洋交通及保證『各國對於該運河航行的自由與平等』的個人或公司。甲克遜總統與萬標倫總統都派了代表去進行這些決議，但是沒有成功。

路易拿破崙對於尼加拉圭路線的注意　一八四五年被囚在漢姆(Ham)的時候，路易拿破崙親王(Prince Louis Napoleon Bonaparte)向尼加拉圭政府取得了一種特權，准他組織一個公司，建築一條水道，名為『尼加拉圭拿破崙運河。』他從漢姆逃走之後，他在倫敦發表了一本小冊子，名為『尼加

拉圭運河或以運河聯絡大西洋與太平洋的計畫。』(二)

運河條約　雖然美國參加過無數次關於海洋間的運河的談判，卻在十九世紀中只有三個比較重要的條約，美國根據他們取得了關於此事的權利及承擔了義務。(三) 這些條約是：(一) 一八四六年與紐格蘭拉達（卽哥倫比亞）的條約；(二) 一八五〇年與英國的克萊頓—布爾威爾條約；(三) 一八六七年與尼加拉圭的條約。只有頭兩個條約在本章以內要討論。

美國得到越過巴拿馬的路權　與紐格蘭拉達的條約是於一八四六年十二月十二日在玻谷塔(Bogotá)簽字的，到一八四八年兩國政府都批准了。牠與條約的一般起草，除了第三十五條外，實質上沒有什麼分別，第三十五條的性質不同，並且是關係巴拿馬地峽的。依照這條『紐格蘭拉達政府向美國政府保證，經過巴拿馬地峽的交通，不論現存的交通方式或以後建築的交通方式，都開放與美國政府及其人民，』以轉運各種合法的商品，其條件與紐格蘭拉達的人民所享受者同。

向哥倫比亞擔保地峽的中立與主權

為安靜不斷的享受這些利益，及報答這個條約的第四、第五、第六等條所給予的優待起見，美國依照現在的規定，向紐格蘭拉達切實地並有效地保證上述地峽的完全中立，目的在本約存在之時，使此海至彼海的自由轉運，在將來不致受任何干涉或阻難；並且因此美國又以同樣的態度保證紐格蘭拉達在所述土地操有的主權及財產權。(四)

美人建築巴拿馬鐵路　這個條約有效之期爲二十年；如果各造都無通告停止，則仍原有效；並且任何一造可以十二個月的通知停止。當一九〇三年巴拿馬革命發生時，這個條約還在有效的期間以內。在這個條約保護之下，巴拿馬鐵路公司（Panama Railroad Company 其中構成的分子主要的是美國人民）向紐格蘭拉達取得了一個特許證，在一八五〇年至一八五五年間建築了一條鐵路，沿着所提議的巴拿馬運河路線，橫貫地峽。因爲一八五六年巴拿馬發生騷擾，美國曾努力運動修改這個條約，使美國得到較大的管理權力以保護交通，但是沒有成功。（五）一八六八年及一八七〇年別的修改企圖，也同樣失敗了。（六）

克萊頓—布爾威爾條約　與哥倫比亞簽訂上述條約四年以後，參議院批准該約兩年以後，美國與英國完成了普通所謂的克萊頓—布爾威爾條約。明白了解這個條約談判時的環境是很重要的。（七）

英國佔領尼加拉圭海岸　因爲很明顯的理由，巴拿馬地峽是許多年來一切運河計畫的對象，但是自這個路線的工程的困難開始被詳細了解以後，於是注意便一天一天轉向到尼加拉圭的路線上去。英國之佔領屬於尼加拉圭與科斯他利加的聖疆河口附近的土地，以保護國自居，使美國大爲不安，陷於困窘。一八四九年六月，美國駐中美代辦希時（Hise）沒有得到本國政府的許可，也沒有使本國政府知道，便與尼加拉圭結了一個條約，給了美國建築一條運河經過該國的獨佔權利。（八）這個條約沒有提交參

美國需要至加里福尼亞的路

議院，但是在隨後不久與英國的談判裏面，美國曾利用牠來驅除英國在聖疆河口的統治地位。數月後（一八四九年九月二十八日）斯魁爾(Squier)又與洪都拉斯簽了一個條約，割讓方西加灣(Bay of Fonseca)的虎島(Tiger Island)給美國，給了美國在地峽的太平洋方面一個海軍站。這個條約與希時交涉的條約一樣，沒有奉令交涉的，並且也從來沒有提交參議院。(九)不過兩個條約都用了使英國簽訂克萊頓—布爾威爾條約。這種訂約的活動乃是因為加里福尼亞的取得及由地峽競往金區所引起的。

尼加拉圭路線的討論　自平克羅夫卸任駐英公使起，至勞倫斯（Lawrence）行抵倫敦繼任為美國代表之時止，其間克萊頓曾訓令前往巴黎的利夫斯在倫敦一停，與拍麥爾斯頓會商中美問題。在這個時候，美國關於經過地峽的水道的開鑿，只是爭平等的權利，而不是爭任何獨佔的權利。利夫斯對拍麥爾斯頓宣稱，『美國人民與尼加拉圭已經訂了約，在某種條件之上，依着聖疆河與尼加拉圭湖開通大西洋與太平洋間的交通；美國政府，在最詳細調查這個題目後，無疑地到了這個結論，就是在法律與歷史的根據上，尼加拉圭確是聖疆河與尼加拉圭湖的主權者，因此美國政府不能不以一切適當合理的方法贊助牠的人民向該主權者所合法取得的權利。』他又說道：

反對英國控制毛斯基托岸

美國在大路上，如果能夠，決不謀取任何獨佔的權利或特權，這種大路自然是屬於全體人類的，他們（譯者按：卽指美國）知道操有任何這種特權，一定會使他們受人家的嫉妬，並且大概會引起爭端，對於他們是得不償失；他們自己雖然無意於獨佔的特權，但是他們也絕不能同意讓這樣重要的交通路線歸任何其他大商業國家的獨佔管理；我們對於英國政府並不是這種見解，但是聖疆河口的毛斯基托（Mosquito）的佔有，不能不說是英國的領地，閣下自然容易了解這種情形繼續一天，必須引起其他商務國家的不滿與懷疑。（十）

克萊頓—布爾威爾條約的條款　利夫斯這樣打開的談判，勞倫斯到了英國之後，即繼續進行，但是隨後不久談判即移往華盛頓了。在華盛頓，克萊頓與布爾威爾（Henry Lytton Bulwer）商好了一個條約的條款，並且於一八五〇年四月十九日簽字了。兩國政府的意思，如在引言裏面所述，是提出『他們對於在大西洋與太平洋間依着聖疆河及尼加拉圭湖孟拉圭湖（Managua）（或其中之一湖）建築運河交通，以至太平洋的港口或地方。』

自行否認的規定　依照第一條，英、美兩國拘束自己，關於上述運河，絕不謀取或維持任何獨佔的管理；絕不建築或維持任何礮臺，以扼住運河或其附近地方，或在尼加拉圭、科斯他利加、毛斯基托岸，或中美任何部分殖民或實行統治；並且絕不利用與這些國家的任何一國的聯盟、關係或勢力，以取得關於通過所述運河的商務或航業的任何不平等利益。

國際保證運河的中立化　第二條規定締約國間發生戰爭時運河的中立化，第三條保證對於合法進行建築運河的當事人的人身及財產予以保護。第四條關於取得運河所經過的國家的同意。第五條規定運河的中立及保護，只要運河的管理，對於締約的任何一造，沒有差別待遇；並且規定沒有六個月的通知，任何一造不得撤消牠的保護。在第六條裏面，締約國允許邀請與他們有和好關係的國家，都加入這個協約。在第七條裏面，締約國同意對於首先依照本約的精神與意旨來承建運河的公司予以援助與鼓勵。

一個普通原則

第八條特別重要。該條宣稱『美、英兩國政府締結這個協約，不僅希望完成一個特殊的目的，並且是要確立一個普通的原則。從此他們同意以條約的規定，保護任何其他可行的穿過地峽，聯貫南北美洲的交通，不管這種交通是運河也好，鐵路也好；並且尤其是保護海洋間的交通，如果證明可行，不管這種交通是運河也好，鐵路也好。現在這種海洋間的交通，已有人提議依德黃特派克或巴拿馬路線建築。』(十一)

這是有名的克萊頓—布爾威爾條約的主要規定，繼續有效至一九〇一年為止。在其有效期間，牠所引起的討論比美國所簽的任何條約為多。

該約的批評　後來美國有許多人，忘記了這個條約的目的及其締結時的環境，認為美國讓步太多，違反了門羅主義，給了英國在美洲以前沒有過的地位與利益。這種意見，在交涉這個條約時，即有些著名政治家說過，特別是布卡蘭。他對於這個條約有嚴厲的批評及譏笑。當牠在參議院待批准的時候，他寫信給一個朋友說道：

布卡蘭的意見

如果亨利布爾威爾能得到美國參議院將這個條約的頭兩項規定批准，他應該授英國爵士位，我們讓步的代價是保護毛斯基托岸的要求的放棄——這種要求非常可笑，沒有根據，就是倫敦泰晤時報也予以譏笑。的確亨利把這個要求帶到一個好市場，得到了克萊頓做受主。這個條約完全將門羅主義倒置，使牠不反抗歐洲各國政府而反抗我們自己。（十二）

讓我們看兩個締約國在那時候在中美有什麼利益。美國新近根據葛達魯普希達哥條約得到了加里福尼亞，並且太平洋岸各邦的迅速發展使運河問題對於美國比較以前更加重要。十五年後建立與太平洋岸各邦的直接陸地交通的橫貫全洲的大鐵路，那時還差不多沒有人想到。

英國在中美的利益 反之，英國對於運河的利益是爲將來着想的，但是照常有遠見。她爲將來打算，在數年以前便以保護毛斯基托印第安人(Mosquito Indians)的名義佔據聖疆河口的格萊鎮運河在大西洋的終點。除了毛斯基托岸之外，英國這時候還保有海灣羣島(Bay Islands)與伯里子(Belizo)，或英屬洪都拉斯。誠然，美國向來沒有承認英國統轄毛斯基托岸的要求。這些要求起於十八世紀英國的砍木者尋求桃花心木販私者進入毛斯基托印第安人佔領的區域，與他們發生密切的關係，但依據一七八六年與西班牙的條約早已放棄了。到了一八四一年，英國派了一個軍艦到聖疆德諾特(San Juande Norte)宣布英國保護毛斯基托王的土地，並舉起毛斯基托之旗。於是這些要求恢復了，（十三）一八四八年英國人與印第安人驅逐尼加拉圭人出境，改名為格萊鎮。

美國始終否認毛斯基托王在這個地方的主權，因此並否認格萊鎮居民向毛斯基托王所取得的政治組織或權力的要求。在格萊鎮佔領後不久，國務卿布卡蘭給希時的訓令，其中說道：

英國政策的批評

英國攫取的目的，從她歷史上始終一致所採取的政策——只要環境許可，即行奪取世界上一切可以利用的商業地點——看來，那是很明瞭的。她的意旨大概是取得大西洋與太平洋間沿尼加拉圭湖的鐵路或運河路線的管轄權……美國政府對於英國政府的進取還沒有決定採取什麼方針……為本洲各國的獨立與利益計，他們須維持一種美洲政策的系統，完全與歐洲流行的系統不同。如忍受歐洲政府干涉美洲共和國的內政，讓他們在本洲建立新殖民地，那麼便會妨害他們的獨立，破壞他們的利益。這些真理應該深刻於本洲任何地方的民衆的腦中；但是西班牙美洲各共和國繼續內戰分裂，以削弱他們自己，使他們不能保護自己，美國又能做什麼去抵抗歐洲的干涉。

美國不能用武力反對英國　不管這件事情的權利如何，英國實際上已佔有所提議的運河在大西洋的終點。美國沒有預備以武力去驅逐她，即使這種辦法可取的話。美國這時候對於這件事情與尼加拉圭在條約上或其他方面沒有權利之可言，當時的政治家也沒有一個有這麼大的眼光或勇氣去考慮尼加拉圭的土地爲『美國海岸線之一部。』能够反對英國的事實上的佔有的只有門羅主義，但是英國認爲她的要求在該項美國外交原則宣布以前。因此不能公平地攻擊克萊頓違反門羅主義因爲該條約的影響使英國在美洲土地上的地位比以前削弱。

尼加拉圭—科斯他利加邊界　克萊頓—布爾威爾條約留下好幾個小問題須要解決；只有這些小問題解決以後，纔能推進運河的事業成功。這些問題當中主要的是尼加拉圭與科斯他利加間關於他們的邊界的爭端，及英國與尼加拉圭間關於毛斯基托印第安人所要求的土地的糾紛。一八五二年四月，維布斯特爾與克蘭普頓(Sir John Crampton)同意了一個解決中美問題的基礎，並且簽訂了一個提議交與尼加拉圭與科斯他利加。(十四)這個已經提出的條約的基礎卻被尼加拉圭拒絕了，使所牽涉的問題還在同樣未解決的地位之中。

克萊頓—布爾威爾條約的各種解釋　對於完成克萊頓—布爾威爾條約的目的，有一個比上述提議的失敗更嚴重的阻礙是起於英、美兩國政府對於牠的解釋的大不相同。討論牽涉到兩個主要點：(一)第一條的自行否認條款在性質上是否僅屬於將來的，只反對將來在中美的獲得，抑是要英國立卽放棄在毛斯基托岸的保護；(二)海灣羣島是否是在條約範圍以內。明白規定了的是伯里子或英屬洪都拉斯不是包括在中美之內，所以不受該約任何影響，英國公使布爾威爾對於這點曾經給了美國國務部一個宣言。克萊頓與參議院外交委員會主席會商之後，答覆承認英屬洪都拉斯不在該約範圍之內，但同時謹愼地不確認，也不否認英國對於該居留地或其所謂附屬地的所有權。(十五) 這樣一來，海灣羣島是否是伯里子或洪都拉斯共和國的附屬地的問題留待解決。

海灣羣島的地位　在克蘭普頓—維布斯特爾的提議失敗以後不久，英國利用海灣羣島地位之不定，於一八五二年七月十七日發表了一個正式宣言，把她在這些島上的居留地改爲『海灣羣島殖民地』。當美國政府對於這種辦法表示驚異時，英國政府答覆說海灣羣島是英國在伯里子的居留地，因此不在克萊頓—布爾威爾條約範圍之內。(十六)

大拉斯—克拉倫敦條約　一八五六年曾經努力談判一個附約，以解決因解釋克萊頓—布爾威爾條約各異的困難。同年十月十七日，美國公使與克拉倫頓爵士 (Lord Clarendon) 在倫敦簽了所謂大拉斯—克拉倫頓 (Dallas-Clarendon) 條約。該約規定(一)撤消英國對毛斯基托印第安人的保護；(二)根據妥協的基礎，劃定伯里子居留地的邊界；(三)規定割讓海灣羣島與洪都拉斯，不過須批准英國與洪都拉斯間已經談判的一個條約，這個條約實際上把這些島建成了一個獨立國家，在許多特殊事項不受洪都拉斯的主權的管轄，而在英國保護之下。

美國不能接受參議院的修改　美國對於頭兩款可以接受，但是認爲應該修改第三款，把關於美國同意英國與洪都拉斯的一部分全行刪去，而僅規定由兩國政府承認洪都拉斯在這些島上的主權。(十七)英國拒絕這個修改，大拉斯—克拉倫頓條約便宣告失敗了。英、美兩國於是仍回到克萊頓—布爾威爾條約及其衝突的解釋上去。

英國的新政策　一八五七年十月，英國政府非正式通告美國總統，說英國已決定派歐斯列（Sir William Ouseley 一個有權威的及經驗的外交家）往中美切實解決美、英間的一切爭端；新全權大使當努力對付一八五六年大拉斯—克拉倫頓條約內所對付的問題，即是，割讓海灣羣島與洪都拉斯，以尼加拉圭的主權代替英國在毛斯基托的保護，及伯里子邊界的規定；英國政府的意思是依照美國所加解釋的主旨實行克萊頓—布爾威爾條約，但是做法是與中美各共和國分別談判，而不與聯邦政府直接交涉。（十八）

英國建議公斷　布卡蘭總統答覆說，他對於這個辦法很滿意，一俟得到官式的保證以後，他將改變他已經預備好了給國會的咨書的性質。一八五七年十一月三十日，英國政府向美國提出兩個辦法，一是將克萊頓—布爾威爾條約交付美國所選擇的任何歐洲國家公斷，或是與中美各共和國交涉解決辦法，如在歐斯列將來的使命裏面所述。（十九）

渥克爾侵略尼加拉圭　交涉到這個階段，問題又因爲下面兩件事情複雜起來了。（一）美國與尼加拉圭爲保護交通路線所交涉的一八五七年十一月十六日的喀斯—伊利沙利（Cass-Yrissari）條約，（二）渥克爾將軍（General Walker）所率的劫奪兵之侵入尼加拉圭土地，謀推翻該國的合法政府。不過這個條約沒有批准，渥克爾的遠征隊也被美國海軍的干涉阻止了。

布卡蘭提議廢除克萊頓—布爾威爾條約　美國政府對於英國將該約交付公斷的提議沒有切實的答覆，英國政府於是擱延派遣歐斯列出發。在擱延的期間裏面，兩國政府談判到廢除克萊頓—布爾威爾條約的問題。在他一八五七年十二月八日致國會的咨書裏面，布卡蘭總統曾經建議以互相同意的方法廢除該約，認爲在解釋不同所引起的糾紛日益加甚的情形底下，這是能夠採取的最聰明的辦法。英國政府接受這個建議，表示願同意這麼一辦法，但是又表示須由不滿意該約規定的政府先行發動。

英國的答覆　不過英國政府令駐美公使向美國政府完全說明，謂廢除該約，卽是回到一八五〇年在該約沒有締結前的情形；英國並不嫉妒美國在中美的殖民，並且不請求或希望在那個地方得到任何獨佔特權。(二十)最後歐斯列奉命出發了，在一八五九年與一八六〇年之間與危地馬拉(Guatemala)洪都拉斯及尼加拉圭締結了條約，其中的規定實質上與大拉斯—克拉倫頓條約相符。(二十一)

美國滿意最後的解決　他與尼加拉圭在一八六〇年一月二十八日所簽的條約，雖然將在毛斯基托地方的名義主權歸還該共和國，但是爲印第安人保留了保存他們自己的風俗的權利，劃定了該保留地的邊界遠超過於牠的眞正邊界，並且確認了以前在該區域內所爲的土地的給與。雖然有這些事實，布卡蘭總統在他一八六〇年十二月三日致國會的常年咨書裏面宣稱，美國政府滿意最後的解決。他的話如下：

兩國政府對於克萊頓——布爾威爾條約的各異解釋，在討論的時候有時表現危險的現象，但結果得到了一個最後的解決，本政府完全滿意。(二十二)

南北戰爭把一切運河計畫無限延期了。巴拿馬運河的歷史容後再述。

(一) Report of International American Conference, vol. IV, (Hist. App.), 143.

(二) Snow, Treaties and Topics in American Diplomacy, 328.

(三) 我們與墨西哥及洪都拉斯的條約，雖然包括運河的建築，但是沒有實際重要，因爲經過這些國家的路線不能實行。

(四) Correspondence in Relation to the Proposed Interoceanic Canal, The Clayton-Bulwer Treaty, and the Monroe Doctrine. Government Printing Office, 1885, p. 5. 此後名爲 "Collected Correspondence".

(五) Ibid., pp. 23—27.

(六) Ibid., pp. 27 and 40.

(七) (Malloy) Treaties and Conventions, I, 659.

(八) Collected Correspondence, 94.

(九) Ibid., p. 14.

(十) Op. cit., pp. 11 and 12.

(十一) Op. cit., p. 99.

(十二) Mr. Buchanan to Hon. John. A. MaOleranand, April 2, 1850. American Hist. Rev., Oct.,

1-22.

（十三）Wharton's Digest, Sec. 205.

（十四）Collected Correspondence, 102.

（十五）Op. cit., p. 234, 又 Wharton's Digest, II, 190.

（十六）Collected Correspondence, 218.

（十七）op. cit., p. 286.

（十八）Op. cit, pp. 262—263.

（十九）Ibid., p. 276.

（二十）Op. cit., p. 250.

（二十一）Ibid., pp. 294—302.

（二十二）Richardson, Messages and Papers, V, 639.

第十四章　與中國日本的關係

在東亞的特別政策　美國在東亞與太平洋，從頭便與世界大國發生直接接觸，並且爲勢所迫（雖然有時候不願意）不得不去玩世界政治的把戲。在這裏孤立與門羅主義都是不能適用的。必須產生一個新的政策。

有一個事實，美國人沒有普遍的認識，這就是在與我們有密切關係的三大政治與商業區域裏面，我們有三種不同的政策：（一）孤立政策，到現在還是左右我們與歐洲的關係；（二）門羅主義，使拉丁美洲不受歐洲的榨取，維持門戶開放，不過近來帶有帝國主義的色彩；（三）在東亞與太平洋的合作政策，是西瓦德（Seward）在南北戰爭期內首先提出的，隨後便歸於消沈，到了約翰海（John Hay）之手復活，最後成了一九二二年華盛頓條約的基礎。

美國在東方政策的目的　美國在東方的政策，其目的始終在爲美國人民及美國商務取得最惠國的待遇；換言之，卽取得門戶開放，反對外國勢力範圍。一八四二年鴉片戰爭結束時，美國海軍統領基爾尼（Commodore Kearny）向中國代表取得了最惠國待遇的保證。這是這個政策的開始。在我們努力保持與中國的有利的通商關係裏面，我們時常利用別國的壓迫政策，而不替他們的行動擔負道德的責任。

有時候我們與這些國家合作，在別的時候我們採取一種孤立政策。我們在亞洲採用孤立政策從沒有得到什麼東西。如近來一個作家所說：

「在亞洲的孤立政策勢必傾向於放棄最惠國的待遇，不然，便須拒絕他人的染指。這種政策根本上是容易惹起鬬爭的。」(一)

美國與中國的商務的開始　美國與中國的通商，差不多一經獨立成功便開始了。第一個掛美國國旗航行遠東的船是中國皇后號(Empress China)。該船於一七八四年二月二十二日由紐約起程，裝載人參前往廣州。她於一七八五年五月回到美國，引起了很大的注意，雖然她報告的利益很小，但是別的船不久便在波士頓(Boston)、普羅威登斯(Providence)、紐約、費列德爾菲亞、波地摩爾及洛福克(Norfolk)等處準備好了，出發前往中國。國會又於一七八九年及一七九一年通過了法令，給予中國商務以特別的優待，於是商務有迅速的增加。同時美國的捕鯨人在太平洋裏面的成績大有可觀。雖然中國的商務於捕鯨的實業因為一八〇七年禁止船隻出入港口的命令及一八一二年的戰爭，受了犧牲，但是兩者在一八一五年以後都恢復了。(二)

初期的成功　自一八一二年之戰至英國與中國的鴉片戰爭，其間美國與東方的商務的發展超過了任何時期。至一八三九年英國與中國決裂止，列強都沒有採用壓迫的政策。只要一切外國商人都須競爭討中國當局的好意，美國人似乎比較是佔便宜。雖然大家有時候都受不公平的待遇，但是在這個初期裏面，美國人所受的犧牲比他們的競爭者採用壓迫政策所受的犧牲少得多。

領事關係的建立　波士頓的蕭生妙爾少校（Major Samuel Shaw）是一個革命時代有名的軍官。他乘中國皇后號出去，爲該船管理貨物，對於廣州的情形及美國商務的前途，做了一個詳細的報告給國務卿約翰吉。根據約翰吉的推薦，國會便選了他做廣州的領事。當華盛頓爲總統時，他又委了蕭，蕭任領事一直到死（一七九四年）。蕭及其後來的繼任者有五十多年都是住在廣州的商人，他們服務，除了辦公處費用以外，是沒有酬報的。而所謂辦公處費用，在一八三六年以前，每年很少達到五百元的數目。(三)中國人雖然對於一切商人都看不起，並且在理論上拒絕與領事有官方的關係，但是他們希望他對於他本國在廣州的人，實行專制的管理。(四)

羅伯子的外交使命　美國第一個到遠東去的外交代表，不是到中國去，乃是到安南、暹羅及墨斯卡特（Muscat）去。一八三一年，蘇馬托拉（Sumatra）的土人殺害了麥塞秋色子薩倫姆（Salem）的友誼號（Friendship）的水手。這是美國政府派遣特別代表的近因。甲克遜總統選了紐亨普夏（New Hampshire）的羅伯子（Edmund Roberts）擔任此職。他是一個大船主，在外很久，並且到過東方各國。他於一八三二年乘孔雀號（Peacock）船出發，帶了美國總統致墨斯卡特、暹羅及安南各國君王的親筆信，並且具有締結條約之權。他在馬尼拉及廣州靠了岸。當孔雀號在廣州海面出現時，中國當局採知是一個軍艦，便發布了一個勅令，叫牠立即離開回國。羅伯子對於這個勅令，卻置之不理，在發布以後還逗留了六個星期。他然後往安南。在安南要與高級官吏直接來往，其中有各種技術上的阻難。羅伯子爲使他們感覺到他的重要，於是在他的名字上加上他本邦紐亨普夏許多郡名，以爲官銜，並且冠以市、鎭、山河之名。安南的代表然後纔答應將他的信交與地方長官，但是告訴他說附加的官銜不能多過於該地方長官。他在暹羅得到較好的接待，並且於一八三三年三月二十日訂了一個條約。他與墨斯卡特的蘇丹也交涉了一個條約。羅伯子然後回到美國。他所交涉的條約，參議院都予以批准了。他差不多立即又被第二次派出去。這次他是乘軍艦去的，使命是交換批准。他在暹羅得到隆重的接待。艦隊隨後開到廣州，在那裏船上發生了一種東方的疫病，羅伯子便於一八三六年六月十二日死在澳門。他是美國在東方的外交的先驅。(五)

羅伯子沒有到日本　初看來好像很奇怪，中國沒有包括在羅伯子使命之內，但是列強在那時候與中國都沒有條約，商人顯然也沒有結約的要求。當羅伯子在巴達維亞（Batavia）時，他接到了往日本交涉條約的訓令；但是他認爲這個工作太大，而所帶的軍力太小，不足以感動日本人，並且沒有金錢或禮物送給日本的將軍。(六)

初期與中國的交際有許多困難。中國皇帝與官吏階級拒絕承認他國的平等，堅持以屬國的臣民待遇歐洲人，以進貢的使者待遇他們的代表。蠻人或『洋鬼』如不叩頭便不許進見皇帝。

英國與中國成立外交關係的努力　一直到一八四二年，歐洲與中國的貿易僅限於廣州一埠，並且因爲中國地方官吏的干涉及各種麻煩的規則，甚爲不便。雖然有這些不便，但是歐洲與中國的商務在十八世紀的後半期頗爲發達。這種貿易主要的是在葡萄牙人、英國人及荷蘭人的手裏。英國的貿易歸東印度公司壟斷，大半是鴉片、茶及絲的買賣。因爲有各種敵對英國商人的行爲，於是在一七九三年有派遣麥卡特里爵士（Lord Macartney）往中國之舉。其目的在確立與中國朝廷的外交來往。經過許多初步的談判，麥卡特里爵士最後堅持要往北京，中國人勉強地答應了。他與從者所搭上白河的船桅上掛了『英國進貢使臣』之旗。他並且奉到通告說，如果不履行叩頭禮他不能覲見皇帝。這，他卻不肯幹。不過他提議如果有一個與他同等地位的中國官吏，向他帶來北京送贈中國皇帝的英皇喬治第三（George III）的相片行叩頭禮，他也可以向中國皇帝行同樣之禮。這個提議被拒絕了，但是中國皇帝最後同意接待麥卡特里爵士，只要他行他向他自己的君主之禮。這，他幹了，但是他所成就的很少或甚至於可說是沒有。他被嚴密的偵察着，在北京的逗留，幾等於坐牢。（七）

埃姆赫斯特及納皮爾的使命無結果　因爲中國情形的紛亂及對商人的敵視，英國於是在一八一六年第二次派了埃姆赫斯特爵士（Lord Amherst）爲公使來華。他拒絕向中國皇帝叩頭，沒有覲見，結果他的使命也同樣的失敗了。（八）中國人完全不知歐洲的財富、文明及軍力，對於一切外國人都極蔑視。所予在廣州的商人的困苦，屢經提出伸訴。當東印度公司的壟斷權在一八三三年左右終止時，英國派了納皮爾爵士（Lord Napier）爲公使到廣州來監督外國的商務。他沒有得到政府相當的援助，受了無數的煩惱與侮辱，到後只有幾個月便死在澳門了。（九）

關於鴉片的爭端　同時英屬印度與中國的鴉片貿易有大的發展，中國官吏曾經屢次努力予以禁止。中國官吏的控訴，最後使駐廣州的商務監督伊里奥 (Sir Charles Elliot) 同意將在英人手中的鴉片，一律交與中國當局，這是一八三九年的事。交出的鴉片有兩萬多箱（每箱價值三百元至五百元，）都被中國官吏焚燬了。但是商人拒絕具結保證他們以後再不做鴉片生意。中國總督林則徐則認為這點非辦到不可。英商拒絕的結果，最後是被驅出廣州了。英國艦隊在他們被逐以後，不久便到了。英艦是幫助商人的。於是這種爭端釀成了一八四〇年開始的著名鴉片戰爭。對於中國人，鴉片是戰爭唯一的原因；對於有關的外人，特別是英國人，鴉片不過是偶然的事情。他們不相信中國官吏的誠意，認為對鴉片貿易的干涉不過是一種勒索的要求。雖然早年有禁令，但是他們以賄賂的方法不難使鴉片進口。現在中國政府有熱誠來禁止，外人卻不了解。有許多美國人，及少數英國人，因為良心關係，自願不從事鴉片貿易，但是他們對於要求調整中國與外國商人的關係，是完全同情的。他們都受了冤曲，這種冤曲乃是起於合法的貿易，與鴉片無關。(十)

其他怨恨

鴉片戰爭與南京條約　破裂之後不久英國艦隊便佔領了舟山，並且在一八四一年陷落了虎門礮臺。廣州現在完全操在艦隊之手。這時候，琦善繼林則徐做了兩廣總督，答應割讓香港，並賠款六百萬元。但是當這個消息傳到北京時，政府大怒，將琦善褫職。於是軍事行動復作。廣州不久便被英人佔了，後來廈門、寧波、定海、上海及好幾個沿海的較小城鎮也告陷落。英軍然後進攻南京，如果中國政府不提議講和，南京也無疑會落在他們的手裏。依照在南京簽訂的一八四二年的條約，開放了廈門、福州、寧波及上海與英國通商，條件與廣州同；割讓了香港並答應了賠償英國戰費二千一百萬元。（十一）

美國國內的意見　美國政府對於導至鴉片戰爭的事變及戰爭的結果，自然是很注意的。在一八四一年十一月向麥塞秋色子歷史學會的演說裏面，昆西亞丹姆斯認爲英國宣戰是完全有理由的，但是美國的輿論則於這篇演說所引起的許多批評及北美評論（North American Review）拒絕予以刊登的事實中，可以看見一斑。不論美國的輿論如何，美國政府是很想從英國所使用的壓迫政策中取利的。在戰爭期內，美國留了一個海軍艦隊在中國海面。這個艦隊是由基爾尼統領，他強硬地並且巧妙地強迫廣州當局賠償了美人在戰時因暴動所受的損害，數達數十萬元之多。他一聽見英國條約規定了新關稅及新通商規則，他卽與廣州總督通信，要求美國人民的通商應與『最惠國的商人平等。』他得到各種保證，美國商業定可享受優待。英國代表團中有一個人後來這樣寫道：

基爾尼獲得「最惠國待遇」的諾言

> 因爲美國海軍統領基爾尼的抗議，中國政府在南京條約以前就答應了，中國對於英人的讓步也必許給美國。因此，中國口岸之開放與歐、美，並不是我們的政策的結果，而是起於美國人的深謀遠慮，他們怕了我們規定若干獨佔的特權。（十二）

美國決定派遣公使前往中國　在戰爭期內，波士頓的商人鼓吹派一美國外交代表前往中國。當派克爾（Dr. Peter Parker 他在中國做了幾年的醫生、傳教師）於一八四一年四月在華盛頓時，他力勸國務卿維布斯特爾派一公使，並舉出了昆西亞丹姆斯的名字。一八四二年十二月三十日，戴列爾總統得到了關於英國條約的內容的消息以後，便送了給國會一個（維布斯特爾作的）特別咨書，在其中他建議撥付款項以爲派遣代表前往中國接洽通商條約之用。在同一咨書裏面他討論到夏威夷羣島（Hawaiian Islands）的情形，並請求撥付派一領事的款項。在外交上，太平洋於是開始漸形重要。當到推舉公使時，維布斯特爾建議當時駐英公使埃威熱特，用意大概在想繼他做駐英公使，因爲這時候維布斯特爾很想退出戴列爾的內閣。埃威熱特謝絕之後，便選了麥塞秋色子國會議員顧與（Caleb Cushing）

最後選了顧與

（十三）顧與是一個敏利的律師，很有能力對付中國外交大概比埃威熱特更適當。國務卿維布斯特爾的兒子弗列郤爾維布斯脫（Fletcher Webster）被任爲代表團的祕書，派克爾及布利基門（Rev. E. C. Bridgman）（兩人都是傳教師）被任爲翻譯。

前往北京的努力失敗　這個使團帶了三枝桅的兵艦一艘，單桅的兵艦一艘，及用蒸汽的兵艦一艘，於一八四四年二月二十四日到了澳門。顧與住於前葡萄牙總督的寓所，因爲『他的使團的新異與闊綽，及他個人有吸引能力的性質，在澳門引起了很大的注意。』不過後來不久他抱歉地報告說，有一個法國使團，『其佈置比美國使團還費得多』也到了。顧與到了三日之後，即送了一個照會給兩廣總督，表示有意前往北京呈交美國總統致中國皇帝的國書因爲這個照會與中國當局有三個月的通信。中國政府沒有意思要談判一個條約，並且對於美國使團的來到，很不高興。兩廣總督通知顧與，說他須等候看皇帝的意思如何，至於兵艦則無論如何不能允予前往天津。顧與也厲害起來了。他答覆說，美國領事在數月以前已經通知中國政府說他要來交涉一個條約，如果中國皇帝的意思是在邊界地方談判，他早就會派代表來廣州接洽。他又說，如果總督不以他乘兵艦前往天津爲然，他可由陸路前去。總督回答說，陸路遙遠，並且過河過江很有危險。他勸顧與少安毋躁，在澳門等候皇帝的發示。兩個半月後，顧與奉到皇帝的決定的通告了。通告說的是，美國人既從未向皇帝進過貢，他到天津及京都去完全與常規不合，但是中國政府已委任耆英，兼程來廣州與他相會。

派欽差大臣與顧與談判

六月九日，顧與便接到了耆英一個信，說他已經來到，不日即可把晤，不勝欣喜。如福斯特(Foster)所說，顧與認爲這是言過其實的形容詞，但是他與耆英的關係是很滿意的。耆英急於想在法國使團來到（數日內就要到）以前，訂定條約。於是沒有嚴重的困難，被此便協商好了。

一八四四年的條約

條約是於一八四四年七月三日，在澳門城外中國使團所住的一個寺中簽訂了。奇怪的是，顧與沒有入中國土地一步，並且除了中國使團人員之外，也沒有與任何中國高級官吏有過個人的來往。這個條約實際上是在葡萄牙的土地內談判並完成的。（十四）

顧與條約，在許多方面都比英國條約好，旋即被法人做爲他們的條約的模範（法國的條約是幾個星期後談判的。）牠不但包括關於通商更有利的規定，並且在第二十一條裏面用了淸晰的字句，保證了

治外法權的保證

美國的治外法權：

中國臣民，如果對於美國人民有犯罪的行爲，由中國當局依照中國法律拘捕懲辦；美國人民如在中國有犯罪行爲，則由美國的領事或其他授權的官吏，依照美國法律審判懲辦。

在第二十五條中，又規定：

一切關於中國的美國人彼此間的問題，不論其爲財產的抑係人身的，皆由美國政府管轄，及規定。美國人民與他國人民彼此間在中國發生的糾紛，則由美國與該國政府現有的條約分別規定，不受中國干涉。

確定外人在中國的地位　治外法權的原則，好像事實上早已經給了英國人，雖然沒有包括在南京條約或虎門條約裏面，而僅在通商規則內提到過。這種權利之所以讓給美國，顯然是代替土地的割讓，如英人取得香港是。（十五）但是顧與對於治外法權的明晰的陳述，卻確定了外人在中國到現在的地位；因爲其他國家根據了最惠國條款，不久便替他們的人民要求美人所享的特權。

與早年情形的對照　顧輿還在澳門的時候，羣衆會攻擊外人的居留地；在抵抗之中，有一個美國人打死了一個中國人。中國當局要求交出這個美國人，顧輿自然不肯。美領事所選定的陪審官判決該項行爲乃出於自衞。這是條約談判後第一個發生的刑事案子。大家或許還可回憶，在一八二一年有一個美國船的水手被中國當局處決的事情。水手的名字叫特蘭諾瓦（Terranova），意大利產，但是在一個美國商船上服務。他從船上丟一個土罐出去，剛打着一個船上的婦人的頭，使她落水淹死。廣州當局要求將特蘭諾瓦交出，卻被拒絕。等到中國當局禁止一切美國商務，兩方纔同意由中國官吏在該船上舉行審判。他們拒絕被告方面的證言，也不聽被告方面的理由，卽判決他有罪。船上的職員將該水手加以鎖梏，但是沒有交出，因爲中國仍然禁止與美人通商，船上職員最後纔同意在城裏面舉行第二次審理。中國官吏這次審理的結果，特蘭諾瓦被宣告有罪，並且於二十四小時內被絞決了。他的屍首交還了該船，美國商務也宣告恢復。一七八〇年有一法國人被中國當局處死。一七八四年有一英國水手交出之後，也被絞決。（十六）

治外法權對於中國主權是一個嚴重的限制　因爲這些及其他的案子，所以有脫離地方管轄的要求。在當時，因爲中國政府沒有承認國際法或任何國際來往的義務，這種要求無疑是正當的，並且是必需的。現在中國已經成爲國際社會之一員了，治外法權的原則對於她的主權有嚴重的限制，她大概是不能容忍很久的。

美國條約禁止鴉片　美國條約與英國條約不同之處，在宣告鴉片貿易之非法，並且規定美國從事於此項貿易的人民聽憑中國政府處置，美國不予以任何贊助及保護。美國傳教師的影響見第十七條。該條除規定了在五個口岸居住營商的地方外，並有關於醫院、教堂及公墓的規定。事實上，在這個條約之下，美國傳教事業比美國商務更發達得快。(十七)

履行條約的困難　英、美、法各國條約，中國很勉強地簽了字。這些條約在通商的五口實行，多少不免有困難。廣州人特別是不受約束的。他們反對該項條約極力，以致外人不能得到已經許給他們的權利與特權。上海的生活情形比較廣州好得許多，牠不久便成了五口中最重要之一口。在城內，劃了寬大的地方給外人；並且在限制的距離內，讓外人有到周圍的鄉下去的充分自由。英、法兩國一天一天傾向於採用武力，以推進他們在中國的利益，至於美國，則靠中國的諾言與信用，沒有完全了解中國政府對於通商口岸的地方情形不能有什麼有效的管理。

太平天國之亂

一八五〇年起事的太平天國之亂，釀成了歷史上最大的內戰，使中央政府的活動失效者凡十有餘年。這種情勢對於中國有嚴重危險的可能。帝國好像在崩潰之中，有被外國瓜分的危險。第一個看見這個危險及舉出正確的美國政策的美國人是咸弗列馬歇爾 (Humphrey Marshall)大理院長馬雪爾的親屬，在中國的美國代表。他在一八五三年寫信給國務卿麥西說道：

健全的美國政策

據我的意見，美國最高的利益在支持中國——維持那裏的秩序，逐漸的灌輸使政府有生命及健康的健全原則到這個衰頹的種族裏去，而不是看住中國變成普遍無政府狀態的戲場及最後為歐洲

野心的犧牲品。(十八)

美國在中國的代表　美國條約規定十二年滿期修改一次，英、法比美國更堅持要求賠償現有的冤曲，及擴大商務的特權。在這個時期內，先後有五人在中國擔任過美國的代表：埃威熱特(A. H. Everett)一八四五年至一八四七年；台維斯(John W. Davis)一八四八年至一八五〇年；馬歇爾一八五二年至一八五四年；麥克倫(Robert M. McLane)一八五四年；派克爾一八五五年至一八五七年。薪水是很小的，很難找人接受這個位置，找到之後又難做得久。(十九)因爲常常變動的結果，美國政策是缺乏繼續性的。馬歇爾之後，是由麥克倫繼任。他到中國去，沒有具體的訓令，因病還沒有做到一年便辭職了。他建議與英、法聯合行動，封鎖主要的河流與口岸，認爲這是取得賠償與修改條約的唯一有效辦法，但是國務卿麥

美國拒絕與英法合作

西回答說，總統『很反對你所謂聯合英、法的侵略政策——即聯合三國的海軍力，以便向中國取得條約的修改，以威脅或武力取得更大的通商特權』。(二十)一八五三年，有一個法國傳教師名夏德麟(Chapdelaine)者被害，法國卽用以推進他們的要求。法國代表迅速地向總督葉名琛要求賠償，在答覆裏面，葉名琛聲說依照條約，傳教工作是限於五個通商口岸的，並且殺害發生的廣西省，因爲太平天國之亂，正在紛亂之中。事實上，夏德麟的殺害乃出於中國的官吏。三年之後，又有一件事情發生，就是有一個在香港註册的亞羅號(Arrow)船，掛了英國旗，被中國官吏闖上船，帶去中國水手，這又給了英國一個口實來壓迫

中國政府。(二十一)

皮雷提議在東方須有海軍根據地　克里米亞戰爭無疑地使英、法的行動擱延了。剛在這時候，皮雷統領之巡行到日本（此點以後再述）對於美國在中國的政策有重要的影響。皮雷不但強迫日本讓他進去，並且盡力使他的政府採取在東方保持一個海軍根據地的政策。他寫道『我擔承責任去力勸在這個地方建立一個根據地，認爲牠是維持我們在東方的海權的必要辦法。』他建議佔領波寧羣島（Bonin Islands）、琉球羣島(Lew Chew)及臺灣爲第一步。當他在東方停留時，他以琉球羣島爲他的艦隊會合的地方，並且在拉派（Napa）取得了一個裝煤站。(二十二)皮爾斯總統沒有接受這個建議，並且如果沒有國會的授權，拒絕在那麼遠的地方佔領或保留一個島。如果日本不屈服於威嚇之下，大概美國必須採取皮雷的政策；但是條約的簽訂暫時除去了這種需要，而艦隊也就回來了。

派克爾建議奪取臺灣

派克爾一八五五年至一八五七年在中國任代表的時候，很想攫取臺灣。他鑒於中國沒有完全履行她的條約義務，認爲這個辦法是有理由的，但是他不能說服他的政府，使其相信這個步驟是公道的或便利的。(二十三)

英法決定壓迫政策　克里米亞戰後，英、法決定把在中國的事情告個結束。在一八五七年之初，他們便派了特派全權代表以繼他們的駐華代表。英國派的是埃爾金爵士（Lord Elgin），法國派的是格羅斯男爵（Baron Gros）。埃爾金的訓令要求下列各項：(一)賠償英國臣民所受的損害；(二)完全履行條約的規定；(三)賠償因近來亂事所受的損失；(四)英國公使住居北京，及與該地高級官吏直接通信之權；

(五)修改條約，以增進通商的便利，如添開口岸是。格羅斯的訓令，除了特別注重取得夏德麟神父的被害的賠償以外，大致是相同的。(二十四)

美國謝絕合作的請求　同時英國政府由在華盛頓的納皮爾爵士提議，美國應「授權他們在中國的海軍的與政治的當局，與英、法兩同盟國的代表協誠合作。」並且提議毀壞在廣州下面的屏障礮臺，封鎖揚子江上至於運河，及封鎖白河口。但是剛上臺的布卡蘭政府拒絕加入這個同盟，或採用壓迫的政策。國務卿喀斯回答說，只有國會能夠宣戰，不得國會的同意，不能用武力進攻中國，並且就美國與中國的關係而言，也沒有戰爭的必要。不過美國可以派一全權代表，但是他沒有權與英、法聯合去談判條約，或與他們共同與中國簽訂一個條約。(二十五)

總統選了他的朋友雷德（William B. Reed 彭雪爾文尼亞邦人）擔任這個全權大使的新位置。新公使的訓令是喀斯預備的，開始有這麼一段使人注意的話：

喀斯給雷德的著名的訓令

> 可與英、法公使自由來往，並且向中國人說明總統相信同盟國的目的是「公平的，便利的。」但是以向中國人強硬抗議為止，須記得美國政府沒有與中國開戰，如果你的抗議沒有結果，讓政府來決定第二步辦法。(二十六)

以外他須提出滿足美國人的要求及顧與條約的修改，以擴大通商的機會，保障美人在開放口岸的生命與財產。最後，如果有機會，他可以作交戰國間的調人。所以美國政府雖然拒絕採用武力，並且對於中國表示了牠的好意與和平意向，但是牠贊成英、法所取的辦法，並且預備依照最惠國的原則，要求英、法用武力所取得的一切讓步和特權。如果牠認爲同盟國的要求是『公平的，便利的，』牠便應該與他們合作；反之，如果牠認爲不應戰爭，牠就不應於事前贊成他們所提出的行動路線。

美國預備利用同盟國的壓迫辦法

因印度叛變擱延了　埃爾金爵士於一八五七年七月到了香港，帶了一大隊軍艦。他原意極力趕往北方，壓迫北京當局，但是格羅斯男爵之遲到中國，與印度的叛變，使他這種行動不能不展期。事實上，他須派兩個軍團及三百水兵回加爾卡達(Calcutta)去。在夏季期間，列強在外交上都在那裏注視。十月，格羅斯到了，於是決定在赴北方以前，先『在廣州用武力使地方政府就範。』十二月，埃爾金與格羅斯同時發通牒與總督葉名琛。雷德也發了一個通牒，要求修改一八四四年的條約。俄國代表正在那裏謀得一個新條約，准許俄國在與其他國家相同的條件上進入開放的口岸。俄國的通商至現在爲止是限於陸路的。葉名琛對於這些通牒的答覆是不滿意的，並且是不着邊際的。他一點也不讓步，並且聲稱條約的修改是不需要的。（二十七）

廣州的佔領　十二月二十八日，同盟國海軍開始轟擊廣州。一個星期之後，該城便被攻下，並且被佔領了，葉名琛被俘之後，被送至加爾卡達，於次年死了。英、法人現在遇到一個困難的局面。他們已經用盡他們所有的軍力，但是還沒有得到讓步。他們的軍隊不够管理像廣州這麼一個大城市，於是他們便移交給葉名琛的繼任人，不過附有一個條件，便是須由一個外人委員會來協助多數的軍隊然後撤退了。(二十八)

列強的要求　一八五八年二月十一日，埃爾金與格羅斯致書『北平的宰相大學士』要求公使住居北京，增開商埠，剿滅海盜，保護基督教徒。他們聲稱意欲前往上海，如果中國全權代表能在三月底以前與他們會晤，他們願意在該處談判。美、俄公使協議同時向中國政府提出他們的要求。於是四公使便向上海出發了。

中國的答覆

埃爾金與格羅斯接到通知，謂總督葉名琛措置失當，已經罷黜，委任他人繼任；至於大學士依法向不預聞外交，最後並謂各公使須折回廣州，在該處與新總督談判。給美國公使的答覆大致相同，除了其中贊許了美國當局所取的友善態度。至於俄國公使所得到的回答，則謂與俄國的條約既沒有許給俄人在五口通商的權利，他自然沒有理由干預廣州的問題；他應往黑龍江俄國的邊境上，候中國代表與之會商解決關於邊境的問題。但是因爲廣州的攻擊，太平亂事的擴大及中國政府的無能，外人對於中國政府的態度更無所顧忌。外交關係還須在離北京最遠的地方交涉，外使與中國政府之間還是不許有直接來往的關係。(二十九)

外使向白河出發　鑒於上述的答覆不圓滿，四公使決定前往白河。格羅斯建議向中國政府提出通牒，其性質與前已發出的相同，要求中國委派全權與他們在天津或北京會商，不再在廣州談判。限中國政府於六日內爲圓滿的答覆，否則列強卽進取大沽礮臺。美、俄兩國公使奉到訓令，不得採取武力，但是他們同意與英、法聯合行動，至敵對行動實行爲止。通牒是於一八五八年四月二十四日發出的，中國政府的答覆只說已授權直隸總督與他們談判。埃爾金與格羅斯以其不是全權，不滿意，拒絕與他會商。不過雷德對於局面的見解不同，開始與該總督談判了。因爲埃爾金擔承關於聯合使節一切事情的領導的結果，他與雷德之間不免有點冷淡。雷德與俄國公使的關係親密，於是四個公使傾向於分成兩派。雷德的談判，沒有多大成功，並且到了五月二十日被英法海軍攻擊大沽的行動中斷了。經過兩點鐘的轟擊，礮臺是攻下了，聯軍於是溯河而上。雷德與俄國公使乘了一個俄國汽船，懸了美、俄兩國國旗，追隨埃爾金與格羅斯之後。

進攻大沽礮臺

在天津分別簽約

在天津，英、法全權住在一個大寺裏面，美、俄公使則寓於私人住宅。向白河的進攻，最後使北京政府震驚了。北京政府立卽派了全權代表往天津，在六月初開始談判。俄國條約是於十三日簽字的，美國條約是於十八日簽字的，英國條約是於二十六日簽字的，法國條約是於二十七日簽字的。七月四日接到中國政府對於條約的批准，各國公使隨卽退至上海，在那裏完成了關於關稅與通商規則的談判。(三十)

美國條約除去鴉片的禁止

在一切與中國的談判中，埃爾金居於領袖的地位。他的條約使英國在與中國有關係的各國中佔了首要的地位。雷德在美國條約裏面取得了一個概括的最惠國條款，使美國得到了英、法用武力向中國所取得的一切。但是有一點，雷德離開了他的訓令。在顧與條約裏面，關於禁止鴉片貿易的規定，在天津條約裏面卻被除去了。在各條約的原文裏面，雖然沒有規定鴉片爲合法的貿易，但是在修改的關稅裏面，有一項規則便是確定鴉片稅率，限定進口商人只能在進口的口岸發賣，只有中國本地人能運鴉片往內地，鑿於美人向來就違犯顧與條約的鴉片規定，雷德（顯然不是完全沒有受英人的勸告）認為不如使這種貿易合法化而重徵其稅，並限制外人的發賣(三十一)

中國擱延批准的交換　美國條約得到參議院的同意，並於一八五八年十二月二十一日經總統批准了。雷德辭職之後，瓦德(John E. Ward 喬其亞(Georgia)人)被任為駐中國公使。瓦德須負交換批准的責任。這個責任卻證明了是一場難事。他到上海之後，即向中國代表聲稱意欲往北京交換批准。對於這點，中國反對，並且在條約裏面找不出他這種要求的理由。他的根據只是因為英、法條約特別指定了北京為交換批准的地方。同時候，英人對於廣州的局面，正在與中國官吏發生麻煩。廣州人不喜歡這些條約，繼續作各種敵對的行動。結果英人還是保持該城不放，中國政府則要求在交換批准以前，交還中國當局。(三十二)

英法重開戰端　埃爾金與格羅斯在條約簽字以後便離開中國了，但是當他們的繼任者往上海準備起程赴北京交換批准時，他們卻遇到了出乎意料的阻難。各種關於導致英、法聯軍與中國復啓戰端的記述是矛盾的，難於調和的。一八五九年六月，英、法、美各國公使向白河口出發。到了白河口，他們得到地方官吏的通告，說已奉到命令，不許任何外人上去。英人於是決定以武力打進天津，從該處與北京開談判。六月二十四日，英艦隊長賀布(Admiral Hope)發了一個哀的米敦書上岸，要求除去擱置在河中的障礙物，讓他的軍艦通行。沒有得到答覆，次日他企圖強迫過去。在接着發生的戰鬪中，兩岸礮臺(已大加修理)

較佔優勢，英人受了嚴重的損失。六個英國礮艦失卻戰鬬能力，其中有四個並且沈沒了。有二十五名水手，六十四名海軍兵士被害；有九十三名水手二百五十二名海軍兵士受傷。賀布自己也受了重傷。當美國艦隊長達特羅爾（Commodore Tatnall）聽見賀布受傷時，他立卽乘快艇上河去表示他的同情。礮臺向他開礮，擊斃他的舵手。當他上到賀布的礮艦時，他的快艇的水手發見只有三個英人能戰，便接上去開放向礮臺攻擊的礮。達特羅爾又派了一個汽船，協同拖些英國小火輪進入戰線，並且大聲解釋道，「同種的關係總比外人密。」（三十三）

美國專使遭挫折　美國專使瓦德後來不久便被邀在北塘上岸（在大沽北數英里，）並且答應送他前往北京。七月末，他到了北京，覲見皇帝的事預備好了，瓦德得到不要叩頭的保證。但是時候到了，他發見這個儀式還非行不可；他於是拒絕覲見，次日便得到上諭令他立卽離開北京，在北塘交換批准。回到北塘，他便於八月十六日交換批准了，美國條約及國務部的訓令都沒有指名交換批准的地點，所以瓦德在北塘交換，並沒有逸出他的裁度範圍。（三十四）交換批准以後不久，瓦德便回美國，但是他的辭呈在幾個月以前便提出了。（三十五）

英國對於中國行動的解釋　英國作家認爲這時候中國行動的眞正解釋是英國條約裏面關於外國公使住居北京的規定，大沽的破裂乃是中國政府決意將此點和其他一二點在與英國交換批准以前重開討論所致。其他有約國只能根據最惠國條款要求他們的公使居住北京。因此中國政府如果能够把英國條約裏面關於公使住居北京的規定取消，那麼牠便能拒絕一切的外使住居北京。一八五九年內太平亂勢極其衰微，清廷克復了許多大城，這無疑對於中國政府的行爲也不無影響。(三十六)

埃爾金與格羅斯回到中國

英軍在大沽被擊退之後，賀布艦隊長告訴英使說他的軍力不足以繼續作戰，於是聯軍及英、法公使退回上海了。當英、法政府接到這個消息時，他們決定派埃爾金與格羅斯回到中國，帶領雄厚的艦隊及充足的軍隊，以便攻入北京。一八六〇年八月一日聯軍在北塘上了岸，以襲擊大沽礮臺之後。這個工作大約三個星期便完成了，他們立卽溯河而上天津。在這裏，有中國專使來會，提議開談判，但是聯軍仍向北京推進。

佔領北京

當他們攻入北京城時，他們發見皇家已經逃走。他們旣不想對北京爲軍事的佔有，於是決定把美麗的圓明園毀壞。也有人說要毀壞皇宮，但是他們認爲這樣會阻止皇帝回來。他們然後與恭親王及其他全權開談判，最後簽訂了兩個北京條約。中國皇帝對於中國軍事當局於一八五九年六月在大沽的行動所引起的友好關係的破裂，須表示深切的歉意。英人堅持他們的公使有永居北京之權，並且中國政府被迫須向英、法政府賠款。這些條約的簽訂，將二十年來與中國確立外交關係的爭鬭告一結束。在鴉片戰爭以前，中國指示外人關於通商的條件。從一八六〇年以後，列強卻來指示中國了。(三十七)

皮雷統領出使日本　皮雷統領在一八五二年至一八五四年到日本的有名的使節，與我們不管人家的事的一般原則很相反。誠然，有些寃曲要求賠償，但是出使的主要理由是日本拒絕承認她爲國際家庭之一員的義務，並且除了讓荷蘭人在長崎海灣內的出島(Deshima)有一商站外，拒絕開放她的口岸與外界來往。這個孤立或排外的政策是在十七世紀採行的，那時候並且驅逐了西班牙人與葡萄牙人的宗教團體，壓止了本國的基督教徒。荷蘭人因爲只要通商，不作宗教的宣傳，可以繼續在長崎。因此，實際上，他們壟斷了日本的貿易有兩百多年。美國雖然與日本沒有直接貿易，但是有些美國棉花經中國商人之

目的與動機

手到了日本。美國水手時常在日本海岸遇到船破的事情，沒有得到文明國家普通所給予的待遇，於是這個便變成了派遣使節的口實。雖然有許多作家對於這次遠征說得很詳盡，但是沒有一個人對於這個非常的舉動的眞實理由給了一個滿意的解釋。主張以經濟解釋歷史的人或許找到一個好例，以爲這是棉花的影響，但是遠征的事情雖然是在民主黨總統皮爾斯任內實現的，而派遣卻是在惠格派總統費爾摩爾任內。皮雷統領自己的人格無疑是一個重要的原素，這可於維布斯特爾生病，讓皮雷自行起草訓令（是否修改過我們就不得而知，）由代理國務卿簽字的事情可想而知。這些訓令中有一段證明皮雷的眼光很遠，看見將來美國在太平洋的政策的眞基礎，但是政府照例是受現在利益的策動行事的，對於遼遠的可能性總不太關心。

所說的一段，原文如下：

皮雷的意見

近來的事變——汽船航海，本國取得太平洋岸的大塊土地及其迅速的移殖，在該地方有金的發現，穿過隔斷兩洋的地峽的交通的成功——實際上使東方國家與我們更加接近；這些事變的影響雖

然差不多還沒有覺得，但是他們彼此間的來往已經大為增加，並且將來的發展是不能限量的。（三十八）

以前與日本接洽的努力　派遣海軍往日本謀通商關係的確立，不是忽然決定的。一八三二年，羅伯子曾經奉命前去。一八四四年顧興與中國有圓滿的談判後，派了貝德爾（Commodore Biddle）帶了兩個軍艦到日本。他於一八四六年七月在江戶灣住了十天，但是無法與日本政府發生關係。他得到通告說，一切貿易皆須由在長崎的荷蘭人經手，每個國家都有以自己的方法管理自己的事情的權利。並且他接到警告，須趕早離開日本，不許再出現於日本海岸。（三十九）一八五一年奧里克統領（Commodore Aulick 美國在東方的艦隊司令）奉到維布斯特爾的委任去與日本接洽一個條約，但是因為生病他沒有執行他的訓令。

皮雷的艦隊在江戶　最後，在一八五二年，皮雷統領（他是在伊利湖之戰的英雄皮雷之弟）奉命帶領一大艦隊去與日本交涉一個條約。這個艦隊於一八五二年十一月從洛福克動身，到了廣州，皮雷請了威廉姆斯博士（Dr. S. Wells Williams）同去做翻譯主任。至一八五三年七月進了江戶海灣。日本人看見皮雷的旗艦薩斯克亨拉（Susquehanna），第一個出現日本海面的新汽艦，當着大逆風，沒有帆，煙囪冒着煙，安穩地駛入海灣時，不免大吃一驚。等到船一拋錨，浦賀的副總督便乘了一個小船來求見艦隊隊長。他得到的回報是，艦隊長除了日本帝國最高級官吏外，不能與任何人會見。因此招待該副總督的，

通知往長崎

只是皮雷的副官。該副總督告訴美國人說，他們必須開往長崎，那是唯一與外人通商的地方。他們回答說，艦隊奉了友好的使命而來，並且有美國總統派來覲見日本皇帝的信使同來，非至任務終了，不離此地。次日，浦賀總督也上船來了。皮雷也拒絕親自接見，派了他底下兩個司令官與他會面。他重申前一天副總督所提出的要求，但美國人最後告訴他說，如果日本政府不派一相當人物來接受致日本皇帝的文件，皮雷統領將親自帶領充足的軍力上岸呈交。擱延數日之後，總督最後回來聲稱，日本政府將派一高級官吏來接受總統的信，但是該信的答覆將寄往長崎，由荷蘭人轉交。對於這個答覆，美人聲稱，皮雷統領是不會去長崎的，也不會接受由荷蘭人轉來的信。數日之後，於是有一個很高級的官吏，帶了五千軍隊左右，在岸上接待皮雷了。皮雷也帶了他的軍官及一隊船員與海軍。艦隊排列於所指定的會晤地方之前，並且在礮彈所能容易射及的範圍以內。文件以隆重的禮儀交與日本官吏了，皮雷並且告訴他們說，鑒於所要考慮的事情的重要，他決定不等待答覆，決定次年春天再來此地接受日皇的回信。總督問他回來是否都帶他的軍艦來。皮雷回答說：「一齊帶來，或許還多，因為這些只是艦隊的一部分。」（四十）

最後在岸上接待皮雷

皮雷然後往中國海面修理他的艦隊及取供給物品。那時太平之亂還在進展，美國公使很希望皮雷的艦隊留在中國海面，但是皮雷頗覺得他赴日本的使命的重要，並且恐怕當時在中國海面的俄、法艦隊司令到日本去坐享他的努力的結果，於是他縮短停留在中國的時間，於冬天便動身往日本了。一八五四年二月，艦隊駛入了江戶海灣，比第一次來增多了一倍。在這些軍艦鼓輪進灣的時候，日本官吏勸皮雷停駛，但是無效。等到他拋了錨，他得到通告說日本政府已派了代表與他在外面的灣裏一個地方談判；他回答說，他不願回到外面的灣裏去，如果代表們不願意在這個拋錨的地方與他談判，他定往江戶在那裏開談判。日本的代表最後來了，於彼此互相接待招宴之後，協定了一個條約，並且於一八五四年十月十四日簽了字。跟着不久，與別國也訂了約。英國的條約是一八五四年十月十四日簽字的，俄國的條約是一八五五年一月二十六日簽字的，在同年的後半期還與荷蘭簽了一個條約。(四十一)

日人被迫談判一個條約

皮雷的使節的意義　皮雷的使節在日本的歷史上開了一個新紀元。後來日本人甚感到牠的重要，特組織了一個會社來建築一個紀念他的碑。錢是由日本人捐助的，日皇自己也捐了款。奉獻禮是在一九○一年七月十四日（亦卽皮雷第一次來到的第四十八週年紀念日）舉行的。美國派了一隊軍艦由皮雷的曾孫海軍少將羅德基爾（Rear-Admiral Rodgers）統率前來參加典禮。海軍少將皮爾慈里(Rear-Admiral Beurlsloo)當初是在皮雷的艦隊裏當學兵，也來參加。紀念碑是建在皮雷與日本代表第一次會商的地方。(四十二)

條約的讓與很少　皮雷的條約是一個簡單的文件，不管牠的談判的環境如何，牠對於日本比較願與的條約對於中國是寬大得多。牠讓了少數的商業特權。日本同意開放兩個口岸與美國的船隻及貿易，並且允許保護及交還船遭打破的水手。這個條約包括有最惠國的條款，但是沒有治外法權的規定。其所以沒有治外法權的規定，好像是威廉姆斯博士的影響；他在中國的經驗，使他得到治外法權的原則是錯誤的。不過三年之後，在哈利時（Townsend Harris）所交涉的第一個條約裏面便加進去了。皮雷只打開了門的一條縫。外國與日本通商及往來的眞正基礎，還是哈利時在一八五七年與一八五八年的條約裏面打定的。這些條約變成了別國跟着的模範。(四十三)

將軍與日皇　當初與日本談判的時候，皮雷統領沒有覺到日本政府的特殊性質，及他辦交涉的對象是將軍而不是日皇。歐洲條約的交涉者亦未見及於此。等到哈利時，他纔在談判中開始明瞭日本的眞正情形。數百年以來，日本的行政權是在將軍的手裏，他住在江戶（近代的東京）。至於日皇，則隱居於京都。再則，二百五十年來，將軍的位置是由德川家世襲的。當將軍被迫與美國及其他外國訂約時，那班封建男爵都羣起攻擊他，並上訴與日皇。當將軍實行這些條約時，有許多男爵起而反抗，其中最有力的一個爲長州藩主。他實行封閉下關海峽及驅逐外人出他的領地。列強的代表決定聯合海軍加以討伐，其目的在懲罰藩主及打開海峽。這事是英人提議的，並且居領袖的地位，供給了九個軍艦。其他各國則予以合作，法國出了三個軍艦，荷蘭出了四個軍艦，美國出了一個軍艦。這種討伐的行動，曾經得到將軍的默認，因爲長州藩主是不服從他的權威的。聯軍回到橫濱之後，將軍對列強有各種的讓步，並且同意賠償三百萬元，作爲軍費。(四十四)

討伐下關

日本的政治改變　因受外國壓迫的結果，將軍的地位一天一天困難。反抗是無用的，然而每次他向外人的讓步都被貴族否認。日本正奔向內戰或無政府狀態。最後，到了一八六七年，當權的將軍，以非常的犧牲行動，放棄了他的地位，將政權交還了日皇，這位年輕的皇帝，在就位以前不久，取了明治的年號，意卽爲開明的政治。他的統治證明了是歷史上最非常的統治。一代之間，日本由一個封建國家竟改變成了一個現代的工業國家。雖然將軍之被推翻是由於對外人的讓步，可是這位年輕的日皇開頭做的事情，有一件便是邀請外國的代表到京都去，親自接見。當他及其顧問擔上責任時，他們也須做將軍做過的事情。貴族們爲愛護國家而擁護日皇，因爲他們知道只有一個集權的政府能對付外人。(四十五)

西瓦德的合作政策

美國之參加討伐下關，根本違反了美國的習慣與傳統。討伐事畢所簽訂的賠償條約及兩年後所談判的關稅條約，是歐戰前美國與他國聯合交涉並簽訂的最少數條約裏面的兩種。然而這兩個條約，參議院都予以同意並批准了。西瓦德的合作政策或許出於南北戰爭的急需，但是不論其動機或意嚮如何，他離開國務部之後，政府便回到孤立的政策上去了，一直等到一代以後義和團的事情發生，美國在遠東纔再與別國合作。

柏林根在北京　在南北戰爭時代，美國駐中國的代表是柏林根(Anson Burlingame)，他提倡一種和平合作的政策，有很大的成功。太平之亂還在進展之中，中國有瓦解的危險。要在條約開放的口岸得到許多的讓步，那是很容易的。柏林根與英、法、俄各國公使都有友好的關係，並且他使他們感覺到維持及保證『中國的土地完整』(四十六)的重要。『中國土地的完整』這成語在一代以後被約翰海所借用，並且被他用得很有效果。柏林根後來的身世好像是傳奇小說。當他在一八六七年宣示他想辭職回美國重

他赴西洋的使命

入政治生活時。中國政府便問他是否願意代表中國出使西方各國。他接受了這個提議，並且不久便被委爲第一個往歐、美的中國公使。他到美國，隨從甚衆。該使團從在山法郎西斯科上岸的時候起，到牠離開紐約往歐洲的時候止，牠繼續不斷的受盛大的歡迎。牠然後往倫敦、巴黎、柏林及聖彼得堡，引起很大的注意，並且有顯著的成績。到俄國京都以後數日，柏林根便患了肺炎症死了。他的光耀的事蹟於是告終。

柏林根條約關於移民的規定　一八六八年七月在華盛頓的時候，柏林根代表中國與西瓦德談判了一個條約。第五條包括下列條款：

> 美國與中國皇帝懇切的承認人有本來的、不可讓渡的權利去更改他的住所與歸轄，並且又承認他們的人民與臣民因爲好奇、貿易或永居的關係，從此國到彼國的自由移入及移出於大家都有利益。

在這時候，有幾千中國人正在從事於橫貫大陸鐵路的建築。加里福尼亞的迅速發展沒有中國勞工是不可能的。但是輿論對於中國移民問題不久便有一個大變化，並且不久就有向國會請求取消或修改柏林根條約的事實。一八七六年國會兩院派了一個聯合委員會，以參議員莫頓（Senator Oliver Morton）爲主席，到加里福尼亞去詳細調查這個問題。多數的報告是主張限制的，少數的報告是反對限制的，兩方面都把理由舉出來了，以後二十四年的辯論都用過這些理由。（四十七）

排斥華人的法令　一八七八年，國會通過了一個法案，大大的限制中國的移民；海斯總統（President Hayes）認為直接違反了柏林根條約把牠否決了。兩年之後，美國派了一個代表團，以米西根大學（University of Michigan）校長恩吉爾（Angell）為領袖，往中國去取得中國政府的同意，修改柏林根條約。一八八〇年的新條約，規定了中國勞工移民的限制，但是明白制定了中國臣民『以教員、學生、商人、或遊歷的資格前往美國，』應該聽憑他們的自由意志來往，給予一切最惠國的人民或臣民所享受的權利、特權及特免權。這個條約是一八八二年排斥法的先聲。有些後來的排斥法，特別是一八八八年與一八九二年的法令，是在總統選舉的前夜通過的，顯然破壞了條約的規定。並且這些法令的執行是很兇的，就是列在四個特權階級的中國人也常受苛待。不幸，中國移民的題目常常當做政治問題，而不當做社會或經濟問題處理。

（一）Tyler Dennott, Americans in Eastern Asia, 678.

（二）Ibid., Chap. I; Callahan, American Relations in the Pacific and Far East, 10.

（三）Dennott, 61.

（四）Ibid., pp. 62, 75.

（五）Foster, American Diplomacy in the Orient, 45—55.

（六）Dennett, 131, 133.

（七）Morse, International Relations of Chinese Empire, I, 53—54.

（八）Ibid., pp. 55—57.

（九）Ibid., pp. 118—138.

（十）Morse, I, 250 諸頁。

（十一）Op. cit., I, 301—304.

（十二）Foster, 74—76; Dennett, 108—111.

（十三）Fuess, Life of Caleb Cushing, 2 vols., published in 1923.

（十四）Foster, 7 —86; Dennett. 146—156; 28 Cong., 2 Sess., Sen. Docs. 58 and 67.

（十五）Dennett, 162—165.

（十六）Morse, I, 104; Dennett, 86.

（十七）Dennett, 168—169.

（十八）Op. cit., p. 215.

（十九）Op. cit., pp. 189—192.

（二十）Ibid., p. 249.

（二十一）Morse, I, 422—430.

（二十二）Dennett, 270—274.

（二十三）Ibid., p. 284.

（二十四）Morse, I, 485—488.

（二十五）Dennett, 298—302.

（二十六）Op. cit. p. 306.

(二十七) Morse, I, 489—490.

(二十八) Ibid., pp. 500—505.

(二十九) Op. cit., I, 507—510.

(三十) Op. cit., I, 512—530; Dennett, 311—314.

(三十一) Dennett, 314—326.

(三十二) Ibid., pp. 334—336; Morse, I, 571—572.

(三十三) Morse, I, 576—579; Foster, 246—248; Dennett, 338—340.

(三十四) Morse, I, 580; Foster, 248—253; Dennett, 340—343.

(三十五) 瓦德以及雷德的通信，見 36 Cong., I Sess., Sen. Ex. Doc. No. 30.

(三十六) Morse, I, 580—587.

(三十七) Op. cit, I, 589—616.

(三十八) Dennett, 262—263.

(三十九) Callahan, 75.

(四十) Foster, 150—158.

(四十一) Op. cit., pp. 159—166. 關於該項遠征的官報見 33 Cong., 2 Sess., Sen. Ex. Doc. No. 34.

(四十二) Foster, 169.

(四十三) Dennett, 355—364; Treat, Diplomatic Relations between the United States and Japan, 1853—1865, Chap. III.

(四十四) Dennett, 400—401; Foster, 192—195.

(四十五) Longford, Transformation of Japan.

(四十六) Dennett, 373.

(四十七) 44 Cong., 2 Sess., Sen. Rep. 680; also 45 Cong., 2 Sess., Misc. Doc. No. 20.

第四部　聯邦的保全

第十五章　南北戰爭的外交

封鎖　南北戰爭的歷史家對於軍事敍述得很詳細，但是對於封鎖及外國政府的態度比較注意少在戰爭的頭兩年〔從布爾南(Bull Run)戰起至格慈堡(Gettysburg)戰止〕南方在軍事上無疑是佔優勢的，外國的觀察者很少相信北方可以征服南方。北方之所以能征服南方，乃是由於北方在海軍上佔優勢，及英、法對於封鎖的默認〔雖然很勉強。〕這種商業的封鎖可說是空前的，對於英、法的工商業有嚴重的影響。

南方相信棉花王　南方各邦之脫離聯邦，其成功的希望基於兩種信抑：一是認爲北方人戰鬬力沒有什麼了不得，一是認爲歐洲有賴於南方棉花的供給，由此可以逼迫歐洲早日承認南方的獨立，如果戰事延長，並且可以逼迫歐洲出來干涉。我們在現在很難了解第二種思想爲什麼能够深入人心。南卡羅林那參議員哈孟德(Hammond)於一八五八年三月四日在美國參議院有下面這麼一段話，這段話便可以代表一種普遍的信仰。

爲什麼我們絕不會有戰爭，如果沒有其他理由的話，請問那個腦筋清楚的國家會向棉花開戰，如果他們向我們開戰，我們不開一槍，不拔一刀，能使全世界屈服於我們的足下……如果三年沒有棉花的供給，會成什麼樣子？我用不着去描寫每個人能夠想得到的，但是這是一定：英國定會崩潰得很快，並且會拖倒全個文明世界，除了南方之外。不，你不敢向棉花開戰。地球上沒有那個勢力敢向牠開戰。棉花就是王。到最近英國銀行是王，但是前年秋她照例想操縱棉花出產，但是完全失敗了。最後的權力已經被征服了。看看近來的事變，誰能懷疑棉花的最高無上？(一)

信賴英國的承認　倫敦泰晤時報的拉塞爾 (William H. Russell)，他在一八六一年四月空氣緊張的時候在卻爾斯頓(Charleston)，很感到南方人把一切東西都繫於對棉花的信心上面。『這些瘦長，面目清秀的卡羅林那人』他寫道，都是唯物主義者。奴隸制度或許增重了這種以棉花與糧食來觀察全世界的趨勢。這裏的拜金者雖然比較堂皇，不俗陋，但是對於『全能的大洋』還是與北方人一樣的拜倒。描寫英國領事招待他的一個宴會，他說道：

我與我的主人很不悅意發見

他們除了對於英國的物質利益，有所顧慮外，別的都相信沒有問題，並且這些先生們認為她是他們的棉花王國的一種附庸。『先生，我們只要斷絕供給你幾個星期的棉花，我們便能引起英國的革命。

貴國人民有四百萬人靠我們吃飯，不用說無數百萬的大洋。不，先生，我們知道英國一定承認我們的。』

紀述與列特（Edmund Rhett）的一個談話，他說道：『列特君也相信財務大臣（英國）是坐在一個棉花包上。』（二）（譯者按這是諷美國南方人過於相信棉花的勢力。）

棉花不是最高無上

一直至楊實（Yancey）出使歐洲失敗回來之後，邦聯（南方）纔知道他們的錯誤。一八六二年三月在紐阿倫斯演說，他說道：『說棉花是王是一個錯誤。牠是商業中一個大有影響的勢力，但不是牠的獨裁者。』（三）六個月後，斯迭文司（Alexander Stephens）在喬其亞的克羅福威爾（Crawfordville）的演說裏面也說道：

那些以為棉花王可以逼迫英國政府承認我們的政府與打破封鎖的人，以及那些希望英國完全放棄牠的文化而來承認我們的政府與打破封鎖的人，都有大錯，其錯誤在於棉花王國的性質。他的權力是商務的與財政的，而不是政治的。（四）

這些引證可以解釋南方在開戰時沒有考慮到封鎖的可能的情形。其實這是鬪爭中的決定的因素。

林肯的封鎖布告　一八六一年四月十五日，林肯總統（President Lincoln）發布了一個布告，令各邦出兵恢復邦聯在南方奪去的礮臺。兩日之後，邦聯總統甲菲遜台維斯 (Jefferson Davis) 發出布告，招人民來請領歐船捕獲許可證，由此可見他有意在海洋上與美國的商業作戰。(五) 四月十九日，林肯總統，據他說是依照『美國的法律及國際法，』也發出一個布告，宣布他已經進行封鎖邦聯的海口，從南卡羅林那起至塔克沙斯止，並且在八日之後，他又把北卡羅林那及維金尼亞包括進去了。他又宣稱，無論何人，如果奉邦聯的僞權威妨害美國的船隻，『須受美國防止及懲罰海盜的法律的制裁。』對於邦聯的全個海岸欲作有效的封鎖，這時候是不可能的。爲避免封鎖等於具文起見，該布告指令『凡是駛近或離開一個被封鎖的海口的船隻，須由執行封鎖的軍艦艦長予以警告，並記載這種警告的事實與日期於註册簿中，如果該船再圖駛入或離開被封鎖的海口時，卽將該船捕獲，送往最近相當的海口審訊，並將該船的貨物作爲捕獲物。』(六)

在捕獲船隻前先予警告

里安爵士給西瓦德的勸告　英國駐華盛頓公使里安爵士 (Lord Lyons) 曾極力勸西瓦德說，如果對於英國的商務有嚴重的妨礙，則英國對於北方將大有不利，並且他甚至於暗示，如果有嚴重的妨礙，英國是要出來干涉的。他與拉塞爾爵士 (Lord Russell) 都不相信有效的封鎖是可能的，並且他們認爲建立有效的封鎖的企圖，比由國會通過法令，封閉南方海口，不准其爲進口口岸（此事曾經嚴重考慮）一舉稍爲好一點。里安與拉塞爾之達到這個結論，說北方不能有效地封鎖三千英里以上的海岸，乃是忽略了棉花只能在七個南方海口大批運出的事實。這七個海口是洛福克、威明頓 (Wilmington)、卻爾斯

南方海口法

頓、薩萬拉 (Savannah)、木比爾、紐阿倫斯及加維斯頓 (Galveston)。對於這些海口為有效的封鎖，並不是不可能的事。(七) 當一八六一年七月，國會兩院通過『南方海口法 (Southern Ports Bill)』授權總統，以布告的方式，不顧封鎖、關閉南方海口的時候，(八) 英、法兩國都提出了抗議。法國公使麥西爾 (Mercier) 向西瓦德聲稱，他的政府認為這種辦法等於紙上封鎖。八月十二日里安爵士也提出了正式訓令，宣稱『英國政府認為關閉（實際操在反叛或邦聯各邦之手的）南方海口的命令無效，並且根據這種命令在海洋上所採取的辦法也不予以服從。』(九) 因為這些抗議，西瓦德於是勸阻了總統沒有宣告把南方海口關閉，禁止外國船隻出入。八月十六日禁止交通的布告，因此只阻止了反叛各邦與美國其餘各部分的一切商務，但是沒有實行英、法所抗議該法的第四節。(十) 不過英、法由是承認了商業的封鎖，不管這種封鎖範圍多大，只要牠能有效的維持，而不純粹是紙上的封鎖。

英國發出中立的宣言　同時，因為台維斯於四月十七日布告招募私掠船，及林肯於四月十九日布告擬行封鎖，英國於是遇着了一場海戰在前，立即開始實行保護她的商務。這兩個布告足夠證明南北兩方已陷於交戰的地位，非有所行動不可。據此，五月十三日，英國皇后便發出了一個中立的宣言。(十一) 跟着法國、西班牙及荷蘭於六月，巴西於八月，及其他海洋國家於其他的時候，發出了同樣的宣言。(十二) 這種行動並沒有使各國要承認邦聯的獨立，或接待邦聯的外交代表。牠僅給邦聯以交戰的權利；換言之，僅承認他們在海洋上的旗幟，及他們在中立海口的軍艦、商船有北方船隻所享受的同樣的特權。

遲於任命外交人員　林肯遲遲於派遣新公使前往外國，理由不甚明瞭，或許是因爲缺乏具體的外交政策，或許是因爲西瓦德的影響，他希望避免戰爭，不願派遣新公使出外，以俟國內的情形更爲明顯。有兩個多月新政府在倫敦的代表是彭雪文尼亞的大來斯（Dallas），在巴黎的是維金尼亞的福克納爾（Faulkner），兩個都是前任總統（布卡蘭）留下來的人，並且後者是同情於南方的。（十三）邦聯政府行動比較很快，在三月便派了使團到歐洲去了。

派法郞西斯亞丹姆斯往英

林肯與西瓦德最後纔選了法郞西斯亞丹姆斯（Charles Francis Adams）爲駐英公使。他是出身名門的。他的父親與祖父都做過駐英的公使及美國的總統。他承繼了很多他們的能力及其嚴峻不屈的清教主義。亞丹姆斯家庭對於英國的感情並不好。約翰亞丹姆斯及其子法郞西斯亞丹姆斯都覺得倫敦空氣不相投。事實上，他們的經驗都不愉快，而法郞西斯之留英更覺得不愉快。他的使命比他的祖先的使命更重要，並且結果也證明了更成功。美國的命運大半繫於英國的政策，美國公使一步走錯或許就是致命傷。亞丹姆斯所負的重任，幾乎有林肯所負的那樣大，並且環境更加難堪，因爲他的周圍的人不是公開同情於邦聯，至少是懷疑聯邦有恢復的可能。

認中立宣言爲不友善　亞丹姆斯於一八六一年五月十三日晚抵倫敦，這一天便是英國內閣決定承認邦聯爲交戰團體的一天。次日，他拿起早報來看時，他便看到中立宣言的全文。這對於他的使命不像吉利的開始。西瓦德曾經訓令大來斯「用一切適當的及必需的手段」以阻止邦聯的承認，並且與拉塞爾爵士會談之後，大來斯曾報告說在亞丹姆斯沒有來到以前不致有承認交戰地位的行動。他是這樣了解拉塞爾的；但是拉塞爾後來否認曾給有任何的保證。當亞丹姆斯來到的時候，這步已經做了，他覺得這是一種不友善失禮貌的行爲。這種感覺因爲得知在幾天以前拉塞爾曾經接待過（雖然「非官場的」）（十四）邦聯的使者更加強烈化。他的兒子與傳記家在晚年的時候得到一個結論，認爲在亞丹姆斯來到以前發布該項宣言最爲僥倖，因爲他的訓令是根據林肯和西瓦德的理論，以爲這次戰爭是地方的反叛，與外國無關，而英國政府則因爲台維斯與林肯的布告，勢不能不承認事實上的戰爭。如果該項宣言的發出在亞丹姆斯無疑要提出的抗議之後，結果大概勢必至於馬上決裂。（十五）再者如果英國延不採取行動一直等至布爾蘭之戰以後，她勢必立卽承認邦聯爲一獨立國家，不僅是一個事實上的交戰政府而已。

抗議勢必無效

對英的反感不合理　英國之承認交戰地位，深引起了美國的反感。美國時常表示不滿，認爲這種承認是一種不友善的行爲，及趨向最後承認獨立的第一步。美國政府主張依照國際的意義，戰爭並不存在；美國並沒有放棄牠在南方各邦的主權；邦聯不過是叛徒而已；任何外國對於他們沒有理由予以官場的認知。這種主張不但直接與美國承認事實上的政府的有名慣例相違，並且在國際法上也站不住，因爲林肯總統「依照國際法」的封鎖的布告，乃是向世界各國官場地承認（原來用意雖不是如此）公共戰爭的存在。他的布告對於別國企圖駛進已被封鎖的海口的船隻，指令予以搜查及捕獲。這種對於商務的權利，只能給予交戰團體，在和平時候是從不容許的。美國在歷史上素來是否認所謂平和的封鎖有效；如一九〇二年英、德企圖壓迫委內瑞拉，美國便堅持說影響第三者的船隻的封鎖便是一種戰爭的行動。

大理院承認戰爭的存在

(十六)再者，美國大理院在一八六二年十二月曾經宣稱，總統一八六一年四月十九日的封鎖布告，『本身對大理院是官方的並且是確實的證明，證明戰爭的存在』並且確認凡是犯有破壞該項布告的船隻，都是有效的捕獲物。英國臣民在南方有無數百萬元的財產，而他們的船隻與貨物在企圖出入邦聯的海口時又有被捕獲的威脅，這些事實都使英國政府有認知這次戰爭的必要。英國政府必須公開警告牠的臣民，謂如果他們想要避免財產的沒收，他們必須遵守中立的規則。如果英國錯認了自林肯發出布告的日期起即有戰爭的存在，那麼美國大理院也犯有同樣的錯誤。(十七)

巴黎宣言的地位　當戰爭開始時，歐洲各國很關心交戰兩方對於商船私掠與封鎖所取的態度，及對於中立國旗與中立貨物所給予的待遇。主要的歐洲國家對於這幾點在克里米亞戰後的巴黎會議(一八五六年)裏面曾經有一個了解。當時通過的宣言規定了：『一、商船私掠制永遠廢止；二、中立國旗可以保護敵人貨物，但違禁品除外；三、中立貨物除違禁品外，在敵人旗下不受捕獲；四、封鎖必須有效纔有拘束力。』美國曾經被邀加入這個宣言，但是拒絕了。拒絕的理由，當時國務卿麥西說得很詳盡。他說美國雖然完全同意末了三個提議，但是除非附帶宣言交戰團體的私有財產(違禁品除外)不受捕獲，不能贊成第一個提議；沒有這種修改，以反對在和平時候維持一個大海軍爲政策的美國，勢不能不大有賴於私掠船，以攻擊牠的敵人的商務。麥西的修正案沒有被巴黎宣言的簽訂者所接受。(十八)

西瓦德的地位　西瓦德一探知台維斯意欲委任私掠船的消息，他便準備美國立即加入巴黎宣言。

在一個給美國駐外代表的通告裏面，他訓令他們正式簽訂加入，如果有機會達到麥西的修正更好，否則無條件的加入。（十九）西瓦德這種舉動很巧妙。根據他的見解，所有美國的人民，忠順的或不忠順的都受國際法及美國所結的條約的束縛；因此如果列強允許美國簽訂巴黎宣言，那麼邦聯的商船私掠便是破壞國際協定，不能爲歐洲國家承認。但是英、法對於這點都已聲明了立場，不會中這種詭計。

邦聯的態度

戰爭一經開始，里安爵士便奉到本國政府訓令極力設法使邦聯同意關於中立國旗，中立貨物及封鎖的一八五六年的規則。這件事情，由英國在卻爾斯頓的領事，使台維斯總統起了注意，結果邦聯國會（Confederate Congress）通過了一個決議，維持商船私掠的權利，但是對於巴黎宣言的其他各點，予以贊同。英國於是實際上同意了不干涉邦聯的方面的私掠商船。當西瓦德聽到此項談判時，他請求撤換該領事。拉塞爾爵士拒絕撤換，林肯總統便取消了該領事的認可書，理由是該領事邀了叛徒參加一種類似條約的國際協定。（二十）

英法拒絕接受西瓦德的見解　當西瓦德的通牒被法國公使注意時，他同意簽一包括巴黎宣言的公約，但是以不直接或間接牽累他的政府於當時在美國發生的內戰爲限。英國政府也同意簽訂這麼一個協定，但是這種協定只限於將來，不能使『已經做過的事情無效。』當亞丹姆斯請求解釋他的意思時，他說道：『根據英國政府所取的態度，這是很合邏輯，始終一貫的：所謂邦聯既然被承認爲一個交戰團體，依照國際法，牠可以把私掠船武裝起來，牠的私掠船必須認爲是一個交戰團體的軍艦。』換言之，在那時候巴黎宣言不是國際法的一部分，而僅是一種條約協定，只能拘束那些已經正式接受的國家。英、法的立場明白以後，西瓦德也就把這事作爲罷論。(二十一)

商船私掠不佔重要　西瓦德或許可以省卻關於這個商船私掠的題目的一切麻煩與焦慮，因爲在戰爭裏面商船私掠並不佔若何重要的地位。這有兩個原因：第一、封鎖，在數月之後便足以有效地阻止邦聯的私掠船帶他們的捕獲物駛入邦聯的海口；第二、英、法不許交戰兩方把捕獲物帶入他們的海口。私掠商船的主要目的是營利，如果不能把捕獲物帶入海口沒收拍賣，那麽便失卻私掠的動機。單是從事於商務的破壞並不是有利的事情。因此等到封鎖足以使私掠船之企圖把捕獲物帶入邦聯海口有極度的危險時，此項行爲便告停止。雖然有許多小帆船奉到委任，但是他們不久便絕跡了。最重要的是甲夫台維斯(Jeff Davis)，在新英格蘭海岸有數次的捕獲後，便在佛洛利達海岸遭破壞了；波利加德(Beauregard)被捕了；猶達(Judah)在彭沙科拉(Pensacola)被聯邦派焚掉了；薩萬拉被捕了；彼屈利爾(Petrel)被美國巡洋艦聖羅倫斯(St. Lawrence)一礮擊沈了。至一八六一年底，私掠船都絕跡了。從此以後，破壞商務的工作由邦聯政府所有的船隻繼續進行，歸邦聯的海軍軍官指揮，其結果超過了以前海戰一切的經驗。邦聯的巡洋艦如亞拉巴馬、佛洛利達及沈蘭多(Shenandoah)，被當時的北方作家指爲私掠船海賊船或海盜船。這些名詞被歷史家繼續使用着，於是對於有關的國際法的原則，引起了很大的混亂。(二十二)

邦聯派使運動承認　在戰鬬開始之前，邦聯政府已經進行加入國際團體的工作。一八六一年三月十六日，國務卿杜布斯（Toombs）令楊實、羅斯特（P. A. Rost）及孟恩(A. Dudley Mann)極力趕赴倫敦，由該處再往其他歐洲國都，要求完全承認爲獨立國家。(二十三)五月三日，因爲國會議員格利哥雷(Grogory)的介紹，拉塞爾爵士允許在家裏接見該代表們。他們的報告說，『英、法現在不能承認邦聯的獨立，但是英國實在並不反對美國的解體，英、法兩國一俟我們得到第一次斷然的勝利，便會對我們採取有利的行動。』(二十四)羅斯特然後前往巴黎，與法國外交部長托文納爾(M. Thouvenel)會晤，得到了較多的鼓勵。他得知英、法已經同意採取同樣的方針，他並且得到承認不過時間問題的印象。(二十五)不過這幾位代表們報告說，奴隸問題大概使歐洲各國政府對於承認獨立的問題感覺到困難。楊實最後不耐等了，於是便辭了職，至於孟恩則被派往比利時，羅斯特被派往西班牙。

麥生與斯奈德爾的被捕　同時，一八六一年八月二十八日，台維斯總統任命了麥生（維金尼亞人）爲赴英特派代表，斯奈德爾（魯易西恩那人）爲赴法代表。麥生與斯奈德爾於十月十二日通過郤爾斯頓的封鎖，前往哈伐那，由那裏於十一月七日乘英國郵船屈倫特號(Trent)向南亨普頓（Southampton）出發。次日經過巴哈馬(Bahama)海峽時，被尉爾克斯（Captain Wilkes）所統率的美國軍艦山甲新托（San Jacinto）檢查，邦聯代表及其祕書等皆被帶去，船長抗議無效。他們被送到波士頓海灣內的瓦倫礮臺(Fort Warren)，監禁起來。(二十六)尉爾克斯艦長的行動，北方幾乎全體歡戴海軍部長公然頌仰他。他在波士頓與紐約享受官方的宴請。衆議院也議決以金牌相贈。西瓦德與林肯當時似乎都沒有了解情勢的嚴重，雖然西瓦德在他的日記裏面十一月三十日有這麽一段記載：

> 尉爾克斯之捕麥生與斯奈德爾於英國船上，並沒有政府的訓令，因此這些事情不至有何困難。如果該項行動是出於我們的特別指示，那麽或許要發生麻煩。(二十七)

英美對於消息的接受　林肯聽到拘捕的消息時，便說恐怕俘虜變成累贅物。這句時常引用的話，顯然是指他預先料到要以賣國賊處決他們的要求，而不是指把他們交出給英國的意思。當拘捕的消息達到英國時，全國的憤怒只有美國的歡狂可與相比。幸而那時候沒有大西洋無線電，因爲立卽交出俘虜的要求結果會發生戰爭。

亞丹姆斯認爲是一個錯誤　事實旣是那樣，需要交換文件的時間使在倫敦的亞丹姆斯與駐華盛頓的英國公使里安爵士陷於很難比的地位。亞丹姆斯從他在英國的眼光看來，認爲尉爾克斯的行動是一個很嚴重的錯誤。在十二月四日給莫特烈(Motley 在維也納)的一封私人信裏面，他寫道：

> 應該記得我們自己的政策的一律的趨勢是擡高中立權利，極力限制可憎的搜查原則。在這種暫

時的誘惑之下，實際上要是兩國易地而處，交換政策，依我看來，並不於美國的立場有利。反之，相反的政策或許可以使英國作原則的大讓步。我國政府是否能保持冷靜以看淸牠的機會，我沒有方法判斷。（二十八）

暗淡的預兆　當他得知本國全國對於尉爾克斯艦長的行爲狂喜時，他以「不可形容的傷感」寫信給他的兒子說，他恐怕該項行爲成爲鬬爭中的最後災難。他埋怨說，他的國人不了解英國輿論的情形：

把我們自己處在英國的地位，對於犯事的國家的憤怒又將伊於胡底？然而好像各處都很冷靜地視爲當然，以爲她在海上對他國曾經做過暴亂的事情，如果人家也是這樣對她，她會處之泰然。稍爲觀察她的過去的歷史，應該知道她做錯了之後過了半世紀她纔看見對的。她現在承認她在我們的革命裏面及上一次戰爭裏面的過錯。現在她在原則上是對的，只在一貫之點上錯了。我們的過錯是我們將自己的好衣服不穿而穿她拋棄的衣服，這是爲什麼？爲什麼我們要對兩個可憐蟲表示我們的憎惡。（二十九）

環境對於亞丹姆斯的兒子的影響　亞丹姆斯的兒子的意見堪爲環境的影響的一個有趣味的例

證。享利跟他的父親在倫敦，寫信給他在美國的兄弟卻爾斯法郎西斯說道：

如果是當局下令逮捕這些人，我確信我們現在的當局是很不相宜去指導像這樣一個戰爭，或仍原管理我們的政事。這是我們的潰敗。關於英國的地位，不要欺騙你自己……這個國家的意思是要作戰，不要懷疑。西瓦德的用意不止我所能猜想的。但是如果他的意思也在戰爭，或極力接近戰爭而不接觸，那麼我說西瓦德是我們空前最大的罪犯。（三十）

差不多同時候，小卻爾斯法郎西斯從美國寫道：『英國的先例這樣清楚的爲我們作佐證，我不能怕該問題所發生的困難。』（三十一）

里安爵士等候訓令　里安爵士正在華盛頓忍耐地等候訓令。他是除了他的政府的意見以外沒有意見的一類外交家。普通公衆固不能探得他的意見，就是他的比較親信的人也是如此。他的生平完全沒有什麼不謹慎的事情，因此他的傳記差不多缺乏人生興趣的要素（三十二）他後來自負說在華盛頓的五年期間內，他從沒有『喝過一次酒，演過一次說。』這是一個未婚者的非常成績！在麥生與斯奈德爾被捕後的幾個嚴重星期中，里安爵士保守絕對的沈默，沒有那個能够引他表示一點他的政府大概要採取何項行動的意見。最後，十二月十八日，他接到了拉塞爾的信，訓令他提起交出麥生與斯奈德爾的要求，理由

英國要求交出麥生與斯奈德爾

是他們是『在英國船上被強制地捕去的，船是中立國的船，並且該船正在從事於合法的與無辜的航行——這是一種暴行，有辱英國的國旗，並且是破壞國際法。』里安爵士爲緩和起見，用極度的機敏口頭將此項信件的內容告知西瓦德，但是兩天以後，但正式照會此項信件的強硬態度，使西瓦德對於英國的眞意了然無疑。(三十三)

拉塞爾的公文因爲皇后的請求有修改　公文是拉塞爾與內閣會議後起草的，原稿很嚴厲，並且有點不留餘地；該稿呈給皇后之後，皇后轉問了夫君 Prince Consort。其夫君正患病到了末期，在兩個星期之內便去世了。他建議修改公文的措詞，以減少觸犯美國的名譽。皇后急於想免他的憂慮起見，力勸內閣照所提議的更改。(三十四)限美國政府於七日之內答覆；如期滿沒有承諾英國的要求，里安爵士卽須離開華盛頓，立卽返倫敦。同時英國大事海軍的準備，並且派了八千軍隊往加拿大。

西瓦德屈服於英國的哀的米敦　十二月二十八日，西瓦德答覆英國的要求。他同意交出麥生與斯奈德爾，但是理由完全與英國公文所舉的不同。他的牒文，如果我們認識是原爲美國人民看的，那是巧妙得很；但牠不是一個偉大的公文，因爲牠沒有答覆英國的理由——屈倫特號乃是在從事於無辜的航行，從這個中立海口到那個中立海口，並且有載運該項人等的權利。不論該項人等是否是外交代表抑係半外交代表，他們當然不在邦聯的軍力之內。西瓦德詳細辯稱麥生與斯奈德爾，他們的祕書及公文，乃是違禁品，因此應受捕獲，但是在屈倫特號逮捕這些人，而沒有把該船本身帶至捕獲裁判所審判，這種行爲是不規則的，所以沒有根據他主張有權阻止一個違禁人『在非法的航行中前進，及達到他的有害的工作的目的地，』但是他又說『被捕的人或許是無辜的，所以應享公平的審判。但是關於程序的方式，』他說，『法律書是沒有講的。』然而，他主張說，該船應帶進海口，以司法的程序去審理這種爭端，但是就是如此，也有這個困難：『只有海軍法庭對於海上案件有管轄權，而這些法庭只有審理對於違犯物件的方式，沒有審理關於違禁人的要求的方式。』

西瓦德的辯證，邦聯代表是戰時禁止品，當然是言不對題的。這個案件在今日應歸於『非中立的職務』一類裏面，但是那個時候的國際法學家還沒有把這個題目明白的啓發出來，並且就是在現代非中立的職務的原則底下，屈倫特及其所載的代表都不應受逮捕。倫敦宣言第四十七條規定：

……任何構成敵人的軍力的個人，如果在中立商船上發現，可以作爲俘虜，即使沒有捕獲該船的根據。

最後站在鞏固的地上　西瓦德的大部分理由是不合邏輯的，亂雜的。在末了，很奇怪的與前面相反，他最後站在鞏固的地位了。他宣稱，他之所以交出該俘虜等實在是擁護『一個老的，爲人尊重的，及珍愛的美國主義。』

如果我判決這個案件有利於我自己的政府，我必須否認牠所最珍愛的原則，並且顛倒與永遠放棄牠的基要政策。我國不能作此犧牲。如果我維持這些原則，遵守那個政策，我必須放棄這個案件。因此，本政府就是非曲直而言，不能否認向我們所提出的要求的公平。英國所要求我們做的正是我們常要求各國應該對我們做的。(三十五)

決議如何接受　在接到英國的牒文以後，沒有答覆以前，林肯與西瓦德還有時候以前途的危險警告政治上的朋友；有些重要報紙也開始對於尉爾克斯的行動的效力與智慧提出種種問題，作民間的準備。北方默認了政府的決定，雖然是很勉強，失望，並且對於英國更痛恨。邦聯派很注意這個爭端，希望因此美、英兩國決裂，促進承認的問題，對於這個結果也大爲失望了。

麥生與斯奈德爾在英國的接待　一八六二年一月一日，麥生與斯奈德爾由瓦倫要塞提出來，移送給一個英國軍艦，該軍艦經過風波的航程把他們送到了伯慕達斯。他們於二十九日到了倫敦，甚受邦聯友人的熱誠歡迎，其中有林德賽(Lindsay)、格利哥雷及其他國會議員。(三十六)大多數的上層階級，包括許多貴族在裏面很表同情於南方。因爲存棉的減少及蘭卡廈(Lancashire)工廠職工的痛苦的增加，南方的友人們力促英國內閣獻議調解，如果北方拒絕，即行承認獨立及打破封鎖。

與拉塞爾的晤談　依麥生的請求，拉塞爾爵士於一八六二年二月十日在家給予以非官方的晤談。事前有國會議員要他注意，英國政府有點不高興聽，說棉花是一個決定牠的外交政策的因素，因此他沒有提到這個題目，而大半限於承認與封鎖的討論。他向他的政府報告與拉塞爾爵士晤談的結果說道：「就全體看來，很明顯，他個人的同情不在我們，並且他的政策是無爲。」（三十七）在晤談之後，麥生對於封鎖的題目，跟着有許多通信，並且封寄了出入古巴海口與邦聯各邦通商的船隻名單。他從這些事實辯稱封鎖並不是有效的，因此違犯了巴黎宣言的第四條。該項宣言根據英、法的請求兩交戰團體在戰爭開始的時候便同意遵守了。拉塞爾爵士只承認收到該項通信。

路易拿破崙的態度　四月十一日利物浦議員林德賽（英國最大船主之一）爲邦聯的利益，與法國皇帝有一次晤談，討論封鎖的問題。法皇同意於他，認爲封鎖並不是有效的，並且說他早就要採取必要的步驟使牠停止，但是他不能得到英國政府的同意，不願單獨行動。他宣稱如果英國派遣同等軍力，他準備好了派一大艦隊到密士西比河，會同要求他們的商船及其所載貨物與世界需要的棉花供給自由出入。（三十八）他授權林德賽將他的意見告知英國政府。拉塞爾爵士拒絕由林德賽之手接受這個信，理由是他除了經正常外交的軌道外，不能與外國通信。四月十八日與斯奈德爾晤談的時候，法皇埋怨說，拉塞爾爵士把他前此關於封鎖的提議寄了給里安爵士，而里安又把牠告訴了西瓦德；因爲這個理由除非等到他知道英國與他一致，他再不願與英國政府作官方的通信。（三十九）

與斯奈德爾的晤談

英國謝絕立卽承認　一八六二年六月，斯奈德爾與法皇又有一次晤談，使他有勇氣送了一個正式的照會給外交部長要求承認，他並且要麥生同時向英國政府提出同樣的要求。依照這個建議，麥生於七月二十四日向拉塞爾提出了一個正式照會，同時並請求作個人的晤談。晤談是謝絕了，至於要求承認，拉塞爾答覆說鑒於紐阿倫斯的佔領及聯邦軍隊之深入密士西比，英國政府還是決定等候。當本甲門(Benjamin)接到這個通信時，他訓令麥生繼續留在倫敦，但是除非拉塞爾自己招請通信或英國政策有重要的改變，不要再與拉塞爾爵士通信。(四十)

(一)關於這及其他的引證，見 Adams, Studies Military and Diplomatic, Chap. VII.

(二) Russell, My Diary North and South, 118, 148.

(三) C. F. Adams, Studies Military and Diplomatic, 260.

(四) Ibid, p. 261 n.

(五) Richardson, Messages and Papers of the Confederacy, I, 60.

(六) Richardson, Messages and Papers of the Presiden's, VI, 14, 15.

(七) E. D. Ad ms, Great Britain and the American Civil War, I, 244, 253.

(八) U. S. Statutes at Large, XII, p. 255. (Sect. 4 of the act).

(九) Adams, Great Britain and the American Civil War, I, 250.

(十) Richardson, M.ssages and Papers of the Presidents, VI, 37.

(十一) British and Foreign State Papers, II, 165.

(十二) Moore, Dig. of Int. Law, I, 185.

(十三)當福克納爾最後回到美國時，西瓦德在國務院予以懇切的招待。他的帳目審查之後，他應進的款項如數領到。他然後與西瓦德分手，想會同他留在波地摩爾(Baltimore)巴爾姆旅館(Barnum's Hote)的子（後來做了美國的參議員）女，回到伯爾克里府（Perkeley County 現在爲西維金尼亞(West Virginia)）的波夷德威爾(Boydville)家鄉去。不過在他能離開華盛頓以前，他被國務員斯登頓(Secretary Stanton)下令逮捕，認爲是國事犯。六個月之後，用他換回了因觀布爾蘭(Bull Run)之戰被俘的紐約國會議員伊列(Alfred Ely)。一個前任公使與一個國會議員交換是一個公平的交易。（前參議員 Charles J. Faulkner 爲我敘述出事所根據的權威）cf. Bancroft's Life of Seward II, 108.

(十四) C. F. Adams, Charles Francis Adams, (American Statesmen).

(十五)亞丹姆斯之子在 Johns Hopkins University 爲 James Schouler Foundation 的公開演講（一九一四年。）cf. E. D. Adams, Great Britain and the American Civil War, I, 111—112.

(十六) Post, p. 490.

(十七) Moore, Dig. of Int. Law, I, 190; Woolsey, International Law, Ed. of 1878, p. 304.

(十八) Moore, Dig. Int. Law, VII, 561—568.

(十九) Ibid., pp. 570—573.

(二十) For the Case of Mr. Robert Bunch, British Consul at Charleston, see Moore, Dig. Int. Law, V, 20—21.

(二十一) Moore, Dig. Int. Law, VII, 574—58[illegible]; C. F. Adams, "Seward and the Declaration of Paris," in Proceedings of Mass. Hist. Society, XLVI.

(二十二) J. B. Soley, The Blockade and the Cruisers, 168—172; C. F. Adams, "Seward and the

Declaration of Paris," 9—10.

(二十三) Richardson, Messages and Papers of the Confederacy II, 3—11.

(二十四) Ibid., p. 34.

(二十五) Ibid., p. 42.

(二十六)參生之詳細記載他的被捕以至行抵倫敦的經過，見 The Public Life and Diplomatic Correspondence of James M. Mason, by his daughter, 209—216.

(二十七) Seward, The Diplomatic History of the War for the Union (vol. V of the Works of William H. Seward, Edited by George E. Baker), 46.

(二十八) C. F. Adams, 'The Trent Affair," 38.

(二十九) A Cycle of Adams Letters, 1861—1865, I, 81.

(三十) Op. cit., I, 75.

(三十一) Ibid., p. 78.

(三十二) Lord Newton, Life of Lord Lyons, 2 vols., 1913.

(三十三) Lord Newton, Life of Lord Lyons, I, 65—75.

(三十四) Ibid., p. 61.

(三十五) Seward, Dip. Hist. of the War for the Union, 295—309.

(三十六) Confederate State Department Correspondence, Official Records of Union and Confederate Navies, Series II, vol. III, 331. 以後引證作爲 Confed. State Dept. Cor.

(三十七) Op. cit., p. 243.

(三十八) Op. cit., p. 393; Richardson, Messages and Papers of the Confederacy, II, 236—239.

(三十九) Confed. State Dept. Cor., 397.

(四十) Ibid., pp. 481, 500—504; also in Richardson, Messages and Papers of the Confederacy, II, 289—310.

第十六章　歐洲干涉的威脅

樸普在布爾南之敗　一八六二年八月三十日，樸普（Pope）在布爾南之敗，及李之攻入瑪利蘭，不久又引起了英國政府對於承認問題的注意。拍麥爾斯頓與拉塞爾之間，於是有一種很有趣味的通信。那時候，拉塞爾已經隨皇后到哥塔（Gotha）去了。一八六二年九月十四日，內閣總理拍麥爾斯頓寫道，聯邦派『吃了一個大敗仗，』如果華盛頓或波地摩爾落在他們（指邦聯）的手內，他問『英、法是否應向交戰兩方，建議分離的辦法。』拉塞爾十七日答道：

我贊成你的意見，認為向美國政府提議調解，以便承認邦聯的獨立的時候已經到了。我並且同意，如果這着不成功，我們自己應該承認南方各邦為一獨立國。但是採行這麼一個重要的步驟，我想我們必須舉行一個內閣會議。

拉塞爾與拍麥爾斯頓的通訊

他認為這步應該與法國，並且如果可能與俄國及其他國家，聯合採行。對於這個短信，拍麥爾斯頓有這樣的答覆：

你對於調停聯邦派與邦聯派的進行計畫，似乎極好。當然，這個獻議須同時向交戰兩方提出；因爲，這個獻議雖然在南方方面是一定會接受的，猶之威爾斯親王(Prince of Wales)的提議(一)丹麥公主一定會接受一樣，但是兩件事情一樣，都須經過相當合宜的形式。

如果兩造接受我們的調停，那麼就有一個問題發生，便是調停的本身是否等於承認邦聯是一個獨立國家。(二)

拍麥爾斯頓與拉塞爾正在考慮內閣會議的日期，拉塞爾（那時已經回到英國了）卻接到了格蘭威爾爵士（他繼拉塞爾隨着皇后在哥塔）的一封長信。在裏面，格蘭威爾說道：

格蘭威爾反對改變政策

改變你與拍麥爾斯頓爵士實行至今的政策，時機還沒有成熟；雖然對北方有強烈的憎惡，對南方有強烈的同情，希望棉花的心很熱烈，但是這種政策有國會、報紙及公衆普遍的贊同。

拉塞爾將此信送了給拍麥爾斯頓，他於十月二日回答道：

利於提出調停的情形，便是南方大勝北方。這種情形，在十天以前，好像是快到了。牠的進展近來卻被阻了。我們還不知道近來事變的實在情形，我們更難看出將來又是怎樣再過十天或兩個星期，對於將來的情勢，或許可以看得更清楚些。(三)

拉塞爾的備忘錄　內閣會議定於十月二十三日舉行。在這期間，拉塞爾爵士發出了一個秘密備忘錄給各個閣員，提出了這個問題：

……歐洲應否以最友善及婉和的措詞，請求兩方同意停戰，以便平心靜氣去比較和平的好處與繼續血戰所不可必的利益，及這樣苦痛的戰爭的延長。(四)

格納斯頓在紐卡梭的演說　正是在這個情形的時候，財政大臣格納斯頓（Gladstone）於十月七日在紐卡梭（Newcastle）發表了他的著名演說。在裏面，他說道：

沒有疑問，甲苐生台維斯及其他南方領袖已經成立了一個陸軍；好像他們在那裏成立一個海軍；並且比上面兩件事還重要，他們並且已經造成了一個國家，……就他們脫離北方而言，我們可以一定

預料南方各邦的成功。(五)

這話從一個重要的閣員說出來，對於這篇演說的解釋，自然是英國政府已經決定承認邦聯了。不管他的意思是怎樣，這篇演說卻激動了北方的朋友，使輿論的潮流趨於反對這種改變政策的提議，另一閣員柳惠士(Sir George Cornewall Lewis)發出了一個對抗的備忘錄與各同事，答覆拉塞爾，對於調停的提議，表示反對，認爲是『最奇特的恢復和好的辦法。』再則，李將軍在安地坦(Antietam)的被阻，及

行動展期了

其後來的退回樸陀麥克河以南，使時機也不適宜於提出調停。迨至閣員於二十三日聚會時，因爲內閣總理沒有出席，沒有舉行正式會議。(六)在非正式的討論裏面，主張調停的只有拉塞爾與格納斯頓，於是這個題目便無限展期了。(七)拍麥爾斯頓雖然因爲遇到反對，不願把這事情逼得太厲害，但是他對於戰爭的結果，顯然是與格納斯頓抱同一的意見。他在十月二十日曾經寫信給克拉倫頓爵士這樣說過：

拍麥爾斯頓的地位

至於美國戰爭，就北方而言，除了再多犧牲幾千麻煩的愛爾蘭人與德意志人外，顯然再沒有什麼可以達到的目的。不過我們必須承認兩方的盎格羅薩格遜種族都表示了勇氣與耐久，對於他們的血統很有榮譽。(八)

林肯決定把戰爭的目的改爲反對奴隸制度　林肯總統乘李將軍之退出瑪利蘭，發布了解放黑奴的宣言，把戰爭的目的改爲撲滅奴隸制度。廢奴派早就極力主張這麽一步，他嚴重考慮了幾個月。從開頭起，奴隸制度對於南、北兩方的外交家是一個爲難的題目。林肯總統與國會都鄭重宣稱過戰爭的惟一目的是維護統一，並沒有意思要干涉各邦的奴隸制度。邦聯派也同樣鄭重宣稱過，他們乃是爲邦權與獨立而戰。西瓦德對付這個問題的理論是，美國的主權既沒有推翻，奴隸制度乃是一個內政問題，與外國無關。(九) 因此，他訓令他的駐外代表，避開奴隸制度的一切討論。在一八六一年四月十日他給亞丹姆斯第一次的訓令裏面，他說道：

關於奴隸制度的先前的訓令

你在英國政府前面，不要答應把任何相反的道德原則牽入辯論，這些道德原則，或許被認爲是那些邦與聯邦中間的爭端的根本。(十)

一八六一年四月二十二日在他給戴頓 (Dayton) 的訓令裏面，他又說：

新總統與選他出來的人民一樣，對於人家把破壞存在憲法與法律底下的奴隸制度的一切計畫，歸罪於他及他們，已經常常予以否認。不過這件事情我還須加以補充說，在他方面任何這種努力是違

反憲法的；他在這方面的一切行動，卽使得到國會及人民的同意，也會被司法機關阻止的。(十一)

擱延的理由　如果宣布廢除奴隸制度是戰爭的目的，那麽就會把忠順的蓄奴各邊邦逼到邦聯那面去。當局認爲與其順從廢奴派的要求，以取得英、法反對奴隸制度的援助，不如留住這些邦的重要。一八六二年一月，西瓦德寫信給亞丹姆斯說道：

每一次反對奴隸制度的示威，使我們在瑪利蘭、肯塔基、米梭需及維金尼亞的安定地位發生危險，並且傾向於使反叛各邦聯合在一塊。(十二)

西瓦德警告歐洲解放的危險

到了一八六二年五月二十八日，在給亞丹姆斯的一個快信裏面，西瓦德最後纔開放關於奴隸制度的討論。「我覺到，」他開頭便說，「關於這點，我是在打開以前在此項通信裏面所禁止的一個題目。」他改變訓令的理由所舉出的是：邦聯「總是乞求外國的軍器來完結內戰，同時他們把奴隸制度擡出來到這樣顯要的地位，使人不能忽略過去。」他的信的內容是說奴隸正在那裏逃出羈絆，亡命來聯邦軍隊的每日有一百名之多。「如果戰爭無限期的繼續，每個奴隸不但都要變成一個自由人，並且都要逃光。」政府已經在想辦法給他們在國內外找地方住。如果南方人要阻止他們的奴隸逃走，便會發生奴隸戰爭，使叛變區域的全個實業系統歸於破壞。爲歐洲的利益打算，他們對於叛徒應該停止予以鼓勵及干涉的希望，以免戰爭延長，因爲——

其次須考慮的是：歐洲的工業系統大半靠反叛各邦所雇用以產生棉花、煙草及米的非洲黑奴勞工；以及其他各邦所雇用以產生穀類的自由勞工因爲有上述的混合的生產，纔需要歐洲的產品、原料及織物。在反叛各邦內工業的崩潰已經在那裏暴露出來，這只有損害他們作戰的能力，並同時間接使歐洲受到更大的困苦。(十三)

其實，這個特別理由，麥生與斯奈德爾也很可以用來勸英、法出來干涉，以保存奴隸制度。西瓦德給亞丹姆斯的訓令：是用這個理由須看機會。

歐洲看不出道德的問題　因爲美國政府鄭重聲明廢除奴隸制度不是戰爭的目的，並且因爲邦聯也鄭重聲明他們唯一的目的是獨立，怪不得英、法看不出有什麼道德的問題牽涉在裏面。英國的輿論很可以用拍麥爾斯頓向一個美國人說的話作爲代表。他說：『我們不喜歡奴隸制度，但是我們需要棉花，並且我們很討厭你們的莫利爾（Morrill）關稅。』斯奈德爾報告說，抽象的反奴隸制度的感覺，在法國與在英國一樣的普遍，他雖然時常聽見對於邦聯內有奴隸制度的存在表示遺憾，但是他不相信這個問題

會影響法皇的行動。(十四)

西瓦德反對解放宣言　一八六三年七月十三日，林肯告訴西瓦德說，他已經決定發表解放黑奴的宣言。七月二十二日，這個問題在國務會議討論。西瓦德反對這辦法，聲稱剛在大敗之後發表，人家會將認爲這是軟弱的表示；這是『政府討好黑人，不是黑人乞求政府；』這種宣言『應該掛在一個前進的軍隊的刺刀上，不應該拖在一個後退的軍隊的塵土裏面。』在一個給他的太太的信裏面，他說道：

> 沒有軍隊的後盾，宣言等於具文。一個大國對於已經接受的戰爭表示畏縮，並在需要用武的時候，堅持發布宣言的辦法，眞是可嘆。中國人這樣做法並沒有成效。

他並且表示，恐怕解放黑奴的宣言或許會促成奴隸的叛變，使棉花的生產停止，以致英、法有干涉的口實。(十五)於是林肯決定等待第一次勝利來發表。

初次的宣言　安地坦給了他所等待的機會。他於一八六二年九月二十二日便發表了初次解放宣言，在裏面他聲稱戰爭的目的還是在恢復統一；對於沒有叛變的各邦，在國會下次開會時，他將再勸牠採行一種有賠償的解放黑奴的計畫；並且他將繼續努力『把非洲種人在他們同意的條件上，移殖於本洲或別的地方，並於事前須取得該處現政府的允許；』並且

……自西曆紀元後一八六三年一月一日起：凡是在其人民在反叛美國的各邦所蓄的奴隸，從茲以後，永遠自由。（十六）

英國的譏笑 這個宣言不但在英、法沒有產生什麼印象，並且引起了同情南方的人的許多譏笑。旁觀者（Spectator）（倫敦）雜誌說道：

該政府解放敵人的奴隸，如牠會解放敵人的家畜一樣，其目的只在減弱敵人將來戰鬪中的力量。……其原則不是一個人不能公平地把另一個人蓄為己有，而是如果他不忠誠於美國，他便不能把他蓄為己有。（十七）

星期六評論（Saturday Review）說道：

（美）總統已經實際上承認了他的軍事的失敗；並且他的極力設法取得軍事的援助，大概要促成他的宗旨的失敗。（十八）

林肯『最後的辦法』——故意企圖激起奴隸的叛亂。在十月二十一日一篇社論裏，泰晤時報(Times)認為該項宣言是林肯『最後的辦法』，牠問道：

前任總統在殘殺白種婦女兒童當中卸職之後，是不是跟着要黑種在南方消滅？是不是林肯的名字我們還不知道，而要後代知道，並且是不是最後要把他的名字擱在怪物、屠殺者及同類的屠夫之列？(十九)

法國報紙的反感　法國自由派的報紙，對於這個宣言，雖然認為是不徹底的辦法，但是還是表示同情的。帝制派雖然攻擊牠，但措詞不像英國報紙那麼厲害。憲政主義者(Constitutionnel)宣稱，林肯在原則上並不非難奴隸制度：

非難奴隸制度，差得遠，他還答應維持牠呢。他提出一種報酬，來鼓勵奴隸制度，凡是從現在起至下年一月一日止，復加入聯邦的各邦，皆可保存奴隸制度，所以如果該項宣言能夠達到牠所提議的目的，並且如果(假定有此不可能的事情)所有邦聯的各邦在下三個月裏面都放下他們的武裝，那麼奴隸制度不但事實上在一切的領土裏面可以保持，並且有權利保持。……到那時誰敢再說北方是為廢

止奴隸制度而戰？(二十)

最後的宣言在國外發生了影響　一八六三年一月一日最後的宣言發表以後，世界纔相信北方是主張廢除奴隸制度的了。紗廠裏面的工人，因爲封鎖的關係，受了不可言狀的痛苦，雖然在戰爭的初期對於北方沒有什麼同情，但是現在卻大爲震動了，凡是各處爲贊成林肯的新政策所舉行的會議，莫不踴躍參加。這些示威助長了國會裏面及內閣裏面反對承認南方的人們。同時，英、法的基督新教徒的教堂也爲這最後宣言所感動了。一八六三年二月，法國有七百五十個基督新教牧師向英國所有的佈道的教派的牧師發出了一個信，請他們鼓動『一個表示同情於黑種的偉大的及和平的示威。』六月，在孟卻斯脫(Manchester)舉行了一個牧師的反奴隸制度會議；該會議通過了一個答覆，簽名者差不多有四千個牧師之多。(二十一)

林肯移殖黑人於熱帶地方的努力　林肯對於奴隸制度的見解，根本上與沿邊各邦不蓄奴的白人的見解沒有什麼分別。他不相信黑白種族在政治平等的關係上能够住在一塊。與沿邊各邦許多政治家一樣，他們在一世以前就贊成美國殖民會(American Colonization Society)的主張，他相信必須把解放了的奴隸移殖於熱帶地方，故採行解放宣言之後，他立即向國務院提出了一個辦法。西瓦德是不贊成這個計畫的，但是他責任所在，不能不爲之開路。在一八六二年九月三十日一個通告裏面，他訓令駐英、法、荷蘭及丹麥各公使提議訂約，在他們所屬西印度的領土裏面劃出些避難的地方，讓解放了的奴隸，自動移往居住。(二十二)接到該項提議的各國，卻都沒有答應。林肯在奇利岐(Chiriqui)(在巴拿馬地峽)以及在伊爾亞瓦齊(Ile à Vache)〔海第(Haiti)海岸附近一島〕建立黑人殖民地的企圖也完全失敗了，不能解決他心目中所極爲憂慮的問題。(二十三)

路易拿破崙討論調停　同時斯奈德爾在那裏催促路易拿破崙動作。一八六二年十月二十八日，他被召至聖克勞(St. Cloud)晤談甚久。法皇聲稱『他是完全同情南方的，』但是『如果他單獨行動，英國不但不會跟着他來，並且會努力使他與美國發生糾紛，法國的商務便要被破壞。』他問斯奈德爾道：『你以爲法、英、俄聯合調停如何？如果提出來，兩方會不會接受？』斯奈德爾回答說，他對英國沒有信心，俄國很會傾向北方，法國或許勢孤；他寧願法、英聯合調停，不要俄國。法皇說：

> 我贊成停戰六個月，將南方海口開放與世界通商。這樣便可停止流血，並且戰端大概永不會再開。我們可以人道及全個文明世界的利益的高尚立場出來極力主張。如果北方拒絕，那麼便有好理由來承認或來更積極的干涉。(二十四)

英國內閣否決他的提議　數日之後，法皇將他所略述的提議，由他駐倫敦的大使，向英國政府提出了。拉塞爾將該項提議提出於十一月十一日的內閣會議，至於討論的詳情，我們有一個柳惠士致克拉倫頓爵士的信敍述。根據柳惠士，拉塞爾聲稱他已經接到聖彼得堡一個電報告訴他說俄國已經答覆了法國的提議，謝絕參加共同行動，但是只要該項提議不引起反感，可由她駐華盛頓的公使予以贊助。拉塞爾然後極力主張接受法國的提議，宣稱民主黨在最近選舉中的勝利，乃是干涉的最好機會。該項提議現在是提出在內閣之前了，於是大家來吹毛求疵，把牠撕得粉碎。每個在場的人，除了格納斯頓表示贊成，大法官及卡德維爾（Cardwell）沒有表示意見外，大家都多少予以攻擊。柏麥爾斯頓起初說了幾句贊成該項計畫的話，但是他看見內閣的感覺是反對牠的，也就屈服了。（二十五）斯奈德爾對於法國提議的被拒絕，知道得很快因為十一月二十八日他曾用厭惡的口氣寫信給麥生說道：『誰相信內閣裏面除了格納斯頓外只有拉塞爾贊成法皇的提議？』（二十六）

法皇提議調停被拒絕

看見英國沒有立即行動的希望，斯奈德爾於一八六三年一月八日致了一個備忘錄給法皇，催他承認邦聯的獨立，希望別國會跟着他來。（二十七）鑒於聯邦軍隊在弗德利克斯堡（Fredericksburg）的大敗，拿破崙以為這是調停的好時機了，於是在斯奈德爾的備忘錄提出的次日，便發了一個快信給他在華盛頓的代表麥西爾，以客氣的措詞正式提議調停。這個獻議被西瓦德客氣地，但是明白地謝絕了。拿破崙沒有英國的合作，不敢再進一步。（二十八）

羅巴克在衆議院的決議案　一八六三年六月李將軍的迅速攻入瑪利蘭與彭雪文尼亞，使英國同情於南方的人又起了希望。六月三十日，羅巴克（Roebuck）在衆議院提出了一個決議，請政府與外國談判關於承認邦聯的合作。這個決議繼續辯論到七月十三日，提議者知道衆議院大多數是反對牠的，纔把牠撤回，不再考慮了。(二十九)雖然一般期望不久可以得到李佔領波地摩爾或華盛頓的消息，內閣卻無意拘束自己的行動或不經過最詳盡的討論而改變牠在過去十月與十一月所已經決定的政策。安地坦之戰（卻不是格茲堡之戰）是邦聯歷史的轉變點。

格茲堡的消息

在羅巴克動議的撤回以後數天，威克斯堡（Vicksburg）陷落與李在格茲堡戰敗的消息到了。就是這個消息，多數的人也認爲是戰爭無限延長及任何一方不能取得斷然勝利的證據；只有少數人認爲是邦聯的戰敗。數星期之後，麥生依照他的政府的訓令，結束了他在倫敦的使命，退往巴黎，以待後命。

拿破崙的墨西哥政策　拿破崙在墨西哥的冒險舉動，無疑地證明他對邦聯的友好感情。他把奧國的麥克西米倫（Maximilian）立爲墨西哥的皇帝及在美洲重行樹立法國勢力的計畫，如果成功，當然要破壞美國的統一。邦聯政府很快的捉住了麥克西米倫與南方聯盟，而以法國勢力爲後盾的暗示，但是拿破崙怕了美國的海軍，沒有英國的合作，不願進而至於承認邦聯爲獨立國家。不過他對於墨西哥的計畫，倒使英國不敢大膽與他締結任何協定。(三十)

企圖在法國建造一個邦聯海軍　一八六三年初，拿破崙允許邦聯在法國建造一個海軍，只要軍艦的目的地能夠保守祕密。有若干船的確在建造之中，但是數月後有一個造船所的書記卻把這個祕密洩

亞丹姆斯阻止在英國造船計畫

漏了給駐巴黎的美國領事，法皇於是害怕起來，把他對於這個計畫的批准也撤消了。只有一個船名爲斯東瓦爾 (Stonewall) 的交了給邦聯。(三十一)

英國於一八六二年讓佛洛利達號與亞拉巴馬號離開她的海口，雖然差不多有不可否認的證據，證明他們是爲邦聯政府造的。按他們所毀滅的船貨，其價值至無數百萬之多，差不多把聯邦在海上的商務，驅逐殆盡。(三十二) 一八六三年的夏天亞丹姆斯請拉塞爾爵士注意有兩個鐵甲艦在比肯赫德 (Birkenhead) 的船塢，是爲邦聯祕密建造的。他並且提出了美國駐利物浦領事所得到的經過宣誓的陳述書；但是拉塞爾答覆說，證據不充分，不能處置該項船隻。最後到九月五日有一鐵甲艦快要出發了，亞丹姆斯於是提出了最後的抗議，等於一個哀的米敦書。在抗議裏面，他說道：『毋須我向閣下指出這是戰爭。』(三十三) 三天之後，他接到了一個簡短而滿意的答覆：『拉塞爾爵士向亞丹姆斯先生致敬，並向他奉告已經下令阻止該兩鐵甲艦離開利物浦。』(三十四) 這是兩隻可怕的軍艦，據承造的布洛克大佐 (Captain Bulloch) 說他們能夠擊破卻爾斯頓及威明頓的封鎖。(三十五) 他們的扣留，對於邦聯是一個嚴重的打擊。再沒有多大希望在外國取得任何軍艦了。

衝破封鎖　直到戰爭的末年，衝破封鎖之事甚爲盛行。爲這個目的特別造了船隻；這些衝破封鎖的船隻，其會合的好地方爲巴哈馬斯的英屬拉梭 (Nassau) 海口。貨物能從英國運至拉梭，在拉梭移交給衝破封鎖的船隻，這些船隻便於夜晚潛過聯邦的艦隊至卻爾斯頓、威明頓或佛洛利達的海口。也有許多衝破封鎖的船隻從哈伐那出發。起初美國政府對於往中立海口的中立船隻，躊躇不敢捕獲，好像沒有合法的方法去阻止拉梭的商務，但是最後聯邦海軍捕了好幾個船，包括斯普林波克號(Springbok)在內。

在大理院的捕獲案件

斯普林波克是一個英國船，從倫敦往拉梭，所載貨物有一部分是運往邦聯的違禁品。該船帶至紐約，由美國地方法院審理，判決船與貨均行沒收。這個及其他同類好幾個的捕獲物案件，上訴到美國大理院，大理院於一八六六年十二月下了一個判決。(三十六)斯普林波克號是釋放了，理由是牠的目的地是中立地；至於貨物則被沒收了，理由是牠的最後目的地是邦聯。這個判決乃是基於連續航行主義的實施與擴張，而

連續航行主義

連續航行主義原來又是英國海軍法庭所定下來的。大理院認爲決定是否應該被捕者，乃是貨物的目的地，而非船的目的地。大理院好像沒有看清楚，把貨物與船分開，他們是在那裏創立一個新主義。斯普林波克號的貨主向拉塞爾爵士伸訴，但是他拒絕干涉，認爲不但是貨物應受處分，船也應受處分。這種連續航行主義的擴張，在波爾戰爭(Boer War)時代被英國採行了，到了世界大戰時變成爲一個很重要的問題。(三十七)

本甲門提議以解放爲對外交涉的基礎　一八六四年秋國務卿本甲門告知台維斯總統說，將來與歐洲各國的談判，必以解放黑奴及沒收棉花爲基礎(以棉花去換買船隻去打破封鎖。)台維斯沒有國會的授權，躊躇不行，但是本甲門認爲他的提議是一個戰時的手段。他相信採取解放政策及承諾運輸棉花，或許還可以得到法、英的承認。他提議與英、法交涉訂約，保證政府履行這些政策。台維斯最後勉強贊成

了這個計畫，希望得到一個外交勝利以後，能够取得所擬條約的批准。(三十八)

開納爾的使命　因為有各種顯明的理由，認為不便由麥生與斯奈德爾單獨進行。他們被派赴歐洲進行的路線完全不同；並且他們離國如此之久，很難希望他們能够了解情形改變所產生的需要。還有，他們擁護奴隸制度的見解是那麼明顯，他們或許不願以純粹的熱誠，來辯護這種新政策。除了這些理由外，加以現在邦聯政府與其駐外代表很難自由通信的關係，本甲門於是提議派一能幹並且有名的人到歐洲去，負有獨立進行甚至於罷免其他外交代表的全權。台維斯總統選了開納爾(Duncan F. Kenner)擔任這個使命。開納爾是魯易西恩那人，為南方蓄奴最多的一個人，曾在歐洲受過教育，法文說得很流利，這時候他是邦聯衆議院籌款委員會的主席。(三十九)

本甲門給開納爾的訓令　最要緊的是開納爾的使命的性質須守祕密，因此沒有徵求國會的意見。此項新行動完全是根據總統的權威。開納爾負有全權，去與歐洲各國政府訂約，保證邦聯採行一種漸次解放奴隸的制度，並接洽出賣棉花的事宜。在他帶給麥生與斯奈德爾的信裏面，他的使命的眞正性質，措詞很寬泛。本甲門說道：『如果有我們不知道的異議，使我們在四年之中，雖然證明了我們主張獨立的權利，及我們維持獨立的能力，而終得不到承認者，那麼如果我們權力能及，我們必須應付這些異議，把他們征服。』他然後訓令麥生與斯奈德爾說，凡是開納爾口頭所傳達『關於包括在這個信內的題目』的意見，須認為是『出於本部奉總統的訓令而發的。』

與麥生及斯奈德爾的會議　開納爾因爲找一條通過封鎖的安全道路而擱延了。試威明頓不成，他大膽化裝前往紐約。戰前他在紐約的賽馬界中是很有名的；在該城得到了一個朋友的幫助他乘了一個往英國的船。他於一八六五年二月的下半月抵倫敦，探知麥生在巴黎，立即前往。約定麥生、斯奈德爾會議，他發見谷谷倫 (W. W. Corcoran) 與他們在一塊，經他們告訴他說谷谷倫是他們所信任的人之後，他便詳細宣布了他的使命的性質。麥生與斯奈德爾對於他的訓令都大爲驚異，麥生起初拒絕合作，但是完全知道開納爾權力之後，他最後也同意合作了。(四十) 麥生後來不久前往倫敦，而斯奈德爾則向法皇求見。法皇仍是堅持他是極願與英國共同行動的，但是英國不動，他是不動的。當解放問題向他提出時，他說：『他從沒有予以考慮，該問題沒有並且不能影響他的行動；但是英國對於牠的考慮或許不同。』(四十一)

拿破崙不爲奴隸問題所動

拍麥爾斯頓不爲該項提議所動　一八六五年三月十四日在拍麥爾斯頓家與拍麥爾斯頓會見的時候，麥生極力探詢英國對於本甲門提議的態度。他說道：『在談話當中我幾次回到這點，並且措詞這樣直接，不能有何誤會，但是我沒有用開納爾所帶的私稿所保留的措詞，提出明白的提議。拍麥爾斯頓爵士當我完全展開這個信及我的謁見的宗旨時，很注意聽。在答覆裏面他立即向我保證說，他的政府所持的異議乃是那些已經宣示的異議，並沒有什麼東西在他們底下。(四十二)

這行動來得太遲了。肅爾門 (Sherman) 之行軍穿過喬其亞，及攻入南、北卡羅林那，把邦聯成功的信心完全毀滅了。開納爾的使命成了強弩之末。不久跟着有李投降及林肯被刺的消息。南方對於棉花的力量估量得太高，並且希望歐洲干涉太甚。

（一）這是威爾斯親王訂婚之後不久寫的。

（二）Walpole, Life of Lord John Russell, II, 360—361.

（三）Ibid., p. 362.

（四）Ibid., p. 363.

（五）Morley, Life of Gladstone. II, 81.

（六）Maxwell, Life and Letters of the Earl of Clarendon, II, 265.

（七）一九一三年亞丹姆斯（C. F. Adams）在他的一個牛津演講裏面，對於這次內閣會議，有一種有趣味的討論，發表在 Trans-Atlantic Historical Solidarity 第三章裏面。他認為內閣會議的展期，乃由於拍麥爾斯頓個人的嘔氣。他認為拍麥爾斯頓不滿意格納斯頓的臆斷，沒有得到許可，便作政策的宣示，於是決定給他一個下不去。但亞丹姆斯在英國再事調查的結果，使他認為自己錯了。以他特有的坦白，他承認他的錯誤，並在麥塞秋色子歷史學會（Mass. Hist. Society）發表了一篇演講，名『唐林街中的一個危機 A Crisis in Downing Street』（一九一四年，）提出他的最後的結論。

（八）Maxwell, Life of the Earl of Clarendon, II 257.

（九）Bancroft, Life of Seward, II, 317, ff.

（十）Seward, Diplomatic History of the War for the Union, 208

（十一）Op. cit. p. 227

（十二）Bancroft, Life of Seward, II, 328.

（十三）Dip. Cor. of U. S, 1862, p, 104.

(十四) Bancroft, Life of Seward, II, 330 關於法國對奴隸制度的態度的詳細討論，看 West, Contemporary French Opinion on the American Civil War.

(十五) Bancroft, Life of Seward. II, 333—335.

(十六) Messages and Papers of Presidents, VI, 96.

(十七) Bancroft, Life of Seward II, 339.

(十八) Ibid. p. 340.

(十九) E. D. Adams, Great Britain and the American Civil War, II, 101 ff.

(二十) West, Contemporary French Opinion on the American Civil War, 86.

(二十一) Bancroft, Life of Seward, II, 341—342.

(二十二) Dip, Cor. of U. S. 1862, p. 202.

(二十三) Bancroft, Life of Seward, II, 347; Nicolay and Hay, Abraham Lincoln, VI, 354—367.

(二十四) Confed. State Dept. Cor., 574; Richardson, Messages and Papers of the Confederacy, II, 345.

(二十五) Maxwell, Life of the Earl of Clarendon, II, 268.

(二十六) Adams, "A Crisis in Downing Street" 421.

(二十七) Confed. State Dept. Cor., 649; Richardson, Messages and Papers of the Confederacy, II, 391.

(二十八) Seward, Diplomatic History of the War for the Union, 376.

(二十九) Rhodes, History of the U. S., IV, 374—375; E. D. Adams, Great Britain and the American Civil War, II, 170-177.

(三十) Post, 401—406

(三十一) Confed. Navy Dept. Cor., Official Records of the Union and Confederate Navies Series II, vol. II, 464, 590, 691, 431—438; John Bigelow, France and the Confederate Navy; Bullock, Secret Service of the Confederate States in Europe, II, Chaps. I and II.

(三十二) Post, 426—429.

(三十三) Dip. Cor. of U. S., 1863, 418.

(三十四) Ibid., p. 419.

(三十五) Bullock, Secret Service of the Confederate States in Europe, I, Chap, VII.

(三十六) 5 Wallace, 1—62.

(三十七) Moore, Dig. of Int. Law, VII, 719—739; Briggs, The Doctrine of Continuous Voyage, 63—79.

(三十八) Callahan, Diplomatic History of the Southern Confedracy, Chap. XI.

(三十九) Confed. State Dept. Cor, 1253—1256.

(四十) Callahan ,265.

(四十一) Confed State Dept. Cor., 1270.

(四十二) Ibid., pp. 1272—1276.

第十七章 南北戰爭後西瓦德的外交

西瓦德繼續在約翰遜底下指導外交　在林肯被刺的時候，有一個無名的刺客對於西瓦德也施了一種殘暴的攻擊。西瓦德因爲馬驚、車翻、人覆的結果，顎破住在醫院裏面。雖然面喉被自稱爲刺客的刀所割傷，很痛苦，但是最後他是復元了，仍爲約翰遜(Johnson)的國務卿，以至於約翰遜任期完了。這樣一來，國家僥倖得很，林肯之死沒有影響到外交政策的變更。南北戰爭留下了兩個沒有解決的爭端，一是與英國關於所謂『亞拉巴馬的要求』(留在另外一章內討論，)還有一個是與法國關於法軍在墨西哥的出現。第二個爭端，西瓦德處理得十分圓滿。戰後在他做國務卿的時代還有一個大成功，那就是亞拉斯加的購買。謀取山陀多明哥(Santo Domingo)及丹麥所屬西印第斯的努力，雖然最後沒有成功，也費了他許多的心力。

外國干涉墨西哥　在南北戰爭時代，路易拿破崙之企圖在墨西哥建立一個帝國，以奧地利的麥克西米倫爲皇帝，不但對於門羅主義是直接挑戰，並且對於新世界的共和制度是一個嚴重的威脅。外國干涉的近因，乃是由於墨西哥的拒絕或無能力去履行她的財政義務。她在一八四二年與英國訂了一個協約，後來與西班牙及法國也訂了條約，承認她的債務，同意劃出威拉克魯斯和坦皮哥(Tampico)的關稅

債務情形

的一部分爲償付債務的本息，但是因爲屢次革命及政府變動的結果，沒有實行。有些要求是根據英、法、西三國在墨西哥的僑民所受的生命財產的損害，但是債券所有者的要求卻佔最大部分。一八六一年七月，新近被英、美兩國承認的胡阿勒司總統 (President Juarez) 發布了一個命令，停付外債兩年，於是問題極爲嚴重。(一)歐洲國家要求在二十四小時內撤消這個命令，沒有答應，他們便立即斷絕外交關係，開始準備以聯軍遠征的方法來壓迫墨西哥。

西瓦德提議承擔利息的償付　美國政府剛遇到南北戰爭的發生，無暇顧到墨西哥的事情，但對於擬議中的干涉行動，甚爲疑懼。九月，西瓦德授權與墨西哥交涉一個條約，規定由美國來擔任墨西哥外債的利息五年，墨西哥以在下加里福尼亞、齊華華(Chihuahua)、桑洛拉 (Sonora) 及新拉洛 (Sinaloa) 的公地與礦權作抵押品。(二)這個計畫不但遇到英、法的反對，並且遇到參議院的反對，於是作爲罷論。同時，歐洲各國正在進行他們的計畫。一八六一年十月三十一日，西班牙、法國及英國在倫敦簽了一個條約，作爲聯合干涉的初步。

該約最重要的一條（因爲牠後來被拿破崙皇帝所破壞）是第二條。該條宣稱：

倫敦條約

> 訂約各造在使用本約所預見的威壓方法時，約束自己，不得取何土地或何特別利益，並且此後在墨西哥的政務上不得行使任何影響，其性質足以妨害墨西哥國家選擇及自由組成牠自己的政府的

形式的權利。

第四條承認美國對於墨西哥也有要求，其規定如下：

……在簽訂本約之後，立將副本一份寄與美國政府，並請該政府加入……但是締約各造爲免除擱延施行本約第一、二兩條及貽誤他們希望要達到的目的起見，他們同意在他們的聯軍在威拉克魯斯附近會合之期滿以後，決不因爲要取得美國政府的加入，而延期開始上述的軍事行動。(三)

西瓦德於一八六一年十二月四日答覆歐洲三協約國請求合作向墨西哥示威的邀請。他說道：

第一、下方署名者謹奉告各位全權代表，總統（譯者按：卽指美國總統）對於各君主有絕對的權利去自行決定他們是否受有損害，向墨西哥開戰以求賠償，及單獨的或聯合的作戰等等問題，不願隨便發問，並且不問。

西瓦德拒絕與列強合作對付墨西哥

其次，西瓦德表示他的政府很滿意協約各國已經明白在協約裏面否認下列兩種意思：(一)爲他們自己的野心而戰；(二)及在此後墨西哥國事上行使任何影響，其性質足以妨害墨西哥人民選擇並自由組成他們的政府的形式的權利。

誠然，如締約各造所假定，美國對於墨西哥也有她的要求。不過經過相當考慮之後，總統的意思是不便在這時候由加入這個協約的方法去謀取他們的要求的滿足。其所以有此決定的理由，爲下方署名者有權可以指出者，第一、是美國願在可以實行的範圍內，奉行他們國父所建議而爲經驗證實爲良好的傳統政策，這種政策禁止他們與外國聯盟；第二、墨西哥是美國在本洲的鄰邦，並且其政府的系統有許多重要形態與我們自己的相似，美國對於該共和國向來懷有斷然的好意，並且對於牠的安全、繁榮及幸福有深切的注意。爲這些情緒所動，美國在此墨西哥政府內有派別的騷亂，外有與外國開戰的危險的時候，不願採取威壓的方法，以求賠償。當然這些同樣的情緒，使他們比較願單獨向墨西哥宣戰，更不願聯盟向她作戰。(四)

威拉克魯斯被外國軍隊佔領　根據倫敦協約，威拉克魯斯於一八六二年初被西班牙軍六千人，法軍二千五百人（後來不久大爲增加，）及英水兵七百人所佔領。但是協約國彼此弄得不很好。英人與西班牙人不久便開始猜疑法人別有用意，到了一八六二年四月九日三國代表正式宣告，因爲對於一八六一年十月三十一日的協約，在現在的情形裏面，不能一致給予應該給的解釋，他們決議將來採取完全單

獨的和獨立的行動路線。(五)

英西兩國政府，深信法國的口是心非，贊許他們的代表的行動，下令撤退他們在墨西哥國內的軍隊與代表。

英西兩國軍隊的撤退　一方面因爲英國與西班牙的退出，他方面因爲南北戰爭暫時使美國無能爲力，路易拿破崙的政府於是自行設法，大事增援牠的墨西哥遠征隊，並以福來將軍 (Genoral Foroy) 爲總司令。

墨西哥所遭遇的禍患，及威脅她的共和制度的永存的危險，現在徹底驚動了她的中南美的姊妹共和國。他們彼此間開始交換意見關於組織一個國際的美洲會議，以反對歐洲的侵略。

在一八六二年春季，墨西哥發生各種令人注意的事件的時候，西瓦德一貫的抱着一八六二年六月二十一日給戴頓的信裏面所表示的意見：

美國政策的宣示

法國有向墨西哥宣戰及自行決定方針的權利。我們有權利並且有利益堅持，法國不應利用她所造成的戰爭在墨西哥建立一個反共和與反美國的政府，或在那裏維持這麼一個政府。法國已經否認這種計畫，我們深信任以坦白和有名譽的態度所給的保證外，無論如何須等候，而不應預料這種保證的破壞。(六)

法國的推進　數月之中，法國軍隊逐漸擴張他們的軍事行動，佔領較廣大的土地，而情勢並無若何變遷。胡阿勒司政府仍保有京都。一八六三年春季軍事行動更爲積極，到了六月，福來將軍組織了一個議會，由法皇的大臣以命令指派三十五個墨西哥人構成之。這個最高議會的會員，會同二百十五個墨西哥公民組成一個二百五十八人的名士會議。這個名士會議乃是從事於制定墨西哥的憲法的議會任命三個人組織行政機關，而以亞爾滿特將軍(General Almonte)爲首領。

一八六三年七月十日墨西哥城被法軍佔領了，次日名士會議宣告：

墨西哥皇冠獻與麥克西米倫

一、墨西哥國家採取一種有限的世襲君主制度爲牠的政制，奉一天主教的君王。

二、君王的名號爲墨西哥皇帝。

三、墨西哥的皇冠恭獻於奧國皇太子茀丁蘭麥克西米倫親王(Prince Ferdinand Maximilian)及其後世。

四、在不能預知的情形下，如果奧國皇太子茀丁蘭麥克西米倫不接受獻於他的皇位，墨西哥國家聽任法皇拿破崙第三的好意去指示另外一個天主教的親王。(七)

墨西哥的皇冠於一八六三年十月三日由墨西哥人民的代表正式獻於麥克西米倫；但是麥克西米倫答覆說，須「全國以自由意志的表現贊成京都的願望」之後纔能接受所獻的皇位。如果這是出於誠意，聰明地保持着，這個決定是聰明的。但是後事證明該皇太子不是言不由衷，便是可憐地被後來向他所爲的表示騙了。六個月後，他沒有把該問題訴諸於任何人的願望（除了極少數的一部分墨西哥人，）便接受了皇冠。

法國政府否認破壞墨西哥的獨立　雖然墨西哥名士會議的宣言，證明無疑是出於拿破崙之手，但是法國政府還是繼續否認妨害墨西哥獨立的意向，西瓦德也繼續正式表示美國對於法國擔保的解釋滿意。

不過法、美兩國政府爲麥克西米倫或許接受皇冠的事，時常通信。在一八六三年八月與法國外交部長呂伊斯德魯盎(M. Drouyn de Lhuys)帶有幾分隨便的談話裏面，戴頓即表示恐怕法國離開墨西哥，或許要留一個傀儡在後面。德呂伊斯回答說：「不；牽線太長不能運用。」

法國計畫與邦聯運命相關　麥克西米倫在墨西哥的成功機會，從頭起就預料以爲南方邦聯大概會成功；因此，認爲胡阿勒司政府與美國聯邦同一命運。聯邦派對於墨西哥共和國的積極同情，使當局很難保持中立。這種困難因爲美國懷疑法國的用意，更加厲害。關於這點，一八六三年西瓦德寫信給戴頓說道：

總統認爲你應找一個機會，把這些事實告訴德呂伊斯，並且向他建議說，美國的利益以及法國本身的利益（由我們看來）需要儘早根據墨西哥的統一與獨立解決墨西哥現在的糾紛。(八)

催促美國承認麥克西米倫　在答覆裏面，該法國外交部長聲稱在墨西哥建立麥克西米倫皇位的問題，將以全國的多數票決皇太子（指麥克西米倫）的政府的危險主要的是來自美國，只要美國表示滿意，並表示願意與該政府發生和平關係，法國卽可準備離開墨西哥，讓該新政府自行照顧自己，這點法國無論如何當在適當的範圍以內儘早做到；但是她不能導引皇太子至進退維谷的地位，在他的政府沒有安定以前，便拋棄他。他說，美國對於該政府早點承認便可傾向於縮短或終止法國在該國的一切糾紛；如是他們便可離開墨西哥。

西瓦德的答覆　對於這個信，西瓦德回答說，法國政府並不是不知道美國的意見，認爲在墨西哥永久樹立一個外國的君主政府，不但是不容易，而且是不相宜；美國不能預期墨西哥人民的行動，美國仍然認墨西哥的戰事沒有終了，久經存在該國的政府沒有顚滅，美國與該政府還是有和平友善的關係。(九)

國會中的感覺　在獻皇冠與麥克西米倫的時候，加里福尼亞參議員麥克多哥(McDougall)便提出了一個決議，宣稱『法國政府的動作，以及法皇的傀儡皇帝的威脅動作，如果堅持下去，本共和國便要宣戰。』這個決議沒有通過，但是幾天之後，一八六四年四月四日，衆議院全體一致通過了一個決議，宣言反對承認在墨西哥的君主政體。西瓦德怕了爲這件事情與法國決裂，費了力由戴頓告訴法國政府說，衆議院這種行動，就是參議院同意，也不能拘束行政機關。

麥克西米倫於一八六四年四月十日在托利斯特（Trieste）附近他所建築的皇宮米拉馬爾（Miramar），當着墨西哥代表團，正式接受了墨西哥的皇冠。次日，墨西哥皇帝與皇后（如他們自稱）取道羅馬，向他們的新統治地出發；在羅馬，他們還受了教皇的祝福。

法國對衆議院的決議的惡感　上面所說衆議院的決議，差不多產生西瓦德所力求在南北戰爭時期所要避免或至少展緩的決裂。當戴頓在該項決議剛傳到歐洲以後往訪德呂伊斯時，他進房子所得到的迎迓語便是：『你帶來和平給我們乎？抑帶來戰爭給我們乎？』戴頓回答說，他不認爲法國能夠根據該項決議的內容，就認定美國是快要對她作戰；該項決議所包含的原則，不過是美國一向所宣示於法國的而已。(十)

邦聯代表散布報告　邦聯代表乘機利用這個決議，以鼓動美國與法國間的困難。事實上他們早就在歐洲散布了報告，說美國政府一俟國內亂事一平，即行驅逐法人於墨西哥之外。這些報告居然得到人家的相信。法人自然認爲如果與美國發生問題，最穩當的方法是由他們選擇時機。拿破崙無時不在與邦聯政府暗送秋波，以承認邦聯的獨立恐嚇西瓦德。邦聯政府急切應承麥克西米倫與南方間的聯盟，而以法國勢力爲後盾的建議；並且確實派了一個代表駐麥克西米倫政府，但是代表沒有達到目的地。拿破崙的打算雖然是根據於聯邦的推翻，並且從頭起他與英國、西班牙雖然採取了一種對聯邦政府斷然不友善的態度，但是在戰爭沒有分勝負以前，他不願把路走盡，承認邦聯爲一獨立國。

拿破崙對邦聯的友好態度

說到斯奈德爾在歐洲的行動，及他在法國所得到的鼓勵，貝基洛(Bigelow)於一八六五年二月十四日寫信給西瓦德說道：

> 我深信關於墨西哥的糾葛，叛徒們能再得到帝國政府的嘉許很少很少，如果兩國對於該問題的國策能夠調和，那麼便可迅速地把所有其他的不滿的原因解決。

墨西哥收留前邦聯的官吏　李將軍投降不久以後，好些邦聯的高級並且有勢力的官吏都到墨西哥去，效力於麥克西米倫政府。曾任加里福尼亞的美國參議院議員的基文(Dr. Wm. M. Gwin)想了把邦聯派移殖於墨西哥北部的計畫。西瓦德爲這計畫向法國政府抗議了好幾次。他要他們注意，美國人民的同情已受相當的激動，贊成墨西哥共和國；他們不願法國在墨西哥繼續的干涉；如果墨西哥名義上的皇帝或法帝國政府對於基文的進行表示任何贊助，那麼便會使美國人民忍無可忍。他並且請予保證基文及其同僚的假託，並沒有經法皇的允准。

鼓勵南方各邦來的移民　邦聯派裏面與這個計畫有關係最有名的人是：莫利（Matthew F. Maury），有名的地理學家與海軍軍官，入了墨西哥國籍，被任為移民委員及名譽參議；馬格魯德爾將軍（General John B. Magruder）被派為監督測量殖民地的事宜。希望以這些人的聲望及其在邦聯政府底下所任的高位，在不知勝利的統一派如何對待南方的空氣裏面，能夠引誘許多人遷往墨西哥。麥克西米倫於一八六五年九月五日發布了一個特別命令，允許南方的耕作者帶他們的奴隸移入墨西哥，以為引誘——因為帝國法律禁止正規奴隸制的關係，這樣一來，奴隸便變成了還債的勞工。但是這個計畫是完全不能實行的。

西瓦德拒絕接待麥克西米倫派來的使者　一八六五年七月，麥克西米倫作最後的努力，以取得美國對於他的政府的承認。七月十七日，法國駐華盛頓公使蒙特賀朗侯爵（Marquis de Montholon）訪問國務部，告訴西瓦德說有一個專使已經到了華盛頓，帶了麥克西米倫簽字致美國總統的一個信，其副本當由侯爵交了給國務卿。十八日，西瓦德卽將該信的副本退還了蒙特賀朗侯爵，並且說因為美國與墨西哥共和政府有友好的關係，總統拒絕接受該信或與帶信的使者有任何往來，法國政府向牠在華盛頓的代表表示對這步牠很煩惱，並且說麥克西米倫在派使以前，應該設法探聽美國的意思。（十一）

一八六五年十月三日，麥克西米倫在墨西哥城頒布了一個命令，第一條說道，凡是隸屬於未經合法准許的武裝團體，不論他們是否宣布有何政治主張，並且不論構成所述的團體的人數他們的組織、性質以及派別，都須受軍法審判；如果發現有罪，甚至於只要他們加入了團體，便須於判決後二十四小時內處死刑。

美國抗議麥克西米倫的政策　美國對於這個命令由貝基洛向法國抗議，認為是違犯近代文明的情感與人道的本能。德呂伊斯以譏諷的口氣答覆道：

為什麼你不去找胡阿勒司總統？我們不是墨西哥政府，你這樣看待我們，太尊敬我們了。我們要得到某種重要的利益，不能不帶軍隊到墨西哥去，但是我們對於麥克西米倫或他的政府，並不負責任。他應向你負責任，如應向任何其他政府負責任一樣，如果他破壞了牠的權利，你在該地有我們有過的同樣的補救辦法。(十二)

西瓦德採取較為強硬的態度　現在美國政府沒有內戰的負累了，數月之中西瓦德的通信更加堅決了。一八六五年九月六日，他請法國政府注意，美國現不復有內戰的分心，今後美國國會與人民可希望分很大一部分的注意於外交政策問題，主要的大概是關於墨西哥問題與法國的關係。大約在這個時候，斯科飛德陸軍少將（Major General Schofield）奉命往巴黎，其出使的確實目的有許久是在神祕之中。從貝基洛的回憶錄看來，好像格蘭特、斯科飛德及其他許多軍官正在那裏壓迫政府以武力干涉，驅逐麥克西米倫離開墨西哥。西瓦德以其如常的政治智慧，認定最好阻止格蘭特及其同僚的辦法是派斯科飛德奉着非正式的使命往巴黎。據斯科飛德說，西瓦德對他說道：『我要你當面告訴拿破崙，他必須離開墨西哥。』西瓦德十分料到斯科飛德當着拿破崙的面不會像在華盛頓那樣好戰，並且他很相信貝基洛的機警與能力足以對付斯科飛德。這個計畫進行得很順利。貝基洛與斯科飛德都沒有報告謁見法皇的情形，但是我們可以認定斯科飛德在巴黎沒有說他在離開華盛頓時所想要說的話。一八六七年貝基洛從巴黎回來之後，他與西瓦德有一個談話，其中西瓦德會這樣說過：

他應付主戰派之妙

> 我派斯科飛德將軍往巴黎，乃是爲擋開格蘭特的一個給我們的信，堅持要立即驅逐法人出墨西哥。我的目的是達到了，這樣一來，使斯科飛德有事情做，並且使他相信法人非常固執，而轉贊成本部的政策。這樣一來，格蘭特心平氣靜，各事都容易了。（十三）

最後在一八六五年十二月十六日，西瓦德給了法國實際上等於一個哀的米敦書的照會。他指出國會正在開會，大概將以法律指示行政機關在這個問題上的行動，並說道：

加壓力於法國

總統的宗旨向來要敬告法國兩點：第一、美國極願繼續並且養成與法國的誠意的友誼。第二、這種政策會馬上遇到危險，除非法國為她的利益及名譽起見放棄武力干涉墨西哥，推翻該地的共和政府，及建立外來的君主政體（已經企圖在該國京都開始。）

在結論裏他說：

德呂伊斯先生在和你的談話中，既然認為不得不把問題擱下，使我們無由希望依照前此所討論的任何基礎實現一個滿意的解決，那麼現在只好請你向他表示我的深邃的遺憾。

遲至一八六五年十一月二十九日，法國政府由蒙特賀朗侯爵還堅持美國須承認麥克西米倫為協商法國撤兵的唯一基礎。（十四）

法國的反應 對於西瓦德十二月十六日的牒文的正式答覆是一八六六年一月二十九日由蒙特賀朗交到的。德呂伊斯仍堅持說，法國的出兵並沒有敵視新世界的制度的意思，更沒有敵視美國的制度的意思。他特別指出美國已經承認法國對墨西哥作戰的權利，並且繼續說道：『在他方面，我們也如他們一樣，承認不干涉的原則；還兩重的假定，據我看來，其中含有一種協定的成分。』他並且主張作戰的權利包含有取得戰爭的結果的權利；他們必須要求保證，而這些保證他們不能求之於他們已經證明屢次失信的政府；他們對於正規政府的建立受有約束，而這個政府又表示願意遵守牠的約言；墨西哥人民已經發言過，而麥克西米倫皇帝的登位又是出於該國人民的意志。(十五)

西瓦德的哀的米敦　西瓦德於一八六六年二月十二日答覆。他聲稱美國認爲墨西哥發生的事情，不但是沒有得到墨西哥人民的准許，並且是違反他們的意志；美國沒有看見滿意的證據，證明墨西哥人民已經表示意見，或接受所謂帝國；美國認爲法國有撤兵的必要，以便實行這種辦法。他的結論差不多等於一個哀的米敦書：

如果皇帝能給我們……確實的消息，關於法國在墨西哥的軍事行動可以希望停止的時候，我們便很滿意。(十六)

拿破崙的屈服　拿破崙鑒於歐洲的情勢，最後決定，他不能冒與美國作戰的危險，故於一八六六年四月五日的警報(Moniteur)上宣告皇帝已經決定分三批撤退法國在墨西哥的軍隊；第一批須於一八六六年十一月離開；第二批須於一八六七年三月離開；第三批須於一八六七年十一月離開。次日與貝基洛晤談的時候，德呂伊斯承認這個報告是官方的。皇帝的決定在一八六六年四月二十一日的牒文裏面正式通知了美國。西瓦德在他二月十二日的信裏面很不幸的留了一個漏洞，說美國在法國撤兵之後將繼續牠的中立政策。德呂伊斯說道：

> 我們以完全的信心，接受這個保證，並且從中我們找得一個充分的擔保，對於採取準備召回我軍的辦法，再毋庸其遲延。(十七)

歐洲形勢的影響　美國歷史家常把拿破崙的讓步，諉之於以美國的軍力為後盾的西瓦德的外交。美國那時的軍力當然是較美國史上任何時期為大。這一切無疑對於拿破崙的態度有影響，但是這時候歐洲的情形，對於好像他的放棄墨西哥計畫，好像有更大的影響。在接到西瓦德的哀的米敦書數日之內，拿破崙探知俾士麥決意逼奧國為斯列斯維何爾斯坦(Schleswig-Holstein)問題出於一戰。拿破崙知道，如果普魯士的土地擴大，法國的土地不跟着增加，對於他的聲威是一個嚴重的打擊，並且事實上將危害他的皇位。他立卽加入一種長久並且危險的外交把戲，可是終被俾士麥玩弄，以至於被逼入一場戰爭。為可以自由對付歐洲的形勢起見，他決定屈服於美國的要求。

美國抗議奧國軍隊的代替　大約在法國政府宣告意將撤退牠在墨西哥的軍隊的時候，奧國正在招募往墨西哥的「國外軍團。」美國政府於是立卽設法阻止奧軍去接替法軍，特由莫特烈向奧國政府聲稱，「如果以後奧國臣民繼續在墨西哥作戰，奉有維也納政府的命令或得到牠的允許，美國得自由認為這種戰鬪是奧國向墨西哥共和國宣戰；對於這種戰爭，在這個時候並且在這種情形底下，美國不能保守靜默，袖手旁觀。」(十八)

莫特烈沒有執行訓令　莫特烈對於本國政府的訓令這樣突然的和有力的改變口氣，不免有點驚異疑惑，因此沒有照西瓦德所意欲的精神進行。這麼一來便引起了一種嚴厲的申斥。西瓦德對於莫特烈傳達國務部的訓令給奧政府所取的立場表示很不高興，叫他根據字義嚴格執行他的訓令，並添說道：

我不討論你所提出的問題，「本部近來的訓令是否與牠早前對歐洲在墨西哥的干涉所取的政策完全諧和。」

如果奧國派兵往墨西哥，莫特烈卽須離開維也納。為這個目的的運兵是停止了。奧國因為與普魯士行將開戰，大為震動，並且除了需要把她所有的軍隊留在家裏外，不願意開罪美國。

法國軍隊離開延期　當第一批法軍撤退的時期屆臨時，法國政府並沒有舉動，美國於是立卽要求解釋。法皇向美國政府保證說因爲叛黨近來的勝利，從軍事上看來，他決定在春天將他的軍隊總撤退，如果撤退一大部分留下的部分便很危險。他並且說他已勸告麥克西米倫退位。（十九）然而出乎意料之外，麥克西米倫好像認爲名譽計，他應留在墨西哥，與他的擁護者同一運命。他的政府不久便崩潰了，他也被胡阿勒司政府所俘了。西瓦德預料到麥克西米倫被俘的不可免，曾經訓令新任駐墨西哥公使康伯爾（Campbell）迅速前往胡阿勒司的大本營，勸告對於麥克西米倫及其從徒從寬發落。康伯爾走到紐阿倫斯，但是藉口各種事由擱延了，一直等到西瓦德最後要他辭職。

麥克西米倫拒絕離開墨西哥

不過他寄了一個特信給胡阿勒司。後來，法、奧、英等國政府申請西瓦德出來斡旋，阻止處決麥克西米倫。西瓦德當即請墨西哥駐華盛頓公使羅麥羅（Romero）勸告胡阿勒司，爲政策計，饒麥克西米倫一命。六月十四日，在這個申請沒有到達胡阿勒司以前，麥克西米倫已經被軍法審判，宣告死刑了。處決定於十六日舉行，但是依據麥克西米倫的律師的請求，胡阿勒司總統特下令展期至十九日處決，以便該君王料理他的私事。在一八六七年六月十九日上午七點鐘，他便被槍決了。（二十）

他的被捕與處決

西瓦德對於擴張土地的見解　西瓦德是以前所有的國務卿中擴張土地的最偉大的主張者與預言者。早在一八四六年，他便宣稱：

我們的人口是注定了要席捲至北方的冰界，並在太平洋岸與東方文明接觸。

一八六〇年他在聖保羅(St. Paul)演說，說道：

> 瞻望西南，我能看到在各種破壞西班牙美洲各共和國的變動中，及在他們迅速的衰敗與解體中，一種準備的階段，把他們改組成爲美國的自由平等自治的會員。

他並且預料墨西哥城，那個古代阿芝特克人(Aztec)的首都，將成爲『北美人民的勢力的最後中心點。』(二十一)不過他實在合併的努力，只限於亞拉斯加、夏威夷羣島(Hawaiian Islands)及一些西印度島。

購買丹麥所屬西印度的條約　在南北戰爭時期中，海軍的經驗證明了在西印度中取得儲煤地及海軍根據地的重要。丹麥屬聖湯姆斯(St. Thomas)、聖約翰(St. John)及山達克魯斯(Santa Cruz)等島乃是美國船隻喜歡常去的所在，其他西印度各島多是歡迎邦聯船隻的。一八六五年十二月，西瓦德傷勢還沒有完全恢復，特出外巡游，以助健康；在巡游中他到了聖湯姆斯及山陀多明哥。他回來之後，立即與丹麥公使開始交涉；丹麥公使曾接到訓令，願得一千五百萬出賣丹麥所屬西印度各島。西瓦德認爲這個數目太大，但是次年，一八六七年與丹麥訂了一個條約，規定如果本地居民投票同意，由美國出七千五百萬元收買聖湯姆斯及聖約翰兩島。美國之進行這些交涉受有兩種影響，一是希望得到一個海軍根據地，二爲怕了這些島落於歐洲一個強國之手。聖約翰與聖湯姆斯民衆投票的結果，最大多數是贊成割讓的，於是條約被丹麥國會迅速地批准了。美國參議院沒有行動，直等到一八七〇年三月參議員宋納爾(Senator Sumner)提出了外交委員會的反對報告，纔把條約否決了。(二十二)

被參議院否決

合併山陀多明哥的提議

一八六七年樸特爾海軍上將(Admiral Porter)及副國務卿洗渥德(F. W. Seward)被派往山陀多明哥，意在租沙馬拉灣(Samana Bay)爲海軍站。他們的使命沒有成功，但是次年多明哥共和國總統派了一個代表來華盛頓，提議合併，並請美國立卽佔領沙馬拉灣。在一八六八年十二月八日他的常年咨文裏面，約翰遜總統主張合併山陀多明哥，並且有一個聯合決議在衆院提出來了，但是沒有辯論，便被最大多數通過緩議。(二十三)到了格蘭特任總統時，山陀多明哥的合併變成了他的一個得意政策，並且因爲宋納爾的反對，這件事情對於亞拉巴馬要求的解決有重要的關係。(二十四)

亞拉斯加與毛皮貿易　西瓦德對於合併唯一的成功的努力是亞拉斯加的購買。這塊大地方因爲根據發現及佔領的權利，俄國保有一百多年了。公衆還不疑心這事已經在那裏討論，割讓的條約便簽字了。關於這塊『冰地』，民衆並沒有要求合併，美人並且知道這塊地方的很少，也沒有把牠放在心上。在這地方表現的唯一利益是少數太平洋岸的漁夫，請求政府與俄國商妥，讓他們可以出入亞拉斯加的海口與灣港，及少數加里福尼亞人想得到一種特權，從事於毛皮貿易。西瓦德訓令駐聖彼得堡公使克來

(Cassius M. Clay) 與俄國政府交涉這個特許權的問題。俄屬美洲有五十多年是在一個俄國公司管理之下該公司把毛皮貿易轉租給了哈德遜灣公司。租期將於一八六七年屆滿，俄國政府正在躊躇，不知續租好，還是組織一個費錢的殖民政府好，抑是賣掉這塊土地好。這塊地方從來沒有報效什麼稅收。

西瓦德急切的接受俄國出賣的獻議　當克來於一八六七年二月提出這個特許權的問題請俄國政府注意時，曾任俄國駐華盛頓公使有年的斯托克爾 (Stoeckl) 剛好在聖彼得堡。他三月回到華盛頓負責交涉出賣。他提議的公平價格爲一千萬元；西瓦德還了五百萬元。他們妥協爲七百萬元。後來好像俄美公司 (Russian-American Company) 在那些有相當的利益，不能不予以考慮。西瓦德最後獻議七百二十萬元，但俄國須擔付這些債務，給美國一個完全的所有權。俄國公使當即把這個獻議電知他的政府，到三月二十九日便得到了同意的答覆。他立即到西瓦德的家裏告訴他，並建議次日即來把條款弄好。西瓦德非常高興，說道：『爲什麼要等到明天，斯托克爾先生？讓我們今天晚上就把條約弄好。』他們立即召集他們的助手，並外交委員會主席宋納爾到國務部會他們，半夜裏即工作起來，到早晨四點鐘便把條約預備好了，以便簽字。(二十五)

條約的批准　數小時之後，總統即將條約提交參議院，在那裏沒有遇到什麼反對，只有兩張反對的票。該約便於一八六七年六月二十日批准並宣布了。七月六日，約翰遜總統給了國會一個咨文，請撥付七百二十萬金元，以爲執行該約之用。大概因爲總統與國會發生激烈衝突的關係，沒有立即照辦，但是總統仍向前做去接收亞拉斯加。俄國官吏於一八六七年十月十一日正式移交給盧叔將軍（General Rousseau）。及國會十一月開會時，衆議院裏，對於購買事件發生了很強的反對。在其次的六個月中，國會的時間與注意放在彈劾的進行上面。最後，一八六八年五月十八日，表決總統彈劾案重要部分後兩天，平克斯將軍（General Banks）報告了外交委員會的一個法案，撥發該項必需的款項。兩個月後，經過相當的討論，該法案在衆議院內以一一三票對四三票之比通過了。參議院的通過沒有什麼反對，於是到一八六八年七月二十七日，該法案便成了法律。

賄賂的攻擊　有一個可注意的事實，引起了當時的猜疑，就是運動撥給此項經費的，乃是反對行政當局的要人及彈劾運動的領袖。平克斯將軍是衆議院外交委員會的主席，斯提文斯（Thaddeus Stevens）是支用委員會的主席。福烈（John W. Forney）的報紙華盛頓紀事報（Washington Chronicle）與費列德爾菲亞新聞報（Philadelphia Press）曾經向總統攻擊得這麼兇，以致於不能不辭掉參議院祕書之職，卻同時是極端贊成購買亞拉斯加的。到了一八六八年十二月國會開會的時候，關於購買其中有賄賂情事的攻擊盛傳一時。

調查出來的事實　寄出的匯票發現不到七百二十萬元。衆議院於是下令調查，但是委員會的報告是不滿意的，不充分的。(二十六)所差不是如所告發之巨，寄出的有七百零二萬五千元，由俄國公使存在銀行的有十六萬五千元。在這十六萬五千元中，委員會查出付給渥克爾（Robert J. Walker）二萬六千元，付給福烈的一個兄弟三千元，付給加里福尼亞一個新聞記者一千元。渥克爾是一個有聲名，但不謹慎的人。他做過樸爾克總統的財政部長，布卡蘭總統時代的肯沙斯州長及南北戰爭時代林肯總統在歐州的祕密財政代表。渥克爾在委員會的證言是，他收到了二萬六千元，其中有五千元付了給斯坦頓(F. P. Stanton)，作爲他推進該項法案之費。所得的印象是渥克爾所作的工作很少，而所得的報酬卻很多，並且可以解釋各種謠言說他是付款的經紀人，由他的手發給議員及新聞記者。渥克爾與斯坦頓都堅決不承認這點。渥克爾說他向斯托克爾表示過他很感佩福烈的援助，斯托克爾便叫他給福烈三千元。這款福烈很憤怒的拒絕了。但是該三千元後來付了給在紀事報裏面他的兄弟福黎(D. C. Forney)。

西瓦德的證言　西瓦德被委員會傳詢，他的答詞非常愼重，但極其坦白。『渥克爾沒有告訴我，他得過一文。』當問到『你是否知道從國務卿可以使用的款項下或其他任何款項裏面撥過任何金錢或禮物，直接的或間接的，作爲津貼或運動報紙，或任何有關係的人？』西瓦德敏捷的答覆道，『反之，我知道國務部沒有津貼任何地方的任何報紙。』

丹寧教授的發見　差不多在這些事情之後有五十年，已故丹寧教授在國會圖書館約翰遜的文件裏面，發現了總統親筆的一個備忘錄，至少對於衆議院的委員會所不能解決的奧祕是一個線索。寫作對於約翰遜總統是困難的，倒不是因爲他的不善於文，而是因爲他的右腕受了傷。他寫作很少，他寫這麼長的一個備忘錄，可以證明他對於這個辛苦記下來的陳述是很注重的。原文如下：

約翰遜的備忘錄

一八六八年九月六日，星期日，西瓦德與我乘馬走了七八英里，走向馬爾斯波羅（Malsboro），差不多到所謂老田的地方，我們走到橡樹蔭下，吃了一點點心，在談論各種題目中國務卿問到這個問題，我會否想過國會中有幾個議員，他們的行動是完全不受金錢的影響的。我答覆說，我從沒有精密的計算過，但是不能不招認這種人的數目比較我從前某時所猜想的是異常的少了。——他然後說你記得撥付俄國政府七百萬元購買亞拉斯加的事在衆議院裏擱起來了——撥付被擱延的時候，俄國公使向我說，福烈告訴牠他需要三萬元，他因爲一個沒信義的朋友損失了四萬元，所以他要三萬金元——如果不設法運動，撥付案便沒有通過衆議院的機會——三萬元付了，於是紀事報便主張撥付——他又說付了渥克爾與斯坦頓二萬元，作爲酬勞——外交委員會平克斯得了八千元，廉潔的斯提文司得了他的一份一萬元——所有這些錢都是俄國公使直接的或間接的付給各造，爲的使本政府與俄政府已經批准的神聖條約中所規定之付款得以通過——平克斯與斯提文司據說是北金斯要求案（Perkins Claim）的辯護人，（因爲我們有人民供給俄國政府軍火）——因此付予津貼以取得他們對付款案的贊成——平克斯便是外交委員會的主席。——(二十七)

離真理不遠

可以想像得到，總統記下這些損害他的最壞的敵人的人格與名譽的話，是如何的高興，因爲這個理由，用這個備忘錄要小心。再者，這是根據傳聞的證據，並且完全與幾個月後西瓦德在衆議院委員會所說的不相符。不過西瓦德不是一個坦白的證人，他可以否認他從第三者所探知關於這事的消息。讀過在委員會前面所給的證言的人，沒有一個不覺得該備忘錄所說的話大有可能。如果福烈直接收得斯托克爾三萬元，那麼斯托克爾當渥克爾建議應給福烈錢時，無疑感到困難。於是有三千元的致送，爲福烈所拒而不受，但是被他設法給了他的兄弟。可笑的是渥克爾，他到死還堅持福烈是政界中很少數不受賄賂的一個人。

俄國艦隊的故事

對於購買這塊被認爲是一塊無用的「冰地」還有一個解釋，就是美國之所以付給俄國七百二十萬元，乃是表示感謝俄國在南北戰爭的友善態度，尤其是俄國在一八六二年至一八六三年的冬天英、法正在威脅要干涉的時候，派了一個勢力雄厚的艦隊到美國海面來。這個海軍的示威，無疑對於美國統一的運命有好的影響，但是這不是俄國艦隊訪問的目的。俄國認爲大戰不是不可能，她不願她的艦隊被冰凍或被英國海軍關在自己的海港裏面。該項艦隊是一個孱弱的艦隊，但是如果運用得法，可以給英國商務以重大的損害。因此她派牠到美國海口來過冬，以便攻擊英國的商務及其防備較弱的領地。(二十八)

(一) Brit. and Foreign State Papers, LII; 37 Cong., 2 Sess., H. Ex. Doc. No. 100.

(二) 37 Cong., 2 Sess., H. Ex. Doc. No. 100, p. 22.

(三) 37 Cong., 2 Sess., H. Ex. Doc. No. 100, pp. 186—187.

(四) Op. cit., pp. 187—190; Brit. and For. State Papers, LII, 394.

(五) 37 Cong., 2 Sess., H. Ex. Doc. No. 54, p. 48.

(六) Ibid., p. 530.

(七) 38 Cong., 2 Sess., Sen. Ex. Doc. No. 11, pp. 254—268.

(八) Op. cit., p. 464.

(九) Ibid., pp. 471—473.

(十) Dip. Cor., 1864, Part III, 76.

(十一) Dip. Cor., 1865, Part III.

(十二) 39 Cong., I Sess., Sen. Ex. Doc. No. 5, p. 3.

(十三) Bigelow, Retrospection of an Active Life, IV, 42; Bancroft, Life of Seward, II, 435.

(十四) 39 Cong., I Sess., Sen. Ex. Doc. No. 6, p. 98.

(十五) 39 Cong., I Sess., H. Ex. Doc. No. 93.

(十六) Ibid., also Dip. Cor., 1865, Part III.

(十七) 39 Cong., I Sess., H. Ex. Doc. No. 93, p. 42.

(十八) Wharton's Digest, I, 328.

(十九) 40 Cong., I Sess., H. Ex. Doc. No. 30.

(二十) 40 Cong., I Sess., Sen. Ex. Doc. No. 20.

(二十一) Bancroft, Life of Seward, II, 470—471.

(二十二) Op. cit., II, 479—486.

（二十三）Ibid., pp. 486—489.

（二十四）Post, 446—449.

（二十五）Bancroft, Life of Seward, II, 471—477.

（二十六）40 Cong., 3 Sess., House Reports, No. 35.

（二十七）Dunning, "Paying for Alaska," in Pol. Sci. Quarterly, Sept., 1912, pp. 385—386.

（二十八）Golder, "The Russian Fleet and the Civil War," in Am. Hist. Rev., XXI, 801.

第十八章　亞拉巴馬要求與華盛頓條約

亞拉巴馬要求的定義　邦聯海軍在國外購買或建造的船隻有許多，其中亞拉巴馬號因爲破壞商務的成績及建造和離開英國海面的情形，最爲出名。結果，凡是邦聯在英國管轄權內所購買或建造的巡洋艦所給與美國商務的損害，因而發生美國對英國的要求，都統稱爲『亞拉巴馬要求。』

佛洛利達號　阿利托號〔Oreto 又名佛洛利達號（Florida）〕是邦聯海軍在國外建造的第一個正常軍艦。這個軍艦是一個利物浦公司建造的，由邦聯駐歐的主要海軍經紀人波洛克（Captain James D. Bullock）所定購。據他說，海關當局曾奉外交部的命令來檢查該船兩次。該船的一般狀態雖然明示是爲軍用而造的，但她是以英船的資格註册的，管帶是英國人，船上又沒有軍備。波洛克曾經請教過著名律師，據稱依照英國一八一九年的外國徵募法，如果在英國管轄權內備置船隻，並裝設武器以爲在海上破壞友國貿易之用，那是犯罪的；但若只爲船隻的建造而不爲武裝的設備，那是不犯罪的。(一)這是英國官吏及法院對於此項法律所給的解釋，但是依照外國徵募法，英國是否已盡中立義務，還是問題。不過政府的解釋是這樣的，所以沒有把阿利托號扣留。她於一八六二年三月離開利物浦，暫時由一英國艦長管帶，並懸掛英國旗。她的軍備則同時候由另一英國船運往約定的地方——巴哈馬斯旁邊的一個小荒島。在這裏，阿利托號收到了她的軍備和水手，改船名爲佛洛利達號，並樹起邦聯的旗幟。就她破壞商務的成績而言，計捕獲了四十艘以上的美國商船，其中多數是毀滅了，餘則交保釋放了。(二)

亞拉巴馬的建造　這其間，波洛克又定購了一船名亞拉巴馬。她是由賴爾斯 (Lairds) 在利物浦上頭，麥爾塞 (Mersey) 的對面的貝根赫德鐵工廠 (Birkenhead Ironworks) 造的。她的船塢號頭是『二百九十』，到下水時纔取名爲安利加 (Enrica)。到交給邦聯之後，她的名字又改爲亞拉巴馬。波洛克定購她是用自己的名義，並且，並沒有費心去隱瞞她是爲邦聯建造的。事實上，在他的談話裏面他告訴我們，他之所以能使亞拉巴馬造成功並開出海去，乃是因爲他沒有故爲隱祕。『我是很懂法律的，並且我有方法差不多完全知道美國公使與英國政府交涉的情形。』(三) 美國駐利物浦領事雖然收集了關於建造『二百九十號』的用意的證據，但是無效；美國公使法郎西斯亞丹姆斯雖然提出了抗議，也是無效。英國政府對於該項法律是主張嚴格解釋的。

亞丹姆斯抗議放走該船

亞丹姆斯最後聘了一個有名的律師柯里爾 (R. P. Collier)，並將美國領事所收集的宣誓陳述書交給他。他便給了一個書面意見，在裏面，他這樣說道：

> 侵犯外國徵募法，好像很難找出比這個更厲害的案子，如果該法這時候不實行，那麼與具文差不多。如果放走這船，便應考慮聯邦政府是否有抗議的嚴厲理由。(四)

政府遲疑之中亞拉巴馬放洋了

柯里爾的意見與他所根據的宣誓陳述書，由亞丹姆斯交了給拉塞爾爵士。拉塞爾又將該項文件，連同海關委員的報告交了給王室的法官。這些文件到了皇后的辯護士 (Queen's Advocate) 的手裏，因為他將成瘋狂，便擱在他私人家裏有五天之久沒有查看。等到大家知道他的情形以後，纔把文件收回來，交與檢察長和副檢察長。他們不久便建議「應由相當機關立即予以捕獲。」這個報告是七月二十九日作的，但是來得太遲了。就是在那天早上，亞拉巴馬放洋了，表面上是去試驗航行的，沒有出港執照，但是她一去便不復返了。(五) 與佛洛利達一樣，亞拉巴馬出去是由一英國艦長管帶的；她的軍備是由第二船運出去的，她的士兵是由第三個船運出去的。這次約會的地方是亞佐爾斯(Azores)。在這裏，不受英國的管轄；船、軍備及人員都會合起來了。但是英國認為亞拉巴馬在離開英國海岸的時候並沒有軍備，故未違犯任何公認的國際法的規則。關於這個意見，大概她是對的。

她為商務驅逐艦的成績　波洛克原希望自已去管帶亞拉巴馬，但是在他快要離開英國的時候，森姆斯大佐(Captain Raphael Semmes)奉着管帶的命令到了。因為波洛克在英法擔任海軍經紀人的職務成績太好，所以政府不讓他去海上任事。亞拉巴馬是專任毀壞商務的，她的艦長差不多把這種活動變成了一種科學。他的活動按期由洋面此處移到別處，因此他對於追擊的逃避，很成功。他繼續破壞的工作有二年之久。在這個時期內，亞拉巴馬航行了七十五萬英里，等於繞行地球三次。她的航行錄大概如下：北大西洋、西印度、墨西哥海灣、巴西海岸、好望角、印度洋、馬拉加海峽(Straits of Malucca)、錫蘭(Ceylon)、亞拉伯海灣（Arabian Gulf）、馬達加斯加（Madagascar）、克普坦（Cape Town）、聖海倫拉（St. Helena）、巴西、英國海峽（English Channel）。(六)她毀掉的船有五十七艘，釋放的也很多。這些釋放的船，有的是因為有中立貨物在船上，有的是因為船上客人不能全體安置，但是都交了賠償證券。(七)亞拉巴馬破壞被捕船隻的確實價值雖然只有六百七十五萬元，但是船主界卻為之大驚，保險率也為之大增，以致美國商務迅速地被驅出海面。

美國的反感　英國政府沒有把亞拉巴馬扣留，因此美國人頗為憤怒，認為是不友善的態度的又一證據。等到美國船隻在海洋上被破壞時，這種反感迅速地變成了全國對於英國的深惡痛恨。還有邦聯的巡洋艦（北方人稱為海盜船，）能在英國殖民地的海港得到友好的招待，在多數的美國人看來，更是英國政府同謀的確鑿證據。國務卿西瓦德只要得到美國商船被毀壞的報告，便訓令亞丹姆斯向英國政府要求賠償。拉塞爾雖然否認對於損失負有任何責任，但是亞丹姆斯只要有事件發生，還是繼續的提出要求。(八)

拉塞爾對於英國政策的辯護　拉塞爾辯稱英國向來誠意努力於履行她的一般國際義務及外國徵募法；她的臣民有賣軍火與雙方的權利，並且所給北方的接濟要比南方的多得多；就戰具而言，很難了解為什麼船要比鎗、礮子彈、火藥、刺刀、刀劍厲害；她的臣民有許多違犯外國徵募法，加入了聯邦軍隊作戰，甚至於戰死；美國曾以獎勵金引誘他們應募，據可靠消息（雖然英國政府沒有證據）聯邦政府並且曾

經派過代表到帝國之內來招募英國的臣民到美國去當兵。(九)

拉塞爾對於亞丹姆斯的牒文的堅持不放以及帶有放肆的性質，最後生氣了。在一八四三年九月十四日的一個牒文裏面他又請美國注意『亞拉巴馬在利物浦並不是當軍艦裝備的。』他說道：

他答覆亞丹姆斯的要求

如果美國政府認爲在外國海港改裝的軍艦，因爲他們原來是在英國海港建造的關係，對於他們所爲的捕獲便要英國政府負責，那麼我就不能不說這種要求完全是與國際法的原則及美國最高法院的判決相反；我最後不能不表示，希望你再不要提出英國政府認爲無法律或正義的根據的要求。(十)

西瓦德爲將來留一個說話地步起見（卽使沒有別的目的，）還是繼續提出要求。

與英國算賬的要求　南北戰爭結束時，在勝利的北方輿論是準備要與英國算賬的，態度不但是不和緩，並且甚至於不合道理。幸而，西瓦德雖然決意催促早日解決，但完全了解這個問題的複雜，非忍耐鎮靜不可。再則，如果要保持和平，還有南北戰爭以前留下來的兩個爭端，須得解決。一個是溫可華島與大陸間的聖疆(San Juan)水界。這個水界在一八四六年的條約裏面沒有具體規定，以後也就沒有解決。爭執的是界線應沿海峽向聖疆島(San Juan Island)之東，抑應沿海向聖疆島之西。(十一)

一八五四年的對於坎拿大互惠條約的不滿　還有一個問題，就是由於美國決定廢止一八五四年的坎拿大互惠與漁業協約 (Canadian Reciprocity and Fisheries Convention)。該約所定十二個月的通知，在一八六五年三月十七日便發給英國了。這個協約是國務卿麥西與埃爾金爵士定的。埃爾金是派來解決美國與坎拿大間關於漁業、商務及航行上的糾紛的。這個條約在牠的有效期內恢復了美國漁夫在一八一八年的條約裏面所放棄的近岸特權。同時，牠給了坎拿大漁夫在緯線三十六度以北的美國大西洋岸的互惠特權。牠又給了美國人民自由航行聖羅倫斯河之權，及為運輸木料自由使用聖約翰河(St. John River)之權。最後互惠的規定，允許了所列舉的美國出產及坎拿大出產(主要的是原料)，不納關稅，互相輸入。(十二)

談判的特別情形　一八五四年，埃爾金爵士到華盛頓的使命，很引起了社交界及政界的騷動。他一來到，麥西便告訴他，沒有希望取得他所提議的條件的批准。他於是進行運動夠數的參議員，並且顯然是成功了。他的祕書阿里芬提 (Laurence Oliphant) 對於他所用的方法，曾經留下一段很有趣味，雖然有點過分的記述。在他的回憶錄裏面，他說道：

> 我們在華盛頓，正當極盛時節。我們的來到給了各種宴會一個新的推動，因此到了條約訂立之後，反對牠的人譏笑牠說是「香檳酒弄成的。」這雖不能完全承認，但是沒有疑問，在一個巧妙的外交家

的手裏面，飲料不是沒有牠的價值的。

他然後引用下面當時所記的日記：

離開法國公使，剛好穿好衣服赴總統的宴。又是參議員、政治、香檳酒、戰事。我寧願談吃軟殼蟹，不願談政治。然後同一部分優秀的參議員，他們在原則上都是反對這個條約的，到邦長某甲那裏去，在那裏我們又喝香檳，講友誼，極力避免這個火急的問題，聽聽好的、壞的及不好不壞的故事，一直到夜深兩點鐘，已經有十二小時不斷的應酬，我們回家睡覺完全筋疲力盡了。(十三)

對該約向不滿意　該約，參議院批准了，但是不久便被人攻擊說是不公平，而且自坎拿大對工業品徵收關稅及南北戰爭開始時美國採取保護關稅後，兩國間的一般商業關係不久也改變了。但是廢止該約的主要動機，好像還是起於對英國的一般仇視。到了一八六五年一月十八日，國會便通過了廢約的十二個月的通知，應該發出。

西瓦德以廢止大湖協定相威脅　因為邦聯派從坎拿大施行襲擊（沒有效果），所以西瓦德也令亞丹姆斯通知英國，謂美國意欲在六個月期滿時，廢止一八一七年解除各大湖(Great Lakes)上武備的拉煦柏谷特協定(Rush-Bagot Agreement)。但是到一八六五年三月，西瓦德鑒於各大湖一帶的形勢已經變更，特令亞丹姆斯撤消這個通知；自此以後，兩國政府認爲這個協定完全有效。(十四)

芬拉運動火上加油　芬拉運動(Fonian Movement)目的在愛爾蘭建立一個獨立的共和國，很得到美國的愛爾蘭人的熱烈援助，他們利用對英國的普遍仇視，來促進他們的目的。一八六五年有好幾個美國城市舉行了芬拉代表大會，並且在紐約舉行的大會，甚至於選舉了一個所謂愛爾蘭共和國的總統。一八六六年六月，有幾千芬拉黨向坎拿大進攻，但是他們被坎拿大的志願兵擊退了。美國政府對於防止的方法雖然不免有所疏忽，但是實行進攻之事一經發生，牠立即採取了有力的行動。有好幾百芬拉黨被捕了，收集的武器被搜了，邊境駐軍加強了，總統並且發表了一個布告，指責這種冒險行動。英國政府由牠駐華盛頓的公使，對於這些辦法的迅速與誠意表示了『最熱誠的感謝』。(十五)同時有許多已經歸化美國的愛爾蘭人回到愛爾蘭去參加芬拉運動，他們被英國政府當做英國臣民對付。人身保護命令停止了，他們之中有許多被監禁起來了。他們向美國申訴，政府便叫亞丹姆斯去交涉。亞丹姆斯很不願意擔任這個事情，他向西瓦德聲說，他的主要的職務在設法使愛爾蘭人不受懲罰，但按多數的案情，他們是很應受懲罰的。到了一八六八年，有一個議定書的訂立，根據這個議定書，英國對於已經歸化美國的英國人，同意承認爲完全的美國人民，並且同意以完全的美國人民看待。因爲這個協定須候英國國會的預備立法，一直到一八七〇年纔成爲條約。英國政府既然願意放棄牠的歷史的永久有效的忠順的要求，美國的威

情自然要好一點，而愛爾蘭的緊張形勢也爲之鬆下來了。西瓦德相信牠可以促進其他爭端的解決。（十六

拉塞爾拒絕將要求付諸公斷 早在一八六三年十月，亞丹姆斯便提議將南北戰爭所引起的要求，交付公斷。那時候沒有答覆；但是兩年後，正在討論這些要求的時候，拉塞爾爵士對於這個提議說，可以用兩個問題去鑑別賠償的要求：

一是，英國政府對於他們所宣布的中立，是否已經誠意予以維持？還有一個問題是，英國法官對於外國徵募法是否已有正確的了解？

他說這兩個問題，爲英國民族的尊嚴計，都不能交給一個外國政府去解答；英國政府是他們自己的榮譽的唯一防護者，英國法官對於英國法律的解釋，一定比任何外國政府爲好。不過他加了下面這麼一個含糊的聲明：

英國政府願意答應設立一個委員會，討論兩國政府同意的，因南北戰爭而起的要求。（十七）

西瓦德對於這個聲明的解釋是：亞拉巴馬要求即在英國政府不願交給這麼一個聯合委員會的要

求之列。沒有疑問，這是拉塞爾的意思。根據這種解釋，西瓦德於是拒絕了這個獻議，但是他令亞丹姆斯去探詢對於拉塞爾牒文這種解釋是否正確。認定是這種解釋之後，他於是要亞丹姆斯用與拉塞爾一樣的含糊語句，說一八六三年所提議的公斷辦法，美國不再提出來了。（十八）

拉塞爾的立場不合理　拉塞爾之拒絕討論亞拉巴馬要求的責任，英國有許多在政界的人認爲是一個錯誤，他們誠意希望除去一切的不滿與惡感，並且相信牽涉到國際法及政策的嚴重問題，就是加以討論，也無損於英國政府的尊嚴或榮譽。

衆議院表決取消中立法　同時美國的輿論日益堅決。一八六六年衆議院全體一致通過一個法案，修改一八一八年的中立法。一八一八年的中立法原來禁止在美國境內有任何船隻的『設備、裝置或武裝，』其用意在用以攻擊一個友國。衆議院的法案把這節取消了，另以一種聲明代替，說中立法或其他任何法律裏面，都沒有禁止美國人出賣在美國境內建造的船隻或汽船與他國居民或任何沒有與美國宣戰的政府的意思。委員會提議修改的主要理由是，美國沒有執行別國所不接受或所不採行的中立原則的義務，並且英國一八一九年的外國徵募法所規定的限制，與美國法律的限制比較是有名無實的。這種話是言過其實的。該項英國法是模倣美國法的，兩項法律的措詞實質上沒有什麼分別，不過美國法的構造比較更來得嚴格罷了。這個修改法案在美國參議院裏面讀過兩次，然後交了給外交委員會，便在那裏擱了起來。（十九）

意在威脅英國　這個法案的用意顯然是對英國示威，除非英國承認美國的損害予以滿意，下次她如果加入戰爭，或許就要遇到在美國建造的敵船，給她的商務的側面攻擊。

斯丹列爵士提議公斷　一八六六年英國政府發生了變動，繼拉塞爾爵士為外交部長的斯丹列爵士(Lord Stanley)比較願意讓步，以解決這個爭端。他訓令英國駐華盛頓公使通知西瓦德，說英國政府雖然仍是不願承認亞拉巴馬要求的責任，但是如果兩國政府能够同意公斷的人及交付公斷之點，他們是願意採行公斷的原則的。至於所謂承認邦聯過早的問題，各國自有權衡決定，因此英國不願交付公斷。西瓦德堅於公斷附有限制，拒絕接受，並且重述他一向所抱的立場：

> 英后一八六一年的宣言，給了叛徒反抗美國權威的交戰權利，這是從需要上或道德權利上看來，都是講不過去的，因此這是錯誤干涉的行為，違反了現存條約的義務，為國際法所不許。(二十)

西瓦德建議召集會議討論一切問題　西瓦德對於英國的行為，不把牠當做普通的金錢賠償題目提出，而把牠當做應向私人要求負責的一個理由。他並且聲稱還有好些其他問題，『隨時可以成為熱烈的爭論的題目』。如果英國政府希望為友善關係下一廣大基礎，他建議以會議的方法來對於一切問題試行『概括的解決』。

約翰生繼亞丹姆斯之任　一八六八年亞丹姆斯辭謝了他擔任了很久並且做得很好的駐英公使

之職。繼他的任的是約翰生(Reverdy Johnson)。約翰生是瑪利蘭人，在參議院內做議員很出名，被公認為美國最有名律師之一。依照西瓦德的訓令，約翰生立即與斯丹列爵士進行交涉，以期解決懸起的差點。在他到了英國三個月之內，他便簽了三個條約：一是關於歸化的問題，一是關於將聖疆水面邊界交付公斷的問題，還有一個是關於將兩國人民彼此相互提出的要求交付公斷的問題。歸化條約，如上所述，經過相當的拖延，兩國政府在一八七〇年批准了。其餘兩個條約卻沒有成立。西瓦德不滿意要求條約，他有幾點不贊成，尤其不贊成以倫敦為公斷庭舉行的地方。(二十一)

約翰生克拉倫頓條約　約翰生接到西瓦德的詳細訓令後，立即與克拉倫頓爵士(他繼斯丹列之任)重新談判，至一八六九年一月十四日便簽了一個新條約。這個條約解決了一八五三年的協定以後所發生的一切要求(一八五三年的協定同樣地解決了許多久懸未決的各種要求。)美國總統與英國皇后各自任命委員二人，由他們再去選定公斷員一人。如果委員意見不能一致，每方提出公斷員一人，再以抽籤方法選定一人。當宣讀此項條約的內容時，並沒有特別提出亞拉巴馬要求。西瓦德並且放棄了根據承認交戰地位過早的國家要求，但是規定須將兩政府間關於任何要求的正式通信提交委員會。這樣一來，對於承認交戰地位問題的理由雖然能够重新檢閱一遍，不過這僅是確立私人要求的一個方法。委員會無權討論私人要求以外的要求。西瓦德無疑急於想在下臺以前解決這個一手辦理的爭端。格蘭特已經當選為總統了，新當局將於三月四日上臺。(二十二)

西瓦德表示歡迎　西瓦德很滿意約翰生克拉倫頓條約，但是不久他便知道批評頗有困難。約翰遜（Andrew Johnson）政府之不孚衆望，西瓦德也受其累。當約翰生被派赴英國時，美國人民不知道英國政府已經改變態度，因此他們誤解他到以後所發表的演說的親善意思。西瓦德寫信給他說，他的演說「剛在黨見鬧得很烈的時候，剌入美國人民的耳鼓。」他加上自己經驗所得的這點智慧說道：

政敵們看見你的交涉完全成功，與他們自己的預料相反，便會對於你要訂立的各個條約來吹毛求疵，說這些條約沒有得到他們可以得到並且應該得到的東西。這是外交上司空見慣的經驗。(二十三)

參議院的否決　這些條約所遭遇的命運，比西瓦德所預料的更壞。當約翰生克拉倫頓條約的條件宣布出來時，便有人攻擊約翰遜總統受了南方的同情者的影響。公衆對於將亞拉巴馬要求交付國際解決，以及沒有把賠償國家損失的要求包括在內，頗為不滿。以抽籤方法來選定公斷員的規定也遭人反對與譏笑。這個條約拖到下任當局，最後一八六九年四月十三日在參議院表決的結果是五十四票對一票之比被否決。

宋納爾的演說　參議院辯論最動人心目的是宋納爾的演說。這篇演說雖然是在行政會議裏面宣讀的，但是根據參議院的命令予以刊布了。這篇演說雖然對於表決的結果很少，或可說是沒有影響（因爲明明白白參議院大多數是反對該約的，）但是在後來的交涉中卻是一個重要的元素。宋納爾恢復了西瓦德已經放棄的國家的要求。他估計直接的損害或個人的損失爲一千五百萬元。

但是這（他說道）沒有算入被驅出海面的商務的鉅大損害，及其他因戰事延長而起的鉅大的無限的損害。所有這些損害，可名之曰國家的損害，以別於個人的損害。

要求賠償損害的數額　對於美國商務間接的損害，據他計算爲一萬萬一千萬元，並且他說這『不過是我們的淸單內的一項。』他聲稱『平定叛亂計用去四千兆元以上；『因爲英國的干涉，亂事延長一倍的時間；英國『公公道道須負這項額外費用的責任。』他又說道：

> 據我的意見，我們第一個責任須使英國知道她給我們的影響爲何如。至於這件事情如何解決，是否多多少少用金錢賠償，土地賠償，道歉或修改國際法，還是問題；但都可以相提併論。(二十四)

宋納爾的演說的意義　宋納爾以外交委員會主席的資格，便這樣要英國（因爲她承認邦聯爲交戰團體的關係）負擔二十億元以上的責任，並示意這種鉅額可以割讓坎拿大抵償。宋納爾演說後，參議院便立即差不多一致否決約翰生克拉倫頓條約，這等於參議院接受了他的意見；並且將該項演說刊布等於向全世界宣示。亞丹姆斯一看見這篇演說及參議院的投票結果便說道：

實際的結果是把我們對於賠償的要求提得這麼高，以致沒有留下交涉的機會，除非英國人已經失掉了他們的精神與性格。(二十五)

布萊特(John Bright)向來是美國在英國最可靠的朋友，他說宋納爾『如果他自己不是笨伯，便是以爲英國民衆及其政治家爲笨伯。』他歸結說，這篇演說是宋納爾爲運動總統而發的。(二十六)

格蘭特對於要求的態度　這時候，格蘭特總統已經任命費煦(Hamilton Fish紐約邦人)繼西瓦德擔任國務卿，費煦與宋納爾是朋友，並且人家也知道格蘭特對於亞拉巴馬問題有強烈的感覺。據傳，他曾經說過他不管英國付不付我們的『小賬』，話中實含有一種威嚇，準備以其他方法來解決這筆賬的意思。宋納爾報告說格蘭特與他的演說的意見，完全一致。這或許是眞的，但是他們兩人的性情大不相同，彼此間很少有密切的個人或政治關係的可能。事實上，對於重要政策見解的差異不久便露出來了。格蘭特是沈着的，寡言的；而宋納爾是性急的，很會說話的，在情緒緊張之下發言是這樣趨於極端，就是他的朋

宋納爾的優勢

友有時也懷疑他的神志淸明。宋納爾在參議院已經十七年，擔任外交委員會的主席也有八年。因爲費煦對於外務比較不熟，宋納爾好像以爲他以參議院外交委員會主席的地位，可以大半指導政府的外交政策。他這種自信，因爲他的朋友莫特烈(John Lothrop Motley)被任爲英國公使，更證實了。莫特烈是他心目中的人，當格蘭特與費煦同意任命他時，宋納爾自然認爲對英交涉他的見解要被採行了。(二十七)

費煦給莫特烈的訓令

到預備莫特烈的訓令時，費煦的久經訓練的腦筋，對於宋納爾的演說的極端立場，不敢採納。他極力推延定稿的時間，但是最後到了一八六九年五月十五日，該稿向總統及國務會議提出了，並且通過了。對於一八六一年五月十三日的英國宣言的問題，訓令如下：

總統承認各國遇着他國發生內亂，而此種內亂已達到充分複雜、廣泛及完成的時候，有權確定牠自己及其人民與內亂各造的關係，而以內亂影響所及他們的權益爲度。

英國當時承認交戰地位的必要與合宜，已經發生爭論，還沒有得到結果。他們的確是有問題的，但是總統認爲那種承認只是問題的一部分，因爲牠表示那種行動的方針的開始與意思，這種行動結果是使美國大受損害。其重要乃在於牠預示了後來的事件。(二十八)

否認宋納爾的演說

這不但是放棄了而且是否認了宋納爾的演說的主要意見。宋納爾在五月十三日』知道訓令的內容，便興奮地跑到國務部次長德威斯(J. C. Bancroft Davis)的家裏去。大叫道：『當局的意思是不是要犧牲我——我，麥塞秋色子來的參議員？』兩天之後，他去見費煦，還是很興奮，並以莫特烈辭職爲要挾。對於這點，費煦答覆說：『讓他辭職好了。我一定調一個比他好的人來擔任他的位置。』這樣一來，宋納爾的態度比較來得合理了。他提議另一辦法以代替上面所引的一段，但是因爲代替的辦法包含了他的演說的極端主義，費煦不肯接受。五月十七日，宋納爾又送了一個草案給費煦，並附了一封信說：

以參議院（外交）委員會的主席，我無論如何不應參加一種放棄或減弱西瓦德、亞丹姆斯及我自己已經說明的我國任何正當要求的陳述。

他並且表示遺憾說，沒有讓莫特烈『自行斟酌情形說話。』（三十九）

莫特烈違反訓令　莫特烈到英國去，腦筋裏已經完全受了關於宣言的傳說及宋納爾的見解的影響（他的被任命爲駐英公使乃出於宋納爾的推薦。）他第一次與克拉倫頓爵士見面，便違背了他的訓令，過分着重該項宣言，認爲牠是『英人使美國人民，私人的與集團的，吃虧受難的根源。』他又聲稱以交戰權利給與叛徒的辦法，『其採行必須顧到假定的嚴重責任。』（三十）華盛頓得到他第一次報告談話

格蘭特盛怒之下召回莫特烈

的信的時候，正是格蘭特總統在那裏考慮承認古巴叛黨的交戰地位的宣言。數星期後，格蘭特旅行到新英格蘭的時候，便簽了這麼一個宣言，送給費煦發表，但是費煦認爲時機未熟，保留未發，以待後命。這個宣言永遠沒有發表出來。莫特烈後來的報告洩露了第一次報告沒有洩露的事實，就是他與克拉倫頓的談話，已經用書面寫成，莫特烈的解釋已經代替了原來的訓令。這使格蘭特生氣得很。莫特烈對英后的宣言的指責，如果得到當局批准，那麼將來發出擬議中的古巴宣言時，西班牙便有採取行動的正當理由。因此，格蘭特告訴費煦要他把莫特烈馬上撤回，但是費煦希望避開與宋納爾公然決裂，勸告總統目前讓莫特烈繼續做去，但是關於亞拉巴馬要求再不要他去交涉，將來關於這個問題的談判在華盛頓進行。(三十一)

約翰羅斯與國務卿費煦晤談　正是莫特烈違反訓令的問題麻煩當局的時候，坎拿大國務員約翰羅斯 (Sir John Rose) 到了華盛頓，晉謁國務卿。他是解決赫德遜灣 (Hudson's Bay) 及普基桑 (Pugot Sound) 等公司對美國的要求的委員會的委員，爲克拉倫頓爵士所信賴之人。他來訪的主要目的之一，便是來探問美國政府對於亞拉巴馬要求問題的態度。他建議派亞基爾公爵 (Duke of Argyll) 及福斯特爾 (Forster) 爲專使來作和平解決。他們兩人在南北戰爭時期是美國的好友。談話的情形後來由副國務卿記下來了。根據這個可靠的權威：

費煦說，時機還沒有到；英國人民因爲條約的否決，及宋納爾的演說，惱極了，而我們的人民又非常相信宋納爾的演說以向英國要求損失的賠償來彌補戰爭的犧牲的意思。他說等兩方心平氣和時，派一個地位很高的人爲專使來說幾句表示遺憾的話便可以打開解決之路；並且他向約翰羅斯略示了一年半以後所採用的解決計畫。(三十二)

格蘭特與宋納爾的決裂　不久又有一個題目牽入漩渦，數月之後，使總統與參議院外交委員會主席間的私人與政治關係，完全決裂。這便是合併山陀多明哥的擬議，也是總統心中所珍愛的計畫。依照總統的要求而交涉的條約於一八七〇年一月十日提交參議院了。在送該項條約與參議院之前，格蘭特與宋納爾曾在後者的家裏有過一次談話，有好些要人在場，離開的時候心中以爲宋納爾對於該約已經同意予以贊助了。其他在場的人所得到的印象也是如此。等到數月後提出這個條約來討論時，宋納爾卻起來領導反對，結果在六月三十日以二十八票對二十八票之比否決了該約(因爲批准須三分之二通過)。次日，格蘭特便請莫特烈辭職。他拒絕，最後被免職了。(三十三)莫特烈的朋友及崇拜者於是創出了一種傳說，說他被格蘭特對宋納爾的私怨所犧牲了。其實，莫特烈之留職乃是爲避免與宋納爾決裂，等到爲另一個問題決裂時，再沒有理由讓他繼續擔任一個除日常職務外沒有事做的位置。多年之後，格蘭特聲稱他多次後悔他沒有堅持原來叫費煦撤回莫特烈的決心。

莫特烈的召回

在一八七〇年十二月五日他的週年咨文裏面，格蘭特對於英國的要求沒有解決，並且兩政府的見解相差太遠，表示遺憾。他建議設一委員會以決定各項要求的數額，並由美國予以償付，以便政府握有對英國一切要求的所有權及監理權。他並且提到合併山陀多明哥的問題，請國會許他任命一個委員會去交涉一個新條約。這個提議給了宋納爾一個向當局大發脾氣的機會。在一篇他名之曰拿伯的葡萄園(Naboth's Vineyard)的演說裏面他攻擊總統措詞很放縱，使格蘭特更加生氣。三個星期之後，關於撤回莫特烈的文件根據總統的命令，送給參議院了。這些文件涉及宋納爾，宋納爾認為是侮辱。在一八七一年一月九日莫特烈文件送給參議院的同一天，約翰羅斯回到了華盛頓，與費煦重開了談判。(三十四)

羅斯與費煦同意談判的基礎　到的那晚，約翰羅斯與費煦同餐，只有其他一個客人德威斯在座。餐後，舉行了第一次會議。約翰羅斯說他奉命聲述，如果美國願意將一切爭執的題目交付一個聯合委員會，他的政府可以派一委員會以地位最高的人物擔任。費煦詢問英國政府是否準備承認亞拉巴馬要求的責任。約翰的答覆是反面的，但是聲稱英國政府願意將責任問題交付公斷。經過長久討論之後，約翰羅斯說英國政府對於亞拉巴馬要求的問題，不能有所動議，但是他以下列的方式提出了一個意思：

……英國政府提議設一委員會，以解決聖疆邊界、漁業及其他坎拿大的問題，在美國方面，只要因船隻的行動所發生的要求在考慮之列，允予同意。

對於這個提議，費煦同意了。(三十五)

費煦與宋納爾商談　在再進之前，費煦認爲宜先與參議院外交委員會主席會商，看看在這擬議的基礎上所交涉的條約，有沒有取得批准的相當希望。鑒於由莫特烈糾葛而起的緊張關係，費煦特找出一個兩方都有交情並且在外交委員會裏面的人，先去探詢宋納爾是否願以禮儀接待他。結果很圓滿，一月十五日，費煦依約前往宋納爾的家裏，將羅斯的提議向他提出。宋納爾說，他不能馬上答覆，但不久當有回答。兩天之後，費煦接到了宋納爾的備忘錄，共有四段，重要的第二段如下：

宋納爾的哀的米敦

> 最大的煩惱，卽使不是危險，也是憂慮與擾亂的不斷根源，這種煩惱乃是起自芬拉運動，而這種芬拉運動又是因爲坎拿大的英國旗的接近被刺激起來的。因此英國旗的取消須作爲現在所提議的解決的一個條件。爲完全解決起見，須從這半球撤退，包括陸地及島嶼。(三十六)

坎拿大獨立問題　持平而論，他的哀的米敦書不像現在來得使人駭異。在羅斯前後來訪問的期間，費煦曾多次與英國公使愛德華桑爾頓(Sir Edward Thornton)討論坎拿大獨立問題。許多英國人認爲殖民地是一種義務，並且桑爾頓聲稱英國願意看見他們獨立，但是他說不能把坎拿大獨立問題與亞拉巴馬要求相提倂論。『獨立就是合倂。他們是一而二，二而一的。』格蘭特總統自己曾向費煦建議由英國作下列讓步爲解決的基礎：

（一）償付因英國的邦聯商業驅逐艦的劫掠而發生的實際損失；（二）兩政府間關於國際法的原則的滿意修改；（三）坎拿大自治地的獨立問題由選民投票表決。（三十七）

費煦決定不顧宋納爾的意見

但是費煦現在放棄了坎拿大問題，決定在英國表示遺憾的基礎上進行談判國際法原則的修改及要求的償付。要達到這樣一個解決，宋納爾現在是主要的障礙。一月二十四日，國務卿費煦與好些民主黨參議員商談及取得他們的援助的保證以後，又與羅斯晤談了一次。在談話中間，他把宋納爾的備忘錄祕密給了他看，並且聲稱如果英國政府願意在已經指出的基礎上派遣委員，那麼便須極力『謀得一個順利的結果，就是與外交委員會主席發生衝突也所不惜。』（三十八）

取消宋納爾的主席地位　英國委員們於一八七一年二月二十二日到達紐約，二十七日聯合委員會便在華盛頓組織起來了。三月四日新國會開幕，數日之後，參議院外交委員會改組，把宋納爾的主席取消了。這種行動總統已經希望了有些時候，但是到一月十七日的哀的米敦書之後纔實際決定。這個哀的米敦書只有少數參議員知道，他們恐怕牠激起愛爾蘭人反對談判的情感，很小心保守祕密。至於宋納爾之反對當局及其向總統的激烈攻擊，則衆所共曉。所以當局一要求取消他的地位時，參議院馬上予以默

認(三十九)

亞拉巴馬要求付公斷

華盛頓條約　解決的途徑現在打開了。華盛頓條約在一八七一年五月八日簽字，到五月二十四日參議院便批准了。代表美國的委員是國務卿費煦斯謙克將軍(General Schenck 繼莫特烈為駐英公使，)大理院法官勒爾孫 (Nolson)，麥塞秋色子法官賀爾 (Judge Hoar) 及阿利干前任參議員威廉 (Williams)。英國的委員是格雷伯爵 (Earl de Grey and Ripon)，洛斯谷特爵士 (Sir Stafford Henry Northcote)，駐美公使桑爾頓爵士坎拿大總理麥克唐拉爵士 (Sir John Alexander Macdonald) 及牛津大學齊薛爾 (Chicelo) 基金國際法教授伯訥德 (Montague Bernard)。鄧特登爵士 (Lord Tenterden) 及德威斯為祕書。談判很不拘形式，精神極好。結果是包括在一個非常長的條約裏面，條文計有四十三條之多。所涉及的題目有漁業；湖、運河及河流的航行；貨物的保稅運輸；聖疆的水界但是這次討論的重要部分卻包括在第一條至第十一條裏面，規定將亞拉巴馬要求交付公斷。公斷庭以五人組成之，依下列方法任命：美國總統任命一人，英國皇后任命一人，意大利君主任命一人，瑞士邦聯總統任命一人，巴西皇帝任命一人。(四十)

這個條約包含英國兩項可注意的讓步。第一是『英國政府覺得，不管在什麼情況之下，亞拉巴馬及其他船隻之逃出英國海口，及這些船隻所行的劫掠，甚為遺憾。』第二是下列三項拘束公斷員的規則的採用：

拘束判給的規則

一個中立政府：——

第一、須用相當的注意，阻止在牠的管轄權內任何船隻的裝製、武裝或設備，只要有相當的理由可以相信該項船隻是意在向一友國巡弋或作戰；並且須用同樣的注意，阻止任何意在向一友國巡弋或作戰的船隻之離開牠的管轄，該項船隻在該管轄權內全部的或部分的特別配合作爲戰爭之用。

第二、不應允許或犧牲任何交戰團體，利用牠的海口或水面爲海軍根據去攻擊其他交戰團體，或利用牠的海口或水面，以補充或增加軍需品或軍械，或招募兵士。

第三、須在牠的海口及水面施行相當的注意，並對於管轄權內一切人等須阻止其違犯上述的義務與責任。(四十二)

英國讓步的解釋　英國同意上列的規則，等於放棄她的立場，判決之不利於她，已經成爲定論了。這種讓步的理由不難找出。在華盛頓條約簽訂以前的十個月，英國是不寧靜的。因爲這正是普、法戰爭的時候。當一八七一年一月約翰羅斯再被遣派到華盛頓時，巴黎正被德意志軍隊包圍，英國對於俾士麥政策的勝利，束手無策，只能作壁上觀。歐洲全個政治系統正在改組，沒有人能看出結果怎樣。如果英國牽入戰爭漩渦，她無疑要受她在美國南北戰爭時代所採取的政策的影響。她的敵人便可在美國海口取得多數的『亞拉巴馬，』美國也要乘機來報復。格蘭特說他不管英國付不付『我們的小賬』的時候，大概便有這個意思在他的腦筋裏面。因此，英國政府決定除去美國不滿意的地方，並對於拘束將來戰爭的規則取得一個諒解。上面所引的三條規則，採取的時候，並附有這麼一項：

締約各造承諾將來彼此之間遵守這些規則，並使其他海權國家注意，請他們加入。

日內瓦公斷庭的組織　一八七一年十二月十五日，公斷員在日內瓦集會，以便組織起來，並交換兩國政府交來的案件及證據。公斷員的姓名，美國派的為法郎西斯亞丹姆斯，英國派的為哥克伯恩（Sir Alexander Cockburn），意大利派的為斯克羅皮司伯爵（Count Sclopis），瑞士派的為斯托普飛里(Jacques Stoempfli)，巴西派的為意大糾巴子爵 (Viscount d'Itajuba)。斯克羅皮司伯爵當選為公斷庭的庭長。德威斯是美國的代理人，鄧特登爵士是英國政府的代理人。美國的代理律師有顧興(Caleb Cushing)、埃瓦子 (William M. Evarts) 及維特(Morrison R. Waite)。英國方面的律師有潘美爾(Sir Roundell Palmer) 及伯訥德教授。在組織好了及交換案件之後，該庭閉會至四月舉行，以便有時間預備對案。根據特別的協定，這些對案由代理人交給公斷庭的祕書，因此公斷庭至一八七二年六月十五日纔舉行。(四十二)

恢復間接損害的要求　這時候，在十二月交換原來的案件以後，發生了一個不幸的爭論，差不多把全個進行破壞。德威斯所預備的美國案由，包括了間接損害的要求。這個事實露出之後，英國報紙上，甚至在英國國會內大起喧噪。交涉華盛頓條約的英國委員個別聲明，他們的諒解是美國放棄了間接的要求。這些要求，美國委員會於三月八日提出，但經英國人表示反對之後，再不提出來了。他們以為這是棄權。再則，雷潘爵士(Lord Ripon)在貴族院聲稱，條約的措詞明白有排拒這些要求的意嚮。為什麼德威斯與費煦(因為美國的主張經過他的審查及批准)現在要把間接的要求包括在裏面，從來沒有圓滿的解答。

德威斯的解釋　德威斯多年以後聲稱宋納爾在他一八六九年四月的演說裏面，堅持『關於中立權利的國際法的不健全的規則』以及莫特烈在與克拉倫頓晤談時之採用，使這個問題有交公斷庭作永遠解決的必要。他添說道：

參議院外交委員會主席所主張因違反該項不健全的法則而起的鉅大賠償要求，如果不廢棄，對於美國將來守中立的時候是有危險的。(四十三)

費煦大概的動機　這是一種跛足的辯解。在費煦的腦筋裏面，政治作用大概較多。他認為如果放棄宋納爾告訴美國人民的，並且使他們相信是他們的正當要求，他們必起反感。總之，美國的主張對於英國政府所取的方針提起了

很長並且嚴厲的控訴，並且把國家所受的損害，間接的要求，以及相因而生的損失，都提出來了。(四十四)

亞丹姆斯建議一個解決辦法

等到快要重開公斷庭的時候，英人是否願意繼續這個案子，很有疑問，但是國務卿費烏放出暗示謂，他的政府願意間接的要求被宣布無效。(四十五)當公斷員於六月在日內瓦重聚時，他們頗爲這個問題所困，因爲英國政府已經明白拒絕允許受理該項間接的要求。亞丹姆斯最後建議了一個解決這個困難的方法，卽是非正式地協定：公斷庭根據適應於這類案件的國際法的原則，他們沒有以金錢爲賠償損害的理由，對於間接的要求，拒絕予以考慮。(四十六)公斷庭然後集會，拒絕受理間接的要求，並進行考慮直接損害的要求。一八七二年九月十四日所爲的判決，判給了美國一千五百萬金元，作爲滿足交付公斷的一切要求。

判給

這個判給，亞丹姆斯及三個中立公斷員都簽字了，獨英國代表哥克伯恩不簽字。不過英國政府倒迅速償付了該項判給。(四十七)

(一) Bullock, Secret Service of the Confederate States in Europe, I 67; 條文見 Fenwick, Neutrality Laws of the United States, appendix, p. 184. 波洛克是喬其亞人，並且是前羅斯福總統 (Theodore Roosevelt) 的長輩。羅斯福在他的自傳裏面（十五頁至十六頁）對於這位 "Uncle Jimme" 會有生動的描寫。

(二) C. F. Adams "The Treaty of Washington", in Lee at Appomatox and Other Papers, 44—45.

(三) Bullock, I, 229.

(四) Dip. Cor. 1862, p. 152.

(五) Moore Dig. of Int. Arbits., I, 678—682.

（六）Sinclair, Two Years on the Alabama, 3—4.

（七）Semmes, Service Afloat, passim.

（八）Dip. Cor., 1863, pp. 16, 29, 38, 58, 371, 421.

（九）Ibid., pp. 39, 104, 424.

（十）Op. cit., p. 431.

（十一）Moore, Dig. of Int. Arbits., I, 196—235.

（十二）(Malloy) Treaties and Conventions, I, 668; C. C. Tansill, The Canadian Reciprocity Treaty of 1854, Johns Hopkins University Studies in Historical and Political Science, XL, No. 2.

（十三）Quoted by Tansill, p. 77.

（十四）Moore, Dig. of Int. Law V, 323.

（十五）Bancroft, Life of Seward, II, 494; Dip. Cor., 1866, I, 245.

（十六）(Malloy) Treaties and Conventions, I, 691; Moore, Int. Arbits., I, 501.

（十七）Dip. Cor., 1865, Part I, 545.

（十八）Ibid., p. 565.

（十九）Fenwick, Neutrality Laws of the United States, 48—51.

（二十）Moore, Int. Arbits., I, 498—499.

（二十一）Op. cit., I, 502—503.

（二十二）Bancroft, Life of Seward, II, 497—500; Adams, "The Treaty of Washington," 92—101.

（二十三）Moore, Int. Arbits., I, 506.

(二十四) Pierce, Memoir and Letters of Charles Sumner, IV, 385—388; Adams, "The Treaty of Washington", 98—103; Rhodes, History of the United States, VI, 337—343; Moore, Int. Arbits., I, 509—512.

(二十五) Adams, "The Treaty of Washington," 103.

(二十六) Rhodes, VI, 341.

(二十七) 要我對於這幕戲的主角的討論，請看 Adams, "The Treaty of Washington", 105—113.

(二十八) J. C. B. Davis, Mr. Fish and the Alabama Claims, 35.

(二十九) Op. cit., pp. 31—34.

(三十) Op. cit., pp. 118—119.

(三十一) Ibid., pp. 125—127; Adams, 117—122.

(三十二) Davis, Mr. Fish and the Alabama Claims, 45—46.

(三十三) Ibid., pp. 49—54.

(三十四) Op. cit., p. 59; Adams, 169—171; Pierce, Memoir and Letters of Charles Sumner, IV, 426 ff.

(三十五) Davis, Mr. Fish and the Alabama Claims, 59—64.

(三十六) Op. cit., pp. 134—137.

(三十七) Adams, 161.

(三十八) Moore, Dig. of Int. Arbits, I, 530.

(三十九) Davis, 139—145; Adams, 166, 180.

(四十) (Malloy) Treaties and Conventions, I, 700.

(四十一) Op. cit., I, 703.

(四十二) Davis, Mr. Fish and the Alabama Claims, 87 ff.

(四十三) Op. cit., p. 106.

(四十四) Adams, "The Treaty of Washington," 188 ff; Moore, Dig, Int. Arbits., I. 560 ff

(四十五) Moore, I, 642.

(四十六) Op. cit., I, 643—646.

(四十七) Ibid., pp. 653—659; (Malloy), Treaties and Conventions, I, 717—722; Papers Relating to the Treaty of Washington, 4 vols., published as Part II of Foreign Relations, 1873.

第十九章　漁業海獺及阿拉斯加邊界

紐芬蘭漁業　在美國外交史上國際爭執遷延最久的，當推紐芬蘭漁業問題。自一七八二年的巴黎談判起，至一九一〇年海牙法庭的判決止，美國人民在英屬北美洲領海內行使的漁業權利，實爲英、美間不斷齟齬的一個原因，有時且幾乎使兩國以兵戎相見。依據一七八三年的條約，美國漁戶獲有在北美洲英屬地濱海捕漁，並在若干荒涼海岸上曬魚的「自由」。(一)當商訂根脫條約時，英國宣稱此項濱海特權已爲這次戰爭所取消，未予繼續，但該問題卻在一八一八年的協定裏面規定了。依據該項協定的規定，此種濱海特權僅限於紐芬蘭、馬格達倫羣島與拉布剌多各地的指定區域，不過特許時期則無限止。(二)依據一八五四年的互惠協定，凡美國人民在一七八三年的條約底下所享受的權利，大多數仍予以恢復，其期限以協定的有效期限爲度。此項協定到了一八六六年被美國國會通過一種法令取消了，於是一切情形仍依據一八一八年的基本協定。(三)

濱海特權有條件的重訂　一八七一年該問題又提交了給當時擬訂華盛頓條約的雙方高等委員。依該約第十八條至二十五條的規定，凡經一八一八年協定所取消的濱海權利，得仍由美國漁戶享受，同時坎拿大漁戶亦得在緯線三十九度以北的美國海岸間享受同樣的特權，美國並准許坎拿大魚及魚油免稅輸入。因爲英方認爲英國給予美人的特權，比美國給予坎拿大的利價值較大，所以雙方議定美國如須另外給付賠償金時，其數額應交公斷委員會決定。公斷委員於是在哈利法克斯（Halifax）集會，並於一八七七年決定在該項捕漁條約有效之十二年內，美國應償付英國五、五〇〇、〇〇〇元。該委員會內的美國委員表示異議，美國政府亦提出抗議，認此項償金爲數過鉅，但最後仍照數給付了。（四）

漁業條款終止　惟美國國會決議終止此項捕漁協定，以免將來再有賠償金的要求。依華盛頓條約的規定，第十八條至二十五條有效期間爲十年，隨後如任何一方提議廢止，須在兩年前發出通告。美總統因此依照國會兩院一八八三年三月三日的聯合決議，通知英政府，該項協定便於一八八五年廢止。（五）爲避免因協定終止而致捕漁期中發生必然的糾紛起見，與克利夫蘭總統（President Cleveland）一同上任的國務卿拜耶德便同意英方暫維現狀的提議，即在雙方指派一共同委員會以重新考慮此問題之前，美國人民得繼續其濱海特權。一八八五年十二月八日，克利夫蘭總統在其常年致國會咨書中建議籌備召集此項委員會，但遭參議院投票否決。於是外交當局便出而談判，以求雙方對於一八一八年協定的解釋能够協同，但亦未能成功。（六）

漁船的捕獲

坎拿大當局遂即開始逮捕美國漁船，稱彼等侵入了一八一八年協定所未開放的領海及海岸。自一八八六年至一八八八年間該項爭端曾達到一種嚴重的危機。一八八八年共和黨與民主黨的激烈競選（競選中愛爾蘭人的投票甚爲重要）同時再有美國巡邏船對於若干英國船隻，認爲違反美國保護阿拉斯加領海內海獺的法律而加以逮捕，使此嚴重危機更趨嚴重。

一八一八年協定解釋上的困難　自一八八六年至一八八八年，雙方政府間文電往來不已，討論一八一八年協定應作如何解釋，方爲適當，其間發生了若干饒有興趣而不易應付的問題。第一、協定中『海灣』一字的意義爲何？該名詞是否僅指海口闊度在六海里以下的海面，抑指全部海面而言？該劃定領海管轄權限的三哩界線應依海岸的曲折而曲折呢，還是依海角至海角間的直線而劃定該界線於三哩以外呢？再有，凡依照該協定訂明的宗旨而駛入不列顛埠頭的美國船隻是否被禁止購取食物供給，或從事於各種營業，而爲其他船隻在一八一八年以來所享有的普通商業特權？（七）

拜耶德張伯倫條約爲參議院否決　一八八七年十一月，英國委員到華盛頓來和美國總統所派的委員商議。屢次會商的結果，拜耶德張伯倫條約(Bayard-Chamborlain Treaty)便於一八八八年二月十五日簽字了，隨即由克利夫蘭總統提請參議院加以通過。這時已迫近總統競選之期，該條約遂成爲政治辯論的題目，而且是參議院有史以來第一次在公開會議上討論的條約。到八月二十一日最後舉行表決時，該條約卒以二七票贊成與三〇票反對而遭否決。因爲該約沒有經過修正的企圖便遭否決，克利夫蘭總統便斷定參議院不贊成他對於該問題的解決方法，於是在兩天以後便致一特別咨文於國會，文中溯述此項交涉的經過情形，並宣稱本人決不放棄美國人民的利權或忽略他們的疾苦。所以他認爲只有一個辦法可行，就是美國應採取報復的計劃，措詞如下：

克利夫蘭總統建議報復

本大總統建議立法機關應即授權行政機關，得以明令停止執行一切，准許美國與坎拿大間貨物和商品之往來轉輸的法律與規章。(八)

但國會並沒有採納此項建議。

英國公使不謹愼的通信　一八八八年十月二十四日，紐約的前鋒報 (Herald) 將一位加里福尼亞人滿吉生 (Chrules F. Murchison) 與英國駐華盛頓公使沙克維爾勳爵 (Lord Sackville) 間在九月初旬之通信揭載報端。滿吉生信中自稱爲新入美籍的英國人民，請英公使指示彼在未來選舉時，應如何投票。沙克維爾答稱渠認克利夫蘭視共和黨候選人哈禮遜 (Harrison) 氏較爲友視英國。這位英公使不知不覺上了一個大當。原來滿吉生是一個假名字，共和黨揭載這個通信的意思是要使反英的愛爾蘭人投票反對克利夫蘭。(九)

發給沙克維爾出國護照

當國務卿拜耶德拿這件事質詢英公使時，該公使宣稱他的答覆乃嚴格屬於祕密性質，原無公佈之意。同時他又向紐約講壇報 (Tribune) 的代表，發表了一個非常不謹愼的談話。這時離大選只有數天，這事件在政治上便非常重要。因此，克利夫蘭便作斷然的處置。十月二十五日，拜耶德便將經過事實電知駐倫敦的美國公使斐爾普斯 (Phelps)，特別重視沙克維爾勳爵在那次談話中，曾評述美總統與參議院在處置關於坎拿大及漁業等問題的動機。斐爾普斯隨將接得的訓令告知英國外部大臣薩里士巴利勳爵(Lord Salisbury)後者表示在未接到沙克維爾的確實言辭和他的解釋以前，不願有所動作。斐爾普斯便將這番談話情形電覆，該海底電報於十月二十八日到達華盛頓，翌日拜耶德便將事件的全部經過詳細情形報告於總統。十月三十日美總統便授命於拜耶德拿出國護照給沙克維爾。

該事件的繼續討論　隨後在斐爾普斯與薩里士巴利的交涉當中，後者表示謂一封因欺詐背信而被揭露的私函，不足為據以要求召回公使的理由。至於與報館記者的談話，他認為比較嚴重，但在沒有得到該項談話記錄與沙克維爾的解釋以前，他拒絕承受美國請將公使召回的要求。交涉的最後階段變成一種很有趣味的討論，即關於要求召回公使與罷免他的區別。薩里士巴利否認美國有權堅請召回沙克維爾，因為這樣一來，無異謂兩國政府均不滿於他的行為了。不過他承認美國政府有權將該公使隨意黜退，因為如此並不含有其本國政府不滿他的行為的意思。(十)

漁業問題提交海牙法庭　上項漁業問題與阿拉斯加邊界爭端及其他事件都提交了給一八九八年夏在魁伯克集會的聯合委員會，但沒有成議而散。最後根據一九〇九年一月二十七日在華盛頓簽訂的特別協定，該問題提交了給海牙法庭，(十一)連同一八八六年至一八八八年交涉中所發生的，以及後來引起的爭執各點都包括在內。其中最重要的一個問題，即坎拿大與紐芬蘭政府，如未經美國同意，是否有權以取消美國漁戶在一八一八年協定下所享受的特權為條件，來勒令他們繳納燈塔或港埠稅捐，或

判決係妥協性質

勒令他們向海關呈報。海牙法庭在一九一〇年九月七日下的判決具有妥協的性質。該判決規定凡海灣

應適用十英里的辦法，意卽謂外國船隻須超過三英里線外四英里的海面纔能捕漁。該法庭復列舉若干難於劃定界線的海灣，並指定劃界線的各海角。該法庭認爲英國或其自治地政府有權規定美國漁戶所享的特權，但此種規定應由雙方專家合組一委員會加以評議。（十二）根據此種判決，該委員會是組織起來了，並且成了一永久機關。自是每有爭執，均隨時解決，不復有懸案的累積了。再者，捕漁在以前雖爲新英格蘭的主要實業，然而近年以來，比較已漸不重要，所以該問題決不致於再在美國外交上釀成軒然大波了。（十三）

白令海交涉　白令海（Berling Sea）交涉事件與東北漁業爭執約在同時釀成危機，但牽涉的問題完全不同，美國政府要對於在三哩界線外的海獺實施其管轄權限。這種要求起於官方對於一八六七年俄國割讓條約的解釋。該條約對於阿拉斯加西境及其屬地劃定界線如下：自白令海峽中心至北極，再自白令海峽經過某某諸島中間向西南方而行『迄至西經一百九十三度之子午線，而將該子午線以東之阿留西安羣島（Aleutian Islands）全部包括在內。』問題是俄國是否意將該線以東的白令海一概讓給美國呢，抑僅僅讓渡那些因爲數過多不容列舉名稱的幾個海島呢？（十四）

俄方主張有獨占治權的管轄　俄國曾經主張對於白令海有獨占的統治權，這事實使那認俄國將白令海一部分讓給美國的解釋，似乎有幾分理由。依據一八二一年發出的一道詔書，俄國曾經宣布對於白令海有獨占的管轄權限，並禁止外國船隻駛入阿留西安羣島一百意大利哩以內或駛近北緯五十一度以北的美洲海岸，英、美兩國對於此項宣言均提出強硬的抗議，並且得到相當的成功。在一八二四年美俄兩國訂立的條約裏面，規定了凡兩國人民在太平洋任何部分捕漁或航行得不受侵擾或限制，同時俄方擔任在緯線五十四度四十分以南，不作任何設備，而在該緯度以北，美國亦同樣擔任不作任何設備。翌年，英、俄兩國也訂立了相同的條約。這些條約都沒有說明白令海是否包括在太平洋這一個名詞裏面。（十五）

國會法令的含糊　依照一八六八年美國國會的法令，阿拉斯加全境制定爲一海關區域，各種海關及航行法律均適用於『該割讓區域之大陸、島嶼及領海。』此項法令又規定『在阿拉斯加區域範圍以內，或其屬海上，』禁止殺害某種有毛皮的動物。因爲這一段文字措詞含糊，後來於是發生了一種嚴重的交涉。（十六）

獺羣的價值　當阿拉斯加讓渡於美國的時候，那裏最貴重的物產係出自常至普里俾羅夫羣島(Pribilov Islands)的海獺。這是世界上已知海獺種內最大的一羣，而且向受俄國法律的保護，得以避免他處海獺所遭無鑒別的，並且趨於滅種的屠殺。阿拉斯加的海獺具有極大的商業價值，這可從下列一點事實來看便知道：即美國得有該地後最初二十年間美政府從普里俾羅夫海獺征稅所得總額超過了阿拉斯加全境的購價。（十七）

海獺的習慣　海獺的生活習慣是很有趣味的。全羣每於五月末日或六月一日冬巡完畢歸來。年長的雄海獺首先蒞臨島上，經過一番大紛擾，並且和年齡較輕的雄海獺們拚命奮鬬，終於把它們趕開以後，便在岸邊安頓下來。於是雌海獺也便蒞臨，覓居在年長的雄海獺保護之下。登岸不久，她們便告生產，各產幼獺一頭。她們每涉水覓食，遠至二百哩，按時歸來照顧她們的幼兒，到了深秋，全羣便離開各島，作一年一度的長期南游。因爲海獺是一種一夫多妻制的動物，所以雄獺雖然每年殺去大批也不致危害種族，不過只有在岸上纔能作選擇的屠殺。海面上捕獺時對於雌雄兩性不免作無鑒別的屠戮，而且還要殺害許多毛皮不很值錢的動物。(十八)

一八六九年的法令　美國國會在一八六九年三月三日和一八七○年七月一日的法令內宣告普里俾羅夫羣島爲政府保留地，除六、七、九、十諸月份外，不得在島上或其鄰近的海洋殺害任何海獺。該項法令又禁止使用火器或其他足以驚散它們的手段。財政部長得將捕獺權利出租二十年，但每年捕獺以十萬頭爲限。該項獨占權利當即出租於阿拉斯加商務公司，常年收費五萬五千元；另外每獲獺皮一領，須繳美金六角二分半。(十九)

遠洋捕獺

在上項租借期間，獺皮價值自一八七○年之二·五元增至一八九○年之三○元。海獺營業獲利既如此之多，便有若干外國人民企圖分肥。他們既然被摒於各該島外，當然只有從事於海面捕獺，獺羣因此便有滅亡的危險。早在一八七二年就有人請財政官吏注意英屬哥倫比亞、夏威夷，甚而遠及澳大利亞都有遠征隊伺候獺羣的南北遷徙，加以中途攔捕，有的竟在阿留西安羣島間的海峽裏截取它們。財政部長布脫威爾（Boutwell）回答說道：

除非那些前往捕獺的隊伍，係在離岸三海里以內從事捕獺，我不以爲美國有權將他們驅逐。(二十)

美國申張獨占的治權　一八八一年，舊金山的徵稅員呈詢財政部長關於美國在白令海的管轄範圍，尤其關於『附屬海洋』及『鄰近的海洋』諸文字的意義。代理財政部長佛蘭其（French）答稱，凡在一八六七年條約內所定水線以東的海洋一概『作爲包括在阿拉斯加所屬海水內。』這是美國有史以來第一次提出『領海』(Mare Clausum)之說，而且揭櫫者是財政部的屬吏顯然未與國務部作任何磋商。此項定義於一八八六年爲克利夫蘭總統任內的財政部長曼林（Manning）所認准，同年八月，

英國捕獺船的違捕與判罪

奉令派往白令海保護海獺的巡邏船谷溫號（Corwin）便逮捕了三艘在離岸六七十哩間從事捕獺的英領哥倫比亞的船隻。各該案件由西特喀（Sitka）的美國法庭法官陶生（Dawson）審理。每船船長及同僚被科拘禁三十天及罰金五百元和三百元；船隻則被判充公發售。其理由爲『被發覺在阿拉斯加境內及其附屬海洋內捕殺海獺，實違反美國修正律例第一九五六節。』(二十一)陶生法官既係根據美國司法部長的意旨行事，美國政府對於認條約界線以東的白令海爲美國絕對轄境的政策，也就不得不加以維持。(二十二)

試爲外交的解決　英國政府一得悉各船被捕的情由，便由英國駐華盛頓公使沙克維爾提出正式抗議。於是這樣便完全成了一個外交問題，克利夫蘭總統便下令在爭執未解決前，對於此等船隻停止任何一切行動。西特喀的美國執行吏認爲該命令『並非眞意』不肯遵從，在一八八七年夏間又逮捕了若干船隻。(二十三)一八八八年夏間未有逮捕事情。同時國務卿拜耶德請英、法、德、日、俄及瑞典與挪威各政府和美國合作，『藉予白令海獺業以較善之保護。』他作此次請求，他說：

……旣未提出任何問題關於美國因上項財產的特別性質而按理本政府可以採取之非常手段，亦未提及爲達到該目的而按理可以享有之任何非常的海上管轄權。(二十四)

坎拿大反對　英、法、日、俄各國都有贊成的答覆，英、俄、美間且已口頭議定一個協約的一般條款，但是到一八八八年五月，此項磋商突被英國徇坎拿大政府之請而停頓了。薩里士巴利很直率的告訴斐爾普斯說，英政府如不得坎拿大同意，不會履行所訂的協約，並謂依合理的預測此項同意是不能取得的。(二十五)

一八八八年秋，衆議院的一個委員會對於白令海問題調查結果提出了一個法案，明白宣稱一八六七年條約界線以東的白令海全部都包括在阿拉斯加的領海以內。該法案經衆議院通過，參院修正，最後

玄妙的話　到一八八九年三月二日成爲法律時，其所取的方式卻變成了一種無意義的決議：

茲特宣告美國修正律例第一千九百五十六款係包括並適用於美國在白令海內的全部統治地。

(二十六)

布棱似是而非的理由　在這個含糊不淸的聲明發表後兩日，哈禮遜政府便接任了，該政府馬上採取了這政策，『遇有疑惑時，寧爲本國利益而犯錯誤。』翌年夏季，白令海內又演了若干逮捕事件，引起坎拿大很深的憤慨。英國政府又提出了一個更加鄭重的抗議。在哈禮遜政府任國務卿的布棱(Blaine)對於該抗議在一八九〇年一月二十二日有一長篇的答覆。他提出兩個理由爲其政府所取的步驟辯護：(一)被捕各船所從事的業務，本身就是不正當(Contra bonos mores)，並且又係『對於美國政府與人民權利上的一種嚴重而永久的損害』；再則(二)海獺業自其最初發現迄至一八六七年，向歸俄羅斯獨占管轄，從未有干預或責問之者；迨一八六七年歸美國後，情形亦同；迄至一八八六年，乃有若干坎拿大船隻申張它們的權利，並『以殘忍的手段毀壞』此項貴重的實業。『試問坎拿大船隻在九十餘年來束手而不敢爲者，乃於一八八六年而爲之，此項權利究從何得來？』他請問英國肯否准許外國船隻從事於錫蘭的珍珠業，該業的活動範圍是遠至海岸線二十哩以外的。他結論謂『海上的法律不是無法的，』決不能用以辯護那種在本身爲不

道德的行動。『英國政府在此事上所取的步驟，倘再踰越一步，則海盜劫掠亦可獲認准矣。』(二十七)

薩里士巴利的答覆　薩里士巴利於一八九〇年五月二十二日答覆，謂當和平時期，任何國家無權在公海上對於一友好國家的私有船隻加以逮捕或搜查，除有海盜嫌疑之船隻以外；又謂就是奴隸貿易，美國政府亦曾經主張過苟無一種特別的國際協定，一國的船隻是不能由另一國家搜查的；又謂在未有國際協定禁止捕殺海獺以前，英政府不能承認捕殺是不正當的；又謂海獺是大家公認的野獸，故在未被捕以前不屬諸任何人，最後他引證英、美兩國對於一八二一年俄皇詔書事件的通訊，以證明俄國所稱在白令海內的獨占管轄從未得到承認；他又開列一長篇曾經從事於捕獺的英國船名，以證明俄、美兩國的捕獺業都不是沒有被人家參預過的。(二十八)

問題的解釋　布棱在答覆時，證明在關於一八二一年俄皇詔書事件的通訊中，白令海並不包括在『太平洋』一名詞內，所以英、美兩國都沒有責問過俄國對於白令海的獨占管轄。薩里士巴利則認定在一八二一至一八二五年間的通訊中，白令海是包括在太平洋這個名詞內的，因此俄羅斯並沒有憑時效取得任何權利，而美國要封禁白令海的企圖是根據着已被打破的『領海』學說。布棱雖然明白否認這種學說，但是美國的地位實在以此為根據，因為布棱的主要辯詞即是說俄羅斯曾憑時限取得白令海上的獨占權利，後已將此項權利與阿拉斯加全境一併割讓於美國。(二十九)

薩里士巴利提議公斷　此項爭執如今既縮小到這一個問題上，薩里士巴利便提議付之公斷，當經美國政府接受。因為捕獺季行將到臨，雙方特於一八九一年六月十五日成立一種協議，在公斷條款未成議以前，應暫維現狀。迄翌年五月止，英國人民不准捕殺海獺，同時美國人也只許捕殺七千五百頭，以維持當地人民生計上所必需。(三十)雙方並且同意委派英、美科學家的考察團體往島上去研究海獺。

法庭的組織　一八九二年二月二十九日公斷條約終於在華盛頓簽字了。計規定公斷員七人：由美國總統任命兩人，英國皇后任命兩人，法蘭西總統任命一人，意大利國王任命一人，瑞典與挪威國王任命一人。美總統任命的是最高法院推事哈蘭(Harlan)和參議員約翰摩爾根(John T. Morgan)，美方的代理人為福斯德(W. Foster)。英、美兩國都有精幹著名的法律顧問：英方有查理羅賓特(Charles Russett)，理查韋白斯特(Richard Webster)和坎拿大的克立斯多佛魯濱孫(Christopher Robinson)；美方有斐爾普斯、詹姆士卡德(James C. Carter)、亨利布羅格德(Henry W. Blodgett)和腓特烈庫特爾脫(Frederic R. Coudert)。一八九三年四月法庭在巴黎開庭，經過有數月之久。提付討論的問題共有五個：

交付公斷的問題

(一)迄至阿拉斯加割讓於美國的時候止，對於現在稱為白令海的海內，俄國究主持和使行有什麼獨占的管轄權，又對於該海內的海獺業，究有什麼獨占的權利？

(二)此項關於海獺業的管轄權的主張，究有若干為英國所承認和容許？

（三）現在稱爲白令海的海洋，是否包括在一八二五年英、俄條約所用『太平洋』這個名詞裏面；又在簽訂該條約後，俄國在白令海內還擁有和獨占地行使些什麼權利？

（四）在一八六七年三月三十日美、俄條約內所定水上界線以東的白令海內，凡關於管轄權以及海獺業的俄國一切權利，是否依該條約而毫無損傷的轉歸美國所有？

（五）對於常至白令海內美屬羣島的海獺，當它們出現在通常三哩的限度以外時，美國有什麼權利，假如有之，是那一種財產權或保護權？（三十一）

俄國公文的僞譯　美方理由的第一部分，當時曾經印就散給法庭各委員和對方的法律顧問，後來被發現係根據俄文的不正確的翻譯本。那個被僱擔任此項工作的俄國人似乎以爲把理由加強了可博美政府的歡心，而得永久被僱爲阿拉斯加的檔案員。幸而在開始口頭辯論前，這個弊端給福斯德發見了，將此項文件立卽收回。（三十二）第（一）與第（二）兩問題的判決，因此不利於美國，而主持異議者只有參議員摩爾根一人。關於第三點，大家一致決定一八二五年條約內『太平洋』這個名詞是包括白令海在內。第四個問題雖經法庭判決俄國一切權利均已轉歸美國，但如今已沒有什麼意義了。在口頭辯論時美方法律顧問對於常至普里俾羅夫羣島的海獺種的保護與財產權利，採取了堅決的立場，其中卡德的辯詞更屬特別出色，對於民法全部旁徵博引的尋出了許多比喻。他討論到家畜的動物和野生的動物，蜜蜂的部落，每年冬季從坎拿大飛至美國的野鵝、鹿、麋、水牛及其他遷徙的動物。美國律師中很少有在一個國際法庭間表現過這樣的辯才的。雖然他們的案件在法律上是軟弱的，可是未嘗沒有若干道德的力量；而他們便充分利用了這種力量，在每一方面他們顯出他們自己是配得上他們的卓越的敵手的。法庭對於提交的各問題採取一種嚴格的法律觀點，對於第五問題，判決

判決與美國不利

……對於常至白令海內美領羣島的海獺，當它們出現在通常三哩的限度以外時，美國沒有任何保護權或財產權。

推事哈蘭和參議員摩爾根對於此項判決，不予同意。(三十三)

公斷員草擬章程　依照公斷協約的條文，如遇判決不利於美國時，該法庭須規定章程，以保護管轄權限以外的海獺。美國在一切法律的問題上既被判決敗訴以後，各公斷員便起草了一份章程，後來由雙方政府執行了。最後還有那個因為逮捕坎拿大獺戶船隻及其他干涉，應賠償英方損失的問題。該問題後來提交給一個特別公斷會，結果判決美國應付給英方四七三、一五一・二六元。(三十四)

不過上項保護海獺的章程證明效力還不充足，於是又派了科學考察團到羣島上去作徹底的研究，但英、美專家間對於獺種迅速衰落的原因抱有不同的意見，英方並且拒絕再加以任何限制。巴黎公斷員

海獺有滅亡的危險

規定的章程既係每五年須修正一次，該問題遂提交了給一八九八年夏在魁伯克開會的聯合高等委員會，但未有成議。在章程有效期滿以後，海獺被坎拿大人屠殺於海上者爲數極多，美國人民則被國會條例禁止從事於海上捕獺。要使獺種不遭滅亡，似乎只有國際協定的一個辦法，而英方聽令決定該問題的坎拿大人對限制又不肯同意。在此種情形下，羅斯福總統在一九〇六年他的常年致國會咨書中，特建議美國應取『可能的最合人道的方式』來消滅獺種，藉此『制止爲現在海上捕獺所附帶的殘暴不仁。』

一九一一年的協定　終於在一九一一年七月七日，大不列顛、俄羅斯、日本和美國在華盛頓簽了一個協定，禁止在太平洋北緯十三度以北，包括白令、堪察加、鄂霍次克和日本諸海內作海上捕獺。凡在美、俄兩國的羣島與海岸上獲得的獺皮，大不列顛與日本應各得百分之十五；凡在日本的羣島與海岸上獲得的獺皮，美國、大不列顛與俄羅斯應各得百分之十。此項協定應繼續有效十五年，以後如一方或一方以上在十二個月前通知，得予以廢止。(三十五)

阿拉斯加邊疆爭執　阿拉斯加的邊疆爭執既可以視爲使漁業及海獺業交涉的最後諸階段愈趨嚴重的原因，又可以算是這些交涉所釀成的惡感的產物。不過這項邊疆爭執的直接原因，是一八九七年克郎帶克(Klondike)地方金礦的發現。到金礦去的最短最捷的路，是經過阿拉斯加的南方一隅，取道林尼運河(Lynn Canal)頭上的帶義(Dyea)和斯喀威(Skagway)二處。這時候，這帶邊境地方和英屬哥倫比亞的界線從沒有測量過。這問題曾由格蘭特總統及繼任各總統提請國會的注意，但大半以那地方崎嶇荒涼，測量的費用關係，而被雙方政府無期的延宕了下來。如今因為採金人紛紛到克郎帶克去的緣故，於是決定邊界的問題遂具有預料不到的重要。

邊界含混不定　美國於一八六七年取得阿拉斯加，其疆界即係一八二五年英、俄條約所議定的。該條約的文字在好幾點上並不確定。界線的第一部分係自位置在緯線五十四度四十分的愛德華親王島(Prince Edward Island)的最南一角起，以至波特蘭海峽(Portland Channel)口，然後溯該峽而上迄於北緯五十六度。這樣一來，在波特蘭海峽口的若干島嶼的主權就發生了問題，同時再有一層困難，就是波特蘭海峽北部並不展至北緯五十六度。但主要的困難，卻在對於自上述最南一角起展延至西經一百四十一度〔約即聖伊來亞峯(Mount St. Elias)〕的那一派山脈的如何決定。條約上的界線是要依這條山脈的頂尖而行，除遇到山頂距離海洋逾十海里以上時，則該線應沿海岸之曲折而曲折，概不得距離海岸至十海里以上。(三十六)

一八二五年談判者的原意

事實上並沒有適合條約文中所稱與海岸平行的那種顯著的山脈，雖然在一八二五年前出版的溫可華地圖及其他地圖上是明顯地標出着這樣一派山脈的。(三十七)一八二五年締約者的意思是要排拒英國於緯線五十四度四十分以北的深海洋。當時的通訊中表明英方締約者企圖得到一個出口而未能成功。可是在克郎帶克發現金礦以後，坎拿大人便把他們的前防推進到林尼運河，並稱帶義和斯喀威為己有。在關稅的徵收上便因主權的衝突而有發生嚴重的交涉之虞，於是該項邊界問題便交了給聯合高等委員會，該會為了要對於商業互惠與漁業問題擬定一種協定，特於一八九八年在魁伯克舉行會議。該委員會不僅未能得到一種協定，坎拿大人反而在會議上第一次對於一八二五年條約的意義，提出了一種全然新穎的理論。他們辯稱十海里的距離應依海岸的普通線而不應依潮水來時測量。這種解釋將使該界線超越海口與海峽之端，使坎拿大人得以接近深洋。(三十八)

坎拿大提出一種新解釋

一八九九年的暫維現狀　一八九九年十月國務卿赫(Hay)氏同意暫維現狀，因此有幾個向來被認為屬於美國管轄的地點，暫時便歸了坎拿大人的掌握。雖然雙方議定在爭執提交公斷以前，這個臨時界線『並不損害任何一方的要求，』但是頗有人批評赫氏不該作這種臨時的讓步，因為這使美方向來確立不容懷疑的權利被破壞了。事實上，數十年來不列顛與坎拿大政府發行的官用地圖也證實了美方的權利。(三十九)

羅斯福同意於有限制的公斷　當羅斯福就任為總統時，他不願將該問題提交給普通形式的混合法庭。由一外界的裁判來決定一切異議之點。凡是他所認為美國領土的，無論怎樣遼遠和無價值，若要叫他斷送一尺一寸，他寧可訴之戰爭。他最後同意了一種公斷方式，在坎拿大不會有所獲得，在美國也不會有何損失。依據一九〇三年一月二十四日簽訂的協定，此項爭執交了一個混合委員會，內計美國國民三人及英國國民三人。美方委員為陸軍部長魯特 (Elihu Root)，麥塞秋色子省的參議員洛治 (Henry Cabot Lodge) 及華盛頓省的前參議員突納爾 (Turner)，英方委員為英格蘭大理院長阿爾佛斯登勳爵（Lord Alverstone 以前的理查韋白斯特爵士），魁伯克省的副省長葉脫爵士（Louis Jette）和托倫多（Toronto）的亞爾茲華綏（Allen B. Aylesworth）。該法庭內三位美國委員和兩位坎拿大委員的地位既然是沒有什麼疑問的，這件案子實在只在阿爾佛斯登一人身上。假如他決定維護美方的要求，交涉就可告一結束。假使他維持坎拿大的觀點，那麼雙方人數相等，美國只有以武力來達到它的要求。

阿爾佛登的困難地位

委員會於一九〇三年九月在倫敦開會，以四票對二票決定了一切重要之點，於美方有利；而反對的二票就是坎拿大委員投的。決議認定一八二五年條約的宗旨是要使英國不得接近潮水。(四十) 此項判決在坎拿大人是一大失望，他們有的覺得阿爾佛斯登犧牲了他們的利益，去遷就英方維持對美友好關係的政策。有的批評者甚至說阿爾佛斯登在接受委員一職時，即有默契要作利於美國的決定的。這一點他在那時候和後來又在他的自傳裏憤然否認過。關於這事，摩爾說道：

判決的批評

實際上，坎拿大對於阿拉斯加邊界的爭執是完全缺乏理由的，正像美國在海獺公斷中的爭點一樣，其所以能聳動者，大半因為執政當局想提出來試試運氣而已。(四十一)

(一) Ante, Chap. II.

(二) Ante, Chap. VII.

(三) Ante, Chap. XVIII.

(四) Moore, Int. Arbits., I,725—753.

(五) Moore, Dig. of Int. Law, I, 808.

(六) Op. cit., I, 809.

(七) Ibid., pp. 810—866.

(八) Richardson, Messages and Papers of the Presidents, VIII, 620.

(九) 沙克維爾信的原文見 For. Rels., 1888, Part 2, pp. 1667—1668.

(十) Op. cit., pp. 1669—1718.

(十一) American Journal of Int. Law, IV, 948—954.

(十二) Op. cit., pp. 954—1000.

(十三) 同書卷五，第一至第三一頁，內有藍辛(Lansing)對爭執及判決的評議。

(十四) (Malloy) Treaties and Conventions. II,1521.

(十五) Moore, Dig. of Int. Law, I, 890—892.

(十六) Moore, Int. Arbits., I, 763.

(十七) J. Stanley Brown, "The Bering Sea Controversy from an Economic Standpoint," in the Yale Review, II, 196; Foster, Diplomatic Memoirs, II, 22.『從經濟立場來看白令海交涉，』載於雅魯評論卷二，第一九六頁；福斯德 (Foster) 外交回想錄卷二，第二十二頁。

(十八) J. B. Henderson, Jr., American Diplomatic Questions, 10—12.

（十九）Moore, Int. Arbits., I, 764—767.

（二十）Moore, Dig. of Int. Law, I, 894.

（二十一）Op. cit., I, 895—896.

（二十二）Henderson, 18.

（二十三）Moore, Int. Arbits., I, 775.

（二十四）Moore, Dig. of Int. Law, I, 896,

（二十五）Ibid., p. 897.

（二十六）Moore, Int. Arbits., I, 766.

（二十七）For. Rel., 1890, pp. 366—370.

（二十八）Op. cit., pp. 419—424.

（二十九）Ibid., pp. 437—448, 456—465.

（三十）For. Rel., 1891, pp. 552—570.

（三十一）(Malloy) Treaties and Conventions, I, 748—749.

（三十二）Foster, Diplomatic Memoirs, II, 40—41.

（三十三）Moore, Int. Arbits., I, 914—922.

（三十四）For. Rel., 1898, pp. 371—373.

（三十五）Treaties and Conventions, III, 2966.

（三十六）Moore, Dig. of Int. Law. I, 463.

（三十七）阿拉斯加邊界法庭關於美國正反兩面所用地圖及圖表第四號及第五號。

（三十八）Op. cit., No. 27. Foster, "Alaskan Boundary" in Nat. Geog. Mag. November, '899, p. 453.

（三十九）United States Atlas, No. 28. 集有得自英方的地圖八幀，顯見坎拿大邊界自一八八四年至一八九八年逐漸進展之事實。

（四十）Alaskan Boundary Tribunal, Proceedings, I, 29—32; For. Rel., 1903, pp. 543—545.

（四十一）Principles of American Diplomacy, 320.

第五部　加勒比与太平洋上的發展

第二十章　門羅主義的重申

克利夫蘭對於門羅主義的勇敢的主張　自從那次布棱企圖逼迫英國放棄她在克萊頓布爾威爾條約的權利未能成功以還，門羅主義的聲名便有一點掃地。迨一八九五年，因爲克利夫蘭總統出而干涉委內瑞拉的邊疆事件，該主義忽然又轟動起來了。按英國和委內瑞拉關於英屬幾內亞(British Guiana)與委內瑞拉間界線的爭執，經過悠久的時間。遠在一八一四年，英國根據與荷蘭所訂的條約，取得了『德墨拉拉(Demerara)、厄塞基博(Essequibo)與柏俾斯(Berbice)諸殖民地，』亦即現在的英屬幾內亞。自那年起，英屬幾內亞和委內瑞拉的界線便成了一樁爭執。委內瑞拉始終堅持着要拿厄塞基博河爲界。

一八四〇年英國熊柏克(Robert Schomburgk)依據本國政府的訓令行事，劃定界線在厄塞基博河西一帶，並且建立了界石做標誌。委內瑞拉當即提出抗議。英國政府聲明該界線爲試行性質，隨將熊柏克所立的界石拆除了。

英國對於委內瑞拉的侵略　自後英國一次復一次的又劃了好幾條界線，每次都把英屬幾內亞的疆界向西面推進不已。英政府出版的英國殖民部表冊在一八八五年發行的一期內載稱英屬幾內亞面積約爲七六、〇〇〇方英里。在一八八六年的一期內，卻把英屬幾內亞的面積改爲『約一〇九、〇〇〇方英里。』其間驟增三三、〇〇〇方英里，但對於所增面積的來由卻一點也沒有說明。

英方拒絕公斷　委內瑞拉屢次設法與英國調整該界線，但均無成功，到了一八八二年，她終於認定她唯一的辦法，就是將事件付之公斷。她不斷地請求公斷，可是英國只肯將爭執中較小的一部分土地提交公斷。一八八七年委內瑞拉便與英國斷絕邦交。抗議『於英后陛下政府，於一切文明國家，於全世界之前，大不列顛政府危害委內瑞拉的此種劫奪行爲，無論何時何由，委國均不認爲足以絲毫改變彼承繼西班牙所得的權益，且委國始終願將此事交諸第三國判決。』

克利夫蘭決定干涉　經過了屢次設法要使委內瑞拉與英國恢復邦交，並且屢次表示願爲調整該事件起見出而調停，均告無效以後，克利夫蘭總統最後決定以比較強硬的態度出而干涉，務使該項爭執獲一解決。美總統當將此項決意，和他對於爭執所牽涉的一般原則所抱見解的一份詳細說明書交與國務卿拜耶德，而由奧爾尼公使(Olney)在一八九五年七月二十日的牒文內送達英政府。(二)奧爾尼對於該項交涉經過作一番敍述以後，便綜論該事件在當時情形下具有的重要形態如下：

奧爾尼一八九五年七月二十日的牒文

(一)英國爲一方，南美共和國委內瑞拉爲另一方，對於界限不明但公認面積很廣的疆域發生主權上的爭執。

(二)兩造勢力強弱懸殊，因此委內瑞拉惟有希望以和平方法確立其要求——卽直接商諸對方，或以公斷方式對該問題取得一種協定。

(三)此項交涉歷時已逾半世紀，其間英國方面曾提出屢次不同的要求，而委內瑞拉則曾作多次誠摯與一貫的努力，以求議訂一條界線，但均告無效。

(四)締訂一協定界線的企圖既告失敗，委內瑞拉在近二十五年以來，於是竭力要求公斷。

(五)但英國始終拒絕公斷，除非委內瑞拉依其條件允將所要求者放棄一大部分，而以爭議中的一大片土地讓與英國。

(六)美政府曾屢徇委內瑞拉的請求，出而調停，始終督促兩國恢復外交關係，力主將爭執邊界付之公斷，並願以公斷員自任；又每當得悉英方對委內瑞拉領土有新的侵略事實時，無不表示嚴重的顧慮；凡此種種，美政府已向英國及世界各國明白表示，此項交涉關係美國的榮譽及利益，美國不能漠然坐視其遷延不決。

奧爾尼對於門羅主義的解釋　牒文中大半是討論門羅主義對於該案的關係，而其最顯著的特點，便是她正式訴諸門羅主義之名。奧爾尼對於門羅主義的申述，實爲從來發表於世的最完備亦最確定的對於其意義及範圍的官方解釋，所以值得我們悉心探討。他說道：

按美洲全部概不開放於殖民之議，在揭櫫之初雖未蒙世界公認，亦已通行久矣。故我們現欲討論者僅屬門羅主義之另一實際引用，歐洲國家中凡有蔑視之者，對於美國即係不友善的行爲，該主義的範圍與限度確實如何，無妨再加說明。該主義並不使美國對於其他美洲國家，成立任何一般的保護權。該主義並不解除任何美洲國家在國際法上規定的義務，亦不阻止任何直接有關的歐洲國家，實施此項義務或對破壞義務者施以應得的懲戒。該主義並不欲干涉任何美洲國家的內政或該國家與其他美洲國家間的邦交。該主義並不容許美國作任何企圖，以更改任何美洲國家的現存政體，亦不阻止該國人民，秉其自由的意志，將該政體加以改變。該主義僅有一個單獨的宗旨，即任何歐洲國家或歐洲國家之聯合，概不得剝奪任何美洲國家之自治與自決權利是也。

薩里士巴利的答覆　薩里士巴利的答覆計分兩份，同於一八九五年十一月二十六日送交奧爾尼，一份專事討論門羅主義，其他一份專事討論英國與委內瑞拉間爭執的是非問題。在第一份通牒內，薩里士巴利辯稱奧爾尼的見解已遠越出門羅主義的範圍，略謂英國既無殖民的企圖，南美任何國家亦未被迫接受任何政治制度。他並且謂門羅主義既未得他國的同意，不能認爲國際法的一部分。他又完全駁斥奧爾尼所謂『美洲問題應由美洲決定』的原則。

在那同日送達的第二份通牒內，薩里士巴利詳細論列英國與委內瑞拉間爭執的是非問題，答辯奧爾尼牒文前部的議論，指爲偏頗不公。

克利夫蘭將問題提交國會　就奧爾尼通牒的十分強硬性質及其說詞所謂關係美國的榮譽及利益而言，英國之拒絕公斷自然使兩國國交陷於甚爲緊張的地位。美總統既已爲解决此項爭執起見出而干涉，可能時以和平方式，必要則以武力，克利夫蘭如今並不迴避事變的趨向。在一八九五年十二月十七日致國會咨書中，（二）克利夫蘭將奧爾尼七月二十日的牒文與薩里士巴利的答覆一併提出了給國會。他不僅證實門羅主義的恰當，及其對此項爭執的適用，並且聲稱該項美國外交原則在國際法典內有其地位。

門羅主義的關鍵

關於門羅主義之適用於委內瑞拉疆界爭執，克利夫蘭總統宣告如下：

假使一個歐洲國家，將牠的疆界展開，因而對於我們比鄰的一個共和國，違背了牠的意志，損害了牠的權利，將牠的領土佔有了，這就很難斷定該歐洲國家不會就此把牠的政治制度，推廣到牠所佔取的那塊美洲土地上來。這種行動正是門羅總統宣稱爲『危害我們和平與安全』的，至於歐洲制度是用進展邊界或用其他方式來推廣，那是沒有什麼分別的。

關於美國有權要求其他國家遵守門羅主義的一點，克利夫蘭說道：

我們所主持的這個原則，實際上對於美國卽使沒有獨有的關係，也有特殊的關係。牠雖不見得可以一字不遺的載入國際法典中間，但在國際會議上每個國家既得享受其分內的權利，假使門羅主義的執行是我們可以依理要求的，那麼牠在國際法典內也就確實有其地位，與特別載明者無異；而且當美國上訴於執司國際法的最高法庭時，所待決定的問題便在於該法典的司法官能否看出我們的要求是正確合法的。國際公法中有若干原則，依據的理論卽謂每個國家的權利應予保護，其合法要求應予實現，門羅主義便是得到那些原則承認的。

牠與國際法的關係

請求國會授權委派一邊界委員會　克利夫蘭總統結論謂此項爭執現在達到的階段，使美國理應採取適當步驟，以決定委內瑞拉與英屬幾內亞間的正確界線，務求其充分確實。因此他請國會撥定一個委員會的費用，委員人選由總統委派，該會應作必要的調查，並在最短期內報告。他繼續說道，『此項報告一經提出及接受後，如英國對於我方調查後所認爲應屬於委內瑞拉的領土，任何部分有據爲己有，或在其內有實施行政權限等情，本大總統認爲美國責任攸歸，當視之爲對於美國權利的一種故意侵犯，而盡力加以抵抗。』他又說道，『在提出此等建議時，本大總統完全明瞭所負的責任，並且深切認識一切可能發生的後果。」

這個咨文連同各項通牒發表以後，在英、美兩國引起了極大的震動，對於美總統的辦法，發生了極嚴厲的批評。

對於克利夫蘭與奧爾尼的批評　批評的主要根據如下：

（一）門羅主義不是國際法的一部分，所以不能勉強其他國家遵守。

（二）門羅主義也不是美國外交上的既定原則，因爲原來的宣言僅係對於當時企圖侵略的若干歐洲國家的結合所提出之一種抗議而已，如今此等國家已不復爲美洲的威脅了。

（三）卽使門羅主義是美國政策的一種宣言，這也不過是一種政策而已，除美國利益直接有關的地方以外，牠並沒有規定美政府有予以執行的義務。

（四）英國佔據了數千英畝曠無人居的土地，卽使是理應屬於委內瑞拉的，這件事對於美國的利益，並沒有什麼影響，也不威脅美洲制度的永存或穩固。

（五）卽使美總統所取的地位算得是聰明正確的，但是他那個咨文和奧爾尼的通牒中用的文字，說得最好些也是不謹愼而且大可不必的傷英國的感情。

這裏不妨把這些批評加以詳細的考慮。

他們的地位被人誤解　關於第一點，可說克利夫蘭總統和奧爾尼都沒有斷言或聲稱門羅主義因門羅總統及繼任各總統主持之故，即成爲國際法的一部分。他們兩人的主張是：門羅主義不過是美國對於國際法上一項公認的原則的一種說明而已。此項原則的意義是在兩國發生爭執時，其他一國如認爲其自身利益受到威脅，有出而干涉的權利。克利夫蘭說得很明白：『國際公法中有若干原則，依據的理論即謂每個國家的權利應予保護，其合法要求應予實現，門羅主義便是得到那些原則承認的。』奧爾尼對於該主義的分析來得還要明白確定。他說道：『按一個國家對於其他兩個或兩個以上的國家直接發生的交涉，在若干情形底下，公公道道可以出而干涉，那是國際法上公認的一項定則。』他對於干涉的一般原則作一番討論之後，加添說道：『不過我們現在所關心的倒不是一般的原則，而是該原則的一種顯然爲美洲所特具的形式。』(三)

門羅主義乃一健全的政策　要答覆第二種反對的理由，只須參閱關於公法的通行著述和國務部的官方通訊，便可知道門羅主義爲美國外交的主要原則者，已有一世紀的四分之三之久了。(四)

第三點關於美國對歐洲在新大陸上的任何侵略，一概要執行門羅主義，這是否得計的一點，卻提出了一個重要問題。如果門羅主義是一個賢明的原則，爲美國利益上所當維持者，那麼每遇到牠被違犯時，就應加以維護。處於國際法的現在情形下，先例的勢力非常之大，苟不堅持，則貽患滋多。

說到第四點，英國實行佔領發生爭執的區域在該事件的本身上固然絕對不致危害美國的和平與完整，然而從其公然違犯我們歷來那樣重視的一個原則說來，我們為榮譽與尊嚴計，殊不能加以忽視。

空泛和粉飾的文字　至於奧爾尼通牒和克利夫蘭咨文中的語氣問題，可說美國所取的地位在大體上雖然是正確的，但是措詞在有些地方確是不幸，不是失之空泛，即是失之籠統。例如奧爾尼文中所謂『三千英里重洋的遠隔，使一歐洲國家與一美洲國家要有永久的政治結合既不自然，亦不相宜。』無論他的本意云何，就英國與坎拿大的關係而言，實係一種直接的威脅和故意的開罪人家。同樣的，克利夫蘭所謂『執司國際法的最高法庭，』這個用在國家公文上也太修辭化了。

結果美滿　有人說克利夫蘭總統和奧爾尼存心要虛張聲勢，以威嚇英國政府。無論如何，一種外交行動的當否要看牠的成敗如何，而從這一點來判斷，那麼克利夫蘭總統的委內瑞拉政策是有美滿的效果的。英國政府立刻採取最友善的態度，並以其檔案內的貴重資料提供於克利夫蘭所派的各委員，以便決定正確的界線。在一八九六年十一月十二日，這時委員會尚未草就最後報告，英、美兩國卻已達到完全的諒解，議定了一種應由英國和委內瑞拉核准的條約，其中規定將全部交涉完全付之公斷。

薩里士巴利的突變

薩里士巴利態度的突變會引起不少有趣的推測。南菲洲的局面究竟給他多少影響，是從來沒有人知道過，但影響無疑是有的。克利夫蘭總統的咨文是十二月十七日送給國會的。在該月月底以前便傳來了哲麥孫博士(Doctor Jameson) 襲擊托蘭斯瓦爾 (Transvaal) 的消息，並且一月三日德皇又拍發了他那個有名的電報給保羅克魯革(Paul Kruger)。英國的注意因此便從美利堅轉到了德意志，薩里士巴利無疑地認爲要放手對付南菲的局面，自宜避免與美國發生決裂。

問題提交公斷　英、委條約內規定應卽派定公斷法庭，以處決委內瑞拉與英屬幾內亞間的正確界線。該公斷法庭應由美國最高法院推事任命委員二人，英國大理院任命二人，再有第五名委員則由以上四人推選，或遇彼等在任命後三個月內意見不能一致時，則由瑞典與挪威國國王選定之。該當選之委員應爲法庭的主席。條約內並且明白規定，凡英、美兩國最高法院內的人員得被任命爲公斷委員。此外又規定了若干普通規則，俾該法庭有所遵循。(五)

美國外交的勝利　一個包含上述各項建議的條約，於一八九七年二月二日，由英國與委內瑞拉的代表在華盛頓簽字了。公斷法庭在巴黎開會，決議將爭執的區域的一大部分斷與英國，因此又引起人們批評克利夫蘭此舉爲小題大做，爲了一件所謂『專門的問題』使英、美兩國幾乎以干戈相見。此項判決實在是次要的。因爲英國一同意公斷，美國所主張的原則便得到勝利了。美國外交恰好在這個時候逼迫英國在事實上，假如不在文字上，承認了門羅主義，實在是一個大勝利，因爲不久之後，德國也表示要來試試此項美國政策的原則，而我們既一度對英堅持成功，那麼對付德國便比較容易了。

一九〇二年的委內瑞拉事件　在一九〇二年，歐、美第二次注意到委內瑞拉，這時德國做了一番小心計劃的和堅決的努力，來試驗門羅主義，看我們是否準備爲牠而戰。那一年，德國、英國和意大利對委內瑞拉舉行了一次海軍示威目的是在逼迫她承認她曾經屢次拒絕的各該國人民某項債務的合法。英國怎麽會上這個當至今還是一個謎但德皇以爲他一旦把英國釣上了鈎，她就脫不了他的手。這可錯了，他分明沒有從四十年前在極相類似的情形下，拿破崙三世在墨西哥得來的經驗處學着乖。

德國要求的起源　就德國而言，雖然事實不大淸楚，這次干涉的眞目的，乃是在討收德國人民與委內瑞拉政府間從契約上發生的債款。其中有一項是要收回五釐證券七年未付的利息，那證券是有委內瑞拉海關作擔保的。還有一項是要收回委內瑞拉政府擔保的一條鐵路的資本額上的七釐股利，這條鐵路是德國人民費了近二千萬元建築的。此外尙有他種債務約四十萬元，是屬於強迫借款和軍事徵發的。

（六）

國務部得悉德方要求　此項債務由德國大使於一九〇一年十二月十一日，提出請美國政府注意。他們在國際法上的模棱的性質使德國要對美國明白直認她的意向，並且要使該國政府容忍她的行動。德大使宣稱德國政府『並沒有要在南美大陸或其毗連的羣島上取得絲毫土地的宗旨或意向。』這一步的採取是預防美國隨後出來主張門羅主義的。末了德大使說明他的政府已經決定『請委內瑞拉政府立卽發一宣言，說明在原則上承認此項要求的正確，並願接受一混合委員會的決議，俾此項要求悉數可得決定與保證。』同時英國政府亦要求對於最近內戰中英國被毀損的產業及英國人民所受的虐待與拘禁等項，應予以解決，同時外債亦須予以淸算。

國務卿赫氏的答覆　一九〇一年十二月十六日赫氏答覆德國牒文，對於德政府自動而坦白的聲明表示謝意，並稱他認為無需討論德方此項要求；但是他請德方注意羅斯福總統一九〇一年十二月三日咨文中述及門羅主義的一點：

> 該主義與任何美洲國家的商業關係是毫不相干的，除了在實際上牠准許每個國家得隨意發生這種關係以外，換言之，牠實在是對於南、北美洲商業獨立的一種擔保。我們並不依據這個主義而要求與任何其他美洲國家有任何獨占的商業來往。我們並不擔保任何行為失檢的國家可不受懲罰，但那種懲罰，不得由任何非美洲國家，採用土地略取的方式。

德英意決定封鎖委內瑞拉　一年後，經過毫無結果的磋商，德國政府向美國宣稱牠擬會同英國與意大利，對委內瑞拉港埠實行一種和平的封鎖。美國答稱牠不承認和平封鎖為一種合法的舉動，因為第三者的權利將蒙受不良的影響。各國於是提議一種『交戰的封鎖，』但『不作任何戰爭的宣告。』這個辦法的採取是根據德國政府的建議，因為牠要避免一個正式的宣戰，那沒有國會的同意是不行的。同時，委內瑞拉的礮船被擄了，港埠被封鎖了，這些行為巴爾福（Balfour）在英國下議院裏承認是造成一種交戰狀態的，在十二月二十日，德、英、意便遵照國際法宣布了正式的封鎖，這樣於是造成了一種交戰的局

面。(七)

美國的外交干涉　這樣開始的戰事,因爲美國出來作外交的干涉,告一結束。美國駐委公使波文(Herbert W. Bowen)遵照華盛頓來的訓令勸告委內瑞拉成功在原則上承認各國的債務要求,並允將這些要求提交混合委員會去決定債款數額。(八)英國和意大利對於這個辦法是同意的,但德皇一時不肯罷休。德國拒絕公斷後的經過事實,載在戴耶(Thayer)所著的約翰赫的生平及書札,茲轉錄如下:

羅斯福與何爾本的會談

一天,在危機極緊張的時候,他(羅斯福總統)把德國大使何爾本(Dr. Holleben)召至白宮,告訴他說除非德國允許公斷則已,否則美國政府將於十日後正午命令杜威上將(Admiral Dewey)統率的美國艦隊,開赴委內瑞拉海岸,去制止對於委國領土的任何佔取。何爾本博士開始抗議謂德皇前次既已拒絕公斷,不能改變他的態度。總統說他不預備作何辯論,因爲要講的話已經講完,如今再加複述也是沒用;他不過告訴德大使此項消息,在後者也許認爲有轉達柏林的重要。一星期靜寂地過去了。何爾本又往覲見總統,但絕口不言委內瑞拉的事件,當他起立欲行的時候,總統問起他這事,他說明並未接到他政府任何通知,總統卽告訴他說事實既然如此,他(總統)將較原定日期早一日命令杜威上將駛往委內瑞拉。很受驚擾的德大使抗議了;總統告訴他說一切還沒有寫到紙上去;只要德皇同意公斷,他(總統)將誠心歌頌他的這種舉動,並當做由德方發動;但假如四十八小時內德方不提出公斷的擬議，杜威便要奉命前往了。在三十六小時內何爾本便回到白宮向羅斯福總統宣稱柏林已有公文拍來，謂德皇允予公斷。杜威上將（他那時領了美國艦隊正在西印度會操）或其他任何人都不知道美總統要採取的那個步驟；海軍當局僅奉命作準備，但不知道爲什麽。

當德國宣布接受公斷時，總統於是當衆讚美德皇爲和平公斷的忠實擁護人。白宮裏或許比柏林宮中更能領略個中的幽默意味。（九）

戴耶的記載得自羅斯福　這何爾本事件，第一次給戴耶記載出來，立刻便成了問題。按戴耶在這件事上絕非引證赫氏；赫氏在一九〇八年赫氏夫人私家印行的三卷『約翰赫的日記與書札』裏面毫沒有提及這樣的事件。戴耶這個晤談的報告顯然是直接從羅斯福本人得來的。據可靠方面說，羅斯福大佐在把這件事實告訴戴耶的時候，雖無文件做證據，但這種證據卻怪有趣味的在該書發表後不久得來了。兩個爲何爾本知己朋友的美籍德人寫信給羅斯福大佐，信中抗議的不是那些事實記載的本身，而是那些事實的使用。這兩個寫信的人都說何爾本在當時就把晤談的經過告訴過他們。杜威上將在一九一六年五月二十三日的一封信裏，也證實了海軍準備的情形，這封信四天之後便在紐約時報上發表了。他在信中說道：

杜威的宣示

我那時在樸陀利科的庫雷勃剌（Culebra）指揮一個艦隊，計船五十餘艘，內包括我們所有的一切戰鬬艦和一切水雷艇，華盛頓有命令來，叫艦隊齊集準備着，以便隨時開動。可是很幸運的，這事整個兒和平地解決了，並不需要什麼行動。

羅斯福的評述

同年五月二十七日在俄伊斯忒灣（Oyster Bay）對數千共和黨觀見者發表的一篇演說裏，羅斯福大佐對於杜威那封信曾作下列有趣的議論：

就在今天，我很高興的看到報紙上披露的杜威上將的信，裏面講到在我當總統時候發生的一樁事件。每逢我們有禍患臨頭的時候，我總是照自己的理論做去，這是怎樣的理論呢？就是應付國際關係的正當辦法，在於嘴裏說話要溫和，手裏要帶一根大手杖。在那一事件上面，杜威和美國艦隊便代表那根大手杖。我代表國家所要求的都是我們應得的東西。我總是儘量的客客氣氣。我不僅持之以公正，而且以禮貌對待他們。我把一切戰鬬艦和一切水雷艇都調遣到海上，在美國國旗和杜威之下，訓令他要有充分的準備，隨時可以開動。這並不是說我們要開戰。杜威是最有效的國際和平的興奮劑。(十)

優先待遇的要求　公斷的協定成立以後，各封鎖國家又進一步要求在償付其他和平國家的債務之前，應把混合委員會審定欠他們的款額先行全部付淸給他們，這使局面益趨於複雜。委內瑞拉堅持對於一切債權人，須以同等待遇。不知道根據了什麼動機，德皇建議該問題應交羅斯福總統定奪。但因爲美國是有關係的一造，國務卿赫氏認爲這是美總統不便做的，最後於是議定把優先待遇的要求提交海牙法庭。

各混合委員會的判決　一九〇三年夏天，十個混合委員會在加拉卡斯（Caracus）集會，以審判十個國家對於委內瑞拉的債務要求。各委員會所決定的不過是各個的債務的數額。這些委員會的判決是足資借鏡的，因爲他們顯出對於未經公斷的債務要求，用壓迫手段去徵收是極不公平的。比利時請求人要求一四、九二一、八〇五波里伐（bolivars），判決爲一〇、八九八、六四三、五七二，判決爲九、四〇一、二六七；德國請求人要求七、三七六、六八五；判決爲二、〇九一、九〇八；意大利請求人要求三九、八四四、二五八，判決爲二、九七五、九〇六；西班牙請求人要求五、三〇七、六二六，判決爲一、九七四、八一八；美國請求人要求八一、四一〇、九五二，判決爲二、三一三、七一一。（十一）

海牙法庭的判決　海牙法庭於一九〇四年二月十二日，判決三個協約國有取得優先待遇之權；委內瑞拉已在原則上承認他們的要求爲正當，同時對於其他和平國家的要求，則在原則上並未承認爲正當；中立國家已多少蒙受協約國行動的利益，並且他們的權益在將來仍屬絕對完善的。（十二）此項判決從一個和平法庭發出批准武裝壓迫的原則，受了外界不少的批評。

英國議院對於委內瑞拉事件的討論　一九〇二年英國議院在討論委內瑞拉局面的時候，閣員屢次駁斥反對派所稱他們之從事遠征乃是爲討債的，並且屢次設法表示他們是爲保護英國人民的生命和自由。克蘭本勳爵（Lord Cranborne）宣稱：

> 本席坦然告訴本院，在政府估計中最重要的並非公債持票人的要求。要不是爲了委內瑞拉對於英國人民的生命、自由和財產的種種攻擊，我不相信政府會採取他們所被迫採取那種強硬手段。

在同日的討論中間，諾曼（Norman）說道：

英國用海軍討賬

> 以英國艦隊從事於討收外國公債持票人的欠款的這個觀念是斷然錯誤的。威靈吞有一次說過英國陸軍不是爲討收若干債款而存在的。英國艦隊當然更不是爲討收外國公債持票人的欠款而存在的。凡借錢給南美洲共和國家的人知道擔保品是什麽和可以得到償還的是什麽，他們不應該拿英國艦隊做他們的後盾。

於此巴爾福首相答覆道

我並不否認——事實上，我隨便地承認——公債持票人可以佔據一種國際的地位，那地位可以用得着國際的行動；但是我對於這種國際的行動，抱着最嚴重的疑慮，而且我懷疑我們在以往曾否爲了公債持票人，爲了我們中間借錢給外國政府的那些人而從事於戰爭；我承認如果這種事件在我國成了一種慣例，我是應該很抱歉的。

德拉古主義

阿根廷共和國的抗議　阿根廷共和國的外交部長德拉古（Signor Drago）在一九〇二年十二月二十九日發出的一件牒文裏，（十三）嚴重抗議羅斯福總統所稱以武力壓迫一美洲國家並不違犯門羅主義，但此項壓迫『不得由任何非美洲國家採用土地略取的方式，』這件牒文內將『加爾伏主義（Calvo Doctrine）』重述一過，該主義取名於一位卓越的阿根廷公法學者。加爾伏在他一部有名的國際法書內，聲辯任何一國無權採用武裝干涉，以討收其國民對於另一國的私人債務。該主義曾取得多數拉丁美洲國家的同意，而在上述牒文中又被引用於公債票，如今通稱爲『德拉古主義』了。德拉古主張，第一點，『彼貸款於外國的資本家，必須考慮到該國的資財狀況及如期履行債務的或然性之大小。是故一切政府各依其文明與文化的程度，及其對於業務往來的行爲，而享有不同的信用。』這些條件是在借款之前考慮到的。第二點，國際法的一個根本原則便是一切國家的獨立與平等。債款的承認與償付都要聽憑該關係國家決定，『不得減削其爲一有主權實體的天賦權利。』

他又說道：

凡此皆公正、忠誠與榮譽的情調，而爲激發阿根廷人民及無時不啓迪其政策者，閣下可以明瞭本政府實深惶恐得悉委內瑞拉因對於其公共債務未能償付，以致艦隊被俘擄，商埠被轟擊，海岸被嚴厲封鎖。此種辦法苟令確實採行，勢將成立一種慣例，危害南美國家的安全與和平。夫以軍事方式索還借款者，不免佔據國土以求其有效，而國土之佔據卽亦各受制國家政府之征服或隸屬也。

問題提出於栗阿會議　德拉古博士這樣有力地主張的主義，在厥後數年間引起了不少的注意，並且一九〇六年七月在栗阿任內盧(Rio de Janeiro)舉行的第三次泛美洲會議且列之爲會議節目之一。德拉古博士提議作爲『一種政策的聲明』以便南北美洲國家的採取。經過詳盡的討論後，栗阿會議決定建議於與會各國的政府，『請彼等考慮此點，卽將強迫討收公共債務的問題，提請海牙第二屆和平會議考慮；而大體言之，卽圖減少國際間衝突之完全起源於金錢關係者。』(十四)

第二屆海牙會議的決議　因爲此種動作的關係，美國於是修正了俄國所擬具的第二屆海牙會議的正式秩序，聲明保留提出下列問題之權卽『協定在運用武力，以徵收由契約發生的公共債務時，應遵守某種限制。』波特將軍（General Horace Porter）在海牙會議上提出了一個議案，規定凡契約債款的收取，應經公斷決定其要求的公正及債額的多少以後，始得運用武力。會議上又提出了許多保留的條件，但最後以三十九國的投票與五國的棄權，而採取了下列的決議案：

締約各國議定任何一國之政府，不得以武力要求其他國家之政府償還欠其國民之契約債款。

惟債務國如對於公斷之請求表示拒絕或置之不答時；或接受公斷之請求後，多方撓阻不使『和解』成立時；或經公斷後未能遵守判決時；則概不適用此項規定。（十五）

（一）For, Rel., 1895—93, Part I, p. 552.

（二）Richardson, Mess ges and Papers of the Presidents, IX, 655.

（三）Olney to Bayard, July 20, 1895.

（四）Moore, Digest of Int. Law, VI, 368—604, 特別是費煦關於與南美共和國家關係的一八七〇年七月十四日的報告 pp. 429—43．該報告並見於 Richardson, Messages and Papers, VII, 70—78.

（五）For. Rel., 1896, p. 254.

（六）For. Rel., 1901, p. 193, 1903, p 429.

（七）For. Rel., 1903, pp. 419, 454; Moore, Digest of Int. Law, VII, 140.

（八）Moore, Digest of Int. Law, VI, 590.

（九）Thayer, Life and Letters of John Hay, II, 286—288

（十）Washington Post, May 28, 1916.

（十一）Venezuela Arbitration of 1903, 58 Cong., 2 Sess., Sen. Doc. No. 316, and For. Rel., 1904, p. 871.

（十二）For. Rel., 1904, P. 506.該案的完全報告見 58 Cong., 3 Sess., Sen. Doc. No. 119.

（十三）For. Rel., 1903, p. 1.

（十四）Am. Journal of Int. Law, II, 78

（十五）Am. Journal of Int. Law, II, Supplement, p. 82.

第二十一章　美西戰爭

美西戰爭爲一新時代之濫觴　美國對西班牙的戰爭，使南北內戰後長時期的政治、財政與經濟的改造告了一個結束。三十餘年來集中在內政問題上的美國國民的注意，又再度轉到那蟄伏了半世紀的外交政策的問題上面。自從對墨西哥戰爭後停頓下來的向南拓展，和那擱置已久，但不可避免的向加勒比海的推進運動，也終於開始了。內戰開始時拋開的橫貫地峽的運河方案，如今也舊事重提，志在必成。在簡短的二十餘年間，美國竟能這樣鞏固地立足於加勒比海上，控制這麼一個險要地方，無人敢來過問，實使南部鄰邦吃驚非小。同時因爲對西班牙的戰爭，美國又恢復了她在一八五〇年左右盛行的太平洋政策。被歸併的不僅有夏威夷羣島——這是一個舊計劃——而且還有菲律賓羣島，於是美國和那東亞細亞（當時世界政治的漩渦）便發生了親密的關係。約翰赫的『門戶開放』主義只是一個舊政策的重申而已，先見之於一八四四年簽訂的第一個中美條約，又見之於十年後之皮雷上將著名的日本訪問。加勒比海和太平洋上的發展必然地引起橫貫地峽的運河之建築，和大海軍的設立。

古巴問題　對西班牙戰爭的主要原因是爲了古巴的解放。內戰以後，美國便放棄了合併古巴的意思，而專門從事於督促西班牙廢除奴隸制度，並且爲古巴取得比較自由的政府，爲美國取得比較良好的商務關係。但是開始於一八六八年，而與格蘭特總統的八年任期幾乎同時告終的『十年戰爭，』使這種政策的進行，或對西邦交的維持，都是萬分困難的。西班牙在削平叛亂時所用的酷烈手段，再加西班牙官吏未能給與古巴的美僑以他們按國際法與條約所應得的權利，於是引起了一種性質嚴重的爭執。(一)

格蘭特總統的政策

格蘭特總統就任後數月，便向西班牙表示願出而調停，務使古巴的叛亂能以獨立為原則而告一結束。西班牙在形式上雖未拒絕其獻議，卻加上了若干無從實行的條件。(二)

格蘭特於是決定承認所謂古巴共和國為一個事實上的政府，並且在一八六九年八月竟簽了一個承認古巴交戰地位的布告，但國務卿費煦認為這個步驟失之過早，因將該項布告留中未發，以待更適當的時機。這布告便始終沒有發出來。

西班牙共和國

當一八七三年西班牙共和國宣告成立時，美國是第一個予以承認的國家。共和政府一經成立，美國公使息克爾斯將軍(General Sickles)便依據本國訓令，穿了美國陸軍少將的制服，前往謁見議會的主席，正式承認西班牙共和國。美國國會又通過了兩院一致的決議案，慶祝西班牙人民所採取的步驟，好像美國和西班牙的邦交終歸良好了。息克爾斯將軍催促新政府廢除奴隸制度，並許古巴成立自治政府。但

維錦尼阿斯事件

這種和睦的關係，數月之後，便陡然被維錦尼阿斯事件所中斷了。這隻美國註冊的船被西班牙戰艦托那多(Tornado)在公海上逮捕，拖入古巴的聖地牙哥(Santiago)港，被判決為有劫掠行動，船上的搭客和船員被處死刑者共五十三人。維錦尼阿斯(Virginius)號船係運送人馬糧食的接濟於叛黨，但當時既

無公認的交戰狀態，西班牙就沒有權利在古巴的領海以外將牠逮捕，而且在這種情形下把捕獲的英、美人民處死，更是毫無理由的。這事件引起了長期的交涉，頗有瀕於以武力解決之虞，但西班牙卒能證明維錦尼阿斯係假充為註冊的美國船，並無張掛美國國旗的權利，美國纔認為滿意。西班牙並允付卹金給被處死刑者的家屬。(三)

國務卿費煦試探歐洲國家對古巴的態度　一八七五年格蘭特總統決定採取步驟使古巴的獨立運動告一結束，並使該島恢復和平。十一月五日國務卿費煦發出了一個通告與美國駐在倫敦、巴黎、維也納、羅馬、里斯本和聖彼得堡的公使們，目的是在試探各歐洲國家是否贊同美國對於古巴的干涉。此項舉動沒有得到成功。就是英國也表示不贊成美方的擬議。費煦通告的內容非官場地在一八七五年十二月在歐、美的報章上發表出來了，美國人士嚴厲的批評他，說他不該將昆西亞丹姆斯和亨利克來以來所通認為純粹美洲的問題，去向歐羅巴的國家商量。國會索閱該項文件，費煦答稱『關於古巴島事除與西班牙外，並未與任何其他歐洲政府有何公文來往，』但是十一月五日的牒文原係口頭向幾個歐洲政府宣讀的。(四)他沒有把各駐外公使報告外國當局的表示的回信提交國會。這種談話的報告通常視為與外國『通信』的一部分。無論如何，到一八九六年參議院索閱一八七五年十一月五日的牒文以及與外國政府一切有關的通訊的時候，克利夫蘭總統便將費煦壓下的文件都提交出來了。他們印成一三七頁的公文。(五)『十年戰爭』遷延到一八七八年，雙方都筋疲力盡了，於是西班牙宣布了一種不滿人意的撫慰條款。

一八九五年的古巴叛亂　一八九五年二月，古巴反抗西班牙統治的最後一次叛亂開始了，不久便具備了『十年戰爭』的那些特色。叛黨領袖馬克息摩哥麥司（Maximo Gomez）的政策是不作正面的戰爭，而專事於不斷的襲擊，將種糖場及其他一切稅收來源破壞，務使結果不是西班牙竭蹶，便是美國被迫出來干涉。在叛亂的第二年初，威勒將軍（General Weyler）到了哈伐那做總督兼總指揮，他立刻開始他那著名的『堅壁淸野』政策。他下令叫島上居民於一星期內聚集於西班牙軍隊佔據的各城市中，如有不遵命令者，則以叛黨論罪。服從命令的大多數是婦女兒童，他們被安插在擁擠不堪的村落內，衞生情形既甚惡劣，糧食供給也不充足，結果死者以千計。(六)在哈伐那一省中，死者便有五萬二千名之多。

激起了美國的同情　這種政策執行的結果，不僅使人同情於古巴的不幸民衆，更使島上的實業崩潰瓦解，商務破壞殆盡，於是深深激動了美國的輿論。美國人民在島上擁有的財產至少達五千萬，而在叛亂開始時，美國每年要做一萬萬元的生意。再者，許多稱係美國國籍的人被威勒命令投入獄中。其中有些是土生的美國人，但大多數則係古巴人在美國取得了國籍，以便回到古巴後可得美國保護的。

克利夫蘭關於叛亂狀態的布告　其他古巴人，內中有許多仍是西班牙的臣民，住在美國各埠，而以武器糧食供給叛黨。一八九五年六月十二日，克利夫蘭總統發了一個布告，請注意古巴叛亂，並警戒一切美國治下的人民，不得作任何爲美國中立法律所不許的行動。可是無論美國當局如何防範，美國境內仍不斷地有非法的遠征隊整裝出發，大多數雖被港口官吏所阻止，或被海軍所截留但一小部分仍安然達到了古巴的海岸。克利夫蘭總統的布告承認叛亂與交戰兩者的情形不同。牠僅使美國的中立法律發生效力而已。牠並未承認一種交戰的狀態，所以並未使國際法下的任何中立法規付之實行。克利夫蘭總統始終拒絕承認古巴人爲交戰的一方。一八九六年二月，國會通過了一個聯合的決議案，在參議院以六四對六票，在衆議院以二四六對二七票，承認古巴處在一種交戰狀態，並請西班牙接受美國的調停，容許古巴獨立。該項議案雖經過絕大多數的通過，克利夫蘭總統仍然置之不理，因爲依照美國公認的原則，在這種事件上國會無權逼迫總統照辦。這不過是國會方面的一種意見的表示而已。

拒絕承認交戰狀態

奧爾尼獻議仲裁被拒絕　一八九六年四月國務卿致一牒文於西班牙外交當局，稱美國願在西班牙與叛黨中間調停，俾在自治的原則上恢復和平。西班牙拒絕這個請求，聲稱古巴已經享有『世界上一種最自由的政治制度，』並建議美國『加倍過去的力量以制裁牠一部分國民出發到古巴去非法參戰』便大有助於該島的平定了。(七)在他末次致國會的常年咨書，克利夫蘭總統對古巴的局面有詳細的評述，結論說道：

克利夫蘭對西班牙的警告

西班牙對於叛黨既顯然無力作順利的處置，她在古巴的主權亦很明白的已經消滅無餘，而且要恢復主權的一種無望的鬬爭業已墮落爲一種毫無意義的掙扎，充其量不過將人命作無謂的犧牲，將衝突的目的物加以全部毀滅而已，這樣的情形下將產生一種局面，我們對於西班牙主權的義務，將被更高的義務所替代，我們對於這種更高的義務很難躊躇不予以承認和履行。

麥金利總統提出調停　一八九七年三月四日開始的麥金利(McKinley)政府，立刻注意到古巴問題。很不幸的，當這個問題迅速地達到一個危機的時期，國務部卻操在軟弱的手裏。阿亥俄的老參議員錫爾曼(John Sherman)被麥金利任爲國務卿，以便在參議院內讓出一席給馬克哈那(Mark Hanan)，他是主持麥金利的選舉運動有大功的。武德福特將軍(General Woodford)被派往瑪德里接替泰羅(Hannis Taylor)，他又奉有訓令再度提出美國出來調停的建議，以上屆美國國會通過的決議案提醒西班牙，並警告她稱新國會不久就要召集。(八)接到武德福特將軍的牒文六天以後，西班牙內閣便辭職了，薩加斯塔(Sagasta)的自由內閣於十月十四日就職。牠的第一步行動便是召回威勒將軍，而派布朗可將軍(General Blanco)繼任爲古巴總督兼總指揮。新內閣允許予古巴以自治權，於是麥金利總統在一八九七年十二月六日致國會的咨書中，便宣布他要給予新政策以試驗的時間的意思。

西班牙允許自治權

不久就很明瞭，自治權的准許已嫌太晚了。古巴人民除獨立以外，對於什麼都不能滿意。一八九八年一月十三日哈伐那發生嚴重的騷動，是有計劃的，作爲反對自治方案的一種示威。美國總領事李(Fitzhugh Lee)氏電告政府謂自治顯然將歸於失敗，布朗可將軍能否主持危局尚成問題，並謂照此情形，殊有派遣軍艦保護哈伐那美國人民的必要。此項關於軍艦的建議，立即得到照准，其迅速竟超過於李氏所預料。

派緬因號往哈伐那　美國戰鬭艦緬因號(Maine)立即被派往哈伐那，當於一月二十五日到達，由港埠官吏指定一停泊所在。(九)當該艦平靜地停泊在哈伐那港的時候，各方的注意突因度普伊德洛姆(Dupuy de Lôme)事件從古巴轉移至華盛頓。一八九八年二月九日，紐約日報(Journal)披露了一封信，係駐華盛頓的西班牙公使寄給古巴的一位朋友的，信中肆意批評麥金利總統的政策，並且稱他為『一位儼然政客，既不願得罪其黨中囂張之輩，又設法留一退步之門於後。』這封信雖然是用祕密手段得來的，卻係眞筆蹟，而且牠的性質是不容忽視的。當被要求作解釋時，德洛姆承認此信是他寫的，但懷疑譯文的正確。他聲稱他所用的文字在私人通訊中是可以容許的。當武德福特將軍奉了華盛頓的訓令，向西班牙外交部長表示，謂美總統盼望立即召回德洛姆時，他得悉德洛姆的辭呈已經海底電報由西班牙政府核准了。(十)

緬因號被炸毀　這件事的風波尚未平息，緬因號戰艦忽於二月十五日夜間被炸毀，艦上長官二人及員兵二百五十八人均遭慘死。經仔細審查各證人及毀艦之後，美國海軍調查法庭報告謂該艦係被一海底水雷所毀滅。(十一)一個西班牙的調查委員會，經審問若干曾目覩或耳聞爆炸的證人以後，當於翌日作一簡短的報告，謂該艦的毀滅係由於前艙火藥庫的爆炸。普通都認為美方的報告是正確的，但水雷的責任問題卻從未查悉。

調查法庭的報告一經公布，以前顯出極大自制力的美國人民，便不顧一切的約束，全國奔放出一股

麥金利對於外交解決的最後努力

愛國的熱情，其激烈程度爲一八六一年來所未見。『牢記着緬因』成了一個口號，要求開戰之聲甚囂塵上。但麥金利總統決定再作一度努力，以求外交的解決。他建議西班牙與叛黨停戰，俾由美國總統的善意調停，得以磋商一個永久的調整辦法。西班牙政府於答覆時提出了若干對案，主張將緬因被毀而發生的各項問題提交公斷，至於該島的安靖則聽古巴國會決定。同時古巴總督得接受停戰之議，但須出於叛黨的要求，並且同意將武裝解除。這樣無異要叛黨歸順，而由西班牙考慮必需的或切實可行的自治程度。

將該問題提交國會

美總統認爲西班牙的答覆係拒絕他的提議，並決定以整個問題交付國會解決。（十二）這樣便等於戰爭，因爲美國的公意正達於激動的最高點，兼之『黃色』的報紙正在鼓噪開戰，都是因爲美總統眞正要求和平，纔費九牛二虎之力控制着國會。他的致國會咨書因爲李總領事電請予以相當時間，俾將美國人民安然送出哈伐那，擱置了幾天。

歐洲列強呼籲和平

在這停頓期中，德意志、奧匈帝國、法蘭西、大不列顛、意大利和俄羅斯的代表們都正式懇請美總統維持和平，同時教皇也勸動了西班牙皇后，命令布朗可停止對叛黨作戰。這一點讓步並未完全承受美方的哀的美敦書，而且好像又是一種緩兵之計。因此美政府很簡單的告訴西班牙公使，謂總統將以最近接到的牒文通知國會，後來麥金利總統因爲未對該牒文多加考慮，並且在其致國會咨書中僅略予提及，而未全部轉達，所以被人嚴厲批評。假如他曾經多加考慮，戰事也許可以展緩幾個月，但決不會避免的，因爲時至今日，西班牙所願答應的讓步，在古巴人不會認爲滿意的。

總統的咨書　在一八九八年四月十一日他致國會的咨書中，麥金利總統只偶然提及緬因事件，說是『對於古巴現在局面的不可容忍，足爲一種明顯而動人的證明。』他提議武力干涉爲解決該問題的唯一辦法，並宣稱不僅在人道的立場上，而且爲保障美國在古巴僑民的生命與財產，以及爲制止一種不斷危害我國和平的衝突起見，武力干涉都是公允的。（十三）

衆議院的迅速行動

兩天後衆議院便以三二四票對一九票通過一個決議案，請總統立卽干涉以制止古巴的戰事，目的在『由當地人民的自由行動，在島上成立其自己的穩固與獨立的政府。』同日參議院外交關係委員會報告一個決議案，要求西班牙立卽退出古巴島，但少數方面的報告，附帶主張立卽承認當時組織之古巴共和國者，卻經六七對二一票，首先包含在參議院的決議案內。參議院議員深恐我們如不先承認所謂古巴共和國而卽解放古巴，該島勢必爲美國所歸併。

參議院最後同意

經過兩日的熱烈辯論，參議院覆議的結果，衆議院的決議案便佔優勝了。在四月十九日，卽勒克星敦（Lexington）戰爭曁內戰首次流血於波地摩爾市街的雙重紀念日，便採取了那命運攸關的決議案，其措詞如下：

要求西班牙退出古巴的決議案

美國參議院及衆議院會合決議如左：

一、古巴島人民是（並且有權利應該是）自由的與獨立的。

二、美國在責任上應該要求，而美國政府茲特用要求西班牙政府立卽放棄其在古巴島的政權與政府，並自古巴海面撤退其陸海軍力。

三、茲特授權美國總統得以運用美國全部陸海軍力，並得命令各邦民團入伍至實現此項決議案爲限。

四、美國對於該島除求其平定以外，茲特否認有行使主權、法權或統制之任何意思或意向，且特聲明其決心一俟上述目的完成時，當以該島之政府與統制聽其人民辦理。（十四）

上項決議案一經總統認准，西班牙公使便要求出境護照，同時武德福特奉命離開瑪德里。當時駐在岐威斯特(Key West)的北大西洋艦隊，在海軍少將威廉散普孫（Rear-Admiral William T. Sampson）的指揮下，立即奉派前往封鎖古巴的北海岸，同時海軍副少將喬治杜威（Commodore George Dewey）也奉命從香港往馬尼剌海灣去俘虜或毀滅西班牙艦隊。

美國勝利對於歐洲輿論的影響

在隨後的戰爭期中，英國以外的外國輿論都是斷然仇視美國的，但在美國得到聖地牙哥和馬尼剌灣的勝利後，觀感爲之一變，西班牙只得放棄她懷抱的歐洲干涉的希望。到了一八九八年七月底，美洲以及歐洲的報紙開始發問戰爭爲何不告一結束。

西班牙求和

在聖地牙哥降服之後，邁爾斯將軍（Genoral Miles）便帶了一萬六千人開到樸陀利科去，在兩星期的征戰中間，遍歷了該島的大部分，只死了三人和傷了四十人。菲律賓羣島方面也派了大隊人馬前去。因此，顯然的，這次戰爭雖爲解放古巴而起，美國並不覺得有任何義務要限制其軍事行動在該島之上。西班牙履行了一切榮譽的要求，乃請法國政府命令法國駐華盛頓公使與美國總統約定和議的先決條款。七月二十六日開始談判和議，結果於是有八月十二日的議定書，其中由西班牙同意下列各項要求：一、立即退出古巴並放棄西班牙的主權；二、割讓樸陀利科及拉德朗羣島（Ladrones）之一作爲賠款；三、由美國佔據『馬尼剌的城市、海灣與港口，迄至簽訂和約爲止，該約應決定菲律賓羣島的統制、處置及政府。』（十五）

巴黎的和議　依議定書的規定，巴黎被選爲議和委員的集會地方，和議便於十月一日在那裏開始。美國代表團人物爲威廉對（William R. Day）氏，他辭了國務卿職來做代表團的領袖，其次爲參議院外交關係委員會主席台維斯（Cushman K. Davis），參議院暫代議長夫萊（William P. Frye），德羅維州（Dolaware）參議員格雷（George Gray）；暨紐約論壇報編輯黎德（Whitelaw Reid）；並以國務卿幫辦摩爾（John Bassett Moore）爲祕書。整整一個月的工夫化在古巴問題上，西班牙委員們力圖以古巴債務諉諸美國或古巴人民，但終歸徒然。

菲律賓問題

菲律賓問題佔據了下一個月的大部分時間。當任命各委員的時候，麥金利總統對於這個重要問題，意見並未完全決定。他的初意似乎要保持馬尼剌的海灣和城市爲一海軍根據地和呂宋（Luzon）的一部分或全部。美國國內贊成取得全部的輿情進展極速，麥金利總統於遊歷南部及西部各大都市徵求人民對於該問題的意見後，便訓令各委員要求菲律賓的全部。各委員隨後又接到命令，提出以二千萬元抵付此項割讓。這個要求在西班牙委員方面認做一種哀的美敦

書，終於在抗議下接受了。關於其他各點，美國取得了議定書中要求的一切，和約於是在一八九八年十二月十日簽字了。(十六)

參議院裏的辯論　該條約於一八九九年一月四日交與參議院，引起了一場可以紀念的辯論，迄二月六日方告罷休。主要的反對來自麥塞秋色子的參議員賀爾他說取得和統治菲律賓羣島的擬議是違犯美國獨立宣言、美國憲法，和美國制度的全部精神。該條約非有民主黨人的贊助是批准不成的；當布賴安(Bryan)到華盛頓去勸告他在參議院裏的同志們，謂菲律賓的地位可在下屆總統競選內決定，請他們贊成批准的時候，結果仍在不可知之列。但是菲律賓土人與美國駐馬尼剌的軍隊一經發生衝突辯論便告結束。該約便在二月六日批准了。

胡特的古巴模範政綱

當美國要求西班牙退出古巴的時候，曾經有這麼一個宣言，說『美國對於該島……茲特否認有行使主權、法權或統制之任何意思或意向，且特聲明其決心，一俟上述目的完成時，當以該島之政府與統制聽其人民辦理。』一個國家在這種情形下所爲的誓約從沒有比這更忠實地履行了。在美國軍事佔據期內的古巴行政便可以爲這類行政的模範。軍事長官胡特(General Leonard Wood)和他的同僚初至時，但見城市中擠滿了難民和散而復聚的歸來者，而政事則在最混亂的一種狀態中。他們樹立了秩序，救濟了貧苦，組織了醫院和慈善機關，進行了很多的公共事業，改組了公立學校的制度，使哈伐那、聖地牙哥和其他城市歸於衛生清潔的情形。在哈伐那附近的一個醫院裏，美國陸軍軍醫黎特(Walter Reed)少

校證明瘧疾是由蚊蟲叮了而起。這個發現立刻拿到哈伐那試驗，於是這城市在一百四十年內第一次免除了瘧疾。(十七)

在對美關係上起的爭執　爲該島組織政府，第一步便是調查戶口，決定選舉的正當基礎，並舉行市選舉以組織地方政府。這個工作順利完成之後，胡特將軍卽召集一個制憲會議，於一九〇〇年十一月五日在哈伐那舉行。到了一九〇一年二月十一日，制憲會議便議決了一個憲法，大體以美國憲法爲藍本。新憲法規定承認叛黨政府締結的公債，但對於將來與美國的關係則一字不提。這個問題在二月初就由胡特將軍提請該會注意，他提出了若干在華盛頓草好的條文以便編入新憲法中。制憲會議拒絕這些條文，認爲他們有損該島的獨立與主權，該會議職責所在，應使古巴『獨立不倚其他一切國家，彼偉大高貴的美國亦在其內。』

普拉特修正案

可是美國非俟此事得有滿意的解決，殊無退出該島的意向。因此在一九〇一年三月二日陸軍撥款議案內便插進了一項叫做普拉特修正案（Platt Amendment）的條文，指令美總統，一俟古巴憲法內，關於將來對美國關係有大略如下的說明，並依該憲法成立政府後，美國卽以島上政權還諸其民。

『一、古巴政府永不得與任何外國訂立任何條約或其他約章，減損或傾向減損古巴的獨立，又不得以任何方式授權或准許任何外國以殖民或爲陸軍或海軍的宗旨或其他而在該島任何部分取得居留或統制。

『二、古巴政府如遇島上普通收入於開支政府經費後有所不足時，不得擔負或締結任何公債，及為其利息之償付，或作合理之負債準備償還基金以求其最後清償。

『三、古巴政府允許美國得行使其干涉權利，以保持古巴的獨立，以維持一個足以保護生命財產及個人自由的政府，並以履行其對於古巴的義務，此項義務係由巴黎條約加諸美國，而今應由古巴政府負擔者。

『四、凡美國在軍事佔據古巴期間的一切設施應予以核准，使之有效，又因而獲得之一切合法權益應予以維持，加以保護。

『五、古巴政府應予執行，且必要時儘量予以擴充各項業經擬定之計劃或其他應由雙方議定之計劃，以求島上各城市之衛生化……

『六、古巴擬議之憲法疆界中應除去松島(Isle of Pines)，其主權誰屬，應於將來以條約解決。

『七、為使美國得能維持古巴的獨立及保護當地的人民以及為其自衛起見，古巴政府應出售或租讓於美國凡為取煤或海軍站所必要之土地，其地點應與美國總統商定之。

『八、為多重保證起見，古巴政府應與美國訂一永久條約，將上述條文包括在內。』(十八)

古巴勉強接受　這些條文除第五條係胡特將軍所提議者外，其餘都是由當時陸軍部長魯特所仔細起草的，經過麥金利總統的內閣的慎重討論，然後交與康納克特克特州參議員普拉特，由他提出為陸軍撥款法案的一種修正案。為袪除憲法會議議員對於第三條的懷疑起見，陸軍部長魯特特令胡特將軍作官場的聲明，謂該條內所稱干涉並非干預古巴的政務，而僅係美國方面依據公正的、實際的理由所為的正式行動。有了這項保證，憲法會議便於一九〇一年六月十二日採納了普拉特修正案，把牠列為憲法的一個附錄。

古巴共和國的發軔　一九〇二年五月二十日巴爾馬(Thomas Estrada Palma)就任為古巴共和國第一屆總統，於是胡特將軍便把島上的政權交給了他。(十九)美人給古巴國庫中留下了充實的餘款。全時期的總收入為五七、一九七、一四〇·八〇元，總支出則為五五、四〇五、〇三一·二八元，收入的主要部分在這軍事佔領期間係來自海關方面（該項海關行政係由布立斯(Tasker H. Bliss)將軍辦理，甚為得力。）(二十)

羅斯福建議減低古巴糖的關稅

普拉特修正案雖然決定了美國與古巴間應有的政治關係，但關於兩國的商務關係卻並無任何協定。那為叛亂所毀滅殆盡的古巴糖業，全賴美國政府願意減低古巴糖的關稅，否則古巴糖便競爭不過有政府獎勵的歐洲甜菜糖，或如今得免稅輸入美國市場的樸陀利科和夏威夷的糖。羅斯福總統曾希望在美國軍隊撤退前解決此事。他向國會力陳得失，主張充分減低古巴對美輸入品的稅率，但是一個強有力的反對派，包括美國北部和西部的甜菜糖生產者以及路易西恩那州的蔗糖種植家，在兩年間始終阻撓了美當局想給古巴公平待遇的努力。把這一個法案通過國會的一切企圖於是都失敗了。(二十一)

為互惠而奮鬭　同時一個互惠條約卻於一九〇二年十二月十一日用尋常的外交方式議定了，內規定輸入美國的古巴產品得減稅百分之二十。因爲參議院未能於一九〇三年三月四日以前對該條約有所行動，羅斯福總統便召集了一個參議院的非常會議。該項條約當經參議院附帶若干修正案予以批准了，但附有一項很不尋常的規定，謂該約非經國會認准不得發生效力。這時衆議院既不開會，這無異謂該約必須擱到年終。古巴的情形日見惡劣，美總統最後只得於一九〇三年十一月九日召集國會的特別會議。在一個特別咨書內，羅斯福總統力主對該約卽行決定，其理由爲普拉特修正案已使古巴島加入我們的國際政策的系統內，那麼必然與此連帶的，古巴在相當程度內亦須加入我們的經濟政策的範圍中。衆議院於十一月十九日以三三五對二一票的絕大多數通過了批准該約的法案，可是參議院，雖然牠已經批准該約，卻聽憑特別會議告終，而不予以通過，俾得發生效力。當十二月七日新會議開始時，古巴條約案成爲參議院的特種議案，直到十二月六日舉行最後投票纔算通過了。在這互惠條約下，美國和古巴的商務關係建立在一種鞏固的基礎上，貿易的數量也有迅速的增加。

美國行政的第二時期

一九〇六年八月巴爾馬總統再行當選爲第二屆總統，但古巴人還沒有學得民主政治下服從多數的重要課程，他的政敵們立卽開始叛亂的運動，目的在推翻巴爾馬的政府。約當九月中旬，羅斯福總統派了塔夫脫(Taft)到哈伐那去，旨在調和對峙的雙方，但塔夫脫的努力終歸徒然，巴爾馬總統便告辭職了。當古巴國會集會的時候，一切議案都不能取得法定人數。在這種情形之下，塔夫脫便於九月二十九日接管行政事務，並宣告成立一個臨時政府以恢復秩序及保護生命與財產。富蘭克林培爾將軍（General Franklin Bell）統率了一部分的美國軍隊奉派往古巴維持秩序，及擁護臨時政府。一九〇六年十月三日國務卿塔夫脫因爲要返華盛頓的原任，於是解除了臨時總督的職務，而以查理馬貢（Charles E. Magoon）往哈伐那接他的任。(二十二)一九〇六年十二月三日羅斯福總統在他致國會的咨書內宣稱美國固然無意歸併古巴但假如該島『叛亂的習性』成爲『確定』，那麼『該島的繼續獨立實屬不可能的事。』美國佔領的第二時期計有二年有餘，於是政府的管理又歸還了該島人民，美國的軍隊也撤退了。

(一) 41 Cong., 2 Sess., Sen. Ex. Doc. No. 7.

(二) 41 Cong., 2 Sess., House Ex. Doc. No. 160.

(三) For. Rel., 1874 1875, 1876, passim.

(四) 44 Cong., I Sess., House Ex. Doc. No. 100.

(五) 54 Cong., I Sess., Sen. Ex. Doc. No. 213.

(六) 58 Cong., 2 Sess., Sen. Doc. No. 25, p. 125.

(七) Spanish Dip. Corr. and Docs. (translation, Washington, 1905), pp. 7, 8.

(八) For. Rel., 1898 p. 568.

(九) For. Rel., 1898, p. 1025.

(十) Ibid., pp. 1007—1020.

(十一) 55 Cong., 2 Sess., Sen. Doc. No. 207.

(十二) For. Rel., 1898, p. 731.

(十三) Richardson, Messages and Papers of the Presidents, X, 147.

(十四) U. S. Statutes at Large, XXX, 738.

(十五) Spanish Dip. Cor. and Docs, p. 206; For. Rel., 1898, p. 819.

(十六) 55 Cong., 3 Sess., Sen. Doc. No. 62.

(十七) Report of the Military Governor of Cuba, 8 vols., 1901.

(十八) U. S. Statutes at Large, XXXI, 897.

(十九) Documentary History of the Inauguration of the Cuban Government, in Annual Report of the Secretary of War, 1902, Appendix A.

(二十) Ibid., Appendix B.

(二十一) 55 Cong., 1 Sess., San. Doc. Nos. 405 and 679.

(二十二) 國務卿塔夫脫關於古巴情形的報告於一九〇六年十二月十七日送達國會。

第二十二章　巴拿馬運河

運河因內戰而延期　前面有一章裏已經說過，當克萊頓布爾威爾條約的相反解釋得到調和的時候，美國已瀕於內戰，運河方案只好擱在旁邊。內戰期中，聯邦太平洋鐵道(Union Pacific Railroad)以政府的協助已開始建築，牠的完成使太平洋方面有了橫貫大陸的直接交通，於是運河的需要也就一時解除了，但美國政府對於這個方案的關心從來沒有放鬆過。

一八六七年的尼加拉圭條約　一八六七年美國與尼加拉圭雙方議訂了並且批准了一個條約，規定關於建築一條洋際間的運河事件。該條約准許美國對於太平洋與大西洋間的任何交通路線，不論其爲天然或人造，從陸或從水，當時已有的或今後將建築的，得與尼加拉圭人民享有同等的通過權利，同時美國允許對這一切交通路線加以保護，並且『擔保各該線的中立性及其無害的使用。』美國又允許運用牠對於其他國家的影響，勸誘他們爲此項中立及保護作擔保。(一)這個條約有如一八四六年美國與哥倫比亞的條約和克萊頓布爾威爾條約一樣，都打算使運河中立化。牠絕不牴觸我們和英國在克萊頓布爾威爾條約下的規定，而且牠所規定的其他國家的共同擔保卻是與該條約相符合。

法國巴拿馬公司的組織　經一八六〇年的重新調整後，克萊頓布爾威爾條約的束縛力是不大有人過問的，直到一八七八年關於運河的興趣忽然又被鼓動了起來；這起因是由於哥倫比亞在同年中給與了維斯（Lieutenant Wyse）的利權，以及後來有一個法國建築公司的組織，這個公司的董事長便是蘇彝士運河的倡辦人德勒塞普（Ferdinand de Lesseps）。

在法國統制之下來迅速建築一條運河（有了德勒塞普的名字似乎足以證明）的情形，使美國方面在政策上起了一種突然而急劇的改變。一八八〇年三月八日黑氏總統（President Hayes）在其致國會的特別咨書內，把他認為是美國對於中美運河的正確政策，作如下的說明：

黑氏總統宣告其政策

> 本國的政策是一條在美國統制下的運河。美國不能容許以這種統制讓與任何歐洲國家，或歐洲國家的任何結合。假如美國與其他國家間的現行條約，或者其他國家的主權或財產權利，有妨礙這個政策者——乃一樁會未預料的偶然事件——我們將採取適當的步驟，以公平寬大的磋商來促進和成立關於這個問題的美國政策，同時也不違犯其他關係國家的權利……
>
> 一條橫貫美洲地峽的洋際運河將大變更美國的大西洋邊岸與太平洋邊岸間的，以及美國與全世界各地間的地理關係。牠將成為我們的大西洋與我們的太平洋海岸的巨大的海洋通路，而且實際成為美國海岸線的一部分。

這個咨書外附國務卿埃瓦子的一個報告，裏面他請注意美國與哥倫比亞在一八四六年所締結關於橫貫地峽的通路的條約，並且宣稱如果將此地峽開放與各大商業國家，那麼該地峽的中立及哥倫比亞對該地峽主權的擔保問題便大不相同了。(二)

加飛爾總統同意　加飛爾總統 (President Garfield) 在他的就職演說內很同意前任總統關於運河問題所採取的地位，(三) 並且布棱於接任國務部的職務後，即刻向美國駐歐洲各國的代表們宣布新政策的大略，但警戒他們不得表示牠是一個新政策的開展，而聲稱牠「無非是美國方面對於其政府中最高權威久已發表的原則，聲明加以遵守而已。」

國務卿布棱的公文　布棱的這個公文有幾種理由可稱非凡，尤其因爲牠完全沒有理會到克萊頓布爾威爾條約的存在，中間對於這個著名的條約不論公開的或含蓄的都沒有說到。此外尚有三點可以注意。第一點，布棱請注意美國因與哥倫比亞所訂一八四六年條約而承受的權利與義務，並且說明依美總統的判斷，美國在該約內給與的擔保是無須任何其他國家的增援、加入或同意；美國之被邀出來維護這樣擔保的中立已經不止一次，在當時能够預料到的偶然事件下，這種維護無一不在美國權力範圍之內。

不理克萊頓布爾威爾條約

第二點，布棱鄭重宣稱如遇任何戰爭內有北美合衆國或哥倫比亞合衆國參加者，凡敵國的武裝船隻倘欲通過巴拿馬運河，猶之敵國的武裝軍隊企圖通過那接連美國或哥倫比亞的大西洋與太平洋邊岸的鐵道，這同樣都是不許的。這個宣言與克萊頓布爾威爾條約的第二條發生直接衝突。布棱然後接着盛稱我們太平洋邊岸的卓異的發展，以及在促進我們大西洋與太平洋各州間的交通便利上，這條運河的重要，在這地方他運用了黑氏總統那句很適當的句子，認爲這條運河形成了美國「海岸線」的一部分。看起來好像布棱並沒有想到這些理由，適用到我們北部的英屬坎拿大可以有同等的效力。坎拿大同樣是從大西洋展至太平洋，而且同樣是走進了一個非常發展的時期。

這文件中可以注意的第三點，便是聲明美國反對歐洲列強爲擔保該運河或決定其地位而有的任何聯合行動。(四) 這個聲明等於門羅主義的複述。

英政府提醒布棱克萊頓布爾威爾條約的存在　一八八一年七月十二日駐英公使羅維爾（Lowell）將該公文的一份交到英國外交部。英國政府對於牠迄無正式表示，直到十一月，格蘭維爾乃答稱布棱既聲明美政府對於此事並無開始何種談判之意，他也不打算詳細辯論，以答覆布棱的觀察。不過他希望只指出英、美兩國關於運河事件的立場，不論英國的商務關係是何等鉅大，已經有一八五〇年四月十九日在華盛頓經兩國簽字的克萊頓布爾威爾條約爲之決定，英政府信賴該條約全部規定的予以遵守。(五)

布棱提議修正　在這覆文沒有送達華盛頓以前，布棱又在一八八一年十一月十九日的一個特別公文裏面提到這個運河問題。在這次公文裏面布棱專從事討論克萊頓布爾威爾條約，並催促英政府考

反對該約的說明

慮各種劇烈的修正，其性質等於將該約完全廢止。反對該約的理由，陳述得很完備。第一點，布棱聲稱該約係訂於三十餘年前，而且在例外與非常的情形下，這種情形在他們的性質上至少是暫時的，早已不復存在了。自從那時候起，美國在太平洋沿岸的卓異的發展，已給美政府創造了若干新的義務與責任，依美總統的意見，對於該約必須作若干重要的修正。然後他充分說明反對該約的永久性的種種理由。第一個亦即最首要的反對理由，即該約禁止對擬議的運河作軍事的防禦工程；因為英國海軍的優勢，這樣一來，實際等於交給英國管轄。在美洲大陸上的任何衝突裏，美國的陸軍力量是不可抗禦的，可是美國則被制止以陸軍力量保護該運河，同時英國卻以一大海軍國家，在這方面享受天然的利益。然而布棱還有一個更嚴重的反對理由，就是該約誤解了英、美兩國在美洲大陸利益上的相對地位。任何條約凡是觸犯「我們在美洲大陸上的權利以及久已成立的優先要求者，」美國不能准其永久繼續。

第三層理由，當該約議定的時候，在中美和南美洲的商務上，只有英、美兩國是重要的國家。自從那時候以來，其他不受該約限制的國家已對中美洲發生利害關係，而法蘭西共和國已經在進行一個新的運河方案。可是因為與英國訂有條約，美國對於在克萊頓布爾威爾條約以前與哥倫比亞所訂條約因而取得的權利與特權，卻被阻止而不能伸張。

在美國控制下的運河

第四點，當該約訂立時含有一種默契，即運河的建築可以得到英國的資本。這一種期望從來沒有實現，而如今美國已有能力建築一條運河，並不需要外方資財的幫助了。

在結論上，布棱對於該約提出了若干修正，使美國可以在該運河建築堡壘，並統治該河及其所在的地方。(六)

布棱最後的牒文

這個公文寫了不多幾天，格蘭維爾對布棱第一個公文的答覆到了華盛頓，於是在十一月二十九日，布棱又寫了一個公文，與十一月十九日那封同樣的浩繁。這次他追敍一八五〇年至一八六〇年間關於該約的討論，旨在證明該約向來爲美國所不滿，而且是嚴重誤會的根源。可是他沒有提起一八六〇年的解決，以及布卡蘭總統謂美國對於該項解決滿意的宣言。

格蘭維爾的覆文　英國政府對於布棱辯詞的全個答覆計分爲兩個文件，其日期一爲一八八二年一月七日，一爲同年同月十四日。布棱拿英國對於蘇彝士運河的行動做比喻而提出的若干結論，格蘭維爾表示異議。至於布棱所稱美國在太平洋海岸上的空前發展，格蘭維爾完全同意，但提醒他謂英國在美國以北的屬地的發展雖沒有這樣迅速，然而在程度上亦差足比擬太平洋諸州。依照英國政府的見解，美國所要求的變更並不能改良運河的局面，至於聲明美國將永久以「有如她海岸線的一部分」來看待那接連二大洋的水道，勢將威脅該水道與美國間的那個地方的獨立。

英國政府相信解決現狀的唯一途徑，便是邀請一切海洋國家共同加入一個協定，而以一八五〇年的條約所規定者爲根據。(七)

弗里令休生繼任布棱　對於格蘭維爾兩個公文作答的工作落到布棱的繼任者弗里令休生

(Frelinghusen)身上。一八八二年五月八日弗里令休生的長篇公文，大體上重申了布棱提出的理由。他詳徵博引，藉圖證明克萊頓布爾威爾條約是為完成一個特殊目的的一個特殊契約，該目的既從未達到，該條約亦即失其拘束力；又謂英國將英屬洪都拉斯的『殖民地』改為『屬地』，也未得到美國的同意，實已違犯該約這種行動使美國有權廢止該約。這個公文還有一點特色便是直接申訴於門羅主義。其原文如下：

> 美國總統認為如歐洲國家於地峽的通行上建立一保護國，則將與美國許多年來所主張的一個主義相衝突。這種感情稱之為一個主義，頗為適當，因為牠既沒有任何規定的制裁，而其主張又視時勢需要而予援引。牠曾經本政府的行政機關，並在名人的言論中，屢次宣布過；不但為美國人民所愛護，而且經英國政府所認准。

訴諸門羅主義

弗里令休生在引證一八二三年十二月二日門羅總統咨書中一段文字及發表該項咨書時的環境敍論以後，他說道：

> 所以歐洲國家不得干涉美洲事情的主義是因為南美洲的糾葛而起，並且是依據英國政府代表

的建議，而由門羅予以宣布者。(八)

格蘭維爾答覆弗里令休生

格蘭維爾在一八八二年十二月三十日的覆文內，斷然證明克萊頓布爾威爾條約第八條，在一八五〇至一八六〇年間討論的時候，是美政府所明白認為成立一個普通原則以適用於連接二大洋的一切水道的。對於第二點的答覆，格蘭維爾援引了一八五〇年七月間克萊頓與布爾威爾交換的文牒，其中表示得非常明白，在雙方政府當時的諒解裏，英國對於伯里子或英屬洪都拉斯的權利要求是一點不受該約的影響的。(九)

隨後在一八八三年八月十七日的一個公文裏，格蘭維爾簡單提及弗里令休生對於門羅主義的申訴，很扼要地提醒他謂議訂該約的美國執政當局，以及予以批准的參議院，都沒有以為他們被門羅總統的言論所阻止而不得與一個或一個以上的歐洲國家締訂這樣一個條約。(十)

一八八三年十一月二十二日弗里令休生的公文，結束了關於該約的通信。在其中他以很率直同執的態度，重申他前幾次公文裏的理由。

布棱與弗里令休生努力的失敗　克萊頓布爾威爾條約在執行的時候，意圖對於中美洲洋際交通的統制上，成立一個永久的原則。有如多數條約一樣，牠沒有廢止的規定，而且當時惟恐英國回復她在條約訂定前的優越地位，所以美政府非得英國同意不能終止該約。因為這個理由，弗里令休生雖然聲稱該約可以廢止，但他並沒有實行宣告廢止。

布棱要取得一種修正的努力，乃美國方面發展了一種新政策的結果；而布棱和弗里令休生用以支持這個政策的理由不但是薄弱的，而且是不公平的。結果英國拒絕同意對該約加以修正。於是美國當前只有兩個辦法，不是遵守條約的規定，便是終於與英國開戰。

克利夫蘭總統回復早先的政策　一八八四年十二月弗里令休生與尼加拉圭商訂了一個條約，規定由美國建築一條運河，置於美國與尼加拉圭的共同主權與保護之下。美國並保證尼加拉圭領土的完整。當克利夫蘭就總統任的時候，這個條約仍在參議院待考慮。克利夫蘭於是撤回該約，並且在一八八五年十二月八日他第一次致國會的常年咨書內聲明回復我們的傳統政策。他聲稱他反對與外國締結糾紛的盟約，並且宣言道：

> 在那分隔世界兩大海洋區域的障壁上面，不論將有何種的通路建築，這必須是爲了世界的福利，爲人類的一種信託，既應使其不致爲任何一國所統制，亦不得成爲一種衝突的動機或黷武好戰的野心的一種獎品。(十一)

國務卿奥爾尼論克萊頓布爾威爾條約　我們知道，布棱與弗里令休生要修改克萊頓布爾威爾條約的企圖是沒有成功。事實上，他們產生的唯一效果只是加強了英國政府當時的決心，要使我們更加嚴格遵守該約的規定而已。一八九六年國務卿奧爾尼於評述現狀時說道：

在管理國家間或私人間相互關係的各種原則上，美國全然不能否認這個條約是充分有效的存在着。如果情勢的變更，使曾經一時認為有利的規約，如今成為不適用或有害時，正當的補救辦法不在於巧出心裁，企圖否認條約的存在，或以解釋變其條文，而在於直接了當地請英國重行考慮全個事件。（十二）

參議院的修正

一九〇〇年赫—旁斯福脫草約　一八九九年國務卿赫氏就是以這種精神與英國磋商一個新的條約。在一九〇〇年二月五日簽字的赫—旁斯福脫（Hay-Pauncefote）條約的初稿規定了一條中立化的運河，並且所擬定的管理規則實質上與一八八八年規定蘇彝士運河管理辦法的君士坦丁公約相符。新約中最重要的規定，便是准許美國直接或經一公司之手去建築並且負責經理一條地峽運河。但美國參議院對於該約有三點重要的修正：（一）宣告克萊頓布爾威爾條約即行廢止；（二）規定凡運河管理章程內各種限制，不得適用於美國為自衛或為維持運河沿岸的公共秩序起見而採取的手段；以及（三）完全取消其他國家參加的條文。英國政府拒絕承受這些修正文，直到一年以後纔終於得到一種協議。

新約稿批准了

(十三) 一九〇一年十二月六日經參議院批准的修正條約是初稿與參議院修正文中間的一個妥協辦法。新條約明白規定克萊頓布爾威爾條約的廢止，並訂定美國得直接贊助運河的建設，並得由其單獨經理。中立化的原則在名義上是保留了，不過是由美國單方爲保證人，有警備運河之權，至於第一次草約內禁止作防禦工程的條款則取消了。(十四)

運河路線的選擇　此項條約除去了關於建築一條通過地峽的運河的主要外交障礙。數年以來，美國正在那裏調查一條經過尼加拉圭的運河的建築費用，這條路線向來是美國極大多數的工程師所認爲最可以實行的。兩個委員會，一個在一八九五年，還有一個在一八九七年，對於這條路線的可實行性都有良好的報告。依據一八九九年三月三日的法令，又有第三個委員會的委派，由海軍上將渥克爾 (Admiral John G. Walker) 爲委員長，並且撥了一百萬元的經費，以便徹底調查一切可用的路線。當渥克爾委員會在尼加拉圭、巴拿馬和亞特拉托河 (Atrato River) 一帶進行調查的時候，與路線的選擇有利害關係的金融團體卻在華盛頓大肆活動，各自企圖慫恿國會採取牠的特殊方案。新巴拿馬運河公司 (New Panama Canal Company) 當改組的時候，曾取得讓與權展期至一九〇四年十月，隨後又取得

法國公司的地位

展期至一九一〇年十月，但後來一次展期的合法性卻是可疑。該公司籌不到必要的款項以繼續巴拿馬的工程，因此其特許狀與產業有被剝奪沒收之虞。所以該公司認爲唯一的希望，便是將特許狀與產業出讓於美國政府。爲達到這個目的起見，該公司便在華盛頓設置了機關，專事運動議員，使輿論贊成巴拿馬

路線。

為尼加拉圭路線的鬪爭　但巴拿馬公司有一個強有力的敵手，即海洋運河公司（Maritime Canal Company），後者獲有國會的特許狀，並且從尼加拉圭取得了讓與權。該公司於一八九〇年在格雷鎮開始工作，但在一八九三年因缺乏資本而停頓下來，如今出而慫恿國會把牠的事業收歸國營。牠很容易的尋到了阿拉巴瑪州參議員摩根（Morgan）來做牠的贊助人，這位參議員熱心於運河問題已有多年，而且他深深相信尼加拉圭路線的優越的。一九〇〇年尼加拉圭對海洋運河公司的讓與權宣告廢止無效，而以新的讓與權給了一批紐約的資本家，叫做格雷斯愛里克拉金公司（Grace-Eyre-Cragin Sydicate）的。但海洋運河公司不肯放棄牠的權利要求，於是兩家公司競爭去運動國會議員。再加上橫渡大陸的鐵道公司，對於在任何一處建築運河都要反對，於是又多了另一派強大的勢力出來競爭，這派當然看那個計劃在目前似乎最易成功便加以阻撓。(十五)

渥克爾委員會的報告　一九〇一年十一月十六日渥克爾委員會徹底調查巴拿馬與尼加拉圭路線以後，提出了牠的報告書。該會估計尼加拉圭運河的建築費為一八九、八六四、〇六六元，而巴拿馬運河的建築完成費則為一四四、二三三、三五八元。後列的一個數目還須加上購買法國公司的權利與產業費用，而據該公司向委員會所稱牠估計牠的利益共值一〇九、一四一、五〇〇元，這樣算來，巴拿馬運河的總共費用須二五三、三七四、八五八元了。委員會表示，以為法國公司的利益不值四千萬元。報告書結論說道：

既經考慮調查會調查所得的一切事實，以及當前的實際現狀，且鑒於新巴拿馬公司的條件，本調查會的意見以爲在美國管轄、經理與所有權下的一條地峽運河，其路線之切實可行者，當推所謂尼加拉圭路線。（十六）

赫普本議案　衆議院議員赫普本（Hepburn）當卽提出了一個議案，規定建築一條通過尼加拉圭的運河；一九〇二年一月九日這個議案便以三〇八對二票的幾乎全體一致的投票在衆議院通過了。同時委員會的報告已使新巴拿馬運河公司的股東們大起恐慌；一九〇二年一月四日，他們拍了海底電報給委員會，願以四千萬元出賣於美國。一月十八日，委員會便提出了一個補充報告書，建議採用巴拿馬路線以代替尼拉加圭路線。

斯逢納修正案　因此當赫普本議案在參議院討論的時候，局面已經大大的變更，關於兩條路線的利害比較，起了一個長時期的辯論。參議員摩根認尼加拉圭爲美國傳統路線，繼續爲牠奮鬬，聲稱新巴拿馬運河公司對於其產業及利益不能作合法的出讓。但這個反對理由，卻被參議員斯逢納（Spooner）機敏地應付過去，他提出了一個修正案，其實是一種代替的辦法，授權總統以四千萬元以下的代價取得法蘭西公司的權利與產業並且依照他所認爲合理的條件上，向哥倫比亞共和國，取得闊度達六英里以上，自加勒比海延長至太平洋的一帶土地的永久管轄；俟此項權利取得後，卽進行建築一條運河。但假如總統不能『在一個合理的時間內暨合理的條件上，』從法公司取得一種滿意的產業權利，並且從哥倫比亞共和國取得一帶必要的土地的管轄權，那麽他須向尼加拉圭共和國取得必要的一帶土地的管轄權，並在那裏進行建築一條運河。該議案經過這樣的修正，便於一九〇二年六月十九日以六七對六票通過了參議院。衆議院起初不肯同意斯逢納修正案，但經過一番會商之後，牠終於讓步，而以二六〇對八票通過了這個方案。該法令便於六月二十八日由羅斯福總統簽署了。(十七)

修正案的通過

赫—海倫條約

檢察長諾克斯(Attorney-General Knox)被派往巴黎，徹底調查巴拿馬公司的業務。他報告說該公司能够提出一種明白的產權。於是其次便是要取得那通過哥倫比亞的路權了。經過相當時間的耽擱後，國務卿赫氏與哥倫比亞代理公使海倫(Herran)於一九〇三年一月二十二日簽訂了一個運河條約，規定美國應付給哥倫比亞現金一千萬元及年金二五〇、〇〇〇元，作爲通過地峽六英里闊的土地帶的租費。美國方面因爲對於運河區域未能取得完全的行政管轄權，頗有人表示反對，但一般認爲這已經能够得到的最好結果，所以一九〇三年三月十七日就由美國參議院批准了。

爲哥倫比亞參議院所拒絕　可是哥倫比亞的參議院卻並不滿意於該約。他們感覺到巴拿馬是他們最大的國有資產，並且深深知道無論美方如何恫嚇，羅斯福總統決不會採取斯逢納修正案的另一辦法，而向尼加拉圭進行。經過近兩月的工夫的討論，他們最後於八月十二日以出席參議員全體一致的投票否決了該約。（十八）他們大概以為他們能從美國獲得更好的條件，尤其是對於地峽方面可以保留較多的主權。羅斯福總統聲稱哥倫比亞參議院此舉係出於『反社會的精神，』並且由於政府領袖們的貪得無厭。一心希冀等候至他們能夠沒收法公司名下四千萬元的產業後，再行出售於美國。但美國駐哥倫比亞公使波普勒(Beaupré)的公文對於這個見解，不以為然；他屢次警告國務卿赫氏謂『反對運河條約的輿論非常高漲，』就是哥倫比亞政府亦不能忽視。責備哥倫比亞為失信出自一個在憲法上亦需參議院批准一切條約的國家，似乎不大得體。

法公司進退維谷 赫—海倫條約為哥倫比亞參議院否決後，擁護尼加拉圭路線的人便重整旗鼓，聲稱斯逢納法內容許總統取得巴拿馬路權的『合理的時間』已經終了，如今他職責所在，應即採取尼加拉圭路線。法蘭西運河公司的董事們又起恐慌。假使他們不能將運河售於美國，他們勢將完全犧牲他們的產業，或者以較低數額售於其他承購者。當時謠傳德國願意購買他們的利權。該公司的董事們狼狽已極，他們的美國法律顧問克倫威爾(William Nelson Cromwell)乃趕往巴黎勸他們不要作飢不擇食之舉。赫—海倫條約的否決對於巴拿馬地峽的居民是一個極大的失望。他們認為此舉犧牲了他們的

巴拿馬預備反叛

利益，他們有幾個領袖人物便與巴拿馬鐵路公司的美國代理人商量可否組織一個革命。在這方面採取任何行動之前，他們認為應該派一同志到美國去，因此就推舉了亞美杜博士(Doctor Amador)擔任

此項使命。他和克倫威爾暨國務卿赫都舉行了會議。赫氏僅略述依據一八四六年條約他所認爲美國應有的權利與義務，但自然拒絕表示美政府願切實贊助革命的計畫。亞美杜對於與赫氏會議的結果，不免失望，但法公司前任總工程師菲律普布洛．威利拉(Philippe-Bunau-Varilla)的突然來臨，以十分熱誠參加革命的計劃，頓使亞美杜又充滿了希望。(十九)

羅斯福派戰艦至地峽 哥倫比亞國會對於該約未再加任何考慮，便於十月三十日閉會了。羅斯福總統於是立刻命令波士頓、狄克西(Dixe)、亞特蘭大(Atlanta)及那士維爾(Nashville)諸軍艦駛往地峽的附近。各艦長官奉有命令須使地峽通行無阻，並且『制止任何具有敵意的武裝軍隊，不論其爲政府的或叛黨方面的，在巴拿馬五十英里以內登陸』。那士維爾號軍艦於十一月二日到達科朗(Colon)口外。不用說得，這些步驟造成了一種極有利於革命的局面。(二十)

革命在預料之中 革命黨人曾因亞美杜博士未能從美政府取得切實的援助約言，而大失所望，但當他們得悉美國戰艦開到的時候，他們的精神爲之重振。然而他們依舊遲遲地不去利用他們的機會。華盛頓政府逐漸不耐煩起來了。十一月三日下午三時四十分美政府便拍了下列一電給巴拿馬與科朗各領事：

聞地峽叛動。隨時以詳細消息報部。盧密斯代。

下午八時十五分巴拿馬領事回電：

尙無叛亂。聞將在今夜局面緊張。

下午九時，同一方面的第二次電來到：

叛亂發生於今晚六時；無流血。海陸軍官被拘。今夜將組織政府。(二十一)

革命成功　在那士維爾接得命令制止武裝軍隊登陸以前，有四百五十名哥倫比亞軍隊到了科朗。軍隊中的重要幹部由鐵路方面備了一輛專車送他們過巴拿馬地峽。他們到達的時候就被革命領袖們加以逮捕拘禁以防不測，同時鐵路上的職員們設法使他們的軍隊無車可乘。翌日那士維爾艦的哈柏德（Hubbard）艦長派了五十名水兵在科朗登陸，再過了一天，統率哥倫比亞軍隊的那位軍官受了厚賂重新統兵上船而去。事情一樁樁發生得非常之快。十一月六日，美國便承認了事實上的政府，一星期後布洛·威利拉亦由羅斯福總統當做巴拿馬共和國的全權公使接見。這樣匆忙地承認一個新政府，在美國外交歷史上當然是無前例的，而且很自然地證實了謠言所傳整個事件是預先安排好了的。十月十日，羅斯福總統寫了一封親筆信給評論之評論(Review of Reviews)的主筆巴拿馬路線的熱烈擁護者亞爾培蕭博士(Dr. Albert Shaw)信中說道：

羅斯福欣慰

我私自可以隨便向你說，假如巴拿馬是一個獨立國家，或者假如牠在這時候成爲這樣的國家，我是高興的；但要我公開地這般說法，豈不等於煽動叛亂，所以我不能開口。(二十二)

這封信可使我們對於同年十一月份評論之評論中一篇文章讀了更可了然，在該文中蕭博士討論「巴拿馬叛則如何」這個問題，並且預測以後的事變途徑頗具有先見之明。

羅斯福設法和緩輿論的指摘 羅斯福總統在一九〇三年十二月七日的常年致國會咨書中，討論巴拿馬革命問題，設法拿一八四六年的條約來辯護他行動的適當。這個咨書不能和緩輿論的指摘，於是在一九〇四年一月四日，他又送了一個特別咨書給國會，以辯護他的行動。他認爲哥倫比亞無權「阻擋世界運輸的通過地峽」，並謂(一)依據我們的條約權利，(二)依據我們的國際利益，以及(三)依據「集團文明」的利害關係，美國的干涉是正當的。這個咨書裏的「法律上」的理由（假使我們加以這個尊稱，）據說是出於魯特和諾克斯準備的，他們這時都是內閣閣員。隔了幾年，在羅斯福總統已經退休之後，他在一篇公共演說裏表明了眞正的理由，他說道：

要是我遵照了傳統的守舊辦法，我應該提交國會一個長可二百頁的冠冕堂皇的國家公文，而口舌的辯論到現在還不會罷休，但我則不然，我取得了運河地帶而聽憑國會爭辯去，當辯論在進行中的時候，運河亦在進行着。

羅斯福總統爲什麽不願把這件事再提出於國會的理由，便因爲他已經決定了巴拿馬路線，而且他知道假使各種情形不變，國會在十二月裏集會的時候，將有成議逼迫他採取斯逢納修正案的另一辦法，去進行尼加拉圭路線。他這樣匆忙地承認巴拿馬革命的目的，所以是要在國會開會前使巴拿馬路線成爲一種已成的事實。這是他一九〇四年一月四日的咨書中確實所採取的態度，裏面他說道：

已成事實

我們當前的唯一問題便是該約的批准。要記得不批准該約並不能打消已成的事實，並不能以巴拿馬還歸哥倫比亞，而且並不能改變我們使地峽通行無阻，及任何局外國家不得危害這條通路的義務。

與巴拿馬的條約　此處所指的條約乃一九〇三年十一月十八日簽字的與巴拿馬所訂的條約該約於一九〇四年二月二十三日經參議院以六六對十四票的投票予以批准。依照這個協定的條款，美國保證巴拿馬共和國的獨立，並允許在批准書交換以後，償付巴拿馬共和國一千萬元，並且自九年之後起，每年償付年租二十五萬元。巴拿馬方面則永久撥給美國一片闊及十英里的地帶以供建築運河之用，美國對於這片土地及其毗連的水流獲有完全的權力與管轄，彷彿是該區域的主權國家一樣。(二十三)運河的建築當即動手，在哥塞爾將軍(General (Goethals)與一羣陸軍工程師的主持下面，工程進行得很順利。該運河於一九一四年八月十五日通航，雖然這時候尚未完工，而且後來又因山崩阻斷了交通。

與哥倫比亞的緊張關係　羅斯福總統取得巴拿馬運河地帶所運用的手段引起了全拉丁美洲的憤怒與驚惶，而且造成了美國與哥倫比亞的緊張關係。哥倫比亞拒不承認巴拿馬共和國的獨立，並且聲請把她對於巴拿馬以及運河利益的權利要求提交公斷。哥倫比亞聲稱羅斯福總統誤解了一八四六年的條約，該條約原來規定了美國與哥倫比亞對於地峽的相互義務，而美總統則解釋爲對於全世界而非哥倫比亞的義務。美國既然向來是主張以涉及條約解釋的問題交付公斷的，哥倫比亞這個要求委實在使美國難以爲情，但國務卿赫氏及其繼任者魯特都推託涉及的問題是一種政治性質，而拒絕了公斷的要求。(二十四)

魯特提議調整爭議　一九〇九年一月，在羅斯福任期行將結束的時候，國務卿魯特在華盛頓市磋商了三個條約，以便與哥倫比亞樹立友好的關係。其中一個是美國與哥倫比亞共和國間的，一個是美國與巴拿馬共和國間的，還有一個是巴拿馬與哥倫比亞間的。在哥倫比亞與巴拿馬的那個條約裏，哥倫比亞共和國完全承認巴拿馬的獨立，而巴拿馬共和國則以最初十次二十五萬元的常年攤款撥給哥倫比亞（該款便是美國常年撥付巴拿馬共和國作爲運河的常年租金的。）依照一九〇三年十一月八日所訂的美國與巴拿馬共和國的條約，此項年款應自即日起九年之後開始撥付。現在則重行規定第一屆常年付款，應自該約的批准文書交換日起四年後即行開始。依此辦法，在償付哥倫比亞的二百五十萬元中，半數由美國償付，尚有半數則由巴拿馬償付。在美國與巴拿馬的新條約中，對於一九〇三年的條約有必要的修正，俾最初十屆的攤款可以撥給哥倫比亞。在美國與哥倫比亞的條約內，最重要的一條條文如下：

> 哥倫比亞共和國在任何時期得有自由以其軍隊、軍實及軍艦輸經現正由美國建築中之橫貫巴拿馬地峽的運河，無須向美國繳納任何稅課；即遇哥倫比亞共和國與其他國家發生國際戰爭時，亦得如此辦理。

給哥倫比亞在運河以特權

該約又規定哥倫比亞的農工業物產，只須繳納美國同樣貨物在同樣情形下應繳的稅課，即可輸入運河區域；再有哥倫比亞的郵件，於完納美國郵件所納的稅課或費用後，便得自由通過運河地帶。（二十五）

哥倫比亞拒絕擬議的條約 此項三方面的條約自然是共存亡的。美國與巴拿馬立即批准了他們間的條約，但哥倫比亞則憤然排斥這種辦法。事實上，當此項解決的內容公布的時候，那個主張予以接受的哥倫比亞政府即被推翻，而那位參加議訂此項條約的專使也被一羣憤怒的羣衆逼得逃出國門。哥倫比亞不是二百五十萬元區區的數目可得而和解的。

哥倫比亞的宛曲的說明 塔夫脫總統的政府屢次設法與哥倫比亞和解，但迄無成功。一九一二年九月三十日，美國駐哥倫比亞公使杜步亞(Du Bois)對整個問題提交國務卿諾克斯一個饒有興趣的評議，裏面於追敍兩國間夙昔保持已久的良好邦交後，他說道：

> 九年之前，當羅斯福總統否認哥倫比亞有權以其自國軍隊在其自國領土上登陸，藉以削平醞釀中的叛亂，並以維持為條約所擔保的主權時，兩國邦交便突然而且出於意料之外的為之一變。裂痕於是發生，並且自從該時起即逐漸擴大。因為不准哥倫比亞申張她的主權於她統治了八十年的領土上面，於是近乎一世紀的友誼便消滅了，每一個哥倫比亞人，和數百萬其他拉丁美洲人民都為之義憤填膺，而且至今依然是創鉅所深。對於美國的公平與正直的信託之心，一向是流露在外的，如今卻已全然消滅，而且這種情形的有害的影響正滲透於全部拉丁美洲國家的輿論中，這一種情形若不設法補救，將在全西半球為害無窮。(二十六)

權利要求的公平估計　杜步亞於是進而敍述哥倫比亞的權利要求。他總括如下：「巴拿馬鐵路常年收入一六、〇〇〇、〇〇〇元；鐵路價值一六、四四六、九四二元；巴拿馬運河權利一七、五〇〇、〇〇〇元。科斯達利加邊界公斷費二〇〇、〇〇〇元；總計五〇、四四六、九四二元（按總額應爲五〇、一四六、九四二元。）此外，哥倫比亞又喪失了巴拿馬一省，其價值是不能隨便計算的。」結論，他力陳與哥倫比亞迅速調整爭議的重要，他說道：

南美洲正在商業的路線上邁步前進。美國與該國的未來關係的性質非常重要。對於全個拉丁美洲的友好關係應鄭重地予以發展與維持，這點對於哥倫比亞尤其來得重要。該國鄰接地峽，在二大洋上均有優良的港口；牠在南美洲政治的與商業的生活上，尤其在一切位於加勒比海上的國家裏面，牠勢必成爲一個饒有勢力的因素。如以協調的精神與哥倫比亞接近，並求恢復兩國的古來友誼，是不僅爲美國方面的一種公正聰明的動作，而且既然哥倫比亞與全南美洲及中美洲，均深信美國在巴拿馬事件上確屬不公，實予哥倫比亞以無限痛苦，則此舉抑亦一種寬大友善的行動，事不宜遲，便在今日，幸乘巴拿馬運河開放之前，及兩國輿情一致同意於此種行動之時而亟圖之。（二十七）

塔夫脫政府提出的解決辦法　杜步亞條呈此項對哥倫比亞關係的報告書時，他本人正在美國，特歸來與國務部商議與哥倫比亞解決爭議所當採取的方針事宜。當他回到波哥大（Bogotá）的時候，杜步亞向哥倫比亞政府提出了下列的提議：（一）批准魯特條約，內規定以運河地帶最初十屆的常年租金，爲數二百五十萬元撥付哥倫比亞；（二）由美國償付哥倫比亞一千萬元俾有權利從亞特拉托路線建築一條洋際運河，並得租借老波羅威頓士（Old Providence）及聖安德羅茲（St. Andrews）羣島爲煤站；（三）美國爲哥倫比亞出而調停，俾哥倫比亞與巴拿馬的疆界問題可得調整；（四）將哥倫比亞要求的對於巴拿馬鐵道的承繼權利交付公斷。此項權利業由美國依照一九〇三年美國與巴拿馬所訂條約第二十二條加以接收，據塔夫脫政府的陸軍部長估値爲一六、〇〇〇、〇〇〇元以上，以及（五）准許哥倫比亞在巴拿馬運河的使用上得享優先權利。

哥倫比亞提請公斷　哥倫比亞政府當即拒絕此項提議，並在覆文中要求『將巴拿馬問題全部付之公斷，或由美國方面直接擬議賠償哥倫比亞因巴拿馬脫離之結果所遭受一切道德上、物質上與財政上的損失。』哥倫比亞的外交部長宣言道：

> 假使哥倫比亞經美國上次所加之重創以後，再以任何領土特權給予該國，其結果將爲極大之騷亂與可能之革命。看起來美國人民似乎從未完全明瞭美國加諸哥倫比亞人民的創痛是何等鉅大。

杜步亞於是詢問哥倫比亞肯否接受一千萬元，對於解決與巴拿馬爭執上的美國調停，巴拿馬鐵路承繼權的公斷，以及運河的優先權益，而不須給予美國任何特權或租讓。這個提議又遭拒絕之後，杜步亞於是由他自己負責作非正式的詢問，假如美方提出二千五百萬元而別無任何種選擇權時，哥倫比亞是否滿意。他得到的答覆是除將整個巴拿馬問題付之公斷外，哥倫比亞一切都不接受。一九一三年二月二十日杜步亞奉到本國訓令停止磋商。國務卿諾克斯將事實報告於總統時，聲稱哥倫比亞似乎決心與將上臺的民主黨政府談判。(二十八)

哥倫比亞希望向威爾遜取得較好條件

布賴安條約　威爾遜上臺之後，國務卿布賴安便與哥倫比亞繼續諾克斯所停頓的談判，並且訂了一個條約，內規定美國應表示「在兩國保持極久的友善關係上，竟有事故發生以致梗阻或損傷，誠覺扼腕，」同時以二千五百萬元償付哥倫比亞。該條約又以塔夫脫任內擬議的使用運河的優先權利給予哥倫比亞，而在哥倫比亞方面則允許承認巴拿馬的獨立，並接受條約內規定的界線。這個條約於一九一四年六月十六日提交參議院。其條款一經公布，前總統羅斯福卽斥之爲訛詐，且致書參議院外交委員會主席，請求在對該約有所決定之前，准予出席說明。到了一九二一年四月二十日，哈定(Harding)政府開始數星期之後，這個條約纔由參議院附以若干修正而予以批准了。修正案中主要的一條卽取消表示扼腕的條文，而代以說明謂該條約係出於雙方政府的願望，旨在「消除因一九〇三年十一月巴拿馬政治事

參議院擱至哈定任內

件而發生的一切誤解。』該修正案的條約又規定二千五百萬元的款額應分五次常年撥款償付，而非一次現付。這個經過修正的條約在一九二二年三月一日經哥倫比亞批准，於三月三十日公布有效。(二十九)美國煤油業感覺在那種邦交緊張的局面下不容易做生意，出來運動批准這個條約，羅斯福既已逝世，他的朋友們，包括參議員洛治在內，曾把該約擱了數年，如今也投票贊成批准了。

(一) Correspondence in Relation to the Proposed Inter-oceanic Canal, the Clayton Bulwer Treaty, and the Monroe Doctrine (Govt. Printing Office, 1885), p. 132. 以後簡稱爲 "Collected Correspondence".

(二) Op. cit., p. 313.

(三) Richardson, Messages and Papers, VIII, 11.

(四) Collected Correspondence, pp. 322—326.

(五) Op. cit., p. 326.

(六) Op. cit., pp. 327—335.

(七) Op. cit., pp. 340—352.

(八) Op. cit., pp. 160—161.

(九) Ibid., pp. 353—359.

(十) Op. cit., p. 364.

(十一) Richardson, Messages and Papers of the Presidents, VIII, 327.

(十二) 56 Cong., I Sess., Sen. Doc. No. 160.

(十三) Moore, Digest of Int. Law, III, 211.

(十四) For. Rel., 1901, p. 245.

(十五) Johnson, Four Centuries of the Panama Canal, Chap. VIII.

(十六) Report of the Isthmian Canal Commission, 57 Cong., I Sess., Sen. Doc. No. 54.

(十七) U. S. Statutes. at Large, XXXII, Pt. I, p. 4 1.

(十八) 58 Cong., 2 Sess., Sen. Doc. No 51. p. 56.

(十九) Johnson, Four Centuries of the Panama Canal, 162—171.

(二十) 58 Cong., 2 Sess., Sen. Doc. No. 53.

(二十一) 58 Cong., I Sess. H. Doc. No. 8.

(二十二) Literary Digest, October 29, 1904.

(二十三) For. Rel., 1904, p. 543.

(二十四) 62 Cong., 3 Sess., H. Doc. No. 1444, pp. 2, 3; 65 Cong., Special Sess, Sen. Doc. No. 1, pp. 47, 48.

(二十五) Op. cit., p p. 24— 34.

(二十六) Op. cit., p 35.

(二十七) Ibid., p. 44.

(二十八) Op. cit., pp. 53—79

(二十九) Treaties and Conventions, III, 2538.

第二十三章　加勒比政策

美國向加勒比的挺進　西班牙戰爭的結果，美國獲得了樸陀利科及對於古巴的保護權。向加勒比遲久未發的挺進既這樣開始了，於是在隨後的二十年中便有迅速的展開。但西印度在近代世史上的眞正轉機卻是一九〇一年的赫旁斯福脫條約。依照該約的規定，英國把她堅持了半世紀對於一條地峽運河的統制，要與美國有同等地位的權利要求放棄了。這個赫旁斯福脫條約在條文上雖僅限於運河問題，但是實際上其意義是遠大多了。因爲英國在簽訂該約以後，便將她在西印度羣島的艦隊撤退了，所以該約在效果上不啻以這個險要區域的海軍優勢移交於美國了。英國這時候對於美國的態度改變得如此的顯著，以致有些作家認爲兩國在一八九七年訂有祕密的盟約。這種說法的荒謬，當時卽經參議員洛治指出。

英國改變態度

英國態度的改變是不難明瞭的。自從托拉法加 (Trafalgar) 海上大戰以後一百年來，她的政策一向是要維持足以應付所有來者的強大海軍。洎乎十九世紀末期，俄羅斯、日本和德意志的海軍有了迅速的擴張，英國認定她再不能繼續孤立的政策了。美國既取得菲律賓、夏威夷羣島和樸陀利科，又決心要建築一條地峽運河，其勢非成立一個大海軍不可。因此英國明白她不能不結交未來的與國。基於這種考慮，她於一九〇一年和美國簽了赫旁斯福脫條約，又於一九〇二年和日本訂了防守同盟。鑒於美國存心要實行那遷延已久的運河計劃，英國認定假如再行堅持克萊頓布爾威爾條約下的權利，勢將引起齟齬與可能的衝突。所以她很聰明的決定放棄她半世紀來據有的立場，而容許我們隨便在什麼地點爲運河的購置與管轄。在簽訂赫旁斯福脫條約時，她便很大方地承認了美國在加勒比有重大的利益，與之競爭爲智者所不取。自從訂了這個條約以後，美國在這地方的優勢向來沒有被人嚴重的干涉過。

新政策的形成　建築運河的決心，不但使加勒比海上海軍優勢的政策勢在必行，並且形成了若干應付加勒比地帶的新政策——這個地帶乞斯德爾海軍上將（Admiral Chester）稱之爲大巴拿馬運河地帶，——卽西印度羣島、墨西哥、中亞美利加、哥倫比亞以及委內瑞拉。此項政策包括保護國的設立，財政的監督，一切運河路線的統制，海軍站的取得，以及無秩序國家的警衛與行政管理。

美國權力與勢力的範圍　自從西班牙戰爭後，美國在加勒比海上進展至速。樸陀利科的獲得和在古巴的成立保護權乃這場戰爭的當然結果。一九〇三年我們取得了運河區域，其情形已如上述。翌年，羅斯福總統在多明哥共和國樹立了財政監督。一九一五年，美國海軍在海弟登陸，不久就起草了一個條約，我們因而取得了對於該國財政的監督和行政事務的統制。一九一六年，我們又以條約從尼加拉圭取得了通過其領土的運河建築獨占權，和方舍卡海灣（Fonseca Bay）上海軍站的租借。一九一七年，我們又以條約從丹麥取得了她在西印度羣島的屬地，所謂處女羣島（Virgin Islands）者是。

多明哥共和國的破產情形　一九〇四年羅斯福總統建議，我們應擔任多明哥共和國的財政管理，

財政監督需要

藉此避免歐洲國家以武力討收她欠各該國人民的債務，這個建議是與美國的傳統政策大相逕庭的。一九〇四年九月十二日，道生（Dawson）公使向國務部報告謂聖多明哥的債務爲三二、二八〇、〇〇〇元，其海關稅課收入估計爲一、八五〇、〇〇〇元，而經常費預算爲一、三〇〇、〇〇〇元，僅餘五五〇、〇〇〇元，無從應付過期與到期的利息的償付，此項利息計有二、六〇〇、〇〇〇元。這筆債務中有二二、〇〇〇、〇〇〇元係欠歐洲的債權人的。債務的大部分係由歷次的革命領袖所締結，他們武力佔據了政府，便匆忙地盡力出售公債以籌現款，而將責任留給他們的繼任者。歐洲的債權人不斷催迫聖多明哥承認他們的債權。德國似乎尤其決心要以強迫方法來解決她的要求，而德國多年來之視門羅主義爲她在拉丁美洲取得立足地的主要障礙，又是大家所知道的。徵收外債利息的唯一有效方法似乎只有由某一外國或外國的集團出而奪取並管理聖多明哥的海關。羅斯福總統鑒於債務如此鉅大，預料海關一經佔據，歐洲國家將無限期的佔據美洲領土，這樣一來，勢必違反門羅主義。他知道殷鑒不遠，在一八七八年，英、法兩國共同擔任了埃及的財政管理，情形頗相彷彿，自從阿拉比（Arabi）亂事以後，英國即單獨繼續此項管理，結果埃及便落在英國的統治下，其受制之深，無異正式歸併。因此，羅斯福總統認爲凡遇有破產的美洲國家，必須由一破產管理人爲之管理者，那麼美國必須出而爲破產管理人，以接管該國的財務行政。

他準備採取的政策，他在一九〇四年十二月六日的常年致國會咨書內說明如次：

羅斯福警告秩序紊亂的國家

任何國家凡其人民能好好自治者，概可得到我們的誠意的友誼。任何國家在社會的與政治的事務上，如能表現牠知道以合理的效率與體面行事者，如能維持治安，償付債務者，彼儘可無慮美國的干涉。惟有長期作惡，或萎靡不振，以致文明社會的綱紀廢弛者，無論其在美洲或其他各處，終不免需要某一文明國家的干涉，至於在西半球上，則美國為遵守其門羅主義起見，即使心所不願，亦將迫不獲已，對於此項作惡或萎靡的顯著事例，實施一種國際的警察權。

參議院不同意羅斯福所提議的接管辦法　道生公使約於同時奉到國務卿赫的命令向聖多明哥建議由該政府請求美國管理其海關行政。聖多明哥政府既然知道沒有其他途逕以解脫其困難，乃承受此項建議，而於一九〇五年二月四日由道生公使與聖多明哥外交部長簽立一個議定書，內規定美國應保證聖多明哥共和國的領土完整，接管其海關，管理其財政，並解決其內外國債務。把這個新協定稱為『議定書』而不稱為『條約』者，在羅斯福的意思大概不預備提交參議院，但這種與我們已往政策相去太遠的行動不免引起物議沸騰，以致終於要請參議院依正常方式予以批准。參議院竟不予以批准，羅斯福總統卻不因此氣沮。既然參議院不准他替聖多明哥任命一海關管理人，他就擬定了一種暫行的辦法，規定由羅斯福總統非官場地指定一人，而由聖多明哥共和國總統加以委任為海關管理人，該員即在

在暫行辦法下實行了政策

美國海軍保護之下主持該共和國的事務。羅斯福總統居於大元帥的地位是可以任意調派海軍的船隻的。羅斯福這種行動遇到國會內外的堅決反對，但他既已決心獨行其是，不待參議院的批准而繼續執行他的政策，參議院終於決定最好是給這種辦法一個確實的法律地位。一九〇七年二月二十五日參議院同意批准一個經過修正的條約，內中取消了領土保證的條文，而規定美國總統應任命聖多明哥海關總管理一人，以及其他總統認爲必須的助理人員，復規定美國政府應給彼等以職務行使上所必要的保護；又規定在此項有抵押的債務未完全清償以前，聖多明哥政府非經美國允許，不得增加其債務。這時候，在這現行辦法之下，聖多明哥的局面已大有起色，關稅的收入幾乎增加了一倍，債權人又已同意酌減他們的要求，所以在該條約批准的時候，全部債務已不到一千七百萬金元了。(一)

聖多明哥的新財務專約

一九二四年簽訂了一個新財務專約，以代替一九〇七年的條約；新約授予聖多明哥政府借款之權，但不得超過美金二五、〇〇〇、〇〇〇元。按照該約的規定，美國大總統得委派總稅務司一人，經收全部關稅，用以償付外國公債到期的本息，而將餘額撥與聖多明哥共和國。倘遇任何年份關稅收入超過美金四、〇〇〇、〇〇〇元，應將溢出額百分之十作爲收回公債之用。總稅務司應繼續經收關稅，『迄至聖多明哥共和國所發出的一切公債均已收回或付訖爲止。』這個新財務專約簽訂以前數月之間，美國已開始將所駐海軍撤退。一九二四年九月十八日撤退事宜辦理完竣。同年九月二十九日，聖多明哥共和國被准加入國際聯盟爲會員國。

中美的紊亂

塔夫脫謀以同一政策施行於尼加拉圭及洪都拉斯　羅斯福總統的政策雖然引起了抨擊，但是塔夫脫政府不僅在聖多明哥繼續了這種政策，而且企圖推行之於尼加拉圭及洪都拉斯。基於戰爭與革命的結果，中美洲的五個共和國家已有許多年在一種政治與經濟的擾亂狀態之中。一九〇六年危地瑪拉（Guatemala）和薩爾瓦多（Salvador）發生戰事。羅斯福總統邀請了墨西哥地亞士總統（President Diaz）與他一同出而調停，結果便在美國軍艦馬爾布赫德（Marblehead）上舉行和平會議。在會議上各交戰國家同意停止戰爭，並再行召集一個會議，以商訂一個和平條約。第二次會議在哥斯達黎加共和國的聖若塞（San José）舉行，但是尼加拉圭總統濟拉雅（Zelaya）因為不願承認美國有權干涉中美事務，拒絕推派代表到會。這時候濟拉雅正在有系統地干涉中美洲其他國家的內政，而且對於洪都拉斯政府握有完全的操縱權，因此危地瑪拉與薩爾瓦多企圖在洪都拉斯與尼加拉圭促成革命來反對濟拉雅。一九〇七年夏，戰爭有爆發之勢，於是羅斯福總統與地亞士總統再度出來作外交的干涉，敦勸中美各國政府停止戰爭準備，到華盛頓市舉行一個會議。十一月，中美五國代表會集於美國的美洲共和國廳，而由國務卿魯特與墨西哥大使卽席演說。各國代表議定了一個和約，規定解決現有爭議，並成立一個中美洲法庭，推事五人，由各國立法機關各推一人。五共和國同意如各國間發生任何爭執，凡不能以尋常外交方式解決者，不論其性質如何，概應提交該法庭辦理。

濟拉雅鼓動鄰邦的擾亂　但是尼加拉圭總統濟拉雅仍舊控制着洪都拉斯，繼續干涉其他共和國的事情，不是鼓動革命運動，便是發兵侵略。他又仇視中美法庭，因此很顯然的，只要濟拉雅在位一天，便一天難有永久的和平。所以當一九〇九年十日保守黨人在布盧飛咨（Bluefields）開始對濟拉雅政府起而革命的時候，其他中美國家和華盛頓方面都予以同情。局面變得這樣的阢隉不安，因此尼加拉圭和洪都拉斯有許多人懇請美國出來干涉，俾得恢復秩序。墨西哥的地亞士總統因與濟拉雅友好，特向美國聲稱他不願再有任何舉動。於是兩國政府的共同努力宣告終止，從此以後，美國只得單獨行動。可是美國仍未作何行動，一直到一九〇九年十一月濟拉雅下令處了兩個美國人的死刑。這種無法律根據的死刑，及其野蠻的處死方法，結果是塔夫脫總統立即與濟拉雅的政府斷絕外交關係。一九〇九年十二月一日，國務卿諾克斯在發給駐尼加拉圭的代理公使的公文中說道：

諾克斯的責言

自從一九〇七年華盛頓各項條約締結以來，誰都知道濟拉雅總統幾乎不斷地在那裏使中美洲變亂相乘；他屢次彰明較著的違反各項條約的規定，他又對於各項條約所保證中立的洪都拉斯實施一種有害的影響，以圖破壞這些神聖的國際義務，而危害哥斯達黎加、薩爾瓦多及危地瑪拉，同時這幾國的政府對於這種在美國與墨西哥主持下鄭重在華盛頓締結的契約似乎正在堅忍努力予以忠實的擁護。

他接着說道，在濟拉雅總統治下尼加拉圭的共和政體只成了虛名，報章輿論都遭了窒息，至於具有眞正愛國心的人民只有陷身囹圄之中。美國政府深信他說『這次革命比較濟拉雅總統的政府確實更能代表尼加拉圭大多數人民的理想與意志。』(二)

濟拉雅政府的傾覆　這個文件促成濟拉雅政府的迅速崩潰。他辭總統職給馬得里茲博士(Doctor Madriz)以圖使他的一黨長久在位，但塔夫脫總統拒不承認馬得里茲政府，數月後該政府便遭推翻，革命黨上臺，起初由義斯德拉達(Estrada)爲總統，隨後爲亞杜福地亞士(Adolfo Diaz)。

與洪都拉斯及尼加拉圭的條約被參議院否決　這場革命使農業與商務爲之一蹶不振，國家財政則棼亂如麻。一九一〇年十月美國政府派了道生到馬拿瓜(Managua)去調查情形和整理尼加拉圭的政治與財政事務。當他從事於此項工作的時候，國務卿諾克斯在華盛頓磋商了兩個條約，一個是美國與洪都拉斯間的，簽於一九一一年一月十日，再有同樣的一個是美國與尼加拉圭間的，簽於六月六日。這些條約的意思都是要使美國對各該國家作財政的監督。他們規定由美國總統核准任命一個海關稅務司，又規定以海關的收入爲美國銀行家提供借款的抵押。此項稅務司不待參議院批准該約便立即在尼加拉圭成立，又經國務部的斡旋，美國銀行家便對於尼加拉圭政府予以初步的借款。迨後該約遭參院的否決，於是各銀行家拒絕再撥借款，局面仍與原來差不多的惡劣。一九一一年十月，軍政部長兼他自己一黨的黨魁孟那將軍(General Mena)被國會推選爲共和國總統，但這是違背該國與道生所訂的協

美國海軍在尼加拉圭登陸

定，美國不准，於是地亞士總統將他推翻，並且逼他逃出首都。不久之後，孟那患病沉重，於是地亞士總統的反對派又爲濟拉雅一輩人所操縱了。地亞士總統既無力保護外國人的生命財產，他便請美國予以協助。爲答覆此項請求美國海軍便在哥林托（Corinto）登了陸，並且收管了該地與首都及其他大城市連絡的國有鐵路。美國公使宣布謂美國意欲使交通路線通行無阻，並保護美人的生命與財產，這個宣言對於革命黨人是一個大打擊。他們中間有些領袖自動投降了美國海軍，其餘的人便被攻擊，只得放棄他們堅守的沿鐵路各站。在這種軍事行動當中，美國一共死了七名水兵。自從一九一一年至一九二五年，尼加拉圭首都的美國公使館常川駐紮了一百名水兵，又在哥林托地方停泊了一隻軍艦。到了一九二五年八月，美國水兵便撤退了。

諾克斯第二次與尼加拉圭的條約未批准　革命運動既然這樣的被打破以後，國務卿諾克斯磋商了一個新條約，目的在幫助尼加拉圭政府脫離牠的財政困難。這時英國正威脅着要用武力迫債，還有在哥斯達黎加經營香蕉種植業的幾個德國團體也正設法向尼加拉圭政府取得建築運河的權利，即沿了聖疆河從大湖（Great Lake）開通至大西洋。依照諾克斯條約，美國應付給尼加拉圭三百萬元以取得通過她領土的獨占的運河路權，方舍卡灣的一個海軍根據地，以及加勒比海上大穀（Great Corn）與小穀拏島（Little Corn Islands）九十九年的租借。這個條約在一九一三年二月二十六日交了給參議院，但這時塔夫脫總統任期將終，因此沒有採取什麽行動。

第一次布賴安條約被參議院否決　威爾遜政府仍取同一的政策，國務卿布賴安氏於一九一三年七月提出第三次與尼加拉圭的條約，內包含諾克斯第二次條約中的各項條款，並加上了普拉特修正案中某項規定（該項修正案是規定美國對於古巴的保護權的。）這個條約激起了其他中美國家的強烈反對，當由哥斯達黎加、薩爾瓦多與洪都拉斯向美政府提出正式抗議，反對核准該約理由為此項條約勢將把尼加拉圭改變為美國的保護國，而企圖已久的中美共和國家的聯邦計劃也就因此打破了。他們又稱該約違犯了他們自己的權利。一八五八年，尼加拉圭曾經許給哥斯達黎加在聖疆河下流自由航行的永久權利，又曾經允許在以建築洋際運河的權利出讓於人以前應先與哥斯達黎加商量。薩爾瓦多和洪都拉斯反對在方舍卡灣成立一個海軍根據地，因為過於接近他們的海岸。他們又聲稱對於方舍卡灣具有所有權。說是薩爾瓦多洪都拉斯與尼加拉圭為原來中美洲聯邦的繼承者，對於該灣自應行使共同的所有權。美國根據以金錢收買的方法，與哥斯達黎加及薩爾瓦多設法謀解決，但未能成功。再則美國參議院不贊成條約中的保護性質，拒絕不予批准。但談判不久重又開始了，至一九一四年八月五日在華盛頓簽立了一個新條約，裏面取消了普拉特修正案的那些條款。(三)

修正條約的批准

這個條約最後在一九一六年二月十八日得到參議院的批准，其中規定以取道聖疆河與尼加拉圭湖的建築運河的獨占權永久許給美國，又以方舍卡海灣的一個海軍根據地，以及大穀與小穀羣島作為煤站租給美國，期限均為九十九年。這些利益的代價是美金三百萬元，由美國國務卿認可後，用以償付尼加拉圭的公債，及其他經締約雙方同意的用途。

尼加拉圭鄰國訴於中美法庭　參議院在同意批准這個條約的時候，因爲要應付哥斯達黎加、薩爾瓦多和洪都拉斯所提的抗議起見，特在批准的決議案上附加但書如下：『此項條約中的一切規定，概不影響前開任何國家的任何現行權利。』哥斯達黎加和薩爾瓦多不滿意此項保留，乃將他們的情由訴於中美法庭，呈請制止尼加拉圭執行該約的規定。尼加拉圭拒絕參與此項訴訟，但該法庭仍然受理這件案子。牠對於哥斯達黎加一案的判決於一九一六年九月三十日發表，內稱尼加拉圭實違反了哥斯達黎加的權利，但因該法庭對美國沒有裁判權，所以牠不肯宣告該約爲無效。對於薩爾瓦多一案亦有同樣的判決在一九一七年三月二日宣布。(四)

對於美國外交政策的批評　尼加拉圭和美國對於中美法庭的判決都是置若罔聞，該法庭原來是在華盛頓各項條約下設立的。事實上該法庭未能滿一班熱心於其設立者的期望，但牠竟被美國加以致命傷，卻是不幸。再則，還有人批評美國國務部在諾克斯任內利用了中美洲的局面，以謀美國資本家的利益，而威爾遜政府則繼續以海軍駐紮於尼加拉圭首都，並以軍艦一艘停泊於哥林托，使該國少數黨得以維持政權。

柯立芝紹承前任的政策

柯立芝總統（President Coolidge）繼續執行前任各當局的政策。一九二五年八月美國海軍撤退了曾無多時，尼加拉圭政事又起，結果秩序大亂，外國人士的生命財產均有被侵犯之虞。以華盛頓爲後盾的尼加拉圭總統地亞士(Adolfo Diaz)遂向美國求助，藉求秩序的恢復。英國、意大利與比利時都請美國政府保護各該國僑民，這種請求當被解釋為該國等對於美國在尼加拉圭特殊地位的承認。一九二七年一月十日柯立芝總統有一特別咨書致國會，內聲述所以命令美海軍赴尼加拉圭的理由如下：(一)保護生命與財產，(二)實施一九二三年的中美洲條約，(五)(三)保護美國在巴拿馬及擬築的尼加拉圭運河間之各項權利，及(四)美國利益被外來勢力或任何外國所危害。

美國監督選舉

自由派革命黨人聲勢之盛與成功之速，使美國必須增派軍隊以援助保守派的地亞士。但美國政府給予地亞士的種種鼓勵，如承認其政府，接濟其來復鎗、機關礮及軍火等等，並未能對於艱難的時局稍有稗益，已是明白可見的事情。一九二七年四月，斯汀遜大佐(Colonel Henry L. Stimson)奉派赴尼加拉圭，以柯立芝總統私人代表的資格，以謀時局解決。斯汀遜發現尼加拉圭問題的癥結，端在於政府操縱選舉。當權的一派對於選舉控制之甚，使自由選舉無從實現，職是之故，斯汀遜大佐遂向爭執各黨派建議由美國監督一九二八年的選舉，在大選未舉行時期，交戰軍隊概行解除武裝，地亞士總統仍予留任，由美國軍官來組織並訓練警察隊伍，美國軍隊駐紮。(六)這些提議當被接受了。自一九二八年以來，在美國軍官所訓練的警察隊之監督下，曾舉行了兩次總統選舉，及一次國會選舉。至一九三三年一月二日，美國軍隊乃全部退出尼加拉圭。縱令各次被監督的選舉未能改變民衆的政治習慣，但至少如美國派駐尼加拉圭選舉監察團技術顧問都德(H. W. Dodds)教授所說，『在物質上表現出一個改變政府的新方法，並使尼加拉圭人士，歎息痛恨於向來黨爭之慘酷不合理，而願見循環不已的毀滅的革命之不復再現者，得引為一種有用的前例。』(七)

海第淪於野蠻　一九一六年二月二十八日經參議院批准的與黑人海第共和國所訂立的條約，與實際歸併相差之近，實在達到了美國加勒比政策的極度。在歐戰爆發的前夜，海第因為國內紛亂，財政狀況惡劣之至，大有招致歐洲干涉的危險，而美國也正在考慮對該國加以財政監督的問題。一九一五年六月海第內亂的危機已迫於眉睫，於是經國務部之請，海軍少將迦百登(Rear-Admiral Caperton)便奉令開往海第洋面。七月下旬基隆總統(President Guillaume)的政府被推翻了，他和內閣人員逃避於法國與聖多明哥的使館內。這兩國使館被一羣暴民衝了進去，基隆總統被殺害於法公使館門前，屍身切成許多片段，由暴民在街上拖着跑。

美國海軍登陸

迦百登立刻派海軍在公子港(Port au Prince)登陸，以保護外國人的生命與財產。又從崗塔那瑪(Guantanamo)調來了部隊，全部軍力增至二千人，由華納大佐(Colonel Waller)指揮。在海軍登陸的時候只遇到細微的抵抗，但幾天之後就發生了一場衝突，美方死了二人，海第的死亡數目不詳。(八)八月十二日海第選出了一位新總統，他與美國軍隊共同努力恢復和平與秩序，並且於九月十六日與美國在公子港簽了一個條約。

監督海第的財政與警察

這個條約規定成立一種海關管理制度，由美國管轄，大致情形與多明哥共和國成立者相同。該約又規定由美國總統推薦任命財政顧問一人，幫同清理外債，並指導以餘款運用於發展海第農、礦、商各業。牠又規定設立土人的警察隊，其長官應為美國人民，由美國總統指定後，再由海第總統加以任命。牠又將普拉特修正案的主要條款推行於海第。(九)美國希望於管理海第政府的財政後，已往目的在劫掠國庫的那種革命的動機便可以完全除去，同時於管理海關與維持秩序後，美國又希望可避免外國干涉的一切可能性。這個條約的有效期間爲十年，但期滿後任何一方認爲該約的宗旨尚未全部完成而提出應予繼續的特殊理由，則應繼續有效十年。

第一個十年期滿的時候，海第人自行管理其國家的生存的希望，沒有實現。(十)繼續的干涉使許多海第人及若干拉丁美洲國家發生了一種恐懼，恐懼美國意欲永久管理。爲解釋這種恐懼，國務卿許士(Secretary Hughes)在哈伐那特宣示道：

> 我們只要有相當的穩定，可以保證退出之後不致再有流血之事發生，我們隨時可以退出海第。在沒有退出以前，我們正在盡力幫助建立穩定與繁榮的條件，目的不在要逗留在海第，而在於最早的時機可以退出海第。(十一)

管理屬期至一九三六年

海第人極端不滿，於是時常發生罷工和流血的事情。有些參議員因此對於國務部在海第所採行的政策，特表示抗議。結果，胡佛總統（President Hoover）於一九三〇年二月八日派了福布斯調查團(Forbes Commission)去調查什麼時候並且怎麼樣『我們退出海第，』並且決定我們在退出以前應行的政策。當調查團到達海第的時候，民衆反對波洛總統(President Borno)的情緒是這樣高漲，牠不得不請求胡佛總統予以更廣泛的權力。這個調查團奠定了預計在一九三六年海第恢復自主的基礎。

海第人在物質上受了美國干涉的利益，那是很難懷疑的。這些利益在一九三六年美國軍隊撤退之後，是不是會存在呢？（十二）或者海第是不是要墜入在美國干涉存在以前那種野蠻狀態呢？答覆是須視操權的主人訓練被治者接收自治責任的速度。美國也只有這個目的能解釋她爲什麽要駐紮軍隊在該島上。

購買丹屬西印度羣島的努力終於告成　美國在加勒比海上最近獲得的土地便是丹屬西印度羣島，亦稱處女羣島。前面已經提及國務卿西瓦德於一八六七年訂定購買各島的條約，很不幸的，這條約被參議院否決了。一九〇二年羅斯福總統又企圖購買。同年一月二十四日在華盛頓簽訂了一個條約，規定以該羣島出讓於美國，已經參議院的核准，但這次丹麥的國會卻予以否決。羅斯福總統之所以出此，乃是因爲丹屬羣島在防衞巴拿馬運河進口的問題上，佔有重要的形勢。各島的商業價值也是很大的。再則，美國又顧到他們頗有可能性落入德國或其他歐洲國家的手中，作爲海軍根據地。要是德國在這次大戰得勝的話，他或許已經逼迫丹麥將各島出售或割讓給她。因爲看到這種可能性，所以一九一六年又與丹麥舉行談判。八月四日，國務卿藍辛(Secretary Lansing)便訂了一個條約，美國用二千五百萬元的代價購進了聖湯麥斯(St. Thomas)、聖約翰(St. John)和聖克啦(St. Croix)各島以及幾個毗連的小

島和巖石。這個條約當經參議院批准，並在一九一七年一月十七日交換了批准書。(十三)

被指爲帝國主義　前面諸頁中描寫的美國在加勒比的迅速進展，自然而然引起了拉丁美洲較小的國家的恐懼，而使那種攻擊，謂美國已把門羅主義從一種善意保護的政策，改變爲帝國主義的侵略政策，顯得有聲有色。按美國一方面固然擔任阻止歐洲國家對於拉丁美洲的侵略，同時牠從沒有承認限制牠自己在這個區域的拓展。門羅主義對於這一點的緘默多少已被威爾遜(President Wilson)總統所補救，威爾遜就職伊始，便宣言保證『美國今後永不復以征服的方法，求增加一尺一寸的領土。』跟着這個宣言，他不肯被迫與墨西哥交戰，着實消除了美國南鄰對於加勒比政策的疑慮。又當墨西哥之亂，南美ABC(阿根廷、巴西、智利)國家出來調停時，威爾遜一口應承，以及他對於汎美洲運動的獎掖鼓勵，都益加證實了他的誠意。

用外交承認以挫折革命

對於五個中美國家，美國實行了以外交承認的手段爲挫折及消滅革命的工具。這個政策的原則曾經五個中美國家自己首先明白表示同意，寫入一九〇七年在華盛頓舉行的中美會議所簽訂的和平友好總約的附加公約裏面。這五國互相協定，只要自由地選出的人民代表不根據憲法改組政府，不得承認任何其他政府——這種政府的成立，或是由於政變，或是由於革命，而兩者都是推翻已經承認的政府的。在一九二三年的中美會議裏面，這五個共和國不但加強了，而且擴大了這種不承認由革命或政變而成立的政府之禁止規定。對於這些協定，美國是沒有加入的；然而她遇到承認一個中美政府的問題發生的時候，她卻實行了並且闡明了這些條約的原則。美國採取這個對五個中美共和國的政策，無異把承認法律上的政府代替了承認事實上的政府的原則。這是與甲茀遜以來，除了少數例外，美國所採取的承認政策相反的。

美國不允承認政策的批評

美國之離開她的傳統的承認政策，有攻擊的，也有辯護的。批評的人說，法律上的原則使美國在實質上操縱總統候選人的被選舉資格，牽入有關國家的地方政治，被人家指摘有袒護一派的罪狀。批評的人又說，美國這樣挫折革命無異幫助維持當權的腐敗的與專制的政府。在中美，自由與公平的選舉是例外，革命乃是改變政權不得已的手段，而美國的特殊承認政策則奪去了中美各國的革命權利，自由人民的合法手段。

該政策的辯護

辯護這個政策的人則說，中美各國爲減少，並且如果可能，爲終止不斷的革命起見，已經自己採行。而這種革命『不是本國人民的黨派所煽動的，便是五國中的任何一國的陰謀所煽動的。』（十四）常常的革命，革命因而發生的擾亂，及對於外國人民的生命財產的危險，不免有引起歐洲國家來干涉這個區域，這個靠近運河地帶的區域的危險。美國之以『不承認』來挫折革命者，乃是在謀穩定的建立，及使政府得以爲有秩序的進展。

（一）For. Rel., 1905, p. 298; Moore, Digest of Int. Law, VI, 518—529, Am. Journal of Int. Law, I, 287, and Documentary Supplement, p. 231.

（二）For. Rel., 1930, p. 455.

（三）Treaties and Conventions, III, 2740.

（四）D. G. Munro, The Five Republics of Central America, 257.

（五）美國雖非該項條約的簽字國，但牠感覺有實行該約各項原則的義務。

（六）See H. W. Dodds, "American Supervision of the Nicaraguan Election," Foreign Affairs, April, 1929.

（七）Op. cit., p. 496.

（八）Secretary of the Navy, Annual Report, 1916, pp. 15—17.

（九）Treaties and Conventions, III, 2673.

（十）A. C. Millspaugh, "Our Haitian Problem" Foreign Affairs, July, 1929.

（十一）錄自一九二八年一月二十一日在美國商會的一篇演說。

（十二）一九三二的九月三日，美國與海第簽了一個友好條約，九月十五日該條約卻遭了海第國民會議的否決。該約除了其他事項之外，就中規定了海第軍權的自主日期爲一九三四年十二月三十一日，而非一九三六年五月三日；並且規定了由美國推薦財務代表一人，管理海第的財政，至一九五二年十月一日或以前償淸一九二二年的借款爲止。

（十三）Treaties and Conventions, III, 2558.

（十四）See Secretary Stimson, "The United States and the Other American Republics," Foreign Affairs, Special Supplement, April, 1931.

第二十四章　太平洋中的世界政治

新的世界秩序　在美國海軍副少將皮雷強迫日本開放她的港埠，以接受國外商業和西洋文明的影響半世紀以後，這個國家經過了有史以來最非常的轉變，而且與歐洲最大的國家一戰得到了勝利。主要的戰爭都是在中國領土內打的，而和平條約則在美國總統操縱之下，簽字於紐亨普什爾（New Hampshire）的樸資茅斯（Portsmouth）。任何一連串的事件都不能更加有聲有色地說明這個事實，卽舊的世界秩序已經消逝，至於向來操縱地球上人事的所謂歐洲均勢制度，已經被一種新的世界秩序起而代之，而美國和日本在這個新的世界秩序裏已經接收了他們的不可避免的地位。事實上，日本這樣一躍而爲世界頭等強國，自命不凡，刻意要與美國在太平洋上互爭雄長，並與歐洲列強競奪在華的地位與勢力，在現在活着的人們記憶所及，實爲世界政治中最革命的因素。

日本興起的意義　在日本崛起之前一百年，我們但見歐洲均勢這個系統，而美國則爲唯一脫離的國家。這麼一個世界系統處處是有利於美國的。我們因此得以維持門羅主義（俾士麥稱之爲一種國際贅疣，）而無須維持一個強大的陸軍或海軍。任何歐洲國家不敢攻擊我們，恐怕有別的歐洲國家襲擊牠的後方。然而日本的興起把這種局面整個改變了。如今在歐洲均勢以外有兩個脫離的國家，而且日本並無傳統的孤立政策來制止她的參加世界政治舞臺。反之，她一向是亟亟於表現自己，亟亟於在有關國際大局的一切問題上表現她的力量。但是如今她已退出了她與列強曾經有過密切關係的日內瓦（一）

日本被剝奪戰敗中國的勝利品　日、俄戰爭之前十年，日本一戰勝了中國，因之而發生了許多新鮮驚人的事件。一個據算有四萬萬人口的廣大的大陸國家如中國者，竟敗於一個區區的海洋國家如日本之手，全世界為之震駭。可是日本雖在軍事上取得了斷然的勝利，她在外交上卻失敗了。中國已允將臺灣、琉球、遼東半島割給日本，冷不防俄國以德、法兩國為後盾，致一個名『友誼的勸告』於日本，而在實際等於戰爭的恫嚇下，告訴日本說不准她保持遼東半島。因此日本就被剝奪了她的勝利品。（二）俄國的動機不久就昭然若揭。不到三年工夫她佔有了旅順，並且由於中國政府的讓與，她的勢力不久便伸滿了全個遼東半島。日、俄戰爭的種子便這樣散播下來了。中、日戰爭以後，日本便恢復了她全部的主權。列強同意解除早先各條約加與她的一切限制。自從一八九九年起，她對於關稅就有了完全的管轄權，而且對於居留的外國人可以與其他文明國家一樣實施同一的司法權限。

瓜分中國之虞　中國自被日本戰敗之後，便聽憑列強任意宰割，他們也就立刻來乘機取利。俄國取得了旅順的租借，和迤北廣大的租讓地，這在前面已經提及；德國占了膠州灣，並在山東取得了各種利權；同時英國為自衞起見，租借了威海衞，『其租期與俄國佔領旅順之期限相同；』法國也取得了一片較為次要的租借地。（三）事實有堪注意者，卽中國的瓜分恰發生於美國將與西班牙開戰，世界目光集中在古

美國移轉注意於古巴

巴的時候。一八九七年秋，美國與西班牙戰機迫切，德國與俄國便準備一切去包圍中國。德國假了要求賠償兩位被殺的教士的名義，派了一個艦隊到膠州灣，同時俄國爲了要把艦隊駐紮於不凍的港埠，俾能隨時行動，不致冰結於海參崴起見，便經中國同意，聲明該艦隊將在旅順過冬。一八九八年二月十五日緬因號軍艦在哈伐那港被炸毀後，美、西戰爭的爆發已無疑義。這事件發生後六個星期以內，德意志與俄羅斯便逼迫中國簽訂了條約，把上列各租借地與讓與權給了他們。美國雖然不自認爲一個世界強國，但是德意志與俄羅斯非等到美國轉過身去不願動手。美國的公衆注意正完全聚集在古巴方面，中國的租借地問題在報紙上很少有人注意到，而且沒有人把握到其中的意義。迨美、西戰爭終了，美國人民轉過身來的時候，各歐洲國家已根深蒂固的盤踞在中國了。美國能够做什麽？這種形勢對於剛到我們掌握中的菲律賓羣島的命運，是有重大的關係。

在菲律賓的海軍根據地　麥金利總統要保持菲律賓羣島的決心一向有多種的解釋，但其眞相如何，恐怕尚未完全吐露。美國當時的對華貿易僅居英國之次，而各歐洲國家那樣迅速地從中國攫奪的利權，使美國貿易前途甚爲慘澹。美國不能仿效歐洲列強的例子，因爲美政府若在中國取得勢力範圍，不會得到參議院的贊助或輿論的擁戴。大概麥金利總統覺得菲律賓羣島不僅對於因定格萊稅則(Dingley tariff) 行使結果漸受外國關稅報復的美國貨物可以貢獻一個市場，而且可以作爲一個海軍根據地，將大有益於美國在華利益的保護。

德國的企圖被打消了　泰爾珂德威廉斯(Talcott Williams)數年後曾對麥金利總統這個決定，提出另一種頗有趣味而且似乎根據確鑿的解釋。他從麥金利總統一位閣員處得悉當麥金利對該問題尚未定奪意見的時候，接得了薩里士巴利勳爵個人的一個信，警告美總統說，如果美國退出菲律賓，德國準備接收；這種步驟大概不免促成一次世界大戰，故為和平計，美國最好保持全部菲律賓。德國海軍上將狄德里希(Admiral Diederichs)在馬尼剌灣對於杜威的未解釋的行為，證實了德國對菲律賓有野心的臆想。

以條約合併夏威夷羣島的企圖　同時美國的兼併夏威夷羣島又是美國在太平洋上拓展的另一重要步驟。這是南北戰爭以前的一個舊方案，但直到了一八九三年美國迄未作任何十分嚴重的努力以取得該羣島。在那年中，在位的皇后被美國傳教士與商人的子孫們所組織的革命推翻了，這些人們已成為有錢有勢，並且是主張合併於美國的。他們獲得美國公使和一隊美國海軍的助力。於是一個臨時政府成立了，不久便簽訂了一個歸併條約，由哈理遜總統(President Harris)提交參議院。在投票決定之前，克利夫蘭接任了總統，並派了一個專員往檀香山去實地調查。根據該專員的報告，美國國旗便收了起來，海軍也撤了回來。但臨時政府頗為強固，足以防止皇后的復辟，於是克利夫蘭總統於一八九四年便承認了夏威夷共和國。一八九七年第二次歸併條約又議訂了，由麥金利總統提交參議院。當時要得到那必要的三分之二的投票殊不可能，可是杜威於五月一日戰勝後在馬尼剌灣的地位非常危險，因為有這種壓

最後採取聯合決議案方式

日本的抗議

力，擁護合併的人們纔達到了目的，一個聯合決議案於六月十五日通過了衆議院，再於七月六日通過了參議院。這個條約一經簽訂，日本政府便立即提出了一個正式抗議，反對美國合併夏威夷羣島，理由爲（一）牠將妨害在太平洋上有利益的各國間的良好諒解，而且（二）牠將危害日本臣民在該羣島上的權利，並將使日本因夏威夷違反條約規定而提出的懸而未決的權利要求隨之展延解決。美國政府對於這個抗議答稱歸併不致取消任何『既得權利；』並且歸併問題討論了很久，早就是意料中事，在太平洋上擁有利益的各國卻從未提出任何反對。（四）

赫努力保存中國門戶的開放　與西班牙的戰爭終了之後，美國轉移牠的注意於中國方面，對於歐洲列強的急劇侵略，深爲關心。一八九九年九月，國務卿約翰赫發出他的著名的中國門戶開放的牒文給歐洲各主要國家及日本。他請各國家分別作下列的聲明：（一）彼決不干犯在彼所謂勢力範圍內的任何有約商埠或既得權利；（二）彼准許中國稅則繼續有效，並由中國官吏徵收；以及（三）彼對於港埠稅捐及鐵路價目決不歧視其他外國人民。只有英國一國表示願意簽發這麼一個聲明。其他各國雖自稱大體上同意於赫的提議，但答詞都有些含糊。俄國的答覆尤其是不滿人意，而且事實上含有嚴重的保留條件。但赫氏很機敏的用敲釘轉腳的方法通告各國，謂鑒於其他各國答覆的美滿，該國對於美國的提議的接受已被認爲『最後的和確實的。』（五）

美國人普通有這種印象，以爲門戶開放政策爲約翰赫所首創，而且爲美國順利地所主持的。這些印象都是不正確的。在約翰赫擬定他那著名的牒文以前數月，英國查理伯勒斯福勳爵（Lord Charles Beresford）自中國歸來，道經美陸，從舊金山到紐約一路上的領袖商會，他都出席演說，告訴美國人中國方面的實際情形，並慫恿美國與英國、日本共同努力，以維持中國門戶的開放。赫氏任國務卿的聲譽泰半基於這個牒文，而這個牒文的淵源向為一般人時常加以猜測的。戴耶所著赫的生平及赫夫人私印的三卷赫氏通信彙編對於這個問題都不能有所闡明。但是從國務部檔案內一個備忘錄看起來，赫氏宣布的政策，其制定之功應該歸於洛克希爾（W. W. Rockhill）。這個備忘錄，日期為一八九九年八月二十八日，係應赫氏的請求而擬定的，很有能力地評述中國的局面，提及查理伯勒斯福勳爵在美國的言論，然後擬具美國政策的措詞，後來赫氏毫無更改的載入九月六日他的通牒之中。

洛克希爾的備忘錄

源出英美雙方　所以門戶開放政策與門羅主義一樣，也是英、美雙方發動的。毫無疑義的，英國與日本是願意與美國訂立同盟，以求維持中國的門戶開放；但我們傳統的孤立政策使我們不能為運用武力的約定。麥金利總統步門羅總統的後塵，寧願單獨宣布我們的政策，而請其他國家予以贊成。如果約翰赫得能實行他所主張的與英、日締結同盟，那麼只要將同盟的事實宣布，便足制止列強對於中國的侵略了。可是我們計不出此，我們不去締結同盟；而讓人家知道我們雖然贊成門戶開放，但我國決不為門戶開放而戰。

義和團運動　列強的榨取中國既有加無已，自然而然引起中國激烈的排外情緒，而造成義和團之亂。事變極速，美國軍隊有力地與英、法、俄、日的軍隊一同直搗北京，以救援各國公使館。國務卿赫於一九〇〇年七月三日發出一個照會給列強，解釋美國對於中國問題的態度，說道：「美國政府的政策旨在尋覓一解決方案，務使中國得享長久的安全與和平，保全中國領土與行政的完整，保護各友邦在條約與國際法上的一切權利，及爲世界與中華帝國全部衞護平等不偏的貿易之原則。」(六)赫氏的照會措詞很巧妙，對於美國及世界對於中國問題的輿論的形成，頗有影響，但我們從他死後公佈的私札內可以看出他本人非常透悉大勢所趨，知道他的努力，終是徒然。

赫的外交被政治所阻礙

在一九〇〇年六月人心震動的時候，北京的外國使館正陷於包圍之中，赫氏致書福斯特 (John W. Foster)說道：

> 當公意處於病態中的現在，有什麼事可以做呢？各報紙上與政客中間對於英國的瘋犬似的仇恨盛極一時，如果我們在中國有所動作，以保護我們被危害的利益，就要被人家說是「臣服於大不列顛」……我所遇見的每一個參議員都說，「看上帝的面上，不要做得好像我們與英國有諒解似的。」無米叫我怎樣爲炊？只因爲所有的愛爾蘭人都是民主黨人，只因爲有些德國人是笨伯，所以我們於執行我們的政策時，不得不拒絕世界上最大強國的助力——這個眞够叫人發狂。可是我們只有盡力做去而已。(七)

稍後，於一九〇〇年九月二十日，赫氏在寫給亨利亞丹姆斯（Henrs Adams）的一封密札中嘆息道：

孤立的妨害

關於中國的事件，眞是一團糟。我們要是把一切事實披露，便得與若干列強斷絕邦交。我們只能盡心力而爲之，所收後果將十分嚴重，毫無可疑。『旣有所取，卽有所與，』——這對於其他各國是外交上的原則——但我們則被參議院及輿論所絕對禁止。我們必須取所能取而無所給與——這使我們的機會狹小不少。

諒想你與我們同意，卽我們在中國的軍事行動應盡力加以限制，我們應遵守我們的義務，從早撤回我們的軍隊，應於總解決時竭力求中國的完整與革新，並鞠躬盡瘁死而後已的擁護『門戶開放。』

（八）

指責德國

再有，一九〇〇年十一月二十一日的一封信：

在中國鬧成了什麼局面，我們過去總算是老實不欺……至少我們沒有弄出與德國聯盟的不名譽來。我覺得我與其做德皇的知己，不如給中國人當做獃子。你知道今日世界上誰還能相信得過德國人呢？布鹿(Bülow)昨天說的一番話，實質上等於——『凡我們想得出的要求，我們已向中國提出了。假如我們想得出別的要求，我們當隨時提出，你們都給我滾蛋』——可是世界上沒有人敢非難。(九)

中國賠款　在產生一九〇一年議定書(十)的長期和議中，美國力主溫和，聲稱將來的唯一希望端在一個強盛、獨立和負責的中國政府。然而列強仍勒令中國償付鉅額的賠款，計攤給美國的有二千四百萬元以上。此數遠超過美國人民在拳亂期間所遭的損失以及遠征的軍費，該兩項共計不過一千一百萬元。美國國會依羅斯福總統的提議，命令將超過我們實際應得的賠款的數額退回中國，後來中國即將該款撥為派遣學生赴美留學的教育經費。(十一)

英日同盟　俄國違犯了議定書的條文，把拳亂期內集中於滿洲的軍隊留而不撤，目的在向中國取得更多的利權。門戶開放的政策又被漠視了。當時形勢的嚴重，促成英、日兩國於一九〇二年一月三十日簽了一個防守同盟，承認英國在華的利益及日本在高麗的利益，並規定如任何一方在其範圍內遭遇一國的攻擊，另一方應保守中立，但如遭遇一國以上的攻擊，另一方應立即予以援助。(十二)

日俄戰爭　日本既獲有這種戰時機會均等的保證，便決用武力來達到赫氏外交所未達到的目標。日本於一八九五年戰勝所取得而被迫退回中國的土地，即俄國軍隊駐紮所在，實使日本如芒刺在背。經過屢次無效的談判之後，日本政府最後於一九〇四年一月十六日給了俄國一個哀的美敦書，內稱：(一)如果俄國尊重中國在滿洲的領土完整，日本承認滿洲在日本利益範圍以外；(二)俄國不得阻撓日本或其他國家享受依照他們與中國現行條約下所取得的權利及特權；以及(三)俄國應承認高麗在俄國利益範圍以外。日本既在指定期內未得答覆，便撤回她駐在聖彼得堡的公使，而於數日之後正式宣戰。(十三)

羅斯福的干涉　日本在海陸兩方面連戰大勝以後，資力漸竭，於是羅斯福總統出而作外交的干涉，打開和平之路。如今我們知道，他的行動係應日本天皇的直接請求。(十四)一九〇五年八月，日、俄兩國代表會於紐亨普什爾的樸資茅斯。戰爭期中美國的輿情是強烈地袒護日本的。但在議和期中，牠又轉到了俄羅斯方面，這泰半因爲俄方維德伯爵(Count Witte)的非常人格，他發表很有趣味的談話，而日本代表則孤僻自處，極少向報界發表什麼。和議的結果對於日本是尖銳的失望。他們的代表曾奉命於其他各項要求外，須提出美金六萬萬元賠款的要求。這點他們不能不放棄。

樸資茅斯條約　樸資茅斯條約中最重要的條款係關於滿洲的幾項。俄國租借的旅順、大連及其鄰接的陸地與領海一概轉讓於日本；南滿鐵路亦轉讓於日本，而滿洲北部的中東鐵路則仍歸俄國保持。(十五)日本人民對於取不到賠款這一點是失望極了，樸資茅斯條約於是大受指摘，而議和代表則企圖嫁罵於羅斯福總統，因爲他對於談判向有密切的接觸，又曾勸告日本代表放棄賠款要求。這個勸告大致是不錯的，因爲據許多外國軍事觀察者表示的意見，如果戰事

日本人怨羅斯福　再繼續六個星期，俄國將轉居勝勢。日本正日漸遠離她給養的根據地，而俄國正日漸接近她的根據地。日

本當局知道他們資力已竭，但他們不肯承認。在日本人民看來，似乎這次軍事上的大勝利又像一八九五年那樣的繼之以外交的失敗，而這次失敗，他們認爲羅斯福總統應尸其咎。

俄國的戰敗推翻了歐洲的均勢　羅斯福總統干涉日、俄戰爭的眞正意義，當時除其直接的朋友與顧問們以外，鮮爲世人所覺察，直至最近羅斯福的若干文件刊出來以後，他對於遠東的行動，和他對於亞爾幾西拉斯（Algeciras）會議的參加，二者間的連繫始見明瞭。羅斯福向來密切注意遠東與歐洲的政治情形。他馬上看出日本的戰勝俄國已推翻歐洲的均勢而有促成世界大戰的危險。一九〇五年三月俄軍在奉天敗績以後，德皇立即利用法國暫時的孤立，而干涉屬於法國勢力範圍的摩洛哥。（十六）同時德皇正在鄭重考慮出來干涉日、俄戰爭。他希望制止日本作戰勝後的收穫，並繼續瓜分中國，而德國則在近東和非洲取得她的酬勞。

羅斯福在世界政治中的冒險

在這時羅斯福出現於幕上了。他剛以極大多數投票當選爲美國總統。誠如他自己說的，他已不是人微言輕了。這一次政治上的大勝利給了他信心，他把一切先例置之度外，勇敢地投入世界政治的兩個漩渦中心中國與摩洛哥。他之努力防止戰爭，不用國務部這個機關，而用個人的接觸。雖然魯特這時候身居國務卿之職，他似乎未預聞羅斯福對於世界政治的大冒險。事實上，外交界裏只有美國駐聖彼得堡大使

他警告法德

梅爾(Georgo von L. Meyer)知道美總統的心事，或於他有特別的用處。羅斯福總統由英國駐俄大使西薛爾斯普林賴斯（Cecil Spring-Rice）和駐華盛頓的法、德大使糾塞爾（Jusserand）及斯登堡

(von Sternberg) 進行。他做的第一件事情便是警告法、德，謂如果他們有一個出來干涉幫助俄國，他就要出來幫助日本。（十七）以一憲政的總統，背後有具有唯一有權宣戰的國會，而有這種宣言，實在是非常。羅斯福甚至不與參議院商量，雖然他有一次向約翰赫說過，他對於德皇與俄皇的所知愈多，他對於美國的參議員的印象也愈良好。赫氏當場回答說他看不出有什麼分別。羅斯福然後與英國成立了一種諒解。（十八）他勸日本與俄國派遣議和代表來美國，等他們蒞臨以後，他又與他們有密切的接觸，好幾次阻止了公開的破裂，並且最後勸他們簽了樸資茅斯和約，同時，他又不放鬆德、法兩國，勸他們與其他國家一同會議摩洛哥事件。這個會議在西班牙的亞爾幾西拉斯舉行，美國有代表兩人出席。美國總代表亨利懷特 (Henry White) 在這個會議上頗佔重要，美國爲法國出力，於是德皇遭了一次外交上的失敗，大爲煩惱。（十九）當美國參議院得悉了羅斯福的行動時，牠雖然對於亞爾幾西拉斯條約予以批准，但附有一個保留條件，聲稱美國參加這個會議，完全爲維護牠在一八八〇年條約下的權利，而『無意拋棄美國的傳統外交政策，即美國不參加純粹歐洲範圍以內的政治問題的解決。』（二十）

他與樸資茅斯與亞爾幾西拉斯會議的關係

將來史家的材料　不幸得很，上述羅斯福投身於世界政治舞臺的經過，大半係依據他本人的敍述，雖然他有與斯普林賴斯、紏塞蘭及斯登堡的私人性質的筆札以爲左證。這段故事第一次發表出來是在比沙普(Bishop)所著『羅斯福與他的時代(Theodore Roosevelt and His Time)』一九二〇年出版。該書有兩章專述『亞爾幾西拉斯會議的祕密歷史。』這兩章包含羅斯福於一九〇六年四月二十八日寫給惠羅黎特(Whitelaw Reid)的一封長信。任何人讀了這封信都會覺得這是一個自我意識極高強的文件，不是寫給黎特，而是寫給後世的。這封信還有副本寄給梅爾與懷特。羅斯福總統之亟想在世界大事中佔一重要地位，那是無疑義的。至於他在力圖消弭歐洲糾紛時，大體上利用他熟識的外國外交家作非正式的進行，而不利用他自己駐外的代表們，(二十二)這其中有兩個原因：第一、因爲自己的代表對於歐事的識見和經驗有欠缺，不能付託以此種嚴重的事件；第二因爲美總統希望在國務部內不留紀錄，倘遇參議院出來干涉便不致有什麽困難。

現在要正確爲羅斯福的影響給以評價，是不可能的。近年來他的朋友們常說他在一九〇五年挽救了一場世界大戰。但這話從最近英國格雷(Viscount Grey)所著的二十五年(Twentyfive Years)一書出版以後，便受了一個損害的打擊。這本書至少使人懷疑羅斯福過於估高了他自己的影響。在敍述摩洛哥危機一章末了的附註裏，格雷勳爵說道：

格雷的脚註

一九一〇年，卽亞爾幾西拉斯會議後四年，我和羅斯福在英國有過一次長談，關於各種有趣味的事情。談話中間，他提起了亞爾幾西拉斯會議這個題目，告訴我說他相信那次德國放棄喀沙勃朗加(Casablanca)港，他自己的行動實有極大的假如不是決定的影響。他告訴我他與德皇的通訊可爲這種見解的左證。我不知道他對於那些通訊保存了什麽紀錄，更不知道他們依舊存在與否，所以我也不必再提起他們了。但羅斯福總統相信，並且從他告訴我的話看來他有理由相信，他的行動會促成一種和平的解決，這個事實卻是應該紀錄而且有興趣的。(二十二)

加里福尼亞對日本人的差別待遇　我們已經說過，羅斯福總統對日、俄戰爭的干涉，引起了日本的憤怒與惡感，因爲他們認爲外交的再度失敗，羅斯福應負責任。翌年，舊金山學校當局排除日本臣民不准赴美、歐兒童入學的學校讀書，而規定他們須入特設的東方學校，更增加了日本的惡感。(二十三)學校問題雖然暫時由羅斯福總統的干涉而獲解決，但該問題實爲加里福尼亞及沿太平洋各邦強烈反對日本移民的過程中一種偶然事件。日本聲稱日政府向不發護照於往美國的勞工，但往坎拿大、夏威夷及墨西哥者則給予護照，此輩持照人中有許多進了美國。日本表示她意圖繼續這個政策，於是國會根據這種「君子協定」在一九〇七年的移民律內加入一款，授權總統對於持有任何外國政府所頒准其人民前往美國以外任何國家之護照者，得不准其進入美國大陸疆界。(二十四)日本人覺得他們已躋於世界大國之林，應得充分承認爲一文明的民族，同時美國法律又只准白種人及非洲人的後裔或非洲土著入籍。但海岸各州反日的情緒非常強烈，國會不見得肯爲日本人修改美國的法律。日本對於學校事件的憤怒已極，羅斯福總統頗爲日本的態度所惱，因此便於一九〇七年秋派了一巨大美國艦隊航行全世界，且規定前往日本領海。該艦隊得到日本政府顯著的歡迎，毫無意外事件回到了美洲。

「君子協定」

美國艦隊訪問日本

日本在滿洲的野心　如前所說樸資茅斯條約把俄國租借的遼東半島和俄國在南滿的其他權利轉讓給了日本。日本依照一種祕密的規定（這是美國和其他國家所不知道的，）俄國允將她曾經與中國訂立的若干祕密協約轉移給日本。根據了這種規定，日本後來便宣稱『在毗連（南滿）鐵道的區域內有絕對與獨占的管理權，』完全不顧門戶開放的政策。日本在滿洲的野心不久便昭然若揭，遠超過樸資茅斯條約，而且與該約的條文相牴觸。依一九〇五年十二月所簽的條約，中國不僅同意俄國給予日本的各項轉讓權利，並且允許不建築與南滿鐵道並行的路線。(二十五)一九〇七年俄國與日本達到了一種諒解，在他們各自滿洲的勢力範圍內，約定互相扶助。(二十六)這時期日本始終向外界各國宣布她遵守門戶開放。為平息美國的疑懼起見，在一九〇八年十一月簽訂了魯特高平協定(Root-Takahira Agreement)日本確認『在華工商業機會均等的原則，』並允予維護該帝國的『獨立與完整。』這個協定又規定締約雙方須維持『現狀。』這是指門戶開放呢，還是指日本與中、俄所訂祕密協約所成立的『現狀』呢？在日本看來，很容易解釋為後面的一種。(二十七)

使滿洲鐵道『中立化』的擬議　依照各項條約的規定，中國保留了於若干年後購回滿洲各鐵道的權利。一九〇九年十二月國務卿諾克斯提出一個計劃，貸給中國一個國際借款，俾購買有成功之望，凡貸款各國組一共同委員會以管理各鐵道。但這個使滿洲鐵路『中立化』的計劃，遇到日、俄雙方鄭重的反對而打消了。(二十八)

借款給中國的問題

中華民國　一九一一年中國帝制的推翻與民國的成立給予美國極大的滿意。大家覺得中國的覺醒，由於美國的影響者，實非淺鮮。美國的傳教師及其援助者完全同情於這種前途有極大希望的政治與社會的革命。新政府需要金錢，於是美國銀行家便與英、法、德、俄及日本的銀行家合組六國銀行團。該團正擬以一二五、〇〇〇、〇〇〇金元貸給中國，美國銀行家卻退出了。從當時的宣告看來，美國的銀行家係應塔夫脫政府之請而加入銀行團的。迨威爾遜政府接事，各銀行家便拒絕參加借款，除非新政府有明白的敦請。威爾遜總統在一九一三年三月十八日發出的一個公告內說道：『本政府業已拒絕為此項敦請，一則因為不贊同借款的條件，二則因為明白得悉，此項敦請將使本政府與有責任。』(二十九)可是一九二〇年成立的新銀行團，又是出於美國銀行家的倡導，且有政府為其後盾。日本不得已加入了這種辦法，有些人希望這或許要相當限制她對於中國的榨取。(三十)

(一) See Ch p. XXXIII.

(二) MacMurray, Treaties and Agreements with and Concerning China, I, 18, 50—53.

(三) Op. cit., I, 112, 119, 124, 152; For. Rel., 1898, p. 187, 1899, pp. 128, 131; 1900, p. 383; Parl. Papers, 1898, China No. 1; Willoughby, Foreign Rights and Interests in China, Chap. X.

(四) Sen. Com. on For. Rel., Compilation of Reports, VII, 214—306; U. S. Statutes at Large, XXX 750. 日本抗議見 Moore, Dig. of Int. Laws, I, 504.

(五) For. Rel., 1899 pp. 128—142. 法國含糊的答覆及一九〇〇年四月五日的英國牒文，在 Foreign Relations沒有，而見於 Parl. Papers, 1900, China, No. 2. See also, Treaties and Conventions of the United States,

I, 244—260.

(六) For. Rel., 1900, p. 345.

(七) Thayer, Life of John Hay, II, 234—235.

(八) Ibid., p. 247.

(九) Ibid., p. 248.

(十) MacMurray I, 310; Treaties and Conventions, II, 2006.

(十一) Am. Journal of Int. Law., II, 160, III, 165, 451, VII, 337; MacMurray, I, 311—320.

(十二) MacMurray, I, 324.

(十三) For. Rel., 1904, pp. 410—413.

(十四) Dennett, Roosevelt and the Russo-Japanese War, Chaps. VIII and IX.

(十五) Ibid., Chap. X; MacMurray, I, 522.

(十六) Dennett, 84.

(十七) Op. cit., p. 30.

(十八) Ibid., p. 43 ff.

(十九) Bishop, Theodore Roosevelt and His Time.

(二十) Treaties and Conventions, II, 2183.

(二十一) Dennett, Chap. II.

(二十二) Viscount Grey, Twenty-five Years, I, 118.

(二十三) Root, "The Real Question under the Japanese Treaty and the San Francisco School Board Resolution" in Am. Journal of Int. Law, I, 273.

（二十四）Am. Journal of Int. Law I, 450.

（二十五）MacMurray, I, 549.

（二十六）Ibid., p. 657.

（二十七）Ibid., p. 769.

（二十八）Willoughby, Foreign Rights and Interests in China, 316.

（二十九）Ibid., pp. 499—502.

（三十）Treaties and Conventions, III, 3822.

第六部　歐洲方面的干涉

第二十五章　歐戰與中立的不成

華盛頓對於他的時代的忠告　在華盛頓的時代，美國是一種民主政治的實驗。主要的問題不是我們對於世界的義務，而是世界各國許不許我們生存。聰明睿智的政策是不問世界政治，盡力設法不去得罪歐洲各大強國。華盛頓指出『我們的分立而遙遠的他位』使這一條路線走得通。後來的事實證明了這個政策的正確。我們因之能順從我們自己的政治天才的意向，行之無阻，把我們的制度普及於一個巨大的大陸，並在經濟世界上取得一隆盛富強的地位。當我國尙在年青的時期，除英國政府以外，我們的政府已是世界上最老和最穩固的政府，而且自我們宣告成爲一國和採取現在的憲法以後，彼英國政府已經過民主政治性質的重大變遷。故以年歲與穩固而論，我們久已有資格在世界上佔一發言和有影響的地位，可是我們對於國際社會中一分子的職責，非常疏忽。我們雖廁身於這個世界，卻不屬於其中。

孤立再不合時宜　我們的孤立政策與一百年前的局面適合，但與今日及過去若干年來的局面則不相當。我們已不復據有一個『分立而遙遠的地位。』蒸氣與電力，海底與無線電報已克服我們與歐洲間的距離，使我們與歐洲成了密鄰。全個世界的緊縮接近實爲我們祖先會未夢想到的，我們與世界各國的商業、財政與社會的關係是密切得很。在這種環境下，政治的孤立乃是一不可能的事，雖然若干年來，政治的孤立不過是一種傳統而已，但這種傳統曾束縛住美國外交家的手，而使美國公衆不知世界的實際情形變到怎樣。西班牙戰爭與菲律賓羣島的取得，使我們投入了世界政治的漩渦，可是我們猶不承認那種不可避免的變遷。

威爾遜宣告中立　這需要一場世界大戰纔能驅除一般的孤立迷夢，而使我們暫時醒悟到我們的國際利益與責任。當大戰開始時，總統依百年來的傳統，彷彿事所當然似的發了一個中立的宣告，（一）他以爲中立遵守得愈謹愼，美國在最後議和時愈有機會出爲不偏不倚的調人。但戰爭愈趨愈凶，大家漸漸明白中立不是一件容易的事，而且美國的重大利益大大地被牽涉在內，遠超出任何人的預料。

美國爲中立權利的擁護者　中立，在其現代的意義說來，大率係一種美國的主義，並且是我們孤立政策的結果。如果我們對於歐洲的衝突要置身局外，我們必須於歐洲國家交戰時採取一種絕對不偏不倚的途徑。在拿破崙戰爭期間，我們堅持謂中立國有若干權利，爲交戰國家所必須予以尊重者；並且我們爲樹立這種原則，不惜與英國有一八一二年之戰。半世紀後，在南北戰爭時，我們堅持謂中立國有若干義務，爲交戰國家有權責其履行者，因此我們在亞拉巴馬要求事件的解決時，爲了英國未履行我們所認爲是她的中立義務，而強迫她賠償我們一五、五〇〇、〇〇〇金元之數。如是我們便成了中立國權利與義務的主要擁護者，並且我們所力爭的原則已寫入現代的國際法。如遇二三國家從事戰爭，而其餘的世界皆守中立，通常頗易實施中立權利，但遇列強多半從事戰爭時，其餘的列強，尤其是較小的中立國，要維持他們的權利便不可能了。這在拿破崙戰爭時便是如此，不過那時的中立法尚在雛型之中，未曾為交戰國家所完全承認。在世界大戰時中立的失敗就來得更加嚴重，因為這時中立國的權利已經比較有明白的規定了。

中立是一種法律狀態

美國國內雖有大部的德國人口，德國政府在我們當中雖已做了多年有系統的宣傳，但德國的侵入比利時及其所犯的暴行立刻使輿論一齊偏向協約國方面。這並沒有違犯中立，因為要記得中立也者，不是一種心理上的態度，而是一種法律上的狀態。只要我們的政府履行了牠在國際法上規定的義務，就不能公允地責以違背中立。如果說中立國人民不得表示他們道德的判斷，那就無異說這世界永遠不能為公意所統治了。德國宣傳家努力要在所謂倫理的與法律的中立間加以區別，雖然可嘉，但無眞正的力量。中立雖根據不偏不倚的一般原則，但該原則向來是寄托於已經明白規定的法規中，遇到戰爭發生時，這種法規每不免有利於交戰之一方而不利於另一方。在大戰時，因為英國海軍佔優勢，所以也有這種結果。專就我們對於德國法律上的義務而言，她對我們並無可以誹議之處。反之，假使我們的舉動完全決於倫理上的考慮，那麼我們好久以前加入協約國方面了。

連續航行主義

英國的海軍優勢使她比較容易阻止他國與敵方作戰時違禁品的直接貿易，但只要德國能從意大利、荷蘭及斯堪的那維亞國家等中立港口輸入這些東西，那麼英國的海軍也沒有多大辦法。在這種情形之下，對於德國海岸加以一種普通的封鎖，那是很少效力的。所以英國並未宣布這種封鎖。她採取了別的方法以斷絕德國的海外供給，她擴大了絕對的與條件的兩種違禁品的名單，而在繼續航行主義（Doctrine of Continuous Voyage)之下，凡經過中立國家送往德國的物品之載在兩種名單上者，她一概加以捕獲。(二)

絕對的與條件的違禁品

至於一個交戰國家有權擴充違禁品的名單，那是無可疑義的。就是首次為國際間規定違禁品的種類的倫敦宣言(The Declaration of London)，也在第二十三條內規定謂：『凡專為戰爭應用之物品及原料得經通告後加入絕對違禁品的名單內，』又在第二十五條內規定條件的違禁品得以同一方式加以擴充。在現代作戰情形之下，要預先決定何種物品應作禁違品看待，那是似乎不可能的了。在大戰期間，許多為先前戰爭時所認為無傷的物品也成了繼續作戰所不可或缺的東西。

英國引用繼續航行主義，容有較多的爭論。她假定運往毗連德、奧的中立國家的貨物，如不能提出證明為非供德、奧應用，即作為運往德、奧論，並且她對於絕對的與條件的違禁品，不予以區別。美國竭力抗議這種政策，但是牠的抗議因為美政府曾於南北戰爭時採取同一政策而減少了力量，那時美政府曾同樣地對付中立國家運往毗連南政府的拉棱哈伐那馬他木羅斯(Matamoros)及其他各埠。(三)

美國抗議英國政策

浮動水雷及戰爭區域　戰爭爆發後不久，德國開始把浮動水雷散播於英國的商業路線上，於是英國政府為報復起見，於一九一四年十一月三日宣告北海為一『戰爭區域』，並警告中立船隻未接有英國艦隊的航行指示之前，不得駛入其中。(四)在等於一種嚴密封鎖的壓迫之下，德國海軍當局決定運用他們巨大的潛水艇隊去攻擊英國的商業，因爲這種潛水艇隊對於英國海軍未能予以重大的傷害。一九一五年二月四日，德國宣布不列顛羣島的周圍爲一戰爭區域，包括海峽全部在內，並聲稱自十八日以後起，所有敵方船隻如在該等洋面遇到，將予以擊毀，即使乘客與水手無從救起亦所不計；又加上警告謂中立國船隻不一定能永久避免意圖加於敵國船隻的攻擊。(五)

德國潛艇政策　美國對於此項通告立即抗議，並警告德國政府謂美國商船如遭毀滅或美國人民如有喪失，將惟德國是問。(六)但潛水艇政策仍於原定日期實行，數星期內即有美孚油公司兩隻掛美國旗的油船被水雷轟擊，死了幾個美國人民，美政府尚未決定採取何種行動以前，全世界忽爲海洋輪魯西坦尼亞(Lusitania)被水雷擊沈所震動。這是一九一五年五月七日在愛爾蘭南端的海面所發生的事情，事先毫無警告。該船係自紐約開往利物浦，載有一、九一七人，此數中間，死了一、一五三人，計有美國男婦兒童一一四人。

威爾遜總統要求否認及賠償

德國報紙歡呼魯西坦尼亞的擊沈爲潛水艇政策的大成功。在美國只有極端祖德的人加以辯護。全美報界攻擊牠爲一種野蠻的行動，大家相信一俟慘案的新聞報告經官方證實後，德國大使便要接到離開美國的護照了。可是威爾遜總統決定在對德絕交前竭盡外交上的能事，他在一個鎮靜而尊嚴的照會內，向德政府申述美國人民在公海上旅行的權利，斥責潛水艇戰爭的不法，並要求德國否認這種行動而在儘可能範圍內提出賠償。(七)德國的答覆是不滿人意的。牠聲稱魯西坦尼亞是武裝的船隻，所以不得

作爲普通商船看待，而且一艘以軍火運給敵人的船隻，予以毁滅，乃一種『正當自衛』的行動。（八）

布賴安的辭職　威爾遜總統正擬發出第二個照會給德國的時候，國務卿布賴安提出辭呈，說明辭職的理由，爲新照會等於宣戰，所以他不能簽字。紐約的藍辛爲一著名的國際法權威，又是國務部顧問，奉命繼任，於是這第二個照會便由他簽字發出了。（九）

阿剌伯克事件　魯西坦尼亞的交涉正在進行之際，一九一五年八月白星（White Star）公司海輪阿剌伯克（Arabic）又被水雷擊沈，美國人死了二名，事情非常嚴重。般恩斯托夫伯爵（Count Bernstorff）充分認識局勢的嚴重，不等美國政府有所行動，立即向國務卿藍辛保證，謂阿剌伯克號死者如確實證明有美國人民在內，這是與他的政府的意旨相反。（十）這個聲明表示德國將改變政策，因此打開了續繼談判之路。潛水艇戰爭並沒有怎樣阻撓英國的商務，卻使德國幾乎與美國以兵戎相見。九月一日，般恩斯托夫伯爵提出保證，謂此後海洋輪船非經警告及設法救援不參戰的人民的生命，不會被潛水艇擊沈，但此項輪船不得企圖逃走或抵抗。（十一）

德國的保證於攻擊蘇塞克斯時被破壞　這個爲挽回一個危機而鄭重提出的保證並沒有遵守。德國潛水艇仍繼續他們非法的攻擊。一九一六年三月，一艘沒有武裝的客運輪船蘇塞克斯（Sussex）未經警告，又被水雷擊沈於英吉利海峽。於是危機復發。約有八十名乘客，包括幾個美國人在內，或死或傷，德國政府起初否認這次慘案的責任，但最後舉出有確鑿的證據，證明該輪係爲一德國潛水艇所擊沈，於是國

暫時放棄潛水艇政策

務卿藍辛於四月十八日草發了一個哀的美敦書，宣稱德國政府如不立卽放棄牠對於客運及貨運船隻的潛水艇戰爭方法，美國「無他抉擇，只有與德意志帝國斷絕一切外交關係。」（十二）德國政府的答覆聲稱牠的海軍業已奉有命令對於商船除企圖脫逃或抵抗者外，非經警告及救援人命，不得加以擊沉。（十三）美國接受此項保證，作為係放棄其一九一五年二月四日宣布的潛水艇政策，並且有幾個月的功夫潛水艇的活動顯然是停止了。

德國抗議軍火貿易　德國曾經根據下列的理由，護辯她的潛水艇政策：（一）美國軍火的製造與販賣係片面的，所以非中立；（二）美國實際已容忍她所認為非法的英國截斷德國糧食供給的行動。軍火貿易的問題，德國在一九一五年四月四日的一個照會內，曾請美國注意。雖不否認軍火貿易在普通情形下的合法性，德政府辯稱這次戰爭的形勢與先前任何戰爭的形勢不同；過去的承認軍火貿易係出於保護現有工業的需要，而在此次戰爭中美國已有一個完全新工業的產生；末了牠有如下的說明，實為該項照會的眞正要點：

> 這種工業實際在那裏以貨物接濟德國的敵人。如果可以運輸，理論上卽使該工業願意供給德國，卻並不改變案情。假如美國人民志在眞正的中立，那麽美國應設法制止這種單方面的軍火供給，或者至少也應設法利用牠來保護與德國的合法貿易，尤其在食物方面。

在戰爭進行中，美國如改變其中立法律以致不平等地影響美國與各交戰國的關係，勢必與嚴格中立的原則相違背，殊爲不當。(十四)

布賴安的答覆

國務卿布賴安對於這個照會答覆道：

奧國重開談判　兩個月後，此項討論，奧、匈政府又提起來了。(十五)奧國照會並不懷疑美國是否有意履行中立法律的文字，但是怨我們沒有執行中立法律的精神，因此建議美國倘以不供給協約國的糧食與原料爲威脅，便足以保護美國與同盟國間的合法貿易。國務卿藍辛對這個照會有一長篇的覆文。他聲稱：(一)美國並無因特殊情形而改變或修正國際慣例的義務。(二)他駁斥在他認爲係奧政府的意思，謂「一個交戰國家因其在海上佔優勢取得的利益，應由中立國家成立一種不與佔優勝者通往來的制度，以均衡之。」(三)他請注意，在此次歐戰前許多年間，奧、匈與德國曾生產「極大過剩的軍火以售諸全世界，特別是售給交戰國家。在該期間內，奧、匈或德國之政府未曾擬議或引用德、奧政府現在主張的原則」。

美國立場的辯護

(四)美政府爲什麼自民國肇造以迄今日，一向主張並實行無限制的軍火及軍用品貿易，除原則上的問題外，尚有實際充分的理由。本國之政策向不於和平期內維持巨大軍備或軍火儲藏，足以抵拒一個器械完備的強敵的侵略。本國向來志在與各國和好無間，並欲避免以其陸海軍的威脅，致有危害和平之嫌。依據此項立國政策的結果，美國如一旦被外國攻擊，則戰爭伊始，將因軍火缺乏及無從設法產生充足之數額，以供給國防的需要，縱不受致命的困難，亦必感嚴重的掣肘。職是之故，美國遇外國攻擊時，惟有倚賴向中立國購買軍火的權利。本國自己既要求此項權利，自不能不承認他人此項權利。(十六)

破壞軍火工廠的工作

德、奧當局深知他們的理論在國際法原則或實行上是沒有根據的。實則，他們的照會大概意圖影響輿論，俾在美國出死力以求國會下令禁止軍火出口的德國宣傳家們，可以得到助力。這種企圖失敗之後，又進行一種廣佈的陰謀，以觸犯刑法的手段，來破壞軍火的貿易，軍火工廠裏發生了許多次的炸裂，毀壞了許多生命和億萬元的財產，還有若干從事以軍用品供給協約國的船隻上，也安放了炸彈爆裂品。華盛頓的奧國大使和德國陸軍及海軍武官均與聞這種行動，國務卿藍辛當即要求將他們召回。(十七)

霍斯大佐的和平使命　一九一六年一二月間，當各軍正相持於西線的時候，霍斯大佐（Colonel House）奉命訪問倫敦、巴黎及柏林，目的在向主要的交戰國家提出威爾遜總統願為調人及召集和會的提議。如霍斯大佐所說，及格雷勳爵在一九一六年二月二十二日的備忘錄所記錄，該計畫的重要部分如下：

霍斯大佐告訴我，威爾遜總統只要法、英通知時機已到，彼願立即提議召集會議以停止戰爭。如果

協約國接受這個提議，而德國予以拒絕，美國大概即可向德宣戰。(十八)

英國不願召集和會　在與格雷、愛斯葵士(Asquith)、巴爾福、路易喬治(Lloyd George)及黎定(Reading)諸人的談話中，霍斯表示他的見解以為德國將拒絕在合理的條件下出席和平會議，如果和會不成，美國將離會而參加協約國方面作戰。英國諸領袖對於該項計劃頗為感動，但因多種理由而遲遲未行。如果他們是為了本國自私的原因，（霍斯似乎這樣相信）立意拒絕美國當時參戰的機會，他們實負有可怕的責任。當該計劃提出時，俄國尚在堅持中，而且他們的前途頗佳。他們希望飢困德國，如果這樣，他們便無需美國的幫助或強迫德國再作潛水艇戰爭，如果這樣，美國便會以另一交戰國的地位參戰，而不是那種居高臨下的調人身分。協約國有他們自己的交戰目的，他們恐怕威爾遜做了調人，將得不到。再則，他們那時最感需要的不是兵，而是軍需，這種軍需他們正從美國取得豐富的供給。

拒絕美國申請的理由　但協約國也許是被「大概」這個字嚇住了，如果會議不成時，他們懷疑威爾遜總統是否願意或有無能力使美國加入大戰。同時還須記得，一切交戰國內正充滿了戰爭的精神，如果有任何內閣提議或接受了和平的請求，不免要被推翻。

英國名單引起公憤　協約國沒有接受美國計劃之後，英國又繼之以公布她的著名的名單。這個辦法，加上美國認為協約國之拒絕調解，乃出於自私的交戰目的，使美總統大為惱怒，國務部顧問坡克

(Polk) 建議謂總統應由國會授以權力，對英國予以報復的打擊。九月，國會於是通過了一種實爲最大的海軍預算，同時授權總統採取嚴重的報復手段。協約國如果不願美國依其自己的條件加入作戰，美總統仍決心維護我們的利益和實施我們的中立國權利。(十九)

德國一九一六年的和平動議

德國於春初開始對凡爾登 (Verdun) 猛攻，但法軍以無比的堅忍守着，等到夏天攻擊停止，兩軍仍在相持不下。在東部戰線方面，德國比較有利，攻進了羅馬尼亞，於十二月六日佔據了其京城布加勒斯特 (Bucharest)。六天之後，德國政府請威爾遜總統轉達協約國家，宣告牠願意『立刻開和平談判』。(二十)美總統不加意見把德國照會轉給了法、英。協約國駁斥此項提議爲不確定與無誠意。(二十一)十八日，威爾遜總統以同一牒文發往所有交戰國家，請他們切實說明他們認爲可以言和的條件。(二十二)

戰爭目的的陳述　這個通牒有一個時候被英、法認爲無端的干預，而且好像是贊成德國的提議的，但當各交戰國的答覆公佈時，美總統此舉引起的第一個印象便改變了。同盟國僅答稱他們準備加入談判，而企圖以繼續作戰的責任諉諸敵方。反之，協約國家則頗爲切實地說明了賠償的方式和在他們所認爲永久和平的必要條件的各種保證。(二十三)

德國潛水艇再行活動　同時謠傳德國正在建築一種新式較大的海洋潛水艇，意欲以更大的規模恢復無限制的潛水艇戰爭。一九一七年一月二十二日，威爾遜總統向參議院發表一篇可注意的演說，略述美國願加入一種國際和平聯盟的基本原則，希望爲世界未來的和平立有滿意的基礎後，戰爭卽可告一結束。可是一月三十一日，德國大使提交國務卿藍辛一個正式照會，宣告在大不列顛與法蘭西周圍劃了一個新區域，警告美國謂一切船隻包括中立國的在內，如於二月一日後在該區域內發見，將予以擊沈。(二十四)

般恩斯托夫的撤退　全國的眼光重又聚集於總統之身，公衆注意之關切實爲魯西坦尼亞沈沒以來所未有。二月三日他出席國會，以鎮靜有分寸的語調，宣稱已於該日將出國護照發給般恩斯托夫，對德的一切外交關係卽告終止。(二十五)這個宣言爲美國極大多數人民所熱烈歡迎，他們立刻陷入一種迫切期待的狀態，鵠候着「公然犯罪的行爲，」俾美總統可以提請國會爲進一步的行動。

威爾遜謀取職權武裝商船

在隨後的三星期中，有兩隻美國船被德國潛水艇所擊沈，但無生命損失。船主們都不願把他們的船隻開往海上，美國商務於是被封於美國各埠，實際上等於聽命於德國的封港命令。在這種環境之下，威爾遜總統又於二月二十六日出席國會，要求給予權力，將美國商船武裝起來，俾能保護他們自己以通過危險區域。(二十六)衆議院以極大多數的投票授予總統必要的權力，但依照參議院得爲無限制辯論的規則，有一小部分參議員，爲數十一名，由威斯康新州的拉福來脫(La Follette)和密士西比州的瓦達孟(Vardaman)爲領袖，竟使投票不克舉行。國會遂於三月四日在參議院無所動作之下閉會。

「齊滿門照會」　這班頑固的參議員們所引起的公憤於三月一日因「齊滿門照會」(Zimmermann Note)的敗露而達到了最高熱度，在該照會內，德國外交大臣齊滿門竟邀請墨西哥與德、日兩國一致對美作戰。這個公文係發往墨西哥的德國公使，而由華盛頓的般恩斯托夫伯爵轉達的，卻被英人截留了下來，轉到美國國務部手中。墨西哥與日本都憤然否認對該照會知情，並否認他們有被牽入這種計劃的可能性。(二十七)

參議院規則的修正　參議院對於授權總統武裝商船的議案既沒有通過，威爾遜只得召集一次特別國會，於四月二日開會。可是參議院在三月五日先已舉行了特別會議，爲適應輿論的要求起見，已將該院的規則修正，規定辯論須有合理的限度，使一小部分人不能無限制地擱延行動。

威爾遜的參戰演說　同時總統實逼處此，認定商船的武裝不是應付潛水潛恐怖的充分有效的方法。四月二日，他出席兩院聯席會議，督促『國會應宣布德政府最近的行爲，實際等於對美國政府與人民作戰；國會應正式接受這樣迫上來的交戰國地位；又應立即採取步驟，不僅使我國的防衛益臻完善，同時並應竭盡財力，使德意志帝國政府屈服，使戰爭終止。』(二十八)

四月六日，經過了連日不斷的對於決議案應取何種方式的討論，國會終於宣告德國與美國間已入交戰狀態。數日之後，即撥了七、〇〇〇、〇〇〇、〇〇〇金元的巨款作爲戰爭的費用。這是世界歷史上任何立法機關的任何一次撥款中之爲數最大者，其中差不多有一半是預備用作外國政府的借款的。外國借款，以發行公債來募集，至於我們自己的戰爭費用，據總統的主張，應盡力設法取之於賦稅的增加。國會當即從事於供給一個大陸軍（以選徵方法募集，）及制定新賦稅法的工作。

英法使團來美　宣戰後五天，英國外交大臣巴爾福便領了一個使團啓程來美。一行人於四月二十日在哈里法克斯登陸，立刻前往華盛頓。數日後，一個法國使團，由前總理維維安尼（Viviani）及霞飛將軍（General Joffre）爲領袖，也到了亨普頓路（Hampton Roads），當被邀登五月花號（Mayflower）載往華盛頓。其他對德作戰的歐洲國家的使團後來也陸續來到。

雖然我們歷史的孤立政策不容有與英、法作正式同盟的思想，但要取得勝利，必須有最密切的合作是很明白的。英、法使團的前來第一是要商訂借款，第二是要向美國力陳派遣大軍赴歐作戰的重要，第三是要拿他們三年的陸海軍經驗來幫助我們。爲了最後這個目的，他們帶來一批陸海軍專家。

借款與協約國　英、法兩國對於他們較弱的協約國家一向作鉅額的財政接濟，到了現在，他們的財力差不多已到絕境。國會於四月二十四日撥給的七、〇〇〇、〇〇〇、〇〇〇金元中，有三、〇〇〇、〇〇〇、〇〇〇金元係經票決作爲外國政府借款的。英、法、意、比利時與羅馬尼亞各來得了一份，並且在戰事進行中又續訂了新的借款，總額共計約有一〇、〇〇〇、〇〇〇、〇〇〇金元，這些借款並非以現金支付，而係置在美國銀行內的信用，我們協同作戰的國家卽以之在美國購買各種物品的供給。

中立的失敗

威爾遜總統在他的參戰演說裏說道：

當茲世界和平，及各個民族自由，均有攸關，實不能再言中立，況且此項和平與自由所受的危害，乃起於若干專制的政府，此等政府以完全聽命於己而不聽命於人民的有組織的武力爲後盾。在這種環境之下，尙有何中立之可言。

旣已一旦放棄中立，將來在任何戰爭中，如屬關係世界均勢，或大部分人類的命運，我們不見得再能保守中立了。中立與孤立是相連帶的。兩者所根據的見解都是以爲我們是一個遙遠獨處的民族，對於海外世界中的事變是沒有密切關係的。

中立的不成，與美國的參戰，表示了我們對於世界政治所抱態度的一種激烈的、但是不可避免的改變。不過威爾遜總統並非放棄我們民族保持的那些偉大原則，而是擴張他們，把他們運用到全世界去。在一九一七年一月二十二日對參議院的演說內，他說道：

門羅主義國際化

我可說是在提議請各國一致採取門羅總統的主義爲世界的主義；任何國家不應以其政體侵展至任何其他國家或民族，每個民族應自行決定牠的政體，牠自己的發展途徑，不受阻礙的，不遭威脅的，無所恐懼的，弱小者與強大者同存而並立。

我是在提議，從今以後一切國家應避免糾紛的聯盟，這種聯盟引他們爲權力的角逐，把他們捉入一個陰謀與私鬬的網內，並且使他們自己的事務爲外面侵入的勢力所擾亂。在勢力協調中，沒有糾紛

的聯盟。(二十九)

換句話說，門羅主義解除了牠的帝國主義的趨勢，應使其國際化，而美國的孤立政策，從避免秘密的聯盟這意思上說來，應作爲新國際秩序的一種基本原則。

(一) U. S. Statutes, XXXVIII, 1999.

(二) Dept. of State, Dip. Cor. with Belligerent Governments, No. 1, p. 65 and No. 3. pp. 89—113.

(三) Op. cit., No. 3, p. 22 ff. 比較英國的行爲與美國在南北戰爭內的行爲。

(四) Ibid., No. 4, p. 29.

(五) Op. cit., No. 1, p. 52.

(六) Ibid., p. 55.

(七) Ibid., p. 75.

(八) Op. cit., No. 2, p. 169.

(九) Ibid., p. 171.

(十) Ibid., No. 3, p. 203.

(十一) Ibid., p. 159.

(十二) Op. cit., No. 3, p. 241.

(十三) Ibid., p. 302.

(十四) Op. cit., No. 1, .p 73.

(十五) Ibid., No. 2, p. 193.

(十六) Op. cit. No. 2, p. 194.

(十七) Op. cit., No. 3, pp. 325—327.

(十八) Viscount Grey, Twentyfive Years, II, 127; Seymour, The Intimate Pavers of Colonel House, II, 201—204.

(十九) The House Papers, II, 315—316.

(二十) Dept. of State, Dip. Cor. with Belligerent Governments, No. 4, p. 305.

(二十一) Ibid., p. 311.

(二十二) Ibid., p. 321.

(二十三) Ibid., pp. 327—346.

(二十四) Op. cit., No. 4, p. 403.

(二十五) Ibid., p. 410.

(二十六) Messages and Papers of Woodrow Wilson (edited by Albert Shaw) I, 363.

(二十七) Hendrick, Li e and Letters of Walter Hines Page, III, 324—364.

(二十八) Messages and Papers of Woodrow Wilson, I, 372.

(二十九) Messages and Papers of Woodrow Wilson, I, 355—356.

第二十六章　威爾遜與十四點

美國給予全世界的影響　約莫一世紀有半以前，美國插入國際，這是一件具有世界意義的事件。我們的革命先烈創造了一個政府，以政權係得自被統治者的准許為立國的原則。這個原則對於仍以神權論為根據的舊世界的專制政府是一種威脅，雖然這種威脅是遼遠的。美國的參加世界大戰，同樣地是具有同等意義的事件，因為那位對於維金尼亞人權宣言（Virginia Bill of Rights）、獨立宣言，與開國元勳們著述的政治哲學有素養的大總統，借了這個參戰的機會得向舉世公布美國向來所維護信奉的種種理想。關於這一點，巴黎和會正史（一）的編者鄧北萊（H. W. V. Temperley）說道：

威爾遜的政治哲學

威爾遜總統的言論有一種獨特的意義，這不僅是因為他們被視為和平談判的法律根據，而且是因為他們形成一部具體和一貫的政治理論。這種理論雖隨了大戰所發生的劇變而發揚光大，但並非為這些劇變所造成，也未嘗因這些劇變而有更改。他的理想與大戰中任何其他大政治家的理想不同，他的理想是可以推演為一部完整的政治哲學的。因此，他的戰前演說實具有一種特殊的意味，因為其中包含他政治信念的種子，而且未受當今慘劫巨變的影響的。他的理論的要義本屬簡而不多，但其推論經大戰開展後，便發生了最深遠的結果。我們不必並且無須去討論這些理論究有若干是美國全體人民已經接受的，因爲這些理論既係他們的法律上的代表，當世界歷史到了最要關頭所發表的言辭，自然永久有其價值的。

威爾遜的拉丁美洲政策　威爾遜政治哲學的主要特質，首先見於他對南美洲的政策，當時他尙無干涉歐洲局勢的意思。在他執政之初，他曾宣言謂『決不再從征服，拓取尺寸的土地。』一九一五年十二月，他聲稱，『我們自始卽與新大陸上一切愛好自由者抱有共同的態度，並……已保留美洲一片乾淨土以供各獨立國家及各個自由公民之發展。』數星期後，他提議謂美洲各國應聯合一致，『互相保證絕對的政治獨立及領土完整。』此項提議確曾包含於一個條約之中，但此項南、北美洲組成一個國際聯盟的計劃，未得其他各國的贊同，他們大概怕美國在這種聯盟中佔據過於卓越的地位。(二)威爾遜總統隨後拒不承認衞塔(Huerta)的專制政權，而表同情於墨西哥人民，這便是他的政策的首次應用。後來該政策復見於分別看待德皇與德國人民，竟克奏膚功。他的拒不侵犯墨西哥，以及他的決心予該國人民以自救的機會，使舉世洞見其政策的至公至誠，後來他成爲歐洲人民道德上的領袖者卽肇基於此。(三)

威爾遜總統的堅持『思想、言語與行動』的中立，他所謂『不屑參戰，』以及一九一六年五月二十七日他關於大戰的說明『大戰的起因和目的不與我們相干』云云，曾使許多美國人怫然不悅，並受國內外一般人的嘲笑。他主持中立的理由具見於一九一六年九日二日他第二次接受大總統候選人的宣言中：

中立的理由

兩年來我們所以維持中立者，不僅因置身於歐洲政治局外，爲美國固定的傳統政策，不僅因我們對於促成此次大戰的各種因素，無論在行動上或政策上均未與分，並因我們職責在於盡力使此次浩劫燃起的仇火與災燹，不致爲無限的蔓延，又在於保存我們的實力與資財，俾他日和平再造之際，創痛待蘇之時，得以造福災黎，服務人類。(四)

但一九一六年間威爾遜發表的其他演辭，則又顯見他正漸漸被迫爲如下的結論：「和平亦非永久能爲美所選擇；」又謂「我們必須於我們的權利與人類人道的權利利害一致之時，準備爲我們的權利而戰。」

請各交戰國聲述作戰的目的　當德意志於一九一六年十二月十二日提出和議時，威爾遜總統即通電請各交戰國公開聲述他們所以作戰的目標。協約各國草擬覆文時，不免因與意、俄兩國訂有祕密條約，而感難於措辭（按此項祕密條約後來俄國革命成功，布爾雪維克黨人即予公布出來了。）(五)緣於一九一五年三月間，英、法兩國會與俄羅斯訂有協定，許以君士坦丁，這個重鎮是俄國從彼得大帝(Peter

答覆

the Great）之日起卽存覬覦之心的。據一九一五年四月二十六日簽訂的倫敦條約的規定，英、法、俄三國又許意大利取得屈倫帖奴（Trentino）和南帖羅爾（Southern Tyrol），按該等地方人口內有二十五萬以上的德國人民。該約又許意大利以屈里斯脫（Trieste）和意斯脫里半島（Istrian Peninsula），各該地的邊界西接阜姆（Fiume）城，惟須注意者，意大利並未從該約中取得該城的主權。該約又許意大利取得達爾瑪地（Dalmatia）全境之半。其中各城鎭人口有半數以上爲南斯拉夫人。職是諸因，協約國對於威爾遜的通牒，不得不以籠統的文字答覆。協約各國的領土要求是：『凡過去以武力或違犯當地人民的意志而奪自協約各國的省區應予收復；意大利人以及斯拉夫人、羅馬尼亞人和捷克斯拉夫人應自外族統制下取得自由；凡受土耳其人誅殺虐待的人民應予解放；與西方文明斷然不合的土耳其帝國，應驅諸歐洲的版圖之外。』德意志的覆牒不提起任何領土要求，而且對於比利時將來的地位，亦未作任何保證。

（六）

和平聯盟　一九一七年一月二十二日，威爾遜總統向參院報告這次與作戰各國交換意見的結果時，發表他關於訂立公正與耐久的和平時必要條件的第一種演說，這次演說與隨後各次一貫的演辭使他成爲全球各國開明的知識分子所公認的代言人，又使他取得世界歷史上未有前例的一種道德的領袖地位。他宣言道，『在每次討論到必須結束此次大戰的和議時，大家公認爲和議成立後必須有一種具體的同盟，俾類似這次的浩刼無從再行發作，貽禍生靈。每一個愛人類者，每一個頭腦健全而有思想者，須視此爲事所當然。」事實上，沒有什麼人對這種宣言表示異議。我們的多數領袖如塔夫脫羅斯福和洛治等莫不抱有以一種國際聯盟來維持法律與國際和平的理想。在所有協約各國內設有分會的實施和平聯合會（The League to Enforce Peace），曾作廣大宣傳以普遍這個理想。威爾遜說，他認參議院爲「一個與我共同決定我國國際義務的諮議機關」，他要與參議院共同議訂各種在他認爲正當的辦法，使他可以請美國人民「正式地而且莊嚴地擁護一個和平聯盟」。他否認有權參預和約條文的決定，但他聲稱他有權「參加決定這種和議應否由一國際聯盟予以保證使之耐久。」

無勝利的和平

第一、這種和議須是「一種無勝利的和議」，因爲「只有一種對等國家間的和平始能維持久遠。」他又說，「當前尙有較之各有組織國家間的權利平等更深重的問題。任何和議凡不承認及不接受下列的原則者決不能持久，抑且不應持久，原則爲何，卽一切政府的正當權力係得自人民的同意；又任何人民槪不得被視爲一種財產而轉移其隸屬。」他引波蘭爲例，稱各國政治家均認波蘭應爲「統一的、獨立的和自治的」。

公海自由　他聲稱每一個大民族「應取得一個通海的直接海口，」又謂「不能使任何國家與海洋隔絕，致不得自由接近世界商業的公開路線。」他加着說「公海自由爲和平平等與合作的必要條件。」他說這個問題是與限制海軍的軍備有密切的關係。「軍備這個問題無論其爲陸上或海上的軍備，是與各國及人類的福利最有密切關係的實際問題。」（七）

俄國革命　一九一七年俄羅斯的三月革命，推翻了沙皇政府，使當時的政治空氣爲之一淸，並使威爾遜總統能在四月二日對於國會的演說辭內宣布一種民主政治對專制政治的戰爭。新俄政府否認一切帝國主義的企圖，而採取「民族自決，不事兼併，不求賠償」的公式。波蘭是被解放了，君士坦丁的要求是放棄了。這樣一來，協約國得以解除了最使他們爲難的祕密條約之一。(八)

德國政府與德國人民的分別　雖在美國加入大戰以後，威爾遜總統對於和議的最後條件，仍繼續不變其原有理想。他的態度依舊與協約國的態度根本不同，各協約國受着若干密約的掣肘，而這些密約是與威總統的願望大不相容的。在他的參戰演說內，他宣言謂我們「與德意志人民並無爭執。我們對於他們唯有同情與友誼而已，他們的政府所以興兵者固非出於他們的衝動，」他攻擊的對象是普魯士的專制政治。

「我們如今將與這個自由之公敵廝殺，並於必要時銷磨全國力量，以防阻並撲滅牠的野心及牠的勢力。我們深以爲幸，如今竟得看淸事實的眞相，爲世界的最後和平而戰，爲各民族（包括德意志民族在內）的自由而戰；爲世界大小各國及各地人民能自擇其生活與服從的方式的權利而戰。我們乃所以求世界民主政治的安全。世界和平必須建築於幾經試驗的政治自由的基礎之上。我們不作私利的企圖，我們不求戰勝，不求統治。我們不爲自己求賠償，對於我們自願所爲的犧牲，不求物質的報償，我們不過是人類權利的一個擁護人。一俟各國本諸誠意出於自願，使這些權利備極安定之時，我們便心滿意足了。」

(九)

奧國的求和　約在美國對德宣戰的時候，德、奧又再度開始所謂『和平的攻擊。』三月間奧國向法國言和，到了八月間羅馬教皇又向列強作一種直接的呼籲。一九一七年六月十四日威爾遜總統在華盛頓紀念碑前當衆演說，對於這種議和的動機，加以無情的揭發：

德國的軍閥無誠意

使德國陷於水深火熱中的軍閥看得很明白，他們已經陷於怎樣的命運：如果他們後退或被迫後退一寸，他們在國內外的權勢就要全部瓦解。如今他們所憂念的不是國外的權勢，而是國內的權勢。這一種權勢現正在他們的鐵蹄下發生動搖，深深的恐懼已透入他們的心胸。他們只剩一個機會來延長他們的軍權，甚至他們統制政局的勢力。假如他們目前能成立和議，那麼他們既然據着莫大的利益，他們便能自解於德國人民。他們立志以武力征取的一切便得如願以償——德意志權力的無限膨脹，和德意志工商業機會的無限擴大，他們的威望可得而鞏固，他們的政權隨之而保全。但假如他們失敗了，他們的人民便要起而逐之。德國便將成立一個爲人民所同意的政府。有如英、美、法三國及德意志以外現代各大國家的政府。假如他們的野心得逞，德意志和全世界便遭殃了。假如他們的企圖失敗，德意志是得救了，全世界也和平了。假如他們成功的話，美國將受其危害，而我們及世界上一切國家必須像他們那樣的武裝起來，以防備他們下一次的侵略。假如他們失敗的話，全世界將歸和平統一，而德國也得加入這種一統的局面。(十)

協約各國把答覆羅馬教皇的工作委諸威爾遜，他是不受祕密條約的掣肘的。在這個非常的文件裏，他把德意志人民與德皇的分別說得更清楚了：

對教皇的答覆

美國人民會受德意志帝國政府難堪的侵凌，但彼等不欲以報復手段施諸德國人民，因德國人民在此次非出諸己的戰爭中，自己已受盡了痛苦。美國人民深信和平不應建築於各政府的權利上，而應建築於各民族的權利上——無論大小強弱的各民族的權利——各民族得以均等權利，共同享受自由、安全與自治，並在公平的條件上，共同參預世界的經濟機會，假如德意志人民願接受平等而不求優越，自然得受同等的待遇。

在結論中，他說道：

不信德國現在的統治者

我們不能以德國現當局的說話，視為可以保證其有久遠的效力，須確鑿由德意志人民自己願意，明白予以擁護，其他各國人民始能接受。倘沒有這種保證，那麼凡與德國政府所訂各種和解的條約，廢除軍備的協定，以公斷代武力的盟約，領土的調整，弱小國家的規復等，實在沒有那個人、那個國家可以信任。我們須拭目以待同盟國各大民族的意志有新的切實表示。願上帝恩准不久可有這種新的表示，俾各地一切民族對於國際誠意與協和的可能性得回復其信心(十一)

蘇俄共產黨的和平建議　一九一七年十一月初，俄羅斯的克倫斯基(Kerensky)政府被推翻了，布爾雪維克黨人取得了政權。他們當即提議共同休戰，並請一切交戰國家進行和議。同盟各國接受了邀請，並於十二月初在布來斯脫里托夫斯克(Brest-Litovsk)開始談判。俄方的提議如次：佔領區域的撤退，迄今未獲獨立的各民族的自決，不得有戰事賠款或經濟抵制，以及按照上項各原則解決殖民地各問題。奧國外相克實林伯爵(Count Czernin)代表同盟國作覆，其接受俄方議提之多，實出於原來意料之外，但他拒絕了迄今未獨立各民族團體得自由投票的原則，而對於一致罷兵言和的提議則以協約國的接受爲條件。(十二)布來斯脫里托夫斯克會議的與會雙方請協約國於一月四日作答。這個要求未獲直接的答覆，但俄羅斯的建議給了世界各國的勞動階級一個深深的印象，路易喬治與威爾遜都覺得有更明白地解釋協約國作戰目標的必要。

英國作戰目標的說明　一九一八年一月五日路易喬治在他發表的一篇演說裏，對於英國作戰目標作第一次具體而且正式的說明。他已商諸工黨領袖和格雷子爵和愛斯葵士以及不列顛海外統治地的若干代表，而且他聲稱他是代表「整個英國及英帝國」說話的。他首先解釋什麼不是英國的戰爭目的。他否認英國有意推翻德意志政府，雖然他認軍事的專制政治爲「一種危險的過時廢物，」他們亦非爲破壞奧匈帝國而戰，但「久已渴望自治的奧匈各民族」應獲眞正的自治；他們又非爲「剝奪土耳其種族佔大部分的土耳其京城或慈乃斯（Thrace）富饒著名之區」而戰，但地中海與黑海間的通路須使之「國際化及中立化。」作戰目標的積極的說明包括比利時的全部規復；阿爾薩斯洛林的歸還法國；意大利邊界的訂正；波蘭的獨立；塞爾維亞、門的內哥羅和法蘭西、意大利與羅馬尼亞被佔區域的規復；又以「德屬各殖民地當地居民的意思與利益爲主，」分別加以處置。他堅持謂凡由違犯國際法而致的傷害應責令賠償，但否認要求戰爭的賠款。結束時他宣布一種持久的和平所必須具備的條件：

持久和平的要件

第一、條約神聖須重予確定；第二、須根據民族自決權或被治者的同意而決定領土的處理問題；最後，我們須創設某種國際的組織，以求限制軍備的負擔，並且減少戰爭的可能性。

路易喬治在他的演說辭中採取了威爾遜揭櫫已久的各項原則，當由巴爾福將此事實電告威爾遜總統，慫恿他自述其見解俾抵消布爾雪維克黨人對全世界人民的呼籲的效力。(十三)

威爾遜宣佈十四點　一九一八年一月八日卽路易喬治發表上項演辭後三天，威爾遜總統應巴爾福之請，在國會兩院出席發表了他對於作戰目標的最重要的演說。這中間包含着最著名的「十四點」

公開外交

一、公開的和平條約，以公開的方式訂定之。此後不得有任何祕密的國際諒解。凡外交事項，均須開誠布公進行。

公海自由

二、領海以外無論和平或交戰時，須保持絕對的航海自由。但於執行國際條約時，得以國際的行動封鎖一部分或全部的公海。

撤除經濟壁壘

三、撤除各種經濟的壁壘，使國際貿易機會均等之利，普及於接受和平及保障和平的各國。

軍縮

四、互訂充分的保障，務使軍備縮減至最低額，以足資保護國內治安爲度。

調整殖民地的要求

五、處置殖民地時，須推心置腹，絕對公道，對於殖民地人民的福利，與主管國政府的正當要求，應以不分輕重同樣顧及爲原則，該原則各國須絕對尊重，不得絲毫假借。

俄國

六、凡已被佔據的俄國領土，須一律退還。凡關於俄國種種問題，須以協助其自由發展爲前提，俾其自定政策，建設相當的政府，並歡迎其加入自由國家之社會。且不獨歡迎而已，又須供給其一切需要。各國待遇俄國的眞意，當以能否對於俄國抱親愛主義，與夫能否表示無私心的態度爲斷。

比利時

七、凡已被佔的比利時領土，須完全退還。其一切主權，不得絲毫加以限制，俾與世界自由國家享同等的權利。此爲全世界所公認者。若欲使各國信任共訂共守的法律，此舉實爲首要。苟無此補救之道，則國際公法的勢力將永化烏有矣。

阿爾薩斯羅林

八、完全恢復法國領土的自由凡被侵犯一部分的土地，卽須歸還。阿爾薩斯羅林本爲法屬，一千八百七十一年爲普魯士所強佔因之擾亂世界和平凡五十年，今須歸還，以維公道，俾永保和平。

意大利邊界

九、重訂意大利疆界，其版圖的改定，當以居民的種族爲根據。

奧匈

十、對於奧匈各民族，須予以確保世界地位的權利，並自由發達的機會。

巴爾幹

十一、羅馬尼亞、塞爾維亞、門的內哥羅諸國領土，須一律恢復。已被佔據的土地，一律歸還。塞爾維亞當予以通海道的權利。巴爾幹諸國的關係，當和衷共濟，以歷史上的習慣與種族而定。巴爾幹諸國的政治經濟自由，由國際公共保障之。

土耳其

十二、對於土耳其帝國的土耳其民族，須承認其主權。其在土耳其政權下的他種族，當享受保護生命、發達自治的權利。達達尼爾海峽，須由國際保障，永遠公開，俾世界各國共享航路的自由。

波蘭

十三、建設波蘭獨立國家，凡確爲波蘭種族所居之地，均歸入其版圖，並予以通海道的權利。其自由獨立的統治權，以國際條約保障之。

國際聯合會

十四、確定約章，組織國際聯合會，其宗旨爲各國交互保障其政治自由及土地完整，國無大小，一律享同等的保障。(十四)

德國在東歐便宜的勝利　二月間，布來斯脫里托夫斯克的談判因德方要求過奢的結果而告破裂，俄、德的休戰宣告終止。德人迅速地踏平了波蘭和波羅的海各省，又在一個條約下佔領了烏克蘭，該約實際上把烏克蘭的物質的儲藏歸同盟國隨意處置。四月六日卽美國參加大戰的一週紀念日，威爾遜在波地摩爾演說中申斥德國統治階級的奸險，說他們『在俄國享一種爲勇士之國所不取的便宜的勝利。』結論的措詞尤爲嚴厲：

極端的武力

德國一再聲言，只有武力能決定世間的正義及和平。人類的命運，將賴美國的公道以判定呢，抑將賴德國的權勢以判定呢？亦只有武力能決定。德國的用心旣如彼，我們的答覆惟有如此：武力，我們將以極端的武力，無限的武力，正義制勝的武力，使正道公理成爲世界法律，而擲私心的權勢於糞土之中。

（十五）

十四點的發揮　威爾遜在一月八日發表的演說和休戰日發表的演說之間，他又發表了其他的演說，就中他對於『十四點』內某幾個原則有所發揮。他在二月十一日、七月四日及九月二十七日發表的演辭尤有特殊的意義。在九月二十七日的演說裏，他的意志集中在國際聯盟。他宣稱『在國際聯盟的普通而共同的家庭內，不容再有聯盟或同盟或特殊的條約與諒解之類；亦不容有自私的特殊經濟集團；不得運用任何方式的經濟抵制或排斥，惟爲紀律及管轄計，國際聯盟本身得行使經濟上的處罰權，卽令破

罰者不得參預世界市場。」末了，他說美國準備『擔當其應負的全部責任，俾今後和平所依賴的公共約章與諒解得以維持。」（十六）

給予中歐各民族的印象　我們現在從已出版的德、奧政治家的回憶錄中，可知威爾遜總統的演說給了中歐各民族一個深刻的印象。他代表各被壓迫民族——不僅是比利時、塞爾維亞和波蘭，尙有捷克斯拉夫和南斯拉夫——所發表的言論，在一九一八年春天和夏天益加來得強硬和頻繁，實使那一個戰事緊張的時期中，反德的戰線愈爲鞏固。九月三日，他承認捷克斯洛伐克的國民會議爲一交戰國政府。（十七）此舉無異使奧匈帝國瓦解。這在先前是沒有成議的，但誠如他在十月間答覆奧國的休戰請求時所稱，自『十四點』宣布後形勢已變，這些民族如今僅僅取得自治是不會滿足的了。

德國請照威爾遜的綱領議和　俄羅斯的崩潰和布來斯脫里托夫斯克的談判之結果，德人撤回了他們東線的師旅，而孤注一擲於一九一八年三月間的大西征。當這次軍事行動終於遭了阻遏，而協約國的進攻開始的時候，德國的軍事領袖便知大勢已去，然而他們沒有正視這種事實的勇氣，因爲一旦承認了失敗，舊時建築於軍事勝利的政府組織自必崩潰。他們徒然地等待一次軍事的優勢，俾他們可以有機會重開談判，而無須公然承認戰爭的失敗。最後德國大本營解體的頹勢到了不可收拾的地位，惟有請求立卽休戰。爲準備議和起見，十月一日內閣辭了職，特請巴登(Baden)的麥克斯親王(Prince Max)出來組織一個新政府。十月四日，他請瑞士政府轉致一牒文於威爾遜總統，請他召集一個和平會議，並謂德意志政府『接受一九一八年一月八日美國大總統致國會咨書中列舉的綱領，以及該大總統後來的幾次聲明，尤其是九月二十七日的那次演說，以爲和平談判的基礎。』(十八)

美總統要求擔保　美總統的覆文中，對於下列三點，要求一種更明白的諒解：(一)帝國首相是否謂德意志政府接受上述美總統演辭中規定的條件，而『其舉行談判之目的，僅係同意於各該條件施行時的實際各點?』(二)美國總統認爲同盟國軍隊尙駐足於約協國境之際，殊不便向協約國政府提議停戰。(三)美國總統敢問該首相是否代表該帝國主持作戰的現當局說話。

停戰條件待軍事顧問決定　德方十月十二日的答覆在第一點上是滿意的。關於德軍自佔領區域撤退一節，他們提議由一混合委員會來處理一切細目。關於第三點，據云新政府的成立係得國會大多數的贊助。進行至此，威爾遜隨後所取的步驟是很巧妙的。他答稱撤兵的手續與休戰的條件須由美國與協約國政府的軍事顧問裁決，但他不能同意於任何種解決辦法，凡『對於美國與協約國軍隊現有的軍事優勢的維持，無絕對滿意的保障與保證者。』其次說到潛水艇戰爭，他聲稱『當德意志的武力尙繼續其不法不仁的行動，不自悛改之時，』美國與協約國政府認爲無從談及休戰。

要求改變德國政府

末了他提起他七月四日的演說辭中包含的一句，這一句業由德意志政府接受爲議和條件之一，即『任何地方的任何獨裁權力，凡能分別地祕密地和獨斷地擾亂世界和平的，槪應加以消滅。』他又說，『已往控制德意志民族的權力便是這裏所說的一種。』『如何改變在於德意志民族的自擇。』他要求美國與協約國的政府應該確實知道他們是與誰在交涉。

證保改變

德首相在覆牒內向美總統保證說，德國國會業已提出議案，變更帝國憲法，務使人民的代表有決定和戰之權，但美總統不認爲已有眞正的改變。『未來的戰爭或能由德國人民控制，但此次戰爭，德國人民固未得而控制；今我們談判者卽係此次的戰爭。』他對於任何休戰凡不能消弭德方重啓戰端的可能性者，概不願接受。他結論謂假如美國『現在須與德國的軍閥及專制君主交涉，或今後須與彼等交涉德意志帝國的國際義務，則美國不應與其和議，而應勒令投降。倘這主要的一點不能辦到，那麼一切皆屬徒然，』這通牒是十月二十三日發出的。四天後首相答道：

美總統具知德意志憲政生活中業已發生及尙在發作的各種根深蒂固的變更。和平談判將由一個人民的政府來主持，依憲法的規定，決定的合法權限將操諸該政府之手，而軍事權限亦將由該政府執掌。德意志政府如今鵠候休戰的建議，以訂立一種公正的和平，悉如威爾遜總統歷次聲述中所稱者。

休戰條款　休戰的條款當由在凡爾塞（Versailles）的協約國間議事會（Interallied Council）起草，於十一月五日告竣。（十九）此項條款比較一般人意料的嚴厲多多。德國須立卽退出比利時、法蘭西、阿爾薩斯洛林和盧森堡；自萊因左岸全境，又自俄羅斯、奧匈、羅馬尼亞及土耳其撤退其軍隊；她須繳出鉅額的重礮及飛艇，全部潛水艇，和大部分的戰艦、巡洋艦和驅逐艦。這簡直是無條件的投降。當時一般人以爲這是協約國總司令們的意旨，但如今纔知道福煦（Foch）和海格（Haig）認爲這些條件太苛，德方不會接受。他們要的是德國願接受的休戰條約，反之布立斯將軍(General Bliss)卻要求『敵人陸海軍的全部繳械與解散。』（二十）

訾議威爾遜停戰

美國國內對於威爾遜總統訾議甚烈，以爲根本不應與德國開什麼談判。『直搗柏林』是一個最流行的口號，一般人以爲美總統是在那裏阻止軍事上的全勝。十月十日參議員洛治在參議院中聲稱「共和黨要求無條件的降服和完全勝利，恰如從前格蘭特將軍所要求的。我相信美國人民要的是無條件的降服，要的是由我們獨斷的而非磋商的和平。」

法國內閣閣員兼巴黎和會代表泰狄歐(André Tardieu)於追敍休戰的談判以後，說道：

美國獨裁者的虛構

綜觀以上所述，又何待辭闢許多人相信的無稽之談，什麼休戰書係由一個美國獨裁者祕密決定的；什麼由歐洲各政府順從的；什麼因各政府的懦弱，故而不顧諸將的反對而強令戰勝軍隊承受的？那休戰書是在光天化日之下議訂的。威爾遜總統不過允許在三重條件下將休戰書轉達他的同事，第一條件謂休戰書的原則應得軍事當局的認可，而其條款亦由彼等起草；第二條件謂休戰書應勒令敵人接受而非洽議性質；第三條件謂休戰書應使戰事不致再作，並須保證戰敗國對於和平條款的就範。因此之故，與柏林方面磋商至十月二十三日始止，而在巴黎的磋商則自該日迄至十一月五日止。最後的決議，不僅關於休戰書的原則，抑且關於其實施，都歸總司令（福煦）決定。起草的人是他。採用的是他的稿本。各政府的行動不過是加以認准，且使之更加嚴厲而已。眞相便是如此——雖然這眞相不很悅目，但其較爲符合常識則無疑義。(二十一)

奧德的崩潰　休戰書的條款由福煦元帥於十一月七日提交德方，限令七十二小時內加以接受或拒絕。同時德國的同盟各國正相率離畔。保加利亞於九月三十日投降，土耳其於十月三十日簽了休戰書。最後，十一月四日，迅速瓦解中的奧匈帝國也簽了休戰書。十月二十八日德國基爾（Kiel）發生了一場海軍叛變，這叛亂迅速地傳播於其他港埠。同月三十一日，德皇動身到前方的行營，拋下柏林在革命的邊沿上。十一月七日，社會民主黨要求德皇與皇太子退位。九日，麥克斯親王辭首相職，德皇退位，不光榮地逃過邊界到了荷蘭。十一日上午五點鐘德方代表與福煦元帥簽了休戰書，同日十一點鐘起便發生效力。

在兩點上威爾遜的原則爲協約國所修正。十一月五日美國致德國的牒文內，國務卿藍辛聲稱美總統業將他與德當局的通訊提交協約國政府，他所得覆文如下：

協約各國修改威爾遜原則

協約各國政府業已愼重考慮美總統與德政府間的通訊，在後開的條件下，他們聲明願依一九一八年一月八日美總統致國會咨書內規定的議和條款，以及他後來歷次演說中揭櫫的解決原則，以與德國政府言和。但他們必須指出者，即第二款所謂公海自由可作各種解釋，內有數種解釋非他們所能接受。所以他們對該問題於日後加入和平會議時保留完全的自由。再者，一九一八年一月八日美國總統在他致國會演說辭內述及和平條件時，他曾宣言謂各佔領區域須予撤退、解放及恢復，協約各國政府認爲這條的含義如何，不容有絲毫懷疑。協約各國政府以爲這條指德國從陸海空三方的侵略而加諸協約各國民衆及民產之一切損失將由德國予以賠償。

和平磋商的法律基礎　國務卿藍辛於轉達上項備忘錄時，聲稱彼接奉總統命令謂總統對這種解釋表示同意云。

經以上的修正後，威爾遜的原則遂由各方面承受爲和議的法律基礎。(二十二)

(一) A History of the Peace Conference of Paris, edited by H. W. V. Temperley, under the auspices of the Institute of International Affairs, 6 vols, London, 1920—1924, vol. I, 173.

(二) Post, p. 665.

(三) Robinson and West, The Foreign Policy of Woodrow Wilson, 30—43; Temperley, History of the Peace Conference of Paris, I, 176.

(四) Op. cit., I, 342.

(五) Baker, Woodrow Wilson and World Settlement, I, 47—63.

(六) Dept. of State, Dip. Cor. with Belligerent Governments, No. 4, pp. 305—317.

(七) Robinson and West, 352.

(八) Temperley, I, 183.

(九) Robinson and West, 382.

(十) Ibid., p. 400.

(十一) Op. cit., p. 408.

(十二) Temperley, I, 221 ff.

(十三) Baker, Woodrow Wilson and World peace, I, 40.

(十四) Albert Shaw editor, Messages and Papers of Woodrow Wilson, I, 464; Temperley, I, 431.

(十五) Messages and Papers of Woodrow Wilson, I,479.

(十六) Op. cit., I, 472, 502, 520.

(十七) Temperley, I, 199.

(十八)關於休戰的照會，印在 The Messages and Papers of Woodrow Wilson, I, 533—556, 及 Temperley, I, Appendix IV, pp. 448—458.

(十九) Temperley, I, 459; Treaties and Conventions of the United States, III, 3307.

(二十) André Tardieu, The Truth about the Treaty, 65—71.

(二十一) Op. cit., p. 74.

(二十二) Temperley, I, 45[illegible]

第二十七章　美國與國際聯盟

威爾遜決定到巴黎去　和平會議約定在巴黎舉行，威爾遜總統認爲當前問題重大，故決定親自領袖美國代表團。英國、法國及意大利均由他們的首相或總理爲代表，美國自應由他的最負責的領袖爲代表；況且威爾遜已成爲協約國的主要發言人，又曾訂定和議的根本原則。但他到巴黎去的決議在我國歷史上沒有先例，所以頗受批評與反對。迨他把代表團其他人員的姓名宣布出來之後，批評嘗議益加顯露嚴厲。其人名爲國務卿藍辛、前任駐法大使亨利懷特，霍斯大佐及布立斯將軍。當時有一個普遍的要求，要一個超黨派的和議代表團，許多人以爲總統應起用魯特或羅斯福或塔夫脫。懷特雖是一個共和黨員，但他對於黨務向不活動，絕非一個黨的領袖。參議院方面因總統並未選任任何參議員與他同行，所以大爲憤怒。從前麥金利總統曾委任三個參議員爲由五人組成的委員團團員，前往議訂結束西班牙戰爭的和平條約。除這一次例外事件外，參議員從沒有直接參加於條約的商訂的。代表團又帶了一大羣關於軍事、經濟、地理、人種學及法律方面的專家，其中有些人具有極大的才能，選拔時未嘗有派別之見的。

對於美國代表團的批評　威爾遜對國民的申請遭了一場沒趣　但正當休戰書簽訂之前，美總統在國內遭了一次嚴重的政治失敗。當時對於國會中民主黨的領導權已有嚴厲的非難，對於內閣中一二人物也日益不滿。總統應了國會中民主黨人的請求，於十月二十五日自白宮發出一個通告，請求人民假如他們贊成他的領導，和希望他繼續做他們『在國內外政治上的無所拘束的發言人』者，應投票選舉民主黨的國會候選人。他承認共和黨的國會議員曾一秉忠誠贊助他的作戰方針，但他宣稱他們讎視當局，並謂時局十分緊張，不容領導權的分散。(一)這個通告引起了洶湧的指摘。在總統任內更無任何其他措施那樣使輿論畔離他的。選舉的結果，共和黨在衆議院內得到三十九席的較多數，在參議院內得到二席的較多數。總統步武了歐洲內閣總理訴諸人民的慣例，但在我們的憲法制度之下，他殊不能辭職而去。如果他不發出這個通告，選舉的結果將被視爲對於民主黨國會的一種排斥，而未必被視爲對於總統的一種排斥。這種局面實屬不幸之至，但威爾遜毫不發表意見，稍後便宣布了他到巴黎去的意思。

路易喬治地位加強

十二月間，路易喬治向全國遊說，擔保使德國賠償戰爭損失並將德皇絞決，他在國會裏得到了一個充分的大多數回來。這種擔保是不必要的，而且對於後來巴黎的和議有一種最不幸的影響。

威爾遜留一分歧的國家在後面　威爾遜總統於十二月四日啓程赴法，留一分歧的國家在他背後。他的政敵立刻利用時機向他攻擊。參議員錫爾曼提出一個決議，宣稱總統一職出缺，因爲總統已經離開美國的領土，還有參議員諾克斯提出另一決議，宣稱巴黎和會應專事於恢復和平，而擬議的國際聯盟則應保留到將來考慮。

國外對他的歡迎　當他的政敵在參議院裏正忙着組織一切反對勢力來反對他的時候，美總統在歐洲卻大受疲於戰爭的人民的歡迎，其流露出來的純正熱誠，實爲歷史上極少數人曾經有福領受者。帝王及各國元首待他以最高的尊譽，同時大羣的工人聚集在車站上希圖一見這位人物，這一位率領了和平的十字軍以圖制止戰爭而求世界大小各國一律以正義爲相互間行爲的正則的人物。

全世界的希望集中於他　一九一八年十二月威爾遜在法國登陸時集中於其一身的希望與期望是任何血肉之人所不能實現的。休戰書已依據他的理想簽訂了，歐洲的人民有把握地盼望那些理想能够包括在和平條約之中。(二)他依然握有世界上道德的領導權，但是戰爭旣終，德國的危害已除，國家的傾軋與嫉妒已開始再現，雖在那些最近並肩作戰一起流血的國家之中亦不能免此。這一種變化在和會舉行時就顯露出來了。在法國、在英國和在意大利各處羣衆對威爾遜總統的熱烈歡迎聲中，一點也看不出這種變化。一九一九年一月七日他從意大利回到巴黎，這時一切對德作戰的國家派到和會來的代表們正絡繹雲集在那兒。

和會的組織　和平會議的第一次會議在一月十八日舉行。該會的主要事務係由一個最高會議辦理，最高會議是在第一次會上成立的，由英、法、意、美、日五大強國各派兩位首要代表所組成。最高會議經列強代表團中大批技術顧問的協助而達到的決議案按時報告於和會的全體大會，以取得其核准。但隨後最高會議又漸被『四大巨頭』即威爾遜、路易喬治、克利孟梭（Clemenceau）及奧蘭陀（Orlando）等所代替。此外尙有各外交部長組成之『五頭』會議，其所辦理者多爲例行公事，間亦作若干重要的決議案，以備『四大巨頭』核准採行。據泰狄歐編製的統計，十八會議開會七十二次，五人會議開會三十九次，四頭會議開會一百四十五次。如一位美國專家所說的『十八隱沒而不彰，五人從未露過頭角，四人控制着和會，當牠聲勢鼎盛，一切決議案漸次成立的時期。』(三)

威爾遜提出國際聯盟會章　在一月二十五日的全體會議上，威爾遜總統發表了一篇值得注意的演說，主張創設一個國際聯盟，當經全體一致通過決議，須有此項組織，並使之成爲總約中完整的一部分。會上又推定了一個委員會，起草國際聯盟的憲章，以威爾遜總統爲主席。他於二月十四日向和會提出了國際聯盟會章的第一次草稿，(四) 翌日，他便動身回美國，因爲要在三月四日國會閉會前考慮國會所通過的各種法案。國際聯盟會章的第一次草稿係倉卒繕擬的，當被送回委員會加以修正。會章的原文傳到

總統忽忽返國

美國以後，參議院中馬上起了反對的聲浪。威爾遜在遄返華盛頓的短時期內，曾在白宮設宴招待參、衆兩院的外交委員會委員，旨在向他們解釋會章的條款。(五) 席間的經過情形並沒有官方報告，但據云有若

參議院的反對

干參議員反對國聯會章，認爲與美國的傳統政策相違犯，與美國的憲法及政體不相容。三月四日，即美總統離紐約赴歐重理其和會職責的前一天，參議員洛治與諾克斯發出一個通告，由參議員三十七人簽名，宣稱他們不能照現擬的國聯會章投票贊成，並謂國際聯盟的問題應延期至對德和約訂定以後。(六) 同日晚上，美總統在紐約的大都會歌劇院（Metropolitan Opera House）演說，他將國聯會章的內容及定義闡發了以後，說道：

一俟這個條約送來時，這邊的先生們就可以知道不僅國聯會章是在其內，而且該約有千絲萬縷與會章相纏繞附結，使人無從把二者分開，倘必欲加以分開，必至全個機體爲之毀滅。

在同一演說辭中，他又說道：

我要告訴大西洋彼岸人民的第一件事，便是美國國民有極大多數贊成國際聯盟。我知道這話是眞確的。我曾在全國各地得到確鑿無疑的暗示，而且是衆口一辭的。（七）

會章的改變

威爾遜總統顯然充分地自信，輿情將使參議院不得不批准那個含有國際聯盟會章的和平條約。美國國內的實施和平同盟以及其他組織正在進行一種普遍全國的宣傳，輿情似乎極端傾向於國際聯盟。美總統親身帶回到巴黎各種修改會章的建議，隨後前總統塔夫脫和會特哈佛大學校長羅維爾也提出了修正文，寄到威爾遜那裏，由委員會加以慎重的考慮。（八）建議中有幾點，如門羅主義的保留和退出國聯之權，都包含在最後的草案中了。

威爾遜阻止國聯的被拋開　當美總統再返到巴黎的時候，他發見國際聯盟已經遭人暗算，轉入岔路，而藍辛和霍斯兩人大概並沒有認清楚他們所受的圈套已經讓了步。巴黎一般人相信國際聯盟是死的了，並且這種消息由電報傳到了美國的報紙上去。美總統涖臨巴黎的次日，就向報界發表一個聲明，內稱他將堅持一月二十五日的和會決議案使國聯會章成爲和約的完整的部分。(九) 但國聯會章的最後

通過會章的擱延

通過卻給日本提出的要求所耽擱了，該要求便是要在會章裏加入一款規定『各民族的平等及對於各國人民的公平待遇，』這樣一來，將使在加里福尼亞及英屬統治各地的日本臣民的地位歸國際聯盟裁判。法國主張在會章內規定創設一個常駐的參謀總部以指揮國際聯盟的軍事行動，同時比利時又堅持要以布魯舍爾(Brussels)代日內瓦爲國際聯盟的所在地。尚有其他各國的願望也提出來了，以致和平總約因而阻滯。法國要求萊因河的左岸全境；意大利要求阜姆；而日本則自恃與英、法、意訂有祕密協定，堅持要求山東的權利。這時候尚未議定任何經濟上的解決辦法，而賠款的問題正有使和會瓦解的威脅。(十)

法德疆界　和會上最難於解決的問題，便是成立一個新的法、德疆界。關於阿爾薩斯洛林是一點疑問也沒有。這在十四點內已經予以定奪，而且德國已於休戰以前的協定中允許以該地歸還法國。但休戰書簽訂不久，福煦元帥便致書克利孟梭，說明有以萊因河爲德國西疆的必要。萊因左岸地自阿爾薩斯洛林起，展至荷蘭的邊界，幅員約有一萬英方里，人口五百五十萬。關於該問題的辯論前後持續至六個月之久，中間有時候非常的緊張。法國代表並不要求直接的併吞左岸地帶，但他們主張成立一個獨立的或自

治的萊因區，並由法國或協約國無限期的佔領萊因，或至少佔據至德國完全履行和約中的財務條款之時爲止。英、美兩國的代表都反對法國的提議。路易喬治再三申說：『我們決不能創造另一個阿爾薩斯洛林。』有一次他又表示道：『我首次遊巴黎的最深刻的印象便是蒙着黑紗的斯德拉斯堡（Strasburg）的銅像。我們不要使德意志也建立一個相同的紀念像纔好。』（十一）

擬訂的擔保條約　這種討論當三月十四日威爾遜回到巴黎時，進行得非常的熱烈和興奮。就在這天下午他遇見了路易喬治與克利孟梭。法國的理論重又長篇累牘，無懈可擊的提了出來。法國又指出德國艦隊的毀滅，已使英國完全解除德國襲擊的恐懼，至於美國與德國之間又有大西洋的阻隔，惟法國則在半世紀內已兩受德國的侵犯，除掉國際聯盟以外，沒有一絲保障，她認爲國際聯盟殊不及萊因河的橋梁足資擔保。最後威爾遜與路易喬治便提出擔保條約以安慰法國，克利孟梭允將此項提議加以考慮。三天之後，他提出了一個相對的提議，隨後成立了一個妥協的辦法。法國放棄了她的萊因岸分立的要求，但取得了萊因左岸的佔領權，包括各橋頭在內，佔領期限十五年，藉爲和約執行的一種擔保。同時英、美方面擔任與法國訂一協定，訂明如法國遭遇一種未挑釁的攻擊時，英國與美國當立即前來助援。但此項協定須英、美兩國均予批准，始能發生效力。美國參議院拒絕批准這個條約。

福煦反對妥協

福煦是反對這種妥協的，並且採取一種使克利孟梭非常爲難的行動。福煦煽動起來的對於法政府和英、美兩國代表們猛烈的攻擊之詞散見於各報上面。當和約最後完成時，他竟拒絕轉交那個通知德國代表到凡爾塞來接受和約的公文。威爾

遜和路易喬治二人最後向克利孟梭提出非常嚴重的抗議，福煦於是不得不讓步。(十二)

德國賠款　鑒於克利孟梭和路易喬治有言在先，謂德國應償付大戰的費用，賠償的問題於是極其難於措手。威爾遜總統堅決反對把戰費包括在內，認為是違犯休戰前的諒解的，路易喬治和克利孟梭最後只得讓步。整個美國代表團及其專家無一不努力要使加於德國的賠償額，絕對以德國在佔領區域內以及陸上與海上損害普通人民的賠償為限。路易喬治記着他在十二月選舉前對英國人民的約言，堅持謂協約國政府付出的養老金應列入對於公民損害的賠償內。這種要求完全是不合邏輯的，因為養老金當然是屬於軍事費用的部門的，可是路易喬治與斯墨次將軍(General Smuts)堅決地並且巧妙地持之不已，威爾遜總統到最後也只有同意。

數額懸而未定　美國的代表和專家們自始即贊成德國的賠償數額應予確定，庶幾這個問題可以一勞永逸的解決。他們希望能夠共同規定一個數額，而為德國的能力所能償付者。但克利孟梭和路易喬治已分別向國人許下鉅額，惟恐這時候宣佈的數目，將必然地大失人民的所望。因此他們堅持謂這個問題應懸待日後的賠款委員會來決定。他們聲稱如果採取任何他種辦法，他們的政府將立即被推翻，而英、法的代表團將隨之改組。威爾遜總統既不願置自身於促成各該國政治危機的地位，所以他終於在這點上也讓步了。這些讓步證明為他在巴黎鑄就的最嚴重的錯誤，因為任何一切再沒有比這些讓步更加搖動各國開明的人士對於他的信仰的。(十三)

意國對於阜姆的要求　意國代表團對於阜姆提出的要求，是與倫敦條約以及十四點都不相容的。因為對這個問題的意見不一致，把其他事件耽誤了幾個星期，威爾遜總統最後於是發表了一個宣言，說明他自己的地位，該宣言不啻向意國人民直接呼籲，而置他們的代表團於不顧。該代表團當卽全體退出和會返本國，但奧蘭陀首相得到他議會幾乎全體一致的信任票，並且為意大利全國洶湧的民意所擁護。這是威爾遜喪失歐洲民衆的擁戴的第一個表示。(十四)

山東的地位

如前所說，日本人會堅持以人種平等的原則加入國際聯盟會章之內。他們是否眞正期望這事的成功，是很可疑問的。他們所以提出這個原則，大概想在其他事情上使人讓步。日本的主要要求是德國在中國山東省內的租借地和讓與權應由和約確實規定歸日本承繼。當大戰爆發之後兩星期，日本會致一哀的美敦書於德國，着彼立卽將一切德國船隻退出中國與日本的海洋，而至遲須於九月十五日以前『無條件或賠償的以全部膠州灣租借地交與日本帝國當局，以便最後將該地歸還中國。』大隈伯在發給報界的聲明書內說道：

予以日本首相的地位，今一再向美國與全球人民聲明，日本並無拓闢疆土的祕密動機或欲求，亦無剝奪中國或任何其他民族現有利權的意思。

日本的二十一條要求　德人曾用去一萬萬金元以改良膠州灣首市青島，他們並沒有屈服的意思。經過兩個月的圍攻之後，青島便被日本的陸海軍所佔領，並有一小隊英國軍隊爲日本之助。這是戲劇的第一幕。一九一五年一月八日，日本突以現在著名的二十一條要求送達中國政府，故意向美國及其他列強揑報這些要求的性質。除其他事件外，日本要求中國不僅應同意於大戰終了時德、日兩方對於山東將訂的任何協定，並且應以較德國原來所享受的更大的權利與租讓給予日本。中國最後被迫同意了這些要求。(十五)

協約國與日本的祕密條約　日本的第二步便是設法取得協約國的擔保，使它們於大戰結束時贊助日本對於山東以及赤道以北太平洋羣島的要求。這一步給日本在一九一七年二月和三月間與英、法、意、俄簽訂的祕密協定裏辦到了。英國允予贊助日本的要求，但以日本贊助英國對於赤道以南太平洋各島的要求爲條件。法國簽字的條件爲日本應運動中國與德國絕交，並將拘留於中國港內的德國船隻撥歸協約國應用。協約國對於日本顯然很不放心，願意盡力使日本滿足。這種對於日本的不安又可以拿一九一七年十一月二日簽訂的藍辛石井協定爲解釋，美國在該協定內承認了日本在華的「特殊利益」。(十六)

威爾遜的爲難地位　協約國關於日本要求所訂的祕密條約，迄至和會上討論到太平洋內德領各島的處理時方纔流露於外。當威爾遜總統自牧野男爵處得悉赤道以北各島已由兩年前簽訂的協定指派給日本的時候，他問起再有其他協定沒有，因而得悉德國在山東的權利亦已許給日本。其他列強各國既已約定贊助日本的要求，所以威爾遜自覺處境非常的爲難，特別因爲他又不得不反對日本以承認人種平等的條款加入國聯會章的要求。這是一個道德上的要求日本堅持在策略上有很大的效力。當她提出對於山東的要求時，她置一切道德上的顧慮於不顧，而完全以她的法律地位爲言，這種法律地位的取得乃由於（一）與協約國訂的祕密條約，（二）與中國訂的一九一五年條約，和（三）戰勝的權利。當她被人家責備以武力壓迫中國簽訂一九一五年的條約時，日本便老實不客氣答覆謂各國與中國所訂的重要條約大多數是用武力要挾的。然而日本聲明她並無長久佔領山東的意思，她將以該省全部主權還之中國，僅保留那些從德國過渡給她的經濟特權。因有此項口頭的諾言，威爾遜總統最後便默認了日本在山東的法律地位。（十七）

凡爾塞條約的簽字　五月七日，全部完成的和約便送了給被召至凡爾塞領取該約的德國代表。當條約的全文在柏林公布出來之後，有一種憤怒的呼聲，指出該約中若干規定的不公平，係與威爾遜總統在休戰前磋商時的擔保相矛盾，因之德人屢想使協約國對於各項原則爲一種普通的討論。可是他們終於明白該約必須按其現在形式加以接受或拒絕，因此便於六月二十八日在凡爾塞的明鏡廳（Hall of Mirrors）中簽了字——四十八年前威廉一世（William I）加冕爲德皇也就在這個廳裏。（十八）

和約交參議院　翌日威爾遜總統啓程返美，當於七月十日親送該約至參議院，並作一懇摯的呼籲，請求迅速予以批准。指定考慮該約的外交關係委員會極其愼重將事，並於七月三十一日開始公開的審理，迄至九月十二日纔畢。（十九）該委員會傳詢國務卿藍辛及參加美國代表團的技術顧問數名，包括經濟顧問巴魯支(B. M. Baruch)。財政顧問台維斯(Norman H. Davis)和法律顧問密納爾(David Hunter Miller)。同時該委員會又傳詢若干美國公民，他們雖與和約的磋商並無官場的聯繫，但他們願爲各個外國團體說話，如代表中國的密勒(Thomas F. Millard)，代表埃及的福克(Joseph W. Folk)，代表印度的馬隆(Dudley Field Malone)，和愛爾蘭血統的美國公民組成的一大代表團，他們反對國際聯盟，認爲愛爾蘭獨立的願望將因之而受障礙。南斯拉夫人和意大利人對於阜姆的敵對的要求，亞爾巴尼亞(Albania)自決的要求，希臘對於慈乃斯的權利要求，以及贊成與反對奧匈分立的雙方議論都是長篇累牘的提出於外交關係委員會。八月十九日，美總統於白宮接見該委員會，並提出一個說明書，解釋國聯會章的若干特點，隨後該委員會委員開始向他詰問，並繼之以普通的討論。（二十）

外交關係委員會的聽取

這時候參議院正在公開討論凡爾塞條約。威爾遜總統向來是一個主張外交上和其他事件上應該公開的人，如今參議院便用他自己的武器公開攻擊該約來反對他。雖然參議院中首先反對該約者爲洛治、波拉、約翰孫(Johnson)、錫爾曼、黎德(Reed)和普恩德斯脫，但反對者並不以各該人爲限。美國全國到處都有見識開明的人物，他們雖然贊成國際聯盟，但是反對所加於德國的嚴酷的條件，並且責備威爾遜不忠於十四點的原則。此外尙有許多人不反對和約的嚴酷，而因拘於美國孤立的傳統，覺得加入國聯

關於該約的討論

為會員後將犧牲國家的主權。抨擊的主要對象是第十條，該條保證國聯各會員國領土的完整與政治的獨立。威爾遜總統向參議院外交委員會說明，他認第十條為「全部會章的首腦，」並謂「若無第十條，則國際聯盟將不啻一個聲勢顯赫的辯論會而已。」(二十一)反對國聯的人宣稱這一條將把美國牽入歐洲的事務，而使國會依憲法規定的宣戰權為之剝奪。

參議院各派　參議院中分做三派：少數的「不妥協者，」他們不管以何種形式批准和約，一概反對；一派人數較多，他們贊成不加修正案逕將和約批准，但後來他們終於表示願意接受「解釋的保留案」；還有一大部分，多半為共和黨黨員，他們贊成有條件的批准該約，卽須附加若干保留案，保全在他們認為美國的基本權利與利益。這一派人對於必要的保留案應為何種性質的一點，也是意見紛歧，其中有些人被稱為「溫和的保留主義者。」(二十二)

對威爾遜的黨派的攻擊

最初的時候大概只有那一小派的「不妥協者」希望或存心要打消該約，但隨後辯論日漸展開，反對該約者日漸得到民衆的贊助，於是保留主義者也決定將該約整個擊破，而不接受任何妥協。共和黨的領袖們立刻看出輿論已經改變，於是相率向威爾遜猛攻。他們決計不顧一切來中傷他，務使來屆可以選出一個共和黨的總統。

威爾遜的西部巡行　當威爾遜總統看到和約確有失敗的危險時，他決定作長時間的全國巡行，旨在向國民解釋凡爾塞條約，俾對參議院加以壓力。他於九月四日在俄亥俄州的哥倫布啓程，歷經北部諸州而抵太平洋沿岸，然後前往加里福尼亞，而由哥羅拉多折回。他向廣大的聽衆演說，聽衆以極大的熱誠歡迎他。參議院中的反對派則派了參議員約翰孫「追蹤」於威爾遜之後，發揮另一方面的理論。約翰孫也吸引了許多民衆。威爾遜總統在歸程上，於哥羅拉多的潑勃羅（Pueblo）地方演說以後，九月二十六日，在開往甘薩斯州的威吉他（Wichita）地方的火車上，他便顯出一種神經錯亂的徵象，於是立刻回華盛頓去。(二十三)他還能從火車走到他的汽車裏去，但不多天以後，他就半身不遂了。他的病症的程度和嚴重是很謹愼地瞞了公衆。他有五個月沒有出白宮，不得不把關於和約的一切努力放棄了。

他的病

九月十日外交關係委員會以凡爾塞條約和若干修正案與保留案報告於參議院。該委員會聲稱國聯爲一種同盟，牠將「釀成戰爭而不能謀取和平。」他們又稱國際聯盟會章要求「美國犧牲其獨立與主權，但又不能促進世界和平，」又謂他們擬議的修正案與保留案主意便在「保障美國的權利和美國的主權。」翌日，該委員會的少數委員提出了一個報告對於各修正案與保留案均示反對。數日後，參議員麥克康伯（McCumber）提出第三種報告，代表「溫和的保留主義者」的見解。該報告反對外交關係委員會的保留案，認爲其措詞嚴厲得無謂，並建議別的保留案以爲代替。該條約於是成了參議院的日常議程，每日逐條加以誦讀及辯論者有兩個多月。對於條約原文的各項修正案，均被大多數否決，因爲修正案一經通過，勢必以該約重行提交於協約國以及德國。大多數的參議員是反對這個辦法的。外交關係委員會因此便決定以保留案代替修正案，最後參議員洛治便代表該委員會提出十四個保留案，冠以弁言

向參議院報告該約

通過了十四個保留案

一節，聲稱須俟此項保留案經主要的協約與參戰國四分之三，即英國、法國、意大利與日本四大強國中的三國，接受為一種批准條件時，美國對於該約的批准始發生拘束美國的效力。(二十四)

第一號保留案規定美國退出國聯時，美國得單獨判決牠在會章下的國際義務曾否履行。該保留案當經五十對三十五票通過。

第十條

第二號保留案聲稱美國對於任何其他國家的領土完整或政治獨立不負保存的義務，亦不依照第十條的規定，以干預各國間的爭端，『亦不依該約的任何條款為任何宗旨而運用美國的陸軍或海軍力量，除非遇有特殊事件，在憲法上具有宣戰或運用美國陸軍或海軍力量的唯一權威以條例或共同決議案作此項規定時始得運用之。』該保留案當經四十六對三十三票通過。

第三號保留案規定該約所訂委託統治辦法，非美國國會有所行動，美國不予以接受。該保留案經五十二對三十一票通過。

第四號規定凡屬國內問題不得由國聯行政院或國聯大會加以考慮，當經五十九對三十六票通過。

門羅主義

第五號聲稱門羅主義『完全在該國際聯盟治權的範圍以外，並且毫不受該項對德和平條約內任何規定所影響，』又以解釋門羅主義之權完全屬諸美國。該保留案經五十五對三十四票通過。

第六號保留案卽條約中關於山東事件的規定美國不予認准，並且如中、日間對於該款有任何交涉發生時，美國保留行動的完全自由。當經五十三對四十一票通過。

第七號規定凡美國在國聯大會及行政院的代表，以及在國聯治下各委員團、各委員會或各法庭的會員，其委任由國會以法律定之。各該人選均須由參議院加以認准。當經五十三對四十票通過。

第八號宣稱賠償委員會如果沒有美國國會的條例或共同決議案，不得視爲有權規定或干涉美國對德國或德國對美國的輸出貿易。當經五十四對四十票通過。

第九號宣稱如無美國國會的條例，美國對於國聯沒有出資捐助的任何義務。該決議案經五十六對三十九票通過。

第十號規定無論何時如美國採行國聯行政院擬議的任何限制軍備的計劃，美國保留「得於遇有外國侵略的威脅或從事戰爭時，無須行政院認准而增加此項軍備的權利。」當經五十六對三十九票通過。

第十一號，規定凡破壞國聯會章國的國民居留於美國內者，其與美國國民在商務上，金融上及私人間關係的繼續得由美國保留准否之權。該決議案經五十三對四十一票通過。

第十二號係關於美國公民私債、財權及利益的最爲複雜的問題，當經五十二對四十一票通過。

第十三號，規定美國對於條約中涉及國際勞工組織的全部條款不能逕予核准，其參加與否須由美國國會加以決定。當經五十四對三十五票通過。

限制自治領地或殖民地的票

第十四號聲明如國聯行政院或大會有所動作，其各會員國投票總數內，如有任何會員國及其自治

領地或殖民地投票數在一票以上時，美國即不受該動作的拘束。此項保留案經五十五對三十八票通過。（二十五）

此外又提出了若干保留案都被否決了。依照參議院章程，凡一條約的修正案及保留案可以多數通過，至於一個條約的批准則必須有三分之二的贊成票。不少反對該約的參議員都投票贊成洛治的保留案。藉此促成該約的失敗。當該項附有保留案的和平條約於十一月十九日舉行投票時，計贊成者三十九票，反對者五十五票，於是有人動議重行考慮此項投票，當經通過，並由民主黨領袖希其可克（Hitchcock）提出五個保留案，關於退出國聯權，國內問題，門羅主義，凡因第十條發生任何事件應運用美國的海陸軍力時美國國會有決定之權，以及自治領地或殖民地投票權的限制。這些保留案又被否決了，票數爲四十一對五十。於是又對於附有洛治保留案的條約舉行投票，結果贊成者四十一票，反對者五十一票。參議員恩特武德（Underwood）然後提一議案，主張不附任何種保留案而逕行批准該約。此項決議案的投票結果，計贊成票三十八，反對票五十三。（二十六）

參議院不能成立協議

如今顯然非經妥協，該條約便沒有取得批准的希望。一九二〇年一月八日在華盛頓的甲克遜日宴會席上宣讀了大總統的一封來信，信內他不承認參議院的決議爲最後的，他說：

甲克遜日

批准條約，如附以若干解釋，衡諸情理，原不能加以反對。但該條約既經票決，我必須知道我們係批准歟，抑否決歟。我們不能把這個條約重新寫過。我們必須不作任何改易其意義的變更而接受之，或者放棄之，然後待其他各國均已簽字再去擔承那個不堪設想的工程，與德國訂立另一個和另一種的條約。

威爾遜的信

結論上他宣稱：

如果對於本國人民在這樁重大事件上的意見，猶有懷疑，唯一淸淸楚楚的辦法便是將該事件提交下屆選舉，由全國選民來決定，俾給下屆選舉一個偉大莊嚴的國民複決的形式，複決美國在大戰的淸算裏面以及在防止將來不致有德國企圖違犯的這種暴行裏面，擔任的工作。(二十七)

妥協企圖的無效

在一月最後的一個星期內，有一個非正式的兩黨聯席委員會討論一種妥協辦法，威爾遜總統寫了一個信來，說他願意接受希其可克的保留案，但是洛治拒不接受任何妥協。(二十八)二月九日參議院再度將凡爾塞條約交與外交關係委員會，令該會迅卽對於該約及先前通過的保留案提出報告。經過了幾星期的無結果的辯論，以三十八對三十六票通過了增加第十五號保留案表示同情於愛爾蘭，內稱：

美國於認准對德條約時，特用遵守民族自決的原則，暨一九一九年六月六日參議院通過的決議案（表示同情於愛爾蘭人民成立自治政府的願望，）並特聲明一俟愛爾蘭取得上項政府（其實現之期諒必匪遙，）國際聯盟應卽准其加入爲會員國。

最後投票及該約之退還大總統 先前通過的各決議案略有修改，弁言亦有一個重要的改變，於是應否批准的決議案終於一九二〇年三月十九日提出來表決了。結果是贊成者四九票，反對者三五票。翌日，參議院祕書卽遵照正式決議，將該約退還大總統，並告知參議院未能予以批准。(二十九)

一九二〇年的「複決」 凡爾塞條約因此成了總統選舉中的主要問題，但不幸得很，這不是唯一的問題。這次選舉證明爲對於整個威爾遜政府，而非對於該約的一個複決。共和黨候選人參議員哈定攻擊威爾遜政府的獨斷與違憲的方法，而主張復歸於「常態」。他抨擊威爾遜的國聯爲一種成立太上政府的企圖，但他自稱贊成一種國際的結合和一個國際的法庭。民主黨候選人柯克斯州長（Govenor Cox）擁護該約非常熱烈，尤以在他競選的下半期爲甚。結果是哈定得了大勝利，威爾遜總統病勢過劇，未能在競選中有何活動。他的政府已成爲主要的問題，而且確爲當時的民衆所排斥。他泰然地承受了這種結果，不發表任何評議，顯然願以他在世界政治中的成績付之歷史的公評。一九二〇年十二月他得到了諾貝爾和平獎金，這是外國承認他服務人羣的勞績。他於一九二四年二月三日逝世後，日內瓦樹立了

威爾遜之死

一塊銅碑，他的頭作浮雕形，碑上刻着簡單的誌文：「威爾遜，國際聯盟的創始人（Woodrow Wilson, Founder of the League of Mations）。

（一）Messages nad Papers of Woodrow Wilson, I, 557.

（二）Baker, Woodrow Wilson and World Settlement, I, Chap. I.

（三）House and Seymour, What Really Happened at Paris, 33; Temperley, History of the Peace Conference at Paris, I, 247—267, 497—504.

（四）Baker, I, 213—249, 276, 292.

（五）New York Times, February 27, 1919.

（六）Cong. Record, March 4, 1919, p. 4974.

（七）Messages and Papers of Woodrow Wilson II, 647.

（八）Baker, I, 323.

（九）Ibid., 295—313.

（十）Op. cit., Vol II.

（十一）Haskins and Lord, Some Problems of the Peace Conference; Baker, Vol. II, Part V.

（十二）Tardieu, The Truth about the Treaty, 187—195.

（十三）Temperley, II, 60—90; Baker, II, Part VIII; Baruch, The Making of the Reparation and Economic Sections of the Treaty.

（十四）Baker, II, 127—204.

(十五) MacMurray, II, 1231.

(十六) MacMurray, II, 1167—1169, 1394.

(十七) Baker, II, 223—267.

(十八) Ibid. pp. 491—522; Temperley, II, 1—20,

(十九) Hearings before the Committee on Foreign Relations of the United States Senate, 66 Cong., I Sess., Sen. Doc. No. 106.

(二十) Lodge, The Senate and the League of Nations, 297—379.

(二十一) 66 Cong., I Sess., Sen. Doc. No. 106, p. 500.

(二十二) Finch "The Treaty of Peace with Germany in the United States Senate", in Am. Journal of Int. Law, XIV, 164.

(二十三)他巡行西部的演說見 The Messages and Papers of Woodrow Wilson (Shaw, Editor), II, 727—1130.

(二十四) Finch, "The Treaty of Peace with Germany in the United States Senate", in Am. Journal of International Law, XIV, 165—174.

(二十五) Op. cit., p. 203.

(二十六) Op. cit., p. 204.

(二十七 Messages and Papers of Woodrow Wilson, II, 1161.

(二十八) Op. cit., p. 1166.

(二十九) Cong. Record, March 19, 1920, p. 4599.

第二十八章　泛美洲主義

基本的變化　拉丁美洲在世界大戰中所演角色雖然比較的不大重要，牠與歐、美的經濟與財政關係卻深深地受了大戰的影響，而且至今猶在重新整理的過程中。再者，大戰所產生的變化不僅爲經濟的與財政的，並且是政治的，因爲拉丁美洲所有各國中除掉兩個國家以外，他們加入國際聯盟的會員資格都引起了與門羅主義及對美關係有關的困難問題。所以大戰一方面使這些國家與北美發生更密切的商務與財政關係，同時也使他們與歐洲發生更密切的政治關係。

泛美主義對希斯本洛美洲主義　威爾遜總統於一九一四年當歐洲劇變之際，未能使南、北美洲表現一致的步伐，這是由於南美的心理上、種族上及政治上種種情形而然。這種情形須稍加以說明。威爾遜的希望是以泛美主義(Pan-Americanism)爲根據的，泛美主義這個運動在二三十年來表面上曾有長足的進展，但這個運動已相當地被一種發生較晚爲美國所大不注意到的反對勢力所抵消，這種勢力叫做泛希斯本主義(Pan-Hispanism)牠的西班牙名詞爲Hispano Americanismo(希斯本洛美洲主義)。

泛美運動　泛美運動，其目的在促成西半球各個獨立的共和國間更密切的社會、經濟、財政與政治的關係，而其肇始則遠在一八二六年波里瓦爾召集巴拿馬公會之時。該會議的所以失敗，大部分因爲美國代表的批准問題在參議院裏面辯論不決，以致他們的出發稽遲了幾個月；迨至他們到達巴拿馬時，該會議已經閉幕了。這事對於當時的國務卿亦即我們第一個泛美主義者克萊氏是一個絕大的失望。然而這個理想並沒有消滅，在隨後半世紀中又有好幾次的企圖要召集各共和國會議，但這些集會因參預的國家不廣，所以成就亦少。(一)至於近代的泛美主義運動實可以布棱的名字為象徵。一八八一年十一月二十九日，他以國務卿地位發給『南、北美洲所有獨立國家一個誠懇的邀請，訂於一八八二年十一月二十四日在華盛頓市舉行一個公會，目的在商討如何防止美洲各國間戰爭的方法，敬請各國共同參加。』他願這次公會的注意嚴格集中於這個偉大目的，並且因為所定會期尚遠，他希望南太平洋岸正在進行中的戰爭能即結束，參戰各國能夠參加會議。(二)在這一點期望上，布棱是失望了。智利與祕魯的戰爭仍繼續不輟，而發出的開會請帖也就撤回了。(三)

布棱的工作

美洲第一次國際會議　克利夫蘭總統的首次任期將屆告終之際，美國國會通過了一個條例，授權總統邀請墨西哥、中美及南美、海第、聖多明哥各共和國，以及巴西帝國於一八八九年十月二日前來華盛頓與美國共同開會。(四)提出討論的題目計有實行關稅同盟，改良各國間交通方法，統一海關章程，統一度量衡制度，制定專利及著作權保障法規，引渡問題，採用一種共通的銀幣，以及訂立一種具體計劃，以仲裁任何性質的國際爭執。當會議舉行之時，布棱又做了國務卿，為開幕時會議的主席。該會議訂立了一個國際公斷計劃，並且聲明這種解決爭執的方法是『一個美洲國際法的原則。』不幸得很，各代表雖然通

美洲共和國事務局

過了這個條約，他們的政府卻不予以批准。該會議的最耐久的成就便是在華盛頓設立了一個美洲共和國事務局。正在開會之際，巴西起了一次不流血的革命，結果帝國變而為共和國。這樣一來，美洲唯一源出歐洲的獨立帝國也消滅了。

智利與美國幾乎開戰　華盛頓會議之幕方閉，美國與智利便因美國水兵在凡爾巴里沙（Valpariso）海岸上遭受攻擊起了齟齬，幾乎開戰。原來在巴爾馬山達總統(President Balmaceda)與國會黨的內戰期間，美國公使愛根（Egan）收容了若干總統的信徒在美國使館內。智利人民對於美公使此舉頗為震怒，再加伊他他（Itata）被美國軍艦扣留一事，更為憤慨。按伊他他是一隻船名，載了接濟國會黨的軍火離開加里福尼亞的聖提哥（San Diego），被兩艘美國戰艦追至伊魁克（Iquique）把牠帶回了美國，但後來依法庭的判決又把牠釋放了。那時候，美國巡洋艦波地摩爾正停泊在凡爾巴里沙港。牠的水手中有些正登陸遊憩，就被當地民衆毆擊，死了一名，重傷數名。美國立即提出了抗議要求道歉，卻遭了拒絕。經過相當耽擱之後，哈禮遜總統方將這次事件提交國會的時候，智利的道歉終於來到，戰事便僥倖地避免了。這次美國被抨擊為干涉他國內戰，庇護其中的一方，給全部拉丁美洲一個不良的印象，而大大抵消了華盛頓會議的好的影響。(五)

美洲第二次國際會議　美洲第二屆國際會議於一九〇一至一九〇二年在墨西哥城舉行。該會議規定全部拉丁美洲國家應參加一八九九年謀以和平方式解決國際爭執的海牙公約，又擬訂了一個條約，關於債務糾葛的強迫仲裁，該約的第一條如下：

締約各國協議以關於金錢損失的一切要求提交仲裁，凡係由各該國人民所提出，且不能由外交途徑加以和平解決，又有充分重要足以發付仲裁費用者。

這個條約經十七個國家的代表的簽字，美國亦包括在內。(六)

第三次會議　第三屆美洲國際會議於一九〇六年舉行於栗阿熱內盧。除其他各種工作以外，該會議把前次會議擬訂的關於債務的專約延長了五年，並建議於與會的各政府，請他們在定於一九〇七年開會的第二屆海牙會議提出『對於強迫經收公共債務的問題，以及在大體上足使國際間專因金錢而起的衝突趨於減除的方法，加以審查。』(七)栗阿會議又因國務卿魯特的出席而增加了意義。他雖然不是代表，卻利用這個時機作爲對於南美洲的特殊使命。他在這次使命上發表的若干令人注意的演說，給了泛美運動一個新的原動力。

第四次會議　第四屆美洲國際會議於一九一〇年在不意洛斯愛里斯(Buenos Aires)舉行。該會擬訂了關於專利、商標和著作權的各項條約，又把債務專約爲無限期的延長。末了，該會把美洲共和國事務局的範圍擴大了，並改名爲泛美聯合會(Pan-American Union)。(八)第五屆會議原訂於一九一四年在智利的聖地亞哥(Santiago)舉行，但因歐戰延期了。該會終於一九二三年春舉行。

科學的與金融的會議　上述各會議俱爲政治的或外交的性質。此外又舉行了幾次泛美的科學的與金融的會議。這些會議大有功於西半球各共和國的友誼的促進，和科學與商業的發展。第一屆金融會議於一九一五年五月舉行於華盛頓，議請設立一國際高級委員會，由各國財政部長各派委員一人，居留各該國內，以便推行該會各項工作；至於委員的人數，則以九名爲限。採取這個建議的國家很多，美國國會亦以一九一六年二月七日的條例，命令在美國國內設一分會。國際高級委員會的工作大都是由各國分會辦理。牠的第一次全會於一九一六年四月在不意洛斯愛里斯舉行。

美洲國際法學會　一九一二年十月間在華盛頓組織的美洲國際法學會，將大有力於促進西半球的和平與福利。該會係由美洲二十一個共和國家的國際法學會各推代表五人組織而成。一九一六年一月六日，該會在華盛頓開會時通過了一個國家的權利與義務的宣言，特別注重於風行一時的各國在國際法上應該平等的泛美理論。(九)該宣言公布的同日，威爾遜總統向當時在華盛頓開會的第二屆泛美科學會議發表了一個有名的演說。在演說中間他說：

威爾遜對於門羅主義的見解

> 門羅主義係由美國依其自國權威宣布的。該主義在過去向由美國自行負責加以維持，在未來亦將永久如此。但門羅主義所要求者僅謂各歐洲政府不得企圖以其政治制度推廣於美洲而已。該主義

並未說明美國欲在大西洋這方面如何運用其權力。該主義乃是一個高懸的警告，但並未拘束美國將如何運用這個含蓄的和部分的保護權，這個保護權她是顯然想在大西洋的這方面成立起來的，而且我相信諸君一定贊成這句話，即門羅主義曾引起種種的疑懼，以致過去南、北美洲間不能有更進一步的親睦與信任。美洲各國都斷不定美國將如何運用她的權力。這種懷疑之心是必須破除的。最近在華盛頓的當局和本半球其他各國的代表間有一種開誠布公的意見交換，一種可愛和有希望的意見交換，因爲他們在精神上已有愈加確定的諒解。這些先生們已經看到，假如美洲要實現牠自己，要實現牠合法的自己，以進入一個和平與秩序的世界，牠必須確立和睦的基礎，庶幾今後沒有人加以懷疑。我希望而且相信這一點能够辦到。這一點的圓滿做到，第一要美洲各國團結起來，互相擔保絕對的政治獨立和領土完整。第二點，亦即第一點附帶的必要條件，便是要保證現有的協定，務於最短期內，以和平方法解決一切邊界的爭執；必須協定，如各國間不幸而發生爭執，概應加以忍耐的、不偏不倚的調查，而用仲裁方式來解決，又須保證爲南、北美洲和平所必要的協定，即南美或北美的任何國家，不得准許其境內有反對他國的革命隊伍出發，並且應禁止以接濟鄰國反政府的革命黨人爲目的之軍火輸出。(十)

泛美公約的擬議

因畏懼美國而遭拒絕　威爾遜總統的泛美主義標榜太高，有些拉丁美洲國家不願跟着來。他這些提議後來果然彙訂成了一個條約，但有些國家深恐該約在名義上雖屬平等，在事實上或將授美國以督察較弱國家的政治的口實。(十一)智利反對最力，她這種態度大概因為她怕在這種條約下她將被迫以泰克拉・阿里加(Tacna-Arica)爭執付之公斷。(十二)

泛美主義與泛民族運動不同　泛美主義與各種泛民族的運動，如泛日爾曼主義及泛斯拉夫主義等，並不相同，因為牠是一種大陸的而非種族的運動。牠包含着種族及文化大相差異的多個國家，例如一邊是美國，而另一邊是源出希斯本的各國。有些拉丁美洲國家的作家，以及至少有一個美國的作家(十三)曾企圖把泛美主義形容為一種美國的帝國主義運動，與旨在征服其他民族的極端軍國主義與型的泛日爾曼主義相去無幾。近年來反對泛美主義的主要勢力便是號稱泛希斯本主義或 Hispano Americanismo。這個運動以拉丁美洲各種族的人種上、文化上、經濟上與政治上的團結為宗旨，是在西班牙戰爭後與美國在加勒比海的進展並駕齊驅的。牠是要喚起希斯本人民的種族意識，以反抗盎格羅撒克遜的統治。牠大部分是根據那種恐懼美國的心理，而在世界大戰期內又被墨西哥與若干南美國家內的德國宣傳所相當地煽動起來。

被泛希斯本主義反對

曼紐爾伍格脫　泛希斯本主義的主要提倡者為曼紐爾伍格脫(Manuel Ugarte)，他是一個阿根廷人，年青時曾遊學巴黎，自後一向住在外國。一九〇〇年他到過美國，於返歐前又在墨西哥銷磨了若干時日。他被美國人民的物質進步與非常的活力所深深打動，認定美國人將以戰勝克服或經濟帝國主義的手段，擴張他們的勢力於比較不善經營和不務進取的南美人民，除非是後者能夠瞿然覺醒，充分認識這種危機。他立下了決心回到歐洲，用他的文才去警告他的希斯本血統的同胞，以防那『北美之禍（Yankee Peril）』。一九一〇年他把他的見解著爲一書，在萬倫西亞（Valencia）出版，書名爲拉丁美洲之前途（El Povenir de la América Latina）。一九一〇年及一九一一年間他在巴西朗那（Barcelona）和薩本尼（Sorbonne）講學，接着又到美洲旅行。

他旅行拉丁美洲

一九一二年及一九一三年他負着他的使命前往拉丁美洲各國的首都，並再度訪問了美國。在大多數拉丁美洲的國都裏，他得了民衆的熱烈歡迎，卻遭了官方的反對，有些國家甚至不許他演講。他認爲這種反對由於各政府的屈服於美國，但這至少有一半原因，大概爲了他是以社會主義者著名的緣故。一九一七年他應了加朗閘總統（President Carranza）的邀請回到墨西哥，隨後又到他的故鄉不意諾斯愛里斯，在那裏一直住到大戰期終。一九二三年他在瑪德里又出版了一本書叫做一個大洲的命運（El Destino de un Continente）。（十四）

伍格脫對於造成美國的偉大的那些民族性表示極端欽佩，但他埋怨他自己的同胞，因爲他們未能形成相同的特性。他說道：

警告自殺的內訌

我從未因爲愷撒（Caesar）使高盧（Gaul）內閧，藉此加以征服，而責備愷撒。他的計謀正足以表示他的卓越。但高盧人智慮不足，未能打破這個計謀，卻是很可以扼腕的……我的宗旨便是要喚醒與我並世而同族的阿玆丹克（Aztecs）與高盧人，請他們設法避免那種自殺的分裂，以求造成一種堅強的活力促進他們團體的衞生，而且使之團結起來，庶幾符合每種生物的最高願望：發展與生存。美國已經實行，且將繼續實行歷史上一切強國豪族所實行的政策，而拉丁美洲現在用以反對這種政策的理論眞是再無聊沒有的了。要在國際事件上喚起公道倫理，差不多都是自認失敗。（十五）

美帝國主義的描寫

伍格脫對於美帝國主義的描寫假如果然屬實，那眞太恭維了。他說道：

在全部歷史上從來沒有發生過這樣一種不可抵抗的或非常一致的力量，像美國現在加於地理上或政治上爲牠力所能及的地方，如美洲南部或海洋沿岸的那些人民的那種力量。羅馬採用了一種一成不變的步驟。西班牙始終實行一種鋪張揚厲浮而不實的政策。便在今日，英格蘭與法蘭西猶力圖以武力統治而不爲吸收之計。惟有美國懂得如何去修正那向外發展的機器，以符合現時代的趨勢，牠就事運用不同的策略，而將凡足以阻撓或連累牠願望的一切桎梏解脫乾淨……有時是強硬的，有時是柔和的，在有些地方似乎毫不自私的，在其他場所則必求一逞的，靜思默察如一弈者預見各種可能的下着，古往今來皆在眼底，無人能及其消息的靈通與意志的堅決，沒有激情，沒有遺忘，並不善感，並無恐懼，在他的世界活動中間，一切都是預料得清清楚楚——自古以來，最完善的統治方法便是北美帝國主義。（十六）

他對於泛美聯合會的見解　泛美主義被伍格脫看做『北方擴張主義的得意的一着和南方簡單頭腦的自殺的路向。』(十七)泛美聯合會使他的心頭引起這個問題：『華盛頓設立了這樣一個南美共和國事務機關，其組織有如一個殖民地部，果能容許我們這些國家的完全自治麼？』(十八)

泛希斯本聯邦　伍格脫的著作魔力至大，而且信徒極衆，尤其是一輩大學的學生。他的著述中有許多話是不正確、魯莽或誇大的，在一般上缺少文件的左證的。有些泛希斯本主義的擁護人的行爲較他更要激烈。譬如另一位阿根廷人弗蘭西斯哥薛爾凡(Francisco Silva)認爲西班牙各殖民地因受美國榜樣的影響，遂與母國斷絕關係，殊可扼腕。他主張組織一個鉅大的聯邦帝國，包括西班牙，葡萄牙以及拉丁美洲各國在內，是爲抵抗盎格羅撒克遜人吸收的唯一方法。(十九)

泛希斯本運動爲西班牙所鼓勵　泛希斯本運動很得力於西班牙的鼓勵，自從古巴解放以來西班牙與西班牙美洲的關係已密切得多。溯自本世紀開始以還，希斯本人民曾在瑪德里、巴山隆那和塞維爾(Seville)舉行各種歷史的、文學的與科學的會議；希斯本文化的常駐中心地已設立於上開各城市和加地子地方；再有西班牙和南美各大學間，常常有學生與教授的交換事件。(二十)

威爾遜政策的誠意爲人所疑　當威爾遜總統接任的時候，他宣布了一個新的拉丁美洲政策。他不僅聲明美國此後決不以戰勝再佔取一尺的土地，他並且警告他們勿以租讓權給予外國資本家，而督促他們要『從那種造成外國投資的從屬地位下求解放。』(二十二)他不久又事不由己的與墨西哥發生糾紛，而且在歐戰的頭幾年間又爲事勢所迫，只得派海軍在海第與聖多明哥登陸。這些與他揭櫫的政策顯然不合之處，當被泛希斯本主義者盡力攫爲宣傳的資料。他們不肯相信他的誠意，竟稱他言行不一致。幸而只有極端派採取這個見解，後來威爾遜的政策終於取得了拉丁美洲一般的贊同。那個政策可說是他的誠意的試金石。

墨西哥局面　他對於墨西哥局面的應付，雖在當時被指爲懦弱不定，實與他的新拉丁美洲政策完全一致的。一九一三年二月十八日那位在一九一一年推翻地亞士總統的弗蘭西斯哥瑪德羅（Francisco Madero)因爲他的一個部將陰謀的結果被捕入獄，這位叫做維多利諾衛塔(Victoriano Huerta)的將軍隨後便自立爲獨裁者。四天後，拘禁在衛塔軍中的瑪德羅即被暗殺了。美國駐墨大使亨利蘭恩威爾遜(Henry Lane Wilson)當即督促他的政府承認衛塔，但塔夫脫總統維時任期將終，擱而未辦，該問題便移給了他的繼任者。

拒絕承認衛塔　所以威爾遜總統在華盛頓接事的時候，就得對付一個極不快意的局面。威爾遜拒不承認衛塔，因爲墨西哥國內各處有許多叛黨領袖與衛塔逞兵爭雄。據若干批評現政府的人說，這次拒絕承認衛塔是對於那個著名的美國政策——即不問是非，逕行承認事實上的政府，——係一種直接的違犯。一點也不錯，美國的政策向來是承認事實上的政府的，只要該新政府顯然係得民衆的擁戴，且勢將能够長久維持的。這種承認主義分明是一種美國的主義。該主義係甲茀遜爲國務卿時所首先創訂，以對抗歐洲的君權神聖主義，並係甲茀遜氏另一主義——即一切政府的正當權力乃由被統治者同意所授予者——的自然的產物。至於衞塔的職權絕不能說是大多數墨西哥人民所授予的。他是一個自稱爲王的獨裁者，他的職權純以武力爲根據。威爾遜總統和布賴安國務卿在墨西哥有人起兵反對衞塔的時期不承認他的篡竊是完全合理的，雖然他們似乎不應該聲明永不承認衞塔，和要求他不得參預總統的競爭。這種聲明使他對於華盛頓的勸告置若罔聞，對於美人生命財產的毀損亦完全不聞不問。

英國油業利益擁護衞塔　美國當局之處置墨西哥局面，因爲英國駐墨公使卡登(Sir Lionel Carden）係贊成衞塔又係代表倫敦皮爾生父子公司(Pearson and Son)主人柯特來(Cowdray)勳爵的油業利益，所以倍感困難。柯特來勳爵在尼加拉圭也有巨大的油權，而且恰與哥倫比亞洽定了一個範圍更廣的油權讓與。他所訂的契約違犯了威爾遜對拉丁美洲的警告，所謂讓與權足以危害一國的自治，美國駐英大使潘琪(Page)的第一個繁難的工作便是設法贏得英方贊助美總統的南美新政策，尤其是他的墨西哥政策。

威爾遜爲巴拿馬徵稅條例所困　但當時又因巴拿馬徵稅條例對於從事海岸貿易的美國船隻豁免稅收，以致引起英、美爭執，局面遂愈趨複雜。英國聲稱這個條例係違犯赫旁斯福脫條約。這種主張且有魯特和美洲許多最有才能的國際法家的擁護。英國對於這個有關條約神聖的問題，抱着堅決的態度，因此潘琪覺得這事未解決前，無從使英國贊助美國的墨西哥政策。他向格雷解釋，謂美總統若請國會撤消原案，將遇種種困難，他請英方耐心等待，謂美總統對此事必能相機辦理。同時英政府逼迫柯特來勳爵放棄他那個尚待哥倫比亞國會解決的油權讓與，並將卡登公使自墨西哥召回。一九一四年三月五日威爾遜總統與參議院外交關係委員會商議之後，當出席國會兩院作一簡短的演說，主張將徵稅條例中的免稅條款加以廢止。他作非常的籲請如次：

他向國會的呼籲

我請求你們以此擁護本政府的外交政策。假如你們對此不以全權給我，我誠不知何以應付其他更加棘手而更爲重要的事件。

這種神祕的暗示爲各報上紛紛猜測的題目。有些人解釋爲這是指日本及英、日同盟的，但沒有人猜中那眞正的意義——卽潘琪與英國成立的諒解，和衞塔的消滅，美總統的籲請促成了一番激烈的辯論，持續三月之久，在此期內反英感情甚爲昭著，但廢止的議案終於通過了。(二十二)

威拉克魯斯的佔領　威爾遜總統對於墨西哥事件的第二步便是威拉克魯斯的佔領。一九一四年四月二十日他請求國會予以職權，俾得運用美國的軍力要求墨西哥糾正其無端逮捕坦皮哥(Tampico)美國海軍的舉動，隨着海軍司令弗列卻(Admiral Fletcher)便於翌日奉令佔據威拉克魯斯的海關。他和衛塔的軍隊血戰了一番就將海關佔領了，這一役美方死者十九人傷者七十人。美國代辦奧夏來西（Nelson O'Shaughnessy）立刻被授以出國護照，美國與墨西哥便斷絕了一切外交關係。

ＡＢＣ各國的調解　幾天之後，ＡＢＣ各國即阿根廷、巴西、智利的代表們出而斡旋以求衝突得以和平解決，威爾遜總統立刻接受了他們的調解。結果五月二十日奈加拉舉行的會議雖未能直接達到其目的，但衛塔於一九一四年七月十五日便辭職下野了。八月二十日革命黨某一派的領袖維魯希諾加朗闊將軍（Venustiano Carranza）接管了首都的政柄，但革命黨的另一首領維拉（Francisco Villa）將軍起與爭權。加朗闊允許尊重美國人民的生命與財產以後，美國軍隊便於一九一四年十一月退出了威拉克魯斯。

承認加朗闊　一九一五年八月南美六國駐華盛頓的高級代表，應了威爾遜總統之請，企圖調和墨西哥內爭各派，但未告成功。但威爾遜總統聽了他們的忠告，在十月間決定承認加朗闊政府，這時加朗闊已統治墨西哥國境四分之三。因為美國承認加朗闊政府，維拉將軍便開始越境侵掠和攻擊美國人民，使美總統不得不派兵往征墨西哥，後來又派了大部分的常備軍和大隊民團到美、墨的邊界去。（二十三）

「靜待」　維拉的襲擊造成一種很狼狽的局面。加朗闊不僅不真個盡力去消滅維拉，而且毅然反對美國越境以保護其人民的辦法，甚至採取了一種恫嚇的態度。美國國內要求對墨宣戰的聲浪甚囂塵上。美國投資於土地、礦業、橡皮種植、以及其他企業者為數極鉅，這些金融權利特別反對美總統「靜待」

威爾遜的政策的道德影響

的政策。美總統對於這種聲浪置若罔聞。按世界上各國中受外國資本無恥的搾取的莫甚於墨西哥。再則，有許多人疑惑並且有一般人相信墨西哥近來的屢次革命係由美國資本接濟的。威爾遜總統決定給墨西哥人一個機會，俾得改善其國家生活，並且給他們種種的助力，以完成這個改善的工作。對墨戰爭是一椿極其嚴重的任務，而且戰爭即使順利，亦須對墨西哥作無限期的軍事佔領。威爾遜總統的拒不與墨西哥發生戰爭使舉世深信他的誠摯，因而他在歐戰期間的令聞令譽，亦非任何國家的政治領袖所曾享受的。他對於ABC各國調解的接受，和他後來與南美領袖代表的磋商，給予泛美主義以新的生命與意義，並使泛希斯本主義者的誣蔑不攻自破。美國駐智利的公使弗列卻熱誠地寫信給霍斯大佐說道：『總統應付墨西哥的困難局面大有成功——像他那樣使一種對於美國國交危難萬分的局面，一轉而為一種泛美主義的勝利。』（二十四）

泛美主義受大戰的試驗　拉丁美洲各國對於泛美主義的忠誠，當美國加入歐戰時遇到一種嚴厲的試驗。當威爾遜總統向國會宣布對德絕交，並且聲明他有意保護公海上美國商業的時候，他表示他誠心希望一切中立國政府將採行同一辦法。他心目中大概特別是指我們的南美洲各鄰國，但果真如此，他的期望並未完全實現。二十個南美國家中終於參戰的僅有八國：巴西、哥斯達黎加、古巴、危地瑪拉、海地、洪都拉斯、尼加拉圭和巴拿馬。有五國與德斷絕邦交：玻利維亞、祕魯、聖多明哥、厄瓜多及烏拉圭。保持中立者計七國：阿根廷、智利、哥倫比亞、墨西哥、薩爾瓦多、委內瑞拉和巴拉圭。（二十五）

巴西與古巴積極參戰　拉丁美洲國家在大戰中積極參加的只有巴西與古巴兩國。經英國政府於一九一七年十二月的請求後，巴西派了兩艘巡洋艦和四艘驅逐艦到歐洲洋面與英國海軍合作，幾個月後又有一隊巴西飛行家在西線參戰。巴西還有若干醫生和幾個紅十字會單位與協約國合作。古巴將扣留在她領海內的幾艘德國汽船交了給美國。她又通過了強迫軍役法，並且成立了若干訓練營。一九一八年十月古巴政府宣布她有軍隊二萬五千人準備開赴法國，但他們的運輸事務尙未就緒，休戰書已經簽訂了。古巴人積極參戰的成績只有飛行一方面，有幾位飛行家得了很高的榮譽(二十六)

巴西完全同情美國　ABC三國之中，阿根廷與智利始終是保持中立的。墨西哥亦然。所以實際參戰的大國只有巴西一國。巴西與美國的邦交一向是特別的接近與友好的。自從歐戰爆發，巴西對於協約國方面卽表示強烈的同情，並在巴西最卓越的政治家兼南美最出色的演說家羅埃巴北沙(Ruy Barbosa)主席之下，組織了一個贊助協約國紅十字聯合會。巴西在中立期內的經驗與美國的經驗極相類似。她的商業遭了干涉，她的船隻被德國潛水艇所擊沈。在美國參戰的數星期後巴西便與德國斷絕了關係，並佔取了拘禁在巴西各港內的四十六艘德船。在六月二日的一個通牒裏面，巴西政府向世界宣言，謂她所以採取這個步驟者，因爲巴西共和國與美國有『一種傳統的友誼，並且對於美洲重大利益的保障與國際法所承認的原則，與美國抱有相同的政治見解。』又因爲她要在世界歷史上這種危難的時期，使她的外交政策具有『大陸團結的一種實際形式——這一種政策亦卽舊政府每當美洲其他友誼的姊妹

宣戰

國家發生危難之際所行使的政策。』威爾遜總統對於該通牒的覆文表示了美國深切的欣慰，並且希望巴西國會的行動將爲『美洲其他各國所採態度的先驅。』一九一七年十月二十六日接得又有一巴西船被德國潛水艇的水雷所擊沈的消息時，巴西參議院便以全體一致的投票衆議院又以一四九對一票通過了一個議案，承認『德意志帝國首先開始敵對巴西的戰爭狀態。』巴西對於美國及協約國的熱烈的贊助爲各該國所承認，因此給了她國聯行政院的席次。事實上，一九二〇年二月在倫敦舉行的行政院首次會議上，美洲出席的國家惟巴西一國而已。（二十七）

伊里哥英總統堅持中立方針

阿根廷贊助協約國的感情　源出西班牙的各國中最大而最重要的阿根廷在大戰期內始終中立，雖然她有一大部分人民和若干重要的報紙是強烈地左袒協約國的。當美國宣戰的時候，前外交部長兼德拉古主義的倡導人德拉古氏發表了一個說明書，裏面說道：

德國與美國的戰爭乃德謨克拉西對專制主義的一種爭鬬，任何美洲國家，除非抹殺其過去歷史和斷送其將來希望，決不能保持中立的。

約在同時，南恩（Naón）大使轉達了一個照會，內稱『鑒於美國對德國宣戰的種種動機，』阿根廷政府承認『那種決議的公正。』但以不意諾斯、愛里斯爲大本營的德國宣傳，以及伊里哥英總統（President Irigoyen）的態度使該國沒有捲入戰渦。依據羅克斯堡(Luxburg)洩漏德使與阿根廷總統成立諒解之後，曾勸告本國政府謂當時駛近法國海岸的兩艘阿根廷船「可赦免則免之，否則擊沈之而滅其跡」因此民衆大爲憤怒。參議院和衆議院以極大多數投票通過一對德絕交的決議案，但出於人人意料之外，伊里哥英總統竟表示德國已否認羅克斯堡的行爲，他認爲滿意，而繼續他中立的政策。(二十八)

智利輿情的不一致　智利與歐洲的戰場相去太遠，其從事歐洲貿易的船隻亦少，所以智利政府並未像他國政府那樣受到挑釁。再者，德國在智利的宣傳頗有效果，而受有德國軍官訓練的智利陸軍又是熱烈親德的。反之，在海軍方面，則又熱烈地袒護協約國。這是傳統如此的，自從英國海軍大臣高希蘭勳爵(Lord Cochrane)的時代以來，智利海軍一向以英國爲範圍的。所以，在這種環境之下，雖然在大戰末期輿情已傾向協約國一邊，智利始終保持着中立。(二十九)

其餘各國　祕魯、厄瓜多、玻利維亞和烏拉圭在對德絕交的時候，宣布他們係遵守美洲團結的原則。巴拉圭的中立乃因其地勢隔離。哥倫比亞則因爲喪失巴拿馬地峽的舊恨猶未釋然，雅不願與美國一致。委內瑞拉的官吏大多數受了德國的影響。巴拿馬和四個中美共和國家都對德宣戰，中美只有薩爾瓦多一國保持中立。古巴和海第也向德國宣了戰，而聖多明哥共和國則對德斷絕了領事關係。墨西哥雖宣告中立，卻容許德國陰謀在其境內大肆活動，而加朗闍總統有時候更表現一種仇視美國的精神，以致兩國

間業已緊張的邦交愈加緊張。(三十)

國聯中的南美會員國　對德絕交的十三個南美共和國之中有十一個出席於巴黎和會，並參預凡爾塞條約的簽訂。凡簽字於該約的各國，除厄瓜多以外，都予以批准了，於是成爲國際聯盟的會員國。其餘的南美各國大多數踴躍加入了，所以如今出席於國聯大會者有十七國，其中巴拿馬、墨西哥及阿根廷且爲行政院的選任理事。南美各國中非國聯會員的只有厄瓜多、巴西與烏拉圭。各會員國多數已接受設置國際司法常駐法庭的議定書，而其中有十二國(三十一)則接受了該法庭的強迫管轄權的附加議定書。(三十二)國聯既有這十七個南美共和國爲會員（加拿大猶未計及），按理殊不能如美國高級官吏常指爲一個歐洲的聯盟。南美各國參加國聯的工作甚爲重要。巴西自行政院組織成立以來，便是理事；雖係暫任理事，但每年改選無不連任。因爲她在一九二六年三月的國聯會議上，反對行政院常任理事的添設，（除非她能得常任理事一席，）結果使德國的加入國聯不得不延期，而歐洲和平希望所繫的洛加諾條約亦須展緩執行。巴西的地位遂爲衆矢之的，並且未能獲得有時被稱爲南美集團的擁護。她因爲沒有得到常任理事，便於一九二八年六月十二日退出國際聯盟了。

世界法庭的南美推事　巴西又貢獻給了世界法庭兩名推事：羅埃巴北沙和他逝世後的比生(Pesson)。古巴貢獻了布斯他孟特(Bustamante)推事，彼曾有一名著關於該法庭的歷史及工作。智利的奧古斯丁愛德華(Augustin Edwards)於一九二二年當選爲第三次大會的主席，再有古巴的高斯梅托林德（Cosme de la Torriente）於一九二三年當選爲第四次大會的主席。

美國未加入國聯引起猜疑　國聯會章中保證各會員國領土完整及政治獨立的第十條，頗受南美人民的熱烈贊助，認爲卽係威爾遜總統把門羅主義國際化的提議之實現，但第二十一條中關於『如門羅主義的地方諒解』的保留案則爲南美所懷疑反對。美國參議院認該項保留案爲不充足而終於拒絕批准國聯會章的事實又被解釋爲可資證明美國方面存心保持門羅主義，以爲美帝國主義的掩護。這種見解後來又被一九二三年桑地亞哥第五次泛美會議的行動所證實。烏拉圭的勃魯姆總統（President Brum）向會上提出了一個組織美洲聯盟的計劃，以各國的絕對平等爲基礎，藉作國際聯盟的補助機關。該計劃與威爾遜總統擬議的泛美公約大致相同，可改變門羅主義爲一個泛美主義。但由於美國代表團的反對，勃魯姆總統的建議未付票決。(三十三)

國聯行政院注意美洲爭端

一九二一年三月，當國際聯盟行政院正在巴黎開會的時候，各報傳來消息，謂巴拿馬與哥斯達黎加因邊界爭執，將發生戰爭。兩國旣同爲國聯會員國，行政院當命祕書處長拍電於巴拿馬及哥斯達黎加的外交部長，電文如次：

現在巴黎舉行會議的國際聯盟行政院據報得悉哥斯達黎加與巴拿馬兩政府間似有緊張之狀態存在。行政院各理事以職責所在，不能不以此項報告知照同爲國聯會員國的哥斯達黎加與巴拿馬

政府，各該政府曾莊嚴地公開地簽字遵守國聯會章的最高原則與其義務，請將事實情形告知爲荷。（三十四）

兩國立刻答覆了，各自陳述己方的理由。

許士干涉南美爭執　這時國務卿許士出而干涉，知照雙方謂按一九一五年巴拿馬、哥斯達黎加條約，雙方允將爭端交由美國仲裁。在發給巴拿馬的一個照會中，他通知該國謂：除非她立即將爭執中之土地交還哥斯達黎加則已，否則美國惟有採取必要的步驟，以實行法國魯彼特(Loubet)總統規定太平洋岸疆界的公斷案，和大理院長懷特規定大西洋岸疆界的公斷案。兩國都接受了美國的調解，此項爭端便不待國聯的進一步的行動即告解決了。（三十五）

玻利維亞申請國聯　一九二一年九月，玻利維亞申請國聯修正她與智利在一九〇四年訂的條約，其理由爲該約係被武力強制訂立的，曾使她喪失了她的安士法加斯達省(Antofagasta)。玻利維亞的要求爲智利代表團所堅決反對，因而引起了一場熱烈的辯論。愛古斯丁與德華堅稱國聯無修正現行條約的權利，並且就第二十一條『地方諒解如門羅主義』的保留案而言，國聯亦無干涉純屬美洲的事件的權力。後來這個問題提交了給一個法家委員會，他們報告謂『玻利維亞的要求礙難認准，按國際聯盟大會不能貿然自行修改任何條約，維有締約各國有此能力。』（三十六）

塔克那阿里加爭執　國務卿許士對於祕魯與智利間的泰克那、阿里加爭執先發制人，堅持將該爭執交付美國總統公斷，以免其交付國際聯盟。上列二省係智利在一八七九年開始的所謂太平洋戰爭中取自祕魯的。依照一八八四年批准的恩康(Ancon)條約，祕魯把貴重的硝酸鹽產地泰拉派加省(Tarapaca)割給了智利，又允許智利管領塔克那與阿里加兩省，爲期十年，但附有條件，即十年期滿後，各該省的未來主權應由人民總投票解決。迨舉行總投票的時期已屆，兩國對於投票舉行的方式又意見不能一致。該兩省的爭執遂成爲南美國際關係上的創痕者已有三十餘年。此項爭執牽涉的法律與政治的問題，其性質最爲繁難。各該省本身並無什麼價值，但其牽涉的國家自尊心則非常重大。一九二五年，柯立芝總統以公斷員地位，終於決定謂恩康條約應予執行，公民投票自當舉行。這個決議無異以諸省送給智利，因爲兩省如今有四十餘年在智利掌握之中，已經大大地智利化了。

潘興使命無效

當卽組織了一委員會，以潘興將軍(General Pershing)爲主席，並有智利及祕魯的代表在內，專事決定何人有權投票及投票監督事宜。從來沒有人比潘興擔任的更爲徒勞無功或更不可能的工作了。如果美總統擬貫澈其私衷，以諸省割給智利，他儘可交給一個無聊政客去辦，何必交給一個誠實直爽的人如潘興將軍者。只有一個缺乏想像力的人如許士者纔會蓄意使她的國家陷入這種情形之中。假使他讓此項爭執歸世界法庭或國際聯盟辦理，其結果雖不免一樣的徒勞無功，但威信喪失者將爲國聯，而非美國。在國際聯盟組織以前，美國未嘗反對以美洲的邊界爭執事件，交與英格蘭、西班牙及意大利各國國君，與俄羅斯的沙皇，與法蘭西及瑞士的總統公斷。

許士意在抵制國聯

但許士意欲抵制國際聯盟，乃引起了政策上的變更。他覺得美洲的問題，應由美洲解決。惟這個政策到了胡佛執政時，就被拋棄了。如巴拉圭與玻利維亞關於大廈谷之爭，以及哥倫比亞與祕魯關於萊的西亞(Leticia)之爭，(三十七)國際聯盟都得了美國的誠心同意，有積極的干預活動。

美國在拉丁美洲的金融事業

惟是最爲重要的問題，乃拉丁美洲各小國對於美國之財政上的依賴。關於此事，世界大戰實引起了劇烈的變化。大戰以前，拉丁美洲絕無一家美國銀行，實業發展的資本泰半由歐洲所供給，而尤以英國與德國供給者爲多。今日之下，美國在南美洲與加勒比區域內已設有無數的銀行。北美在拉丁美洲的投資總額於一九三〇年終，據商務部估計，約在美金五、一五〇、〇〇〇、〇〇〇元與五、三五〇、〇〇〇、〇〇〇元之間。(三十八)這些放款之中有些是與國務部商議以後方纔放出去的。自從世界經濟不景氣以來，上項放款頗多愆期不付情事，國務部並未設法幫助美國的投資人。

第六屆泛美會議

美洲各國第六屆國際會議自一九二八年一月十六日起至二月二十日止開會於哈瓦那。柯立芝總統親自到會發表了一篇演說。該會議討論的各項政治問題之中，自當推那個關於干涉的原則問題最爲重要。南美各國力爭謂任何國家無權干涉另一國家的內政，並欲以這種條文規定在擬議之國際法典編訂案內。美國代表團領袖許士，非常巧妙地反對該案，終於把牠留待將來再行考慮。這些會議又考慮了泛美聯盟的任務與職能。美國在該聯盟內因潛力甚大，時常受到其他會員國的誹議。墨西哥企圖減除美國加於該聯盟的影響，特提議把向由美國國務卿充任的理事會主席一職，以及向來亦由美國人充任的總幹事一職，改爲每年由該聯盟會員各國輪流擔任。墨西哥又提議謂泛美聯盟不得行使政治的職能。結果是草訂了一個公約，繼續保持該聯盟現有的組織，但禁止牠行使政治的職能。這個公約至今尙未得到規定的一致同意，所以還沒有發生效力。(三十九)

美國放棄干涉政策

美國在哈瓦那會議上關於干涉所取的態度，殊不足以加强泛美主義；而是暫時削弱了牠。在胡佛總統當道以後，美國對於拉丁美洲的態度，遂開始轉入一個新的軌道。(四十) 一九三三年一月，美國撤退了牠駐在尼加拉主的海軍。當一九三一年十月二十三日聖多明哥共和國違犯了牠的條約義務，停止償付外債到期攤款，國務部淡然置之，未曾派遣軍隊或任命財政管理員赴該共和國主持一切及經收款項。當一九三二年二月薩爾瓦多愆付到期債務，美國按約有權設置總稅務司一員，但國務部亦未嘗有所舉動。當一九三一及一九三二年間，若干南美國家愆付到期的公債票，美國政府亦未出而干涉，或擔任收稅事宜。

一九三〇年一九三一年間，拉丁美洲各地大起革命，如火燎原。(四十一)美國國務部對於各新政府都是毫不躊躇，一一予以承認。各次承認的迅速，顯見美國的中立態度，並已回到一七九二年甲弗遜總統宣布的承認政策。該政策在一九一三年威爾遜總統處置墨西哥問題時曾經放棄過的。但美國雖有這許多善意的表示，拉丁美洲各國卻依然疑惑着門羅主義(四十二)及美國的干涉政策。

古巴革命

一九三三年八月十二日古巴人民把一九二五年以來就做古巴總統的馬嘉圖(Gerardo Machado y Morales)推翻了。馬嘉圖秉政之初曾被歌頌爲能力卓越的執政者。他就職後第一年，古巴糖業便衰落了。古巴既係以糖爲唯一產物的國家，國家收入百分之八十有賴於糖，所以島上就起了經濟的危機。馬嘉圖企圖以廣行分佈農工實業的計劃，和大興公共建築的計劃來挽救這種危機。公共建築計劃使公債倍增，適値糖市大跌，於是國家收入日減，而債務擔負則日重。在這種情形下面，騷擾不安與謀亂之心自爲勢所必然，而馬嘉圖總統用恐怖手段以消滅變亂的辦法，促成了他的殁落。馬嘉圖總統雖握有軍隊，警察，立法及司法機關，可以宣布戒嚴，停止憲法，把他的政敵們或殺或囚或逐或放。使反對派不敢出頭露面，然而他不能巡此把反對派銷滅盡絕。

美國維持其「撤手不管」的政策

在這些動亂之中，美國政府牢守着「撤手不管」的政策(四十三)依照美國國會通過的普拉特修正案的規定，美國在一九三〇年禁止美國銀行家再行借款於古巴政府，庶幾已經高築的債臺，不致再有增加。羅斯福總統(Franklin D. Roosevelt)就任後不久便任命了威爾斯(Sumner Wells)爲美國駐古巴新大使。威爾斯的任務，在使敵對各派歸於和平。他的「調停」係屬干涉性質，並非軍事性質，而在幕後主持，使古巴人推翻馬嘉圖者便是他了。

古巴歷任各總統

曼紐爾(Carlos Manuel de Cespedes)繼了馬嘉圖之位。但他的統治是短命的，在一九三三年九月五日就被招募的軍隊所驅逐，(四十四)而由桑馬丁(Grau San Martin)代有其位。美政府向古巴人保證說，美國並無干涉之意，而是願意承認任何政府，只要牠能代表古巴人民的意志，並能維持全境的法律與秩序。桑馬丁政府的壽命也很短促，到了一九三四年一月十五日即由卡羅斯海維亞(Carlos Hevia)繼任爲總統。但他又被查理孟迪達(Charles Mendietta)所推翻，後者的政府當由羅斯福總統於一九三四年一月二十三日予以承認了。

普拉特修正案有改訂的可能

美國政府曾經表示有意修訂普拉特修正案，解除她干涉古巴政事之權。美總統在一九三三年十一月二十四日發出的一個說明書中，說道(四十五)：

我們在此期間，始終擬在行爲上表示，我們願對古巴人民處於善鄰的地位。我們希望兩國間開始談判，重訂美國與古巴的商務條約，並修正那個永久的條約。

第七屆泛美會議

第七屆泛美會議於一九三三年十二月三日召開於蒙地維多(Montevideo)。如今雖爲時尚早，不能十足瞭解這次會議的結果，但美國代表團領袖，國務卿赫爾(Cordell Hull)的言論足以表明羅斯福當局的「新政策」實爲美國對南美的新政策。與會各國代表非常滿意地傾聽國務卿赫爾的聲明，所謂

羅斯福總統的政策

『任何政府概無須畏懼羅斯福執政下的美國將有任何干涉。』(四十六)國務卿赫爾宣稱所謂『善鄰』"Good Neighbor"政策在羅斯福總統意中係指尊重本國以及他國的權利，而這種政治哲學的附帶

條件便是「一切大小國家之絕對的獨立，無損的主權，完全的平等，與政治的完整。」(四十七)在先前各次泛美會議上，從未有這樣好的精神的。美國向來高據壇坫之上，不許自由議論的那種態度，在這次會議上是絕無其事，而當會議閉幕的時候，美國的拉丁美洲鄰國莫不確信富蘭克林羅斯福總統的「新政策」包含着對於拉丁美洲的一個新政策。

國務卿赫爾在第七屆泛美會議上提示的種種，更從一九三三年十二月二十八日羅斯福總統在威遜爾基金會(Woodrow Wilson Foundation) 上的一篇演說內益見明瞭，他宣稱道：

……從今以後美國的確定的政策係與武裝干涉相反的。維持其他各國的立憲政府並非美國單獨應負的神聖義務。新大陸上法律與政治秩序的維持，首當由各國在其自國疆土內做到。只有在政治秩序喪失，以致影響大陸上其他國家的時候，這纔成為其他國家的關切，而特別要注重的一點，即當這種事情發生的時候，這是全個大陸上相依為鄰的一切國家之共同關切。」(四十八)

凡是好學深思的人，莫不認為羅斯福總統的宣言，是拋棄了美國向來用以實行門羅主義的那種單方面的手段。美國如今雖仍保留着保障南北美洲不受外國侵略之權，他的宣言卻是保障了拉丁美洲，可以無須畏懼美國。是故羅斯福加於門羅主義的附帶條件，聲稱美國有權干涉拉丁美洲者，已代之以當政

集體的干涉

治秩序破壞了、以致本大陸上其他國家被影響了的時候，再作集體的干涉。

美國今後對於拉丁美洲將取何種政策，誠屬一件難以推測的事情。羅斯福總統當一九二八年曾以私人資格作文聲述如下：

時機已經來到，我們現在必須接受者，不僅是若干事實，而是國際關係上一種較高的法律，一種較新與較善的標準之原則。我們是非常地愛惜我們的主權，而對於其他國家之同樣的感情，自當加以尊重。在這個西半球上，其他各共和國的民衆正是一樣地愛國，一樣地重視牠們的主權。……無論從金融利益的理論上，或從更可靠的『中庸』的理論上說來，我們那種政策，或說是無政策，都沒有一毫可取。時機已經成熟，我們必須另闢途徑了。(四十九)

其他勢力　爲取得借款起見，祕魯和幾個較弱的國家經美國國務部的調停，業已接受了不可避免的金融顧問。但金融顧問的存在，並不能阻止祕魯的延不償付外債，祕魯又有一個美國海軍調查團和一個教育調查團，足徵美國勢力的逐漸增加。便是大國如巴西，她從高希蘭勳爵之日起卽係遵照英國海軍的傳統與模範的，也在戰後決定轉向美國海軍，美政府當於一九二二年應巴西之請，遣一大規模的調查團前往巴西，計有各級在職軍官約三十名。關於公共衞生方面，洛克弗律基金委員會（Rockefeller

Foundation）做了許多極可稱道的工作，專事剷除哥倫比亞、厄瓜多、祕魯與巴西的腸蟲、瘧疾、瘴氣病以及其他熱帶的病症。

無論加勒比海上的弱小國家的命運怎樣，南美洲以全部而論，殊不必畏懼『北美之禍，』即使其爲金融帝國主義的形式亦不足畏。門羅主義一向是一種門戶開放政策。牠會把南美由歐洲統治與勢力範圍之中救出來，美國雖因大戰的結果，取得了意外的金融與商務上的勢力地位，但英國與德國正在恢復原狀，而其相互的競爭，將大大刺激世界上最神奇的一個地方之落後的實業發展。巴西、祕魯、巴拉圭、烏拉圭、阿根廷及智利諸國，其土地與富源可以供給鉅大的人口，行見其在二十世紀中將經歷一種相當於十九世紀中美國所經歷的發展。具有這樣一種遠大前程的國家，殊不必憂懼外國的主宰。

（一）International American Conference, IV. (Historical Appendix). Washington: Govt. Printing, Office, 1890.

（二）Ibid., p. 255.

（三）Ibid,. p. 272.

（四）Op. cit., p. 375

（五）Moore, Dig. of Int Law, VI, 854—864.

（六）Second International American Conference, English text. (Mexico, Government Printing Office 1902), p. 309.

（七）Third International American Conference, Minutes, Resolutions, Documents (Rio de Janeiro Imprensa National, 1907) p. 605.

（八）Bulletin of the Pan American Union, vol. 31, p. 796.

（九）Am. Journal of Int. Law, X, 212.

（十）World Peace Foundation, "The New Pan Americanism", Part II, p. 107.

（十一）Moore, Principles of American Diplomacy, 407—408.

（十二）Seymour, Intimate Papers of Colonel House, I, 221—231.

（十三）Usher, Pan Americanism.

（十四）這本書由 Catherine A. Phillips 譯成了英文，由 J. Fred Rippy 作了一篇序，名爲 The Destiny of a Continent.

（十五）The Destiny of a Continent, 125.

（十六）Ibid., pp. 139—140.

（十七）Ibid., p. 288.

（十八）Ibid., p. 6.

（十九）Silva, Reparto de América Espanõly Pan-Hispanismo, Madrid, 1918.

（二十）Rippy, "Pan-Hispanic Propaganda in Hispanic America," in Pol. Sci. Quarterly, XXXVII, 389.

（二十一）Messages and Papers of Woodrow Wilson, I, 18, 32.

（二十二）Seymour, Intimate Papers of Colonel House, I. 194—206; Hendrick, Life and Letters of

Walter H. Page, I, 175—269.

(二十三) "Affairs in Mexico", 64 Cong., I Sess., Sen. Doc. No. 324. World Peace Foundation 刊行了關於墨西哥文件的兩個小冊子，名爲"The New Pan Americanism," Parts I and II (February and April, 1916).

(二十四) Seymour, Intimate Papers of Colonel House, I, 207.

(二十五) Percy, A. Martin, Latin America and the War, Introd , p. 1.

(二十六) Ibid., Chap. II.

(二十七) Op. cit., Chap. I.

(二十八) Op. cit., Chap. III.

(二十九) Enrique Rocuant, The Neutrality of Chile and the Grounds That Prompted and Justified It (Valparaiso. 1919); Martin, Chap. IV.

(三十) Martin Chaps. V—X.

(三十一) 他們是巴西、哥倫比亞、海第、巴拿馬、祕魯、薩爾瓦多、烏拉圭、多明哥共和國、巴拉圭、哥斯達黎加、厄地馬拉、尼加拉圭。

(三十二) League of Nations, Official Journal, November, 1933.

(三十三) Martin, Latin America and the War. 570.

(三十四) Minutes of the Council, 12th. Session, 1921, pp. 42, 199

(三十五) Ibid., p. 201.

(三十六) Martin, Latin America and the War, 552—554.

(三十七) 看本書第三十五章關於大廈谷爭端的一節

(三十八) A New Estimate of American Investments Abroad. U. S. Department of Commerce, Bulletin No. 767, 1931.

(三十九) 參閱 Report on the Activities of the Pan American Union, 1928—1933 (Washington, Pan-American Union, 1933), p. 21.

(四十) 見本書第二十三章。

(四十一) 參閱 C. H. Haring, "Revolution in South America," Foreign Affairs, January, 1931.

(四十二) 一九三〇年國務部刊印了 Memorandum on the Monroe Doctrine 作者爲 J. Reuben Clarke 當時的國務次長;這個備忘錄駁斥了羅斯福對於門羅主義的附帶條件,但主張爲自衛的必要起見,干涉係屬正當。這個備忘錄並不算做胡佛當局的官方說明書。

(四十三) 參閱 Russell Porter, "Cuba under President Machado," Current History. April, 1933, p. 34.

(四十四) 這時美國軍艦駐在古巴海面。

(四十五) White Hous , Press Release, Nov. 25, 1933.

(四十六) Dept. of State, Press Release, Dec. 2, 1933

(四十七) Dept. of State, Press Release, Dec. 15, 1934.

(四十八) Dept. of State, Press Release, Publication No. 541, p. 381.

(四十九) Foreign Affairs, July, 1928.

第七部　美國在歐戰後

第二十九章　華盛頓會議

美國在各委託統治地的權利　美國參議院既已否決凡爾塞條約，威爾遜總統於是力避參預歐洲政治，迨哈定當選爲總統後，威氏卽表示他絕不使新任當局有所爲難。民衆方面聽信宣傳以爲哈定做了總統，我們的外交政策就要整個改變，但後來事實並不如此。新政府繼續不變對墨西哥及俄羅斯的威爾遜政策，而且不到幾個月功夫便向國會設法取得先前威爾遜未能取得的職權，卽任命委員一人出席賠償委員會。說到我們在委託統治地的權利問題，特別關於美索不達米亞(Mesopotamia)的油藏，國務卿許士採取的理論，完全是一九二〇年十一月二十日國務卿柯爾比(Secretary Colby)提出的理論。依照一九二〇年四月二十五日桑來麻(Sen Remo)協定，英國與法國議定攤分美索不達米亞的油產額，英國攤得百分之七五，法國攤得百分之二五。英國政府曾暗示謂美國既已拒不參加國際聯盟，對於這件事就沒有發言權。在這一點上，國務卿柯爾比特作銳厲的聲明如下：

柯爾比的照會

協約與參戰各國因對同盟國作戰的直接結果，乃得享有或主持各種權力，以決定各委託統治地的政體問題。美國爲此次鬬爭中之一員，且曾促成其勝利的結束，自不能坐視任何參戰國家，不論爲美

國本身或最小的參戰國，對於各和平條約中的規定的委託統治，竟不得與聞其如何發落的討論，或不得參預應享的權利或特權。(一)

雅普島　日本亦假定太平洋中德國舊屬各島的處理問題與美國無涉。當在巴黎的最高會議議決以赤道以北各島的委託統治交與日本時，威爾遜總統對於雅普島的最後處置，特保留以待將來的考慮。雅普島位在關島(Guam)與菲律賓之間，乃太平洋中最重要的海底電報站之一。海底電訊交通的整個問題留待一個特別會議討論，該會議於一九二〇年秋在華盛頓舉行，但十二月中旬該會議未能取得任何最後的結論便宣告散會了。於是雅普的地位問題成了美、日兩政府間筆墨官司的主題。等到許士接任為國務卿，他便在一九二一年四月二日的一個照會裏重行說明美國的地位如下：

許士給日本的照會

> 按處理德國海外屬地之權乃因協約與參戰各國戰勝後始行獲得者，此層應無問題。再日本方面諒亦無意否認美國曾參預這次的勝利。由斯言之，協約與參戰各國由於共同勝利而取得的權利，美國自必可以分享，而現在考慮中關於德國海外屬地的處理問題，欲其合法或有效，亦必取得美國的同意方可。(二)

兩政府間的討論猶在進行之中，華盛頓會議便已開幕，迨會議結束時，據稱雙方已有一種協議，將包括於一個條約之中。美國承認日本對於赤道以北各島的委託統治，但以雅普島上美國應有完全的海底電線權為條件，而且美國人民在該島下應享有某種住宅權。此項協議並包含無線電訊事業在內。

國聯為哈定所漠視　在競選總統期內，哈定對於國際聯盟的態度甚為模稜兩可，所以公衆方面都莫測高深，但自許士及胡佛被任為閣員後，大家以為新政府將在保留條件之下加入國聯。然而這種期望並未實現，因為美總統堅決地漠視國聯的存在，毫不注意國聯會章十四條內規定的常設國際司法法庭的設立。同時魯特曾於一九〇七年以國務卿資格訓令我們出席海牙會議的代表，提議成立此項法庭，當由國聯行政院聘為委員，參預若干著名司法專家所組成的委員會，以擬訂成立該法庭的章程。這件事他做得非常克盡厥職，成績卓著。洎乎該法庭組織完成，美國在國際法上最有名的權威摩爾又被推選為法官之一，由此可知歐洲並不願遺棄我們。

與德國另訂和約　同時對於德國一種技術上的戰爭狀態還是存在着，並且美國的軍隊仍駐在萊因河上。一九二一年七月二日美國國會通過一個共同決議案宣告戰事結束，但規定『一切權利、特權、賠款、賠償或利益』凡依照休戰書條款，或因美國參加大戰，或由凡爾塞條約分派於美國名下，或因美國係主要的協約與參戰國家之一，或由於美國國會的任何法令，而應歸美國所有者，均由美國保留。八月二十五日，美國政府由其駐德委員在柏林與德國另訂了一個和平條約，詳細規定凡美國國會共同決議案內所述各項權利應予保留。約在同時，美國與奧國簽訂了一個同樣的條約，這兩個條約於十月十八日由美國參議院批准了。(三)和平的宣告並未立即產生任何重要的結果。美國軍隊繼續駐在萊因河上，而在該項條約簽字前以特別執照從事的貿易也並未有明顯的增加。

軍備的競爭　如果人類果能從歷史上取得任何教訓的話，那些引起世界大戰的事實應已打破所謂準備戰爭即所以保持和平的謬說。軍備的競爭，不論其在陸上或海上，唯一的結果便是促成戰爭。可是經過了最近戰爭的嚴重教訓，軍備的競爭依然有加無已。法國、俄國和波蘭都維持着巨大的陸軍，而美國與日本則進行着世界歷史上空前的海軍建造計劃。英國背負着重債，猶竭力要與美國亦步亦趨。

英日同盟　這些在最近猶一致對德作戰的列強，他們間這種海軍的競爭，使有思想的人們不能不考慮大概的結局，並且要問這些列強是在爲對誰而武裝。我們和英國並無爭執，但英國爲日本的盟國，而日、美間在太平洋與亞東的關係殊不能令人放心。一九二一年初夏在倫敦舉行的大英帝國會議，曾討論英、日同盟的繼續問題。事實上，因爲加拿大議會在四月間舉行了一次重要的討論，對於英、日同盟不論以何種形式重訂，概表示強烈的反對，所以在英帝國會議的議程上，佔了卓越的地位。辯論的範圍很廣，包含英帝國內部組織的根本問題，暨海外自治領地對於己身有關的外交政策的發言權。加拿大公開宣稱牠以太平洋上國家的地位，有不認准重訂英、日同盟的權利，這種權利她大概是要實施的。對於中國在凡爾賽條約下所處的困難環境，加拿大人是同情中國而反對日本的。第一，加拿大很擔心美、日戰爭的後果。如

加拿大不歡迎

果英國捲入了這個戰爭漩渦之中，這無異英帝國的崩潰，因爲加拿大不能附從英國，而且不免要在美國一邊作戰的。這種討論，以及加拿大總理隨後在倫敦的帝國會議上的行動，使英國政府不能無所動作，於是而促成了英、美兩國在華盛頓會議上的密切協調。(四)

美國懷疑　英、日同盟的原來目標是要制止俄國向滿洲的推進。該盟約於一九〇五年因對抗德國而以修正形式重訂了一次，又於一九一一年因對德而續訂了十年。如今德國的威脅既巳除去，英國有何理由要續訂這個盟約？這未免太跡近於一種對抗美國的結合了，我們採取的海軍計劃的主要目的當然便由於此。世界上既只有三個重要的海軍，要是其中兩個結合的防守同盟繼續一天，我們便應該保障我們的海軍強國的地位一天。

召集華盛頓會議　哈定以限制軍備爲政策　成立國際聯盟的主要目的之一卽係促成陸上與海上軍備的限制，因此國聯組織了一個委員會考慮這個問題，但是海軍大國如美國者既不肯與國聯合作，甚且不認其存在，那麽該委員會也就無法進行限制海軍的工作。哈定總統既答應了美國人民以別的辦法代替國際聯盟，他於是在就職之後不久，便決定了召集一個國際會議以討論海陸軍備的限制。迨到華盛頓會議召集的時候，陸上軍備問題是顯然不能取得任何協議的。這是自始就明白的，除非採取有效的步驟，以祛除使海軍成爲必要的國際衝突的若干原因，那麽僅言限制海軍是無補於事的。職是之故，一九二一年八月十一日發給英國、法國、意大利和日本各政府邀請到會的正式請柬，就把軍縮問題和太平洋與遠東問題相提並

包括小國

論了。（五）歐洲各國都是淡然地接受了邀請，惟有日本的覆文則遲遲其來。她不大願意列強檢查她在對德作戰期間在中國和西比利亞所採取的行動。在日本同意參加會議之後，她企圖使議程的範圍儘量縮小，並且不久便與中國開始磋商山東問題，希望達到一個解決辦法，俾該問題不致提交會議。後來又有請柬發給比利時、荷蘭、葡萄牙和中國各政府，請他們到會。葡萄牙所以有關者是因為她有殖民地在澳門，澳門是歐洲在中國最早的殖民地。荷蘭當然是太平洋上一個大殖民國。至於比利時對於東方雖無領土的利害關係，但是多年以來很關心於中國的財政事宜。

華府會議的組織　一九二一年十一月十二日華盛頓會議全體大會在大陸紀念館（Memorial Continental Hall）開幕。（六）大廳上的席次專為新聞界代表而設，至於各包廂則為官吏和幸能取得入場券的私人們所定。甚囂塵上的公開外交問題在第一次會議上即由國務卿許士加以解決，他在開會辭中便悍然向會上提出了美國限制海軍的建議。前後共開全體會議七次，但後來的幾次會議不過是批准各委員會中業已達到的協議而已。華府會議的眞正工作係由各委員會擔任，而委員會的會議當然為大衆和新聞界所不得而旁聽的。主要的委員會有兩個，一是關於限制軍備，另一個是關於太平洋及遠東問題。委員會之下尚有若干小委員會，由技術代表們參加工作。兩個主要委員會均有議事錄，每次會議後都有一個通告以便報界發表。事實上，外交公開的要求破壞了牠自己的目的倒不少。因為發給各報披露的消息太多了，所以全部揭載出來後僅極少數人有閱讀的功夫。按通告愈是冗長，其中眞的消息愈少，這

公佈

幾乎成了一定不易之理。老練的訪員認爲華府會議關於嚴重問題的決議，其祕密之深，並不亞於巴黎和會。

美國提出的計劃　國務卿許士在第一次會議上提出的美國的軍備限制計劃，內容如次：（一）建造主力艦的一切方案不論已否實行，應即放棄；（二）仍在服役中的許多較舊的戰艦應即拆毀；（三）各種補助戰艦如巡洋艦、驅逐艦、潛水艇、航空母艦的定額應與主力艦的噸數成正比例。據稱這些建議將使列強的比較地位與前無異。依照美國這個計劃，美國應有主力艦五〇〇、〇〇〇噸，英國亦爲五〇〇、〇〇〇噸，而日本則爲三〇〇、〇〇〇噸。（七）

五·五·三比率　日本反對國務卿許士提出的五·五·三比率，而主張不如以十·十·七爲比率，更能符合現有的力量。美國建議中包括將日本海軍之雄陸奧號一幷拆毀，該艦已經下水，但尚未完成。美國此項建議，使自己的海軍自動忍受的犧牲遠較英、日兩國應須忍受者爲大，而美國立場的所以堅強有力也就在此。可是日本拒絕放棄陸奧號，到最後該艦是准予保留了，但爲保持五·五·三比率起見，勢必增加美國與英國的噸額。在最後議定的條約內，日本主力艦噸額規定爲三一五、〇〇〇噸，美國與英國各爲五二五、〇〇〇噸。

國務卿許士在他的開會辭中說道：

鑒於大戰的非常情形，影響了法、意海軍的現有力量，目前殊無討論該兩國噸額的必要，但美國提議本問題應留待本會議將來考慮。（八）

最後考慮到法意的比率

這個近於粗魯就事論事的說法，使法國代表團大爲不悅。隨後四、五個星期之中，英國、美國與日本正在討論陸奧號事件與太平洋上防禦設備問題的時候，法國代表們還是蓄怒在心，認爲受了二等國家代表的待遇。許士沒有顧慮到法蘭西這樣一個大國的自尊心，對於海軍計劃中涉及補助艦及潛水艇部分的破壞，無疑是有很大的因果關係的。

計劃爲法人所推翻　五·五·三比率既已議定之後，法蘭西與意大利主力艦的噸額問題當由委員會加以討論，其他列強完全沒有想到法國竟會提出主力艦三五〇、〇〇〇噸的要求。照國務卿許士基於現有力量的數字，法國應有一七五、〇〇〇噸。若謂法國代表立意堅持這樣大的噸額是不至於的。他們所以要在委員會中提出這個建議者，大概是要使其他代表們明瞭法蘭西是不容隨便漠視或輕易制裁的，同時藉此爲他們的潛水艇提案預備一條路。很不幸地法國的要求被誤送報界，因而引起英、美各報大肆評議。在委員會內英、法兩國代表的關係，因後者不肯放棄潛水艇，甚且不肯同意於潛水艇噸額較和緩的方案，非常惡劣。十二月十六日國務卿許士不與法國代表團商量，而直接拍電籲請業已回國的白里安。結果法國終算同意接受主力艦一·七五的比率，但拒絕對於巡洋艦、驅逐艦、潛水艇或航空母艦作任

何合理的限制。意大利接受的比例與法國同。(九)

受限制者僅主力艦　這樣一來，許士計劃中一個重要的部分是失敗了。結果該條約使締約各國得隨心所欲，盡力致力於較新的潛水艇與航空戰爭。誠如大家知道的，許多有名的海軍權威，如英國的司高脫爵士 (Sir Percy Scott) 和美國的西姆斯上將 (Admiral Sims) 都相信主力艦已成爲無用的東西，而未來的戰爭將由潛水艇、航空機和較輕的水面軍艦擔任。因此，海軍條約造成的形勢，其不幸之處，即視主力艦爲無用者如今有機會提出並堅持他們的潛水艇與飛機方案。巡洋艦的製造也沒有限制，只要他們不超過一萬噸的排水量，或載設八吋口徑以上的礮。

太平洋維持現狀　依海軍條約第十九條，美國、英國與日本議定關於太平洋羣島的防禦設備和海軍根據地應維持現狀，但有若干例外，最著者爲夏威夷羣島、澳大利亞和新西蘭。(十)這個協定使日本無須畏懼我們的攻擊，我們希冀該約的結果將如一八一七年美國與英國間關於各大湖上廢除軍備的協定一樣的嘉惠和持久。

置海軍於防守的地位　五·五·三比率至少在目前使英、美、日三國的海軍處於一種嚴格的自衞地位。各國的海軍以之防守本國領土則有餘，而欲單獨攻擊他國則不逮。不消說得，飛機與潛水艇、以及巡洋艦和其他水面軍艦的發展，可使這種形勢爲之一變。海軍在已往具有兩大目的：國防與外交政策的實施。該項新約的意義在於只須該約存在一日，則各個予以批准的國家只能用其海軍於國防方面，而不能用以實施其外交政策於迢遠的海外。換句話說，爭端起時，英國政策只能通行於英國區域，美國政策只能通行於美國區域，而日本政策也只能通行於日本的區域內。我們既已自願處於不能攻擊日本的地位，我們所能壓制日本在中國或他處的行動者，就只有道德的壓力了。由於有些人視爲一種策略上的嚴重錯誤，在中國與西比利亞問題尙未解決之前，這個海軍條約便完成了。

企圖對於潛水艇的運用加以限制　法國堅持着要有等於無限制的建造潛水艇之權，使英國方面大感不快。英國代表曾提議將潛水艇完全廢除，並且巴爾福與李勳爵（Lord Lee）對於該提議曾作有力的辯護。不幸得很，美國代表團卻贊成潛水艇，僅僅提議對於潛水艇的運用加以若干限制而已。最後五大海軍強國簽了一個條約，重行申述國際法上關於商船的搜查與逮捕的老規則，並且宣稱：

……凡擔任任何國家公職的人民，如有違犯此項規則者，無論此人是否奉行其上級官吏的命令，應視爲業已違犯戰爭法規，並應予以處罰作海盜罪論；又彼如在任何國家領域內被捕時，並得提交該國的民事或軍事當局加以審訊。（十一）

依據同一條約，各簽字國又莊嚴地自願誓約，在戰時禁用毒氣。

此項辦法的徒然無謂　這種企圖以條約來限制潛水艇的運用，並完全禁止毒氣的使用，在許多人看來是徒然無效的。經過了最近大戰的經驗以後，沒有一國眞會在這類事件上相信另一方的信用。作戰各方大概都認爲如遇對方運用違法的潛水艇與毒氣時，自己方面也應該準備運用。因此我們勢必有如上次大戰時的那種老爭執，卽關於浮動水雷的使用，究竟誰爲戎首。這樣莊嚴地聲明潛水艇不得攻擊商船，以及違犯本法的潛水艇司令應作爲海盜論罪，假如締約各方對於商船的定義未能意見一致，那麼聲明了又有什麼用處。

未禁止潛水艇的建造

但是讀者們或者要問，假如各國那樣的沒有信守，那麼簽訂條約有何用處呢？答覆是，極大多數的條約在和平時期是忠實遵守的，但在戰爭時期就只有極少數的條約是完全奉行的。要是這五個國家曾經簽一條約，自誓決不建造或維持任何種類的潛水艇的說法，我們儘可以相信他們能够做到。但一個國家從事於戰爭的時候，有一大隊的潛水艇，她曾約定只爲某幾種目的而用，那就很容易利令智昏，不免要拿他們作全然不同的宗旨用的。

日本國力的迅速發展　太平洋及遠東問題的委員會於十一月十六日開第一次會議，該委員會最關心者厥爲過去二十年間日本的侵略行動與擴張運動所造成的危難局面。一九〇五年，依照樸資茅斯條約，日本繼承了俄羅斯在南滿洲的權利；一九一〇年，她兼幷了高麗；一九一一年，値中國革命之際，她在漢口駐紮了軍隊，隨後又建築了永久的兵營；一九一四年，膠州灣的德人失敗之後，她接管了德國在山東半島的一切利益；一九一五年，她向中國提出了二十一條要求，並壓迫該國接受了其中多數的要求；一九一八年她又會同了美、英、法三國，派遣了軍力在西比利亞的濱海省登陸，確定的目的在拯救已經行抵該省的捷克斯拉夫軍隊和保護海參威的軍需品。其他各國業已完全撤退他們的軍隊，日本卻增加她的軍隊自一師人至七萬人。所以亞洲的東岸便到了日本的鐵掌之中，而且她又從中國取得了許多大有損害該國獨立的讓與權利。

東亞在她掌握中

中國方面的理由的提出　普通以爲美國代表團對於遠東問題業已準備了一個計劃，又以爲該計劃的提出方法將如許士提出海軍計劃一樣。如果這是原來的意思，那麼計劃便有突然的改變，因爲在夜間的一兩點鐘時候，中國代表們在睡夢中被人喚醒，據悉翌晨十一點鐘，他們將有一個機會可向委員會提出中國的理由。他們立刻和各顧問從事工作，在規定時間的幾分鐘之前，他們纔訂成「十點」由施公使在委員會上宣讀。（十二）這十點形成了一個中國的獨立宣言，並且提出了若干普通原則，以便引用於各項中國問題的解決。幾天之後該委員會通過了魯特提出的四個決議案，其中包含了中國的幾個原則的一部分。（十三）依照這些決議案的規定，各國協議尊重中國的獨立與領土完整，給予中國充分的機會以發展並維持一個有效鞏固的政府，承認世界各國的工商業在中國全境內平等的原則，並且擔任決不利用現狀以求特殊的權益。這種跡近浮泛和一般性質的關於原則上的宣言似乎便是中國所能取得的一切了。假如許士提出了一個遠東計劃而所得無過於此，那麼對於美國的聲望便是一個嚴重的打擊。這大概便是他要在最後期間讓中國自己說話的緣故了。

魯特決議案

四國條約　在華府會議的第四次全體會議上，參議員洛治提出了關於太平洋各島的條約，亦即普通所謂四國條約。按照該約的規定，美國、英國、日本和法國議定『尊重他們在太平洋區域內關於他們海島領地及海島統治地的權利，』又如遇有因太平洋問題而發生任何爭執時，該事件應提交一個共同會議加以考慮及調整。該條看起來毫無妨害，但第二條似乎為這四個國家立下了一種同盟的基礎。第二條條文如次：

如上述權利被任何其他國家的侵略行動所脅迫時，締約各國相互間應開誠佈公，詳細商討，俾成立一種諒解，共同地或分別地，以最有效的辦法，應付特殊的情勢。(十四)

這個條約的有效期間定為十年，期滿後任何締約國得於十二個月前發出通知，予以廢止。該條約明白規定，於批准文書交換之日，英、日同盟應即撤消。

總統與代表不和

參議員洛治提出該條約時，曾保證其聽衆謂『在這些直截了當的條款背後，絕未隱藏任何陸軍或海軍的制裁，』而國務卿許士於結束討論時，宣稱在全部歷史上恐不能尋出『一個國際文件，其措辭有如是之簡而且短者，』但他又說道，『我們皆知，偉大的事情常是簡單的。』鑒於這些聲明，無怪華府會議各會員以及一般公衆於數日之後，因國務卿許士及哈定總統關於該約是否包括日本本部在內一點，發表矛盾的說明書時，大家不勝其詫異了。許士向訪員們說是包括在內的，總統說是不包括在內的。因此有的幽默家便說道，巴黎和會時，威爾遜總統不讓美國代表團知道他做的什麽，而在華府會議上，各代表又不給哈定總統知道他們在做什麽。爲順從總統的見解及日本各報對於該約的批評起見，後來又簽了一個補充條約明白宣稱「海島領地及海島統治地」一名詞並不包括日本本部在內。(十五)

山東問題　同時山東問題中日兩國正在會外討論，而由英、美政府的代表列席爲觀察人，準備於彼邀時出而斡旋。該問題之所以不提出於華府會議者，因爲英國、法國與意大利均爲凡爾塞條約的簽字國，而凡爾塞條約則以德國在山東的租借地的法定權利已經給了日本。該省的歸還中國爲求一般中國事件的滿意解決所必需。但是日本縱不欲於華會閉幕後在北京或東京較爲有利的環境之下，繼續此項談判，但爲策略起見，也希圖使該事件遷延到底，所以殊無意與中國迅速成立協議。

殭局　到耶穌聖誕時，華府會議似乎已經完成一切可能做到的事情，而祇須各項已成立的協議能訂成條約，經過簽字，會議就可以閉幕了。正月的第一個星期末了，看起來中日雙方已成僵持之局，該會將不待任何中國問題有一個滿解決，卽行閉幕。巴爾福及其他重要代表業已定購回國船票，從一切的表示看來，華府會議不久就要解散了。但意料之外的事情發生了。一月七日，星期六晚上，美當道要人在白宮非正式會集上，大家檢討了華會的成績，出席的參議員有人表示意見，謂該會假使不爲中國多盡些力，卽告閉幕，各條約很少批准的希望。結果國務卿許士勸英、日代表們打消他們的行意，並以特有的毅力和決心，

最後的解決

親自主持遠東的局面（這一向是由魯特擔任的。）當由哈定總統向中國方面加了一些壓力，大概又由巴爾福向日本方面也加了一些壓力國務卿許士終於能在二月一日的全體會議上宣佈謂中國與日本對於山東應如何歸還的條件已有成議。（十六）在同一會議上，遠東事件委員會便發表了關於中國的協定。這些協定終於歸結爲兩個條約，一個是關於關稅，另一個是關於門戶開放；此外還有十個決議案。（十七）

中國關稅　自從十九世紀的中葉以還，中國關稅向係與外國訂約規定，稅務向由外人組織及管理，再有海關收入亦經抵押以償付外債利息。中國向來不得徵收五釐以上的關稅，而事實上因估價方法的關係，所徵稅率平均不過三釐半。這樣的事情很不公平，而且剝奪了中國政府一種應有的主要稅收。依照新的協定，關稅估價方法應卽予以改良，俾五釐的稅率能切實辦到。中國對於若干商品大半爲奢侈品，並得徵收一種附加稅，以增加國家收入。據估計，海關方面常年增加的稅收總額約有一五〇、〇〇〇、〇〇〇銀元。有些人不無理由的聲稱中國關稅無論增加若干，將立卽被挪移締訂新借款，所以目前解款入中國國庫，不啻以黃金投入無底之壑。一俟中國能成立一個鞏固誠實的政府，毫無問題的，加於她關稅上的一切條約限制，都是應該祛除的。

其他問題　華府會議又曾設法把其他因爲外國壓迫而剝奪的中國主權歸還中國。該會議決定派一委員團以調查中國的司法行政，目的在使外人現在享有的治外法權終告撤消。各國又贊同於一九二三年一月一日以前放棄其現設於中國的郵政機關，但規定中國應有一個有能效的郵政制度。在華的外國郵政系統向來百弊叢生，種種的商品，包括鴉片和其他藥物在內，每從這些機關偷運入中國境內。各國又許了一個普通的願，允幫助中國政府統一各路鐵道為一普遍的系統，歸中國管理。他們又允許把一切無線電站，除經條約規定或由外國政府設於其使館界內者以外，完全歸還中國。

條約擔保門戶開放

在關於門戶開放的條約中，締約各國除中國外擔任遵守左列各項原則：

（一）尊重中國的主權、獨立、領土與行政的完整；

（二）給予中國圓滿無阻的機會以發展並維持一有效鞏固的政府；

（三）運用他們的勢力以求有效地成立及維持世界各國在中國全境的商工業機會平等之原則；

（四）決不利用中國局面以覓取各項足以侵害友邦臣民或人民的權利之特殊權益，並不得獎掖有礙友邦安全的行動。（十八）

門戶開放如今成為一種國際政策　中國方面完全承受門戶開放的原則，並且第一次聲明予以尊重。外國在過去曾屢次聲明尊重中國的門戶開放，卻又屢次加以破壞。「世界各國工商業機會平等」這句話已經數見不鮮。這話曾見於一九〇二年的英日同盟。一九〇八年的魯特與高平的協定以及其他許多文件之中。可是近年以來，企圖保持中國的門戶開放者，僅美國一國而已。其他各國大多數視中國局面爲無望，認定唯一的解決方法便是聽憑各國把中國瓜分宰割。新條約既經訂立，門戶開放乃無復僅係一種美國政策，而是一種國際政策，其實施的責任亦不僅屬諸美國，而係由締約的九國全體擔任了。

先前的約束　華府會議的議事日程中，原將各國在華現有的約束的地位，作爲應考慮的題目之一，當國務卿許士以該問題提出於遠東委員會時，日本鄭重反對加以考慮，於是這事立刻就停止不談了。所以華會的條約不是追溯已往的，牠承認了滿洲的現狀，並且相當承認了在中國其他各部的現狀。但該項新協定中另有一救濟條款，係一決議案，規定設一國際諮詢會，凡因門戶開放而發生的問題，可交該會討論。

美國代表隱藏眞的事實

華會所訂各約被人攻擊但邀批准　當華會所訂各條約由美總統提交參議院時，遭到了嚴重的反對，但終經批准了。共和黨領袖們，尤其是參議員洛治，先則猛烈反對國際聯盟，如今則贊成這些條約中若干特點，乃被指摘爲反覆無常。四國條約比較國際聯盟會章更屬一種糾紛的盟約，而海軍條約則將國會決定海軍大小及設置關島與菲律賓防禦工事的憲法權利剝奪了一十五年。事實上，凡先前加於國際聯盟的反對論調無一不能以同等力量適用於四國及海軍各條約的。四國條約是攻擊的主要目標，參議員洛治與恩特武德欲加解釋而大感困難。牠的「惑人的簡單性」需要解釋，可是又提不出滿意的解釋。他們以概括的言詞，高談這個條約的非常重要，但他們不敢實說該約係由巴爾福等所起草作爲結束英、日同盟而不使日本公衆認其政府已放棄英日同盟而未得相當賠償的最便利的方法。按照一九二二年一

英日同盟的廢止

月三十一日電通社從東京拍出的新聞，日本外部大臣內田男爵在貴族院中答覆質問時說道：『四國條約其意不在撤廢英日同盟，而在加以擴大。』英日同盟廢止的眞正對等條件乃是美國允許在關島及菲律賓不建造海軍根據地或新防禦工程，至於英日同盟的廢止條款原不妨載入海軍條約，但這樣不能使日本的輿論滿意。英國和日本得以選擇他們認爲最好的辦法，以終止他們的同盟。美國代表接受四國條約之後，他們深恐人家以爲美國是平白地被牽入英日同盟之中了。所以在最後纔決定邀請法國加入該約，俾予以一種更普遍的性質。法國雖因議訂該約期間未曾和她商量而憤然不平，但終於允許簽字了。

英美協調　華府會議的成就，雖然遠不如美總統和美代表所稱的遠大，無疑是極重要的。價值數百萬金錢的在服役或建造中的若干軍艦，當眞的加以拆除，給了世界上一個空前的客觀教訓。華府會議的最有意義的結果之一，便是造成英美兩國間一種完全的協調，這是因爲愛爾蘭問題告了解決，又有巴爾福老練大方的行事，纔使這種協調成爲可能。牠的不幸的結果之一，便是法國的愈加孤立，這是因爲她的代表們未能把握到時勢的癥結所在，只表演了一個消極的角色。華府會議的成功多由於國務卿許士之力，他雖然處處爲畏懼參議院之心以及哈定總統在競選時的不幸諾言所掣肘，然而在大體上表演得總算不錯。

（一）New York Times, November 26, 1920.

（二）Ibid., April 7, 1921.

(三) Treaties and Conventions, III, 2596.

(四) Putnam Weale, An Indiscreet Chronicle from the Pacific, 41 ff.

(五) Conference on the Limitation of Armament (Washington, Govt. Printing Office, 1922), 5. 以後簡稱爲 Proceedings.

(六)本章大半是根據著者在會議期中所搜集的消息。他有報界的特權，並曾出席幾次全體大會及多次國務卿許士與英日代表對新聞通信記者的逐日談話會。

(七) Proceedings,, 60—65.

(八) Op. cit, p. 60.

(九) Op. cit., pp. 454—460.

(十) Treaties and Conventions, III, 3105.

(十一) Op. cit, III, 3118.

(十二) Willoughby, China at the Conference, 32—36.

(十三) Ibid., pp. 36—44.

(十四) Treaties and Convention , III, 3095.

(十五) Ibid., p. 3098.

(十六) Proceedings, p. 200 ff; Willoughby, China at the Conference, Chap. XXIII.

(十七) Treaties and Conventions, III, 3120—3410.

(十八) Op. cit., III, 3122.

第三十章　華盛頓會議後的軍縮問題

英國予美國以海軍平等

一九二一——二二年的華盛頓會議(一)在美國海軍政策史上截然劃了一個時代。一八九八年的美西戰爭雖曾使公衆集中注意於海軍並撥付較多的造艦經費，但這種關切之心不是怎樣重大的。直到大戰期間，我們的中立商業受了干涉，我們方纔迫切注意到海洋問題。交戰各國漠視我們中立權利所引起的憤慨是大極了，於是威爾遜總統在一九一六年二月三日聖路易（St. Louis）的演說乃出而主張『並世無比之最充實的海軍。』美國國會立卽響應，當在該年八月通過了國會歷史上最巨大的海軍費用。而且一九一六年的造艦計劃尚未完成，海軍總部早已在那裏請求建造更多的軍艦，並於一九二〇年九月主張要『與世界上任何其他國家維持的最強大的海軍相等。』華盛頓會議便是主張最強大的海軍者之勝利，因為英國深恐美國戰鬭艦的建造超過了她，所以就給了美國海軍平等。這種海上霸權的秋色平分乃是不戰而得的勝利。美國的自尊心是滿足了，牠感覺到牠與最強大海軍國家在海軍上平等的政治原則之獲得承認，係適合美國在戰後國際社會上享有的財富與地位的。

補助艦方面繼續有海軍競爭

但華盛頓會議雖以五——五比率予美國在主力艦與航空母艦方面之海軍力量的平等，而制止了這類軍艦的競爭，然而巡洋艦，驅逐艦與潛水艇方面的競爭，仍在英國、美國、法國、意大利與日本間繼續不輟，差不多在批准書墨瀋未乾之際就有些簽字國家已開始對於未限制的艦類安放龍骨了。華盛頓會議前主力艦競造的危險，如今移轉到了補助艦上去了。然而從一九二一——二二年的華盛頓會議以迄於一九二七年日內瓦的三強海軍會議，這期間未嘗有何表示，足徵美國政府曾正式企圖使各大海軍國家，再開一個海軍會議，俾將華盛頓的海軍限制，擴充到其他艦類方面去。有許多理由可以相信這種邀請書假使發出以後，不會被接受的。除英國以外，歐洲各國莫不注意於陸上軍備，而不甚關心於海上軍備。他們願把這個問題看做整個的，而不看做零碎的，因爲他們感覺到在他們軍事準備的一切方案內，陸上、海上、與天空的軍備是相互有關的，而應在一個總限制協定中，一幷加以處理。再者，華盛頓海軍協定之所以有一半成功，背後乃是有各種政治的因素，美國政府並未完全領略。巡洋艦驅逐艦與潛水艇之限制，勢將引起地中海上，英、法、意三國間的政治問題。但美國既雅不願與聞歐洲政治，因此要把這些艦類列入海軍條約中的企圖當被放棄了。

陸海空軍備是互相倚賴的

政治的牽涉

國際企圖處理這個問題

華盛頓會議的工作既限於海上的軍備，國際聯盟乃設法處置整個軍縮問題。國聯所以要成立一個軍縮協定，乃由國聯會章第八條中表示的認識而起，第八條的一部分原文如下：

> 聯盟會員，承認爲維持和平起見，必須將該本國軍備減至最少的限度，以適足以保衛國家的安寧及共同實行國際義務爲度。

行政院應審度每一國的地勢及其特別狀況，擬定此項減縮軍備的計畫，以便各國政府的考慮及採行。

臨時混合委員會

國聯自始即企圖把這一條裏表示的各項宗旨付之實行。行政院根據了第一屆大會交下的建議，當於一九二一年委派了一個專門的籌備委員會，其較著的名稱爲暫設混合委員會(Temporary Mixed Commission)，從事檢討整個問題，並擬具減縮軍備的各種報告與提議。在英國薛西爾子爵(Viscount Cecil)領袖之下，該委員會擬具了互助草約，後來流產的日內瓦議定書的各項原則即是根據這個互助草約的。(二)暫設混合委員會在工作上所獲得的助力猶不夠牠依照牠所規定的方針，以從事解決這個問題。(三)一九二五年國際聯盟第六屆大會建議創設一個軍縮預備委員會，以處理軍備的各項技術問題。該委員會應由專家若干人組織之，從事研究軍縮問題的技術方面，以爲召開政治會議的準備。國聯行政院邀請美國參加該預備委員會的工作。美國當即接受了這種邀請。(四)

軍縮預備委員會

預備委員會於一九二六年五月在日內瓦舉行了第一次會議。該委員會關於軍縮問題技術方面所作的冗長枯燥的討論，顯示了各項專家相反不同的觀點。不消說得，這種意見都是國家的意見，而國家的意見是以各該專家所代表的國家之政策爲根據的。不過日內瓦的早期討論還是有益處的：他們透露了各國關於重要政策上所取的態度，並且揭開了歐洲的政治陣容。

英日美的提議 法意的提議

當預備委員會商討海軍問題的時候，五大海軍國家的意見顯出了一種明白的差別。英、日、美提議關於各級軍艦，如戰鬪艦，巡洋艦、潛水艇、驅逐艦等等，均應規定每艦的艦型，該類的艦數，及大礮的口徑。法意兩國則主張限制整個艦隊的總噸數，而在總噸數以內，各國均得自由建造最適合各該國需要的軍艦。委員會工作正進到這個階級的時候，柯立芝總統以爲海軍軍縮問題如另外召集會議討論，則五大海軍國家間的談判，當有較好的結果。在他一九二七年二月十日致國會的咨書內，以及同日致英、日、法、意的覺書內，柯立芝均建議由上列諸國『授權於出席預備委員會下次會議〔舉行於一九二七年三月至四月間〕的各代表，從事磋商並及早訂立一個協定，繼續限制海軍軍備，補充該部分的華盛頓條約，而將該條約未規定的各級船隻加以規定。』(五)美國政府想要將主力艦方面採用的五——五——三比率同樣地應用到補助艦方面去。而柯立芝總統之所以召開會議，也就是因爲新式的一〇、〇〇〇噸巡洋艦的海軍競爭，經華盛頓會議加以提倡後已日見其盛行。(六)美國政府的力量是能應付這種海軍的揮霍的，但不願見海軍競爭必然要引起的國際政治後果。美國的邀請當經英國與日本所接受，而爲法蘭西與意大利所拒絕了。後列兩國拒絕的理由乃是認定陸上與海上軍備爲互相依賴的，必須作整個的處置；法國更稱若於國際聯盟之外，另開一個海軍會議，將使國聯關於軍縮問題的權威因而削弱。這樣一來，五強的海軍會議遂變而爲三強的海軍會議了。

柯立芝總統建議專開五國會議

邀請爲英日所接受而爲法意所拒絕

日內瓦的三強海軍會議是一個失敗，而失敗的原因有二：第一、美國把軍備限制彷彿看做了一個算術問題，第二、英國堅持着她的「絕對需要」說，最底限度非要有巡洋艦七十艘不可。美國代表提議補助艦的最高總噸數應定為六四〇、〇〇〇噸，（七）其中以三〇〇、〇〇〇噸分派給巡洋艦。這個數目意指約有四十艘的巡洋艦，至於為數究為多少，則須視每艦的艦型而定。英國的提議為八七五、〇〇〇噸，後又減至七三七、〇〇〇噸，同時他們又堅持以巡洋艦七十艘為最低限度如果接受英國這種數字，那麽美國就不得不建造三十艘新巡洋艦，而已經在服役中及規定要造者尚未計算在內。這需用費五〇〇、〇〇〇、〇〇〇金元；要美國納稅人拿出這麽一筆大款來，謀與英國平等代價未免太高。此外尚有各種提議與對案，但英國七十艘巡洋艦的要求，和美國堅持要在大小各型巡洋艦上裝置八吋大礮，終於促成了這次會議的失敗。（八）

日內瓦三強海軍會議失敗的理由

不消說得，在這些數字之爭的背後，伏着談判各國的國家政策，這些政策雖沒有拿出來公開討論，但自始至終盤踞在與會者的心頭。英、美兩國代表主張之所以不同，其眞正的但未表示的事由，乃是所謂「公海自由」的問題，（九）而兩國的海軍要求便是大致依據未來的一次戰爭而擬定的，在這次戰爭裏，美國假定是保守中立的，而要保持「海上自由」，英國假定是一交戰國，而要干涉美國的中立貿易，像大戰最初三年的情形一樣。這次會議未能跳出噸位與鎗礮的討論，以考慮伏於各國要求後面的政治現實。

隱伏的政治原因

因為柯立芝總統召開這次會議的請帖上，已將討論的基礎限定為擴充五——五——三比率，以通用於華盛頓條約未規定的軍艦，（十）所以美國代表不能將會議談判從海軍的數字上，跳到政治的範圍裏去。

日內瓦會議失敗後美國的反應

日內瓦海軍會議的失敗在美國引起了不幸的反響。若干方面認爲這種失敗，乃由於英國不肯充分實施她在一九二二年給予美國的海軍平等。大海軍派於是利用了這個時機，當於一九二七年十二月十四日，由海軍委員會主席巴特勒（Butler）在衆議院提出了一個議案要求造艦七十一艘，需費七二五、〇〇〇、〇〇〇金元。該議案曾得柯立芝總統與海軍部長威爾柏（Wilbur）的認可。凡惱於日內瓦會議的結果者，都認爲那個擬議的計劃，乃是對於英國在海軍會議上的行爲的正當報復。別的人則認爲『發瘋』，結果必然要引起戰爭的。倫敦泰晤士報（十一）在一篇社論中，宣稱『美國政府……如今確已開始一個軍備方案，這在事實上是競爭的，在含義上是挑釁的，而從種種暗示指示與引喻看來，至少有一部分是存心要給英國輿論一個強烈的印象。』

提案建造巡洋艦十五艘航空母艦一艘

就美國的地理位置與安全無虞說來，巴特勒提案實在是一個鋪張揚厲的建造方案。輿論當即醒悟到與一個友邦作海軍競賽的危險，開始向政府當局施行壓力。於是另行提出了一個議案以代替巴特勒議案，規定建造一萬噸巡洋艦十五艘及航空母艦一艘，總計需費二七四、〇〇〇、〇〇〇金元。依照這個議案的規定，如遇國際間有一個限制海軍軍備的協定而美國爲簽字國時，大總統有權制止海軍建造。參議院中辯論結果，顯見大多數參議員非主張巡洋艦即主張海軍限制會議；問題在以何者爲先。參議員們回憶當初美國大事建造戰鬥艦，寖寖有凌駕英國之勢的時候，英國就同意加以限制了。所以若要逼訂一個巡洋艦協定，只須與英國的巡洋艦實力等量齊驅便了；誠以日內瓦會議的失敗以及英法海軍『協定」的流產，(十二)在那些參議員看來，只有那些財力充裕的國家纔能獲得平等。於是上項修正議案，規定建造巡洋艦十五艘及航空母艦一艘者，於一九二九年二月十三日，經柯立芝總統簽字以後，便成爲法律了。

柯立芝總統加以簽字

操縱着全世界海軍軍備半數以上的兩個最大的海軍國家，他們間的爭執不是競爭建造所得而解決的。胡佛總統在他的就職演說中宣言道，『惟限制軍備並創設各種機關，以求爭議的和平解決，乃能促成和平。我願使本政府以促進和平而留名於青史。』一九二九年四月國際聯盟的預備委員會在日內瓦開會的時候，幾卜生(Hugh Gibson)代表了美總統，爲重新談判，特別是與英國的談判，開了一個門徑，他聲稱一個軍縮協定不應完全基於『軍艦與大礮的恰相平衡，這樣的平衡只能建築在衝突的觀念上；眞正需要者乃一個具有常識的協定，其根據的觀念便是說我們將握手言歡，用和平方法來解決我們的問題。』(十三)這個宣言給了世界上一個良好的印象，因爲美國新總統將取何種軍縮政策，這是第一個具體的表示。(十四)

英美談判由胡佛總統重新開始

這重新開始的時機很爲順利。英國恰逢工黨政府當權，熱心要在外交方面取得成功。胡佛總統假了幾卜生之手，打開了籠罩於預備委員會僵局之上的愁霧。衆意僉認非俟英、美兩國間的歧異解決之後，則五大國家的海軍軍備，殊難有減縮之望。職是之故，英美間的談判遂由美國駐英大使陶斯將軍與英國首相麥唐納開始舉行。他們談話的出發點乃是兩國艦隊各級之間的平等。在這些意見的交換中，最大的困

首相麥唐納訪胡佛總統

難還是關於巡洋艦問題，如在日內瓦海軍會議一樣。在三個月之內，兩國政府竟能宣佈他們的意見已歸一致，參差之處縮小到三艘一萬噸的巡洋艦應裝置何種大礮的問題。磋商到了這個地方，英國首相麥唐納乃啓程赴美。他這次訪問的目標，乃是要以私人的接觸，成立『一種關係，其基礎爲相互的諒解，不僅關於雙方應取的共同目標之相互諒解，而且是關於尊重雙方天然的不同之相互諒解。』（十五）他的訪問向世界昭示了兩大英語民族所得的睦誼，以及其政府準備參加五強海軍會議的意思。同時這又可以看出英國願與美國分享各級軍艦之海軍實力上的平等。

胡佛麥唐納談話

胡佛・麥唐納談話的結果，具見於一九二九年十月九日二人所發的聯合聲明書。該聲明書說道，『我們兩國政府都決心接受和平公約（凱洛格・白里安和平公約）不僅視之爲一種善意的宣告，而且爲遵照其規約以指使國家政策之一種積極的義務。……因此，在一種新的重申的意義上，兩國政府敬謹宣言，不僅兩國間的戰爭爲不可思議的事情，便是在和平公約未訂前容或存在的爾虞我詐之心，如今亦決不復能影響我們的國家政策了。』這兩人都覺得非謹慎將事不可，一則必須應付一個懷疑多端的參議院，一則在海峽對岸有一個鄰國，深恐這兩大海軍國家將以一個已成的事實加於其他國家。所以聯名的兩人明白表示各該國政府所取的促進和平的工作是不同的，『因爲一個永遠不肯捲入歐洲外交的漩渦，而另一個則決心行使與歐洲各鄰國積極合作的政策。』麥唐納後來告訴下議院說道，各種歷史的問題，如交戰國權利與海洋自由等等，均曾加以討論；但因爲這些問題易於引起爭論，故雙方僉以爲不

如置而不論。(十六)

英美獲得諒解

由此觀之，這經過了一個流產的日內瓦海軍會議，以及陶斯大使與麥唐納首相間三個月的舌敝脣焦的磋商，然後關於巡洋艦問題得能有一種諒解，可是要使日本、法國與意大利的海軍方案適合於英、美方案的工作，仍待着手做去，因爲如果這三國不加入，是不能有什麼有效的協定的。從一九二九年十月起，迄至訂定在倫敦開海軍會議之日，卽一九三〇年一月二十一日止，法蘭西、意大利與日本便透露了他們將取的各種政策。

法國的態度

法國的態度是我們所熟悉的。她在戰後時期內的軍縮政策，向來不外乎要在以凡爾塞之脆弱機構爲其和平基礎的歐洲，從國際聯盟組織之內外追求一種安全。(十七)她在日內瓦一向的論調便是說戰爭之可能發生，使她不得不維持巨大的軍備。當國際間缺少一個組織完善的機關以維持和平之際，各國必須依賴他們自己的力量以求安全。在法人心目中，軍縮問題的癥結端在於造成各種政治情形，俾巨大的軍備成爲不必要。法國願意減縮她的軍事實力，但要求有政治安全的保證，這就是說，保證遇到侵略時互相扶助；而且她要看她從外界所能得到的這種助力之多少，纔願意比例地裁減她物質上的軍備。法國發給倫敦海軍會議被邀參加各國的覺書，(十八)曾經以明白清楚的文字聲述了這種理論，並且提醒了各國，說她接受倫敦會議邀請之時，並未放棄她的軍縮政策所依據的各種政治的考慮。

意大利的態度

會議舉行前法意兩國的談判集中於海軍平等問題。溯自一九二一——二二年華盛頓會議規定法、意在主力艦方面的平等地位以來，意大利政府向來卽以取得各級軍艦之一律平等爲職志。法國向來是堅決反對意大利這種目標的。意大利人私下則承認他們之所以必須取得平等，爲的是要應付國內的輿論。因爲墨索里尼前任的社會主義政府既得到了主力艦方面的法、意平等，那麼法西主義的獨裁者怎容許補助艦方面有較低的比例呢？這完全是一個威信的問題。經過了三個月以上的談判，法、意兩國的態度都強硬了不少，直到倫敦會議的前夕，他們的海軍爭執猶未解決。

日本的態度

溯自華盛頓會議以來，日本的海軍政策，向以要求守勢的平衡爲其特色，所謂守勢的平衡（defensive parity）者，根據牠的解釋，乃是要有一個艦隊，其力量足以應付前來攻襲的任何敵國之艦隊。這種論點預定須有一種海軍力量，其大小須視他國海軍力量的大小爲移轉，換言之，卽須視英、美兩大海軍艦隊爲轉移。這個政策的目標在保障安全與安寧，而其結果則爲日本在遠東海洋上的海軍獨霸。東京政府宣佈在戰鬬艦方面牠將遵守華盛頓會議的三——五比率，但在巡洋艦方面，牠卻要求七——一〇比率。

倫敦海軍會議

英美日五—五—三的比率

英、美（十九）日、法、意五強都派遣代表出席的倫敦海軍會議於一九三〇年一月二十一日開幕。該會的宗旨在使五大強國間訂立一種協定，限制未經華盛頓會議限制的各種軍艦的艦型與隻數。美國代表團向英國代表團提議者爲每級軍艦的立卽平等；向日本所提議者則爲大小各級一概應用五——五——三的比率。美國對於法蘭西與意大利都沒有提議，但美國代表團領袖國務卿斯汀遜曾經非正式建

法意平等

議由該兩國同意訂一方案，俾各該國在若干年間均得建造牠所欲建造的軍艦，藉此免除法、意平等這個

棘手的問題。這個建議卻被兩國所拒絕了。

法國的要求

法國開列的數字（二十）要求在一九三六年有海軍七二四、四七九噸。這種力量係以她的絕對需要爲根據的，並預擬在此後六年內造艦二四〇、〇〇〇噸。她開價所以如此之高者，乃是一方面要對意大利保持明顯的優勢，而另一方面要留相當餘地，以與英人討價還價，藉此訂立一個安全公約。法國代表團領袖泰狄歐（M. Tardieu）表示得很明白，所謂『絕對的需要』只要英國肯立一相互保障的公約

法國要求對於英國的影響

就可以變做『相對的需要』了。英國政府頗感不安，因爲法國的要求分明是對於牠的『兩國標準』——英國艦隊應等於歐洲任何兩個艦隊——加以一種威脅。假使法國數字訂在一個海軍協定中間，英國便不得不提高英、美間的平等數字，以維持她對法國之相對的力量。英國報紙既在不斷地向政府大肆警告，不得再在歐陸承擔任何軍事義務，所以英國更不得不小心將事。

成立一個五國限制條約的希望，全繫於法、意平等問題的能否得一解決，以及能否訂一政治協定，俾

法國意欲規定金融與經濟抵制以爲防守辦法

造成法國所求的安全組織。法國所求於英國者便是修正國聯會章第十六條規定國聯各會員國必須實施國聯行政院所決定的各項金融與經濟抵制辦法。（二十一）這方面英國所取的政策泰半受了美國中立地位的影響。美國之置身國際聯盟局外，使英國除國聯會章與洛加諾（Locarno）條約內所規定應守的各項義務外，不能再對法國有所保證。英國如果依法人之願，履行封鎖之約，則不免與處在中立地位的美國有發生直接衝突之虞，因爲美國或許要堅持與違犯國聯會章的國家通商。英國在未知美國關於中立

將取何種態度以前，殊不願給法國這種擔保，以爲她加入一個海軍公約的先決條件。國務卿斯汀遜深知美國假如參預一種約束致令美國的自由行動受其羈軛，則參議院決不甘心，所以他就拿美國傳統的答覆回答英國了。

法國退出會議

倫敦海軍條約

一九三〇年二月十七日泰狄歐內閣的顚覆使法人一時不能參加談判，而三個「海洋」國家——英、美、日——得以奠定了一個三方協定的基礎。那個以三國公約的方式從會議上結晶出來的倫敦海軍條約，擴而充之可以包括法蘭西與意大利，可說是在軍縮運動的路上立了一塊界石。這是現代世界歷史上這類海軍條約中的第一種。依照該約的規定，世界上三個最大海軍國家的海軍一概穩定化了，各級各類的競爭也都停止了。(二十二)英美巡洋艦平等問題得到了解決，而日本要求的巡洋艦七成的比率結果是一個妥協。日本接受了大型巡洋艦方面六——一〇的比率，小型巡洋艦方面七——一〇的比率，驅逐艦七——一〇的比率，以及潛水艇方面的平等。英國恐懼她的兩國標準將受威脅，於是在條約內加了一個保障條款，也就不成問題了。該條款(二十三)規定，各簽字國中任何一國的國家安全，倘因任何國家（這自然是指法蘭西或意大利）未參加該項協定中限制巡洋艦、驅逐艦與潛水艇之部分而有新艦的建造，以至感受物質上的影響，則上述簽字國有任意增造的權利。

法蘭西與意大利未參加該條約

國聯預備委員會的最後工作

一九三〇年的倫敦海軍條約對於國際聯盟預備委員會的努力，乃是一種貢獻。向爲軍備限制一大障礙的英、美巡洋艦爭議既告解決，預備委員會遂能廓淸各種懸而未決的議論，牠草訂了一個軍備減縮草約，以爲世界軍縮會議的工作基礎。當一九三〇年十一月九日預備委員會開會時，牠將草約付了末次誦讀，並於十二月九日結束了一切工作。牠向世界軍縮會議提出了一個大綱(二十四)其中不含數字，但卻擬定了各項原則(二十五)以限制或減縮一切形式的軍備。

世界軍縮會議

千呼萬喚的世界軍縮會議終於一九三二年二月二日在日內瓦開幕了。六十餘國會集該地共同商討西洋文明所遇到的各種最困難的問題之一。據該會主席前任英國外交大臣漢得森 (Arthur Henderson) 陳述該會的工作，厥爲「對於各種切實的提議之有效的方案成立一個集體的協定，俾迅速達到一切國家軍備的一種實體的減縮和限制」(二十六)經過了討論的第一個階段——這一個階段專從事於該會議的組織，與參加各國態度的表明——就知道各國軍縮提議之多，幾乎等於與會國家的數目。大家都表示在一般上有限制與減縮各項軍備的需要；但參加各國都抱着這同一的目的——就是要減削其他國家的軍備，以鞏固本國自己的地位。

美國的九點方案

當軍縮會議在第一階段的時候，美國政府並未處於領導的地位。美國駐比利時大使兼美國代表團代理領袖機卜生(二十七)提出了一個九點方案，(二十八)目的在促成一個協定。他提議的是：(一)接受草約爲談判的基礎；(二)完全廢除潛水艇；(三)完全廢除毒瓦斯與細菌戰爭；(四)對於有特殊的侵略性質的坦克與自動重礮加以特別限制；(五)訂定辦法保護普通人民，免受空軍轟炸；(六)計算爲維持國內秩序所必須的有效軍力，以及爲國防所需的適當軍力；(七)在預算上限制軍需的開支，以爲直接軍縮的補充辦法；（八）延長華盛頓與倫敦海軍條約；以及（九）一俟上列兩條約爲法、意完全接受後，按照該兩約數字再作比例的減縮。幾卜生於提出美國方案時所發表的議論係建築於他所謂「國家軍備的一個新概念」。他宣言道：

> 每個國家對於牠自己的人民，不僅有維持國內秩序的權利，抑且有維持國內秩序的義務。很明白的這需要一種適當的軍力，以行使國內警備的工作。除此以外而且超出其上者，便是每個政府對於牠自己的人民，義務所在必須維持充分的軍事力量，以保障國家領土，對付外來侵略。是故我們訂了這個公式，把我們的軍力分做兩部分。除掉警察以外所需的合理補充，我們自行擔負了約制自己之責。由此言之，我們的問題便是要用誠實的考慮與協議，來規定爲維持國內秩序與保障我們的領土所必要的那條界線。(二十九)

未嘗顧及政治上的複雜情形

這個美國提案——不出政治代價的軍縮——對於一個獨霸西半球上的國家是非常適合的。這個公式適合美國的地理位置。像美國這樣一個國家，相信自己是安全無慮，不致捲入歐洲政治的複雜局面中的，提出一個軍縮方案，毫不計及有些歐洲國家切身感受足使他們不得不設置巨大軍備的那種不安全。而且美國的軍縮提議所依據的觀念，係謂軍備減縮在本身上便是政治安全的一種保障。但我們一九二一年在華盛頓會議上揭櫫的信抑卻不是如此，那時候我們明白認識太平洋上有組織的政治安全，是海軍協定的必要條件。（三十）國務卿斯汀遜於一九三二年二月二十四日致參議員波拉（Borah）信中指出華盛頓會議的海軍條約與九國條約是『互相關連與互相依賴的，』因爲國務卿斯汀遜信上寫道，『美政府所以願意放棄牠當時在戰鬬艦建造方面的領導地位，並承認牠在關島與菲律賓羣島間不復設置防禦工程者，除有其他原因之外，實係根據九國條約內包含的謙讓的約章……。』（三十一）倘無各項政治協定，如九國條約，四國條約，及不設防禦工程協定，那麼華盛頓海軍條約當無成立之可能。（三十二）

法國提出的方案

美國的九點方案恰與法國在一九三二年二月五日所提出的方案，成爲一種觸目的對照。該方案主張（一）創立一種國際警察軍，歸國際聯盟統轄，其份子爲締約各國攤派的少數陸海軍分遣隊，而遇有事之際，更由國家隊伍爲之補充；（二）由國際聯盟主持下的各種組織辦理一種國際間的民用航空運輸事業；以及（三）一個國際空軍。法國宣稱在這個提案中她正從事『抉擇一個具有執行權力的國際聯盟抑或一個被國家主權之不妥協態度弄成無能爲力的國際聯盟。』（三十三）據稱一個國際警察軍成立之後，結果將大大減縮國家軍備，但其數目多少，則法國計劃內未曾加以表明。泰狄歐向軍縮會議提出這個計劃的時候，他宣言道：

『兄弟請諸君……注意法蘭西的呼聲，因爲她主張除非國際聯盟的機構，在眞理與事實上，均已強固有力，則和平永不能保。兄弟又要求諸君注意她的呼聲，當她為了造成這種力量起見，請求諸君以國聯會章隱約所包含的資力來加以補充的時候。」（三十四）

泰狄歐聲稱如果沒有什麼計劃以維護法國的安全，則軍備決不能減縮。法國幾個同盟國如捷克斯拉夫、波蘭、羅馬尼亞及南斯拉夫，對於這種理論都是一致同意的。

關於攻略與防守的軍備之爭

各國代表費了好幾個星期去討論何種軍備為攻略的，何種軍備為防守的。美國主張戰鬥艦是防守的，而潛水艇是攻略的；法國和許多小國則主張戰鬥艦為一種侵略工具，而潛水艇為一種防守工具。日本認為航空母艦為攻略的，而美國專家們則辯稱這是防守的。幾乎在作戰所用的每一種軍器莫不這樣受人攻擊或受人維護，那些技術上的討論引起了層出不窮的殭局。

第二個美國提案

為要打破這種殭局，並給軍縮會議以新鮮的氣力，故胡佛總統爰於一九三二年六月二十二日提出了一個雄心勃勃的計劃（三十五）——這是美國政府第二個建議。這個提案又反映出美國處理軍備的態度，乃與軍備所存在的那個政治世界毫不相干的一種孤立的現象。這個提案後面實抱着這種哲學，以為不必危害任何國家的安全，就可以做到軍備的減縮。政治的、地理的、和經濟的不可衡量的因子都沒有被美總統估計到。他這個計劃所根據的原則，係謂巴黎公約的簽字國家，既誓不以戰爭為國家政策的一種手段，將以牠們的軍力完全應用於國防方面，而軍備減縮的實行，必須從減少攻擊的力量，藉此增加防守的相對力量做去，而且一切國家均須作比例的減縮。

陸上軍備減縮的方法係根據陸上軍備的雙重職能——國內秩序的維持，及外來攻擊的防禦。胡佛總統提議謂維持國內秩序的軍隊數額須以一國人口的數額爲準，(三十六)而用於國防方面的軍隊數額，應爲維持國內秩序所需軍額三分之一。五大海軍國家的海軍，不分何種軍艦爲攻略及何種爲防守，一律應加減縮：戰鬬艦減三分之一；航空母艦、巡洋艦及驅逐艦減四分之一；潛水艇減三分之一，任何國家不得設置三五、〇〇〇噸以上的潛水艇。

該提案結果不好

胡佛當局不久就明白那個擬議的計劃思慮實有所未周。俄羅斯、意大利與德意志對於胡佛計劃之熱忱歡迎，顯出他們意欲改革凡爾塞條約所規定的歐洲公法。在英國、法國與戰後各新國看來，這計劃是不能接受的，因爲牠計擬的一種軍備減縮將改變歐洲的軍事均勢，不利於他們，而有利於戰敗各國。美國代表團竟被置在那種危難的地位，做了修約各國的領導者以反對法蘭西及其同盟各國。無論胡佛計劃在一般上可得與會各國的大多數所接受，(三十七)美國各代表仍與英、法代表私下磋商，以求作成一種妥協，俾英、法兩國亦能接受這個計劃。結果便產生了一九三二年七月二十三日的決議案。(三十八)這決議案泰半是由法、英、美三國所擬訂的。牠實際上把胡佛計劃變成了一種善意的宣言，使俄羅斯、德意志與意大利各國政府十分失望。

七月二十三日決議案的直接結果便是德國之退出軍縮會議，因爲該決議案沒有說明德國是否將

德國退出軍縮會議

與其他國家共享軍備平等呢，抑或將繼續保持凡爾塞條約加之於她的特殊地位呢？她的退出造成了第一等的外交危機，並使會議的工作發生頓挫。若要使軍縮會議不致完全崩潰，就不能不設法挽回德意志。經美國出席代表諾門·台維斯(Norman Davis)的動議，英國首相麥唐納、法國總理赫禮歐(Herriot)意大利的阿樂希(Baron Aloisi)及德意志的牛賴茨(Neurath)會同在日內瓦做了幾次的祕密談判，纔

使德國回到會議的公式

於一九三二年十二月十一日公布了一個方式(三十九)使德國得能回到她在會議上的席次。該宣言有一部分聲稱『領導軍縮會議的各項原則之一，便是要給予德國及其他解除軍備的國家以平等的權利，俾共同參加於給予一切國家以安全的一種體系之內……』上述這段文字中深有意義的事情便是把承認德國軍備平等的原則，與法國安全連在一起。在德國新聞界方面，這個五國宣言當被解釋爲接受了德國的平等要求，這宣言雖然尚待併入一個普通的軍縮條約裏面，但已是德意志外交的一種勝利。法國新聞界的態度是不一致的；有些擁護政府的報紙認該宣言爲未來談判的一種基礎，而且保障了法國的安全主義，同時那些國家主義的刊物，如辯論報(Le Journal des Débats)則攻擊該宣言爲放棄了傳統的法國立場。(四十)

第二次法國提議

當各國設法使德國回到日內瓦的時候，法國總理赫禮歐於一九三二年十一月十四日向軍縮會議提出了一個新的法國計劃(四十一)其目的在以制裁方法使法國的安全主義得與美、英、德三國以直接限制爲基礎的各項辦法互相調和，同時對於德國軍備方面亦作若干讓步。赫禮歐的計劃，以一種修正的方

式，重申了法國傳統的安全主義，即主張由一國際權威出而辦理各種集體的軍事與經濟制裁。詳細說來，赫禮歐計劃所規定的安全制度係根據兩類互相關連的提案：其一爲所有各國一致同意履行巴黎公約；其二爲歐洲大陸的一種特殊佈置。第一類內的各項擬議值得完全引載於此，因爲他們表明了法國安全計劃期望美國所做的事情。

凡參加軍縮會議工作的一切國家概請以有效的方式，規定下列各項原則，這些原則已被公認爲非戰公約之必有的後果。

（a）凡違犯巴黎公約的任何戰爭，概係攸關一切國家的事件，而應被視爲違犯了對於每一國家所負的義務；

（b）遇有違犯巴黎公約，或違犯巴黎公約的威脅時，上開各國應於最短期間一致合作，俾喚起輿論並會商應取的方針；

（c）當實施巴黎公約，視戰爭爲非法時，凡有違犯該公約情事，概應禁止與侵略國家發生直接或間接的經濟或金融關係。各國應從事採取各種必要的方法，使這種禁止立即發生效力；再

（d）上述各國應聲明決不承認任何違犯國際規約而造成的事實上的局面。（四十二）

法國計劃與美國

法人旨在以上述四原則訂入一個條約之中，俾遇歐洲大陸上有實施制裁的需要時，凡非國際聯盟會員國以及非歐洲國家，均能保證採取一種合作的政策。法人從國務卿斯汀遜的演說中，猜測美國將參預一個諮詢的公約，並且同意不予侵略國以助力。按國務卿斯汀遜確會宣稱巴黎公約包含有諮詢性質，並稱該公約業已變更了中立權利與義務的舊概念，(四十三)但胡佛政府殊無意以此等勢必為參議院所反對的觀念，訂入條約之中。

適用於歐洲的法國計劃

第二類內的各項提議係適用於歐洲者，其範圍更為廣大。簡言之，這些提議定出了一個方法，藉以認知何國為侵略國並保證扶助領土被外國所攻擊或侵略的國家，國際聯盟行政院於確定已有攻擊或侵略發生以後，即有權力以多數票決定應給予的援助。為使任何爭執發生時，易於確定其事態真相起見，每一簽字國內應設一常駐的外交與軍事代表團，其人選由國際聯盟任命之。一切歐洲國家列名於本計劃者，概須遵守普通公斷條例(General Act of Arbitration)，(四十四)規定如遇一簽字國拒不履行其義務或未能實行一種裁判時，應使一切爭執與制裁問題均得和平解決。

陸上軍備的各項限制

該計劃更進而擬議謂歐洲大陸的軍隊應減縮為普遍一律的方式，即為一種短期服役的國軍，其在役人員為數有限，不能猝然作進攻之舉。一切可以移動的重大軍器，尤其是利於攻擊各種永久的防禦工程者(如強力的重礮與強有力的坦克)概應禁止歐洲各國軍隊採用。締約各國應以少數專門化的部隊，歸國際聯盟調度，作為共同行動的分遣隊，其兵士服役期限應比較長久，並得運用國家軍隊所禁用的各種強有力的軍器。空軍應使國際化，歸國際聯盟調度，而民用航空事業則應歸一個歐洲航空運輸聯盟辦理，藉此防止以民用飛機爲戰爭工具。(四十五)

英美遇到的困難糾紛

赫禮歐的計劃顯然是法國軍縮政策上的一種進步。一個世界規模的國際軍隊——這是一九三二年二月提出的泰狄歐計劃中的一個目的——是被置之不談了，而另行主張少數的國際軍隊，由歐洲各國派充，而歸國際聯盟調度。這樣的一個計劃，結果將以歐陸一切軍隊，連同德意志軍隊在內，一律置在同一地位上——這分明是對於德國平等要求之一種讓步。這計劃雖然包含許多新穎的建議，並且爲有結果的討論提供了一個基礎，可是牠的前途殊未可樂觀。在美國看來，這個計劃是不堪設想的，因爲牠規定要採用軍事的制裁；同時在英國看來，她覺得在國聯會章與洛迦諾條約下責任已經太重，這個計畫又要增加她的負擔。既得不到美國與英國的幫助，赫禮歐計劃是必歸於失敗了。

「安全派」與軍事制裁

一年的軍縮會議透示了軍縮問題是何等的複雜。一般說來，意見的差異悉在於有兩種根本的方法，以組織世界的和平。那所謂「安全派」以法國爲主腦，要從軍事制裁達到軍縮以求安全。國際聯盟會章，凱洛格·白里安公約，洛迦諾條約——這些都沒有灌輸給她一種安全之感，她的軍縮政策指出解決安全問題的兩種途徑之一：第一種是對於她的可能的敵國永久維持着軍事的優勢——這一種局面就過去十年間歐洲的歷史看來，是充滿了極大的危險的；第二種便是一個密不通風的系統，要以集體的國際

「軍縮派」

行動，來對付和平的搗亂者。與這個「安全派」相對待者便是「軍縮派」，其領導者爲美國，旨在以裁減

軍備謀國家安全，而不另定政治辦法以代替軍備。假如要訂立一個各方同意的普遍條約，那麼軍縮會議便不得不設法調和這兩個關於和平組織的重大概念。(四十六)

(一)華盛頓會議的經過事實見第二十九章。

(二) Denys P. Myers, World Disarmament, pp. 110—112.

(三) League of Nations, Official Journal, III, pp. 403, 982, 1432; V. P. 1605.

(四)關於美國與國聯的合作，可閱本書第三十五章。

(五) New York Times, February 11, 1927.

(六)日本於華盛頓會議後卽行加强這方面的海軍擴張。一九二二—二三年，日本安放了六艘巡洋艦，十五艘驅逐艦，及十一艘潛水艇；英國一艘；美國無；法國四三艘巡洋艦，十八艘驅逐艦及十一艘潛水艇；意大利，四艘驅逐艦。

(七) Records of the Conference for the Limitation of Naval Armament, Geneva, 1927, 70th Congress, 1st Session, Senate Document No. 55, p. 27.

(八)日本所要求的一種協定，旨在解除他們再作巨大建造的需要。

(九)該會議英代表布立治曼(Bridgeman)宣稱，『任何政策凡使我人疑惑不知我人能否維持公海之自由者，我決不側身其間。』見 the Times (London), March 26, 1927, p. 14.

(十) Records of the Conference to the Limitation of Navel Armament, Geneva, 1927, 70th Congress, 1st Session, Senate Document No. 55, p. 25.

(十一)一九二七年十二月十七日。

(十二)自一九二八年十月二十二日所謂英法海軍『妥協』公布以後，反對巡洋艦案者乃勢力大殺。此項『妥協』的主題爲法國願予贊助英國限制八吋口徑大礮的七，五〇〇噸巡洋艦之議，這類巡洋艦正是一九二七年日內瓦海軍會議上美國海軍專家所要求者。英國對於這種贊助的報答，便是允許不再反對法國不計算「有訓練的後備隊」的主張。美國政府當即拒絕這種觀念。欲知詳細情形，可閱 C. P. Howland, ed., Survey of American Foreign Relations, 1930, pp, 356—371.

(十三) League of Nations, C. 195, M. 74, 1929, IX, p. 56.

(十四)美國始終主張於計算陸軍軍力之時，應將「有訓練的後備隊」計算在內。惟在委員會此次會議上，吉卜生宣稱美國政府願意順從「以陸軍爲主的各國（徵兵制的各國）之多數意見，並且……接受各該國關於有訓練的後備隊之觀念。」League of Nations, C. 195, M. 74, 1929, IX, p. 144. 這樣順從徵兵制各國的意見時，美國政府實與英國一同撤銷了對於陸軍後備隊問題的反對。見本章註十二。

(十五) The Times (London), November 6, 1929.

(十六) Op. cit.

(十七)見本書第二十七章，關於未經批准的三國保證條約之情形。法國辯稱這個條約苟獲批准，則法國便能得到她如今欲以維持軍備來得到的那種安全。

(十八)該覺書發於一九二九年十二月二十日。

(十九)美國代表團人員爲國務卿 Henry L. Stimson, 海軍部長Charles Francis Adams, 大使Dawes,大使Gibson, 參議員 Reed, 參議員 Robinson, 及 Dwight Morrow.

(二十)意大利的聲明書便是要求與法國平等的老調。日本人則反覆要求補助艦方面之七—一〇比率。

(二十一)閱 Charles P. Howland, ed., Survey of American Foreign Relations, 1931, pp. 356—364.

(二十二)該條約第十六條所載數字，以噸爲單位，如下表：

	巡洋艦		驅逐艦	潛水艇	總計
	裝置六・一吋以上口徑之大礮者	裝置六・一吋口徑之大礮者			
美	一八〇,〇〇〇	一四三,五〇〇	一五〇,〇〇〇	五二,七〇〇	五二六,二〇〇
英	一四六,八〇〇	一九二,二〇〇	一五〇,〇〇〇	五二,七〇〇	五四一,七〇〇
日	一〇八,四〇〇	一〇〇,四五〇	一〇五,五〇〇	五二,七〇〇	三六七,〇五〇

(二十三)該條約第二十一條所謂保障條款"escalator clause"。

(二十四)草約分爲六部,有如下述:人員,軍器(陸,海,空)預算,化學軍火,情報交換,以及設一常駐軍縮委員會的雜項規定,關於控訴背約與在某種情形下暫時軼出議定的條款之一應手續。草約全文見 League of Nations C. 687 M. 288, 1931, IX, 8.

(二十五)差不多草約中每個重要的條款都有參加訂約的二十七國政府中之一國或數國作例外的保留者。

(二十六) League of Nations, Conference for the Reduction and Limitation of Armaments, Conf. D. P. V. I (1), p. 2.

(二十七)美國代表團其他各團員爲 Secretary of State, Stimson; Senator, Claude A. Swanson, Mr. Norman H. Davis, 及 Dr. Mary Emma Wooley.

(二十八) League of Nations Publication, Official No. Conf. D. 56.

(二十九) League of Nations, Conf. D. P. V. 5 (1), pp. 1—4.

(三十)見第二十九章。

(三十一) Dept. of State, Press Release, Feb. 27, 1932. 並閱本書第三十三章。

(三十二) 參閱 R. L. Buell, The Washington Conference, pp. 170—171; and P. J. Noel Baker, Disarmament, pp. 182—184.

(三十三) League of Nations, Conf. D. 99, p. 23.

(三十四) League of Nations, Conf. D. P. 4, pp. 7—9.

(三十五) League of Nations, Conf. D. 126.

(三十六)胡佛總統提議以和平條約內容許德意志與其他戰敗國家設置的軍隊數額對於全國人口的比例，可以用爲推算的基礎。這種公式顯然是不可靠的，按許給德意志的比例爲六五，○○○，○○○人口有軍隊一○○，○○○人，這與許給奧地利者不同，其比例爲六，○○○，○○○人口有軍隊三○，○○○人。照這種公式，美國將有軍隊二○○，○○○人，較現有一三八，○○○之數，將增加六二，○○○人。

(三十七) Journal of the Conference for the Reduction and Limitation of Armaments, pp. 827—845.

(三十八)全文見 League of Nations Publication, Official No. Conf. D. P. 136.

(三十九) Dept. of State, Press Release, December 12, 1932.

(四十)見 New York Times, December 12 and 13, 1932, 其中轉載德，法兩國報紙的評語。

(四十一) New York Times, November 15, 1932.

(四十二) League of Nations, Conf. D. No. 146.

(四十三)見第三十二章。參閱 Philip Jessup, "The Birth Death and Reincarnation of Neutrality," Amer. Journal of Int. Law, Vol. 26, p 792.

(四十四) League of Nations, Pacific Settlement of International Disputes, Non-Agression and Mutual Assistance, C. 536. M. 163. 1928, IX.

(四十五)由英，法，意三國訂立地中海公約，規定三國海軍合作以對付侵略國的辦法，亦包括在內。

(四十六)自希特勒當權之後，軍縮問題乃益趨複雜，希特勒實際上要求以前協商各國倘不解除武裝至於德國同一水準，即須取消德國所受凡爾塞條約下的軍備限制。

第三十一章　美國與國際司法常設法庭

雖爲主張仲裁的先驅美國並非常設法庭的會員國

美國外交政策上有一樁滑稽事情，卽向來領袖各國，主張以仲裁及司法手續來解決國際爭執的美國，竟是當世諸大國中尚未加入爲海牙國際司法常設法庭會員國者之一。(一)當一八九九年第一屆海牙會議開會之時，尙無一種永久性質的法庭，以便各國解決各項國際爭執。(二)一八九九年海牙會議上，力主創設一個國際司法常設法庭者便是美國的代表團。但其他國家的代表團，特別是歐洲各大國家的代表團，殊無意追隨美國之後。

常設仲裁法庭

一八九九年的海牙會議，雖未設立一個國際司法法庭，卻竟然成立了一個常設仲裁法庭。該法庭自當時設立後，至今依然存在，計有陪審官若干人，由此組織各種特別法庭以處置爭端。每一國家得派員四人以充陪審官。向該法庭伸訴並不是強迫的；有人曾經設法使之如此，但並未成功。(三)該法庭的事務，由一行政會議主持，其分子皆爲締約各國派駐海牙的外交代表。這第一屆海牙會議所創設的法庭實是一個『徒有其名的法庭——是一個爲每樁事件選擇若干裁判員的機關，』(四)但話雖如此，牠終算是像美國代表團在最後報告裏所稱『一個完全實踐的開始，』牠將『從頭起產生各種有價值的結果，』並將作爲『一種雛型，由此逐漸造成一個日新月盛的制度。』(五)在牠成立後三

第一件仲

十餘年間，計有十九次仲裁案提交該法庭判決。美國參預其中五次的仲裁，而且是第一個在一九〇二年

裁案爲美國與墨西哥之爭

因爲與墨西哥爲『虔誠基金』(the Pious Fund) 發生爭執，訴之該法庭的。

一八九九年常設仲裁法庭的創設，雖然是在和平解決國際爭端方面的一種進步，但仍有種種批評，以爲海牙會議成就太少。職是之故，一九〇七年第二屆海牙會議舉行的時候，國務卿魯特爰訓令美國各代表使常設仲裁法庭發展爲『一個常設的裁判機關，其法官純係司法官吏，有充分的俸給，而更無其他職業，他們將以全部時間，以各種司法的方法，並在一種司法的責任意識之下，從事各種國際案件的審訊與判決。』（六）這些訓令又擬定了一個計劃，藉此從若干不同的國家內選出法官若干人，以公允代表若干不同的法律系統。（七）

設立司法仲裁法庭的企圖歸於失敗

一九〇七年第二屆海牙會議不僅從事修訂一八九九年的國際爭端和平解決公約，抑且於常設仲裁法庭之外，增設了一個新的機關，定名爲司法仲裁法庭。草約中規定一個法庭，其中『各法官應代表世界上各種不同的司法系統，並能保證司法仲裁方面的連續性的。』（八）該會議雖打算創設這樣一個法庭，但牠不能議定一種選舉法官的方法。較小的各國聲稱主權終是主權，所有一切國家應絕對平等，所以任命法官時亦應保持絕對的平等。但大國，如俄、英、法、美等國，既不承認各國概處於均等地位——巴拿馬在種種方面與俄國平等，瑞士與英國平等——所以要設立一個常設法庭的企圖，終於流產。（九）

組織一個國際捕獲物法庭亦未成功

第二屆海牙會議又擬創設一個國際控訴法庭，以處置捕獲物案件。（十）戰時慣例，每一交戰國捕獲物，總是自行設立捕獲物法庭，以判決其武力所得的捕獲物是否合法。捕獲物法庭對於中立國人民的財物，如彼等被控違犯中立時，其所判決終是傾向於保持這種捕獲物的。如果上訴時，捕獲物竟被認爲合法（十九是被認爲合法的，）那麼中立國的物主便無其他挽救方法了。國際捕獲物法庭的設立，其目的卽在設置一種有權修正國家法庭的判決之上訴法庭。大家以爲這樣一個法庭可以避免各種國家的利害關切之心，而且可以根據國際法上各種普通原則，來判決各種案件。一九〇七年的海牙會議擬訂了一個公約，設置一個國際捕獲物法庭，其法官十五人由該約指定的簽字各國派充。（十一）在海牙辯論的時候，對於捕獲物法律上若干最重要的問題，意見頗有參商，爲使這個擬議的法庭得能有效進行，覺得實在有創制一個捕獲物法典的必要，因此英國政府特於一九〇八年與一九〇九年在倫敦召開了一個海軍主要國家的會議。與會各國於一九〇九年二月簽訂了一個協定，名爲倫敦宣言，（the Declaration of London）。但簽字各國未能批准此項宣言，遂使擬議的國際捕獲物法庭無從創設。（十二）

提議捕獲物法典

當一九一九年一月，巴黎和平會議開會時，大家希望有一個法庭的設立，其規模應採第二屆海牙會議上魯特向美國各代表所提出的方針。在不可勝數的創設國際聯盟之提案中，都規定要成立這樣一個國際法庭。（十三）國際聯盟會章，在其最後的形式內，載有一條（卽第十四條）指令國際聯盟行政院擬定設立國際司法常設法庭的計畫，提交與國聯會員國，以便各國的採納。該條載稱『凡各造提出屬於國際性質的爭議，該法庭有權審理並判決之。』依照這個條款，行政院就委派了一個法學家委員會，爲該法庭擬訂各項計劃。這委員會中份子都是著名的法家學，前任美國國務卿魯特亦與其列，他們於一九二〇

國際司法常設法庭

年六月在海牙開會，經過了五個星期的商討，擬定了一個草約，後經若干修正，即首先由行政院通過，然後再與國際聯盟大會通過。

選舉法官的方法

關於怎樣尋出一個選舉法官的方法，這是一九〇七年海牙會議遇到的困難，這次由魯特與英國代表菲力摩(Lord Phillimore)的建議而得解決了。他們建議該法庭的法官應由國聯大會及行政院以多數票選出之，計由舊仲裁法庭各國家團體開一人員名單，每一國家團體得提出候選人四名，而由國聯大會及行政院加以票決。照這種選舉法官的辦法，在行政院佔有席次的各大國家的榮譽心，與在國聯大會佔大多數的小國之平等理論就得到調和了。

海牙法庭與國際司法法庭的不同

海牙仲裁法庭與國際司法常設法庭，其間有各種根本的不同。仲裁法庭只是一個陪審官的名單，從來沒有在一起開會；牠只是一羣人物，隨時可從其中選出若干仲裁人而已。國際司法法庭則爲一個常設機關，其人員早經選定，無須俟爭執發生後再作專成的選舉。他們行使職務的繼續性，保證了一種永久的程度，而爲海牙的仲裁法庭所缺少的。新設的法庭乃一司法法庭，而不僅是一個仲裁法庭。

法庭的法官

關於國際司法常設法庭的創立與種種活動的基本法律，具見於國際聯盟會章，一九二〇年十二月十三日國聯大會的決議案簽字議定書，該議定書所附的章程，以及一九二九年九月十四日國聯大會通過的關於修正該項章程的議定書。該法庭章程規定共設法官十一人及副法官四人(十四)不問彼等國籍爲何，一律選自道德高尚，且在各該國家內，有充任最高司法官職之資格者。」各法官選任的任期爲九年，連選得連任。規則第九條規定，各法官的選舉人應記在心頭，即不僅所有一切被派充該法庭法官的候選人應有上項規定的資格，而且法官全體應代表現代文明的主要形式及世界的主要法律體系。

該法庭應用的法律

該法庭將採用何種法律，備載於章程第三十八條。該條包括各項國際條約，其中訂有爲爭議各國所明白承認的各項章程；以及國際習慣，這是公認爲法律的普通慣例；以及文明國家公認的各種普通的法律原則；再有世界各國最有資格的公法學家之司法判例與教訓，以爲決定法律條例的補助方法。該法庭

該法庭承受的案件之性質

並不接受個人涉訟案件；牠是一個嚴格的國與國間的法庭，凡國際聯盟委員國，國聯會章附錄內列舉的各國，（十五）以及其他國家在某種條件下（十六）都可以簽字加入這個法庭。

美國並非該法庭的會員國

雖然美國向來是提倡以司法手續解決國際爭執的一個先驅，牠到現在卻還沒有參加海牙的國際司法常設法庭。這段不參加的歷史和參議院所演的角色，實爲美國戰後外交最可扼腕的事情。

哈定總統力主加入該法庭

一九二三年二月二十四日，哈定總統請參議院表示意見並表示同意於美國之加入一九二〇年十二月十六日的議定書，而簽字參加該法庭的規則，美國所附的四個『條件與諒解』。在美總統之意，殊有理由可爲該法庭各會員國所接受。（十七）美總統的意見，以爲擬議的各項保留案將使美國『對於國際聯盟完全不發生任何法律關係，亦不致對於國際聯盟會章負有任何義務。』這裏特別提起國際聯盟者，旨在克服一般人畏懼之心，以爲政府當局將使美國捲入國聯之內，或者以爲美國政府正從後門走進國聯去。美總統這種請求，並附有國務卿許士一封信，辯稱該法庭確實是一個世界法庭，而非國聯的一個機

關，並稱參加所附的各項條件可以保證不與國聯發生任何糾纏的關係。許士舉出那種以國聯行政院與國聯大會多數票選法官的制度之優點。他信中寫道：「這種辦法解除了幾乎不可克服的困難，使大小各國的利益均可從這個選舉制度下得而保全。以余觀之，若要變動這個制度的基本性質，殊屬不切實際。」他指出在選舉各法官時，行政院與大會各會員所行使的職務不是在國聯會章下的職務，而是在另行獨立的一個公約，卽常設法庭的章程下的職務。

許士擬出各種保留案以爲加入的條件

許士認爲可以保證美國不與國聯發生糾纏的關係的各項條件與保留案，據他列舉如下：

1、此項參加並不包含美國對於國際聯盟的任何法律關係，亦不使美國負有爲凡爾塞條約第一部的國際聯盟會章的任何義務。

2、美國應被准派遣專成代表，處在與其他各會員國平等的地位，分別參加國際聯盟行政院及國際聯盟大會，關於國際司法常設法庭正副法官的選舉或缺額的補充。

3、美國繳納適當的法庭費用其數額由美國國會隨時決定分撥之。

4、附於議定書中的國際司法常設法庭章程，非經美國的同意，不得有何修正。(十八)

第一個保留案旨在解除參議院的疑慮，並非對於美國與國際會章的法律關係，真有所懷疑。第二個保留案係對於法庭章程之一種實質的增加，但就美國在世界會議中所佔地位而言」當知其能爲其他簽字國家所接受。第三個保留案乃由美國憲法手續所規定的納費方法。第四個保留案乃贅餘之物，因法庭章程既是一個國際公約，非經一切簽字國家的同意，自不能加以修改。

參議院中反國聯派反對加入該法庭

參議院中的空氣卻殊不見佳，哈定提案交給了外交關係委員會，其主席便是參議員洛其。當時參議院中依然繚繞着關於凡爾塞條約之批准而起的那場惡戰的回憶。當威爾遜總統提出凡爾塞條約以求批准的時候，曾經高坐宣判的那些國際聯盟的「敵人」，如今依然控制着外交關係委員會，而抨擊該常設法庭爲一「國聯法庭。」他們的抗拒很不容易打破。哈定總統與國務卿許士二人都否認常設法庭與國際聯盟有關，聲稱這是一個獨立的司法機關，美國既是信仰以司法手續解決國際爭執的國家，那麼美國應該加入。美總統宣稱他堅決反對加入國際聯盟，但美國之加入常設法庭，「決不是從側門或後門或地窖門走進國際聯盟裏去。」許士把這個問題揭櫫得很清楚，他說得好：「這是非言之過甚，可說這個法庭假使不能成爲世界法庭，那就無從有什麼世界法庭，而該法庭能否成爲十足名副其實的世界法庭，完全要看我們的行動如何了。」美總統雖然認爲美國在實際上已經動人心目地表現了一致主張加入常設法庭，但那些強硬到底的參議員們仍不肯讓步。他們辯稱參議院係被請批准一個國際條約，而這個條約將使美國捲入國際聯盟之中。有些參議員提出的反對理由，說是常設法庭並無強迫的司法權限，其他人等則辯稱常設法庭並無法律可以應用，因爲世界上沒有國際法律。

哈定總統建議改革常設法庭

強硬派的咄咄逼人之氣使哈定總統太難受了。一九二三年六月二十一日，他在聖路易的演說中，建議對於常設法庭的組織作若干驚人的修改。他說，常設法庭須與國際聯盟完全脫離而獨立。他建議，「這可以用兩種方法辦到，(一)授權該法庭本身，遇法官因死亡或任何原由告退，而發生任何空缺時，該法庭得自行遞補此項空缺，無須經過任何其他機關之干預；(二)繼續維持常設仲裁法庭的現有選舉權力，而將選舉權自國際聯盟行政院及大會移交於該法庭其餘的各員。」(十九)這方案擬奪去國際聯盟行政院及大會的選舉法官之權，以免若干參議員的反對；以為一個單位國家，與大不列顛那樣由好幾個各有投票權的國家所組織成的帝國之間，其投票能力大相懸殊。美總統雖說這個方案並未改變他的立場，但他所主張的一個計劃，分明將使常設法庭失其國聯的建築基礎，而使該法庭本身為之毀滅。這樣一個方案殊少被已加入該法庭的各國所接受之希望。在這些國家看來，該方案等於使原先旨在調和大小各國選舉法官時之歧異的好辦法，為之破壞無餘。

建議法庭完全脫離國聯

柯立芝總統提請採取許士原建議案

哈定總統死後，繼任為總統的柯立芝，於一九二三年十二月六日致國會書中，提議採用許士原建議案。他表示意見，以為該建議案所提出者，為許多國家向來所贊同的唯一實踐的計劃。雖然該建議案不能使人人滿意，但他覺得參議院對於牠和擬議的各種保留案，應作善意的考慮。在參議員洛其為主席的參議院外交關係委員會竟拒絕了總統的請求。反之，參議員洛其卻提出了他自己的世界法庭之方案，他把法庭規則澈底修正了，簡直使之毀滅無餘。他的計劃所引起的抗議之烈，保證牠一定流產。迄至一九二四

一九二四

年夏，兩黨開全國代表大會的時候，參議院外交關係委員會內外的擾攘情形便是如此。

民主黨黨綱主張加入國聯及法庭

民主黨的黨綱是明白清楚毫不含糊的。牠擁護『國際聯盟與世界法庭爲政治上的最高努力，並且是在宗教上確認我們組織世界和平的時候已至。』

共和黨黨綱採取柯立芝總統的意見

共和黨黨綱則採取柯立芝總統的意見。牠贊成國際司法常設法庭，並且主張美國應該加入。

柯立芝總統再度主張加入常設法庭

柯立芝總統的大勝利使他再度督促參議院通過美國加入常設法庭。一九二四年十二月三日，在他致國會的咨書中，他再度勸參議員以善意考慮許士建議案，但又加了一個條件，即『常設法庭對於我國並未自動提交該法庭審判的各項問題，倘該法庭提出各種顧問的意見時，我國不受其拘束。』外交關係委員會，這時候由參議員波拉主席，重又擬具了一個計劃，要使該法庭脫離國際聯盟。但這個計劃並未能提到參議院去。是故當柯立芝正式就任總統的時候，其間經過了大總統與參議院外交關係委員會一年的苦戰，美國之加入國際司法常設法庭猶屬懸案未決。

斯漢生決議案

在柯立芝總統領導之下，常設法庭的爭鬪仍繼續不輟。一九二五年三月四日，他在就職演說中宣稱：『我們不該因爲渺不足重的意見而不肯參加（該法庭。）』國內輿論也贊成參加。美國律師公會，美國總工會，美國總商會及許多其他機關都聲明贊成加入。但少數參議員竟能順利地對抗一國的意向，實在是一種希奇的現象。美總統發表了他的就職演說之次日，民主黨參議員斯漢生(Swanson)重新在特別會議上提出了他的決議案，於四個保留案之外，又加上了第五個保留案，包含柯立芝總統對於顧問的意見之建議，其原文如次：

5、美國在任何方式下，對於國際司法常設法庭之任何顧問的意見，凡非經美國依據美國簽字參加的簽字議定書所附的常設法庭章程，而明白聲請該法庭發表者，美國概不受其拘束。

三月十三日經七十七票之贊成與兩票之反對，參議院議決於十二月十七日在公開執行會議上討論斯濱生決議案。這項投票的結果，參議院從外交關係委員會取去了哈定·許士建議案，逼令提交參議院中討論。

加入法庭的主張得到廣大的擁護

經過了相當的時間，斯濱生決議案被提出來辯論。參議院又接到了全國數十百團體的請願，要求通過加入。一般言之，輿論似乎贊成參議院加以批准。美國律師公會，美國總工會，各教會團體，以及各婦女團體再度聲請參議院加以善意的考慮。但這些大衆擁戴的表示愈使那些強硬派的地位強調起來，他們竟指請願者係受只計私利者之金錢運動，要使美國與歐洲發生更密切的關係。辯論的中心爲美國對於各種顧問的意見應取何種立場。說法庭爲國聯後門的論調重又提了出來。有些參議員辯稱爲實施常設法庭的判決起見，美國將不得不參加國際聯盟，又謂加入後美國將被捲入國外戰爭之中，而使美國人民被剝奪他們的主權。贊成加入的參議員所持的理由，則稱國際聯盟與常設法庭係不同的條約所創設，常設

斯潰生決議案被修正通過

法庭並非國際聯盟的產物，而國聯行政院與國聯大會僅係選任法官的選舉機關而已。辯論內容是挑剔之至的，結果使斯潰生決議案受到物質上的變更——這些變更係被法庭之敵人與友人同視爲必不可少者。一九二六年一月二十七日參議院以七六票對十七票通過了修正的斯潰生決議案。各項保留案原文如下：

1、此項參加並不包含美國對於國際聯盟的任何法律關係，亦不使美國負有凡爾塞條約下的任何義務。

2、美國應被准派遣專成代表處在與其他各會員國平等的地位，分別參加國際聯盟行政院及國際聯盟大會，關於國際司法常設法庭正副法官的選舉，或缺額的補充。

3、美國繳納適當的法庭費用，其數額由美國國會隨時決定分撥之。

4、美國得隨時撤回對於上項議定書的同意，再有附於議定書中之國際司法常設法庭規則非經美國的同意，不得有何修正。

5、國際司法常設法庭非經適當公告參加各國及關係各國及給予任何當事國家以公開審訊或審訊的機會後，不得頒布任何顧問的意見；又該法庭非經美國的同意，對於美國與有利益的任何爭執或問題，有聲請頒布顧問的意見者，亦不得接受。（二十）

各保留案深謀遠慮以保障美國

這些保留案深謀遠慮，務在保障美國，使參議院所抱的一切疑懼不致成為事實。隨時退出常設法庭的權利是保留着了。參議院又保障了牠的傳統的特權，即規定案件應歸常設法庭裁判與否，當由牠自己加以決定。再者，參議院又在該決議案內訂了一個條文，既保障了美國不接觸，不干涉及不使自身捲入任何外國之政治問題或內部行政的傳統政策，同時又保障了美國對於美洲問題即門羅主義的傳統政策。

參議院通過附帶各項保留案提交於國聯

一九二六年三月二日國務卿凱洛格將參議院決議案抄本一份送交國際聯盟祕書長(二十一)及常設法庭議定書的簽字各國，要求各簽字國以書面示知『願否接受其中各項條件各項保留案及諒解』。祕書長以美國這個牒文提交一九二六年三月十八日的國際聯盟行政院會議。在行政院看來，美國竟欲以分別的協定而變更議定書那種多邊的協定，似乎有些為難。再有一層，第五個保留案似乎不僅是對於常設法庭的權限加了一種限制，抑且對於行政院自身以及國聯大會的行動亦加了一種限制。行政院因此決議召開簽字各國會議，以考慮美國各項保留案所提出的問題。美國亦接到了出席該項會議的邀請。國務卿凱洛格當即直截地謝絕了。他聲明參議院的各項保留案是明白清楚的，按照牠們的規定，須俟美國與法庭章程的四十八個簽字國家一一交換通牒以後，美國始能參加常設法庭而簽字於議定書上。』

召開簽字各國會議以考慮各保留案

常設法庭議定書之簽字各國於一九二六年九月一日開會於日內瓦，迄至同月二十三日始行閉幕。會議主席愛新覺氏(Jonkheer van Eysinga)聲稱該會議的任務在使美國的願望得與國際聯盟的

首三項保留案通過了

憲法相調和。(二十二)該會議以協調的精神從事工作。首三項參議院保留案都是無甚疑難被審查通過了。

第四項決議案適用於一切簽字國家

對於第四個保留案頗有一番討論，引起了這個問題，即國際聯盟會員國能否任意退出常設法庭。有些國家辯稱法庭章程的簽字國家應處在平等地位，美國不得較其他國家的地位為優。不過，當亦有人指出國聯會員國退出常設法庭之後，仍在國際聯盟之內，因其在行政院或大會內的會員資格，而仍有選舉之權。美國既非國際聯盟會員國，遂無從得到這種便宜。然而該會議之最後決議案對於第四項保留案仍規定：為保證平等待遇起見，其他簽字國家，經三分之二以上之多數通過之一致行動，對於他們已接受的美國參加議定書時所提的各種條件，各有予以收回的對等權利。

第五項保留案第一部分被接受了

第二部分引起兩重疑難

第五項保留案的第一部分並未引起什麼討論；常設法庭章程已於一九二六年七月間經過修正，與之並無不合。第五項保留案的最後部分卻是問題的核心，而且是辯論的主題。在該會議各代表心目中，美國所謂『非經美國的同意，對於美國與有利益的任何爭執或問題，有聲請頒布顧問的意見者，亦不得接受，』其含義殊不明瞭。各代表心頭起了兩重疑難。第一點，大家覺得該保留案第二部分的影響，將削減與國聯職能有關的各種顧問的意見之價值。國聯大會與行政院如果不知美國政府態度如何而聲請常設法庭發表各種顧問的意見，那麼如魯特後來向外交關係委員會所稱：『美國便可利用該決議案……出席於該法庭，或以書面通知該法庭，聲稱其意見將影響美國有利害關係的某項爭執或問題，美國不予以同意。』(二十三)這樣一來，即使國聯行政院與國聯大會已向該法庭徵求顧問的意見，但未知美國將採何種行動時——該法庭也不能進行了。美國將因此而據有一種地位，可對於行政院與大會的請求行使一種否決權——這種地位不僅較行政院其他會員國為有利，抑且足以阻礙國際聯盟的適當工作。第二重疑難是對於『利益』一詞的意義。美國給予『利益』這名詞的範圍與意義究竟如何？如魯特所稱(二十四)這可以指法律的利益，政治的利益，情感的利益，要求服從國際法各項規則的利益，對於美國比鄰各共和國的利益，或是與世界各國共有的一種普遍的利益。這兩重疑難引起了如下的問題：美國將以其異議通知常設法庭呢？抑通知國際聯盟？假使是通知國際聯盟，應在行政院或大會尚未請求常設法庭宣佈一種顧問的意見以前呢，抑在已經請求以後？該會議議決謂第五項決議案第二部中規定的那種同意，應以什麼方式表示，須由美國政府與國際聯盟行政院訂一補充協定來解決。

第五項保留案第二部分須訂一補充協定

該會議要求訂一補充協定，以廓清第五項保留案所引起的各項問題，這一個提議，殊不為柯立芝總統所樂受。在美總統之意，參議院決議案是明白得很的，他不願再請該院改變牠的立場。他在一九二六年歐洲停戰紀念日的演說辭中宣稱『除非參議院的各項規定能被其他關係國家所接受，我以為美國殊無加入常設法庭之望。』贊成與反對常設法庭的各派陣營都贊成美總統這種立場。這事就這樣擱了下來，迄至柯立芝政府的最後幾個月。自從美國被邀參加常設法庭以來，忽忽過了六個年頭。障礙物便是那第五項保留案。一方面，常設法庭的簽字國，於未經確定美國對於常設法庭宣布顧問的意見時，表示同意將取何種步驟與方式以前，殊不願接受該項保留案；同時美國政府又把一九二六年九月日內瓦會議對

柯立芝總統不願請參議院改變立場

於第五項保留案的拒絕，彷彿看做是對於美國提議之一種堅決的拒絕。柯立芝總統這種態度差不多一直維持到了牠的任期完了。

再度努力使戰爭成為非法

這時候，美國於一九二八年採取了非戰公約(二十五)以為國家政策的一種手段，重新引起了美國參加常設法庭的趣味。國務卿凱洛格所熱心主張的那種神聖的任務，即擔任以和平方法解決任何爭端，更加使和平解決國際爭端的機關，有使之趨於完善的要求。非戰運動到最後成功了，在一九二八年八月二十七日於是有巴黎公約的簽訂。這當然給了凱洛格重開美國參加常設法庭問題的勇氣。因此，他在一九二九年二月十九日發了一個通牒給國際聯盟祕書長，和常設法庭議定書的各簽字國，內中聲稱「美國政府企圖儘量避免任何提案，凡足以干涉或阻難國際聯盟行政院的工作者，此項工作無疑地常是困惑而艱難的。」(二十六)他回顧一九二六年的會議，曾建議關於美國如何表示其同意的方式，再行談判。惟凱洛格深信在這些建議的基礎中，含有若干不確定的因素，必須再加以討論。他心裏發生的疑懼，反映於該通牒如下一段文字之中：「行政院的權力及其進行程序皆依賴於國際聯盟會章，該會章是隨時可以修正的。常設法庭對於東加來立亞(Eastern Carelia)案的判例(二十七)以及該法庭的規則也是隨時可以變更的。」為了這些理由，他覺得那些載在一個議定書草約內的一九二六年會議的各項建議，將不能保障美國的權利與利益，所以他提議以非正式的交換意見為成立一個協定的辦法。他覺得這種願望大有實現的可能，因為「關於這些權利與利益的實質，似乎很少意見參商之處。」

國務卿凱洛格重開美國參加法庭的問題

魯特提出計劃使法庭與美國各保留案相調和

同時國際聯盟行政院於一九二八年十二月十三日，根據了國際聯盟大會通過的決議案，邀請了一羣法學專家從世界法庭以往八年間的經驗，擔任該法庭章程的檢討事宜。因爲該法庭全體法官須於一九三〇年重行選舉，故此時舉行這種檢討，似乎是適合時宜的。『常設法庭的精神父親』魯特，應聘參加法學家委員會，從事修正法庭章程。當動身前往日內瓦之前，魯特私下特與凱洛格及參議員外交關係委員會中若干人物，商討美國參加的問題。(二十八)當法學家委員會開會時魯特提出了一個計劃，旨在使法庭議定書簽字各國一九二六年會議的最後決議案中的各項條文，得與美國參議院提出的各項保留案歸於一致。

「魯特計劃」

魯特計劃(二十九)規定，『常設法庭未經美國的同意，不得對於美國與分的任何爭端，宣布一種顧問的意見。』如遇美國並非當事國，但聲稱有利害關係者，該『計劃』規定『常設法庭對於美國雖非當事國，但聲稱有利害關係的任何爭端，或對於美國聲稱有利害關係的任何問題而非爭端，概不得宣布一種顧問的意見。』這在實際上便是參議院第五項保留案之第二部分。美國應如何表明牠有利害關係，以及如何表示同意與否的方式，當經規定如次：『國際聯盟行政院或大會無論何時感受有提請（常設法庭表示）一種顧問的意見之需要，得邀請美國爲意見的交換，但這種意見的交換應設法使之迅速進行。』每當提請一種顧問的意見之聲請書交到常設法庭之時，該『計劃』規定常設法庭註册主任『應於知照常設法庭章程現行第七十三條內開各國以外，一拼知照美國，說明主席所定的適當時限，俾在限期內可以收到美國對於該項聲請書的書面聲明。」如美國向常設法庭聲明，美國有利害關係，不同意於該問題之提出時，則常設法庭關於該問題的一切進行概應停止，以待美國與提請者之間為意見的交換，這裏所謂提請者當然是國際聯盟行政院或大會」。再者，該「計劃」又特別規定，凡美國對於提請一種顧問的意見之聲請書，如表示反對時，此項反對應與大會或行政院中一會員國之反對票有同樣的效力。如遇美國與國聯行政院或與國聯大會間，對於該問題是否影響美國的利益，未能意見一致時，該「計劃」規定美國得退出常設法庭，而「不含有任何不合友誼或不願為和平與善意而共同合作之意思。」

為法學家委員會接受

魯特這個計劃使參議院的各項保留案，與一九二六年討論這些保留案的法庭議定書簽字各國心中所起的疑難，可以得到調和。該「計劃」提出於法學家委員會，當由該委員會接受其根本原則，訂定於所謂「為美國參加而擬的議定書草約」（the Draft Protocol for the Accession of the United States）之中。法學家委員會又修正了世界法庭章程在一九二九年九月四日簽字各國的會議上，「為美國參加而擬的議定書」當經全體一致通過了(三十)。

國務卿斯汀遜請求授權簽字

一九二九年十一月十八日國務卿斯汀遜致書總統胡佛，請求授權代表美國簽字於加入世界法庭的三份議定書。斯汀遜乘機把美國參加常設法庭的各項考慮檢討了一遍。他指出美國「參加世界法庭以後，將恢復牠在以司法手續解決國際爭議的偉大運動中之榮譽的領袖地位，而將來通過牠的代表與法學家的關係亦得發施正當的影響，發展我國代表在三十餘年前向海牙會議上建議的那種法庭。」他重申這個事實，即參議院各項保留案業經世界法庭本身的行動以及各項新議定書予以接受。(三十一)末了他告訴大總統說，據他的意見，美國可以安全地加入世界法庭了。一九二九年十一月二十六日，美總統命令斯汀遜採取各項必要的步驟，以便美國簽訂該三種議定書。各到了十二月九日，各議定書便簽字了。

三份議定書的簽署

美國的加入問題如今仍操之於參議院手中。一九二九年十二月十日，胡佛總統以三項文件提交了參議院，請其發表意見，並表示同意，力主採取迅速的善意的行動。他又說明，如他在一九二九年三月四日的就職宣言內所說，他相信世界法庭爲一個主持和平的機關。他寫道，『各議定書的條文解除了我們與其他國家外交上的糾紛。我們不會被傳出席該法庭。我們可以隨時與其他國家訂立協定，以謀得該法庭的服務。這些議定書准許我們隨時退出該法庭，而無責備或不善之意。』各項公文當經參議院宣讀後，提交外交關係委員會。牠們如今正在那裏恭候着呢。

尙待參議院批准

(一)麥金利總統在一八九七年的就職演說中，稱美國自開國以來，其外交政策向爲『以司法的手段而不以武器的力量來調整各種糾紛。』U. S. Foreign Relations, 1899, p. 512.

(二)第一屆海牙會議，係俄皇尼古拉二世發起，於一八九九年五月十八日開幕。俄國政府提交此次國際集會商討的方案，旨在相當限制陸海軍備的逐步增加，及軍費預算的增加；修正各項戰時法律；禁止在戰時運用潛水艇；接受各種調停與自願的公斷，俾制止國與國間的武裝衝突。該會議關於軍縮方面的成績幾等於零。牠通過了一個決議案說道，『今日世界擔負奇重的軍事費用，極有節制的需要，庶可以增加人類在物質上與道德上的福利。』〔James Brown Scott, The Hague Peace Conferences of 1899 and 1907, I. p. 83.〕這是一種高貴的情調，使會議前後各國的地位毫無變更。出外交擬訂了各項專約，關於陸上與海上之戰爭法律與習慣。但此次會議最著的成就卻是那個國際爭議和平解決公約 Convention for the Pacific Settlement of International Disputes，參加者二十六國，共同擔任設立一個常設仲裁法庭。

（三）James Brown Scott, The Hague Peace Conferences of 1899 and 1907, I, p. 427.

（四）Ibid.,

（五）U. S. Foreign Relations, 1899, p. 517.

（六）Op. cit, 1907, p. 1135.

（七）William I. Hull, The Two Hague Conferences, p. 412.

（八）草約原文見 Malloy's Treaties, II, p. 2380.

（九）Joseph H. Chaote, The Two Hague Conferences pp. 77—79.

（十）Charles Noble Gregory, "The Proposed International Prize Court," Am. J. of Int. Law, Vol. 2, p. 458.

（十一）欲知國際捕獲物法庭章程之詳情者，可閱創設該法庭的 Convention XII, Articles 10—27, in J. B. Scott's "The Hague Conferences of 1899 and 1907," II, pp. 479—487.

（十二）美政府反對設立國際捕獲物法庭公約的理由是：因爲牠允許對於美國最高法院的判決得提起上訴。爲消除這種反對起見，一九〇一年九月特訂了一個專門議定書，規定凡涉訟於國際捕獲物法庭者，應係對於因捕獲而致的損失，要求給予賠償。但這個議定書未獲批准。

（十三）David Hunter Miller, The Drafting of the Covenant, II, 其中編有關於國際聯盟的各種草案。

（十四）一九二九年九月四日簽字各國會議通過了一個修正案，廢除副法官之職，而將正法官之數自十一名增加至十五名。

（十五）國際聯盟會章附錄上列舉的非國聯會員國如下：厄瓜多、漢志、美國。

(十六)見法庭章程第三十二條。

(十七) Congressional Record, Vol. 64, p. 4508.

(十八) 67th. Congress, 4th Session, Senate Document No. 309.

(十九) Am. J. of Int. Law, Vol. 17, p. 522.

(二十) 69th. Congress, 1st Session, Senate Document No. 45. 參議院關於顧問的意見之態度，可說是反映出美國法律家之傳統的態度，即謂一個法庭的職責在於解決各方面的爭議，而非對於各項法律問題表示意見。請求法官對於法律問題表示意見的英國慣例，向來不為美國最高法院所採用。一七九三年，華盛頓總統曾請最高法院對於美國與法國間的條約的應用表示意見。各法官拒絕表示意見，自此以後最高法院即牢守着這個先例。但在美國聯邦中有幾州的法庭，發表顧問的意見之慣例，卻是衆所共知的。關於該問題的討論請閱 M. O. Hudson, The Permanent Court of International Justice, pp. 133—169.

(二十一) League of Nations Official Journal, April 1926, pp. 628—629.

(二十二) Minutes of the Conference of States Signatories of the Protocol of Signature of the Statute of the Permanent Court of International Justice, Sept. 1—23, 1926. Publication of the League of Nations, V, Legal V, 26.

(二十三) 71st. Congress, 3rd Session, United States Senate Hearings before the Committee on Foreign Relations, January 21, 1931, p. 3.

(二十四) Ibid.

(二十五)見本書第三十二章。

(二十六)通牒原文見 The Fifth Annual Report of the Permanent Court of International Justice, pp.

142—145.

(二十七)國際司法常設法庭對於該案宣稱，該法庭遇有會員國與非會員國間的爭議，在未得非會員國的同意時，不願有所宣判。

(二十八)Philip C. Jessup, "Mr. Root, the Senate and the World Court," Foreign Affairs, July, 1929.

(二十九) League of Nations, Committee of Jurists on the Statute of the Permanent Court of International Justice, Minutes of the Sessions, Geneva, March 11—19, 1929,計劃原文刊印於 Philip C. Jessup's "The United States and the World Court." World Peace Foundation Pampllets, Vol. XII. No. 4, 1929.

(三十)一九二九年八月十四日，美國駐瑞士公使告知國際聯盟秘書長，聲稱該議定書草約切實解除了美國參議院各項保留案中表示的異議，足爲美國參加世界法庭之一種滿意的基礎。Press Release, Department of State, September 5, 1929.

(三十一)這三份議定書是：(一) Protocol of Signature of the Permanent Court of International Justice; (二)Protocol of Revision of the Statute of the Permanent Court of International Justice; (三) Protocol of Accession of the United States of America to the Protocol of Signature of the Statute of Permanent Court of International Justice.

第三十二章 巴黎公約

一九二七年四月六日，美國加入世界大戰的十週紀念日，法國外交部長白里安致書（一）於美國人民，請訂一條約『使戰爭成爲非法』"Outlawing War"。這個値得紀念的信有一段如下（二）：

白里安致美國人民書

美、法兩大民主國家間，如須證實其愛好和平之心，以爲他國人民作一莊嚴之楷模者，法國甚願與美國互訂一協定，俾如貴國人士所謂，使戰爭成爲非法。

放棄戰爭爲國家政策的工具已爲國際聯盟會章與洛迦諾條約之簽字各國所熟悉的概念。美國倘能以同一精神與另一國家如法國者訂立任何約章，則在世界的心目中，將大有貢獻於擴充並鞏固國際和平政策之基礎。如是則美、法兩大友好國家，同樣以和平爲職志者，將爲世界充分證明當前立待取得的條件並非軍備減縮而是實施和平。

巴脫勒促人注意

白里安的獻議好像是對牛彈琴一樣，試一檢討這封書公布後的美國各大報章，可知新聞界並沒有感覺到其中的重大意義。直到後來哥倫比亞大學校長巴脫勒（Nicholas Murray Butler）（三）聲請注意白里安建議的重要，美國輿論纔省悟到牠的含義，新聞界纔覺察到牠的新聞價值。於是全國對於白里安的理想乃大加討論起來。美國輿論似乎走在華盛頓官方之前。此項「獻議」——遞交的方式，並不遵照嚴格的外交手續，而且這一個理想並非提出於國務部——處理外交的正當合法權威——卻是公開加以討論的，這對於國務部縱然不是棘手的，也是新奇之至的。

一九二七年六月初，白里安經美國駐巴黎大使之手，要求美國國務部對於美、法商訂一個條約，以消弭戰爭並保持兩國間和平的建議，有所表示。六月十一日，國務部宣稱白里安對於可否依照他四月六日宣言中的方針，訂立一個協定的問題，已提出了非正式的詢問。為答覆此項詢問起見，美大使已經奉令表示美國樂於對該問題作外交的談話。（四）六月二十日，白里安向美政府提出了下列的建議，以求訂一條約：（五）

白里安建議提交美政府

第一條　締約兩國以法蘭西人民與北美合衆國人民的名義，作莊嚴的宣言，兩國誅責戰爭行動，並否認以之為互相對待的國家政策。

第二條　法蘭西與北美合衆國間倘或發生的一切爭執或衝突，不問其性質如何，緣因何若，任何一方概須以和平方法求其解決。

倘以這個最初的獻議，白里安所謂兩國間『永久友好公約』"Pact of Perpetual Friendship"拿來比較一九二八年八月二十七日的『非戰公約』"General Pact for the Renunciation of War"〔凱洛格·白里安公約〕就顯出他們文字上有驚人的相同。白里安原來的建議旨在兩國間訂一協定，但後來產生的最後協定卻是變做了各文明國家的多邊合約。當該約簽字國家數目自二國增至六十餘國時，美國政府與外國的關係自然要經過重大的變遷了。乃是在這一方面，凱洛格白里安公約在美國外交政策史上形成了一個紀元。

白里安建議之擴展爲一多邊公約

美國政府把白里安的建議考慮了六個月的功夫。在這個時期內，國務部自作討論，對於該提議諱莫如深，彷彿沒有這一回事。同時公衆始終不息地在討論這個理想。『使戰爭爲非法』以成立有組織的和平這一個觀念，吸住了大衆的想像。一九二一年上臺的共和黨業已推翻了威爾遜的國際合作方案。哈定當局是仇視國際聯盟的，但到一九二七年，美國在日內瓦各項國際活動中已逐漸活潑參加。參議院已在各項保留案之下，表示意見並同意於美國之加入世界法庭，(六)而在國際聯盟預備委員會內，美國代表又力主爲軍備之裁減。美國外交政策在形式上雖然仍舊是『不受糾纏』，但在事實上已隨事勢的所趨，而傾向於一種審慎的國際合作。除這種態度的改變不計外，白里安的提議更號召了美國人的國際道德觀念。該項提議非常簡單毫無國際聯盟會章那種複雜的機構。其中並不含有什麼保證問題，什麼擔任，什麼實施和平的機關，什麼拘束我們行動自由的桎梏。美國看出這是一種保持和平之道，與美國的傳統及

美國外交政策趨於謹慎合作

不含保證問題

情感頗相投合的。

談判繼續進行

一九二七年十二月二十八日，凱洛格回答了白里安的提議。他提議『兩國政府應不以兩邊的宣言爲滿足……不妨共同設法使世界上一切主要國家均參加宣言反對以戰爭爲國家政策的工具，庶幾對於世界和平作更大的貢獻』(七)凱洛格覺得像這樣的一個宣言，如果爲世界上各大國所主持，自必爲世界上所有其他國家作一模範，可使他們相率接受這個辦法，而使僅屬法、美兩國間的一種約定，可以普遍完成於世界一切國家之間。』(八)法國政府對於這個牒文的答覆說道：美國與法國最好先行簽訂，然後邀請其他國家共訂一個多邊條約，用法、美協定爲其基礎，締約各方相應『否認一切侵略戰爭，並應聲明決以和平方法解決彼等間發生的任何性質的爭議。』(九)法國在覆文中加了一句『侵略戰爭』的句子，凱洛格一部分，因爲他不願見世界和平的理想受到任何約束，又一部分因爲『侵略者』"aggressor" 這個字以及『侵略戰爭』"Wars of aggression" 這句子都是很難下定義的，表示反對。(十)

棄絕侵略戰爭

法國的疑懼由多邊公約的方式解釋了

法國於是提出了這個問題，即她既係國際聯盟的會員國，洛加諾條約(十一)以及其他保證中立條約的簽字國，她怎樣能夠不違犯她在各該條約下現有的義務，以與美國及其他主要國家約定不從事戰爭？但凱洛格消釋了法國這種懷疑，他指出凡以無條件反對戰爭爲宗旨的一種對邊式的條約以及一種多邊式的條約，其不同係屬程度上的不同，而非實質上的不同。一個國家既相信牠自己能訂立這樣一個對邊式的條約，同樣能夠訂立一個相同的多邊式的條約。凱洛格辯論道，我們不能說國際聯盟會員國能夠分頭去做的事情，而不能共同去做。

巴黎公約簽字於一九二八年八月二十七日

一九二八年四月十三日，凱洛格以條約草稿送交英、德、意、日各政府，其後與各該國間歷次的外交換文，保證了這一個『使戰爭爲非法』的協定之成功。其中各條款，與上年六月間白里安送交美國者實無二致，備載於一九二八年八月二十七日最後在巴黎簽字的條約書中。

第一條　締約各國以各該國人民的名義，鄭重宣言，不訴諸戰爭，以解決國際爭議，並在彼此關係間，廢止戰爭爲國家政策的工具。

第二條　締約各國議定彼此間發生的一切爭執或衝突，不問其性質如何，起因如何，概須用和平方法解決之。

關於該約效力的論見

這樣一個規模遠大的宣言，訂爲一個莊嚴的國際約章，其意義是什麼呢？這兩項條款，寥寥七十八字（指原文）堪稱簡短之至，看來又很明白，可是法律家和外交家們對於他們的涵義，卻是意見紛紜，在簽字前的談判當中，各簽字國分別有種種的『保留案』闡明解釋，和例外。這些是不是剝奪了牠的根本宗旨呢？該公約本文是包含着商訂者的全部意思呢，抑或要從各簽字國會經提出，但未正式訂入協定中的那些『保留案，』以看出他們的全部意思？

自衛權

在談判期間，被邀對於原提議作善意考慮的各國，提出了若干疑問，卽該提議對於自衛權的影響，以及各國在其他條約，如國際聯盟會章，洛加諾條約以及各項中立條約下，已經擔負的各種義務。職是之故，凱洛格特在他一九二八年六月二十三日的解釋通牒中，苦心解釋各國提出的各項問題。講到自衛，這位國務卿寫道，美國的草約未嘗稍稍限制或損害這種不可放棄的權利。『那種權利在每一個主權國家內莫不具有，在每一個條約內莫不隱載。任何國家在任何時期，概得不計條約的規定，以保障國土，抵禦侵略或攻擊，而且惟該國自己乃能決定當前局面是否有出於自衛戰爭之必要。（十二）

該公約與國聯會章的關係

國際聯盟會章未嘗訂立肯定的根本的從事戰爭之義務，所以凱洛格提議與國聯會章是無衝突。凱洛格辯稱這種義務是次等的，須一國有意接受纔屬有效。他引證了國聯第四屆大會上有人提出對於會章第十條的一個解釋的提案，當時因有一票反對，未獲正式通過，爲他的議論辯護。講到洛加諾各條約，任何一國倘違犯洛加諾規定，

與洛加諾條約的關係

從事戰爭，也就違犯了那個多邊的非戰條約。非戰條約各締約國因此以法律而論，自然解除了他們的義務，而得自由履行洛加諾的規約。是故洛加諾各條約的簽字國，倘全體變爲那個非戰條約的簽字國，洛加諾的規定將因此強化其力量。

英國的態度

英國政府對於非戰條約的態度，特別值得一提，牠贊同六月二十三日凱洛格的解釋牒文，同時又重申牠爲一帝國的特殊地位，這種地位在先前一個牒文裏已經牠略爲解釋過了。（十三）

英國的「門羅主義」

世界上有若干區域，其福利與完整，於我們的和平與安全，繫有特殊而重大的關切。英政府曾於過去煞費苦心使人明瞭各該區域不容他人的干涉。保護各該區域，抵禦外來攻擊，乃英帝國一種自衞的步驟。是故我們必須明白諒解英政府接受該新條約時，係抱有明白的諒解，即他們在這方面的行動自由是不受影響的。……

這個聲明被喚做英帝國的「門羅主義。」所謂「若干區域」究爲那些區域未經言明，但通常認爲埃及亦與其列，因爲這地方在形勢上對於帝國安全是非常必要的。但當埃及與波斯參加非戰條約時，他們反對英國那些注解，並且否認受其涵義的拘束。

建議以換文去決定該公約的確切意義

這些訂約以前的「諒解」對於非戰公約的影響如何，當經凱洛格在參議院外交關係委員會上加以討論。據他的意見，可用交換牒文的方法，以決定該條約的確切意義爲何。但「這些牒文中倘有任何違犯條約規定之處，當然應以條約爲主。」（十四）各國在接受條約以前載入紀錄中的種種「闡明」、「諒解」與「說明，」他們的效力如何，曾經嚴重的法律上的討論。有些人聲稱各項解釋的牒文有同等的拘束力，而且是與載在約文中一樣有其意義，（十五）但其他的人們則謂他們既非條約的一部分，所以對於各簽字國並無拘束力。（十六）不管法律上的正當答覆爲何，一國違犯了該條約而受裁判時，多半還是根

據政治與輿論，而非根據法律。(十七)

參議院中的辯論

參議院中對於該條約的辯論眞是澈底。各個參議員的演說，對於該條約主張的是什麼，旨在完成的是什麼，顯出了大不同的意見。參議員史潰生說這『是和平的一種友誼表示，倘以之爲一個和平公約，則毫無效力而將令人失望。』參議員格拉斯(Glass)宣稱他將投票贊成這個和平公約，『但我不願維金尼亞州中有人以爲我是這樣簡單，竟認該條約有造成永久國際和平的一毫效力。』參議員布魯斯(Bruce)覺得該條約是以『一種和平心理代替戰爭心理，』而且加強了『我國人民與世界上其他人民發生更密切的關係以保持國際和平之心，並使我們較之過去更易於與其他人民設計各種正當方法以達到這個目的。』參議員波拉宣稱該條約的根本原則爲『如今代表世界上差不多全體人民的諸多國家之一種神聖莊嚴的誓約，即謂今後除和平方法外，決不以其他方法求爭議的解決。有人或許說這沒有什麼了不得。我以爲這是一樁可驚的事實。』

外交關係委員會的報告

在該條約得到批准以前，參議員波拉不得不以外交關係委員會的一個報告，說明該委員會對於該條約的認識，向參議院提出。在提出前議決此項報告既不應爲參議院所通過，亦不應有修正該條約的力量，又不應送交各外國政府。抱着這一種諒解，參議員波拉纔提出該委員會的報告，其中含有下列重要文字如次：(十八)

並非保留案

該條約簡言之係各國共同約定除確實爲自衞以外，不從事戰爭以解決他們的國際爭議，且決不以和平方法外之其他方法，求此項爭議的解決。我們希望並相信該條約將使各國誠意努力，以棄絕戰爭，而用和平方法以互相對待。

本委員會報告上項條約，附有這種諒解，即自衞的權利絕不爲條約的文字或條件所限制或妨害。任何一國得於無論何時，不問條約的規定，以保衞其自身，且得獨自判斷何謂自衞權利，以及自衞權利的必要與範圍。

美國認門羅主義爲國家安全與國防的一部分。該條約所容許的自衞權利，必然更須包括爲我們國防體系一部分的門羅主義之維護權利。……

本委員會又諒解，該條約並未規定各種明白的或含蓄的制裁。假如該條約的任何簽字國，或加入該條約的任何國家，違犯該條約的條款時，該條約的任何其他簽字國絕無明白的或含蓄的義務或擔任，對於該違約國家取懲罰的或武力的步驟。違犯該條約的效果，即使其他簽字國家得以解除該條約下的義務，以對付該違約國家。

參議院批准該公約

這個報告的提出，其目的純係將該委員會認爲「該條約的眞實的解釋」而非在任何意義上構成一個「保留案」者，（十九）付之於紀載，於是參議院遂於一九二九年一月十五日知照美國政府准予執行那個棄絕以戰爭爲國家政策的工具之多邊條約。（二十）

何種戰爭爲該公約所禁

戰爭作爲國家政策之一種手段，簡單地解釋起來，就是任何戰爭凡係政策或利益或「權利」之主張或執行或維護者。棄絕以戰爭爲國家政策之一種手段就是制止任何戰爭，惟防衛本國領土的戰爭除外。按照這種解釋，那麽美國曾經主持的一八一二年，一八四六年，一八九八年及一九一七年歷次戰爭都是應該禁止的。這些戰爭並非維護領土的戰爭，而是擁護一種政策，一種利益，或一種「權利」的戰爭。可以歸在這種禁律下的，舉例尙有俾斯麥爲德意志統一而作的那三次戰爭，克里米亞戰爭，波耳戰爭，日俄戰爭和其他許多戰爭。(二十一)這問題於是發生：這些國家尤其是各大強國，是否立意放棄他們知之已久而且行之已久的那種戰爭。這個問題的答覆在於自衛一詞的定義如何。但自衛這字本身及其定義都沒

「自衞」一詞不見於該公約

有載在該條約裏。事實上，國務卿凱洛格辯稱「自衛」一詞不必立下定義。據他的意見，自衛不僅是有主權者之一種貴重的特權，而且界說何謂「自衛」的權利也是這樣的一種特權，假使他的見解是正確的，那麽在有巴黎公約之前或後，戰爭在各國關係中所佔地位是否相同，沒有變更？(二十二)那麽任何國家又怎樣會違犯這個公約？

公約的力量是道德的非法律的

非戰公約並沒有規定任何機構以決定一國之已否違約，亦沒有規定各種軍事或經濟的制裁。在我們方面以及任何其他簽字國家方面，都沒有什麽法律的義務，對於背約國家採取共同的警察行動。弁言中固然聲稱「任何簽字國家今後如從事戰爭，以求促進其國家利益者，應剝奪其由本條約給予的利益。」締約各國概不負有法律的義務，以擔任這個步驟。所以剝奪其「利益」的責任只是一種道德的責

任而已。但後來發生的各種事變已經證實有些公法家(二十三)所持的論調，以為該公約雖未說明遇一簽字國違約時將發生些什麼事情，但逆料其他簽字國家當不致坐視有違約之舉。(二十四)什麼利益，違約者不能享受。條約中並沒有講到。推測起來，大概一個違約的國家不免失卻其他簽字國家的友誼，而且得不到他們的助力或慰藉。(二十五)在這種情形之下，據稱，一個簽字國決不能幫助一個侵略國而不致自身變為侵略之從犯。因此在道德上，美國如果堅持她的中立國權利，她就是幫助和慰藉一個侵略國了。

該公約對於美國中立政策的影響

假如以上所述係該公約的正確涵義，那麼牠對於傳統的美國中立政策的影響是怎樣呢？國務卿斯汀遜辯稱舊有的中立觀念，已因該公約的存在而有變更。他聲稱：

依國際法的舊概念而論，每遇有衝突發生，常認之為僅關係當事各國。其他各國對於無論被害者與侵略者僅能行使並表示一種嚴格的中立。假如他們採取任何行動，甚或表示一種意見，卽不免被其針對而發的國家，視為一種敵意的行動。每個國家對於制止戰爭的直接的個別的利益尚未被完全領略，而且亦未予以法律的承認。但如今在白里安·凱洛格公約的規定下，這樣的一個衝突已成為與公約有關的一應人等關切之事。一切實施該條約的步驟，概須準照這樣新的局勢而判斷之。(二十六)

深思的國際法學者卻不同意於國務卿斯汀遜。他們辯稱在法律上中立依然是可能做到的一種地

位，對於非國際聯盟會員國尤其如此，(二十七)並且引證了國聯若干會員國與美國所訂的許多『中立條約。』(二十八)

在中俄關於中東鐵路的爭端中美國引用了該公約

凱洛格·白里安公約出世不久就被請實施於世界上最糾紛的區域之一、滿州，而作此聲請的簽字國便是美國政府。爭議雙方爲俄國與中國，而爭執的主題便是中俄共同經營的中東鐵路。中國之強佔該鐵路，使俄國與中國斷絕外交關係，(二十九)跟着便是雙方在邊境上的集中軍隊。兩方都求助於巴黎公約。中國宣稱準備按照凱洛格公約，採取自衞辦法，而俄國則稱該公約的遵守實較牠在鐵路上的金融利益更爲重要。兩國都表示願意解決這個糾紛。中國堅持當依據現狀以求解決，而俄國則要求恢復原狀；這一點牽涉到鐵路的管轄問題，該問題也就是爭議的重心所在。

美國自任爲公約的維護者

遠東的局勢眞是岌岌不可終日。七月十九日國務卿斯汀遜宣稱他正與英、法、中日等國外交代表竭力合作，喚起注意凱洛格公約的各項原則，以求挽轉中國與俄國的戰爭。他提醒中國謂美國與各合作國家願見此次爭執得能遵照該公約第二條的原則而解決。一個相同的覺書由法國政府轉交了蘇俄。(三十)由這一番和平呼籲看來，美國擔任了凱洛格·白里安公約之維護者。

中俄不宣而戰

爭執兩造的敵對行動，未經正式宣戰而繼續進行，優勢的俄羅斯軍隊把中國軍隊打得潰不成軍。十一月二十八日紐約泰晤時報的東京訪員竟能報告謂俄羅斯人顯然並未佔領中國的任何城鎮，並已退回本國境內。他們已重重地打了中國人一掌，解除了一萬名中國兵的武裝，使瀋陽當局嚇得求和，而這一切都是用了比較很小的行動，不致引起糾紛的行動而完成的。(三十一)當十一月戰事尚在進行的時候，國務卿斯汀遜正在那裏與五大國駐華盛頓的外交代表作再度的磋商。第二個覺書又發給了中國和經法國外交機關轉達了蘇俄。他在這次舉動中，得到了英、法、意及其他三十八個簽字國的合作。日本與德國拒絕參加，這椿事實本身是値得注意的，因爲牠表示這兩國爲自身利害計都不願招致俄羅斯之怒。

日德拒不襄助

俄國辯護其行爲

俄國對於四十二簽字國照會的覆文，乃是爲牠的行動辯護，並對於中國政府挑釁政策大加誅責，聲稱中國政府違犯條約並且縱容軍隊向俄國邊境村落作有系統的攻擊，和刼掠侵害和平的人民，但俄國政府除辯護牠對華的行動外，意猶有所未足；牠不禁要乘機把拒絕承認牠的美國攻擊一番。俄羅斯覆文中接着便是下面這些富有意義的句子(三十二)：

> 蘇維埃政府特用聲明美國政府致送其宣言的時候，正當蘇維埃政府與瀋陽政府業已協定若干條件，並已從事直接磋商，可使蘇聯與中國間的衝突迅速告一解決。
>
> 就此種事實觀之，上述宣言實以無理由的壓力加於此種磋商之上，故不能作爲一種友誼的舉動。
>
> 蘇維埃政府更須聲明，巴黎公約未嘗給予任何一國，或若干國家的集團，以該公約保護者的職權。
>
> 無論如何，蘇維埃政府未嘗同意若干國家本身或經相互同意得以此種權利自任……

俄國斥責美國

總而言之，蘇維埃政府不禁引爲詫異，美國政府既本其自己意志不與蘇俄發生官場關係，乃竟向之提出忠告與諸議。

合作行動的必要

這眞是一個意想不到的斥責，同時也證明了單獨一國出而主持公約的困難，又顯見在美國及其他簽字國方面對於遇有違犯公約時他們應取的行動，必須作進一步的明白解釋。該公約在這次中俄糾紛所受到的試驗證明了張伯倫爵士（Austin Chamberlain）所抱的疑問，卽有些國家力不足以保證本國領土內的秩序與安寧者，是否可以加入。要請僅在名義上爲國家當局的南京政府，去制止其號令不行的滿洲地方之戰爭，這是徒勞無功的。

美國已加入世界和平體系

凱洛格·白里安公約第一次試驗中的最有意義的事實，便是美國出而主動，徵得了各簽字國的合作，努力制止竟可變爲第一等戰爭的那種衝突。我們在非戰公約首次試驗中的動作，證明了擁護該公約者的預言，卽謂這個和平機構的訂立，使美國加入了一九一九年以來世界上設法組織的和平體系。

（三十三）

（一）據說白里安這封書係受 Professor James T. Shotwell of Columbia University 的鼓動。見 David Hunter Miller, The Peace Pact of Paris, p. 7.

（二）New York Times, April 6, 1927.

（三）見 New York Times, April 25, 1927. 他的信。

（四）Press Release, Dept. of State, June 11, 1927. 白里安致美大使的公文節略。見 New York Times, June 9, 1927.

（五）原文內容至一九二八年一月十一日始行公佈。其存在曾經報紙上之承認與否認。

（六）美國尙未參加世界法庭；欲知詳情，可閱第三十一章。

（七）The General Pact for the Renunciation of War. United States Govt. Printing Office, Washington 1928, p. 6.

（八）Ibid., p. 6. 所以要使該公約成爲多邊者，其理由之一，或因與法蘭西締結一個親密的對換條約，美方無論接受或拒絕均有困難之故。

（九）Ibid., p. 7.

（十）一九二七年十一月二十四日 Sir Austin Chamberlain 在下議院中說道：『假如你們在沒有預料到各種情形之前，預先訂立了何謂侵略國之嚴格的定義，你們是否確定能以這些嚴厲的規則，實施於你們所不知的局面，難道不會有這種時機，因爲你們定義中有些不湊巧的地方，以致你們宣告爲侵略國者，卻在那時候人人都知道是被侵略者而非侵略者；』

（十一）洛加諾各條約的目標係擔保法德現有邊界的維持，直接攸關的國家爲德意志與法蘭西，他們約定互不侵犯，而英格蘭與意大利則爲保人，訂定共同對付侵略國。法蘭西又恐怕她不能扶助她的盟國，比利時、波蘭與捷克斯位夫，以對付德意志的攻擊。

（十二）見 The General Pact for the Renunciation of War, p. 26.

誠如 Professor Shotwell 所指出者，該公約第二條『界說了侵略與自衞而未有定義。』見 War as an Instrument of National Policy, p. 212.

（十三）The General Pact for the Renunciation of War, pp. 26—29.

（十四）Professor P. M. Brown 在 American Journal of Int. Law, April, 1929, p. 375 內表示一種相反的見解。

（十五）例如 D. H. Miller, The Pact of Paris, p. 119; and Professor E. M. Borchard, Am. J. of Int. Law, January, 1929, pp. 116—120.

（十六）國務卿凱洛格與參議員波拉都表示過這種意見。可閱 D. H. Miller, The Pact of Paris, p. 118.

（十七）見本書第三十三章。

（十八）U. S. Senate, 70th Congress, 2nd Session, Report of Committee on Foreign Relations.

（十九）參議院外交關係委員會報告涉及門羅主義之點，有人以為藉此可以滿足主張有一門羅主義『保留案』者。

（二十）參議院剛通過該條約即進行考慮一個准許大造海軍的方案。

（二十一）參閱 C. G. Fenwick, Am. J. of Int. Law, 1928, p. 827.

（二十二）參閱 Edwin M. Borchard, Am. J. of Int. Law, 1929, pp. 116—120.

（二十三）參閱 J. L. Brierly, British Year Book of Int. Law, 1929, p. 208.

（二十四）參議員波拉於一九二八年三月二十五日接見紐約泰晤時報訪員，表示了這種意見。據稱他說道『若謂美國遇有牠所參加的多邊條約，遭到嚴重的違犯時，竟將袖手旁觀，這真是匪夷所思的……不消說得，遇有這種危機發生時，我們將與其他簽字國家商議而斟酌牠們的定見……凱洛格提議的功效乃是一種神聖的誓約，將使這一切和平機械（即指國聯會章，世界法庭等等）切實工作。』

（二十五）參議員喀普（Capper）於一九二七年十二月八日提出參議院的那個議案，係贊助四月六日的白里安提議，意在反對以戰爭為公共政策的一種手段，而以和平方法解決國際爭執。再者，該議案又主張凡參加該項條約的各國政府，不得贊助其本國人民以援助戰時的侵略國。該決議案略說『一個侵略國乃是一個國家，牠已約定以國際爭執交付調解，仲裁或司法解決，而又不經此項手續逕即開始戰爭者。』該提案未經國會表決。關於禁止軍火輸出部分的喀普議案可閱本書第三十五章。

(二十六) Dept. of State, The Pact of Paris-Three Years of Development. 內有國務卿斯汀遜於一九三二年八月八日向外交關係會議所作的演說。在這篇演說中的另一部分，他又說道，『……我們已使許多法律判例失其效力，並使法律家擔任重新檢討各種法典與條約的工作。』

一九三三年二月九日國務卿斯汀遜在衆議院外交委員會出席對於准許大總統會同其他國家拒絕以軍火之輸出（如輸出有促進戰爭）案作辯證後，他留了一個備忘錄給該委員會，其中包含富有意義的一段文字如次：『有一個理由說，倘依本議案採取行動，將損害美國的中立而使我們捲入漩渦。事實上過去數年間的發展已表明其中並不牽涉何等實際的危險。而這類議論所依據者乃中古時代的情形，已經現代的經驗與現實完全取而代之矣。』

(二十七)參閱 M. O. Hudson, "The Development of International Law Since the War," Am. J. of Int. Law, 1928, pp. 330, 337. Also, Philip C. Jessup, Am. J. of Int. Law, 1932 pp. 789—793; John Basset Moore, "Appeal to Re son," Foreign Affairs, July, 1933.

(二十八)一九三二年一月二十八日參議院通過批評『海上中立公約』the Convention of Maritime Neutrality 此係一九二八年二月哈伐那泛美會議所通過者。

(二十九)俄國於一九二九年七月十八日斷絕外交關係。

(三十)美政府是時與蘇維埃政府處於不相往還的地位，故不得不請法國政府轉交該項覺書。

(三十一) New York Times, November 29, 1929.

(三十二) New York Times, December 4, 1929.

(三十三)關於中日衝突，實施凱洛格·白里安公約的經過，可閱本書第三十三章。

第三十三章　中日衝突與歐戰後的和平機構

滿洲衝突之地

滿洲這片大秉德法兩國的地方，久已聞名爲世界上一個危險地點。牠的衝要的形勢和牠的蘊藏的財富，命定使牠成爲一個衝突之地。舊俄羅斯帝國要在太平洋上覓一温水港埠的需要，與日本帝國的經濟需要與擴展政策有衝突。（一）這種衝突引起了一九〇四年的日俄戰爭。依照一九〇五年九月五日簽訂的樸資茅斯條約，戰爭告終，俄羅斯經中國的同意以她在南滿所享例外權益之一部分讓渡與日本。這些權益中最重要的便是大連温水港埠的佔有。大連爲俄國在滿洲所築鐵路系統的終點，俄方原意藉該鐵路系統得自荒寒的北方以達太平洋的暖水。該鐵路作丁字形式。上面一橫爲莫斯科至海參崴幹線的一部分。日本人所覬覦者乃一橫下的直枝。因此依樸資茅斯條約，該直枝遂在長春割斷（長春現稱新京爲滿洲國的首都，）長春於是變爲俄屬鐵路的新終點，而長春至大連一段則爲日本所有，改名南滿鐵路。南滿鐵路通過滿洲舊都瀋陽，連同枝線合計有七〇〇英里。

中國對於滿洲的主權

樸資茅斯條約重申了中國對於滿洲的主權，但中國與俄日兩國不同，牠並不致力於該地的經濟發展，惟讓人民移殖於這些新土。今日滿洲三〇、〇〇〇、〇〇〇全人口中，卻有二八、〇〇〇、〇〇〇係中國人與同化了的滿洲人。一方面，成千累萬的中國農民繼續不斷的到滿洲去，另一方面俄羅斯與日本則竭力經營着他們各自的勢力範圍。

日本的特殊權利

日本在南滿取得的特殊權利，使她在滿洲有一種例外的政治、經濟與法律地位。日本人漸漸把這片地方指爲日本的『生命線』了。自從俄羅斯的共產主義與五年計劃兼程並進以來，滿洲的形勢對於日本的民族生存益見其重要了。此外，日本人因爲當日俄戰爭期間曾在滿洲做過巨大犧牲，因此對於這地方更有一種纏綿之情。

愛國情緒，軍事防禦上之巨大必要，以及各項例外的條約權利，凡此等等合併造成了滿洲『特殊地位』的要求。日本人這種『特殊地位』的觀念，並不限於她與中國或其他國家條約協定內所依法規定的種種。日俄戰爭留傳下來的感情與歷史的聯想，以及晚近二三十年間日人在滿企業成就之誇傲的心理，均係日方『特殊地位』的要求之不可名狀的但是眞實的一部分。(二)

美國對華政策

美國對華外交政策的原則，曾經約翰赫氏正式重申之於一八九九年，(三)又結晶爲一九二一——二二年華盛頓會議的九國條約。這個由最與太平洋利害有關的各國所訂的協定，據國務卿斯汀遜於一九三二年致書參議員波拉說道，『係代表一種審愼發展而且成熟的國際政策，一方面旨在保證締約各國在華及對華的各種權利與利益，另一方面又保證中國人民得有最完滿的機會，不受騷擾，以發展其主權與獨立，而符合世人所維持的現代文明的標準。」（四）是故中國門戶開放與領土完整的原則，向係非正式的信守，今則正式訂入九國條約之中了。

在九國條約下日本對中國的義務

華盛頓會議的九國條約於一九二二年二月六日簽字，各國擔任尊重中國的主權、獨立、領土與行政的完整，維持各國在華貿易與實業的均等機會，並制止乘機取利以求特殊權益。（五）這個日本亦與其列的協定否認任何簽字國有權在中國任何部分，包括滿洲在內，尋取一種「特殊地位」或各項「特殊權益。」但日本雖接受這個條約，對滿態度卻未有變更，這地方在日本人看來是與中國其他各部截然有別的。

日本對於滿洲與中國是分別看待的

自華盛頓會議以至一九三一年日本之侵入滿洲，日本或則採取「以善意與睦鄰為基礎」的「友誼政策，」或則採取以武力為根據的『積極政策，』（六）這全視當時政府的黨派色彩而定的。但這兩種政策的普通目標（七）都是針對着同一個對象：鞏固和維持日本的固有利益，保護日本人的生命財產，以及鼓勵日本人在滿洲企業的拓展。

日本侵佔滿洲與熱河

一九三一年九月十八日中日兩國軍隊（八）在滿洲的衝突，迅速造成了日本對滿洲的軍事佔領，以及後來熱河的侵佔，這次衝突影響及於整個世界。這番引起日本軍隊侵佔滿洲的事變發動於日本所屬南滿鐵道之被炸，投彈地點離滿洲首府瀋陽不過數哩之遙。這個多事之夜，其經過情形，日本方面所說與中國方面所說頗有出入。國際聯盟委派的調查團發覺『九月十八日下午十時至十時三十分之間，該鐵路或其附近曾有爆炸發生係屬可無疑義，但對於鐵路縱有損害，在事實上並未阻止自長春南開列車的

準時到達，且亦不足以據而採取軍事行動。日本軍隊當夜的軍事設施……不能視為合法自衛的步驟。』(九)

國務卿斯汀遜採取一種妥協的路線

日本在華的舉動不僅震駭世界，抑且出人意料。日本軍隊佔領滿洲衝要各地的迅速誠係可驚，顯見其為一個思之已熟而行之至速的軍事計劃。從各種表示看來，軍事方面的行動並未為日本外部省所知悉，而在民政與軍政當局間已發生了一種裂痕。國務卿斯汀遜甚願採取一種妥協的路線，藉此強化當時不直軍部所為的日本外相幣原的地位。美國政府目擊遠東事態的展開，不勝驚訝焦灼，當於事變後四日提交駐華盛頓日本大使備忘錄一份，(十)聲明滿洲的事變『在道德上、法律上與政治上均係若干國家所關心者……〔日本軍隊的佔領〕頓時提出了若干條約規定，如一九二二年二月六日九國條約及凱洛格·白里安公約的意義的問題。』這備忘錄繼續說道：『這種局面應取何種途徑以求解決，其責任大半屬諸日本，理由至為簡單，因為日本武力已經攫取而且正在行使南滿之事實上的統制。(十一)

提醒日本在九國條約與巴黎公約下的義務

中國訴諸國聯

這時候中國以國際聯盟會員國的地位，正式以這次事變提請國聯注意，並且要求依據會章第十一條(十二)召集行政院會議以斟酌為保障各國和平所必要的賢明舉動。行政院立即決議電照東京與南京政府『務須避免一切足以使事變加重或足以妨礙和平解決的行動，』以及『努力與中日兩國代表協商一種適當方法，使兩國立即撤兵，並且使兩國人民的生命財產不受妨害……』(十三)行政院更知照各方謂決以牠各次會議紀錄，以及有關此次爭執的一切文件，使美國知悉。美國對於行政院隨時使她

美國表示同情於國聯的態度

得悉一切的決議案，有友誼和合作的答覆，日內瓦接讀後甚感安慰。國務卿斯汀遜致國際聯盟祕書長的牒文說道：『余謹向閣下保證，美國政府對於國際聯盟在行政院決議案中表示的態度深爲同情，並將按照相同方針通牒日本與中國。』(十四) 這種保證至少在當時，顯得美國與國聯正在共同努力，以求中日爭端的和平解決。(十五) 美國政府與國際聯盟間，雖經美國駐盤恩公使威爾生 (Hugh Wilson) 與駐日內瓦總領事吉百特 (Prentiss Gilbert) 而有非官場的接觸，但這種用書面文牒的合作，終有許多不便之處。不過如果國聯遇到和戰的嚴重關頭，美國將取何行動的問題，（一九一九年以來歐洲就在詢問我們的一個問題，）卻經國務卿斯汀遜在一九三一年十月五日致國聯行政院的備忘錄裏做了一部分的答覆。這位國務卿寫道：

美國政府現正由其外交代表單獨進行，將設法促進國聯之所行，並明白表示其十分關心此事，而非漠視爭執諸國在巴黎公約以及九國公約下對於其他簽字國負有的義務，一俟時機來到，自當提出此項義務。秉此方針，我們力避阻礙國聯現在所取的途徑。(十六)

日本與中國代表的和平約言

當國聯行政院於九月三十日閉會時，中日雙方代表都立了和平的約言。日本向世界保證，謂她在滿洲絕無領土企圖，又謂她將及早撤回軍隊至鐵道區域以內。兩國政府均聲明將取一切必要步驟以制止事變範圍的擴大或局面的加重。（十七）日本向美國政府聲稱彼已命其『在滿軍隊不再作敵對行動……』並將『避免任何足以妨礙中日爭議之和平解決的行動。』（十八）

日本不守約言

日本政府所作的保證，具載於九月三十日國際聯盟的決議案中，但這種保證不久即幻為水泡，全世界得悉十月八日日本軍用飛機曾飛繞遠在日本鐵路區域五十英里以外的無防禦的錦州城市，並且投彈炸死了平民很多。美國政府對於錦州被炸事件當即向日本外相提出了嚴重的抗議，原文如下：

美國的抗議

本國務卿殊不能明瞭錦州的轟炸將何以縮小或將何以指為無足輕重。日本軍事當局所作的解釋似乎不甚充分。錦州遠在日本鐵路區域五十英里之外，中國在該地有設置軍隊的全權。本國務卿不知日本軍用飛機有何權利得以飛翔該城之上，以致招受攻擊，而有投彈之舉……轟炸一個無防禦且無警戒的城市，乃一種最極端的軍事行動，雖在戰時亦為人所痛絕者。

……此種攻擊顯見與日本政府在九月三十日國際聯盟行政院決議案中所立的約言大相逕庭。（十九）

不顧日本抗議邀請美國代表列席國聯行政院

這些事變的結果使美國與國聯的連繫益見密切。據悉美國政府準備更進一步，派遣代表一人出席行政院，而與該機關共商凱洛格・白里安公約的實施。當十月十三日行政院重行開會時，敦請美國出席的問題，一時竟遮掩了中日爭端的本身。與會的十四國中十三國贊成下書邀請，惟有日本一國表示異議。致書邀請問題在祕密會議裏面已經決定，到了公開辯論時日本代表還是聲明反對。該代表辯稱，邀請非會員國參預行政院議事的提議，引起了國聯最重要的憲法上與法律上的問題（二十）行政院把日本代表的異議記錄了下來以便將來決定，而於十月十六日發了一個邀請書給美國，請其『派遣代表一員出席行政院，俾得表示意見，就目前局勢或將來發展，如何能使該公約之條款發生最大的效力。』（二十一）

日方異議留待將來考慮

美國之接受此項邀請，以及簡派駐日內瓦總領事吉百特出席國際聯盟行政院，乃一椿富有意義的歷史事實。一個共和黨政府——該黨在十年前曾避開國聯——接受此項邀請，便是官場地承認並贊成該機關，是故在美國對於國聯的政策上，顯見有一種切實的轉變。在國聯有史以來第一次，美國表示了與國聯合作以制止戰爭的意思。這是動人的承認美國對於一個永久的國際會議，處理各項攸關她利益的事件，決不能始終置之不理。（二十二）美國合作的限度，具見於國務部愼重措辭的訓令中：

美國接受國聯的邀請

台端奉派當行政院討論到美國爲一締約國的凱洛格·白里安公約之各項可能的義務時，應即參加此項討論。台端須將此項討論結果報告國務部，俾其決定可能的行動。當討論到中日爭端之任何其他方面時，台端必須僅以觀察者與旁聽者的資格出席。

美國代表因所加訓令而致無能爲力

美國的合作雖具有形式而缺乏實質，這是因為上項訓令加諸吉百特的限制過於嚴厲，使他不能有所作為而退處於一個旁聽者的地位。

行政院引用巴黎公約

加上一個美國代表的行政院通過了引用巴黎公約的重要決議案。法、英、德、意、西班牙與挪威發了相同的照會給中國與日本，提醒該兩國政府在該公約第二條下擔任的義務。美國政府加入了十月二十日的覺書，同時又訓令吉百特不得參加行政院的秘密會議，而當討論到由該公約而發生的事件之時出席於公開會議。(二十三)

日本繼續在滿侵略

擬訂決議案要求日本軍隊撤退

一方面行政院正悉心搜索一個為爭執雙方均能接受的公式，另一方面日本軍隊正擴大衝突的面積，逼迫中國人退到長城以內，而使全部滿洲領土歸於日本主宰下的官吏之管轄。日本出席國聯的代表繼續覆述着那種論調，說『全部滿洲事件完全由於中國軍隊施諸鐵路區域的一番嚴重而挑釁的攻擊所造成，』(二十四)在辯論進行中，就明白日本在滿洲的橫行並非如其代言人所稱係平定當地騷亂的一種干涉，法國外交部長兼行政院主席白里安提出了一個議案，內有一點即請日本政府將其軍隊撤回至鐵路區域以內，『庶使全部撤退事宜得在下次行政院會議以前完成，』該項會議日期擬定為十一月十六日。這樣一來，日本代表如果不同意軍隊的迅速撤退，便須切實解釋何以不能撤退。他說明在撤退軍隊至鐵路區域內以前，有幾個『基本原則』不能不先有一種諒解。至於這些『基本原則』為何，日本代表

日本的要求

說是他無權宣布。但行政院很明瞭，那些神祕的『基本原則』內，其中最重要的，而且爲日本要求作爲撤軍之一個條件的，便是中國須承認日本在滿洲的條約權利，特別是中國允許不建築與南滿鐵路平行的鐵路。中國當然反對該條約的合法性。(二十五)在行政院看來，這分明是運用武力逼令尊重那些合法性尚在爭執中的條約。既然如此，行政院覺得日本的行動乃一種從事戰爭以爲國家政策的一種手段，所以是違犯了凱洛格·白里安公約。美國政府根據後來相繼發生的事變來判斷，也抱着相同的見解。(二十六)十月二十四日，行政院表決下列決議；卽令日本立卽開始將軍隊撤回鐵路區域以內，撤退事宜須於下屆行政院會議定期十一月十六日以前完成，並且建議中國與日本一俟撤軍完畢，卽開始直接談判當前的各種問題。但日本代表投票反對，結果是打消了這個決議。

違犯巴黎公約

決議案爲日本反對票所打消

美國既非國聯會員國，所以並未參加該決議案的投票。雖然國務部沒有公開的聲明，論及行政院企圖訂一確定的撤兵日期是否聰明，國務卿斯汀遜卻殊不以此舉爲然。滿洲事態的展開以及日本軍隊的擴大佔領，使美國政府不得不向日本重述其意見。(二十七)日本意欲『保護南滿鐵路及日本臣民的生命與財產使不遭攻擊……』而造成的那種局面『至少暫時已破壞中國在該地的行政完整』依美國政府的見解，有兩點很淸楚，須加以考慮——第一，滿洲現行局面的和平解決，第二以直接談判的方法，去解決由誤解日本與中國在各項條約下的權利而發生的種種事件。講到第一點，國務卿斯汀遜寫道，日本軍隊之認眞撤退，可以打破說日本正在那裏用軍事壓力以求解決廣大的條件懸案的觀念；第二點非俟第一

美國向日本重申牠的見解

點辦到以後是不能適當解決的。

日本不顧國聯與美國的呼籲

當十一月十六日行政院在巴黎舉行特別會議時，日本非僅漠視了國聯與美國政府的呼籲，抑且擴大了她在滿洲的佔領。『直接參加』的前例，即十月會議議決美國派一代表出席行政院的辦法，如今十一月的會議便予以放棄了，改為『單獨合作。』美國駐英大使陶斯將軍奉有訓令當會議期間應駐節巴黎，俾得隨時接洽，但不出席行政院。(二十八)經美國政府的贊同，巴黎的談判終於十二月十日產生了一個中立的五人委員團(二十九)(後來稱為李頓調查團)前赴當地研究並向行政院報告各項影響中日關係的環境。行政院再度請求爭執雙方立即停止敵對行為，並提醒日本從速將軍隊撤退至鐵路區域以內的神聖諾言，而不像十月二十四日決議案中那樣設法訂一確定的撤兵日期。

委派中立五人團前往調查並向行政院報告

胡佛總統勸與國聯合作

這是行政院第三次企圖制止日本在華的軍事侵略。美國政府在牠對於國聯的關係範圍內，『採用各種平行的與不斷的活動』以襄助行政院的工作。胡佛總統在十二月十日致國會咨書內提醒美國維持中國完整的責任，並稱他認為『與其採取單獨行動，不如襄助並獻議國聯，以收共同維持和平之效，實為賢明而適當。』但為解除那些以為美國正在從『後門』走入國聯的人之疑懼起見，美總統續稱『在所有磋商之中國務部對於最後決定的任何辦法之參加與否，一向保持判斷與行動的完全自由。』(三十)

日本完全控制滿洲

一九三二年一月三日，日本軍隊長驅直入錦州，將中國軍隊逐至長城以內，而使滿洲歸於日人控制之下。滿洲的佔領既告完全，國務卿斯汀遜乃於一九三二年一月七日發一相同的照會於中日兩國政府

——同時以此種照會交於一九二二年九國公約其他簽字國家駐華盛頓的外交代表——申述美國政府的意向不承認『違犯巴黎公約各項規定與義務的方法所造成的任何局面、條約或協定。』在這次事變中一個中立國家所取的行動以此爲最強硬實以一種消極制裁政策來擁護該公約的道德義務。通牒全文如下：(三十一)

斯汀遜稱美國不承認用違反巴黎公約而造成的方法的任何局面條約或協定

最近錦州一帶的軍事行動，使中華民國政府在一九三一年九月十八日以前施行於南滿的行政權力，蕩然無存。美政府繼續深信國際聯盟最近任命的中立委員團之工作，將促成中國與日本間現有糾紛的最後解決。但爲現狀及其在華的各項權利與義務計，美政府認爲其責任所在，應知照中華民國政府與日本帝國政府雙方，美政府不能承認任何事實上局面之合法性，亦無意承認兩國政府間，或其代理人間所訂任何損害美國或其在華公民的條約權利之條約或協定，此項條約權利包括有關於中華民國的主權、獨立、或領土與行政之完整者，以及有關於中國的國際政策通常稱爲門戶開放者在內；又美政府無意承認任何局面、條約或協定，凡由違反一九二八年八月二十七日巴黎公約的規定與義務而造成者，按中國與日本雙方以及美國皆該條約的締約國。(三十二)

對於不承認主義的意見

不承認主義有些人曾歡呼爲『全世界對於遠東政策的柱石，』(三十三)並且如果發生效力，行將見國際法起一革命，因為『暴行與戰爭將不能增進各國的法律地位。』(三十四)另外有些人則頗加訾議，說牠沒有物質的制裁為後盾。羅威爾(Lowell)校長表示意見，以為凱洛格・白里安公約之任何解釋，苟其『簽字各國並無制止戰爭的義務，卻得漠視戰爭的結果，則其促成的爭端或許要多於其平定的爭端……按國際法之目的係確定各國的權利，而非使之成為不定；如果犯了一種過失，應立即加以糾正，而不當任其潰爛，留待任何國家日後再加診治，亦不當資為藉口，以圖採取本無理由採取的行動。』(三十五)

日本認為中國情形使各條約的實施有所修正

日本人在覆文中指出凡與中國有關的各項條約，其施行須隨時對於中國的現狀予以相當的注意。如今中國的紛擾狀態，殊非一九二一——二二年華盛頓會議的九國公約之簽字國家所曾逆料。日本政府解釋謂中國的紛擾雖不能影響各項條約的拘束的性質，『但在實質方面可以修正其實施，誠以各條約須視當前局面而實施也。』(三十六)美國政府對於日本覆文沒有直接的回答。

致日本九個照會都無效力

在短短的三個月間，美國發了九個照會給日本政府，都不能阻止日本在滿洲的軍事行動。美國政府甚且託詞經濟起見，將全部艦隊集中於太平洋。一九三二年二月二十三日，國務卿斯汀遜致一封重要的公開的信給參議院外交關係委員會主席波拉，明白重申了美國的遠東政策，同時又回答了日本最後覆文中提出的各點。該國務卿指出九國公約乃華盛頓會議締約的多個條約與協定中的一個，這許多條約與協定都是互相連帶和互相依賴的。

這些條約假如漠視其一，則全部協議旨在造成的普遍諒解與平衡，必將受到擾亂……美國政府所以願放棄牠當時主力艦建造方面的領導優勢，而容許其在關島與菲律濱羣島的地位不再為防禦的工程者，除其他原因外，乃由於九國條約內包含了各項自己退讓的條款，牠們不僅保證世界各國在遠東貿易的均等機會，並且不許其他任何國家對中國作軍事的侵略。任何人於討論九國條約內各項條款的修正或廢止時，不能不同時顧及各該條款實相依賴的其他種種約言。(三十七)

斯汀遜意謂日本違反了九國條約與巴黎公約

斯汀遜進一步說明『事有不待贅言者，一種局面已經展開，此在任何環境下，決不能與這兩個條約規定的義務相容，而且這些條約如經忠實遵守，則此種局面決不致於發生。』該國務卿這些話，明白是說日本已違反九國條約與凱洛格·白里安公約。(三十八)

日本以自衛為其行動辯護

日本辯稱她在滿洲運用武力乃由於自衛之故，而自衛是美國政府曾經承認為凱洛格·白里安公約的一種例外，(三十九)於是胡佛政府遂將該條約作了一種新的解釋。這樣一來，牠把日本依據的國務卿凱洛格以及參議院於一九二八年與一九二九年對於該公約所作的解釋，一齊推翻了。一九三二年八月八日國務卿斯汀遜在外交關係會所作的一篇演說中，鄭重聲明自衛的範圍已經無數的先例所明白規定，而『一個國家企圖在自衛的假面具下，掩飾帝國主義政策者，不久必遭揭開。』(四十)一九三二年十月二十六日，他又宣稱該條約並沒有允許『此種破壞的解釋，』說『每個簽字國得為其自己行事之唯一裁判者。』(四十一)無論斯汀遜對於凱洛格·白里安公約所作的解釋是否正當，國際法上卻沒有一個原則強使一個國家接受另一國家對於一個條約的意義的見解。如果美國是國際司法常設法庭的會員國，或者會與該法庭結有聯繫，那麼牠就能夠逼令日本以何謂自衞的問題提交該法庭了。

中國加緊抵制日貨

中國於一九三一年七月，高麗有數百華僑橫遭殺害，所以有大舉抵制日貨的運動，而自日本在滿作軍事行動以後，中國人的抵貨運動亦隨之加緊。自後上海公共租界附近發生了多次的意外事件，終於一九三二年一月二十八日有日本飛機轟炸閘北之舉。日本軍隊遇到中國方面出於意料的抵抗；日本不得不大增海陸援軍，始獲一逞。日本軍隊於一九三二年五月三十一日始行撤退。生命與財產的損失很大。美、英、法、意各國政府於開戰前發往日本的抗議書，聲稱公共租界內不得軍事行動，但均告無效。日本飛機擲彈造成了一種緊張的局面。美國國務部一時頗爲這種戰爭威脅而憂念。

日本轟炸閘北

日人接管滿洲各銀行各鐵道及公用事業

瀋陽於一九三一年九月十八日被攻，其後日本軍事當局卽着手組織行政機關，該項機關因中國人民的離亂逃亡，早已陷於解體狀態。日本人接收各銀行、鐵路及公用事業時的熱心，足見『抱有比較暫時的軍事佔領更要永久的目標。』(四十二)日籍人民被委爲各官吏的顧問與專家，每一稅收機關莫不有日人的監督。日本官吏所鼓動、培養與控制的獨立運動，終於釀成了一九三二年二月十八日的獨立宣言。廢

溥儀被立爲『滿洲國』執政

帝宣統卽溥儀於三月九日卽位爲『滿洲國』的執政。一九三二年九月十五日，卽李頓調查團報告書公布前二星期，日本不僅正式承認了新立的『滿洲國，』並且與牠簽了一個同盟條約，這些步驟都是旨在

阻礙該項爭執之解決的。是故在這一次未宣戰的戰爭爆發後一年，經日本對滿洲國的承認，（別國還沒有承認）這齣遠東戲之一幕乃告終。

李頓報告書的公布

國聯調查團報告書（李頓報告書）於一九三二年十月一日公布以後，遠東危局遂轉入一個新的階段。該調查團調查所得業經本章內轉載註明。牠擬議解決爭端的各項廣大原則可以約述如次。僅僅回復原來狀態，即一九三一年九月十八日以前的狀態是無濟於事的。如果僅僅回到先前狀態將有重起糾紛之虞。

報告書否認日本所稱獨立運動的純正

「滿洲國」這一個為日本所創設和資助的傀儡政府乃是違反國際聯盟會章、九國條約與巴黎公約的。調查團判斷這個新的政治產物的時候，牠宣稱那些最為有效的因素，非此則「該新國不能得而形成者，乃是日本軍隊的駐在，以及日本軍政官吏的活動」（四十三）因此牠結論謂「現有政局不能被認為一種純正與自發的獨立運動所造成。」（四十四）這方面的調查所得推翻了日本政府所稱滿洲當地人民自動主張獨立建立政府而與中國斷絕一切關係的說法。

報告書的建議

為求解決爭議起見，滿洲政府須予修正，使中國的主權與行政完整容許當地有大量的自治，以適應當地情形，及日本與俄羅斯之衝突的利益。日本在該地的特殊地位乃一樁事實，為對華之新的條約關係所必須予以承認者。而為和平計，蘇聯在遠東的權益亦應在斟酌之列。中國目前政治的不安定，以及一個強固的中央政府之需要使中國內部建設上必須獲得國際的合作。

報告書得到一致贊許

大體說來，李頓報告書乃一部饒有政治手腕的文書。調查所得的事實以及其中的各項建議，為舉世所一致贊許，惟日本人除外，他們的反應預示該政府當國聯行政院討論該報告時將取的方針。美國對牠也是一致贊許，但官方意見卻謹守沈默。該報告交到國聯手中以後，國聯十九國委員會與爭執兩造之間接連做了三個月慘淡經營的談判。中國接受李頓調查團的建議為解決的基礎，但日本則一再提出議案，旨在延長討論——這些議案顯見調查團的建議與日本在滿的野心，其間相距是何等之闊了。

國聯核准李頓調查團報告

一九三三年二月十七日，國際聯盟向全世界作十小時的無線電播音，揭露十九國委員會探討的結果，(四十五)依國聯會章第十五條第四節譴責日本而寬恕中國。這在國聯歷史上是最嚴重的說明書。這個報告批准了李頓調查團的搜獲，指稱「滿洲國」為日本的傀儡，毫不含糊地宣佈「滿洲主權屬於中國。」日本之維持與承認「滿洲國」以及日本軍隊之駐紮該地，認為是「不合」國聯會章、九國條約、及凱洛格·白里安公約。十九國委員會建議日本應撤退軍隊，而中國則應成立一個自治的滿洲，顧及日本在該地的特殊利益，再由中國與日本依李頓報告書各項原則，經過一個邀請美俄參加的國聯委員會，以解決雙方的執爭。

國聯大會通過十九國報告

一星期後，即一九三三年二月二十四日，國際聯盟大會——只有日本投反對票——通過了十九國委員會的報告，(四十六)國際聯盟大會所取的行動，乃該項國際組織歷史上的一個界石。在牠的世界歷史上，對於一個重大的國際爭執宣告判斷，這還是第一次。

國聯建議的解決方

美國政府在致國聯的一個照會(四十七)內宣稱，「國聯調查所得的事實，以及美國政府據其本國代表所作各項報告對於事實所得到的諒解，實體上係屬一致。」國際聯盟建議的各項解決原則亦爲美國政府所同意。是故國際聯盟大會的行動，與美國的認准，國聯各會員國的政策，與美國的政策，遂歸一致，而第二次以和平方法解決中日爭執的努力又告終止。(四十八)

法爲美國所認准

解決爭端的努力歸於失敗

國際聯盟與美國政府企圖解決中日爭端的努力至此告失敗了，國際社會中有一個以己意爲法律，並且用了違反她的條約義務的手段，損害了另一國家以取得利益，而這時候全世界正在那裏與一種空前的經濟恐慌苦鬪。遠東這番不宣而戰的戰爭究竟對於軍縮會議(四十九)影響到什麼程度，那是很難計算的，但牠已減少了世人對於歐戰後各種和平機構的信仰，而增加了對於軍備的信仰，則是無可諱言的。遠東危機暴露了世界和平機構的缺點。國聯會章的運用頗爲笨拙不靈而且荒廢時日。那個調查事實的機關，當初爲美國所反對者，不得不特爲創設起來，而且直到戰爭爆發後一年，牠纔提出牠的報告來。並且因爲國聯缺乏普遍的擁戴，——蘇俄和美國都不是會員國而於衝突區域關切極深——所以負有國聯制裁之責者遂有躊躇不決，猶疑不定情事。國聯至多只能創造和結晶出不直日本的世界輿論，這一種輿論至今猶未使中日的滿洲爭端告一解決。

國聯缺乏普遍的擁戴

(一)參閱第二十四章。

(二)國聯出版品 Officiel No. C.663, M. 320. 1932. 今後稱爲李頓報告書。

(三)見前第二十四章。

（四）Dept. of State, Text of Letter from Secretary Stimson to Senator Borah, February 23, 1932.

（五）當時之九個簽字國家爲美國、比利時、英國、中國、法國、日本、意大利、荷蘭與葡萄牙。

（六）閱李頓報告書第四〇頁。

（七）田中內閣的「積極政策，」稱日本將保持滿洲的和平與秩序，並將保護她在滿洲的「特殊地位，」至於禍害之來自何處則非所問。

（八）日俄兩國與中國訂有協定，各得設駐一定數額的鐵路警衛隊，以保護各該國在滿的產業。中國領土內所以有日兵者即以此故。參閱 John V. A. MacMurray, "Treaties and Agreements with and Concerning China," I. P. 522; and C. Y. Young," The International Relations of Manchuria," p. 55.

（九）Lytton Report, p. 71.

（十）Conditions in Manchuria, Senate Document No. 55, 72nd Congress, Ist Session, p. 4.

（十一）Op. cit., p. 5.

（十二）Ibid., p. 4.

（十三）Op. cit., p. 4.

（十四）Ibid., p. 5.

（十五）一九三一年九月二十四日美國以措辭相同的牒文送致中日兩國政府，表示希望和平解決。

（十六）Conditions in Manchuria, Senate Document No. 55, 72nd Congress, Ist Session, p. 14.

（十七）League of Nations, C. 648, 1931 VII.

（十八）Conditions in Manchuria, Senate Document No. 55, 72nd Congress, Ist Session, p. 11.

（十九）Op. cit., p. 17.

(二十)日本代表提出了一個法律點，卽行政院此次的邀請所涉及的是原則問題抑純係手續問題。如該問題爲一原則問題，邀請須經一致投票通過，則日本得有權否決，但如爲一手續問題，行政院經多數通過，卽能發出此項邀請，日本無能爲力。

(二十一) Conditions in Manchuria, Senate Document, No. 55, 72nd Congress, 1st Session, p. 17.

(二十二)參閱 Clarence A, Berdall, The Policy of the United States with Respect to the League of Nations, Chapter V.

(二十三)胡佛斯汀遜對國聯的政策在輿論界贊成與反對者均有。一九三一年十月二十四日文叢雜誌(the Literary Digest) 加以總計，聲稱贊成胡佛斯汀遜政策的聲浪似乎較高於反對聲浪。國際聯盟協會對美國報界輿論所作估計，表明以全國所有報紙計算則有百分之七五，以中西部(the Middle West)所有報紙計算則有百分之九七，係贊成與行政院合作者。

(二十四) Conditions in Manchuria, Senate Document No. 55, 72nd Congress, 1st Session, p. 24.

(二十五)參閱本書第三十四章。

(二十六)參閱 Dept. of State, Text of Letter from Secretary of State Stimson to Senator Borah, February 23, 1932.

(二十七) Conditions in Manchuria, Senate Document No. 55, 72nd Congress, 1st Session, p. 31.

(二十八)國務卿斯汀遜分明已經覺到外界的抨擊，指他正使美國捲入國聯事務之中。

(二十九)調查團團員如下： Lord Lytton (British); Count Aldrovand, (Italian); General Henri Claude (French); Dr. Heinrich Schnee (German); and Major-General Frank Ross McCoy (American).

(三十) New York Times, December 11, 1931.

(三十一) Conditions in Manchuria, Senate Document No. 55, 72 nd Congress, 1st Session, pp 53—54

（三十二）國際聯盟大會於一九三二年三月十一日通過了一個決議案，唯日本一國放棄投票，該案認准斯汀遜主義，聲稱「國際聯盟會員國義務所在，不得承認用違反國際聯盟會章或巴黎公約的方法而造成的任何局面、條約或協定。」

（三十三）Walter Lippmann, in the New York Herald-Tribune, January 12, 1933.

（三十四）參閱 Professor Quincy Wright, Am. J. of Int. Law, April, 1932, p. 348.

（三十五）"Manchuria and the League," Foreign Affairs, April, 1932.

（三十六）Conditions in Manchuria, Senate Document No. 55, 72nd Congress, 1st Session, p. 56.

（三十七）當日本軍隊進行侵略滿洲時，國會於一九三三年一月十七日，不顧胡佛總統的否決權，通過了 Hawes-Cutting 的菲律賓獨立法案。依該法案的規定，經菲律賓人民舉行總投票後，美國應祇投票結果如何，而放棄其對於該島的主權。菲律賓立法機關應召集憲法會議，起草政府組織法，但須得美國大總統的認准，並交付菲律賓人民表決。準此成立的政府應在美國節制下施政十年，迨此十年的過渡時期完畢後菲律賓人將給予獨立。胡佛總統及其閣員四人當國會投票不顧大總統否認權之前，攻擊該法案謂其違背美國對菲律賓人所負之付託。國務卿斯汀遜聲稱美國主權的收回，一方面將使菲律賓人福利處於飄搖不定之中，同時將影響美國的威望與未來利益。他指出該法案的宗旨所在，將深深擾亂西太平洋與東亞細亞間之政治平衡。菲律賓立法機關隨後拒不認准該項法案。

（三十八）日本外務省已表示將於一九三五年定開的海軍會議堅持對英美之海軍平等。

（三十九）閱第三十二章關於巴黎公約。

（四十）Dept. of State, The Pact of Paris; Three Years of Development, 1932. 關於巴黎公約之重振旗鼓可閱梁鋆立 "The Pact of Paris as Envisaged by Mr. Stimson; Its Significance in International Law."

（四十一）Dept. of State, Press Release, October 25, 1932.

（四十二）Lytton Report, p. 96.

(四十三) Op. cit., p. 97.

(四十四) Ibid., p. 97.

(四十五)原文見 New York Times, February 18, 1933.

(四十六)日本代表團於投票後逕行步出大會。一九三三年三月二十七日日本正式照會退出國際聯盟。

(四十七) New York Times, February 26, 1933.

(四十八)國聯大會於一九三三年二月二十四日委派一顧問委員會以處理中日爭議，並襄助國聯會員國互相間以及與非會員各國間之一致行動，俄羅斯與美國均被邀請參加該會共同合作。

(四十九)見第三十章。

第三十四章　戰債與賠償

一九一七年協約各國財政的窘狀

當美國於一九一七年四月六日加入世界大戰之時，協約國政府財源已到了山窮水盡的地位。威爾遜內閣閣員蘭因（Franklin K. Lane）在寫給他兄弟的一個信內說道，『在各方面他們都是老老實實地訴說着他們的困苦。我們來得一些不嫌早。我相信假使我們再不加進來，英吉利和法蘭西都要完了。』（一）在我們加入以前，英國彷彿是協約國的銀行老板。一九一四至一九一七年間協約國相互借款總數約計八、○○○、○○○、○○○金元之中，英國借與法國、意大利、俄羅斯、英領統治各地、羅馬尼亞、門的內哥羅、塞爾維亞、希臘與葡萄牙者計有六、○○○、○○○、○○○金元左右。（二）美國旣已加入

美國卽予財政援助

大戰，因為軍事上比較還沒有充分準備，所以她的貢獻顯然是財政的援助。一九一七年四月威爾遜總統在他致國會的咨書內聲請『將全國一切的物質資源組織並動員起來，以提供作戰原料。』並『給予各國政府最便宜的信用貸款，庶幾我國的資源可以儘量與他們的資源互相合併。』計自一九一七年四月至一九二○年十一月間，美國政府貸給了二十個國家，數目達一百萬萬餘金元之多。下表表明歐戰停止前後各外國政府對美國的欠款。（三）

國別	戰前現金借款	戰後		總欠額
		現金借款	作戰與救濟資料	
亞美尼亞			一一、九五九、九一七·四九	一一、九五九、九一七·四九
奧地利			二四、〇五五、七〇八·九二	二四、〇五五、七〇八·九二
比利時	一七一、七八〇、〇〇〇	一七七、四三四、四六七·八九	二九、八七二、七三二·五四	三七九、〇八七、二〇〇·四三
古巴	一〇、〇〇〇、〇〇〇			一〇、〇〇〇、〇〇〇·〇〇
捷克斯拉夫		六一、九七四、〇四一·一〇	二九、九〇五、六二九·九三	九一、八七九、六七一·〇三
愛沙尼亞			一三、九九九、一四五·六〇	一三、九九九、一四五·六〇
芬蘭			八、二八一、九二六·一七	八、二八一、九二六·一七
法蘭西	一、九七〇、〇〇〇、〇〇〇	一、〇二七、四七七、八〇〇·〇〇	四〇七、三四一、一四五·〇一	三、四〇四、八一八、九四五·〇一
大不列顛	三、六九六、〇〇〇、〇〇〇	五八一、〇〇〇、〇〇〇·〇〇		四、二七七、〇〇〇、〇〇〇·〇〇
希臘		二七、一六七、〇〇〇·〇〇[1]		二七、一六七、〇〇〇·〇〇
匈牙利			一、六八五、八三五·六一	一、六八五、八三五·六一
意大利	一、〇三一、〇〇〇、〇〇〇	六一七、〇三四、〇五〇·九〇		一、六四八、〇三四、〇五〇·九〇
拉特維亞			五、一三二、二八七·一四	五、一三二、二八七·一四
里比利亞		二六、〇〇〇·〇〇		二六、〇〇〇·〇〇
立陶宛			四、九八一、六二八·〇三	四、九八一、六二八·〇三

尼加拉瓜			四三一,八四九·一四	四三一,八四九·一四
波蘭			一五九,六六六,九七二·三九[2]	一五九,六六六,九七二·三九
羅馬尼亞		二五,〇〇〇,〇〇〇·〇〇	一二,九一一,一五二·九二	三七,九一一,一五二·九二
俄羅斯	一八七,七二九,七五〇[3]		四,八七一,五四七·三七	一九二,六〇一,二九七·三七
南斯拉夫	一〇,六〇五,〇〇〇	一六,一七五,四六五·五六	二四,九七八,〇二〇·九九	五一,七五八,四八六·五五
總計美金	七,〇七七,一一四,七五〇	二,五三三,一六八,八二五·四五	七四〇,〇七五,四九九·二五	一〇,三五〇,四七九,〇七四·七〇

1 內包括美金一二,一六七,〇〇〇元係一九二九年二月十四日的條例所特准者。

2 內包括美金一二,七三六,六二八·四二元係 United States Shipping Board Emergency Fleet Corporation 服務所得的酬報。

3 擔保墊款五,〇〇〇,〇〇〇金元未成立故不計在內。

所借款項大多用在美國境內

這些供給協約各國的款項只有極少數流出美國國境。大多數用在美國購買戰爭資料及食糧。下表表明各項借款用於購買的各項供應:(四)

軍火,包括補充用品在內	美金二,四九三,六一〇,〇〇〇元
爲他國政府代辦軍火	二〇五,四九五,〇〇〇元
匯兌及棉花	二,六四四,七八三,〇〇〇元
糧食	一,四二二,四七六,〇〇〇元

其他食物	一、六二九、七二六、〇〇〇元
菸草	一四五、一〇〇、〇〇〇元
其他供應	六一三、一〇七、〇〇〇元
運輸	一三六、〇八三、〇〇〇元
輪船	一七三、三九七、〇〇〇元
利息	七三〇、五〇四、〇〇〇元
到期債務	六四八、二四六、〇〇〇元
救濟	五三八、一八八、〇〇〇元
白銀	二六七、九四三、〇〇〇元
俄羅斯北部食物	七、〇二九、〇〇〇元
從各中立國所購	一八、七一八、〇〇〇元
美國在意大利的軍事購買	二五、〇〇〇、〇〇〇元
雜項	一六八、五三〇、〇〇〇元
總計	美金一一、八六七、九三五、〇〇〇元

清償與整理問題

戰爭一經終止，戰債的淸償與整理問題遂見迫切。法、英兩國希望在和平會議上討論各關係國家

法國將協約國間債務與賠償併爲一談

（五）相互地位之際，同時對於各種賬項作一總結算。對於協約各國，尤其對於法國，這種同時討論的目標，是要把協約國間債務與德國賠償問題併爲一談。美政府反對以戰債償還問題，在巴黎與和平會議同時談判；雖然有幾個國家不斷設法把牠列在和會議程裏面，美國居然卻把牠避開了。

使美國取消戰債的企圖

凡爾塞條約簽字以後，各國曾作種種企圖使美國贊成將所有戰債一概取消。這種動機是發自英國政府，牠在一九二〇年二月九日知照美國政府，謂牠『樂愿將各國政府間的戰債完全取消。』這個公文繼續聲稱『此項國與國間債務的存在，以致各中立國無從襄助私人信用爲之阻斷，並且……對於未來國際關係將有擾亂的影響。』（六）財政部長霍斯頓（Honston）於一九二〇年三月一日答稱，無論美國人民或美國國會對於這個勾消債務的建議都不會贊成的。他說完全勾消並非所有關係各國的互相犧牲，而主要的是美國的貢獻。（七）他續稱這個提議將使美國人民獨力擔承償付利息並且根本清償美國貸與協約各國的借款本銀。霍斯頓覆文中這樣寫道：

拒絕取消的提議

本國在此次戰爭中既未求取亦未獲得實在利益。反之，協約各國雖大受生命與財產的損失，但已取得若干領土，人口，經濟的與其他的利益。因此，如對於此種情形與整個局面加以總計算後，當無意亦無理由請本國政府再作貢獻。

拒絕取消成爲美國的政策

財政部長霍斯頓的態度後來成了美國對於取消戰債所取的政策。

英法兩國於一九二〇年五月在亥司會議（Hythe Conference）一同力主將債務與德國賠償一并取消，同年八月四日英國首相路易喬治致書威爾遜總統申述英方之進退維谷情形。他信中寫道，「英國政府一向抱定這種見解，以爲德國的賠款必須有一定數目，而且必須規定在德國合理的償付能力以內。此項數目（八）的規定，不宜再有延遲，因爲這種不定局面一日不除，中歐的建設一日不能開始」。他接着說法國接受這種見解，但如果她對於協約及參戰各國的債務，不能得到減除的待遇，她是不願減低她在條約（凡爾塞條約）下的權利的。他聲稱英國願意贊同任何減除或取消協約國間債務的公平辦法，

威爾遜總統否認債務與賠償間有何連繫

但對於美國的債務應爲此項解決辦法的一部分。美總統在他的答覆中重述財政部的見解，駁斥歐洲方面所謂德國賠償與各國間債務有任何連繫，並請歐洲各債務國與華盛頓開始還債談判。

國會成立戰債委員團

哈定總統接任以後，他的財政部長梅倫(Andrew W. Mellon)要求國會授予充分權限，以磋商還債協定。國會拒絕了財政部長充分權力的請求，而另行成立了一個機關名爲「世界大戰外債委員團」(World War Foreign Debt Commission)，其委員應由大總統商諸參議院並得其同意後加以任命，且規定財政部長爲主席。(九)

還債條例原來命令該委員團對於各外國政府因世界大戰締結的債務，其償還辦法爲期不得逾二十五年，利息不得低於百分之四又四分之一。此項利率乃美國自由公債的最高利率。(十)就是英國也無

力接受這些條件。迨一九二二年十二月，當時爲英國財務大臣而後來爲首相的鮑爾溫（Stanley Baldwin）被派赴美磋商英方還債事宜，他覺得到了較好的條件。他與世界大戰外債委員團於一九二三年二月成立了一個協定；同年三月，國會便予以接受了。（十一）該協定規定英國債額爲四、六〇〇、〇〇〇、〇〇〇金元——借款的總額——應作爲六十二次常年攤款償付，利率在最初十年間爲百分之三，在以後五十二年間爲百分之三又二分之一，較原定百分之五頗有減少。這些攤款額起始甚少而逐漸增加，迨該時期終數目非常鉅大。

與英國成立協定

解決辦法不爲英人歡迎

這個解決辦法在英國是不受人歡迎的。大戰剛完「德意志應該傾囊賠償」的那種情感已經改變，現在覺得不如將債務與賠償一抖勾消對於英國較爲有利。英國對於還債問題的政策備載於英國外部大臣巴爾富在一九二二年八月一日所發的照會內。（十二）該照會說明了英國願意放棄她應得的德國賠款，並願同時「一舉」取消全部協約國間債務之後，接着說英國政府在任何情形下，「決不要求我們的債務國所償付我們的，多過於我們償付我們的債權國的。我們既不多求我們自亦不願少得，此當爲大家所承認者也。」這樣揭櫫的政策在大體上變成了英國與她的戰債債務國家談判之領導原則。歐陸國家批評她說，她與美政府分別談判，她削弱了她的協約各國之討價還價力量。

英國決不要求其債務國所償多過於彼應償其債權國的數額

需要借款迫得其他政府來謀解決

其他各國因美國國會規定的條件太苛，殊不願與美國舉行談判，但他們需要美國資本，而據哈定總統所發聲明，則任何國家，如果不訂立還債協定，概不貸以款項。各債務國陸續派遣代表團赴美磋商還債條件。自從一九二六年五月三日南斯拉夫債務確定歸還辦法，簽立協定以後，該委員團的工作實際已告完竣。各國還債辦法概爲六十二年期限，並規定逐漸增加的攤本數額。該委員團議訂的十三個債務協定代表該委員團創設時債務本金總額百分之九七。下表表明各國政府確定的債務數額還債期間美國應得的本息總額，以及每一債務國的平均利息：(十三)

談判了十三個解決的協定

國別	協定日期	確定本金額	應收利息額	總計	❶利率%
比利時	一九二五年八月十八日	四一七、七八〇、〇〇〇	三一〇、〇五〇、五〇〇·〇〇	七二七、八三〇、五〇〇·〇〇	一·八
捷克斯拉夫	一九二五年十月十三日	一一五、〇〇〇、〇〇〇	❷一九七、八一一、四三三·八八	三一二、八一一、四三三·八八	三·三
愛沙尼亞	一九二五年十月二十八日	一三、八三〇、〇〇〇	一九、五〇一、一四〇·〇〇	三三、三三一、一四〇·〇〇	三·三
芬蘭	一九二三年五月一日	九、〇〇〇、〇〇〇	一二、六九五、〇五五·〇〇	二一、六九五、〇五五·〇〇	三·三
法蘭西	一九二六年四月二十九日	四、〇二五、〇〇〇、〇〇〇	二、八二二、六七四、一〇四·一七	六、八四七、六七四、一〇四·一七	一·六
大不列顛	一九二三年六月十九日	四、六〇〇、〇〇〇、〇〇〇	六、五〇五、九六五、〇〇〇·〇〇	一一、一〇五、九六五、〇〇〇·〇〇	三·三
匈牙利	一九二四年四月二十五日	一、九三九、〇〇〇	二、七五四、二四〇·〇〇	四、六九三、二四〇·〇〇	三·三
意大利	一九二五年十一月十四日	二、〇四二、〇〇〇、〇〇〇	三六五、六七七、五〇〇·〇〇	二、四〇七、六七七、五〇〇·〇〇	〇·四
拉特維亞	一九二五年九月二十四日	五、七七五、〇〇〇	八、一八三、六三五·〇〇	一三、九五八、六三五·〇〇	三·三
立陶宛	一九二四年九月二十二日	六、〇三〇、〇〇〇	八、五〇一、九四〇·〇〇	一四、五三一、九四〇·〇〇	三·三
波蘭	一九二四年十一月十四日	一七八、五六〇、〇〇〇	二五七、一二七、五五〇·〇〇	四三五、六八七、五五〇·〇〇	三·三

羅馬尼亞	一九二五年十二月四日	四四、五九〇、〇〇〇	❷七七、九一六、二六〇·〇〇	一二二、五〇六、二六〇·〇〇	三·三
南斯拉夫	一九二六年五月三日	六二、八五〇、〇〇〇	三二、三二七、六三五·〇〇	九五、一七七、六三五·〇〇	一·〇
總計		美金一一、五二二、三五四、〇〇〇	一〇、六二一、一八五、九九三、一〇	二二、一四三、五三九、九九三、一〇	

❶還款期間大概的平均利率。
❷包括延付息金，將來併入本金之中。

償付能力作爲還債標準

世界大戰外債委員團所用的測度標準便是各國的償付能力，這種標準首先行之於英國的還債辦法。一九二五年十月一日，美國委員團重述該原則如下：（十四）

我們相信各委員團均充分認識對於雙方莫不公允的唯一談判基礎，即法國償付能力的原則。雙方委員團疑難所在，誠如我們所述，乃對於法國未來償付能力而不致危害其經濟與社會機構所作判斷之不同；而此種疑難以對於將來者而非現在者爲甚，誠以我們準備接受法國委員團所述法國目前困境的見解也。

但「能力」"capacity" 乃是一個大概的公式。單從該委員團爲其他八個債務國（十五）規定的條款與其給予英國者實際相同，就可以明白看出這一點了。搜集的材料堆積如山，想藉此發覺其他八個債務國之相對的償付能力與英國之償付能力有何不同。但要發覺將來的『能力』怎樣，這只有一個星相家可以勝任，而非一個統計學家所能做到。那些負責折衝者怎能預言六十二年間的一國之經濟榮枯呢？事實上，美國的交涉者以及債務國的代表們莫不竭力為他們各自的主人在戰債協議中謀取最大可能的利益。財政部長梅倫所言足為證明。他報告道，『我們已經只差使用武力為美國取得最有利的還款辦法了。』(十六)

經濟學家多不信債務有清償之望

當這些債務協定訂立的時候，對於美國所取的政策是否聰明和適當，很有一番議論。很少數的經濟學家相信這些債務可有完全清償之一日。國與國間的還債分析到最後只有對債權國輸送貨物或提供服務或二者兼採——除非債權國有意那種自己借款給人家還給自己的唐吉訶德式的(意即狂愚的)政策，那是又當別論了。有些經濟學家論美國，假如要從她的歐洲債務國收取戰債還款的話，各歐洲債務國將不得不造成一種貿易出超，以貨物售給美國。但美國的保護關稅政策既旨在限制一切輸入品的競爭，外加上在各方面均厲行一種鼓勵輸出的政策，使她的債務各國便無從得到一種出超的貿易。至於講到輸運、保險、銀行等業之服務提供，美國也採取了同樣的阻礙政策，她津貼輸運業，和抑制外國銀行及保險公司等等之在美營業，使她自己可以履行這些服務。

美國的貿易政策使各國不能以金錢還債

德國賠償額的決定

當世界大戰外債委員團工作告竣的時候，德國賠償問題業已經過了一個長久而痛苦的演變。賠償的義務全視乎德國是否接受『因德國及其同盟各國的侵略戰爭而使協商與參戰各國政府及其人民所受的一切喪亡損失」（十七）之全部責任。賠償款額的高下留待賠償委員團加以決定，該委員團將數額定為一千三百二十萬萬金馬克，約為三百三十萬萬金元。經協約國最高會議於一九二一年五月五日發出了一封哀的美敦書以後，德國便接受了賠償委員團規定下來的條件。

德國不能遵守賠償計劃

德國無力遵守付款日程的情形不久就很明顯，該委員團不得不從頭起加以修正。已經解體的德國經濟能夠擔負賠償計劃所加的壓力到什麼程度，變成了法英兩個主要的賠償債權國間之一個問題。法國認為德國種種延宕遲付的情形為不願忠實履行她的義務，同時英國對於德國之不能履行賠款計劃，則認為經濟無力的證明，而主張將賠償數目大大減削。在債權各國要求的壓迫下，德政府不僅失去了償付的意志，抑且失去了償付的能力，而於一九二二年十一月宣布她無力按照一九二一年規定，繼續為賠款的償付。法國認為這分明是對於凡爾賽條約怠工的一種企圖，一九二三年一月九日賠償委員團開會

宣告德國故意不付

時，當即通過一個決議案，（十八）宣布德國有意愆付，法蘭西與比利時的軍隊即長驅直入魯爾（Rhur）德國主要的工業區域。魯爾既被佔領，德國經濟的解體乃益見其速。一九二三年六月至十月之間，德國馬克從每金元換一〇〇、〇〇〇跌到了換一、〇〇〇、〇〇〇、〇〇〇、〇〇〇的驚人數目。直到德國經濟生活幾乎窒息的時候，法人方纔看出以武力徵收賠償的愚蠢。

國務卿許士建議設一委員會以研究德

在法蘭西人與比利時人佔領魯爾不久之前，國務卿許士於一九二二年十二月二十日在新哈文（New Haven）發表演說，建議委派一個專家委員會研究德國的償付能力，並擬具一個如何還款的計

國的償付能力

劃。他的演說顯露了美國政府對於歐洲危難局面的關心，以及美國有意出力贊助若干戰後問題的解決，按自參議院拒絕凡爾塞條約以來，美國是一向不理這些問題的。國務卿許士的建議被法國拒絕了，但一年以後魯爾佔領的不良結局既告明顯，法國遂同意與英國接受這個建議。

陶斯委員會

美政府對於償賠委員團指定的兩個專家委員會，拒絕派遣官方代表，但聲明『樂見美國專家接受邀請，參加各該委員會的工作。』最後經國務卿許士的認可，選出了三個美國人。這三位是陶斯將軍(General Cherles G. Dawes,) 楊格(Owen D. Young) 及羅賓遜(Henry M. Robinson)。陶斯將軍被推為第一個委員會的主席，該委員會職在如何平衡德國歲出入的方法以及如何穩定德國幣制的步驟。英國一位銀行家馬金那 (Reginald Mckenny) 為第二個委員會的主席，其工作為核定德國流在外國的資本數額，旨在使之流回本國。各委員會於一九二四年一月十六日開始工作，而於同年四月九日將研究所得向賠償委員團報告。

陶斯計劃

第一個委員會的工作報告，即所謂陶斯計劃，其中建議德國應從下列各項來源作賠償的撥付：(一)通常國家收支項下，(二)運輸稅項下，(三)德國鐵路公債的利息與還本，以及(四)德國工業債劵的利息與還本。這些常年撥款在第一年間定為一、〇〇〇、〇〇〇、〇〇〇金馬克，而在第五年度或標準年度則遞增至二、五〇〇、〇〇〇、〇〇〇金馬克。(十九) 陶斯計劃規定創設一個收轉委員會 (Transfer Committee)，委員六人，其中一人為行政事務官，號稱賠償款項總經理。(二十) 該委員會主要作用之一，

為關係各國所接受

在保障德國國外匯兌及穩定德國幣制，該計劃當經關係各國在一九二四年八月倫敦會議席上加以正式接受，法蘭西與比利時亦即退出魯爾。陶斯計劃並不企圖全個賠償問題的總解決；牠只是『一種辦法俾經充分時間的施行以後得能恢復信任之心。』(二十二)專家們並未檢討德國的全部賠償額；除相當的微細修正以外，德國在法律上仍受賠償委員團一九二一年所定的數目的拘束。

楊格計劃替代陶斯計劃

陶斯計劃實施了四年之後，賠償債權各國確信時間已經成熟，賠償問題應有一個廣泛而確定的解決。德意志、比利時、法蘭西、大不列顛、意大利與日本各國政府遂指定了一個財政專家委員會，於一九二九年二月九日在巴黎開會。接着是四個月費力的談判，遂於一九二九年六月七日簽訂了若干建議案，官方稱為『新計劃』，但一般人則從其主席美人楊格之名而稱之為楊格計劃。牠替換了陶斯計劃，(二十二)並規定了一個常年付款表，起初三十七年，計自十七萬萬馬克遞增至最高限額二十四萬萬馬克。自是再經二十二年，常年攤款額自十六萬萬馬克遞減至九萬萬馬克。德國又回復了財政的自主權，並負有籌措賠款的全部責任。此外又創設了一個代理機關叫做『國際清算銀行』(Bank for International Settlements)，擔任為債權各國經收德國的賠償款項。這個銀行便這樣代替了凡爾塞條約所設置的賠償委員團。(二十三)

美國繼續否認戰債與賠償間有何連繫

美國向來堅決否認德國應付的賠償與協約各國應付美國的戰債，其間有何連繫。(二十四)美國雖有這樣的態度，但賠償之各債權國始終認為這兩種債務的關係是非常密切，足以影響他們對於二者的政策。英國依照巴爾富那個照會，始終揭櫫着取消戰債的提議，講到這一點，她實佔據着衝要的地位；因爲她不僅是美國的債務國，而同時又是許多國家的大債權國，她在大戰期間貸給協約各國的借款約達一〇、〇〇〇、〇〇〇、〇〇〇金元。英國和她的兩個主要債務國法蘭西與意大利所訂的還債協定，就是根據着兩種基本的考慮：（一）她歸還美國債款所需的數目；（二）各個債務國的財政力量。（二十五）至於法國，她和英國不同，她從未向她的債務國聲明過一個確定的政策，但在她與他們訂立的還債協定裏，她是極其寬大的。她的負責的政治家們會經多次聲明法國贊成將協商與參戰各國間的戰債完全取消。

英國始終主張一律取消

法國贊助英方立場

各國歸還美國的戰債還款，係遵照迄至一九三一年六月十五日所訂的各項協定，並且包括一九三一年六月十五日到期的還款在內。該日收到的各國政府還款共計二、六二七、五八〇、八九七金元，（二十六）計佔借款原額四分之一以上。這個數目中間七二五、三〇〇、四一一金元係還本，其餘一、九〇二、二八〇、四八六金元係利息。（二十七）這些數額一部分係用於收回美國的公債，此項公債額已自一九一七年之二、九七五、六一八、五八五金元增至一九一九年之二六、五九六、七〇一、六四八，可謂登峯造極。兩年之間增加了二三、六二一、〇八三、〇六三金元。一九三〇年的公債數字爲一六、一八五、〇〇〇、〇〇〇金元，可見十年之間已減去一〇、四一一、七〇一、六四八金元。（二十八）其減少數有一部分係取自戰債還款，但大部分則係國家收支的餘額。

一九三一年六月十五日付還美國之款

在這個時期內，一方面歐洲各國固然在還款給美國，但同時美國的銀行家也在時常以大宗借款貸

同時期內美國貸給歐洲的借款

給歐洲。據人估計，美國銀行家與投資家貸予歐洲的借款計四、九二九、二七七、〇〇〇金元，其中有一、四二〇、九五七、〇〇〇金元流入了德國。(三十九)這些私家借款促進了美國的輸出貿易造成了繁榮時期，又使歐洲大陸上回復了金本位並且促成了歐洲的經濟復興。最重要的是，這些借款助成了德國對協約各國的賠償付款，而這些付款又助成了協約各國對美國的戰債還款。(三十)是故德國取得的美國借款爲數超過了她的賠償付款一半以上，而這些借款再加上美國貸給協約各國的借款，實際上就等於美國的戰債收入。除貸予德國政府的借款以外，美國又貸予德國各市政府各工業組合等等以私家借款。這一切借款滋潤了德意志的經濟。德人在美取得的信用借款，使他們能够購買各種原料貨品，以增加德國的國富。這種增加額有一部分被吸到了協約各國，其形式便是賠償付款，這在協約各國眼中，就是償付美國的戰債還款之來源了。美國的外債政策至少暫時已幫同掩飾了國與國間債務問題的眞相。當一九二九年十月間紐約證券市場崩潰，世界不景氣隨之開始，美國銀行家停止貸款國外，於是債務問題也就眞相畢露了。(三十一)美國如夢初醒，恍然知道國與國間債務的全部構造係由美國貸予歐洲的私家借款所維持；所有各項還款協定並曾未解決戰債問題而楊格計劃也沒有解決賠償問題。

貸出的借款實等於收入的還款

債務的性質曖昧不明

世界不景氣使借款停止

一九三一年歐洲的金融危機

世界不景氣之日深月盛，以致物價之慘跌以外，更加上了一九三一年間歐洲發生的多次財政大恐慌。該年五月間，奧地利政府傳出消息，奧國一個與外國連絡頗廣的巨大金融組織叫做信託公司（the Kredit Austalt)的，處在極其危難的景況中。六月與七月裏，德國遭了一次銀行危機，使她的特殊困難益加深刻。外來借款既已告終，她的全部經濟也每況愈下了。這種情形照例在預算困難中最能明白看出。六月五日，德總理勃魯寧博士(Dr Heinrich Bruening) 發了一個緊急命令——這個是他在十一個月裏所發的第三個——努力要從預算困難中打出有秩序的局面來，同時他請世界各國注意德國的危局，聲稱『我們加於我國人民窮困，今已達其極度，』並謂德國必須又『解除其不能勝任的賠償義務。』(三十二)雖然借款已告終止，德國仍得於賠償之外，償付商務上的新債務，其數額已等於賠償額三分之二了。

德國需要解除其賠償義務

美國債權人之大注金錢完全靠着德國的償付能力。這筆孤注實等於全世界其他各國的借款總額。所以爲了美國的利益起見，不得不設法維持德國的償付能力。職是之故，胡佛總統於一九三一年六月二十日，商諸國會中兩大政黨的領袖以後，提議『一切國與國間債務、賠償、與救濟借款，連本及息，概予展緩一年，但各國政府對於私家的債務，自然不在此列。』(三十三)美總統宣告這個計劃的宗旨『擬使來年爲世界經濟復興之年。』胡佛覆述美政府對於債務與賠償間的連繫，久經聲明的政策：

胡佛的延期還款提議

我國政府未嘗參加，亦未嘗表示主張以決定賠償義務。……協約各國因戰爭與建設而欠我們的債務之償還，已訂有解決辦法，並不以德國賠償爲條件，亦不與之有何關係。因此，賠償必然完全是歐洲的問題，與我們毫無關係。

未商諸法國政府

全世界一致贊成這個提議——獨法國不在其列。胡佛在提議展緩付款以前，未嘗商諸法國政府。他也沒有充分理會到法人對於楊格所定賠償付款計劃之神聖重視，而胡佛的提議是違反楊格計劃的。於是兩國之間便開了迅速而激烈的談判，結果於一九三一年七月六日訂了一個原則上的協定，將國與國間債務自一九三一年七月一日展延至一九三二年六月三十日，但限定德政府須繼續償付楊格計劃所規定的各項無條件的常年攤款，將款項存入國際清算銀行。(三十四)該銀行又須將此項資金投入政府擔保的德國鐵道公債，同時各鐵道又須將從該銀行收到的款額交與德國政府。這種轉輾循環的手續，在法人心目中便是保全了楊格計劃常年付款的無條件部分之文字上的神聖性。

法國保全了楊格計劃下無條件的常年付款

從奧地利發動後捲到德意志的那陣經濟巨風，約當一九三一年七月中旬吹至倫敦。英國危機的特色便是各外國債權人在倫敦存款的大宗提回。倫敦為世界金融重鎮的傳統是動搖了，因為該年八月間大家知道金鎊的維持正靠着巴黎與紐約的二萬萬五千萬金元的信用。但黃金的吸收畢竟太厲害了，八月份的信用借款到了八月二十三日就告用盡了。五日之後巴黎與紐約的銀行家又再貸予了四萬萬金元的借款。就是這筆巨款也制不住大宗提款的怒潮，於是英國政府在九月二十日宣布了金本位的停止。

英國放棄金本位

英國放棄金本位以後，美國與法國便是兩大債權國家，金本位的維持者。大家明白假使金本位繼續要做幣制的基礎，這兩個國家不得不合作以達到這個目的。因此法國總理賴伐爾（M. Laval）當卽被

賴伐爾總理訪問胡佛總統

邀赴美，據胡佛總統所說，旨在『討論……不景氣期內國與國間債務上必要的進一步的辦法。』(三十五)

法總理於一九三一年十月二十二日蒞臨美洲，這彷彿向世界表示法國已經取得了政治與經濟上的崇高地位，對於歐洲的經濟命運已有左右的力量，而在美國維持金本位及採取共同政策的努力上成了一個不可或缺的同伴。胡佛、賴伐爾會談的結果具見於一九三一年十月二十五日華盛頓發出的一個共同聲明書內。從這個聲明書裏可見談判的焦點在戰債與賠償，（美其名爲『國與國間債務（inter-governmental obligations』）及金本位的維持。關於戰債問題的宣言如下：

他們關於債務問題的聲明

關於國與國間的義務，我們認爲在胡佛提議之展期一年屆滿以前，或須有一個協定，其內容與條件則概由兩國政府保留爲之。此事應由歐洲各主要關係國家，在一九三一年七月一日前各項通行協定的範圍內及早加以發動。(三十六)

這個聲明書的意義

這裏所用的文字雖然不着邊際之至，但一般的解釋以爲美總統既將戰債與賠償并爲一談，即是承認二者間有某種連繫，以及他們對於貿易不景氣的關係了。這樣明白承認戰債與賠償間的連繫，顯然是背離了美政府自從一九一九年和會上發生這個問題以來所取的政策。(三十七)這個共同聲明書又表示賠償事件應在楊格計劃之範圍內着手處理，而且應由主要關係國家——德意志與法蘭西發動。這樣看來，賴伐爾總理好像有下列成就：（一）債務與賠償間的連繫與（二）取得了胡佛總統一個宣言，如有任何修正，須在楊格計劃之範圍內，這個計劃當四個月以前胡佛提議延付債款時候曾加以漠視的。

國會批准延付案但附有決議案

胡佛總統提議延付國與國間債務之際，國會正當閉會時期，但他已經得到兩大政黨的國會領袖們多人之擔保，贊成這一個延付案，並且允許爲他後盾。當十二月國會開會時，延付案是被批准了，但批准決議案上附有一個宣言內稱『外國對於美國的債務，如以任何方式被取消或被減除，均係與國會的政策不合，而此項共同聲明概不得被解釋爲表示一種相反的政策，或被指爲此處宣告的政策隨時將予以改變的善意考慮。』（三十八）

歐洲政府好像漠視附帶的決議案

我們很難估計歐洲各國政府如何認眞接受國會的宣言。在表面上這似乎是截然違背了美總統與法總理的談話，同時是明白警告歐洲債務各國表示取消或減少戰債的門戶是重重地封鎖着。國會的態度可說是反映着全國人民的輿論，可是美國國會雖然有這麼一個決議，胡佛、賴伐爾共同聲明書內提出

德國推動楊格計劃

的建議，即歐洲主要關係國家應出而發動的話，卻使德國政府推動了楊格計劃的機構。一九三二年六月十六日賠償的債權各國與債務各國（三十九）在洛桑會集，（四十）要對於賠償問題作一『持久的解決。』洛桑會議所定的辦法乃大戰金融清算之又一階段，而且或許是最後階段。賠償之債權各國贊成勾消德

德國賠償折減十分之九

國賠償義務十分之九。在楊格計劃下，德國當時仍欠有二百五十萬萬金元左右之數，新協定則令德國解交國際清算銀行以三十萬萬金馬克之德國政府公債，利息爲百分之五，減債基金爲百分之一。洛桑協定

賠償減除在乎能否與美國訂立滿意辦法

被歡呼爲對於世界復興之一個重要貢獻，牠使世界市場人心大定。可是依照各主要債權國家間的一種『紳士協定，』牠的批准須視戰債問題上能否與美國訂立一個滿意的辦法。德國的賠償如今旣等於勾消，歐洲人士懸在心頭的便是美國將來對於戰債的政策問題。

英國要求覆議戰債

從一九三二年七月九日洛桑協定簽訂的時候起直到十一月八日美國總統選舉事畢，歐洲各政府，深恐連累選舉的局面，都不敢提起戰債問題。但在美國選民巳經選出民主黨候選人羅斯福 (Franklin D. Roosevelt) 爲總統後四十八小時以內，英國政府就發了一個照會(四十一)給國務卿斯汀遜，聲稱戰債『現狀必須覆議，』並且請求『從速爲意見之交換，』預期得到一個善意的答覆。英國政府請求『在今玆建議的談判時期內，停付他們到期的還款。』(四十二)在收到英國照會之後約二十四小時，法國政府也來了一個相同的請求。

法國送達相同照會

法國照會(四十三)追述法國根據了一九三三年十月二十五日胡佛總統與賴伐爾總理共同聲明書內表示的各項原則，『在洛桑同意了極大的犧牲。』她做這些犧牲是『與美政府的意思密切一致的。』

兩方請求延付屆期

該照會末了建議對於債務問題再加探討，並且請求在探討期內展延停止付款的時限。(四十四)

英法兩照會造成的局面是緊張得很，全國都是焦心地伺察着。無論胡佛總統對於戰債問題將定出什麼政策，在數月之內他既然要爲羅斯福總統所接任，他的政策必然要落到下屆當局手裏。因此胡佛總統便請了當時猶爲省長的羅斯福與他來商議。羅斯福接受了該項邀請，建議此次會面純係非正式的與

總統胡佛商諸未來總統羅斯福

胡佛再度否認戰債與賠償間的連繫

國務卿斯汀遜覆文內拒絕贊助延付的展期

私人的性質，並愼重指出『最後分析，英、法及其他各國照會所提出的目前問題，造成了一個責任，應由現在負有行政與立法權威者承擔。』（四十五）現任總統與未來總統間之歷史的會晤，（四十六）結果未有共同聯名的公告，卻由胡佛總統於翌日發表了一個聲明書，追敍戰債的歷史，並且重行主張戰債與賠償間毫無連繫。他相信世界局面的變遷，全球物價的慘跌，旣增加了債務的負擔，殊有理由創設一個機關與各國個別交換意見，以整理各該國的債務。候任總統羅斯福卻反對創設一個新機關，聲稱政府現有外交機構，可供意見的交換。他相信國會無論以何行動，決不能限制大總統與外國政府從事磋商之憲法權力，並且看到這個交換意見辦法有一種便利，卽債務各國可使美政府注意到足以影響他們負債狀態之新的局勢與新的事實。（四十七）十一月二十三日（四十八）國務卿斯汀遜答覆十一月十日的英國照會，聲稱大總統擬創設一個機關與各國個別考慮這個問題，至於十二月十五日到期的英國債務攤款之停付問題，斯汀遜宣稱大總統並無允許此種展期的職權，而且『我們掌握中並無事實足以提請國會爲善意的考慮。』這個照會表明美國政府與人民對於原來協定的十二月十五日之還款非常重視，無論據何理由都不能許其停付的。該國務卿寫道，『整個問題滿意解決之希望，』將因如期還款而『大大增加。』（四十九）

英國十二月的照會意在給美國國會與人民看

十二月一日英國政府在一個長篇累牘的照會中，（五十）提供了可使國會對於債務問題加以善意表決的各項事實。牠在形式上雖係發給美政府的一個照會，事實上卻是對於美國國會及美國人民的一種呼籲，要求與英國合作，『去做挽回金融的、經濟的與政治的禍患之第一步主要工作。』該照會聲辯，謂如果戰債回復胡佛延付許可前的還款辦法，將使全球不景氣加深，物價續跌，結果對於大家都有禍殃。英國政府相信與美國舉行討論，當於世界繁榮的恢復有美滿的效果。牠重行請求在覆議整個問題期間，展緩十二月十五日的攤款。(五十一)該照會承認戰債的減低將使美國納稅人負擔綦重，但這種損失不能與經濟危機造成的財富與人禍之無算損失相提並論。

再度請求展付十二月攤款

一個債權國家若因收取數百萬鎊或金元，而致促成世界禍亂，結果使牠自己(因失去國際貿易)所受稅收上的損失不啻數十百倍，則其無益於牠明矣；至於一種解決，無論其何等寬大慷慨，使此項國與國間還款得以廓清，世界的經濟機構從而獲救，則將因其有貢獻於世界復興而收無窮的實益。

假使英國恢復對美還款，牠便不能不對她自己的債務國家重開還款問題；她的債務各國便要轉向德國要求償付她在楊格計劃下應付的款項，而英國亦不得不取同樣做法。這就要把洛桑協定破壞無餘，整個賠償問題失其着落，而引起嚴重的政治後果。

恢復還款將拆毀洛桑協定

我們倘從美國報界意見來測度美國公衆對於英國照會的態度，我們不能不說這種態度在大體上是贊成把英國提議加以檢討的。但國會界中人對於該照會殊不同情，當國會重行集合的時候，兩院的感情是反對債務問題的重開，那是很清楚的。因此胡佛總統放棄了成立一個國會委員會的意思，而祇得折

美國報紙贊成覆議

國會反對

轉去採用另一計劃，卽自行任命一個委員會。(五十二)

英國輿論分爲償付與拒絕

在英國，對於戰債的輿論頗不一致；有些人覺得爲英國信用的完整計，決須不問後果之如何，應履行一個自由締結的義務，不過這種意思並非全體一致的。有幾位內閣閣員，以財務大臣涅維爾張伯倫(Neville Chamberlain)爲尤著，是主張拒不償付的。曾在兩個工黨政府的前任財務大臣斯諾登(Snowden)中稱英國在公道上沒有償付的義務(五十三)也主張拒絕。在法國那裏向來是強烈反對償還戰債的，而且那裏的衆議院於批准美、法還債協定的時候具有條件，卽該協定下法國應償付的款項要以德國所付賠償之數爲前提，所以一般輿論是主張不付的。

法國一般輿論主強拒付

在美國政府與其債務各國交換牒文當中，一方面堅持償付，他方面要求展緩與覆議以爲救濟，全國非常焦灼地守候着十二月十五日的蒞臨。到了那天，財政部長密爾斯（Mills）宣布(五十四)英國、意大利、捷克斯拉夫、芬蘭、拉特維亞與立陶宛已如數還款；而法國、比利時、愛沙尼亞、匈牙利與波蘭則未照付(五十五)

還款者六國未付者五國

當羅斯福總統走入白宮的時候，美國的戰債政策猶在不定之中。從某些表示看來，美國的情感已經軟化。這些表示大率在新政府解除美國人民債務重擔的急進計劃方面。但整個國家殊未形成一種心理，以促進與洛桑協定相適應的一種解決辦法。這樣一種解決辦法，在歐洲看來，便是由美國接受一整筆還款，其數約在二十萬萬金元以下，卽德國在賠償項下尙應付出的本金與利息額。新政府似乎並無這種意

羅斯福總統傾向以貿易協定為解決方法

向。牠毋寧是在傾向於與每個債務國分別磋商解決辦法的，這些辦法須以商業特權的酬報為基礎，庶使戰債問題的解決能迎合美國民族的口味。

(一) A. W. Lane and A. W. Wall, Letter of Franklin K. Lane, p. 250, J. W. Keynes 在他所著 The Economic Consequences of the Peace 一書中曾稱「苟無美國的助力，協約各國決不能戰勝。」

(二) H. E. Fisk, "Inter-Ally Debts."

(三) Memorandum Covering the Indebeedwos of Foreign Governments to the……United States Treasury Department, February 20, 1933, p. 16.

(四)這些數字係據 U. S. Treasury Dept., Ann. Report on State of Finances, 1919—1920, p. 340.

(五) Harold G. Moulton and Les Pasvolsky, "War Debts and World Prosperity" pp. 54—55; and Combined Annual Reports of the World War Foreign Debt Commission. pp. 64—71 (hereafter referred to as combined Annual Reports)

(六) Combined Annual Reports. p. 68.

(七) Op cit. pp. 68—70.

(八)凡爾賽條約規定了德國應作賠償，但未定數額，而交由賠償委員團決定。

(九)還債條例由哈定總統於一九二三年二月九日加以認准。該條例原文見 Combined Annual Reports. pp. 6—7.

(十)委員團原有委員如次：Secretary of Treasury, A. W. Mellon; Secretary of State. Charles Evans Hughes; Secretary of Commerce, Herbert C. Hoovei; Senator, Reed Smoot and Representative Theodore E. Burton. 一九二三年增加委員三人，其姓名如次：Representatives Charles E. Crisp, Richard Olney and Edward

N. Hurley.

(十一)國會以一九二三年二月二十八日的條例，修正一九二二年二月九日的條例，除他項規定外，授權該委員團得根據牠信為公平的條件，與美國的債務各國政府成立解決辦法，每次解決自須取得國會的認可。

(十二)照會原文見 Moulton and Pasvolsky, "War Debts and World Prosperity", pp.111—112, 113,

(十三) Combined Annual Reports, p. 449,

(十四)在一九二五年十一月意大利的還債協定內，引用償付能力的原則時，纔能洞察到各項攸關的經濟因素。

(十五)這些國家便是匈牙利、立陶宛、波蘭、比利時、拉特維亞、捷克斯拉夫、羅馬尼亞與愛沙尼亞。

(十六) Combined Annual Reports. p. 302.

(十七)凡爾塞條約第二三一條。

(十八)委員團中法蘭西、比利時與意大利的代表投票贊成該決議案，而英國代表則投票反對。

(十九)常年撥款的數額大小，在某種範圍內，依賴於物價的水準及德國的一般經濟發展。欲知詳細，可閱 Moulton and Pasvolsky, "War Debts and World Prosperity", Chapter IX.

(二十)第一任賠償付款經理為楊格 Owen D. Young，繼任者為吉百特 S. Parker Gilbert，迄至陶斯計劃下的賠償時期終了方行去職。

(二十一) Reparation Commission, the Experts' Plan for Reparations Payment, p. 39.

(二十二)楊格計劃於一九三〇年五月十七日正式發生效力。

(二十三)關於楊格計劃的討論可閱 "War Debts and World Prosperity" Chapter X.

(二十四)雖有這種否認，但世界大戰外債委員團主席兼美國財政部長梅倫於一九二七年三月十五日致書普林斯頓大學 Princeton University 校長希本 Hibben，內稱『閣下所云我們所訂債務協定將使友邦受兩世的納稅竄負，斯言之不確明白可知，蓋償付我們之款項並不自徵稅而來，乃向德國所勒取而得，且有餘裕也」這段話後經修正將英國除外。衆議院的籌款方法委員會 Committee of Ways and Means 於建議國會批准美法還債協定時，辯稱該清償辦法係根據法國的償付能力。該委員會稱償付能力的決定，其主要考慮之一，即德國交付法國的陶斯還款。參閱 Combined Annual Reports, p. 267.

（二十五）Moulton and Pasvolsky, "War Debts and World Prosperity", Chapter VI;

（二十六）Release by the Treasury, July 1, 1931.

（二十七）Ibid.

（二十八）Daily Statement of the United States Treasury, Oct. 31, 1930.

（二十九）Annual Report of the Secretary of Commerce for the fiscal year ending June 30, 1931.

（三十）自一九二四至一九三一年八年之間，德國賠償還款額計有二，四八〇，〇〇〇，〇〇〇金元 (The War Debts, Supplement to the Economist, London, November 12, 1932.) 美國在該時期內從國與國間債務上的總收入計有二，六二七，五八〇，八九七金元。這些數字暗示協約各國係以他們從德國收到的數目歸還美國的戰債。

（三十一）紐約市場提供的長期外國借款額降落之驚人情形，可以一九三二年十二月十八日紐約時報上所載的一表為證：

一九二八	一，二五一，〇〇〇，〇〇〇金元
一九二九	六七一，〇〇〇，〇〇〇金元
一九三〇	九〇五，〇〇〇，〇〇〇金元
一九三一	二二九，〇〇〇，〇〇〇金元
一九三二	無

（三十二）New York Times, June 6, 1931.

（三十三）Ibid, June 21, 1931. See Moulton and Pasvolsky, War Debts and Wrold Prosperity, pp. 322—324.

（三十四）依照一九三一年十二月的共同决議案國會給予了大總統以展延外國還款的職權，同時授權財政部長與各國訂立協定，使延付款額分爲十年拔還，計自一九三三年七月一日起，利率爲週年百分之四。

（三十五）New York Times, Oct, 7, 1931.

（三十六）New York Times October 26, 1931, See Walter Lippmann and William O. Scroggs, the United States in World Affairs, 1931, Appendix IV. for the text of the Statement,

（三十七）但可參閱本章腳註三十四那封信。

（三十八）H.J. Resolution 147, 72nd Congress, Ist Session,

（三十九）洛桑會議的召集原係討論賠償與其他必要方法裨解除世界危機所由造成的那些經濟與金融的疑難問題。美國拒絕派遣代表，因恐參加該會議後，於討論賠償及一般經濟問題時，美國將被迫考慮戰債之故。爲克服這重阻礙起見，英國提議另開一個會議，將來在倫敦擧行，另定一個爲美國贊同的議事錄。這提議被美國接受了。

（四十）美國所派那位『觀察人』出席了洛桑會議，並參加了各項協定的擬訂。

（四十一）英國照會的日期爲十一月十日。Dept. of State, Papers Concerning Intergovernmental Debts, November-December 1932, p. 33.

（四十二）英國有一筆債款於十二月十五日到期。

（四十三）Dept. of State, Papers Concerning Intergovernmental Debts, November-December 1932, p. 23.

（四十四）比利時，捷克斯洛伐克與波蘭送達的照會頗相彷彿，見 Ibid., pp. 1, 9, 71.

（四十五）New York Times, November 15, 1932.

（四十六）會議於一九三二年十一月二十二日擧行。

（四十七）New York Times, November 24, 1932. See also Walter Lippmann, the United States in World Affairs,1932, pp. 179—180.

（四十八）Dept. of State, Papers Concerning Intergovernmental Debts, November-December, 1932, p 35.

（四十九）同日有一個相同的照會送達法國政府。送達比利時，捷克斯拉夫與波蘭的覆文措辭亦復相同。

（五十）Dept. of State, Papers Concerning Intergovernmental Debts, November-December, 1932, p. 37

（五十一）十二月一日的法國照會意思相同，見 Ibid., p. 26.

（五十二）胡佛總統於創設該委員團時，深信在他的任期完終以前，該委員團工作當不能完成，故請下屆總統羅斯福合作，當同選任該團各委員。但羅斯福覺得他不能接受這個責任。New York Times, December 23, 1932.

（五十三）見他所作文字。New York Times, November 17, 1932.

（五十四）Dept. of State, Papers Concerning Intergovernmental Debts, November-December,1932, p. 80

（五十五）法國政府自稱其行動為"deferring"（拖延）還款。

第三十五章　孤立的打破

哈定以不參加為外交政策

一九二〇年的總統選舉，在其勝利者心目中乃係排斥威爾遜和他的外交政策，哈定總統宣傳「回復常態」(return to normalcy)，同時他的國務卿許士所宣佈的外交政策，又是除了有關『美國利益』的事件以外，不參加世界政治。新當局對於國際聯盟的態度，在哈定總統下列這段話裏表白得很生動：「牠〔指新政府〕如今無意走進〔國聯〕去，不論是從後門，或是側門，或是地窖門進去。」(一)

不理國聯祕書處的通訊

哈定——許士當局對於國際聯盟最初聽取的極端仇視的政策，甚而至於國聯祕書處的通訊亦為國務部置之不理。(二)華盛頓政府不管國際聯盟已於一九二〇年一月十日成立，當時就有二十四個國家參加在內。到了一九二〇年終，參加者已增至四十八個國家。這樣廣受擁戴的一個機關，美國政府殊不能視若無覩，後來仇視態度就變做了嫉妬的容忍態度，華盛頓官場終於經過在盤恩的瑞士外交部長之手，勉強接受和答覆國聯的通訊了。除了對於國聯通訊的失禮，以及那種喪失時間並使關係各方工作難於進行的轉輾通訊方法之外，美國政府當局更沮阻美國私人的接受國聯委任，彷彿牠也不願私人參加國聯的任何活動似的。

沮阻美國私人之參加國聯委員會

美當局更相信國聯雖非奄奄一息，死期亦不在遠。前任菲律賓總督福布斯(Cameron Forbes) 謝絕國聯行政院委任他在委托統治委員會中的職務。他謝絕的理由，照他自己寫給祕書長的一封信所說『我國政府勸告我不宜擔任委託統治委員會中任何職責』(三)哈定政府最初的態度同樣地制止了常設仲裁法庭中四位美國推事(四)之推薦世界法庭法官其理由據稱爲該法庭與國聯的關係太密切的緣故。

「非官場的觀察人」

自從容忍國聯以後，美政府逐漸演成這種慣例，派遣若干『非官場的觀察人，』出席於各種處理非政治性質的事件的委員會。哈定政府認國聯爲處置人道事件的適當機關，並且派遣代表出席於討論雅片與婦女兒童買賣等等事件委員會。(五)華盛頓總是解釋說，這些代表僅係『諮議』性質，或是『觀察人，』或說是『顧問』地位。國務卿許士稱他們爲『以非官方資格出席的官方代表。』

國聯的存在出於哈定意料之外

雖然哈定政府預言國聯只有短促的壽命，但當柯立芝於一九二三年繼任哈定總統的時候，牠依然健在。四年之間，牠已表現牠的能力爲一個自動的國際組織，負有和平條約下的若干義務，其目的則爲防止戰爭與提倡國際合作。一九二四年，柯立芝總統在他的受任候選總統的演說中能夠這樣說道，『我們已與國聯合作，以消滅麻藥貿易和促進公衆衛生。我們極願出力相助，但其時間、地方與方法則須由我們自行決定。』(六)到了一九二八年共和黨在黨綱內提及國際聯盟盛誇政府與國聯合作的程度。國務卿

與國聯的合作逐漸進展

凱洛格寫道：『美國願與國聯在純粹有關國際的事件上充分地、自由地、和得力地合作的意思以及我國政府恪守不參加國聯本身的政策，現已爲日內瓦所明白諒解。』(七)到了一九三〇年，美國所參加的國聯會議已在四十個以上，這些會議有關於軍火貿易，雅片貿易，運輸交通，雙重課稅，輸出入限制，僞貨冒充，

里比利亞奴隸制度，編訂國際法，各種經濟問題，軍縮問題，和其他許多問題。

參加國聯一切行動惟政治問題在外

十餘年間，美國差不多參加了國聯每一種的活動。『非官方』合作，起初雖非本心所願，但必然使人民以及政府方面對於國聯抱一種新的態度。美國的政策已從仇視而變爲友誼的合作，這一種發展過程還沒有停止。美國的合作在人道事件上雖然比較來得完備，但國務部對於處理『政治』問題的國聯會議因恐怕美國捲入歐洲政治漩渦，仍原拒不參加。（八）羅斯福總統意在繼續那種政策，所以他在一九三三年十二月二十八日威爾遜基金會上宣稱道：『我們並非會員〔國聯會員〕，而且也不想取得會員資格。我們在種種事件上，除政治問題外，正與國聯合作。……』（九）話雖如此，然而自從一九二六年來，美國就在日內瓦軍縮會議上主持壇坫。試問歐洲問題之屬於政治性質者，豈有甚於軍縮問題的嗎？美國的官方態度乃係相信人之能力，可以將何者爲純屬政治性質的問題以及何者爲其他國際利益的問題分開。然而在現代世界裏面，政治與經濟已成難解難分，甚而至於難決定二者之此疆彼界。美國資本家在圖取莫蘇爾的油田，以及美國商人在爭奪中國的市場的時候，都是企求着外交方面保護經濟方面的利益，還有美國的金融家和投資家則要求以武力干涉來保全他們中美洲的利權。美國是一個廣大的經濟市國，其安全悉賴於改變她的十八世紀之孤立政策，以符合其二十世紀世界強國的地位。

軍縮爲美國非常關切的政治與經濟問題

集體運用制裁爲美國所阻

不論美國在大戰前十年間有什麽政治情調，（十）贊成有一個國際的權威來保持和平，但戰後的輿論已經轉到相反的方向去了。自從參議院否決凡爾塞條約以還，美國對於國聯會章第十六條所擬的集體制裁，即對於違背牠的義務從事戰爭的國家加以經濟封鎖一節，其所取的政策始終沒有變更。有些國聯會員國深恐對破壞和平的國家實施經濟封鎖的時候，假如美國堅持着與那個侵略國家通商的權利，則不免將與美國發生衝突，這種恐懼之心使國聯制裁政策未能有進一步的發展。英國對於第十六條會章的立場泰半視美國的態度而轉移。因為不知道美國對於中立抱有何種政策，所以英國不得不反對法國所堅持的強化第十六條之主張。（十一）由於她沒有接受國聯的正式會員資格，美國實際上已使第十六條成為死的文字。

保持獨立行動的政策

參議院方面對於制裁以及有制裁氣味的任何規定，其戒懼之深從牠批准一九二一——二二年華盛頓會議四強太平洋公約時的小心謹慎就可以看出來。參議院慎重地記載下來，說是在這個協定下面，『不得有從事武力之約，參加任何種防守的同盟與義務。』（十二）當國務卿凱洛格在參議院委員會上

凱洛格的見解

說明凱洛格白里安公約的意義的時候，他宣稱『我們是無義務要懲戒破壞非戰公約的任何人。猶如我們並無義務要懲戒破壞我們簽訂的其他條約的任何人一樣。』胡佛政府關於這事的政策，胡佛自己曾

胡佛總統的見解

經有條次的說明，『歐洲各國在國際聯盟會章下，議定如有任何國家不能和平解決其爭議者，其他國家得用武力迫令就範。我們不肯走這一條路。我們深信至少在西半球上，輿論足以制止強暴。我們提議走的路是這一條。』（十三）胡佛總統解釋說這種態度由於在感情上以為武力的威脅與和平努力的宗旨不合，而且擔任運用武力以維持和平，與美國行動自由的傳統政策也相背馳。

世界和平機構中既添上了凱洛格白里安公約，胡佛的〔追隨前二任的〕有選擇的合作政策，（換言之，即在非政治的事件上合作，而對於有關世界和平的政治事件則保持行動自由）還是使各國猜不透美國政府遇到國聯舉行封鎖的時候，將取何種行動。（十四）美國將堅持與一個破壞國聯會章和凱洛格白里安公約的國家通商麼？抑是牠將制止人民與侵略國通商，以維護國聯的制裁政策？參議員波拉說過，美國遇到牠所參加的一個多邊公約，有嚴重的違背情事，而採取袖手旁觀的立場，那是不可思議的。（十五）

美國對於國聯封鎖的態度

參議員加普的議案

為了要使美國對於這事的立場，有比較明白的規定起見，所以在國會裏提出了若干決議案。堪薩斯州（Kansas）的參議員加普（Arthur Capper）在一九二九年二月十一日他那個議案裏，擬使國會授權大總統對於破壞凱洛格白里安公約的國家行使禁止軍火輸出令。該項議案又規定作一政策宣言，說明美國對於其人民與已經大總統宣告為破壞條約的國家通商者，政府不予以保護。加普決議案所引起的異議是說這樣對於一國禁止而對於另一國不禁止，乃有背於中立之道，同時牠授於大總統以決定侵略國的權力，殊不知道這種權力乃國會作戰權限之完整的一部分。不管關於憲法上的一段辯論之有無理由，講到加普議案違反中立的話，卻是被人指為不通的，因為國際聯盟會章，凱洛格白里安公約以及我們現在生存的世界已經影響了中立權利的法律。蕭特威爾（James T. Shotwell）教授寫道：

但如今時機已至，中立概念必須變更以適應現代戰爭的情形……倘受到軍火接濟的國家在我們意見中爲一侵略國家，我們因爲給予了金融與工業方面的接濟而增加了該國獲勝的機會，那麼我們在道德上，卽使不在法律上，便成了該侵略國的從犯。（十六）

巴特議案

一九二九年二月十一日國會議員巴特（Stephen G. Porter）提出的巴特議案，其中減去了加普議案所遭的若干異議。牠旨在使大總統已經賦有對於西半球上任何國家以及美國享有治外法權的（十七）若干國家禁止軍火出口的權力更爲普遍適用，卽遇有任何國家有發生內亂或國際衝突，或其威脅時，得對該國禁止軍火出口，但加普議案與巴特議案都沒有成爲法律。

不承認侵略所得的主義

一九三二年一月七日國務卿斯汀遜通牒內揭櫫的不承認侵略的結果的那個主義，原係引用於中日衝突的，（十八）到了一九三二年八月三日又與西半球發生關係了。所以牽涉到的緣由，乃玻利維亞與巴拉圭爭大廈谷（Gran Chaco）的戰爭。大廈谷是一片荒涼大野，凡七百哩長，三百里廣，位於巴拉圭河西岸與安提斯（Andes）山麓之間。

大廈谷之爭

玻巴兩國對於這片領土主權的爭執已有若干年代。和解的企圖曾經做過多次，但都歸於徒然。一九三二年六月十五日，玻利維亞佔領了巴拉圭在大廈谷所據的一個礮臺，因此又發生了衝突。（十九）古巴、哥倫比亞、墨西哥、烏拉圭與美國等國的代表合組的一個中立委員團多方設法調解，終無效果，而當玻利維亞政府拒絕該委員團的停戰請求時，泛美協會全部十九個中立會員國，

十九個美洲國家拒不承認戰勝的領土獲得

於一九三二年八月三日發出了一個相同的照會給爭執雙方，宣稱他們決不承大廈谷區域內以武力戰勝的領土。該照會的末了一段措辭如下：(二十)「美洲各國再行聲明，對於此次爭議中非由和平方法取得的任何領土，以及武力所佔領或克服的領土，概不予以承認。」斯汀遜主義之應用於大廈谷爭執，爲西半球成立了具有極大歷史重要性的一個先例。這個主義的效力如何，尚須拭目以待。牠的援用卻並未制止爭執各造不宣而戰的戰爭。

不承認戰爭造成的領土變更這個政策變做了胡佛政府外交政策之一個重大原則。羅斯福總統表示他將繼續遵守(二十一)該原則，並不制止戰爭的爆發；牠旨在使以壓力或破壞條約而取得的任何權利無從得到合法性，這在沮阻運用武力以解決國際爭執的運動上可視爲一個重要步驟。這原則又與美國不受制裁的脾味相適合。這一種政策既無意於武力干涉，又不想斷絕金融與經濟的關係。有如一位作家所說，這是對於一個侵略國家的「一種消極抵抗。」(二十二)

不承認政策的前途殊可疑問

不承認主義將有怎樣的前途是難以預測的。斯汀遜聲稱這個新政策的普遍採用，「將有效地使以壓力或破壞條約而取得的任何權利無從得到合法性，」這話有些國際法家曾加以疑問。(二十三)合法性的觀念含有法律在國際事件上爲最高無上的意義，但「國際法猶在原始時代，」而且「我們如果否認這一點，我們不會對於世界有什麼貢獻。」(二十四)僅僅宣稱我們不承認侵略的結果並沒有改變這個事實，即侵略已經發生，而某種結果，如領土的佔領等，已經隨之發生。批評這個主義的學者主張說，如果一個

國際社會並無制止戰爭的義務，而有漠視其結果的自由者，不承認所造成的衝突，將較牠所平定的爲多。(二十五)

承認蘇俄的拖延

美國採取(二十六)外交上不承認蘇俄政府的政策(二十七)已歷十有六年，而自從威爾遜總統的一位國務卿科爾比(Bainbridge Colby)規定了承認之必要條件以來，美國與該國的官方關係就在停頓之中，

國務卿科爾比的承認條件

這些必要條件可以概述如下：(一)國際義務的神聖之承認；(二)蘇聯沒收的美國人財產的賠償；(三)克倫斯基政府所訂債務的承認；以及(四)蘇維埃政府當局與之有密切連繫的第三國際對於美國制度的種種破壞活動之終止。蘇維埃政府始終否認牠有歸還克倫斯基時代所訂債款的義務，但牠表示一種願望，願與美國議訂一個清償辦法，但據蘇俄所稱，這種清算必須計及他們的反要求——要求賠償一九一八至一九二〇年間因爲美國干涉而造成的財產損失與生命喪亡。講到蘇維埃政府擔保停止共產宣傳之散播一節，牠否認在美國有從事任何破壞的活動。蘇聯劃了一種區別，視蘇維埃政府與共產黨及第三國際是不同的東西。他們提出的理由是：共產黨與第三國際苟從事於散播世界革命的福音，蘇聯政府當局是不能負責的。這種區別是技術上的而且虛假的，因爲分析到底，俄國政府與第三國際二者都是以莫斯科爲大本營的那個共產黨中央組織的產兒。

不管美國官方的態度如何，輿論對於承認蘇聯的同情心已在與日俱增。美國國內出現的許多討論俄國經濟的書籍，公衆方面對於俄國五年計劃內具見的計劃經濟之關切，以及美國自己的經濟制度之

破滅與其連帶而來的痛苦，造成了美國對於蘇俄一種比較友善的情緒。到了一九三三年十一月十六日羅斯福總統卽對蘇維埃政府以承認了。蘇維埃外交人民委員李維諾夫（Maxim Litvinoff）親來華盛頓主持談判，他與羅斯福在換文中議定，俄國不得以任何方式干涉美國及其領土或所屬地的內政；又俄國直接或間接管轄的各種組織不得有損害美國繁榮、秩序或安寧之任何行動；又蘇維埃政府應准許僑居俄羅斯之美國人民有信教的完全自由；又蘇維埃政府應放棄因美國軍隊在西比利亞之行動而提出的一切要求。此外又議定其他一切懸而未決的要求與反要求留待未來談判，加以決定。蘇美之接近在雙方都歡呼爲一大勝利。對於俄國、她因爲日本在滿洲的種種舉動，對日關係緊張已久，這次承認被解釋爲強化了她在遠東對日的地位。就這種意義而言，羅斯福總統的承認舉動是被全世界公認爲保障遠東和平的要着。對於美國，承認便等於更加廣大的貿易以及她的遠東政策之強化。（這件事情她也非常關心的。）

一九三三年十一月十六日承認

承認條件

美國關稅貿易限制與戰債政策及世界不景氣

像她自從大戰以來的政治政策一樣，美國的國際商業政策也深深地影響了世界貿易與世界和平的途徑。一九二九年間開始的世界經濟不景氣帶來了空前的失業，貨物價格的慘跌，國外貿易的驟衰，到處皆是的窮困以及巨大的經濟損失。世界經濟解體後面潛伏的種種原因非這裏所能詳細列舉。原因是太多和太複雜了。一般人公認不景氣爲世界大戰一種重要的後果，而不幸得很，美國的關稅定率，貿易限制與戰債政策（二十八）又大大地促成了這番不景氣。

美國成爲一債權國

戰後第一個普遍的稅則，即一九二二年的福德萊麥克康伯法 (Fordney-McCumber) 訂了很高的稅率。這種稅率的訂定，正當美國從債務國一變爲債權國的時候，同時我們向來對歐的債務與債權關係也完全倒轉了。(二十九)美國私人銀行家與美國政府放出的巨額借款，以便各國在美購買戰爭資源與供應的結果，使美國輸出品較輸入品超過了不知多少億兆的金元。(三十) 到了一九一九年終，外人對美所負巨大債務總額約達一百八十萬萬金元。(三十一)這番從債務國轉變爲領袖的債權國，其間美國的金融與商業政策並沒有隨之加以一種調整。

經濟國家主義

美國在其爲世界領袖債權國之新地位上，泰半還是遵照着她在戰前的經濟國家主義政策，這種政策是被她當時之債務國地位所迫成的。這種政策的表示爲較高的關稅壁壘，藉此保障國內市場，以對付外國的競爭，以及由公私機關來提倡輸出貿易等等。

浩列斯慕特關稅

一九二二年的福德萊麥克康伯關稅稅則又繼之以一九三〇年的浩列斯慕特 (Hawley-Smoot) 關稅稅則，這在某些物品上造成了美國保護主義歷史上最高的稅率，並且加強了美國爲世界上極端保護主義國家的地位。一九三〇年稅則有一部分是要想防止外國貨品的洶湧流入，因爲自從一九二九年華街 (Wall Street) 證券市場的漲風慘滅以後，全世界物價狂跌，而頗有衝進美國的可能。南美及歐洲各國對於浩列——斯慕特條例的紛紛抗議，均歸無效。

其他國家的報復關稅

世界不景氣使胡佛政府躲到了一個高不可攀的關稅壁壘之下，牠是堅強地相信着美國之經濟自足能力的浩列——斯慕特條例激起了其他各國關稅之潮，稅率一例修正提高，訂立各種輸入限制與禁令，既所以報復美國，亦所以保護他們自己，希圖避免世界物價的狂跌。(三十二)

輸出入的衰落

商務部公佈的數字，(三十三)表明一九三二年在輸出與輸入兩方面世界貿易均已降至美金二六、一六〇、〇〇〇、〇〇〇元，較之上年度在價值上跌去百分之三四，在數量上跌去百分之二六。自從一九一〇年以來，一九三二年的貿易總額乃空前最低的一年，比較一九三一年的三九、五九七、〇〇〇、〇〇〇金元，一九三〇年的五四、九二一、〇〇〇、〇〇〇金元，以及一九二九年的六八、二九〇、〇〇〇、〇〇〇金元，以百分數計，一九三二年全部世界貿易較一九三〇年低去百分之五二·五，較一九二九年低去百分之六一·七。國際貿易上這種重大衰落，一部分可以歸咎於世界不景氣損害了購買力，以致需求減少；又一部分則可歸咎於種種人爲的貿易限制。現在大家已經公認關稅戰爭乃是促成世界貿易崩潰與世界經濟平衡上重大騷擾之重要因素。

關稅與戰債

與美國關稅政策有密切連繫的便是戰債問題。只要美國私人銀行家以大宗借款貸給歐洲一天，只要美國旅行家在國外消費億萬金錢一天，以及僑居美國的外來人民有大宗金錢寄回本國一天，那麼縱有一九二二年福德萊——麥克康伯稅則條例的限制，債務各國也能償付戰債一天。但一俟這些借款停止，旅行家裹足，以及匯歸各國的款項減少以後，關稅政策的眞正效果乃昭然大見。美國關稅政策與戰債償付間的連繫，羅斯福總統是認識的。當他爲民主黨候選人時，他說道：(三十四)

假使我們有現實的眼光，能夠規定方法，使貿易復興，可以從營利所得拔還債務，那麼債務就不成為一個問題：——我們也不必把他們勾消了……我們的政策是要人家還債，但是同時，主張減低稅率，恢復國外貿易以開還債之門。

美國自足麼

胡佛政府用以應付不景氣的方針，反映出一種信仰，以為美國能以國家的行動，獨立地找到出路的。(三十五)胡佛總統在他的公開演說中，表示了他那種自足自賴以跳出不景氣的理論。他在克里夫蘭(三十六)宣言道，『我們在相當程度內，能使我們擺脫世界影響，而達到大規模的獨力復興』，這因為『我們是非常自給自足的。』實際上，其他各國對付不景氣的經濟政策也是以相同的自足願望與概念為主的。

胡佛總統擁護「自足」觀念

經濟孤立使危機加深

各國採取單獨的經濟政策，以求保護他們自己，和避免被世界經濟崩潰所波及，大半足以加深這個危機。如果要避免物價的跌落與商業活動的普遍停滯，那決計不是經濟孤立所能辦到的。歐洲各國政府基於這種認識，乃於一九三二年六月有洛桑會議的召集，以處置德國賠償以及『解除其他造成並延長目前世界危機的』經濟與金融困難的必要辦法。美國拒絕參加，因為她深恐會議程序中把一般經濟問題與賠償列在一起，必然要把她牽涉到戰債的討論裏面。為解除美國的異議起見，英國政府提出了並經美國接受了在倫敦舉行世界經濟會議的邀請，將招致美人反對的賠償問題不列入討論，而僅討論一般的經濟問題，美國的接受當然是審慎的。國務部宣稱牠的參加『目的在考慮穩定世界物價的方法』，但附

提議舉行倫敦經濟會議

有一種諒解，卽賠償、戰債與軍縮不在討論之列，(三十七)次日又加上了一個保留案，卽牠願予考慮一般的關稅問題，但不願討論特定的稅率。

會議的議事程序

一九三二年的洛桑會議，除大大減少德國賠償數額以外，(三十八)又成立了一個專家預備委員會。(三十九)其工作爲先行檢討各種世界復興的問題，以便提交擬開的世界經濟會議。該委員會在日內瓦開了兩次會，並於一九三三年一月九日擬定了一個世界經濟會議的議程草稿。(四十)該委員會的主題爲世界各國經濟上的解除武裝。幣制與金融事件上的秩序之回復，以及國際貿易所受種種有害的限制之解除，當經宣告爲急不容緩之舉。世界各國必須在下列的經濟前線上作一致的總攻擊：(一)貨幣與信用政策；(二)物價；(三)恢復資本的流動；(四)國際貿易上的限制；(五)關稅與條約政策以及(六)生產與貿易的組織。

美國的巨大變化

一九三三年六月十二日開幕於倫敦的世界幣制與經濟會議，其背景爲美國正在發生的種種大變，恐慌到了羅斯福總統就任前的時候達到了最高峯。那位新就職的總統於三月五日特發了一個布告，停閉國內一切銀行，並且禁止收藏或輸出生金銀或貨幣。這個緊急辦法的職權，係得之於一九一七年那個『與敵人通商條例(Trading with the Enemy Act)』。國會於同日開了一個特別會議，規定了應付這個危機所必要的職權。在三個月內，深深影響美國金融、農業與工業機構的法律訂立了不少。四月十九日美國放棄了金本位。華盛頓在這些緊張熱烈活動的日子，羅斯福總統正在與英國首相麥唐納、法國赫禮歐以及其他各國政府代表討論各項經濟與金融問題。討論的中心爲開幕在卽的倫敦會議。

羅斯福總統變更政策

羅斯福總統在選舉前的諾言約定他就職後將採取經濟的國際主義政策，可是國會與政府採取的應付復興問題的種種方針，必然使各種國內問題列在前面。倫敦會議日近，國際經濟合作需要一種關於穩定幣制的協定也愈顯明。但既經爲了提高國內物價而放棄了金本位，美總統就不打算叫他的國務卿赫爾(Cordell Hull)(美國出席倫敦會議的代表團的領袖)，再作穩定的談判了。(四十一)我們的國內復興計劃至少是暫時把注意重心從國際的行動轉移到這種信仰，卽以爲在長時期看來，假使每一國家都以解決自己的問題爲先，那麽全世界將獲得較好的結果。就我們參加這次會議的經過而言，上述這種轉變的含義並未明明白白研究出來，該會議經過了一個月的辯論也就閉幕了。

經濟國家主義的謬誤

這種信仰以爲一國能够採取『自足』政策，而同時靠了賣出而又買入，以與各國共享繁榮的商業，乃是欺人的幻想。我們在過去十年間的極端經濟國家主義政策，其特徵爲一重等於禁止的稅則，輸出的積極擴張，以及堅持歐洲須償還戰債。這種政策鼓動了全世界的商業戰爭，毀壞了通貨的穩定，和殭化了世界貿易。在這種普遍的經濟失所之中，美國是一個最大的犧牲者，是她自己政治孤立與經濟國家主義之愚蠢的犧牲者。美國一方面企求伸張她的世界強國的權利，而在他方面又不肯負起她的世界強國之責任。美國的地位既爲一世界大國，又爲一大債權國，照理應該調整牠的國際商業政策。

黎朋(Gustav le Bon)寫道，『民族的運命乃由他們的性格而不由他們的政府所決定，』(四十二)

而在他們的命運上，往昔的傳統對於民族的行動也有主要的關係。他繼續說，苟無傳統卽無文明，同時苟不毀滅這些傳統，也不能有進步。自從美國立國於大地以來，已飽經了巨大的變故。『例如她的全部地理已經改變，昔者她僅看到一個海洋，如今她看到兩個海洋了。昔者她僅佔一帶海岸，如今她橫跨一洲了；而且自獲得夏威夷，檏陀利科與菲律賓之後，以及興築巴拿馬運河以來，她的影子已經遠落在合衆國界之外。她既邁步向前與世相接，世界亦以其輪船、飛機、海底電與無線電前來迎接她，迄至今日距離已不能決定她自己與其餘人類之關係了。』(四十三)

美國地位的變遷

未來怎樣

國際關係之動的壓力究將改變我們的傳統至於怎樣的程度呢？一九三二年十一月八日民主黨競選的勝利意思是否為對於孤立的種種後果的一種反抗呢？我們是否在一個新的外交政策之門限上呢？美國人士是否深知今日之必須主持一個新的外交政策，乃過於種種事實之所迫，這是很難說的。我們生息於斯的一個世界已被時間、技術和一個創造的精神所改變，而在我們對於其他國家的關係上，十八世紀那種孤立傳統必須過渡為一種經濟的與政治的合作政策，以符合二十世紀文明的實際。

(一)被引證於 C. P. Howland ed. "Survey of American Foreign Relations," 1928, p. 300.

(二) Professor Berdahl 在他所著小冊子 "The Policy of the United States with Respect to the League of Nations" p. 98. 內稱國聯祕書處內有一位青年想出了用掛號郵件將通訊發往美國，藉此取得國務部的郵件收據。不久以後，日內瓦的美國領事便往訪國際聯盟祕書長，聲稱國務部業已收到牠的掛號郵件，但不願答覆，因美國並未承認國聯的存在。

(三)被引證於 Professor Berdahl 同上一書內 p. 101.

(四)四人爲 Elihu Root, Oscar Strans, George Gray, and John Basset Moore 但摩爾的當選法官是意大利提名的。

(五) Miss Grace Abbott, Chief of the Children's Bureau in the Department of Labor, was appointed on October 13, 1922, to sit with the League's Advisory Committee on the Traffic in Women and Children. Dr. Rupert Blue, Assistant Surgeon General of the United States Public Health Service, was designated to attend the meetings of the Advisory Committee on the Traffic in Opium.

(六) Proceedings, Republican National Convention 1924, P. 230.

(七) Republican National Committee Bulletin No. 5, 1928, p. 13.

(八)關於美國在國聯軍縮預備委員會內參加經過請閱第三十章。

(九) Dept. of State Press Release, December 28, 1933.

(十)美國政治家有時曾表示需要某種方式的國際權威，以保和平。狄奧多羅斯福總統在他一九〇四年十二月六日致國會的咨書內堅稱「不得不設置充足的軍備以達到國際和平的宗旨」（引證於 Buell, "International Relations," p. 563.）一九一四年，狄奧多羅斯福著了一本書，發揮他這種理論，書名美國爲什麼應加入協約國方面? Why America Should Join the Allies。一九一〇年美國國會議決，大總統應委派一個委員會，除其他任務外，去考慮「集合全世界所有的海軍，以爲保持世界和平的一種國際力量」之事宜。(Congressional Record, 1910, p. 8545.) 塔夫脫總統根據了這個決議案，當即設法探取歐洲各國政府的意見，他所得到的答覆，殊令人氣沮。塔夫脫總統與洛其參議員二人都表示須將全國所有實力，用於維護和平與法律。

(十一)參閱第三十章。

(十二) United States, Treaty Series, No 669, p. 5. 參議員洛其以該協定條款知照該會議時說道：「在這些明白直截的句子下面，並沒有規定要用武力來執行該協定中的任何條款。也沒有含蓄什麼陸軍或海軍的制裁。」Conference on the Limitation of Armament, Washington, November 12, 1921 to February 6, 1922, p. 162.

(十三) New York Times, Nov. 12, 1929.

(十五)關於凱洛格白里安公約對於中立的影響，可閱本書第三十二章。

(十五)見第三十二章附註二十四。

(十六) War as an Instrument of National Policy, pp. 222 and 223.

(十七)Joint Resolution of March 12, 1912, 37 Stat. 630; Joint Resolution of January 31, 1922, 42 Stat. 361.

(十八)見第三十三章。

(十九)一九三二年七月二十一日玻里維亞正式以大廈谷戰爭提請國際聯盟注意，指摘巴拉圭有侵略行動。玻里維亞並未批准凱洛格白里安公約。

(二十) New York Times, August 4, 1932.

(二十一)當選總統羅斯福於一九三三年一月十七日向報界發表說明書，內稱「美國外交政策必須擁護國際條約的神聖性。這是國與國間一切關係必須依據的基石。」New York Herald-Tribune, January 18, 1933。因為有這種保證，國務卿斯汀遜纔能訓令美國駐外各外交官吏說美國關於遠東的主張將繼續不變。

(二十二) Walter Lippmann, New York Herald-Tribune, March 11, 1932.

(二十三)參閱 Arnold D. McNair, "The Stimson Doctrine of Non-Recognition," British Year Book of Int Law, 1933, pp. 73—74; and Sir John Fischer Williams, The New Doctinal of "Recognition"

Transactions of the Grotius Society, Vol. 18, p. 110.

(二十四) Sir John Fischer Williams, Chapters on Current International Law and the League of Nations, p. 474.

(二十五)參閱 Albert Laurence Lowell, "Manchria and the League," Foreign Affairs, April, 1932.

(二十六)美國於一九三三年十一月十六日正式承認蘇俄。

(二十七)詳細的記載見 Federick Lewis Schuenceau's American Foreign Policy towards Russia Since 1917.

(二十八)見本書第三十四章。

(二十九)參閱 The International Financial Position of the United States (New York, National Industrial Conference Board, 1929), pp. 17—34.

(三十) Ibid., p. 36 and p. 37.

(三十一) Ibid., p. 48.

(三十二)一九三一年十一月英國放棄了她傳統的自由貿易政策。

(三十三) Commerce Reports, April 8, 1933, p. 211.

(三十四)共和黨總統候選人胡佛總統贊成現行的關稅壁壘，甚至預備提高。他反對戰債的取消，但是如果歐洲向美國購買大宗貨物，他是贊成對於某種特定戰債，延期付款。

(三十五)一九二一年五月，國會通過了一個條例限制移民入境，藉此制止歐洲那些破敗亂貧國家的國民逃避來美。該條例規定『任何外國人民在任何財政年度內依據美國移民條例可以移入的數目，應限制爲一九一〇年人口調查時所定該國居住於美國境內非土生人數百分之三。』一九二四年國會通過了一個更爲嚴厲的條例，將定額再減爲百分之二，並以一八九〇年的戶口調查爲基礎，而不以一九一〇年的戶口調查爲基礎。這條法律之不幸的特點卽黃色人種全被摒除，日本人亦在其列。當一九二九年不景氣在美國發作後，胡佛總統因爲已來此土者工作機會日漸減少，力圖予以保護，乃知照美國駐外各領事對於護照的簽發須力事撙節。美國領事執行此項移民法律可謂雷厲風行——把定額減去了百分之九十——所以一九三二年移民事務委員長竟能報告說，美國有史以來第一次離境的外國人數竟超過了入境的外國人數。前者爲二八七、六五七人而後者爲一七四、八七一人，計出境者較多一一二、七八六人。U. S. Dept. of Labor, Annual Report of the Commissioner General of Immigration, 1932, p. 2.） 他很得意地補充說過：「歐洲的外國人須知美國已不再是他希望中的金礦了。」（同上 p. 2.）

（三十六）New York Times, Oct. 3, 1930. 美總統於一九三一年六月十五日在印第安那樸里斯 Indianapolis 的演說中覆述此意。

（三十七）Dept. of State, Press Release, May 31, 1932.

（三十八）見第三十四章。

（三十九）美國接受邀請，遣派代表出席該委員會。

（四十）League of Nations, Draft Annotated Agender, C. 48, M. 18, 1933, II.

（四十一）The President's Message to the Conference, Press Release, Dept. of State, July 3, 1933.

（四十二）The Crowd, A Study of the Popular Mind," p. 92.

（四十三）John W. Davis, The Permanent Base of Foreign Policy, p. 101

固有名詞中英文對照表

第　一　章

甲斐遜 Jefferson

路易十六 Louis XVI

莫爾派伯爵 Count de Maurepas

維爾強伯爵 Count de Vergennes

包本 Bourbon

家庭公約 Family Compact

紐阿陵斯 New Orleans

密士西比河 Mississippi

魯易西恩那 Louisiana

佛洛利達 Florida

皮特 Pitt

薛鏗色爾 Choiseul

科爾布男爵 Baron de Kalb

肯登 Camden

邦屋羅瓦爾 Bonvouloir

突谷特 Turgot

西印第斯羣島 West Indies

佛蘭克林 Franklin

大陸會議 Congress

賽拿斯丁因 Silas Deane

康納克地卡特 Connecticut

耶魯 Yale

哈利遜 Benjamin Harrison

迭金生 John Dickinson

莫利時 Robert Morris

約翰吉 John Jay

包馬雪 Caron de Beaumarchais

色維爾的理髮匠 The Barber of Seville

非加羅的婚姻 The Marriage of Figaro

維金尼亞 Virginia

亞查爾李 Arthur Lee

馬塞秋色子 Massachusetts

何大列公司 Hortalez et Cie
蘭達克特 Nantucket
蘭特 Nantes
費列德爾菲亞 Philadelphia
派克爾 Sir Peter Parker
南卡羅林拉 South Carolina
查爾斯頓 Charleston
董木爾 Lord Dunmore
地康德羅加 Ticonderoga
頂點 Crown Point
紐約長島 New York Long Island
英國公報 English Gazette
瑪利蘭省 Province of Maryland
德羅威爾 Delaware
蘇色格斯州 County of Sussex
布羅格利伯爵 Count Broglie
約翰亞丹姆斯 John Adams
報復號 Reprisal
維克斯 Captain Wickes
魁比朗灣 Quibiron Bay
哈佛爾 Havre
賴布尼子 Leibnitz
牛頓 Newton
弗德利克 Frederick
伏特爾 Voltaire
格蘭德 M. Grand
稅務代辦 Farmers-General
約克 York
詹姆士河 James River
李文斯頓 Robert R. Livingston
本克羅夫特 Dr. Edward Bancroft
「民軍外交」Militia diplomacy
華盛頓 Washington
享利李 Richard Henry Lee
山繆爾亞丹姆斯 Samuel Adams
瑪得里 Madrid
大弗德利克 Frederick the Great
尹立奥 Hugh Elliot
塞爾 Sayre
喬治第三 George III
薩佛克伯爵 Earl of Suffolk
威廉李 William Lee
譚那 Francis Dana
聖彼得保 St. Petersburg
海牙 Hague
伊爾德 Izard
佛羅倫斯 Florence
柏谷音 Burgoyne
亞蘭達伯爵 Count de Aranda
格拉德 Gérard
滿特木林 Montmorin
查爾斯第三 Charles III

布蘭加 Florida Blanca
格林馬爾地 Grimaldi
伯慕達斯 Bermudas
佛基山谷 Valley Forge
洛斯爵士 Lord North
加塞姆 Catham
伊斯登伯爵 Count d'Estaing
杜朗 Toulon
克林頓 Sir Henry Clinton
浩維爵士 Lord Howe
托利 Tories
沙灣 Sandy Hook
紐撲特 Newport
波士頓 Boston

第二章

亞倫吉 Aranjuez
坦厥爾克 Dunkirk
紐芬蘭 Newfoundland
東印第斯 East Indies
生納哥 Senegal
三多杜門谷 Santo Domingo
優楚條約 Treaty of Utrecht
基布拉達 Gibraltar
木比爾 Mobile
彭薩哥拉 Pensacola
漢都拉斯 Honduras
肯派齊 Campeche
門洛卡 Minorca
洛伐斯柯夏 Nova Scotia
吉麥加 Jamaica
美拉爾斯 Juan de Miralles
哈伐那 Havana
古巴 Cuba
阿埃奧 Ohio
納佩松湖 Lake Nepissing
喬其亞 Georgia
亞里格尼山 Alleghenies
魯曾 Chevalier de Luzerne
麥地生 James Madison
尹利諾 Illinois
瓦巴煦 Wabash
納傑 Natchez
瓦特爾 Vattel
大湖 Great Lakes
聖羅倫斯 St. Lawrence
姜斯 John. Paul Jones
勞倫斯 Henry Laurens

亞姆斯特登 Amsterdam
聖優斯達地斯島 St. Eustatius
羅德來 Rodney
喀沙鄰第二 Catherine II
康屋里斯 Cornwallis
紐克鎮 Yorktown
拉法葉脫 La Fayette
格拉斯伯爵 Count de Grasse
折薩丕克 Chessapeake
羅章寶 Rochambeau
哈德遜 Hudson
倫敦塔 Tower of London
赫德萊 David Hartley
雪爾本爵士 Lord Shelburne
阿斯屋德 Richard Oswald
羅金漢 Rockingham
福克斯 Fox
格林維爾 Thomas Grenville
菲子海爾伯特 Fitzherbert
銳納瓦爾 Rayneval
萬亨 Benjamin Vaughan
伊利 Erie
安達利奧 Ontario
胡郎 Huron
馬格達倫羣島 Magdalen Islands
拉布拉多 Labrador

第三章

多明尼加 Dominica
阿斯維哥 Oswego
尼亞加拉 Niagara
地托落特 Detroit
馬金洛 Mackinaw
卡米齊爾 William Carmichael
加都魁 Don Diego de Gardoqui
簫特 William Short
肯塔基 Kentucky
鄧尼西 Tennessee
姜納特 Gênet
賓克列 Thomas Pinckney
哥多夷 Godoy
亞基爾斯 Algiers
突尼斯 Tunis
托利玻里 Tripoli
巴克萊 Thomas Barclay
克里米亞戰爭 Crimean War
海牙 Hague
門羅 Monroe

皮爾斯 Pierce
麥金利 McKinley
羅斯福 Roosevelt
威爾遜 Wilson
亨米頓 Hamilton
禾哥特 Oliver Wolcott
羅德萊 C. A. Rodney
挨威熱特 Edward Everett
利夫斯 William C. Rives
伯萊 Barley

第四章

利謀滿 Richmond
督卡桑 Nootka Sound
溫可華 Vancouver
多徹斯特爾爵士 Lord Dorchester
貝克維斯 Beckwith
哈滿 George Hammond
貝米斯教授 Professor Bemis
英國案卷室 British Record Office
亨弗列 David Humphreys
里斯邦 Lisbon
倫多夫 Edmund Randolph
阿里威爾 Oliver
賀爾 W. F. Hall
利達維 Reddaway
路易卡派特 Louis Capet
阿彭海姆 Appenheim
法國國民會議 French National Convention
滿地色羅 Monticello
派西菲卡斯 Pacificus
非加可賓 No Jacobin
芬洛 Fenno
美國報 Gazzette of the United States
日日通告 Daily Advertiser
海維地亞斯 Helvidius
聯邦派 Federalists
斯高特 William Scott
埃色格斯 Essex
聖克羅河 St. Croix River
斯庫地亞克 Schoodiac
亞德特 Adet
福雪 Fauchet
派特爾生 William Paterson
亨利 Patrick Henry
盧福斯金 Rufus King

皮克林 Timothy Pickering
執政會 Directory
賓克列 Charles Cotesworth Pinckney
阿姆斯特丹 Amsterdam
共和派 Republicans
馬雪爾 John Marshall
葛利 Elbridge Gerry
塔列蘭 Talleyrand
聖米齊爾教堂 St. Michael's Church
反抗號 L'Insurgente
星座號 Constellation
托落格斯頓 Captain Truxtum

第五章

瑪利亞路易沙 Queen Maria Louisa of Parma
查爾斯第四 Charles IV
山埃爾德方索條約 Treaty of San Ildefonso
塔斯千尼 Tuscany
伊托魯利亞王國 Kingdom of Etruria
派馬親王 Prince of Parma
亞米和約 Peace of Amiens
拿破崙 Napoleon
陶聖 Toussaint L'Ouverture
列克律克將軍 General Leclerc
莫納爾 Morales
伊魯爵 Yrujo
亞肯沙斯 Arkansas
馬布亞 Marbois
亞姆斯托朗將軍 General Armstrong
昆塞 Josiah Quincy
披地多 Perdido
乾寧教授 Professor Channing
亨利亞丹姆斯Henry Adams
伊伯威爾 Iberville
洛沙 Laussat
克來邦 William C. C. Claiborne
栗阿布拉禾 Rio Brovo
德爾洛特 Del Norte
樹林湖 Lake of Woods
斯托德爾特要塞 Fort Stoddert
麥克金 McKean
弗丁蘭第七 Ferdinand VII
約瑟夫邦拿帕特 Joseph Bonaparte
董呂德安尼斯 Don Luis de Onis
伊文 Ewing
珠江 Pearl R.

巴頓盧其 Baton Rouge

甲克遜將軍 General Jackson

亞拉巴馬 Alabama

生門洛印第安人 Seminole Indians

塔克沙斯 Texas

沙拜河 Sabine River

紅河 Red River

亞肯沙斯河 Arkansas River

阿利干 Oregon

克萊 Clay

米梭利 Missouri

第六章

撲托參克河 Potomac

普列布爾 Commodore Preble

埃色格斯案 Essex Case

埃爾布河 Elbe

布列斯特 Brest

賽因 Seine

阿斯登 Ostend

荷蘭爵士 Lord Holland

阿克蘭爵士 Lord Auckland

折薩丕克一里阿派德 Chesapeake-Leopard

托拉法加 Trafagar

米蘭 Milan

赫里發克斯 Halifax

加斯列里爵士 Lord Castlereagh

洛爾福克 Norfolk

巴耶 Commodore James Barron

羅斯 George H. Ross

伯陽 Bayonne

埃爾斯金 David M. Erskine

甲克生 Francis James Jackson

斯密士 Robert Smith

馬康 Nathanel Macon

加列定 Gallatin

福斯特爾 Augustus J. Foster

總統號 President

小帶號 Little Belt

哈利遜將軍 General Harrison

地普坎洛河 Tippecanoe Creek

路易 Lloyds

普利禾斯特將軍 General Prevost

第七章

張普倫湖 Lake Champlain
甲克遜 Jackson
威靈吞 Wellington
根脫條約 Treaty of Ghent
羅塞爾 Jonathan Russell
瓦倫 Admiral Warren
伯野德 James A. Bayard
普拉格 Prague
貝倫 Alexander Baring
谷森堡 Gothenburg
甘比爾 Lord Gambier
古爾盤爵士 Henry Goulburn
威廉亞丹姆斯 William Adams
色拔利阿湖 Lake Superior
梅因 Maine
紐布朗士維克 New Brunswick
麥克董洛 MacDonough
利物浦爵士 Lord Liverpool
巴色爾斯特爵士 Lord Bathurst
麥生 Mason
斯乃德爾 Slidell
拉煦一白谷特協定 Rush-Bagot Agreement
維布斯特爾一亞煦布爾頓條約 Webster-Ashburton Treaty
落機山脈 Rocky Mountains
哈德遜灣公司 Hudson's Bay Company
巴哈馬斯 Bahamas
聯合王國 United Kingdom
麥克倫 Louis McLane
萬標倫 Van Buren
亞伯定爵士 Lord Aberdeen

第八章

西班牙美洲 Spanish America
米蘭達 Miranda
委內瑞拉 Venezuela
波里瓦爾 Bolivar
山馬定 San Martin
潘色特 Joel R. Poinsett
波諾斯愛拉斯 Buenos Aires
亞歷山德施高塔 Alexander Scott

羅德列 Caesar A. Rodney
布蘭德 Theodorick Bland
格列亨 John Graham
智利 Chile
福布斯 John M. Forbes
普拉特聯合邦 United Provinces of Plate
加洪 Calhoun
安得生 R. C. Anderson
哥倫比亞 Columbia
紐遮西 New Jersy
阿根廷共和國 Argentine Republic
愛倫 H. Allen
威爾蒙特 Vermont
納爾遜 Nelson
濮陀利科 Porto Rico
濮陀卡伯羅 Porto Cabello
加地子 Cadiz
拿不勒斯 Naples
梅特湼 Metternich
亞拉什丕爾 Aix-la-Chapelle
托洛白 Troppan
納伯煦 Laybach
弗丁蘭第二 Ferdinand II
司徒亞特 Sir Charles Stuart
衞龍拉 Verona
安古列姆公爵 Duc d'Angouleme
斯達普爾頓 Stapleton
康寧一生 Life of Canning
邦拿帕 Bonaparte
普里納克親王 Prince Polignac
門羅主義 Monroe Doctrine
布洛亨爵士 Lord Brougham
麥克金托煦 Sir James Mackintosh
科堤 Sir William à Court
阿菲利亞 M. Ofalia

第九章

捕獲會議 Council of Prizes
布朗 James Brown
利夫斯 William C. Rives
路易菲列普 Louis Philippe
美國銀行 Bank of the United States
麥根子 William Lyon Mackenzie
巴弗羅 Buffalo
羅乞斯脫 Rochester
托羅伊 Troy
聖亞邊斯 St. Albans

濮林頓 Burlington
米德堡利 Middlebury
鷹旅館 Eagle Tavern
福西斯 Forsyth
米西根 Michigan
奈加拉河 Niagara River
海軍島 Navy Island
麥克納布 Colonel McNab
齊普瓦 Chippewa
卡羅林 Caroline
德利魯 Captain Drew
煦羅塞爾 Schlosser
杜飛 Amos Durfee
斯高塔將軍 General Winfield Scott
福克斯 Henry S. Fox
斯迭文生 Andrew Stevenson
拍麥爾斯頓爵士 Lord Palmerston
麥克里奧德 Alexander McLeod
羅克樸 Lockport
奈加拉郡 Niagara County
惠格派 Whigs
維布斯特爾 Webster
優地卡 Utica
亞煦伯頓爵士 Lord Ashburton
梅因一紐布耶斯維克 Maine-New Brunswick
高地 Highlands
康納克地卡特河 Connecticut
亞魯斯杜克河 Aroostook River
列斯杜克戰爭 Restook War
皮爾 Peel
麥爾邦 Melburne
聖約翰 St. John
聖佛蘭西斯 St. Francis
樸恆納加吾克湖 Lake Pohenagamook
赫爾江 Hall's Stream
瓦倫定 Valentine
科林斯 Collins
盧斯點 Rousse's Point
紐亨普煦爾 New Hampshire
米齊爾的地圖 Mitchell's Map
斯派克司 Jared Sparks
安威爾 D' Anville
海第 Hayti
烏拉圭 Uruguay
玻立維亞 Bolivia
漢沙各城鄉 Hanse Towns
戴列爾總統 President Tyler
奈爾 Niles
記錄 Register
彭因 Lieutenant Paine
塔克爾 Commander Tucker

克利阿 Creole

亨普頓路 Hampton Roads

英屬巴哈馬斯 British Bahamas

納梭 Nassau

蒲徠士爵士 Lord Bryce

樸托麥克 Potomac

泰姆士 Thames

第十章

丹寧教授 Professor Dunning

哥倫比亞河 Columbia River

呂威斯 Captain Lewis

克拉克 Captain Clarke

亞斯托利亞 Astoria

庫克 Captain Cook

葛利 Captain Gray

麥肯西 Alexander Mackenzie

弗列澤河 Frazer River

加里福尼亞 California

坎拿大西北公司 Northwest Company of Canada

巴赫斯特爵士 Lord Bathurst

格蘭特 Grant

亞丁頓 Addington

山法郎西斯科 San Francisco

派肯亨 Pakenham

亞普雪爾 Upshur

溫可華 Vancouver

樸爾克 Polk

布卡南 Buchanan

約翰布爾 John Bull

福卡海峽 Straits of Fuca

福斯脫爾 John W. Foster

摩爾 John Bassett Moore

布棱 James G. Blaine

布拉佐斯 Brazos

科羅拉多 Colorado

雪山 Snow Mountains

栗阿格蘭德 Rio Grande

紐塞斯 Nueces

大平原 Grand Prairie

巴特勒爾 Colonel Anthony Butler

山達安拉將軍 General Santa Anna

休斯頓將軍 General Sam Houston

山甲新托 San Jacinto

蓋利洛將軍 General Guerrero

奥斯汀 Austin

克羅克特 Davy Crockett

普勒斯頓 Preston

湯姆生 Waddy Thompson

基丁斯 Giddings

萬曾特 Issac Van Zandt

亞熙倍爾斯密士 Ashbel Smith

姜斯 Anson Jones

普林斯頓 Princeton

波地木爾 Baltimore

漢德森 Henderson

基佐特 Guizot

派基阿特 Pageot

馬飛 Murphy

第爾斯 Thiers

金威廉 William R. King

布勒克伍德雜誌 Blackwood's Magazine

巴西 Brazil

邊克赫德 Bankhead

邊頓 Benton

甲斯汀斯密斯 Justin H. Smith

第 十 一 章

勃勒克 Black

威拉克魯港 Vera Cruz

斯奈德爾 John Slidell

巴索 Paso

山達費 Santa Fé

海列拉 President Herrera

派列地斯將軍 General Paredes

泰洛爾將軍 General Zachary Taylor

科拍斯克利斯蒂 Corpus Christi

馬達摩洛斯 Matamoros

桑頓 Thornton

哈伐那 Havana

基爾尼大佐 Colonel Kearny

司托克頓 Commodore Stockton

滿特列 Monterey

佛利滿上尉 Captain John C. Frémont

西羅哥多 Cero Cordo

浦布拉 Puebla

布拉威斯 Buena Vista

德黄特派克 Tehuantepec

麥西 Marcy

康托利拉斯 Contreras

屈拉布斯哥 Churubusco

夏普塔貝克 Chapultepec

彭那 Peña y Peña

摩德拉多黨 Moderado Party

皮羅將軍 General Pillow
祝夷爾 Doyle
葛達魯普希達哥 Guadalupe Hidago
科羅拉多河 Rio Colorado
平克羅夫 Bancroft
麥金萊 McKinley
亞歷山德利亞 Alexandria
愛爾巴索 El Paso
狄斯頓納爾 Disturnell
康第 Condé
巴特列特 Bartlett
格列中尉 Liéutenant Gray
費爾摩爾 Fillmore
司徒亞特 Stuart
麥西拉流域 Mesilla Valley
惠特列 Asa Whitney
南卡羅林那鐵路公司 South Carolina Railroad Company
加斯登 James Gadsden
孟非斯公會 Memphis Convention
皮爾斯總統 President Pierce
台維斯 Jefferson Davis
科輝拉 Coahuila
齊華華 Chihuahua
桑洛拉 Sonora
渥克爾 William Walker
堪薩斯—奈布拉斯加法案 Kansas-Nebraska

第十二章

樸陀利科 Porto Rico
伊沙伯拉 Isabella
安地列斯羣島 Antilles
半島戰爭 Peninsular War
派克特報 Packet
勒爾遜 Nelson
格蘭威爾 Granville
威烈爾 Villéle
肯倍爾 Campbell
華盛頓愛文 Washington Irving
克萊頓 Clayton
白倫基 Barringer
羅拔 Narciso Lopez
魁特孟將軍 Gen. John A. Quitman
克利阿號 Creole
喬治安拉號 Georgiana
蘇三勞德號 Susan Loud
阿哈拉大佐 Col. Theodore O'Hara

玉加灣 Yucatan
康托 Contoy
加登拉斯 Cardenas
基維斯 Key West
卑閘羅 Pizarro
巴希亞巷達 Bahia Honda
克利鄧登大佐 Col. W. S. Crittenden
派克爾海軍副少將 Commodore Parker
拉花耶特方場 La Fayette Square
叔萊 Pierre Soulé
卡德耶 Calderon
黑戰士號 Black Warrior
麥生 Mason
阿斯登 Ostend

第十三章

克萊頓一布爾威爾條約 Clayton-Bulwer Treaty
尼加拉圭 Nicaragua
格萊鎮 Greytown
布利托 Brito
聖疆河 San Juan River
科朗 Colon
德勒塞普 De Lesseps
韃靼海峽 Dardanelles
丹麥海峽 Danish Belts
馬基倫海峽 Straits of Magellan
基爾運河 Kiel Canal
凡爾賽條約 Treaty of Versailles
中央共和國 Central Republic
紐格蘭拉達 New Granada
漢姆 Ham
路易拿破崙親王 Prince Louis Napoleon Bonaparte
波谷塔 Bogotá
巴拿馬鐵路公司 Panama Railroad Company
希時 Hise
斯魁爾 Squier
方西加灣 Bay of Fonseca
虎島 Tiger Island
勞倫斯 Lawrence
毛斯基托 Mosquito
布爾威爾 Henry Lytton Bulwer
孟拉圭湖 Managua
毛斯基托印第安人 Mosquito Indians
海灣羣島 Bay Islands
伯里子 Belize

聖瑞德諾特 San Juan de Norte
克蘭普頓 Sir John Crampton
克拉倫頓爵士 Lord Clarendon
大拉斯—克拉倫頓條約 Dallas-Clarendon Treaty
歐斯列 Sir William Ouseley
喀斯—伊利沙利條約 Cass-Yrissari Treaty
渥克爾將軍 General Walker
危地馬拉 Guatemala

第十四章

西瓦德 Seward
約翰海 John Hay
基爾尼 Commodore Kearny
中國皇后號 Empress China
波士頓 Boston
普羅威登斯 Providence
洛福克 Norfolk
蕭生妙爾少校 Major Samuel Shaw
墨斯卡特 Muscat
蘇馬托拉 Sumatra
薩倫姆 Salem
友誼號 Friendship
紐亨普夏 New Hampshire
羅伯子 Edmund Roberts
孔雀號 Peacock
巴達維亞 Batavia
麥卡特里爵士 Lord Macartney
喬治第三 George III
埃姆赫斯特爵士 Lord Amherst
納皮爾爵士 Lord Napier
伊里奧 Charles Elliot
北美評論 North American Review
派克爾 Dr. Peter Parker
夏威夷羣島 Hawaiian Islands
顧與 Caleb Cushing
弗列卻爾維布斯脫 Fletcher Webster
布利基門 Rev. E. C. Bridgman
福斯特 Foster
特蘭諾瓦 Terranova
馬歇爾 Humphrey Marshall
埃威熱特 A. H. Everett
台維斯 John W. Davis
麥克倫 Robert M. McLane
夏德麟 Chapdelaine
亞羅號 Arrow
波寧羣島 Bonin Islands

琉球羣島 Lew Chew

拉派 Napa

埃爾金爵士 Lord Elgin

格羅斯男爵 Baron Gros

雷德 William B. Reed

加爾卡達 Calcutta

瓦德 John E. Ward

喬其亞 Georgia

賀布 Admiral Hope

達特羅爾 Commodore Tatnall

貝德爾 Commodore Biddle

奧里克統領 Commodore Aulick

威廉姆斯 Dr. S. Wells Williams

薩斯克亨拉 Susquehanna

羅德基爾 Rear-Admiral Rodgers

皮爾慈里 Rear-Admiral Beardslee

哈利時 Townsend Harris

柏林根 Anson Burlingame

莫頓 Senator Oliver Morton

海斯總統 President Hayes

米西根大學 University of Michigan

恩吉爾 Angell

第十五章

布爾蘭 Bull Run

格慈堡 Gettysburg

哈孟德 Hammond

拉塞爾 William H. Russell

却爾斯頓 Charleston

列特 Edmund Rhett

楊實 Yancey

斯迭文司 Alexander Stephens

克羅福威爾 Crawfordville

林肯總統 President Lincoln

甲菲遜台維斯 Jefferson Davis

里安爵士 Lord Lyons

拉塞爾爵士 Lord Russell

威明頓 Wilmington

薩萬拉 Savannah

南方海口法 Southern Ports Bill

麥西爾 Mercier

大來斯 Dallas

法耶西斯亞丹姆斯 Charles Francis Adams

邦聯國會 Confederate Congress

甲夫台維斯 Jeff Davis

波利加德 Beauregard

猶達 Judah

彭沙科拉 Pensacola
彼屈利爾 Petrel
聖羅倫斯 St. Lawrence
沈拉多 Shenandoah
杜布斯 Toombs
羅斯特 P. A. Rost
孟恩 A. Dudley Mann
格利哥雷 Gregory
托文納爾 M. Thouvenel
屈倫特號 Trent
南亨普頓 South Hampton
巴哈馬 Bahama
尉爾克斯 Captain Wilkes
瓦倫礮臺 Fort Warren
莫特烈 Motley
林德賽 Lindsay
蘭卡厦 Lancashire
本甲門 Benjamin

第十六章

樸普 Pope
哥塔 Gotha
威爾斯親王 Prince of Wales
格納斯頓 Gladstone
紐卡梭 Newcastle
柳惠士 Sir George Cornwall Lewis
安地但 Antietam
戴頓 Dayton
莫利爾 Morrill
旁觀者雜誌 Spectator
星期六評論 Saturday Review
泰晤時報 Times
憲政主義者 Constitutionnel
孟卻斯脫 Manchester
美國殖民會 American Colonization Society
奇利歧 Chiriqui
伊爾亞瓦齊 Île à Vache
海第 Haiti
聖克勞 St. Cloud
卡德維爾 Cardwell
弗德利克斯堡 Fredericksburg
羅巴克 Roebuck
威克斯堡 Vicksburg
麥克西米倫 Maximilian
斯東瓦爾 Stonewall
比肯赫德 Birkenhead
布洛克大佐 Captain Bulloci

拉梭 Nassau
斯普林波克號 Springbok
波爾戰爭 Boer War
開納爾 Duncan F. Kenner
谷谷倫 W. W. Corcoran
薛爾門 Sherman

第 十 七 章

約翰遜 Johnson
山陀多明哥 Santo Domingo
坦皮哥 Tampico
胡阿勒司總統 President Juarez
齊華華 Chihuahua
桑洛拉 Sonora
新拉洛 Sinaloa
福來將軍 General Forey
亞爾滿特將軍 General Almonte
弗丁蘭麥克西米倫親王 Prince Ferdinand Maximillian
呂伊斯德魯益 M. Drouyn de Lhuys
麥克多哥 McDougall
托利斯特 Trieste
米拉馬爾 Miramar
貝基洛 Bigelow
基文 Dr. Wm. M. Gwin
莫利 Mathew F. Maury
馬格魯德爾將軍 General John B. Magruder
斯科飛德陸軍少將 Major General Schofield
警報 Moniteur
斯列斯維何爾斯坦 Schleswig-Holstein
康伯爾 Campbell
羅麥羅 Romero
聖保羅 St. Paul
阿芝特克人 Aztec
夏威夷羣島 Hawaiian Islands
聖湯姆斯 St. Thomas
聖約翰 St. John
山達克魯斯 Santa Cruz
宋納爾 Senator Samner
樸特爾海軍上將 Admiral Porter
洗渥德 F. W. Seward
沙馬拉灣 Samana Bay
克來 Cassius M. Clay
斯托克爾 Stoeckl
俄美公司 Russian-American Company
盧叔將軍 General Rousseau

平克斯將軍

斯提文司 Thaddeus Stevens

福烈 John W. Forney

華盛頓紀事報 Washington Chronicle

費列德爾菲亞新聞報 Philadelphia Press

渥克爾 Robert J. Walker

斯坦頓 F. P. Stanton

福黎 D. C. Forney

馬爾斯波羅 Malsboro

北金斯要求 Perkins Claim

第十八章

阿利托號 Oreto

波洛克 Captain James D. Bullock

賴爾斯 Lairds

麥爾塞 Mersey

貝根赫德鐵工廠 Birkenhead Ironworks

安利加 Enrica

柯里爾 R. P. Collier

亞佐爾斯 Azores

森姆斯大佐 Captain Raphael Semmes

馬拉加海峽 Straits of Malacca

錫蘭 Ceylon

亞拉伯海灣 Arabian Gulf

馬達加斯加 Madagascar

克普坦 Cape Town

聖海倫拉 St. Helena

英國海峽 English Channel

聖疆 St. Juan

聖疆島 San Juan Island

聖約翰河 St. John River

阿里芬提 Laurence Oliphant

芬拉運動 Fenian Movement

斯丹列爵士 Lord Stanley

約翰生 Reverdy Johnson

約翰遜 Andrew Johnson

布萊特 John Bright

費煦 Hamilton Fish

莫特烈 John Lothrop Motley

德威斯 J. C. Bancroft Davis

約翰羅斯 Sir John Rose

赫德遜灣 Hudson's Bay

普基桑 Puget Sound

亞基爾公爵 Duke of Argyll

福斯特爾 Forster

拿伯的葡萄園 Naboth's Vineyard

愛德華桑爾頓 Sir Edward Thornton

斯謙克將軍 General Schenck
勒爾孫 Nelson
賀爾 Judge Hoar
威廉 Williams
格雷伯爵 Earl de Grey and Ripon
洛斯谷特爵士 Sir Stafford Henry Northcote
麥克唐拉爵士 Sir John Alexander MacDonald
伯訥德 Montague Bernard
鄧特登爵士 Lord Tenterden
哥克伯恩 Sir Alexander Cockburn
斯克羅皮司 Count Sclopis
斯托普飛里 Jacques Stoempfli
意大糾巴子爵 Viscount d' Itajuba
顧興 Caleb Cushing
埃瓦子 William M. Evarts
維特 Morrison R. Waite
潘美爾 Sir Roundell Palmer
雷潘爵士 Lord Ripon

第十九章

哈利法克斯 Halifax
克利夫蘭總統 President Cleveland
拜耶德張伯倫條約 Bayard-Chamberlain Treaty
前鋒報 Herald
滿吉生 Charles F. Murchison
沙克維爾勳爵 Lord Sackville
哈禮遜 Harrison
講壇報 Tribune
斐爾普斯 Phelps
薩里士巴利勳爵 Lord Salisbury
白令海 Berling Sea
阿留西安羣島 Aleutian Islands
普里俾羅夫羣島 Pribilov Islands
布脫威爾 Boutwell
佛蘭其 French
領海 Mare Clausum
曼林 Manning
谷溫號 Corwin
西特喀 Sitka
陶生 Dawson
布棱 Blaine
哈蘭 Harlan
約翰摩爾根 John T. Morgan
福斯德 Foster
查理羅實特 Charles Russett

理查韋白斯特 Richard Webster
克立斯多佛魯濱孫 Christopher Robinson
詹姆士卡德 James C. Carter
亨利布羅格德 Henry W. Blodgett
腓特烈庫特爾脫 Frederic R. Coudert
克郎帶克 Klondike
林尼運河 Lynn Canal
帶義 Dyea
斯喀威 Skagwag
愛德華親王島 Prince Edward Island
波特蘭海峽 Portland Channel
聖伊來亞峯 Mount St. Elias
赫氏 Hay
魯特 Elihu Root
洛治 Henry Cabot Lodge
突納爾 Turner
阿爾佛斯登勳爵 Lord Alverstone
葉脫 Louis Jette
托倫多 Toronto
亞爾茲華綏 Allen B. Aylesworth

第二十章

英屬幾內亞 British Guiana
德墨拉拉 Demerara
厄塞基博 Essequibo
柏俾斯 Berbice
熊柏克 Robert Schomburgk
奧爾尼 Olney
哲參孫博士 Doctor Jameson
保羅克魯革 Paul Kruger
巴爾福 Balfour
波文 Herbert W. Bowen
戴耶 Thayer
何爾本 Dr. Holleben
杜威上將 Admiral Dewey
庫雷勃剌 Culebra
俄伊斯忒灣 Oyster Bay
克蘭本勳爵 Lord Craneborne
諾曼 Norman
德拉古 Signor Drago
加爾伏主義 Calvo Doctrine
栗阿任內盧 Rio de Janeiro
波特將軍 General Horace Porter

第二十一章

息克爾斯將軍 General Sickles
聖地牙哥 Santiago
維錦尼阿斯 Virginius
馬克息摩哥參司 Maximo Gomez
威勒將軍 General Weyler
麥金利 McKinley
錫爾曼 John Sherman
馬克哈那 Mark Hanna
武德福特將軍 General Woodford
泰羅 Hannis Taylor
薩加斯塔 Sagasta
布朗可將軍 General Blanco
李 Fitzhugh Lee
緬因號 Maine
度普伊德洛姆 Dupuy de Lôme
勒克星敦 Lexington
威廉散普孫 Rear-Admiral William T. Sampson
喬治杜威 Commodore George Dewey
邁爾斯將軍 General Miles
拉德朗羣島 Ladrones
威廉對 William R. Day
台維斯 Cushman K. Davis
夫來 William P. Frye
德羅維州 Delaware
格雷 George Gray
黎德 Whitelaw Reid
摩爾 John Bassett Moore
呂宋 Luzon
布賴安 Bryan
胡特將軍 General Leonard Wood
黎特 Walter Reed
普拉特修正案 Platt Amendment
松島 Isle of Pines
巴爾馬 Thomas Estrada Palma
布立斯 Tasker H. Bliss
塔夫脫 Taft
富蘭克林培爾 General Franklin Bell
查理馬貢 Charles E. Magoon

第二十二章

聯邦太平洋鐵道 Union Pacific Railroad
維斯 Lieutenant Wyse
德勒塞普 Ferdinand de Lesseps

黑氏總統 President Hayes
加飛爾總統 President Garfield
羅維爾 Lowell
茀里令休生 Frelinghusen
旁斯福脫 Pauncefote
渥克爾 Admiral John G. Walker
新巴拿馬運河公司 New Panama Canal Company
海洋運河公司 Maritime Canal Company
格雷斯愛里克拉金公司 Grace-Eyre-Cragin Sydicate
赫普本 Hepburn
斯逢納 Spooner
諾克斯 Attorney-General Knox
海倫 Herran
波普勒 Beaupré
克倫威爾 William Nelson Cromwell
亞美杜 Dr. Amador
菲律普布洛威利拉 Philippe-Bunau-Varilla
狄克西 Dixe
拉特蘭大 Atlanta
那士維爾 Nashville
科朗 Colon
哈柏德 Hubbard
評論之評論 Review of Reviews
亞爾培蕭博士 Dr. Albert Shaw
哥塞爾將軍 General Goethals
杜步亞 Du Bois
波哥大 Bogotá
老波羅威頓士 Old Providence
聖安德羅茲 St. Andrews
哈定 Harding

第二十三章

托拉法加 Trafalgar
乞斯德爾海軍上將 Admiral Chester
方舍卡海灣 Fonseca Bay
處女羣島 Virgin Islands
道生 Dawson
阿拉比 Arabi
危地瑪拉 Guatemala
薩爾瓦多 Salvador
地亞士總統 President Diaz
馬爾布赫德 Marbehead
聖若塞 San José
濟拉雅 Zelaya

馬德里玆 Doctor Madriz
義斯德拉達 Estrada
亞杜福地亞士 Adolfo Diaz
馬拿瓜 Managua
孟那將軍 General Mena
哥林托 Corinto
大湖 Great Lake
大穀 Great Corn
小穀羣島 Little Corn Islands
柯立芝總統 President Coolidge
斯汀遜大佐 Colonel Henry L. Stimson
都德 H. W. Dodds
迦百登少將 Rear-Admiral Caperton
基羅總統 President Guillaume
公子港 Port au Prince
岡塔那瑪 Guantanamo
華納大佐 Colonel Waller
國務卿許士 Secretary Hughes
胡佛總統 President Hoover
福布斯調查團 Forbes Commission
波洛總統 President Borno
國務卿藍辛 Secretary Lansing
聖湯麥斯 St. Thomas
聖約翰 St. John
聖克啦 St. Croix
威爾遜總統 President Wilson

第二十四章

紐亨普什爾 New Hampshire
樸資茅斯 Portsmouth
定格萊稅則 Dingley Tariff
泰爾珂威廉斯 Talcott Williams
狄德里 Admiral Diederichs
哈理遜總統 President Harrison
查理伯勒斯福勳爵 Lord Charles Beresford
洛克希爾 W. W. Rockhill
福斯特 John W. Foster
亨利亞丹姆斯 Henry Adams
布鹿 Bülow
維德伯爵 Count Witte
亞爾幾西拉斯 Algeciras
梅爾 George von L. Meyer
西薛爾斯普林賴斯 Cecil Spring-Rice
糾塞蘭 Jusserand
斯登堡 Von Sternberg
亨利懷特 Henry White
比沙普 Bishop

羅斯福與他的時代 Theodore Roosevelt and His Time

格雷Viscount Grey

二十五年 Twenty five Years

喀沙勃朗加 Casablanca

第二十五章

繼續航行主義 Doctrine of Continuous Voyage

倫敦宣言 The Declaration of London

馬他木羅斯 Matamoros

魯西坦尼亞 Lusitania

白星公司 White Star Company

阿刺伯克 Arabic

般恩斯托夫伯爵 Bernstorff

霍斯大佐 Colonel House

愛斯葵士 Asquith

路易喬治 Lloyd George

黎定 Reading

坡克 Polk

凡爾登 Verdum

布加勒斯特 Bucharest

拉福來脫 La Follette

瓦達孟 Vardaman

齊滿門照會 Zimmermann Note

維維安尼 Viviani

霞飛將軍 General Joffre

亨普頓路 Hampton Roads

五月花號 Mayflower

第二十六章

維金尼亞人權宣言 Virginia Bill of Rights

鄧北萊 W. V. Temperley

衞塔 Huerta

彼得大帝 Peter the Great

屈倫帖奴 Trentino

南帖羅爾 Southern Tyrol

屈里斯脫 Trieste

意斯脫里半島 Istrian Peninsula

阜姆 Fiume

達爾瑪地 Dalmatia

實施和平聯合會 The League to Enforce

Peace

克倫斯基 Kerensky

布來斯脫里托夫斯克 Brest-Litovsk

克賓林伯爵 Count Czerin

慈乃斯 Thrace

巴登 Baden

麥克斯親王 Prince Max

凡爾塞 Versailles

協約國間議事會 Interallied Council

福煦 Foch

海格 Haig

布立斯將軍 General Bliss

泰狄歐 André Tardieu

第二十七章

克利孟梭 Clemenceau

奥蘭陀 Orlando

大都會歌劇院 Metropolitan Opera House

布魯舍爾 Brussels

斯德拉斯堡 Strasburg

斯墨次將軍 General Smuts

明鏡廳 Hall of Mirrors

威廉一世 William I

巴魯支 B. M. Baruch

德維斯 Norman H. Davis

密納爾 David Hunter Miller

密勒 Thomas F. Millard

福克 Joseph W. Folk

馬隆 Dudley Field Malone

亞爾巴利亞 Albania

約翰孫 Johnson

黎德 Reed

潑勃羅 Pueblo

威吉他 Wichita

麥克康伯 McCumber

希其可克 Hitchcock

恩特武德 Underwood

柯克斯州長 Governor Cox

第二十八章

泛美主義 Pan-Americanism

泛希斯本主義 Pan-Hispanism

巴爾馬山達總統 President Balmaceda

愛根 Egan

伊他他 Itata
聖提哥 San Diego
伊魁克 Iquique
不意洛斯愛里斯 Buenos Aires
泛美聯合會 Pan-American Union
聖地亞哥 Santiago
泰克拉阿里加 Tacna-Arica
曼紐爾伍格脫 Manuel Ugarte
巴西朗那 Barcelona
薩本尼 Sorbonne
加朗爾總統 President Caranza
愷撒 Caesar
高盧 Gaul
阿兹丹克 Aztecs
弗蘭西斯哥薛爾凡 Francisco Silva
塞維爾 Seville
弗蘭西斯哥瑪德羅 Francisco Madero
衞塔 Victoriano Huerta
亨利蘭威爾遜 Henry Lane Wilson
卡登 Sir Lionel Carden
皮爾生父子公司 Pearson and Son
柯特萊 Cowdray
弗列卻 Admiral Fletcher
奥夏來西 Nelson O'Shaughnessy
維拉 Francisco Villa
羅埃巴北沙 Ruy Barbosa
南恩 Naón
伊里哥英總統 President Irigoyen
羅克斯堡 Luxburg
高希蘭勳爵 Lord Cochrane
比生 Pesson
布斯他孟特 Bustamante
奥古斯丁愛德華 Augustin Edwards
高斯梅托林德 Cosme de la Torriente
勃魯姆總統 President Brum
魯彼特 Loubet
安土法加斯達 Antofagasta
恩康 Ancon
泰拉派加 Tarapaca
潘興將軍 General Pershing
洛克弗律基金委員會 Rockefeller Foundation
馬嘉圖 Gerard Machado y Morales
羅斯福 Franklin D. Roosevelt
威爾斯 Sumner Wells
曼紐爾 Manuel de Cespedes
桑馬丁 Grau San Martin
卡羅斯海維亞 Carlos Hevia
查理孟迪達 Charles Mendietta
赫爾 Cordell Hull
威爾遜基金會 Woodrow Wilson Foundation

第二十九章

美索不達米亞 Mesopotamia

柯爾比 Secretary Colby

桑來庥 San Remo

關島 Guam

大陸紀念館 Memorial Continental Hall

司高脫爵士 Sir Percy Scott

西姆斯海軍上將 Admiral Sims

李勳爵 Lord Lee

第三十章

聖路易 St. Louis

暫設混合委員會 Temporary Mixed Commission

薛西爾子爵 Viscount Cecil

威爾柏 Wilbur

泰狄歐 M. Tardieu

洛加諾 Locarno

漢得森 Arthur Henderson

波拉 Borah

諾門台維斯 Norman Davis

赫禮歐 Herriot

阿樂希 Baron Aloisi

牛賴荚 Neurath

辯論報 Journal des Débats

普通公斷條例 General Act of Arbitration

第三十一章

倫敦宣言 Declaration of London

菲力摩 Lord Phillimore

斯漢生 Swanson

愛新覺 Jonkheer van Eysinga

第三十二章

巴脫勒 Nicholas Murray Butlèr

張伯倫 Austin Chamberlain

第三十三章

威爾生 Hugh Wilson

吉百特 Prentiss Gilbert

第三十四章

蘭因 Franklin K. Lane

霍斯頓 Houston

亥司會議 Hythe Conference

梅倫 Andrew W. Mellon

世界大戰外債務委員團 World War Foreign Debt Commission

魯爾 Rhur

新哈文 New Haven

陶斯將軍 General Charles G. Dawes

楊格 Owen D. Young

魯賓遜 Henry M. Robinson

馬金那 Reginald McKenna

收轉委員會 Transfer Committee

國際清算銀行 Bank for International Settlements

信託公司 Kredit Anstalt

勃魯寧博士 Dr. Heinrich Bruening

賴伐爾 M. Laval

羅斯福 Franklin D. Roosevelt

涅維爾張伯倫 Neville Chamberlain

斯諾登 Snowden

密爾斯 Mills

第三十五章

福布斯 Cameron Forbes

堪薩斯州 Kansas

加普 Arthur Capper

蕭特威爾 James T. Shotwell

大廈谷 Gran Chaco

安提斯 Andes

李維諾夫 Maxim Litvinoff

福德萊一麥克康伯 Fordney McCumber

垣街 Wall Street

赫爾 Cordell Hull

敬啟

『專題史』叢書，乃民國時期出版的著名學者、專家在某一專題領域的學術成果。所收圖書絕大部分著作權已進入公有領域，但仍有極少圖書著作權還在保護期内，需按相關要求支付著作權人或繼承人報酬。因未能全部聯系到相關著作權人，請見到此説明者及時與河南人民出版社聯系。

聯系人　楊光
聯系電話　0371-65788063
2016年3月28日